JN418141

봉화 닭실마을의 문화유산

冲齋博物館 所藏 古書 目錄과 解題

본 저서는 2016년 대한민국 교육부와 한국연구재단의 지원을 받아 수행된 연구결과임.
(NRF-2016S1A5A2A03925653)

경희대학교 글로벌 인문학술원 동아시아 서지문헌 연구소 서지문헌 연구총서 01

봉화 닭실마을의 문화유산
冲齋博物館 所藏 古書 目錄과 解題

閔寬東
劉承炫 共著

學古房

연구제목	국내 고전문헌의 목록화와 복원
과제번호	NRF-2016S1A5A2A03925653
일반공동연구지원사업 연구진(2016.11.01.~2019.10.31.)	

책임연구원 : 閔寬東
공동연구원 : 鄭榮豪, 朴鍾宇
전임연구원 : 劉僖俊, 劉承炫
연구보조원 : 裵玗桯, 玉珠

❚ 머리말

본서는 한국연구재단 일반공동연구지원사업 과제인『국내 고전문헌의 목록화와 복원』(2016년 11월 01일~2019년 10월 31일 / 3년 과제)의 일환으로 나온 책이다. 본 연구 프로젝트는 크게 발굴부분과 복원부분으로 나누어 연구되었다.

• 발굴 작업

국내의 국립도서관이나 대학의 중앙도서관에 소장된 文·史·哲 古書들은 대부분 정리되어 목록화 되었으며 일부 사찰이나 서원 및 개별 문중 古書들은 지방 자치단체의 후원에 힘입어 상당수는 목록화하여 출간되었다. 그러나 個人所藏家나 개별 門中 및 一部 書院의 古書들은 목록화 작업은 물론 해제작업은 더더욱 요원한 상황이다.

본 연구팀은 이러한 곳 가운데 비교적 많은 고문헌을 소장하고 있는 안동의 군자마을(광산 김씨 예안파, 후조당), 봉화의 닭실마을(安東 權氏 忠定公派, 冲齋博物館), 경주의 옥산서원을 선정하여 그 古書들을 목록화하고 古書에 대한 해제집을 발간하는 작업을 계획하였다.

* 안동 군자마을(광산 김씨) 古書目錄 및 解題 (1년차)
* 봉화 닭실마을(안동 권씨) 古書目錄 및 解題 (2년차)
* 경주 옥산서원 古書目錄 및 解題 (3년차)

이러한 작업으로 만들어진 책자는 각 문중이나 서원에서 서지문헌에 대한 연구는 물론 홍보자료로 활용할 수 있기에 이에 따른 시너지 효과도 기대할 수 있다.

• 복원 작업

조선시대 출판본 가운데는 현재 중국에 남아있는 판본보다 더 오래전에 간행되었거나 서지문헌학적 가치가 높은 희귀본 판본들이 상당수 있다. 본 연구팀은 이러한 조선출판본을 위주로 복원 대상을 선정하였다. 이러한 작업이 완료되면 국내의 학술연구에 많은 기여가 될 뿐만 아니라 중국과 일본 등지에서도 우리 古書에 대한 연구가 활발히 진행될 것으로 사료된다. 복원 작품의 목록은 다음과 같다.

1) 劉向『新序』
2) 劉向『說苑』
3) 段成式『酉陽雜俎』
4) 陳霆『兩山墨談』
5) 何良俊『世說新語補』
6) 李紹文『皇明世說新語』
7) 朝鮮編輯出版本 :『世說新語姓彙韻分』

이러한 판본들의 복원을 통하여 당시 조선에서 이런 판본들을 간행의 底本으로 사용했는지 또 원래의 중국 판본과도 비교 연구할 수 있는 단초를 제공해 준다. 또한 이러한 토대제공을 통하여 중국이나 일본 등지에서 서지문헌에 대한 비교연구가 활발히 진행될 것으로 기대한다.

본 프로젝트의 첫 번째 결실이 바로『봉화 닭실마을의 문화유산-충재박물관 소장 고서목록과 해제』이다. 본서는 총 2부로 구성하였다.

제1부 봉화 닭실마을의 역사와 전통에 대하여 집중적으로 소개하였다. 닭실마을이 소장하고 있는 문화재를 집중 조명하였다. 특히 보물로 지정된 종가 소장 유물과 전적들과 靑巖亭을 포함한 건축물을 위주로 소개하였다. 또한 權橃이 16세기에 수집한 서적들의 수집경로를 탐색하는 논문을 실었다.

제2부 닭실마을이 소장하고 있는 고서들을 목록화하고 또 해제를 달았다. 이러한 연구는 한국 고전문헌 연구자뿐만 아니라 기타 서지문헌학 연구자들에게 연구의 영역을 넓혀주고, 또 연구방법과 패러다임을 확장하는데 도움이 되도록 심혈을 기울였다.

또한 본 연구팀이 주도하는 프로젝트는 단순한 판본 복원작업이 아니라 해제까지 곁들여 분석하는 작업이기에 이러한 작업이 완료되면, 우리의 고전문헌 연구에 상당히 寄與가 있을 것이라 확신하며 아울러 국문학, 한문학, 중문학자들의 비교문학적 연구에도 귀중한 자료가 될 것이라 사료된다. 동시에 이 책은 古書에 대한 총 목록 및 해제를 일목요연하게 볼 수 있는 것은 물론 기타 문화유산을 소개하는 홍보자료로도 그 일익을 담당할 것으로 예견된다.

이번 연구에 흔쾌히 협조를 해주신 닭실마을 권용철 님께 감사를 드리며, 출간에 협조해 주신 하운근 학고방 사장님을 비롯한 전 직원 여러분께도 감사를 드린다. 마지막으로 본서 1부의 계보도를 작성해준 배우정과 원고정리 및 교정에 도움을 준 제자 옥주에게 감사의 뜻을 전한다.

2019년 7월 7일

민관동·유승현

▌일러두기

1. 충재박물관과 충재 종가를 소개하는 내용은 冲齋先生博物館에서 2007년에 발행한 안내책자인 『忠節世鄕 닭실』을 토대로 필자가 보충하였으며, 본문의 표는 그것을 직접 사용하였다.
2. 충재박물관 소장 전적은 특별한 경우를 제외하고 1910년 이전에 간행된 서적을 위주로 하였으며, 필사본은 동일한 간본이 있는 경우에만 목록에 제시하였다.
3. 전적에 대한 해제는 주로 한국학중앙연구원과 규장각의 해제를 참고하였으며 따로 주를 달지 않았다.
4. 서명 뒤에 '*'를 첨가한 것은 본 연구팀의 민관동·유희준 공저한 『안동 군자마을의 문화유산-後彫堂 所藏 古書 目錄과 解題』(학고방, 2018)와 중복되는 서적이다. '*'의 표시가 있는 서적의 해제는 위의 책을 참고하였으며 따로 주를 달지 않았다. 또한 '*'의 표시가 있는 후조당에 소장된 판본은 '同一 書名 版本 所藏處'에서 따로 명기하지 않았다.
5. '同一 書名 版本 所藏處'는 異本까지 포함한 판본들을 제시하였고, 한국고전적종합목록시스템을 검색하여 정리하였다.

목차

第一部 봉화 닭실마을의 역사와 전통

第二部 冲齋博物館 문헌과 해제

닭실마을 조감도

第一部

봉화 닭실마을의 역사와 전통

1. 冲齋博物館과 닭실마을의 유래

冲齋博物館은 冲齋 權橃 종가의 유물을 보존 전시하는 박물관이다. 경상북도 봉화군 봉화읍 유곡리 963번지(冲齋길 42)에 위치해 있으며, 2007년 개관이후부터 지금까지 미등록 공립박물관으로 운영되고 있다. 현재는 보물 482점과 고려시대부터 근대시기까지의 기타 유물 등 총 10,000여점을 소장하고 있다.[1)]

충재박물관의 기원은 충재유물관에서 비롯되었다. 충재유물관은 최초 문중의 기금과 후손들의 성금이 주축이 되어 종가 경내에 건립되어 있었는데 대략 1987년 9월 시공하여 1988년 5월에 완공되었다.[2)] 유물관 건립으로 도난으로부터 안전하게 유물들을 지킬 수 있었고, 또한 관람객에게 소장유물을 보여줄 수도 있었다. 그러나 건립초기부터 주변의 전통건물에 비해 지나치게 큰 건물이 전체적인 공간의 조형미를 깬다는 비판이 있었으며, 항온·항습시설의 부재로 인해 유물의 손상이 지속되는 문제도 있었다.

충재박물관

1) 달실마을 冲齋종가(http://darsil.alltheway.kr/) 필자는 본 사이트에 冲齋博物館을 소개한 내용을 참고하였으며, 이하에서 그 내용을 인용하는 경우 따로 주를 달지 않는다.
2) 金東浘, 「冲齋遺物館 藏書 硏究」, 성균관대 정보문헌학과 석사학위 논문, 1992, 2쪽.

이러한 문제점으로 인해 2007년 청암정 뒤편에 새롭게 충재박물관을 지어 운영하고 있다. 충재박물관은 전시공간과 함께 수장고까지 갖추고 있어 유물의 전시와 보존이 가능하다. 그간 소장해온 유물의 체계적인 관리와 이를 이용한 교육프로그램을 개발하여 진행 중이다.[3] 박물관에서는 전통을 소재로 한 지역민 대상 각종 강좌 등을 시행하고 있고, 외지에서 온 관광객을 위한 전시와 체험 등에도 노력을 기울이고 있다. 또한 봉화군에서 파견해 주는 해설사들을 활용하여 매년 다양한 주제의 전시를 기획하고 있고, 학생들을 위한 각종 문화교육 프로그램의 진행에도 노력을 기울이고 있다.

충재박물관의 소장유물들은 모두 달실(닭실마을)의 형성과 함께 모이진 유물들로 약 484점의 보물을 비롯한 총 10,000여 점이 있는데, 대부분 이 마을의 종가에서 기탁한 것이며, 지금도 끊임없는 유물의 기증이 이어지고 있다. 현재 박물관의 운영은 봉화군의 위탁을 받아 사단법인 닭실문화유적보존회에서 하고 있다. 그리고 박물관의 바로 옆에는 우리나라에서 아름답기로 유명한 정자 '청암정'이 있어, 한국의 전통미를 느낄 수 있는 관광명소로 유명세를 타고 있다.

1) 安東權氏 略史

우리나라 최초의 족보인 『安東權氏成化普』는 1478년(明 憲宗 成化 12년, 朝鮮 成宗 7년)에 간행되었다. 여기에 시조로 기록된 인물이 權幸인데, 본래는 金幸으로 신라의 宗姓 慶州金氏였다고 한다. '金幸'은 고려의 왕건과 후백제의 견훤이 대결하는 '古昌 전투'에서 역사에 등장한다.

'견훤이 929년 12월 古昌(지금의 安東)에서 고려군 3,000명을 포위하자, 왕건은 직접 구원병을 이끌고 고창에 이르렀다. 견훤은 이미 고려군의 퇴로를 차단하기 위해 죽령을 봉쇄한 상태였다. 그리고 왕건은 3년 전 대구 公山의 桐藪 전투에서 견훤에게 참패한 이후 계속 수세에 몰리는 상황이었다. 그만큼 고창 전투가 갖는 의미가 컸다. 고려와 후백제 군사들이 서로 마주보며 진을 치고 대치하고 있을 때 왕건은 의외의 원군을 얻었다. 현지 지리에 밝은 고창군 城主 金宣平 등이 鄕軍을 이끌고 고려군에 합세한 것이다. 이들은 견훤이 927년 신라 55대 景哀王(재위 924~927)을 숨지게 한 것에 대해 앙갚음을 하고 싶었다. 격전 끝에 후백제 군사들은 퇴각을 거듭했다. 이 과정에서 후백제의 侍郞 金渥이 고려군에게 생포되고, 8,000여 명의 후백제군이 목숨을 잃었다.

3) 冲齋先生博物館, 『忠節世鄕 닭실』, 2007년.

결국 왕건이 고창 전투에서 승리하면서, 후삼국의 정세는 급변했다. 경상도 지역의 30여 개 군현과 溟州(지금의 강릉)에서 興禮府(지금의 울산)에 이르기까지 110여 개의 성이 고려에 항복했다고 《高麗史節要》는 기록하고 있다. 그리고 충청 일대에서도 30여 개의 성이 고려의 지배로 들어왔다. 또 신라계를 비롯한 각 지역 호족들이 가세하면서 왕건은 후삼국 통일의 기반을 다질 수 있었다. 반면 후백제는 고창 전투 패배 이후 급격히 동력이 상실된 데다 왕위 계승을 둘러싼 부자간 갈등까지 겹쳐 패망의 길을 걷게 된다.'[4]

金幸은 고창 전투에서 金宣平과 함께 왕건을 도와 승리를 하는 데 큰 역할을 담당하였다. 이 공로로 金幸은 왕건으로부터 '權'이란 성을 하사받고 '權幸'이 되었다. '당시에 국왕으로부터 賜姓의 혜택을 누리는 것은 커다란 영광이요, 자기의 세력권 내에서 실제로 권력을 행사할 수 있는 바탕이기도 하였다.……權幸은 大相이라는 관직을 제수 받고…그의 본향인 安東은 郡에서 府로 승격하였다.'[5]

신라 말기의 안동지방의 유력한 호족이었던 權幸은 수세에 몰린 王建을 도와 전세를 역전시키고 高麗의 建國에 지대한 도움을 주었다. 이렇게 安東權氏는 고려의 개국공신인 權幸으로부터 시작되었다. 신라시대부터 안동지방 통치의 임무를 담당하고 있었던 안동권씨 가문은 고려에 들어와서도 안동의 유력가문으로 위치가 굳건하였다.

제9대가 되는 權仲時 때까지 안동 지역에 머물러 있었지만, 그의 맏아들인 權守平이 수도에 올라가 고위직에 오름으로써 문벌가의 길을 열었다. 權仲時에게는 4명의 아들이 있었는데, 셋째인 權性源은 출가하였으므로 논외로 하고, 둘째인 權次平과 넷째인 權守洪은 지방에 머물렀다. 맏아들인 權守平은 재상급인 樞密院副使까지 올랐고, 후손들 여럿이 고관대작을 차지하며 집안이 크게 번성한다. 이 시기가 고려후기에 해당하는데, 權守平 계열은 중앙으로 진출하여 고위관료를 역임하였고, 權守洪 계열은 지방의 유력가문의 지위를 유지하였다.[6] 權幸 이후 10세에 이르러 樞密院副使를 지낸 權守平의 후손들은 樞密公派로 權守洪은 僕射公派로 파계하게 된다. 樞密公派의 파조인 權守平의 증손 權溥(1262~1346)는 대학자이자 정승까지 오른 인물이었을 뿐 아니라, 다섯 명의 아들과 세 명의 사위와 함께 한 집안에서 아홉 명이나 君으로 봉해지는 一家九封君의 명문을 이루었다. 또한 僕射公派의 파조인 權守洪의

4) 이근호·박찬수, 『한국사를 움직인 100대 사건』, 청아출판사, 2011. 110~111쪽.

5) 朴龍雲, 「安東權氏의 사례를 통해 본 高麗社會의 一斷面-'成化譜'를 참고로 하여」, 『歷史教育』제94집, 2005. 39~40쪽 참조.

6) 朴龍雲, 「安東權氏의 사례를 통해 본 高麗社會의 一斷面-'成化譜'를 참고로 하여」, 『歷史教育』제94집, 2005. 49~51쪽 참조.

아들 權子與는 檢校大護軍(從3品)에 이르렀고, 權守洪의 증손 權漢功은 중앙에서 각종 고위직을 역임하였는데, 僕射公派에 대해서는 뒤에서 다시 소개한다.

안동권씨는 고려시대에 안동에서 유력가문의 지위를 유지하는 계열도 있었고, 중앙에 진출해 고위직을 역임하는 계열도 있었다. 안동권씨 시조로부터 파계에 이르는 계보는 다음과 같다.

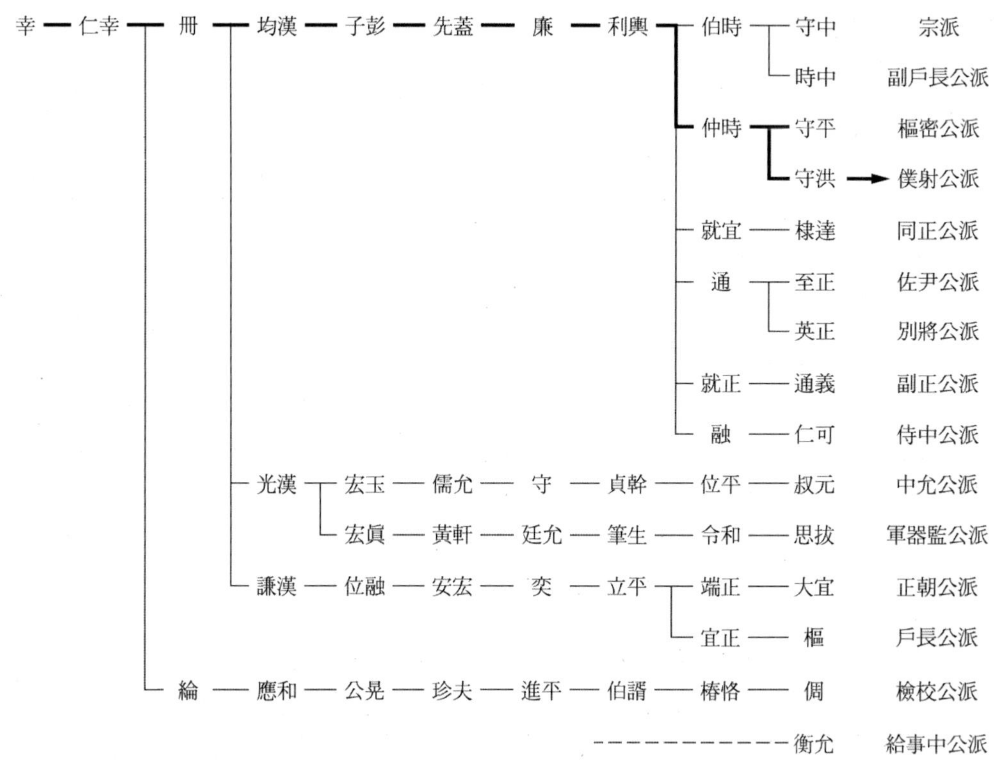

安東權氏 世系圖

안동권씨 가문은 조선조에 들어와서도 相臣 8명, 卿臣 70명, 文衡 3명, 湖堂 8명, 封君 70명, 功臣 88명, 諡號 61명을 배출하였고, 문과급제 359명을 내어 명문거족으로 이름을 떨쳤다. 뿐만 아니라, 益齋 李齊賢, 侍中 廉悌臣, 牧隱 李穡, 栢竹堂 裵尙志, 退溪 李滉, 松泉 崔興源, 鶴峯 金誠一, 敬堂 張興孝, 白沙 李恒福, 仙源 金尙容, 月沙 李廷龜, 晩沙 沈之源, 水村 吳始壽, 晩悔 趙師錫, 明齋 尹拯 등은 안동권씨의 사위들이었다. 또한 採薇軒 全五倫, 信齋 韓尙敬, 四佳 徐居正, 聾巖 李賢輔, 月川 趙穆, 睡翁 陸睦來善, 斗室 沈象奎 등은 외손이다. 文宗妃 顯德王后는 副正公派요, 德宗妃 昭惠王后와 孝宗妃 仁宣王后는 모두 안동권씨의 外孫이었다.

2) 닭실(酉谷) 權氏의 來歷

안동권씨 僕射公派는 다시 4개 파로 분파한다. 정승을 역임하고 呂泉府院君에 봉해진 權漢功(?~1349)의 맏아들 權仲達의 후손은 宗正公派가 되었고, 둘째아들 權仲和의 후손들은 總制公派가 되었다. 奉事公 權天生과 司宰公 權子侯의 후손이 榮州과 醴泉에 뿌리 내렸고 瑞州公 權時中의 後孫은 永川 佳上, 新寧 甲峴, 安東 佳日에서 기반을 다졌고, 또한 다른 少尹公 權錘, 直長公 權近中, 河陽公 權重의 後孫들은 山淸과 三嘉 等地에 分布하고 있다.

거슬러 올라가 僕射公派의 파조인 權守洪의 아들 權子輿의 둘째아들 權允平이 있었는데, 權允平의 증손인 禮儀判書를 지낸 權靷이 判書公派의 파조가 된다. 權靷이 僕射公派의 파조인 權守洪의 5세손이고 유곡의 입향조인 權橃의 5대조이다. 權靷은 1374년(공민왕 23) 문과에 급제하여 벼슬이 禮儀判書에 이르렀다. 조선 태조 때 漢城左尹에 임명되었으나 나가지 않고 경상북도 所夜村(지금의 안동시 서후면 교리)에 은둔하며 절의를 지켰다. 호를 松坡라고 했는데, 이것은 고려의 수도인 松都를 잊지 못함을 뜻한다. 判書公派는 중앙에 진출하지 않고 안동의 유력 재지사족으로 남아 있었으며, 安東 魯洞, 松夜, 鳴洞, 順興, 石南, 靑松 新漢, 安東 道村, 醴泉 渚谷, 奉化 佳邱, 酉谷 等地에 세거하였다. 안동권씨 복야공파가 판서공파로 넘어가는 계보는 다음과 같다.

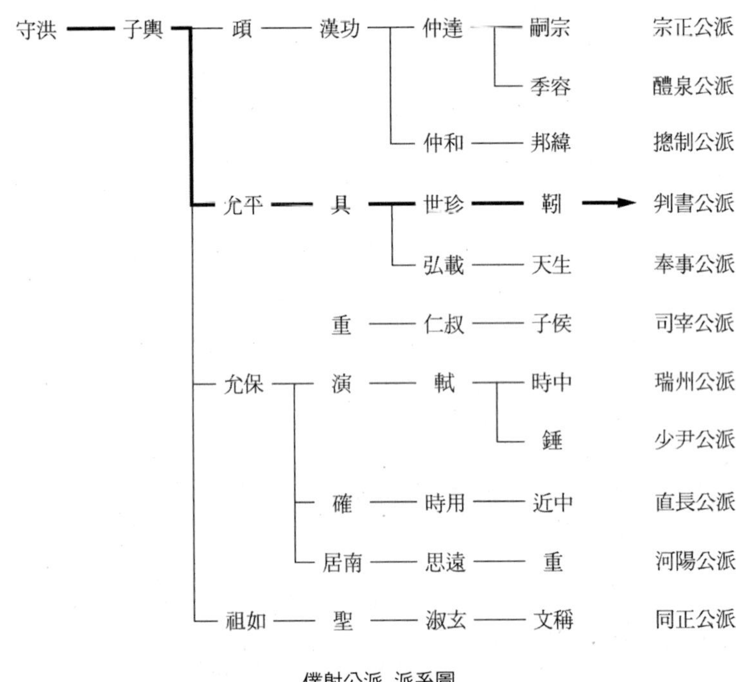

僕射公派 派系圖

判書公 權靷의 증손 權玠와 權琨은 世祖의 왕위 찬탈에 울분하여 고향에서 杜門不出하였다. 權玠는 河緯地의 조카 河源을 사위로 맞아 松坡에 함께 살았으며, 동생인 權琨은 權橃의 祖父로 안동 道村에 정착하여 유력 사족들의 모임인 友鄕契에 참여하여 향촌사회에 강력한 영향력을 행사하는 위치에 있었다. 權琨의 둘째아들이자 權橃의 아버지인 權士彬(1449~1535)은 坡平尹氏 尹塘의 딸을 처로 맞이하여 처가로부터 많은 재산을 받아 경제적 기반을 마련하였다. 尹塘은 세조를 반대하다 귀양살이를 하였으나 차남 尹汝弼은 중종반정공신 3등에 올랐고, 그의 딸이 중종의 왕비인 章敬王后가 되면서 坡平府院君이 되어서 尹塘 집안은 외척가문으로 성장하였다.[7)]

權士彬의 둘째아들인 權橃은 출생지인 道村에서 奈城 酉谷으로 이주하여 정착하는데 이때가 1520년이다. 權橃은 中宗 14年(1519) 己卯士禍가 일어나자 관직에서 물러나 이듬해인 1520年에 어머니 坡平尹氏의 묘소가 있는 닭실에 복거할 터전을 마련하였는데, 이곳은 외조부 司宰監主簿인 尹塘이 살았던 곳이다. 판서공파가 權橃 대에 이르는 과정의 계보는 다음과 같다.

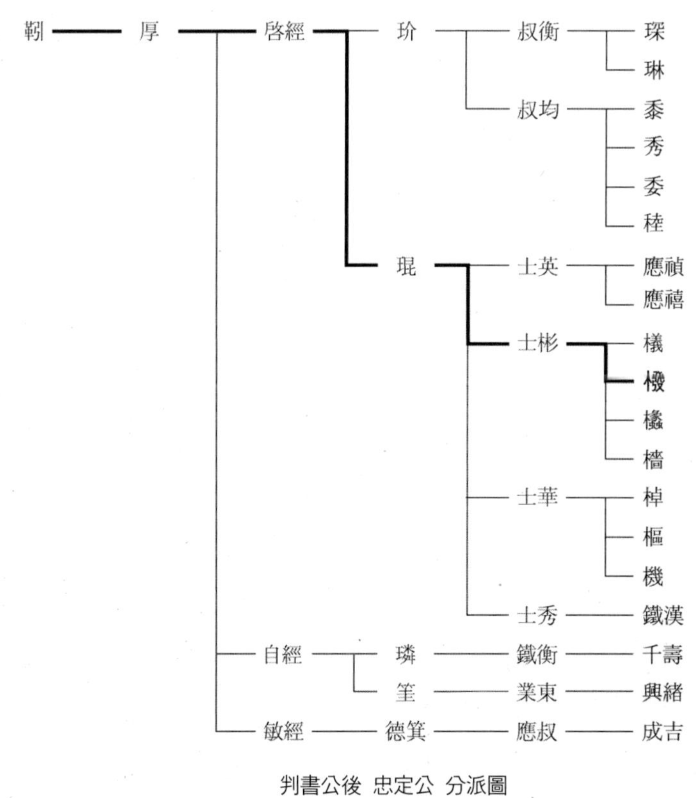

判書公後 忠定公 分派圖

7) 鄭民昊, 「16~17세기 경상도 奈城縣 酉谷 安東權氏 門中의 형성과정과 향촌활동」, 안동대학교 사학과 석사학위논문, 2014. 9~10쪽 참조.

3) 酉谷의 位置 및 自然

닭실마을(酉谷) 지역은 신라 때는 古昌郡에 속했고, 고려 忠惠王 때는 비로소 奈城縣이 되었으며, 조선시대에도 安東府 奈城縣에 속했다. 奈城縣은 조선 초기부터 坡平尹氏 일족의 田莊이었던 곳이다.[8] 李重煥(1690~1752)은 『擇里志』에서 奈城을 '깊은 두메이며 … 병란과 세상을 피해 살 만한 곳'[9]이라고 묘사하였다. 奈城縣은 16세기 초반부터 여러 사족들이 사화나 병란 등을 피해 이주하였는데, 특히 안동에 거주하던 사족의 이주가 많았다. 이 지역은 넓은 들판이 펼쳐져 있는 데다 낙동강 상류인 내성천이 관통하여 수전 경작에 유리한 지형적 요건을 갖추고 있었다. 또한 관개시설을 갖춘 촌락이 많아서 농지를 개간하기 적합했고, 17세기 초에 이르면 18개의 촌락이 형성되었다. 權橃이 정착한 유곡도 전형적인 배산임수 지역으로 관개에 유리한 지형을 갖추고 있었고, 權橃 일족은 농장을 개발하고 확대하여 향촌지배의 토대를 마련할 수 있었다.[10]

닭실마을은 奉化郡廳 所在地에서 동북으로 5리 지점에 위치한다. 동북으로 文殊山(1206m)이 屛風처럼 둘러있고 그 줄기가 서남으로 뻗어내려 白雪嶺이 되어 암탉이 알을 품은 듯 艮座坤向으로 자리 잡고 있으며, 동남으로 神仙이 옥퉁소를 불었다는 玉笛峯이 닭이 활개를 치는 듯한 모습을 하고 있다. 文殊山에서 發源한 昌坪川이 마을 앞을 감돌아 서쪽으로 흘러 新灘이 되고 또 한줄기 시내가 西北에서 흘러와서 마을 西南쪽에서 합류하여 石泉溪谷을 지나 合江에서 奈城川을 이룬다. 마을 西便 깎아지른 山上에서 바라보면 바로 '金鷄抱卵'의 形局을 볼 수 있는데, 이것이 바로 '닭실'이라는 이름이 붙어지게 된 유래이다. 이곳은 예로부터 慶州 良洞과 安東 川前 그리고 豊山 河回와 함께 '三南 四大吉地'라 칭해지는 명당이다. 白雪嶺 아래 宗宅이 있는 마을을 큰 마을(大村), 玉笛峯과 南山 밑에 있는 마을을 건너 마을, 송곳골(送花洞) 아랫마을을 陽地마을, 서북으로 가운데 마을(內酉谷 : 中村), 그 위로 구무고개(龜峴), 동남으로 沙幕洞, 동으로 吐日(卯谷)과 새마을(新村), 文峯 鄭惟一이 살았던 귀마을(隅村), 그리고 탑들(塔坪), 松生, 壽泉, 萩亭, 陽亭 등 동서 十里에 뻗친 마을을 통틀어 酉谷이라 한다. 또 해가 卯方에서 떠서 酉方으로 진다(日出於卯方, 日入於酉方)하여 동쪽 마을을 卯谷(吐日), 서쪽 마을을 酉谷이라고도 한다.

---

8) 한필원, 『종가의 멋과 맛이 넘쳐 나는 곳, 봉화 冲齋 權橃 종가』, 예문서원, 2011. 56쪽.

9) 李重煥 著, 李翼成 譯, 『擇里志』, 을유문화사, 1994. 64쪽.

10) 鄭民昊, 「16~17세기 경상도 奈城縣 酉谷 安東權氏 門中의 형성과정과 향촌활동」, 안동대학교 사학과 석사학위논문, 2014. 7~8쪽 참조.

마을에 대한 명소를 살펴보면, 山嶺으로는 文殊山, 玉笛峯, 白雪嶺, 艮岑, 扶輿峴, 南山, 寺峴, 子重臺, 重九臺, 平田丘, 松巖臺, 氷廳, 送花洞이 있고, 名勝古蹟으로는 光風臺와 霽月臺, 靑霞洞天, 寫字石, 菁霞窟, 白石梁, 石井, 砥柱巖, 飛龍瀑, 簑笠巖, 水沙尾, 彌樵桃泉, 큰재궁골(大齋舍洞 : 墳齋), 靑巖亭, 石泉精舍, 松巖亭, 瑞雪堂, 觀行堂, 羹牆閣, 三溪書院, 寒水亭, 忠定公神道碑, 三溪書院神道碑 등이 있다.[11]

2. 冲齋 權橃과 후손들

1) 冲齋 權橃

冲齋 權橃은 본관은 안동이고, 자는 仲虛이고 호는 冲齋·萱亭이며, 시호는 忠定이다. 연산 2년(1496) 진사시에 入格하고 중종 2년(1507) 문과에 급제하여 史官과 三司 및 承政院과 각 曹의 주요 요직을 두루 거쳤다. 고위관직에 재직할 때는 大義를 위해서 일신의 안위를 돌보지 않았는데, 이로 인해 己卯士禍와 乙巳士禍의 화를 연이어 입었다. 선비로서의 강직함과 격조를 간직했으며 평소 『近思錄』을 애독하여 經筵에서 進講까지 하였다. 특히 乙巳士禍 때는 주변의 만류를 뿌리치고 홀로 忠順堂의 文定王后에게 나아가 尹元衡을 위시한 小尹일파의 전횡과 무고하게 화를 입은 尹任·柳灌·柳仁淑 등을 구하는 논지의 주장을 강력히 피력하였다. 당시 올린 「忠順堂入對啓事」와 「論救三臣啓」는 그 내용이 충직하여 후세에 두고두고 회자되었다. 그러나 이 일로 인해 평안도 삭주로 유배되고 그곳에서 별세하였다. 명종 21년에 신원되어 관작이 복원되고 선조 때에 領議政에 추증되었고, 후에 三溪書院에 배향되었다.

2) 冲齋先生 年譜

成宗

• 9年(1478, 戊戌) 1세

11월 6일 卯時에 成均生員 權士彬과 坡平 尹氏 사이에 4男 1女 중 둘째로 출생.

---

11) 冲齋先生博物館, 『忠節世鄕 닭실』, 2007년. 6쪽.

• 18년(1487, 丁未) 10세
문장의 이치를 깨닫고 對句를 맞추어 사람들을 놀라게 하였다.
敎授公(權士秀)을 따라 奉化로 가다가 날아가는 기러기를 보고 '人北去雁南飛(사람은 북으로 가고, 기러기는 남으로 간다.'라고 글을 지었고 하루는 '聳'자의 뜻을 묻고는 '朝奉聳日消殘雪(아침 봉우리에 해가 솟으니 남은 눈이 사라지는구나.)'이라고 하자 敎授公이 기이하게 여겼다.

燕山君

• 2년(1496, 丙辰) 19세
進士試에 응시하여 2등 第15人으로 金禹瑞와 함께 合格하다.

• 5년(1499, 己未) 22세
和順 崔氏와 婚姻하다. 直長 世演의 딸이며, 贊成 文惠公 善門의 증손녀이자 圃隱 鄭夢周 先生의 外 5世孫이다.

• 10년(1504, 甲子) 27세
策文으로 大科에 及第하였으나 내시 金處善의 '處'자가 글 속에 있다하여 합격이 취소되었다.

中宗

• 2년(1507, 丁卯) 30세
4월 1일 別試文科 丙科 第2人으로 金淨과 함께 及第하여, 承文院副正字 從仕郞이 되다.
12월 藝文館 檢閱로 옮겼는데 이때의 기록인 『翰院日記』가 남아 있다.

• 3년(1508, 戊辰) 31세
4월 承仕郞으로 승급하다.
6월 奉敎 金希曾·金瑛, 待敎 尹仁鏡·鄭雄, 檢閱 文瓘·金希壽·蘇世讓과 함께 戊午士禍의 李克墩을 추죄하고 佔畢齋 金宗直의 伸寃을 奏請하다.
7월 잇달아 李克墩을 논계하다.
11월 待敎 通仕郞에 오르다.
12월 26일 承政院 注書에 제수되다. 이 시기의 기록인 『堂后日記』가 있다.

• 4년(1509, 己巳) 32세
7월 啓功郞에 승급하다.

9월 史官들과 함께 『燕山日記』를 편찬하다. 撰修廳契軸이 있다.

12월 務功郎에 제수되다.

• 5년(1519, 庚午) 33세

4월 弘文館 副修撰 知製敎에 승진하다.

10월 司諫院 正言 宣務郎에 임명되다.

11월 初2日 내수사에서 長利를 취하는 일과 國忌日에 절에 가서 제 올리는 일을 없애도록 청하다.

11월 22일 藝曹佐郎에 임명되었다가 곧 兵曹佐郎으로 옮겼다.

• 6년(1511, 辛未) 34세

1월 弘文館 副修撰이 되었다가 司諫院 正言으로 옮겼다.

初9日 동료들과 더불어 箚子를 올렸는데 姦孼들이 政事를 어지럽히는 일과 宗戚들이 백성의 魚田을 빼앗는 사례를 논하다.

2월 持平 李頻와 함께 高荊山과 黃衡이 재물을 탐내는 일과 상궁의 친족에게 분수에 넘치는 은총을 내리는 일을 논하다.

4월 弘文館 修撰에 임명되다.

5월 弘文館 副校理에 승진하다.

5월 24일 여러 동료들과 함께 7條疏를 올려 당시의 정치를 극도로 논박하였다.

6월 副提學 李世仁 등과 함께 李克墩의 직첩을 돌려주는 것이 잘못이라고 箚子를 올리다.

11월 이상한 災變이 일어나자 동료들과 함께 상소하여 몸을 닦고 스스로 반성하는 도리를 논하니 王이 承旨를 보내어 술과 고기를 하사하였다.

• 7년(1512, 壬申) 35세

4월 副提學 金世弼 등과 함께 못된 귀신에게 제사 지내지 말도록 청하였다.

閏5월 日本의 講和 요청을 허락하지 말도록 제청하였다.

11월 弘文館 동료들과 연명으로 昭陵(端宗 母后)의 復位를 간청하다.

• 8년(1513, 癸酉) 36세

1월 7일 弘文館 동료들과 昭陵 復位의 疏를 올리다.

1월 22일 經筵에 들어가 朝講을 하면서 재상을 잘 골라 써야 한다고 여쭙다.

2월 8일 經筵에 들어가 夕講을 마친 다음 金나라 世宗의 故事를 들어 우리 조정에서 인재등용에 다만 자격을 중시하는 것은 불편하다고 하였다.

3월 2일 校理 金正國·修撰 蘇世讓과 더불어 소릉 복위를 청하자 允許를 받았다.
4월 奉訓郎에 제수되다.
5월 司憲府 持平에 임명되다.
9월 兵曹佐郎에 제수되고 다시 司憲府 持平에 임명되다.
12월 9일 鄭莫介의 堂上階를 삭탈토록 계청하다. 柳子光의 勳籍을 국사에 추가하여 기록하지 말도록 계청하다.
12월 11일 鄭莫介의 사건을 논계하고 이어 모든 동료들이 이 즉시 논계하지 않았던 점을 들어 탄핵하다.

• 9년(1514, 甲戌) 37세
1월 여러 동료들과 柳子光·鄭莫介의 일을 논하다.
2월 吏曹正郎에 임명되다.
9월 外職을 구하여 永川郡守를 제수 받다. 金淨이 送別詩를 지어주다.

• 10년(1515, 乙亥) 38세
1월 晦齋 李彦迪이 永川郡의 書齋로 權橃을 찾아왔다. 餞送詩가 있다.
4월 아우 霽村公 檣, 文瑾과 文瓘 兄弟, 許瓚, 金一源과 더불어 醴川의 李耔를 찾아가 여러 날을 묵다.
윤4월 臨皐에 가서 鄭圃隱 先生의 비석 앞에 제사 지내다.
5월 李耔에게서 『近思錄』을 증정받으면서 詩 한 수도 함께 증정받다.
7월 왕께서 『大學演義補』를 하사하다.

• 12년(1517, 정축) 40세
3월 朝奉大夫로 승진하다.
10월 司憲府 掌令이 되었다가 곧 議政府舍人으로 옮겼다.
11월 다시 掌令에 임명되었다.

• 13년(1518, 戊寅) 41세
1월 15일 朝散大夫 成均館 司成에 승진하다.
5월 長子 權東輔가 출생하다.
5월 15일 通政大夫 承政院 右副承旨에 오르다.
8월 10일 어머니 尹氏 墓所에 가서 제사 지내고 외조부 主簿公(尹塘)의 묘소에 가서 제사 지내다.(봉화 유곡 선산에 위치하다.)

8월 14일 잔치를 베풀고 부친 議政公에게 잔을 바치다. 伯父 習讀公(權士英) 季父 教授公(權士秀)도 함께 모이셨다. 安東府使 李賢輔와 인근 고을 수령들이 많이 참석하였다.
8월 18일 金山 賀老村(현재 金泉市 陽川洞)에 이르러 장인이신 直長 崔公에게 문안 인사드리다.
8월 22일 아우 霽村公과 함께 嘉恩石窟과 曦陽山을 구경하다.
8월 27일 조정에 돌아오다.
9월 14일 殿講에 참석하고 魯山君(端宗)을 燕山君에게 입후하도록 계청하였다.
9월 25일 左承旨로 승진하다.
10월 5일 불시에 부름을 받고 經筵에 들어가 『近思錄』을 강연하다.
11월 12일 都承旨에 승진하고, 藝文館 直提學과 內醫院 提調를 겸직하다.

• 14년(1519, 己卯) 42세
1월 왕이 『近思錄』을 하사하다.
2월 皇甫公의 묘소에 비석을 세우다. 公의 諱는 仁이며, 冲齋의 母夫人 尹氏의 외조부로 영의정으로 있을때 世祖로부터 禍를 당하였다.
2월 15일 嘉善大夫 禮曹參判에 승진하다.
4월 동지중추부사를 제수받다.
4월 16일 아버지 나이 71세라는 이유로 고향에 돌아가 봉양하기를 啓請하여 允許받다.
6월 三陟府使를 제수받다. 金綠가 王勃이 藤華를 전송하며 쓴 詩를 써주다.
7월 社倉을 건립하여 백성들이 편리하도록 하다.
8월 『瀛奎律髓』를 하사받다.
9월 詩를 지어 李聾巖의 養老 잔치를 축하하였다.
11월 파면되어 고향으로 돌아왔다.
12월 趙靜菴의 부음을 받고 통곡하다.

• 15년(1520, 庚辰) 43세
1월 奪告身 3等罪를 받다.
이때 酉谷에서 살 땅을 잡다.
李耔에게 편지를 보내어 술을 삼가도록 충고하다.

• 16년(1521, 辛巳) 44세
金淨의 부음을 받고 통곡하다.(제주에서 賜藥을 받았다.)

• 20년(1525, 乙酉) 48세
7월 次子 東美가 출생하다.

• 21년(1526, 丙戌) 49세
봄에 집서쪽에 書齋를 짓고 冲齋라고 써서 명명하다. 일명 寒栖堂이라 했고 서쪽 바위위에 정자를 짓다. 처음에는 龜岩亭이라 했는데 바로 '靑巖亭'이다.
맏형 野翁公과 함께 白雲庵에 올라 서로 詩를 주고받았다.

• 24년(1529, 己丑) 52세
9월 아우 霽村의 죽음에 통곡하였다.

• 25년(1530, 庚寅) 53세
임금이 선생의 직첩을 되돌려 주도록 명하였다가 다시 환수토록 하였다.

• 26년(1531, 辛卯) 54세
3월 23일 부인 和順 崔氏가 세상을 떠났다.

• 28년(1533, 癸巳) 56세
3월 직첩을 환수받다.(15년만의 일이다.)
4월 龍驤衛 副護軍에 임명되다. 음성에 이르러 李耔를 찾아보다.
6월 密陽府使에 제수되다.
李退溪와 함께 慕齋 金安國을 利川에서 만나다.
陰城에 이르러 李耔를 만났는데 李延慶과 李氷이 함께 와서 만나다.
7월 密陽에 부임하여 학교를 세우고 백성을 사랑하다.(『密陽志』)
12월 李耔의 부음을 듣고 통곡하다.

• 29년(1534, 甲午) 57세
春陽縣에 山庄을 장만하다.

• 30년(1535, 己未) 58세
漢城府 左尹으로 부름을 받다.
9월 23일 부친이 세상을 떠나다.

• 32년(1537, 丁酉) 60세
11월 3년복을 마치자 충무위 상호군에 임명되다.
12월 다시 漢城府 左尹이 되다.

• 33년(1538, 戊戌) 61세

2월 慶尙道觀察使로 兵馬水軍節度使를 兼하다. 金慕齋와 金思齋 兄弟가 시를 지어 전송하다.

4월 圃隱 先生의 직첩에다 시를 지어 붙이고 그 자손을 돌보아 주다. 세금과 부역을 면제해 주도록 하다.

7월 同知中樞府事에 임명되다.

8월 刑曹參判에 임명되다.

9월 오위도총부 부총관을 겸직하다.

『文苑英華』를 하사 받다.

• 34년(1539, 己亥) 62세

2월 28일 兵曹參判에 임명되다.

6월 資憲大夫漢城府判尹에 승진하다.

7월 知中樞府事에 임명되어 改宗系奏請使로 燕京에 가다. 이때의 기록인『朝天錄』이 있다.

閏7월 17일 잔치를 하사받다.

閏7월 27일 임금께 하직인사를 드리다. 金慕齋가 시를 지어 전송하다.

閏7월 28일 坡州에 이르러 皇甫公의 묘소에 참배하다

10월 19일 皇城(燕京)에 到着하다.

• 35년(1540, 庚子) 63세

1월 漢城府判尹 兼 同知春秋舘事에 임명되다.

2월 24일 皇帝의 勅書를 받아 朝廷으로 돌아오다.

正憲大夫로 승진되고 토지와 노비를 하사받다.

4월 知經筵과 都摠府都摠管을 兼하다.

임금이『棠陰比事』를 하사하다.

4월 16일 兵曹判書에 임명되다.

5월 知中樞府事 兼 五衛都摠府都摠管에 옮겼다가 곧 漢城府判尹 兼 知春秋館事에 임명되고 禮曹判書가 되다.

6월 世子右賓客을 兼하다.

11월 議政府 左參贊 兼 世子左賓客이 되다.

12월 知中樞府事 兼 五衛都摠府都摠管과 世子左賓客을 兼하다.

• 36년(1541, 辛丑) 64세

2월 議政府左參贊 兼 世子左賓客이 되다.

5월 禮曹判書가 되다.

6월 知義禁府事를 兼하다.

7월 동대문 밖에 거처할 집을 짓다.

• 37년(1542, 壬寅) 65세

8월 議政府左參贊 兼 知義禁府事, 世子右賓客 五衛都摠府都摠管에 제수되다.

• 38년(1543, 癸卯) 66세

6월 『朱子大全』을 하사받다.

8월 『大學衍義』를 하사받다.

8월 24일 生員 進士試의 考試官이 되다.

11월 18일 殯殿都監이 되다.

12월 議政府左參贊 兼 知經筵事에 임명되다.

• 39년(1544, 甲辰) 67세

봄에 『朱子大全』을 校正하다.

11월 15일 中宗이 昇遐하다.

11월 16일 大提學 成世昌·吏曹判書 申光漢과 함께 中宗의 行狀撰述廳 堂上이 되다.

仁宗

• 元年(1545, 乙巳) 68세

5월 崇政大夫議政府右贊成 兼 知經筵 判義禁府事에 임명되다.

7월 1일 仁宗大王 昇遐.

7월 6일 明宗 卽位. 특명에 의하여 院相이 되다.

7월 7일 尹元老를 귀양보내도록 合啓를 올리다.

7월 23일 여러 大臣 등과 함께 殯廳에서 仁宗大王의 行狀을 정리하다.

7월 25일 여러 대신들과 더불어 당시의 절박한 政務를 10條目으로 만들어 차례로 여쭈었다.

8월 22일 忠順堂에 들어가 尹任·柳灌·柳仁淑을 구하려고 아뢰다.

8월 23일 兵曹判書에 임명되다.

8월 24일 白仁傑의 罪를 伸救하려고 論啓하고자 하다.

8월 26일 대궐에 들어가 혼자서 啓를 올려 尹任·柳灌·柳仁淑을 구하고자 하다.

8월 28일 院相을 그만 두라는 명령이 내리다.

10월 9일 모든 직책에서 파면되어 고향으로 돌아오다.

明宗

• 2년(1547, 丁未) 70세

9월 良才驛壁書事件이 일어나자 朔州로 流配되다.

林亨秀의 부음을 듣고 목이 쉬도록 통곡하였다. -『東閣雜記』

• 3년(1548, 戊申) 71세

2월 14일 安命世가 국사를 기록한 일로 죽음을 당하나.

3월 26일 유배지 朔州에서 세상을 떠나다.

5월 11일 고향 酉谷마을에 장사지내다.

• 21년(1567, 丁卯)

10월 三公의 계사에 따라 모든 작위가 다시 내리다.

12월 慶尙道觀察使 朴啓賢이 狀啓를 올려 포상하시도록 청하자 允許가 내리다.

宣祖

• 元年(1568, 戊辰)

2월 大匡輔國崇祿大夫議政府左議政 兼 領經筵 監春秋舘事에 贈職되다.

• 2년(1569, 己巳)

6월 行狀이 완성되다. 退溪 李滉이 지었다.

• 3년(1570, 庚午)

5월 6일 忠定公의 諡號가 내리다.

• 21년(1588, 戊子)

士林의 발의로 沙峴里에 서원을 세우다.

• 24년(1591, 辛卯)

光國勳으로써 大匡輔國崇祿大夫 議政府領議政 兼 領經筵弘文舘藝文舘春秋舘觀象監事에 贈職되고 「光國原從一等功臣錄券」을 하사받다.

• 25년(1592, 壬辰)

親盡不祧(不遷位)하라는 命을 받다.

三溪書院의 廟宇가 완성되다.

• 34년(1601, 辛丑)
9월에 位牌를 書院에 奉安하다.

仁祖

• 1년(1623, 癸亥)
神道碑를 세우다. 思庵 朴文忠公이 일찍이 碑文을 지었는데 뒤에 先生이 領議政에 贈職되자 愚伏 鄭經世가 다시 지었다.

顯宗

• 원년(1660, 庚子)
三溪書院이란 현판을 내리고 禮官을 보내 祭祀를 지내도록 하였다.(賜額書院)

英祖

• 6년(1746, 丙寅)
9月 임금이 先生의 『袖珍近思錄』 책자를 예람하고, 새로 간행한 『近思錄』 한 질을 하사하며 特旨도 함께 내렸다.

正祖

• 18년(1794, 甲寅)
8月 선생의 『袖珍近思錄』과 영조가 하사한 『近思錄』을 함께 예람하고, 『心經』 한질을 더하여 하사하며 「御製序文」을 지어 함께 내렸다.

哲宗

• 2년(1851, 辛亥)
8月 경상도 유생들(疏首 : 鄭光根)이 연명으로 文廟에 선생의 神主를 모셔 제사지낼 수 있도록 청원하였다.

• 4년(1835, 癸丑)
경기·충청·강원 3도의 유생들(疏首 : 進士 沈東簊)이 다시 상소하여 문묘에 선생의 神主를 모셔 제사지낼 수 있도록 재차 청원하다.

高宗

- 20년(1883, 癸未)
  경상도 유생 金億銖 등이 상소하여 문묘에 선생의 신주를 모셔 제사지낼 수 있도록 또 다시 청원하였다.

3) 名賢들의 冲齋 先生에 對한 人物評

- **鄭光弼**(1462~1538) : 죽음의 어려움이 있더라도 가히 빼앗을 수 없는 절의(有死難 不可奪之節) - 思庵 朴淳이 지은 碑銘
- **宋麟壽**(1487~1547) : 권공은 재상 중에 참 재상이다.(圭菴 宋麟壽 論當世人物云 權公 宰相中 眞宰相也) - 退溪가 지은 行狀 『海東雜錄』
- **李浚慶**(1499~1572) : 덕행이 순수하고 충성이 함께 지극하였다.(德行純綈 忠誠俱至) - 『乙巳錄』
- **李滉**(1501~1570) : 용모가 빼어나고 풍신이 秀明하고 도량이 넓고 컸으며 성품이 검소하여 사치하지 않았으며 지위가 올라가도 쓸쓸함이 가난한 선비와 같았다.(公方姿偉度 風神秀明 器局峻整 惟儉素 不爲華靡事 位至顯而自奉蕭然 若寒士)
- **朴淳**(1523~1589) : 멀리서 바라보면 씩씩하고 점잖으며 가까이 대하면 자상하고 온화한 성품이었다. 일이 일어나기 앞서 사람을 구하려 하였고 그 변고가 허공의 구름보다 더 할 때에 자신의 안전을 잊고 위험을 무릅썼으니 그 의리는 진실로 秋霜보다 더 위품이 있고 당당하였다.(望之儼然 卽之則溫性 先事而救人 其變 未定於空雲 忘身犯難 其義實凜於秋霜) - 冲齋의 碑銘
- **李珥**(1536~1584) : 權橃은 사직을 지킨 신하입니다. 그가 계를 올리며 쓴 말은 밝기가 별이나 해와 같았습니다.(權橃社稷之臣也 書啓之辭 皎如星日) - 「玉堂論刻」
- **尹根壽**(1537~1616) : 천품이 순수하고 아름다우며 德은 강함과 부드러움을 갖추었다. 풍신이 빼어나고 의도가 준엄하였다. 동료들은 거룩한 기국에 탄복하였고 후학들은 검약한 지조를 흠모하였다.(稟專粹美 德備剛柔 風神秀朗 儀度峻凝同濟服 弘緯之器 後學欽 儉約之操) - 太常諡證, 『大東野乘』
- **鄭逑**(1543~1620) : 학문과 행실이 순수하고 독실하여 道와 義를 스스로 힘쓴 분이다. (學行純篤 道義自勗) - 「請從祀聖廡疏端」
- **鄭經世**(1563~1633) : 평소에는 화기가 훈연하여 비록 천한 노복이라도 은덕으로 대했다. 그

러나 국가의 대사나 사변에 관한 일에 임하게 되면 의로운 빛이 얼굴에 드러났고, 앞장서서 일을 맡았으니 비록 孟賁·夏育 같은 용사라도 공의 결단력을 따르지 못할 것이다.(平居和氣薰然 雖庸人賤隷 皆待以恩厚乃至 臨大事 處大變 則義形于色 直前擔當 有雖賁·育莫能奪者) - 沖齋碑銘

- **申欽**(1566~1628) : 선배들의 을사사화의 일을 논평하기를 그 당시 일이 일어날 기미를 알고 나라를 떠난 사람은 金河西요, 바른 말로 과감하게 간한 사람은 白省齋요, 대신의 기품을 보여 준 사람은 權贊成이다. 아! 위대한분들이로다.(先輩嘗論乙巳事日 其時見幾 而作者 一人日 金河西麟厚 直言敢諫者 一人曰 白省齋仁傑 得大臣風者 一人日 權贊成橃 嗚呼偉哉) -『桑村集』
- **許穆**(1595~1682) : 이치에 밝고 의리가 곧아서 그 가르침이 백대에 걸친다. (理明義直 敎立乎百代) 권충정공은 厚德과 大節로 유림학사들이 尊慕하지 않는 이가 없고 또 계속해서 오래 될수록 잊혀지지 않는다.(權忠定公 厚德大節 儒林學士 莫不尊慕之不已 愈久而不忘者也) -『眉叟記言』
- **鄭太和**(1602~1673) : 을사년에 보여준 절의는 제일인자였던 것으로 나타나 있습니다. (乙巳立節 最爲表著云矣) - 孝宗 10年 記事
- **宋時烈**(1607~1689) : 충순당에 나아가 보여준 기상과 절의는 靑天白日과 같다. (忠順堂入對之日 其氣節卓立 不啻若靑天白日矣) - 孝宗 10年 記事

4) 權橃의 후손

入鄕祖 權橃이 乙巳士禍에 연루되어 파직당하고 유배지에서 사망하자 그의 아들 대에서는 현달한 인물을 배출하지 못하였다. 그런데 權橃의 맏아들 權東輔와 지역 사림들의 노력으로 1567년 관작이 회복되었고, 이듬해에는 좌의정으로 추증되고 후에는 영의정에 추증되었으며, 1572년에는 忠定이라는 시호까지 받게 되었다. 이를 기반으로 그의 후손들은 음직 등을 역임하였고, 또한 향촌사회를 선도하는 위치를 점할 수 있었다.

그 후로도 그의 자손들은 인근의 유력 재지사족들과 혼인을 통해 사회 경제적 기반을 마련하고 세력을 확장해나갔다. 또한 다수의 과거합격자를 배출함으로써 안동의 명문가 반열에 올랐다.[12] 酉谷은 嶺南地方에서 '文筆의 마을'이라는 명성을 얻었다. 천하를 놀라게 할 재주를 가졌으면서도 조상의 명예를 가릴까봐 나타내지 않고 혹은 형제들에게 양보하고 혹은 글을 쓰지 않았다고 한다. 후대에 문집과 유고를 남긴 인물이 90여 명이나 된다. 특히 주옥같은 詩 300여 편을 남긴 權橃의 증손인 白雲子 權尙遠과 그의 아우 水雲子 權商明은 당대 名人인 澤堂 李植·北渚 金瑬·鶴沙 金應祖·白沙 尹暄·杜谷 洪宇定 등과 교유하였다. 5대손에 이르러 이른바 二十八斗라 하여 斗字 行列 28명이 道學과 文筆로 크게 문명을 떨쳤다.

西谷에는 6奇라 하여 다음 인물을 꼽는다.

荷塘之文　: 5代孫 權斗寅의 文章.
蒼雪齋之詩 : 5代孫 權斗經의 詩.
大拙子之筆 : 5代孫 權斗應의 筆.
江左之才　: 6代孫 權萬의 재주.
平庵之忠　: 7代孫 權正忱의 忠.
松館子之畵 : 7代孫 權正敎의 그림.

그밖에 瑞雪堂 斗翼, 逸老堂 斗光, 松沙 斗緯, 晴沙 斗紀, 西巖 斗紘, 德圓 著, 無爲齋 業, 靜默堂 谨, 陶漁齋 正始, 小山 正宅, 春浦 正雄, 五斯翁 思儼, 信天齋 思潤, 存信齋 思聞, 弦窩 應度, 士雅 文度, 晶山 載大, 茶山 載鈺, 西圃 載成, 修撰 載喆, 退逸 泳夏, 頤齋 璉夏, 鵝山 行夏, 二山 好淵, 霞石 魯淵, 星臺 世淵, 素虛 玉淵, 素谷 項淵, 靜山 相元, 省齋 相翊, 蔡山 相圭, 玉田 相用, 楠皐 一變, 春樊 命變에 이르기까지 많은 인물이 배출되었다.

權橃 이후 5대손까지의 계보는 맏아들 權東輔와 둘째아들 權東美 둘로 나누었는데, 계보는 다음과 같다.

12) 鄭民昊, 「16~17세기 경상도 奈城縣 酉谷 安東權氏 門中의 형성과정과 향촌활동」, 안동대학교 사학과 석사학위논문, 2014. 10~11쪽 참조.

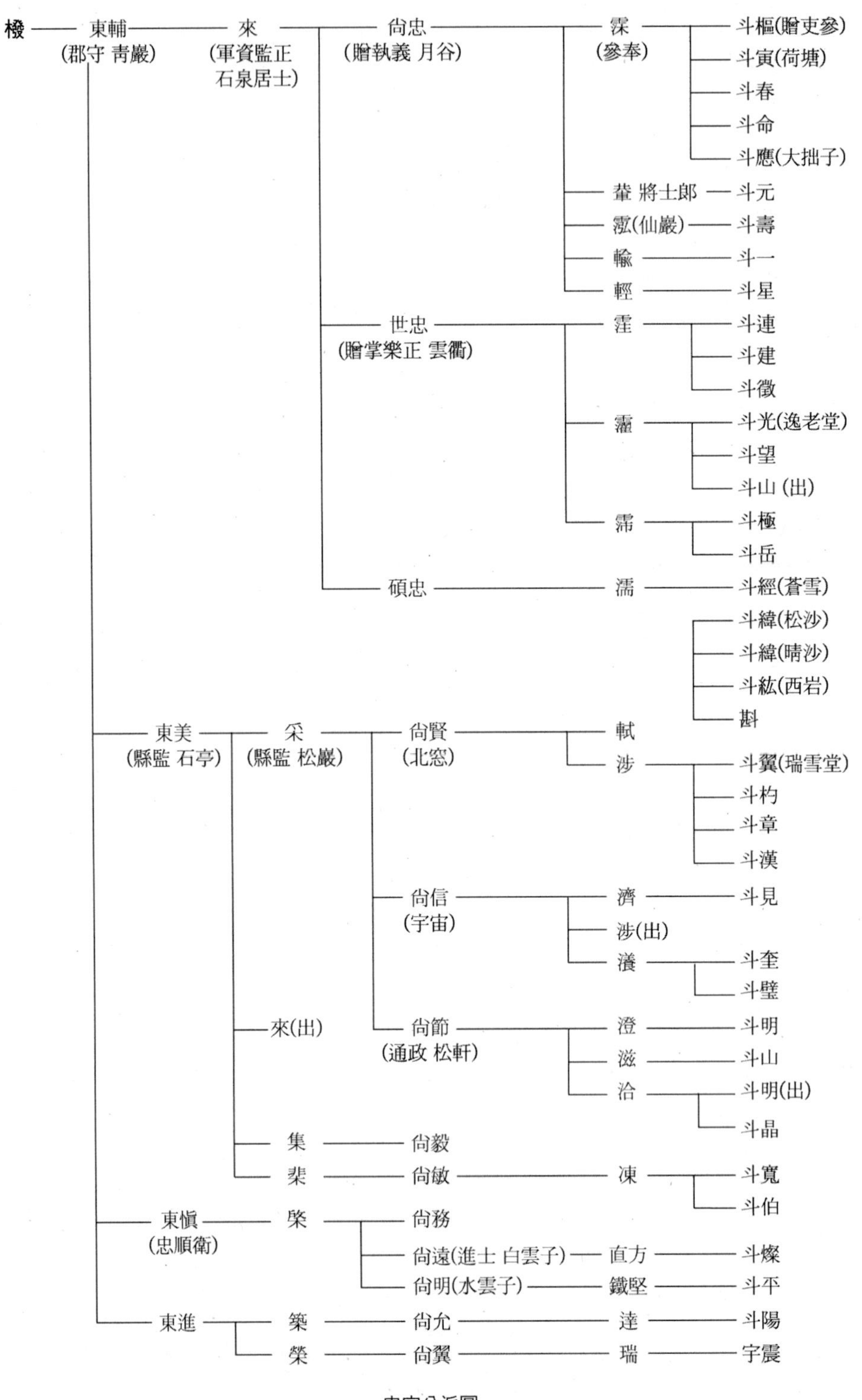
檖
東輔
(郡守 靑巖)
來
(軍資監正
石泉居士)
尙忠
(贈執義 月谷)
霂
(參奉)
斗樞(贈吏參)
斗寅(荷塘)
斗春
斗命
斗應(大拙子)
輂 將士郎
斗元
霳(仙巖)
斗壽
輸
斗一
輕
斗星
世忠
(贈掌樂正 雲衢)
霔
斗連
斗建
斗徵
霱
斗光(逸老堂)
斗望
斗山 (出)
霈
斗極
斗岳
碩忠
濡
斗經(蒼雪)
斗緯(松沙)
斗緯(晴沙)
斗紘(西岩)
斟
東美
(縣監 石亭)
采
(縣監 松巖)
尙賢
(北窓)
軾
涉
斗翼(瑞雪堂)
斗杓
斗章
斗漢
尙信
(宇宙)
濟
斗見
涉(出)
瀁
斗奎
斗璧
來(出)
尙節
(通政 松軒)
澄
斗明
滋
斗山
洽
斗明(出)
斗晶
集
尙毅
棐
尙敏
湅
斗寬
斗伯
東愼
(忠順衛)
槃
尙務
尙遠(進士 白雲子)
直方
斗燦
尙明(水雲子)
鐵堅
斗平
東進
築
尙允
達
斗陽
榮
尙翼
瑞
宇震

忠定公派圖

(1) 歷代 文科 及第者

姓 名	生存年代	字	號	謚	及第年月日	官
權 橃	1478~1548	仲虛	冲齋 松亭	忠定公	중종2년 정묘(1507.4.1) 增廣試	贊成,贈領相
權 霔	1627~1677	德雨	南溪		숙종2년 을묘(1675.5.18) 式年試	學論,贈注書
權斗紀	1659~1722	叔章	晴沙		숙종22년 병자 (1696.12.6) 式年試	佐郎, 正言, 持平
權斗經	1654~1725	天章	蒼雪齋		숙종36년 경인(1710.5.15) 增廣試	正郎, 縣監, 正言,修撰
權斗紘	1668~1717	小章	西巖		숙종39년 계사(1713.10.7) 增廣試	宣略將軍, 副正字
權一夔	1683~1722	堯卿	恥庵		경종1년 신축(1721) 增廣試	副正字
權 萬	1688~1749	一甫	江左		영조1년 을사(1725.10.27) 增廣試	正郎, 郡守, 贈吏曺參議
權 萬	〃	〃	〃		영조22년 병인(1746.윤3.13) 重試	〃
權正忱	1710~1767	子誠	平庵	忠憲公	영조33년 정축(1757.9.6) 庭試	說書, 贈內大弘文學士
權文度	1740~1807	士雅			정조4년 경자(1780.3)式年試	察訪, 正言 正朗, 持平
權泳夏	1810~1879	聖游	退逸		철종1년 경술(1850.5.10) 增廣試	兵曹參判
權魯淵	1825~1878	聖源	霞石		철종6년 을묘(1855)庭 試	承旨
權好淵	1824~1865	希顔	二山		철종10년 기미(1859.3.20) 增廣試	正言, 持平
權載喆	1826~1884	致雲			고종6년 기사(1869) 庭試	修撰
權魯淵	1825~1878	聖源	霞石		고종13년 병자(1876) 重試	承旨
權玉淵	1839~1900	景德	素虛齋		고종29년 임진(1892) 別試	侍讀, 正言, 校理

(2) 歷代 司馬試(生員·進士) 入格者

姓名	生存年代	字	號	官	著書
權 橃	1478~1548	仲虛	冲齋, 松亭	贊成, 贈領相	冲齋文集
權東輔	1518~1592	震卿	青巖	郡守	巖泉世稿
權東美	1525~1585	子休	石亭	縣監	〃
權 采	1557~1599	公亮	松巖	縣監	〃
權 來	1562~1617	樂而	石泉	軍資監正	〃
權尙載	?	德輿			文集
權尙遠	1591~	遠游	白雲子		白雲子集
權碩忠	1606~1634	大老	石溪		追遠錄

姓名	生存年代	字	號	官	著書
權斗寅	1643~1719	春卿	荷塘	正朗, 縣監	荷塘文集
權斗經	1654~1725	天章	蒼雪齋	正朗, 縣監, 正言, 副修撰	蒼雪齋文集, 溪門諸子錄, 退陶言行錄
權斗緯	1656~1732	仲章	松沙		通書正蒙, 皇極諸書衍義
權斗紀	1659~1722	叔章	晴沙	佐郎, 正言, 持平	晴沙文集
權斗山	1676~1730	士昂	竹軒		遺稿
權 莆	1681~1715	孝祥	謙窩		遺稿
權 葎	1682~1712	蔓仲			性理文, 輓祭哀辭錄
權 穫	1684~1757	先卿	西水		遺稿
權正泰	1686~1740	通卿	訥庵		訥庵文集
權 蒾	1688~1726	述夫	靜默堂		稽古篇
權 萬	1688~1749	一甫	江左	正朗, 郡守,贈吏曹參議	江左文集, 弘範策, 易說
權 縕	1689~1778	景輝	松隱	同樞	遺稿
權 蓍	1690~1751	昌言	琅玕軒		文集
權正泰	1686~1740	通卿	訥庵		文集
權正始	1692~1765	愼仲	陶漁齋		文集
權正宅	1706~1765	士安	小山	縣監	文集
權正沈	1710~1767	子誠	平庵	說書, 贈直提學	文集
權正明	1711~1763	平卿	白陽		遺稿
權正方	1712~1784	直卿			遺稿
權正欽	1713~1787	子敬	艮嵒		遺稿
權正兢	1725~1757	英卿	一齋		遺稿
權正術	1744~1770	愼初	淸寡齋		遺稿
權思潤	1732~1803	德功	信天齋	敎官, 參奉	文集
權思浩	1733~1806	其天	酉暘	正朗, 縣監	實記
權思聞	1734~1800	幼聞	存身齋		文集
權思晦	1741~1810	孟華	巷南, 五長子		文集
權思浹	1753~1832	士善	醉竹		遺稿
權思永	1757~1822	孝則	可以軒		遺稿
權應度	1737~1793	伯審	弦窩	參奉	遺稿, 石泉誌
權凝度	1760~1790	成汝	靜齋		遺稿

姓名	生存年代	字	號	官	著書
權大度	1755~1847	應一	櫟窩		遺稿
權墓度	1767~1831	德叟			遺稿
權身度	1758~1851	聖爲	六有齋		遺稿
權弘度	1789~1849	君穆	素隱		遺集
權邦度	1798~1876	大而	蠹窩		孝悌集, 忠定公內外子孫錄
權瞔度	1807~1858	而重	葛陰		遺稿
權然度	1824~1912	後知	石霞		遺稿
權載大	1778~1859	汝車	晶山	工曹參判	遺集
權載成	1778~1838	聲遠	西圃		西圃文集
權載鈺	1783~1852	文相	茶山	參奉	遺稿
權載弘	1784~1835	孟遠	竹窩		遺稿
權載綸	1785~1844	聖能	疎軒		遺稿
權載爀	1805~1873	景圓	石棲		遺稿
權載珽	1813~1877	楷玉	楚庵		遺稿
權載璞	1816~1895	玉汝	止庵		遺稿
權載達	1859~1940	亨五	大漁齋		遺稿
權命夏	1792~1856	叔欽	氷皐		遺稿
權承夏	1807~1890	允華	杞泉		杞泉文集
權章夏	1810~1874	堯卿	玉圃		遺稿
權璉夏	1813~1896	可器	頤齋	都正	頤齋文集
權啓魯	1813~ ?	景曾	太林		遺稿
權行夏	1815~1855	時中	鵝山		遺稿
權宗夏	1823~1862	漢朝	西瀾		遺稿
權圭夏	1824~1865	玄錫	雲坡		遺稿
權養夏	1847~1909	陽叟	玉潤		遺稿
權秉淵	1810~1874	仲心	矩齋		遺稿
權重淵	1830~1883	士濬	月室		文集, 千字勸學文, 社約集錄
權福淵	1832~1872	元吉	可菴		遺稿
權世淵	1836~1879	祖源	星臺	參奉	遺稿
權玉淵	1839~1900	景德	素虛齋	校理	遺稿

姓名	生存年代	字	號	官	著書
權命淵	1843~1922	世潤	花陰		文集
權祺淵	1844~1893	涵吉	弘毅庵		遺稿
權時淵	1845~1921	景博	九隱		遺稿
權敦淵	1845~1920	禮謙	遯庵	都事	遺稿
權啓淵	1852~1924	子健	晦窩		遺稿
權石淵	1861~1917	汝衡	雪樵		遺稿
權國淵	1863~1922	子憲	石坡		石坡文集
權瑾淵	1866~1951	應一	蒼浪子		遺稿
權喆淵	1874~1951	聖吉	惺庵		文集
權頊淵	1880~1959	子愼	素谷		素谷集, 國家變革史
權相琦	1841~1891	擎日	竹屋		遺稿
權相文	1850~1931	穆如	海蒼	郡守, 府尹	海蒼日稿
權相璣	1853~1927	璣玉	碧梧		遺稿
權相翰	1853~1934	冲逸	艮隱		艮隱集
權相衡	1854~1894	君保			遺稿
權相元	1862~1945	舜八	靜山		遺稿
權相翊	1863~1934	贊粹	晴山, 省齋		省齋文集
權相益	1867~1954	舜謙	漱石軒		遺稿
權相華	1870~1906	舜協	惺山		惺山文集
權相圭	1874~1966	致三	蔡山, 忍庵		文集
權相用	1881~1956	殷弼	玉田		玉田文集
權相經	1890~1955	正夫	石堂		文集
權一燮	1881~1974	會汝	楠皐		楠皐文集
權命燮	1885~1949	性厚	春樊		春樊文集
權東煥	1894~1965	德陽			遺稿
權中煥	1895~1982	允極	聽觀		文集
權魯燮	1899~1946	悳夫	一軒		文集
權　璛	1917~2003	孔肅	寬齋		寬齋文集

(3) 文集·遺稿

姓名	生存年代	字	號	官	著書
權 橃	1478~1548	仲虛	冲齋, 松亭	贊成, 贈領相	冲齋文集
權東輔	1518~1592	震卿	青巖	郡守	巖泉世稿
權東美	1525~1585	子休	石亭	縣監	〃
權 采	1557~1599	公亮	松巖	縣監	〃
權 來	1562~1617	樂而	石泉	軍資監正	〃
權尙載	?	德輿			文集
權尙遠	1591~	遠游	白雲子		白雲子集
權碩忠	1606~1634	大老	石溪		追遠錄
權斗寅	1643~1719	春卿	荷塘	正朗, 縣監	荷塘文集
權斗經	1654~1725	天章	蒼雪齋	正朗, 縣監, 正言, 副修撰	蒼雪齋文集, 溪門諸子錄, 退陶言行錄
權斗緯	1656~1732	仲章	松沙		通書正蒙, 皇極諸書衍義
權斗紀	1659~1722	叔章	晴沙	佐郎, 正言, 持平	晴沙文集
權斗山	1676~1730	士昻	竹軒		遺稿
權 莆	1681~1715	孝祥	謙窩		遺稿
權 葎	1682~1712	蔓仲			性理文, 輓祭哀辭錄
權 檴	1684~1757	先卿	西水		遺稿
權正泰	1686~1740	通卿	訥庵		訥庵文集
權 逑	1688~1726	述夫	靜黙堂		稽古篇
權 萬	1688~1749	一甫	江左	正朗, 郡守, 贈吏曹參議	江左文集, 弘範策, 易說
權 蘊	1689~1778	景輝	松隱	同樞	遺稿
權 奢	1690~1751	昌言	琅玕軒		文集
權正泰	1686~1740	通卿	訥庵		文集
權正始	1692~1765	愼仲	陶漁齋		文集
權正宅	1706~1765	士安	小山	縣監	文集
權正沈	1710~1767	子誠	平庵	說書, 贈直提學	文集
權正明	1711~1763	平卿	白陽		遺稿
權正方	1712~1784	直卿			遺稿
權正欽	1713~1787	子敬	艮嵒		遺稿
權正兢	1725~1757	英卿	一齋		遺稿
權正衕	1744~1770	愼初	清寡齋		遺稿
權思潤	1732~1803	德功	信天齋	教官, 參奉	文集

姓名	生存年代	字	號	官	著書
權思浩	1733~1806	其天	酉暘	正朗, 縣監	實記
權思聞	1734~1800	幼聞	存身齋		文集
權思晦	1741~1810	孟華	巷南, 五長子		文集
權思浹	1753~1832	士善	醉竹		遺稿
權思永	1757~1822	孝則	可以軒		遺稿
權應度	1737~1793	伯審	弦窩	參奉	遺稿, 石泉誌
權凝度	1760~1790	成汝	靜齋		遺稿
權大度	1755~1847	應一	櫟窩		遺稿
權墓度	1767~1831	德叟			遺稿
權身度	1758~1851	聖爲	六有齋		遺稿
權弘度	1789~1849	君穆	素隱		遺集
權邦度	1798~1876	大而	騫窩		孝悌集, 忠定公內外子孫錄
權䁥度	1807~1858	而重	葛陰		遺稿
權然度	1824~1912	後知	石霞		遺稿
權載大	1778~1859	汝車	晶山	工曹參判	遺集
權載成	1778~1838	聲遠	西圃		西圃文集
權載鈺	1783~1852	文相	茶山	參奉	遺稿
權載弘	1784~1835	孟遠	竹窩		遺稿
權載綸	1785~1844	聖能	疎軒		遺稿
權載𡡉	1805~1873	景圓	石棲		遺稿
權載珽	1813~1877	楷玉	楚庵		遺稿
權載璞	1816~1895	玉汝	止庵		遺稿
權載達	1859~1940	亨五	大漁齋		遺稿
權命夏	1792~1856	叔欽	氷皐		遺稿
權承夏	1807~1890	允華	杞泉		杞泉文集
權章夏	1810~1874	堯卿	玉圃		遺稿
權璉夏	1813~1896	可器	頤齋	都正	頤齋文集
權啓魯	1813~ ?	景曾	太林		遺稿
權行夏	1815~1855	時中	鵝山		遺稿
權宗夏	1823~1862	漢朝	西瀾		遺稿
權圭夏	1824~1865	玄錫	雲坡		遺稿

姓名	生存年代	字	號	官	著書
權養夏	1847~1909	陽叟	玉潤		遺稿
權秉淵	1810~1874	仲心	矩齋		遺稿
權重淵	1830~1883	士濬	月室		文集, 千字勸學文, 社約集錄
權福淵	1832~1872	元吉	可菴		遺稿
權世淵	1836~1879	祖源	星臺	參奉	遺稿
權玉淵	1839~1900	景德	素虛齋	校理	遺稿
權命淵	1843~1922	世潤	花陰		文集
權祺淵	1844~1893	涵吉	弘毅庵		遺稿
權時淵	1845~1921	景博	九隱		遺稿
權敦淵	1845~1920	禮謙	遯庵	都事	遺稿
權啓淵	1852~1924	子健	晦窩		遺稿
權石淵	1861~1917	汝衡	雪樵		遺稿
權國淵	1863~1922	子憲	石坡		石坡文集
權瑾淵	1866~1951	應一	蒼浪子		遺稿
權喆淵	1874~1951	聖吉	惺庵		文集
權頊淵	1880~1959	子愼	素谷		素谷集, 國家變革史
權相琦	1841~1891	擎日	竹屋		遺稿
權相文	1850~1931	穆如	海蒼	郡守, 府尹	海蒼日稿
權相璣	1853~1927	璣玉	碧梧		遺稿
權相翰	1853~1934	冲逸	艮隱		艮隱集
權相衡	1854~1894	君保			遺稿
權相元	1862~1945	舜八	靜山		遺稿
權相翊	1863~1934	贊粹	晴山, 省齋		省齋文集
權相益	1867~1954	舜謙	漱石軒		遺稿
權相華	1870~1906	舜協	惺山		惺山文集
權相圭	1874~1966	致三	蔡山, 忍庵		文集
權相用	1881~1956	殷弼	玉田		玉田文集
權相經	1890~1955	正夫	石堂		文集
權一燮	1881~1974	會汝	楠皐		楠皐文集
權命燮	1885~1949	性厚	春樊		春樊文集
權東煥	1894~1965	德陽			遺稿
權中煥	1895~1982	允極	聽觀		文集
權魯燮	1899~1946	悳夫	一軒		文集
權　璛	1917~2003	孔肅	寬齋		寬齋文集

(4) 義兵將 및 獨立運動家

① **權萬**(肅宗 14年 1688~英祖 25年 1749)

자는 一甫이고 號는 江左이다. 西巖 權斗紘의 아들이며 權橃의 6세손이다. 景宗 元年(1721)에 司馬試에 入格하고 英祖 元年(1725)에 文科에 합격하였다. 李麟佐의 亂이 일어나자 柳升鉉과 함께 安東에서 倡義하여 檄文을 抄하니, 그 글이 悲憤慷慨하여 많은 義兵이 雲集하여 義兵將으로 추대되었다. 按撫使 朴師洙가 군문에 들어가 살펴보고 크게 감탄하기를 "權萬이 자기 가문의 풍토에 따라 기율이 심히 엄하구나"하였다. 英祖 22年(1741)에 重試에 합격하여, 伯父 權斗經·叔父 權斗紀·父 權斗紘에 이어 兩代에 급제한 가문이 되었다. 著書로는 『江左集』10권 5책과 『洪範策』·『易設』 등이 있고, 官爵은 正郎·梁山郡守를 역임했으며 死後 吏曹參議에 贈職되었다. 行狀은 鄭範祖가 지었고, 梁山 忠賢祠에 配享되었다.

② **權世淵**(憲宗 2年 1836~高宗 16年 1879)

자는 祖源이고 호는 星臺이며, 權鎭夏의 아들로서 蒼雪齊의 胄孫이다. 1870年에 進士에 入格하고 1890년에 崇陵參奉에 除授되었다. 1895년 乙未事變이 일어나고 단발령이 공포됨에 義兵活動이 전국적으로 확산되었다. 경상도의 경우 처음 安東府를 중심으로 郭鍾錫·金道和·金興洛·柳止鎬 등 退溪學脈 儒生들이 각지에서 通文을 돌리고 倡義를 결의하였다. 1895年 11月 27日 단발령이 안동부에 도착하자, 동년 12월 1일과 2일에 안동의 靑城書院과 鏡光書院의 통문이 있었고, 12月 3일 安東鄕校에서 모임을 갖자는 虎溪書堂의 통문이 있었다. 12月 3日부터 유생과 평민들 만여 명이 운집하였고, 6일에 開座하여 首座에 金道和, 임원에 金興洛·柳止鎬·金道性·柳芝榮·柳蘭榮 등 屛儒가 참석하여 권세연을 안동지역 義兵大將으로 추천하였다.

권세연은 본부를 향교에 차려두고 인근 지역 士民에게 의병 동참을 촉구하는 「慶尙道安東倡義大將權世淵檄」을 발표하였다. 이튿날인 1월 21일에는 연무정에서 安東義陣을 편성하고 지휘부를 조직하였다. 대장에 權世淵, 副將에 郭鍾錫(미 취임), 中軍將에 柳碗, 先峯將에 金玉瑞, 右翼將에 權用賢, 左翼將에 李運鎬, 左副將에 李宣鎬 등으로 편성하였다. 이때 禮安의 李晩燾와 李中麟 등도 禮安義陣을 결성하여 安東義陣과 合勢하였다.

安東義陣이 안동부가 의병에 의해 완전히 장악되자 관찰사 金奭中은 1월 24일 안동부를 탈출하였다. 도망갔던 金奭中은 1월 29일 대구부의 관군을 이끌고 안동부의 탈환을 위해 예천에 진을 쳤다. 안동의병은 예천과 안동의 접경지에서 관군과 전투를 벌였으나 패하고, 권세연은 太白山中 九麻洞으로 들어가 가산을 정리하여 의병을 모으고 무기를 구입하여 재기를 준비하였다. 이러한 상황에서 예안과 예천 등 유생들도 창의하기 시작하였고, 진용을 정비한 권세연도 安東 공략에 나섰다. 이러한 의병의 기세에 놀란 金奭中은 야음을 틈타 안동을 다시 탈출하였으나 聞慶에서 李康季 의병에 체포되어 1896년 1월 13일에 농암장터에서 처형되었다. 권세연은 金奭中을 막아내느라 전투를 벌였지만 패하고 말았다. 金奭中이 처형된 날 권세연은 안동 의병을 거느리고 안동부에 입성하여 안동향교에 진을 쳤다.

1896년 1월 24일 권세연은 義兵組織을 보다 전투적인 태세로 편성하면서 河回의 柳蘭榮을 諸軍門都總로 영입하여 上將에 權世淵, 都總에 柳蘭榮, 副將에 金夏林, 中軍將에 權載昊, 捕監將에 吳宣傳으로 개편하였다. 또한 奉化義陳에 琴錫柱가 捕丁 50명을 거느리고 안동으로 들어왔으며, 1월 27일에 제천의진 소모장 徐相列이 정병 100여명을 거느리고 들어왔다. 1월 28일 奉化·濟川·安東義陣을 練武館에서 연합하였다, 3월 12일 권세연은 이전의 전투에서 패배한 책임지고 의병대장직을 사퇴하고 金道和에게 義兵大將職을 물려주었다. 후에 정부에서 고인의 공훈을 가리어, 1983년 '建國勳章 愛國章'을 추서하였다. - 출전 : 『안동의 학맥과 독립운동』 성균관대 대동문화연구원

③ **權載昊**(哲宗 5年 1854 ~ 光武 3年 1903)

봉화 출신으로 1896년 1월 안동의병에서 權世淵義陣의 中軍將을 지냈고, 1896년 金道和義陣의 中軍將 등을 역임하였다. 또한 湖左義陣의 徐相烈이 경북 북부지역에서 전개한 의병활동을 지원하였다. 그리고 醴泉會盟에 安東義陣의 대표로 참석하였으며, 예천회맹군의 台峰戰鬪에 참가하여 의병 활동을 전개하기도 하였다. 정부는 고인의 공훈을 기려 2011년에 건국훈장 애족장을 추서하였다.

④ **權相文**(哲宗 元年 1850 ~ 倭政 22年 1931)

자는 穆如이고 호는 畊齋·海蒼이며, 權兢淵의 아들이다. 蔭仕로 密陽府使·平安道御使·慶州府尹 등을 역임했다. 1919년 3월 프랑스 파리에서 개최되는 萬國平和會議에 한국의 독립과 일본의 침략만행을 호소하는 「獨立請願書」를 郭鍾錫·金福漢·張錫英 등 전국유림대표 137명이 서명하여 제출한 제1차 한국유림독립운동(韓國儒林獨立運動 : 소위 파리장서사건)을 전개하였다. 파리장서의 요지는 일제가 자행한 明成皇后·光武皇帝의 시해와 한국 주권의 찬탈과정을 폭로하면서 한국독립의 정당성과 당위성을 주장하는 것이었다. 유림은 金昌淑을 파리로 파견하고자 上海로 보냈으나, 직접 가지는 못하고 이 문서를 新韓靑年黨의 대표로 파리

에 파견된 金奎植에게 송달했으며, 국내의 각 향교에도 우송되었다. 그런데 이 일은 경상북도 상주의 만세운동과 관련하여 1919년 4월 12일 서명자의 한 사람이었던 宋晦根이 체포되면서 발각되었다. 이 때문에 權相文도 일본경찰에 체포되어 1919년 7월 29일 대구지방법원에서 보안법위반으로 징역 6월에 집행유예 2년형을 선고받고 옥고를 치렀다. 훗날 정부에서는 고인의 공훈을 기리어 1995년 '建國褒章'을 추서하였으며 저서로는 『海蒼逸稿』가 있다.

⑤ **權相元**(哲宗 13年 1862 ~ 光復 元年 1945)

자는 舜八이고 호는 靜山이며, 權龍淵의 아들이다. 강직한 성품의 학자로서 1919년 3월 프랑스 파리에서 개최되는 만국평화회의에 한국의 독립과 일본의 침략 만행을 호소하는 「獨立請願書」에 全國儒林代表 137명 중의 한 사람으로 서명하여 제출하였다. 이 때문에 일본경찰에 체포되어 1919년 7월 29일 대구지방법원에서 보안법위반으로 징역 6월에 집행유예 2년형을 선고받고 옥고를 치렀다. 정부에서는 고인의 공훈을 기리어 1995년 '建國褒章'을 추서하였다.

⑥ **權相翊**(哲宗 14年 1863 ~ 倭政 25年 1934)

자는 贊粹이고 호는 省齋·晴山이며, 權祺淵의 아들이다. 家學을 거처 金興洛의 문하에서 수학하고, 朱子 및 退溪學에 진력하였다, 특히 理氣論에 대하여 合理氣論을 제창하였고, 또 국가의 道義가 떨어짐을 보고 민족정기의 발양을 위하여 禮學을 연구하였다. 조정에 출사를 단념하고 林川에서 학문을 수학하던 중 乙未事變이 일어나자 安東에서 의병을 일으켜 金興洛·柳止鎬 등과 權世淵을 의병대장으로 추대하고 三溪書院에서 향회를 열어 일본 토벌의 檄文을 작성하는 데 참여했으며 또한 격문을 각 처에 보내어 민심을 고취하여 배일사상을 창도하였다. 1910년 국권이 상실되자 향리에서 후학을 지도하는 데 전념하였다.

1919년 3·1운동이 일어나자 그는 金昌淑·郭鍾錫 등 전국의 유림과 협의하여 동지를 규합한 뒤, 파리강화회의에 보낼 독립 청원서에 서명하고 이를 보내려 한 '파리장서사건'으로 체포되어 대구형무소에 투옥되었다. 1920년에는 상해임시정부요인 李中業의 부탁을 받아 중국 大統領과 大臣에게 임시정부를 도와 독립할 수 있도록 당부하는 請願書인 「擬新政府上中國大統領書」와 「擬新政府興中國諸執政書」를 작성하여 보냈다. 1925년 8월에는 김창숙이 중국으로부터 비밀리에 입국하여 內蒙古 지방에 독립군 기지를 건설할 자금 20만 원을 목표로 군자금을 모금할 때, 이에 동참하여 동지들을 규합하는 것은 물론이고 자진해서 군자금을 제공하다 일본 경찰에 붙잡혀 달성감옥에서 옥고를 치렀다. 1933년 71세때 酉谷 沙洞에 '德谷書堂'을 짓고 문인들에게 經義와 禮學을 강의하다가 서거하였다.

저서로는『省齋文集』30卷 15冊과 미발간 된『年譜』3冊,『輓祭附錄』2冊 草稿가 있다. 훗날 정부에서는 고인의 공훈을 기리어 1968년 '大統領表彰'을 追敍하였고, 또 1990년 '建國勳章 愛族章'을 추서하였다. 行狀은 蔡山 權相圭, 遺事는 靜山 權相元, 墓表는 素谷 權頊淵, 墓誌는 洪致裕, 墓碣은 河謙鎭, 存思錄은 長子 權東煥이 지었다.

⑦ **權命燮**(高宗 22年 1885 ~ 建國 2年 1949)

자는 性厚이고 호는 春樊·四萬堂이며, 權相衡의 아들로서 權斗應의 후예이다. 두 살에 어머니를 여의고 아홉 살에 아버지가 세상을 떠나서 불우한 소년시질을 보냈나. 族叔인 省齋先生에게 수학하고 평생 학문을 닦았다.

1919년 3월 프랑스 파리에서 개최되는 萬國平和會議에 한국의 독립을 호소하는 獨立請願書의 서명을 받는 과정에서 경상도 남부는 金昌淑이, 북부는 權命燮이 주도하였다. 그러다 일본경찰에게 체포되어 1919년 7월 29일 부산지방법원에서 파리장서사건의 선도자로서 징역 6월에 집행유예 2년형의 선고받고 옥고를 치렀다.

그는 선조인 冲齋 權橃의 일에 관심이 많아 서울에 가서 權橃의 사적을 손수 필사하여 오기도 하였다. 著書로는『春樊文集』12卷 6冊,『安東權氏家傳』4冊,『冲齋先生事蹟』5冊이 있으며,『冲齋集增補刊行』·『俛宇集發行』·『省齋集』간행을 주도하였다. 行狀은 族祖 素谷 權頊淵, 墓誌는 宣城 金承學, 墓碣은 眞城 李家源이 지었다. 정부에서는 고인의 공훈을 기리어 1995년 '建國勳章 愛族章'을 추서하였다.

⑧ **權昺燮**(高宗 22年 1885 ~ 建國 17年 1964)

자는 允明이고, 義兵將 權世淵의 손자이며 權相台의 아들이다. 1919년 3월 프랑스 파리에서 개최되는 萬國平和會議에 한국의 독립을 호소하는 獨立請願書를 제출하는 제1차 韓國儒林獨立運動(파리장서사건)을 전개하다가 일본경찰에게 체포되었으나 1919년 7월 29일 대구지방법원에서 증거 불충분으로 무죄 방면되었다.

⑨ **權相瑋**(高宗 32年 1895 ~ 建國 17年 1943)

자는 性夫이고 一名 相道라고도 한다. 權文淵의 아들로, 權禮淵에게 입후되었는데, 의협심이 강하였다고 한다. 1919년 3월 프랑스 파리에서 개최되는 萬國平和會議에 한국의 독립을 호소하는 獨立請願書를 제출하는 韓國儒林獨立運動에 참여하였다. 당시 25세의 어린나이로 金昌淑과 협의하여 경북 일대의 유림들과의 연락을 취하는 일을 맡았다. 그러다가 일본경찰에게 체포되어 安東에서 1년간 옥고를 치렀다. 만년에는 전라북도 井邑에 은거하면서 많은 애국지사를 숨겨주는 등 독립운동 뒷바라지를 하다가 광복을 보지 못하고 작고하였다. 정부에서는 고인의 공훈을 기리어 1995년 '國民褒章'을 追敍하였다.

⑩ **權相經**(高宗 27年 1890 ~ 建國 8年 1955)

자는 正夫이고 호는 石堂이며, 權喆淵의 아들이다. 金昌淑은 滿蒙의 황무지를 개척하고 그 수익으로 무관학교를 설립하는 동시에 만주에 있는 조선청년으로 하여금 군사 훈련하여 독립을 이루려고 하였다. 이를 위해 조선에 들어와 영남 부호들에게 자금 20만원을 거두기로 하고 1925년 6월 하순 북경을 떠나 조선에 들어왔다. 그해 10월 김창숙은 경북 奉化郡의 權相經에게 이상의 군자금을 청구했고, 權相經은 자금 모집에 응하였다. 이 때문에 1926년 5월 9일 慶北警察部에 체포되었다. 정부에서는 고인의 공훈을 기리기 위해 2005년에 '大統領表彰'을 추서하였다.

⑪ **權景燮**(高宗 27年 1890 ~ 倭政 32年 1943)

자는 允中이고, 權相台의 아들로서 蒼雪齋 權斗經의 후예이다. 1927년 2월 25일 민족진영과 사회주의진영이 합작해서 新幹會를 조직하고, 각 지역에 청년단체와 민중단체들이 중심이 되어 지회를 결성했다. 權景燮도 奉化郡 지회에 가입하여 강령에 의하여 연설회를 개최하고 야학 등 계몽수단을 통해 대중의 의식개발에 노력했다. 또한 생존권 수호차원에서 농민단체와 함께 소작권 보호운동 등을 벌이고 일제의 식민정책에 대한 반대운동을 전개하였다. 1928년 12월 29일 신간회 奉化郡 지회 제3회 정기대회에서 대의원으로 피선되어 규약 및 議事를 처리하였다. 1929년 2월 15일 新幹會中央本部代表大會의 봉화군 대표로 피선되었다.

1930년대 들어와 일제의 탄압이 심해지자 안동청년동맹과 신간회 안동지회에서 활동하던 安相潤·李金必·權中澤 등과 같이 1930년 3월에 안동의 사회운동을 지도할 수 있는 비밀결사 조직인 '안동코뮤니스트그룹'을 결성하고 산하에 적색노동조합과 반제국주의동맹을 두고 일제 식민정책에 항거하는 대규모 봉기를 계획하였다. 1932년 8월 朝鮮日報 奉化지국 기자로 언론에 종사하면서 비밀결사 青年反帝同盟에 가입하고 독립사상의 보급과 동지 규합을 위하여 활동하였다. 그러다 일본경찰에게 체포되어 1934년 7월 2일 대구지방법원에서 소위 치안유지법 위반으로 징역 1년 6월형에 처해졌고 4년간 집행유예를 언도받았다. 정부에서는 고인의 공훈을 기리어 1990년 '建國勳章 愛族章'을 추서하였다.

⑫ 삼일운동 : **奉化郡**

奈城邑은 한말 항일의병들의 격전지로 유명한 곳이며, 따라서 전통적으로 항일기질이 강한 곳이었다. 내성공립보통학교의 촉탁 교사 李陸相은 전국 각지에서 민족 의거가 일어나자 이곳에서도 민족 거사를 단행해야 되겠다는 것을 결심하게 되었다. 때마침 내성 공립보통학교 학생 李龜洛이 대구고등보통학교 입학시험을 치르기 위해 대구에 갔다가 3월 8일 그 곳에서 일어난 대구 학생의거를 목격하고 돌아와 그 감격적인 의거상황을 교사 李陸相에게 상세히 전하였다. 교사 李陸相도 의거를 단행해야 되겠다고 결심하고 있는 때였다. 그는 드디어 李龜洛과 3학년 權麟煥과 더불어 의거를 상의하였나. 이들은 주로 기숙사 학생들을 규합하면서 준비를 서둘러 갔다.

3월 18일의 奈城邑 장날을 거사일로 약정한 이들은 3월 17일 밤 기숙사에서 태극기 66개를 만들고 '독립선언서' 약 50장을 준비하였다. 3월 18일 내성읍 장날은 닥쳐왔다. 이날 정오에 준비한 태극기와 선언서를 가지고 李陸相은 학생 12명과 더불어 시장으로 들어가 군중들에게 태극기와 선언서를 나누어 준 후 '대한 독립만세'를 외치면서 시위를 전개했다. 많은 군중들이 여기에 호응하여 일대 군중시위로 발전하려 할 때 경계 중이던 일군 헌병에 의해 李陸相 이하 12명 전원이 검거됨으로써 만세시위는 차단되고 말았다. 검거된 사람은 李陸相·權麟煥·李龜洛·朴柱東·權泰英·安聖模·朴奎俊·權埻·權傀應·權鎬基·權德昌·李鍾黃·安三先이다. 이들은 재판 결과 3월 28일 대구지방법원 안동지청으로부터 교원 李陸相은 징역 2년, 그 외 학생들은 징역 1년을 언도 받아 대구형무소에 투옥되었다.13) 이듬해인 1920년 李陸相은 징역 1년, 나머지는 징역 6월로 감형되었다.

⑬ **權埻**(光武 3年 1899 ~ 建國 2年 1949)

자는 允穀이며, 權宗燮의 아들로 權霔의 冑孫이다. 1919년 3·1 운동이 일어나자 동년 3월 18일 奈城 장날을 기하여 독립만세 운동을 주도하다가 체포되어 1년간 옥고를 치렀다.

⑭ **權麟煥**(光武 5年 1901 ~ 倭政 33年 1944)

權相漢의 아들로서 權相周에게 入后되었다. 언행에 논리가 정연하고 의협심이 강했으며 교우관계가 독실하였다. 내성보통학교 3학년 때 3·1운동이 일어나자 동년 3월 18일 奈城 장날을 기하여 독립만세 운동을 주동하다가 체포되어 1년 징역형을 선고받고 옥고를 치렀다. 그는

---

13) 국사편찬위원회, 『한민족독립운동사자료집10 : 삼일운동과 천도교성미』, 1989. 413~414쪽.

또한 문맹퇴치를 위한 야학을 개설하고 계몽운동을 벌리면서 구국운동에 헌신하였다.

⑮ **權坰**(光武 5年 1901 ~ 建國 5年 1952)

자는 德昌이고, 權中燮의 아들로서 權霦의 후예이다. 천성이 柔和率直하고 매사에 신중하였다. 19세 때인 1919년 3·1운동이 일어나자 동년 3월 18일 奈城 장날을 기하여 독립만세 운동을 주동하다가 체포되어 1년 옥고를 치렀다.

⑯ **權泰英**(建國 3年 1899 ~ 光復元年 1945)

자는 景瑞이고, 權壁淵의 아들로서 權采의 후예이다. 21세 때인 1919년 3·1운동이 일어나자 동년 3월 18일 奈城 장날을 기하여 독립만세 운동을 주동하다가 체포되어 1년 옥고를 치렀다.

⑰ **權鎬基**(光武 5年 1901 ~ 建國 13年 1960)

자는 武伯이고, 權玉庵의 둘째아들로 權斗翼의 후예이다. 儀表가 준수하고 언행이 신중하였다. 1919년 3·1운동이 일어나자 3월 18일 奈城 장날을 기하여 만세시위에 주동인물로 활약하다가 체포되어 1년 징역형을 선고받고 옥고를 치렀다.

⑱ **權益煥**(1912 ~ ?)

權相永의 아들이며 權霦의 후예이다. 어려서 漢學을 공부하였으며, 학교에서 정식으로 신식교육을 받은 일이 없다. 농사일에 종사하며 1933년 2월 봉화적색농민조합재건위원회에 가입하여 경상북도 英陽郡 日月面 注谷里 야체이카 조직 구성에 주도적인 역할을 담당하고 활동하던 중 일본 경찰에 체포되었다. 1935년 대구지방법원에서 치안유지법 위반으로 1년 6개월 징역형을 선고받고 복역하였다. 2005년 독립운동 공훈 심사를 신청하여 독립운동 공로자로 인정을 받았으나 광복 후 본인의 행적미상으로 공훈을 추서 받지 못하고 있다.

3. 文化遺産

1) 寶物

冲齋 權橃과 관련된 遺物은 그 중요도나 수량에 있어서 상당히 많은 편이다. 국립중앙박물

관이나 인근의 한국국학진흥원등에 교환전시가 될 정도로 높은 가치가 있는 유물은 과거에 특별한 보존 장치 없이 도난방지를 목적으로 한 보관만 가능했었으나, 2007년 冲齋선생기념박물관의 건립으로 인해 유물은 이전보다 보존환경이 양호한 수장고내에서 보관하고 있는 중이다.

寶物 第261號인『冲齋日記』6冊과 第262號인『近思錄』4冊을 비롯해 第896號인 典籍類 15種 184冊, 第901號인 古文書 15種 274點과 寶物 第902號인 遣墨 8種 14點 등 도합 482點이 문화재로 지정되어 박물관에 보존 중이다.

(1)『冲齋日記』(寶物 第261號)

權橃이 서울에서 관직생활을 할 때 직접 기록한 自筆 日記로『翰苑日記』2책,『堂后日記』1책,『承宣時日記』2책,『新昌令推斷日記』1책 등 모두 6책이다. 1963년 1월 21일에 보물로 지정되었다.

- 『翰苑日記』2冊 : 權橃이 30세부터 31세까지 藝文館檢閱로 재직할 때의 일기이다. 1책은 중종 3년(1508) 1월 5일부터 9월 20일까지의 기록이고, 2책은 12월 1일부터 중종 4년(1509) 9월 14일까지 기록이다. 翰苑은 文翰署·翰林院으로 불렸던 藝文館의 별칭이다.
- 『堂后日記』1冊 : 權橃이 32세에 承政院注書로 재직할 때의 일기로 중종 5년(1510) 3월 1일에서 3월 30일까지의 기록이다. 堂后란 承政院注書가 거처하던 방으로 승정원 뒤에 위치해 있었기 때문에 승정원주서의 별칭으로 사용되었다.
- 『承宣日記』2冊 :『承宣時日記』는『承宣日記』로 약칭하기도 한다. 權橃이 41세에 承政院의 副承旨와 都承旨로 재지한 때의 일기이다. 중종 13년(1518) 5월 15일부터 7월 5일까지의 기록이고, 2책은 7월 10일부터 11월 6일까지의 기록이다. 承宣은 고려 시대에 왕명의 출납을 맡아보던 벼슬이었는데, 조선에서는 承政院 承旨의 별칭으로 사용되었다.
- 『新昌令推斷日記』1冊 : 權橃이 32세에 承政院注書로 재직할 때인 중종 4년(1509) 10월 28일에 작성되었다. 이는 서얼 출신 종친 新昌令 李訢의 역모사건 전말을 추단한 기록이다. '正德四年(1509) 己巳十月二十八日' 등의 기록이 있으나 본문에는 날짜 기록은 보이지 않는다. 내용 또한 '教曰'로 시작하는 임금의 말 등 주로 조정의 일을 기록하고 있다.

이 6책의 일기 중『新昌令推斷日記』를 제외한『翰苑日記』·『堂后日記』·『承宣時日記』는 權橃의 문집인《冲齋先生文集》에 실려 있다. 이 일기는 權橃이 중앙관료로 있으면서 관료로서의 생활실태와 중앙정부의 일상행사를 상세히 기록한 것이다. 관찬 역사서와 같은 가공이 없는 직접적인 기록으로『中宗實錄』을 편찬하는 데에도 자료로 채택되었다. 壬辰倭亂 이후에는『承政院日記』가 남아있어 그 상세한 기록을 볼 수 있다. 그러나 壬辰倭亂 이전 것으로는 眉巖 柳希春의『眉巖日記』, 栗谷 李珥의『石潭日記』와 함께 귀중한 자료로 가장 오래된 것이다. 이 이외에는 남아 있는 일기가 드물기 때문에 관료의 생활과 행정 관계 기록 등 중종 시대 연구의 귀중한 사료가 된다. 더구나 權橃의 친필과 문장을 확인할 수 있는 것으로도 소중한 기록유산이다.

(2)『近思錄』(寶物 第262號)

眞德秀의『心經』과 함께 성리학 독본의 쌍벽이 되는『近思錄』은 宋의 유학자 葉采가 周敦頤의 太極圖說, 張載의 西銘 등에서 골라 편찬한 것이다. 權橃의 袖珍本인 이 책은 그 판식과 글자체로 보아 元나라 판본을 復刻한 것이다. 제14권 15장 끝에「星山李氏刊于晋陽」이라고 전서로 새겼고 그 왼편에「洪武三年」이란 鍾形印「李魯叔」鼎形印을 각각 새겨서 그 연대와 간행자 그리고 간행처를 밝혔으며, 끝에「庚戌己丑朔 星山 李魯叔 謹識」라고 한 刊記가 있는데 여기에 의하면, 庚戌(공민왕 19년) 봄 李仁敏이 晋州牧使로 부임하면서 이 책을 李魯叔에게 선사했는데, 李魯叔이 晋州에서 곧 이를 간행했다. 이는 매우 희귀한 高麗本이며 權橃의 手澤本이다. 權橃이 늘 지니고 다니며 中宗 앞에서 進講까지 한 이 책의 유래를 들은 英祖는 그 22年(1746) 權橃의 6代孫 權萬에게 명하여 이 책을 가져다 보았고, 또 正祖는 그 18年(1794) 序文을 지어 左副承旨 徐榮輔를 통해 충재 종가에게 돌려주었다.

高麗本이 희귀한 상황에서 중국판을 따라 다시 새긴 것이라 하더라도 매우 귀중한 가치를 지니며, 조선시대 성리학을 연구하는데 있어 반드시 정독해야 할 도서이다. 특히 정조가 친히 머리글을 지어서 붙였다는 것만으로도 더욱 가치가 높다고 할 수 있다.

(3) 典籍(寶物 第896號)

충재박물관에는 典籍이 총 5,000 여 책이 소장되었는데, 成宗 9年(1478)에 作成된 友鄕契軸, 弘治 9年 丙辰(1496) 司馬榜目, 正德 2年 丁卯(1507) 文·雜科榜目, 冲齋日記 等 15種 184冊이 1986년 11월 29일에 일괄 지정되었다.

이 중 司馬榜目은 寶物 第524號로 지정된 正德 癸酉 司馬榜目보다 17年 앞서며, 文·武科와 雜科 榜目도 寶物 第603號로 지정된 正德 癸酉 文武雜科榜目보다 6년 앞선다.『乙巳定難

記』는 唯一本이고 『冲齋日記』는 임란 이전의 사료이며, 『大學衍義補』·『近思錄』·『朱子大全』·『易學啓蒙要解』 等은 內賜本이다. 이들 전적은 書誌學 연구에 중요한 자료이며, 또한 조선 전기 정치·사회·문화 발달사 연구에 중요한 자료로 평가된다.

먼저 이때 지정된 보물의 목록을 표로 제시하고 나서 개별 전적들에 대해 구체적으로 살펴보겠다. 그런데 본서의 2부에서 해제한 서적들을 제외하고 나머지 서적들에 대해서만 다룬다.

典籍 目錄(寶物 第896號)

	書名	數量	板種	年代	摘要
1	友鄕契軸	1冊	筆寫本 (原本)	成宗9年	冲齋의 祖父 權琨 등의 契會軸으로서 鮮鮮前期의 文豪 徐居正의 自作自筆의 詩가 있음.
2	弘治九年丙辰閏三月司馬榜目	1冊	甲辰字本	燕山2年	冲齋의 進士榜目·司馬榜目으로 현존하는 것으로는 두 번째 오랜 간본임. 寶物 第524號로 指定된 正德癸酉司馬榜目보다 17年 앞섬.
3	正德二年丁卯文科雜科榜目	1冊	乙亥字本	中宗2年	冲齋의 文科榜目. 文科榜目 最初刊本임. 寶物 第630號로 指定된 正德癸酉文武雜科榜目보다 6年 앞섬.
4	光國原從功臣錄劵	1冊	再鑄甲寅字本	宣祖24年	宗系辨誣에 功이 있는 사람에게 내린 錄劵인데, 冲齋는 1등에 策錄되었음.
5	新編古今事文類聚	零本35冊	甲辰字本	成宗24年	經·史·子·集에 따라 事實·詩文을 收聚한 冊.
6	易學啓蒙要解	4卷2冊	木板本	中宗7年	內賜本(冲齋가 下賜받은 것임)
7	大學衍義補	零本41冊	初鑄甲寅字本	中宗10年	內賜本(冲齋가 下賜받은 것임)
8	近思錄	9卷3冊	初鑄甲寅字本	中宗14年	內賜本(冲齋가 下賜받은 것임)
9	朱子大全	零本85冊	乙亥字本	中宗38年	內賜本(冲齋가 下賜받은 것임)
10	劉向說苑	1冊零本	木板本	中宗26年 以前	冲齋가 嘉靖 辛卯年(1531)에 監司 任士鈞에게서 받은 것임.
11	乙巳定難記	1冊	乙亥字本	明宗初	內賜本. 唯一本임.
12	冲齋日記	1冊	冲齋自筆本	中宗9年 ~中宗10年	冲齋가 永川郡守로 在職時의 日記임.
13	春陽日記	1冊	筆寫本	中宗28年 ~中宗29年	冲齋의 下史가 記錄하고 冲齋가 校正한 日記임.
14	心經	4卷2冊	戊申字本	英祖時	正祖가 承華樓藏本을 冲齋宗家에 下賜한 것임.
15	近思錄	14卷3冊	戊申字本	顯宗· 肅宗年間	英祖가 春宮所藏本을 特旨로 冲齋宗家에 下賜한 것임.
計	計 15種	184冊			

① 友鄕契軸(보물 제896-1호)

1478년에 안동에 거주하는 權自謙 등 13인의 사대부들이 결사한 친목 모임의 계회첩이다. 友鄕契는 조선 태종 때 좌의정을 역임한 李原(1368~1430)의 아들 李增(고성이씨)이 안동으로 낙향하여, 1478년에 안동의 선비 12명(安東權氏 3명·興海裵氏 4명·英陽南氏 4명·安康盧氏 1명)과 함께 계를 조직하고, 회원 13명이 '계첩'을 하나씩 나누어 가진 것에서 시작된다. 계원들의 정치적인 성향은 주로 世祖의 집권에 반대하여 벼슬길에 나가지 않았거나 관작을 버리고 낙향하여 은둔한 지사들이었다.

冲齋博物館 소장 계첩은 生綃의 바탕위에 上·中·下 3단으로 墨書하였다. 上段은 友鄕契軸이란 題名이 있고, 中段은 四佳 徐居正 自作自筆의 七言古詩長篇이 草書로 쓰여졌는데, 끝에 '成化戊戌(成宗 9년, 1478) 仲冬有日 達成 剛中'이라 적고 朱印으로 捺印하였다. 下段은 계원의 座目인데, 權自謙을 비롯하여 도합 13인이며 權橃의 조부 權琨은 第八에 기록되어 있다.[14)]

13인이 友鄕契를 조직한 뒤, 李增의 아들 李浤이 주도하여 友鄕契員의 자손들 15명과 함께 '眞率會'를 조직하였다. 충재박물관 소장 友鄕契軸에는 이때 만든 '眞率會軸'이 함께 들어가 있다. 본 유물은 1478년에 조직된 友鄕契가 어떻게 眞率會에 계승되었는가에 대한 계회의 변천사례를 알려주는 자료이다.

② 弘治九年丙辰閏三月初三日生員進士榜目(보물 제896-2호)

書名	出版事項	版式狀況	一般事項
弘治九年丙辰閏三月初三日生員進士榜目	燕山君 2년(1496) 刊	1冊(24張), 甲辰字本, 四周單邊, 半郭 : 17.2×10.7㎝, 有界, 9行16字, 上大黑口, 內向三葉花紋魚尾, 22.5×14㎝, 線裝, 楮紙	表題 : 丙辰司馬榜目

이 판본은 燕山君 2년(1496)에 실시한 弘治九年丙辰生員進士試에서 權橃이 進士試에 합격한 榜目이다. 현재까지 알려진 것으로는 두 번째로 오래된 司馬榜目이다. 보물 제524호로 지정된 中宗 8년(1513)의 正德癸酉司馬榜目보다는 17년이 앞선다.

14) 문화재관리국, 『冲齋權橃宗家所藏文化財調查報告書』, 1985. 97쪽. 본 자료는 문화재청 홈페이지에서 열람할 수 있으며, 이하에서 이 자료를 인용할 때는 따로 주를 달지 않는다.

③ 正德二年三月文武雜科榜目(보물 제896-3호)

書名	出版事項	版式狀況	一般事項
正德二年三月文武雜科榜目	中宗 2년(1507) 刊	1冊(23張), 乙亥字本, 四周單邊, 半郭 : 21.8×14.6㎝, 有界, 9行 17字, 上下大黑口, 內向黑魚尾, 26.4×18.6㎝, 線裝, 楮紙	表題 : 正卯春龍虎榜目

이 간본은 乙亥字本으로 中宗 2년(1507)에 시행한 文·武科 및 雜科의 榜目이다. 權橃이 文科別試 丙科 第二人에 합격한 榜目으로 현재까지 알려진 것으로는 가장 오래된 文·武科榜目이다. 文科榜目만 체재를 살펴보면, 첫머리에 '恩門'이란 題下에 讀卷官 右議政 柳順汀 등 8인과 一所 成均館의 試官 9인, 二所 拳樂院의 試官 9인의 座目이 있다. 다음으로는 '正德二年三月二十六日文科別試榜目'이란 題下에 甲科 3인, 乙科 7인, 丙科 26인 등 합격자 36인의 座目이 있다. 다음으로는 武科榜目, 譯科榜目, 醫科榜目, 律科榜目이 문과방목과 비슷한 형식으로 이어져 있다. 이 방목은 文科·武科·譯科·醫科·律科 등이 종합되어 있어, 榜目 연구 및 해당 인물 연구에 귀중한 자료이다.

④ 冲齋日記(보물 제896-12호)

書名	出版事項	版式狀況	一般事項
冲齋日記	權橃 著, 中宗9년~中宗10년	1冊(19張), 筆寫本, 無界, 15~17行 字數不定, 30.4×24.2㎝, 線裝, 楮紙	自筆草稿本

權橃이 永川郡守로 있을 때 쓴 自筆 草稿本의 日記이다. 일기를 쓴 기간은 甲戌년(1514) 9월 14일부터 乙亥년(1515) 10월 16일까지인데, 閏 四月이 있기 때문에 13개월 동안의 기록이다. 그런데 본 일기는 權橃이 永川郡守에 임용된 甲戌 9월 14일부터 시작하였으나 실질적인 기록은 永川郡守에 부임한 11월 2일부터 적고 있다.

表紙書名은 닳아져서 분명하지 않으나 '永陽日錄'이라고 쓴 것으로 추정된다. 표지의 卷面에는 수령으로서 해야 할 도리를 적은 自警文句가 있다. 앞에서 소개한 冲齋日記 6책은 이미 보물 261호로 지정되었는데, 중앙에서 관료로 있으면서 쓴 그것과는 다른 일기이다. 또한 權橃의 문집인 《冲齋先生文集》에 실려 있지 않다.

조선시대 수령의 생활을 살필 수 있는 자료인 동시에 權橃의 지방관으로서의 생활 일면을 알 수 있는 자료이다.

⑤ 春陽日記(보물 제896-13호)

書名	出版事項	版式狀況	一般事項
春陽日記	權橃 著, 中宗28년~中宗29년	1冊(44張), 筆寫本, 無界, 12行 字數不定, 30.4×24.2㎝, 線裝, 楮紙	識記(後尾) : 細看斯錄 非先祖之文 似是命下吏逐日書動靜 往往有先祖追書點抹者 其不成文理處 未免上下移易 亦不敢輒加一語云(朱筆)

앞에서 소개한 일기들은 權橃이 직접 쓴 것인데, 이 일기는 下史를 시켜 쓰게 한 일기이다. 그 기간은 中宗 28년인 癸巳년(1533) 5월 18일부터 이듬해 甲午年(1534) 3월말까지이다. 실질적인 매일의 기록은 6월 15일에 密陽府使를 제수 받았고, 司儀 金輔碩 등이 찾아왔다는 것에서 시작된다. 그 이전의 기록은 5월 18일에 본댁을 떠나 26일에 서울에 도착하였다는 사실을 요약하고 있다. 下史를 시켜 쓰게 하였기 때문인지 글씨는 비교적 楷正하지만, 權橃이 기록을 보고 나서 붉은 글씨로 문장을 수정하거나 추가한 부분이 상당수 발견된다. 또한 앞표지에는 '不入於刊本'이라고 쓴 종이를 붙어 있는데, 刊本은 權橃의 문집인 《冲齋先生文集》을 가리키며 그 문집에 들어가지 않았음을 밝히고 있다.

일기의 내용은 주로 관리들과의 酬接에 관한 것인데, 주로 임기 동안 있었던 일상생활을 기록하고 있다. 당시 수령으로서의 일상생활과 權橃의 개인생활을 파악할 수 있는 자료이다.

(2) 冲齋 權先生 宗家 所藏 古文書

1986年 11月 29日, 冲齋 종가의 고문서는 15種 274點이 일괄로 寶物 第901號로 지정되었다.

조선 中宗朝의 명신이며 학자였던 冲齋 宗家에는 태종 14年(1414) 皇甫仁의 文科榜目을 비롯하여 成宗年間의 冲齋 母親 尹氏 男妹 分財記, 中宗연간에 權橃에게 발급된 敎書·論書·有旨·敎旨를 비롯하여 所志·明文·立案 등 570年 간에 걸쳐 전래된 古文書들이다.

이들 古文書 중 永樂甲午親試榜(1414)은 현재 발견된 榜目으로는 가장 오래된 것으로 試券과 함께 科擧制度 연구에, 分財記와 戶籍單子 등은 경제와 가족제도 연구에, 敎書論書有旨·敎旨 등은 조선 전기 政治·人事·行政制度 연구에 중요한 자료들로 평가되고 있다. 먼저 목록을 제시한 후에 간략한 소개를 덧붙인다.

古文書 目錄

	文書名	數量	年代	摘要
1	敎書	1點	中宗33年(1538)	中宗이 1538年(中宗33)에 慶尙監司인 權橃에게 내린 敎書.
2	諭書	1點	中宗33年(1538)	中宗이 1538年(中宗33)에 慶尙監司인 權橃에게 密符와 함께 내린 諭書.
3	有旨	2點	中宗12年(1517) ~中宗34年(1539)	1517年(中宗 12)과 1539年(中宗 34)에 中宗이 承旨를 통해 權橃이 掌令 또는 奏請使 때에 보낸 有旨.
4	試券	20點	中宗2年 (1507) ~高宗	權橃의 文科及第 答案紙 및 그의 아들 權東輔의 試券 등등.
5	敎牒, 敎旨	139點	中宗2年 (1507) ~1894	權橃의 辭令敎旨 등 91매를 비롯하여 權橃의 조부 및 자손에게 발급한 敎旨.
6	祿牌	1點	顯宗11年(1670)	權橃의 玄孫 權霂에게 내린 祿牌(俸給 等級票).
7	榜目	1點	太宗14年(1414)	永樂 甲午(1414) 親試文科榜目으로 皇甫仁이 소지하던 것임. 현재까지는 가장 오래된 榜目.
8	立案	2點	宣祖16年(1583) ~純祖4년(1804)	權橃의 孫子 權來의 立後를 인정하는 禮曹立案 등.
9	分財記	15點	成宗代 - 英祖28年(1752)	權橃의 母親 尹氏의 분재기와 權橃이 삼촌 權士秀에게 받은 分財記(1509) 그리고 冲齋夫人 崔氏의 分財記 등.
10	明文	23點	光海君 10年(1618) ~1831	土地 및 家屋 등의 賣買文記.
11	所志	27點	宣祖18年(1584) ~朝鮮末	權氏 가문의 奴婢訴訟 및 冲齋墓直에게 雜役免除를 청원한 文書 등.
12	戶籍單子	30點	肅宗16年(1690) ~高宗	權橃의 5代孫 權斗寅 등의 戶口單子.
計	12種	262點		

① 敎書

敎書는 국왕이 발급하는 命令書·訓諭書·宣布文 등으로 다양하다. 충재박물관에 소장된 敎書는 中宗이 1538年(中宗 33)에 權橃을 慶尙道觀察使에 임명하고 부임지를 잘 다스리라고 내린 訓諭書이다. '施命之寶'라는 寶印이 찍혀 있다.[15]

15) 韓國學中央硏究院, 『奉化 西谷 安東權氏 權橃宗家 古文書』, 한국학중앙연구원 출판부, 2015. 41쪽 참조. 문화재관리국, 『冲齋權橃宗家所藏文化財調査報告書』, 1985. 9쪽 참조. 이하에서 이 두 자료를 인용할 때는 따로 주를 달지 않는다.

② 論書

論書는 국왕이 觀察使·摠戎使·守禦使·統制使·節度使·防禦使·留守 등에게 유사시를 대비하여 發兵할 수 있도록 내리는 密符이다. 密符는 第1符에 第45符까지 있는데, 이것을 둘로 나누어 하나는 해당 관리에게 주고 다른 하나는 궁중에 보관하였다. 權橃이 받은 密符論書는 중종이 그를 慶尙道觀察使 겸 兵馬水軍節度使로 임명하면서 내린 것으로, 密符 第19符이며 그것에 대한 命令書이다.

③ 有旨

有旨는 담당 承旨가 왕으로부터 명령을 받고 그 내용을 직접 써서 자신의 직함과 姓을 쓰고 手決한 다음 명령을 받는 이에게 송부하는 王命書이다. 충재박물관이 소장한 有旨는 모두 2종인데 權橃이 받은 것이다. 하나는 1517년(中宗 12)에 掌令에 재직할 때 받은 것이고, 다른 하나는 1539년(中宗 34)에 명나라에 奏請使로 갈 때 받은 것이다.

④ 試券

試券은 試紙 또는 名紙라고도 하며, 文武科와 雜科 등 일종의 국가고시의 답안지라고 할 수 있다. 충재박물관에 소장된 試券은 1507년부터 1873년까지 權橃·權東輔·權來·權尙忠·權斗寅·權正倫·權啓夏·權大淵·權相稷·權仁燮이 각종 과거 시험에서 작성한 것이다. 대표적인 것으로는 權橃이 中宗 2년(1507)에 文科別試 丙科 第二人에 합격한 對策文이 있다. 이 試券들을 통해 충재 종가 구성원들의 과거 응시 현황과 합격 현황 그리고 시험 답안 내용을 확인할 수 있다.

⑤ 教牒 및 教旨

教牒과 教旨는 국왕의 신하에게 내리는 공문서이며, 관직 및 과거 합격을 통지하거나 국왕이 토지나 노비 혹은 기타 특권을 내리는 문서들을 통칭한다. 教旨라고 지칭된 문서는 관직 임명 문서인 告身, 文科 합격자에게 내리는 紅牌教旨, 生員과 進士 합격자에게 내리는 白牌教旨, 관직을 올려줄 때 발급하는 追贈教旨, 諡號를 내리는 諡號教旨, 부역의 면제를 인정하는 免役教旨, 토지나 노비를 하사하는 賜牌教旨 등이 있다. 충재박물관에는 教牒과 教旨가 139점이 소장되어 있다. 이 중 權橃에게 내린 교지가 91점으로 權橃의 관료서의 내력을 자세히 살필 수 있는 자료이다.

⑥ 祿牌

吏曹나 兵曹에서 제1과부터 제18과까지인 祿科(녹봉의 등급)에 의해 정하였으며, 이에 따라 녹봉을 받을 수 있는 증서이다. 충재박물관이 소장한 祿牌는 吏曹에서 1670년(현종 11)에 從仕郎·英陵參奉인 權霦에게 녹봉을 지급하는 문서로 權霦의 고신 위에 붙어 있다.

⑦ 榜目

榜目은 과거에 급제한 사람의 성과 이름을 적은 책이다. 앞에서 소개한 權橃이 하사받은 司馬榜目은 모두 금속활자로 인쇄한 것인데, 이 榜目은 명주 바탕에 필사하였으며 족자 형태로 되어 있다. 이 榜目은 태종 14년(1414) 親試文科榜目으로 皇甫仁이 소지하던 것이다. 현재까지는 가장 오래된 榜目으로 방목 연구의 중요한 자료이다.

⑧ 立案

立案은 관에서 개인의 요청에 의해 신청자·증인 등 관계인의 진술을 받아 사실을 확인해주는 공증문서이다. 토지·가옥·노비나 그 밖의 재산의 매매·양도 등의 사유가 발생했을 때 취득자가 관에 입안을 신청하면 관에서 발급해주었다. 충재박물관에 소장된 입안 중 매매와 소송 문건은 明文·所志와 관련된 立案은 해당문서에 붙어 있어서 明文과 所志로 분류하였다. 여기의 立案은 入後立案(繼後立案) 2종으로, 하나는 1583년 權東美의 둘째아들 權來를 權東輔에게 繼後한 立案이고, 다른 하나는 1804년에 權載德의 둘째아들 權聖甲을 10촌 형인 權載運에게 繼後한 것을 공증하는 立案이다.

⑨ 分財記

分財記는 주로 양반들이나 지방사족들이 가옥·토지·노비·가재도구 등의 재산을 분배하여 상속할 때 작성한 문서이다. 충재박물관이 소장한 분재기는 모두 15건으로, 權士彬(權橃의 父)의 처인 坡平尹氏의 분재기가 있고, 중종 4년(1509)에 權士秀가 조카 權橃에게 분급한「和會成文」등이 있다. 權士彬의 처 坡平尹氏는 尹塘의 딸이고, 오빠인 尹汝弼은 중종반정공신 3등에 올랐으며 중종의 왕비인 章敬王后의 아버지이다. 尹氏 남매의 분재기는 여성이 상속받는 상황과 權橃이 닭실에 터를 잡는 경제적 기반을 알려준다. 15종의 분재기는 權橃 가문의 경제상황과 당시의 가족제도 등을 알 수 있는 자료이다.

⑩ 明文

明文은 토지와 가옥 등의 買賣·典當·還退 등과 관련된 문서이다. 충재박물관에는 광해군 13년(1621)부터 순조 31년(1831)까지 각종 전답과 노비를 매매할 때 발급한 문서 23점이 남아 있다.

⑪ 所志

所志는 실생활에서 발생한 일에 대해 관부에 올리는 訴狀·請願書·陳情書 등의 각종 민원 관련 문서이기 때문에 그 내용은 다양하다. 충재박물관에 소장된 所志는 현종 9년(1668)부터 순조 24년(1824)까지의 문서들로 權霂·權應度·孫聖百이 올린 所志를 제외하면, 冲齋의 墓直이 奉化縣監에게 雜役 면제를 청원한 것이 대부분이다.

⑫ 戶籍單子

조선시대에는 국가에서 3년마다 전국의 호구를 행정구역별로 조사하여 호구의 수와 이들의 職役 및 본관 그리고 나이 등을 파악하고, 또한 변동 상황을 파악하여 새로운 호적을 만들어 보관하였다. 행정의 효율성과 비용 절감 등을 이유로 호주가 제출하는 戶籍單子와 관부가 호적대장과 대조 확인하여 발급해주는 準戶口라는 두 종류의 문서가 있었다. 그런데 호주가 戶籍單子의 형식이든 準戶口의 형식이든 1부만 작성하여 관에 제출하면, 관에서는 이를 토대로 확인한 다음 호주에게 돌려주었다. 호주의 거주지와 나이·본관·관직·처, 호주와 처의 4대조 등에 관한 정보가 들어있고, 또한 소유노비의 상황까지 상세하게 기록하였다. 충재박물관에는 30여 점의 호적단자가 소장되어 있는데, 權橃 가문의 가족구성원과 그들의 관직 내력, 婚脈, 소유노비현황, 노비의 내력 및 이동 경로, 지역 내에서의 위상 등을 파악할 수 있다.

(3) 冲齋 權先生 宗家 所藏 遺墨

1986年 11月 29日, 冲齋종가의 유묵 8種 14點이 일괄로 寶物 第902號로 지정되었다. 朝鮮 中宗朝의 名臣이며 學者였던 冲齋 宗家에는 소장되어 있는 遺墨이다. 朝鮮 前期 4大 名筆인 自庵 金絿의 草書簇子, 退溪 李滉의 書帖, 篆書의 大家인 眉叟 許穆의 眉叟篆, 중국 明나라 초기 草書의 大家인 張弼의 眞墨, 朝鮮 前期 名賢들의 筆蹟을 모은 巖藏古蹟, 先祖手蹟 등 8種 14點이다. 이 遺墨들은 朝鮮書藝史 연구에 중요한 자료이며 先祖手蹟, 巖藏古蹟, 院藏古

蹟 등은 名賢의 筆蹟으로서 뿐만 아니라 冲齋 및 그의 자제들의 交遊와 當時 士大夫들의 詩文과 생활상도 아울러 살필 수 있는 자료로 평가된다. 먼저 목록을 제시한 후에 개별 유물에 대한 소개를 덧붙인다.

書藝類 目錄

	名稱	數量	形態	筆 者	年 代	摘 要
1	金絿眞墨	1	簇子 (紙本)	金絿	中宗14年 (1519)	朝鮮前期 四大名筆인 金絿가 1519年 己卯士禍에 연루되어 三涉府使로 좌천되어 가는 權橃에게 써서 준 것임.
2	許穆靑巖亭 扁額題字	1	卷子 (原本)	許穆	肅宗8年 (1682)	許穆이 權橃이 건립한 정자인 靑巖亭의 扁額으로 써준 글의 原本임.
3	張弼眞墨	3폭	簇子 (紙本)	張弼	明成化~弘治時 (1465~1504)	明나라 孝宗때의 文章家이며 草書大家인 張東海의 眞墨 2폭, 權斗寅 등의 識 2폭 合 3폭, 1539年 權橃이 明에 使臣으로 가서 購入한 것.
4	李滉書帖	1冊	帖裝 (明紬)	李滉	中宗~明宗時	退溪 李滉이 古詩를 10面에 걸쳐 썼음.
5	許穆篆書	1冊	假綴 (紙本)	許穆	肅宗7年 (1681)	許穆이 漣川으로 방문한 權斗寅에게 써준 것.
6	權橃手蹟 先賢手蹟 (背面)	1	帖裝 (紙)	權橃, 皇甫仁 外	太宗~ 顯宗時	先祖手蹟은 權橃의 手筆 4件이고, 先賢手蹟은 皇甫仁·盧守愼·李睟光 등 7人의 筆蹟.
7	巖藏古蹟	5冊	帖裝 (紙)	柳洵, 成守琛 外	燕山~ 仁祖時	柳洵·李賢輔·成守琛·李滉·柳成龍 등 名賢 34人의 簡札과 詩稿를 作帖한 것.
8	院藏古蹟	1冊	帖裝	金誠一, 鄭逑 外	宣祖~ 顯宗時	三溪書院에 관한 資料로 顯宗의 賜祭文, 金誠一과 鄭逑의 簡札, 鄧琢의 祭文 등 4篇.
9	燕山君日記 洗草之圖	1點	종이		中宗4年 (1509)	燕山君日記를 세검정 근처에서 洗草하는 모습을 그린 것. 67人의 座目이 있음. 그림은 剝落.
10	山陵都監題 名錄	1點	簇子		宣祖8年 (1574)	宣祖 8年(1574) 正月 明宗妃 仁順王后 沈氏의 因山 때의 契會圖로 山陵都監의 座目이 있고, 鄧惟一의 題詩가 있음.
11	王世子冊禮 都監經屏	8폭	屛風		肅宗14年 (1690)	肅宗 14年(1690) 王世子(景宗) 冊禮都監稧屛.
계	11種	17點				

① 金絿眞墨

조선 전기의 四大名筆인 金絿(1488~1533)가 중종 14년(1519) 6월 己卯士禍에 連累되어 禮曹參判에서 三涉府使로 좌천되어 나가는 權橃에게 써서 준 것이다. 작자 金絿(본서의『自庵金先生文集』 해제 참조)는 唐代 시인 王勃(649~676)의「別薛華」라는 오언율시 1수를 초서체로 쓰고, 좌측하단에 '大柔書贈'이라고 적었다. 시의 전문은 다음과 같다. '送送多窮路, 遑遑獨問津. 悲涼千里道, 淒斷百年身. 心事同漂泊, 生涯共苦辛. 無論去與住, 俱是夢中人.' 王勃이 薛華와 이별하는 애절한 심정을 묘사했는데, 金絿도 이 시를 빌려 權橃과 이별하는 심정을 표현하였다. 이 족자는 草書 연구의 자료일 뿐만 아니라 權橃의 교유 관계도 알 수 있는 자료이다.

② 許穆의 青巖亭扁額題字

許穆(1595~1682)이 88세인 숙종8년(1682) 4월에 쓴 편액의 원본이다. 青巖亭은 權橃이 지은 정자로 '龜巖亭'이라고 했는데, 權橃의 아들 權東輔의 호인 '青巖'을 따라 '青巖亭'이라고 하였다. 許穆(본서의『記言』 해제 참조)이 큰 글자로 '青巖水石'이란 4자를 篆書체로 쓰고, 중간 글자의 楷書체로 小識을 세로쓰기하였다. 편액은 판각하여 청암정에 걸려 있고, 이것의 원본이 冲齋 종가에 소장되어 있다. 이 유물은 許穆의 별세하기 전에 쓴 絶筆로 알려져 있으며, 篆書의 대가의 필적이라서 서예 연구의 중요한 자료가 된다.

③ 張弼眞墨

張弼(1425~1487)의 호는 東海이고, 명나라 成化에서 弘治연간에 활약한 문장가로 草書의 대가로 불리었다. 이 서첩은 총 3폭으로 구성되어 있는데, 2폭은 張弼의 眞墨이고 權斗寅과 權斗經의 識記 1폭이 첨부되어 있다. 權斗寅의 識記에 따르면, 權橃이 중종 34년(1539)에 宗系辨誣奏請使로 명나라에 갔을 때 구입한 것이라고 한다. 또한 원래 족자로 전래되다가 숙종 38년(1712)에 權斗寅 자신이 족자로 바꾸어 만들었다고 하였다. 제1폭은 송대 학자 程顥의「秋日」이란 칠언율시 1수를 草書체로 썼고, '東海翁'이란 자호를 적었다. 제2폭은 唐代의 시인 楊巨源의「酬于駙馬」란 칠언율시 1수를 역시 草書체로 썼고, '東海翁'이란 자호를 적었다. 제3폭은 權斗寅과 權斗經의 識記로 족자의 입수 경위를 알 수 있다. 張弼의 草書는 우리나라의 草書에 영향을 많이 끼쳤다고 하는데, 국내의 草書 연구의 참고자료가 된다.

④ 李滉書帖

이 서첩은 이황(1501~1570)의 眞墨인데, 필사 연대를 확정할 기록은 남아 있지 않다. 10면에 걸쳐 草書체로 古詩를 적어놓았으며 제10면 좌측에는 후인이 '右退溪先生書'라고 적어 놓았다. 이 서첩은 이황의 서체를 연구하는 데 참고자료가 된다.

⑤ 許穆篆書

權斗寅은 後識에서 숙종 7년(1681) 가을에 漣川으로 許穆을 방문했을 때 자신에게 써준 것이라고 밝히고 있다. 이 책자의 1~6면까지는 許穆이 「丹書之戒」·「杖銘」·「盤銘」·「鑑銘」 등을 篆書로 적었고, 7~8면은 조카 許翃를 시켜 위의 篆書를 隸書로 쓰게 하였다. 뒤에는 權斗寅이 숙종 8년(1681)에 쓴 後識가 있다. 이 유물은 許穆이 작고하기 1년 전에 쓴 것으로 許穆의 노년 篆書를 연구하는 데 귀중한 자료이다.

⑥ 先祖手蹟 - 先賢手蹟(背面)

이 책에서 전면은 '先祖手蹟'인데 權橃의 手蹟이고 후면은 '先賢手蹟'이다. 先祖手蹟은 權橃이 둘째아들 權東美에게 보내는 簡札이 있고, 다음은 賜牌敎旨의 초록으로 중종 35년(1540) 7월에 中宗이 權橃에게 전답과 노비를 내려줄 때 발급한 敎旨 베껴놓은 것이고, 다음으로는 이조에서 入啓한 내용을 베껴놓았는데 『輿地勝覽』을 살펴보고 지명을 수정하라는 것이다. 다음으로는 權橃이 지은 시 2수가 있는데, 한 수는 스님에게 지어준 七言絶句이고, 한 수는 측실의 작은 아이에게 지어준 五言絶句이다. 先祖手蹟 끝부분에는 충재 집안에서 빌려준 책과 빌려간 사람을 적어놓았는데 일종의 대출기록이다. 先賢手蹟은 世宗에서 端宗까지의 시기에 權春蘭·皇甫仁·盧守愼·金應祖·呂大老·權泰一의 簡札과 李晬光의 시를 수록하였다. 이 유물은 權橃과 그의 후손들이 교류한 사대부들에 대해 알 수 있는 자료이다.

⑦ 巖藏古蹟

모두 5책으로 당대의 명현들에게 받은 簡札과 詩를 모아 帖子로 만든 것이다. 柳洵·成守琛·李賢輔·李滉 등 15~16세기에 활동한 명인 34명의 簡札과 詩가 들어 있다. 이 유물은 權橃과 그의 후손들이 교류한 사대부들과의 교유 정황을 알 수 있는 자료이다.

⑧ 院藏古蹟

1책으로 모두 5장이다. 權橃을 제향한 奉化의 三溪書院에 관한 賜祭文, 金誠一과 鄭逑의 簡札, 祭文을 모아 작첩한 것이다. 後表紙 이면에는 '壬申秋粧成 三溪書院藏'이라는 識記가 있다. 이 識記는 權斗經의 필적으로 추정되는데, 그러면 壬申年은 1692일 것이다. 이 유물은

三溪書院과 관련된 자료이다.

⑨ 燕山君日記洗草之圖

크기는 94.2×59.2㎝인데, 상단에는 그림을 그리고, 그 아래는 2단으로 나누어 주색으로 界線을 긋고 67명의 座目을 68行에 걸쳐 썼다. 그림은 燕山君日記를 서울 세검정 근처에서 洗草하는 모습을 그린 것 같으나 상태가 너무 나빠서 알아볼 수가 없다. 篆書로 쓴 그림의 제목 「日記洗草之圖」와 成希顔 등이 포함된 좌목은 분명히 판독할 수 있다. 좌목의 우측상단 첫줄은 '正德四年九月十九日燕山君日記修撰前後官'이란 제목이 있고, 그 아래 행사에 참가한 관원의 직위와 성명 등을 적고 있다. 이 유물은 중종 4년(1509) 9월에 제작된 것으로 權橃이 承政院注書로서 春秋館記注官을 겸하고 있을 때에 받아서 안동권씨 가문에 보관해둔 것이다. 그림이 선명하게 보이지 않지만, 실록편찬 및 契會의 연구에 필요한 자료이다.

⑩ 山陵都監題名錄

1573년(선조 7)에 제작된 絹本淡彩의 족자로서 전체크기는 92.5×62㎝이며, 그림의 크기는 58.5×62㎝이다. 그림의 상단에는 篆書로 그림의 제목 「山陵都監題名錄」을 적어놓았고, 중단에는 契會圖 형식의 산수인물화가 그려져 있고, 하단에는 都提調 樸淳과 尙瑞院判官 權東輔 등 22명의 관직·이름·본관 등을 적어놓은 座目이 있다. 그림의 왼쪽 여백에는 權東輔의 매부인 鄭惟一이 쓴 제시도 있는데, 조선 전기의 契會圖 양식을 충실히 따르고 있다.

⑪ 王世子冊禮都監稧屛

1690년(숙종 14)에 제작된 크기는 116×62㎝의 그림 6폭과 글씨 2폭 등 8폭을 표구하여 병풍으로 꾸민 것이다. 제1폭은 왕세자(景宗)가 이 그림을 그리게 된 이유를 밝힌 서문이고, 제2~7폭은 水墨淡彩로 그린 산수인물화이며, 제8폭은 도제조인 權大運 등 19명의 관직·이름·본관 등을 밝힌 座目이다. 훼손이 심하여 그림과 글씨를 알아보기 힘들다.

(4) 史蹟 및 名勝

'奈城村은 곧 二相(조선 시대 의정부의 좌찬성과 우찬성, 종1품의 벼슬) 權橃이 살던 옛터로 靑巖亭이 있다. 정자는 못 복판 큰 돌 위에 있어 섬과 같으며, 사방은 냇물이 고리처럼 돌아

흘러 제법 아늑한 경치가 있다. 또 북쪽은 春陽村인데 곧 태백산 남쪽이다. 正言 權斗紀의 寒水亭이 여러 대를 이어 보존되어 있다. 날 듯한 집이 시내를 임하고 있어 아늑하고 묘한 운치가 있다.'[16] 이중환은 奈城과 그 북쪽의 春陽을 함께 묘사하고 있어서 두 지역을 하나의 권역으로 이해하고 있는데, 그 이유는 아래와 같다.

權橃이 1520년(중종 15)에 유곡에 정착한 후인 1526년에 집안 서쪽에 冲齋라는 작은 서재를 지었고, 같은 해 서쪽 바위 위에 龜巖亭(후에 權橃의 아들 權東輔의 호를 따라 靑巖亭으로 이름을 바꿈)을 지었다. 또한 거처의 동구 밖 시내가 흐르는 승경에 석천정사를 짓고 만년을 보낼 곳으로 삼았다. 그리고 1534년에는 春陽에 산장을 마련하였다. 權橃의 소유지의 경지는 奈城縣·皆丹部曲·奉化縣·小川部曲·春陽縣·安東府·豐山縣 일곱 개 행정 구획에 걸쳐 있었다.[17] 종가가 있는 大村(큰 마을)을 기준으로 동쪽에 위치한 토일에는 權橃의 둘째아들인 권동미가 松巖亭을 짓고 세거하였는데, 이 지역 부근인 탑동·우촌·송생 등지를 중심으로 후손들이 집성촌을 이루는 계기가 되었다. 탑동은 權橃의 사위인 鄭惟一이 살았으며, 송생에는 權橃의 손자 權來의 어미니인 禮安金氏의 묘소를 관리하기 위해 건립된 松生齋舍가 남아 있다. 또한 종가의 북서쪽에는 선영과 추원재가 자리 잡고 있고, 동남쪽의 사동에는 權來의 묘소와 沙洞齋舍가 자리해 있다. 또한 權來가 春陽에 寒水亭을 지었고, 權來의 손자 權䨪은 유곡에서 분가하여 이곳을 중심으로 세거지를 마련하였다.[18] 權橃은 내성뿐만 아니라 인근 지역까지 넓은 토지를 소유하고 있었으며, 그의 후손들은 이를 토대로 경제적 기반을 다졌고 향촌사회를 주도하는 가문의 지위를 누렸다. 이 지역에는 權橃과 관련된 각종 유적들이 남아 있는데, 아래에서 구체적으로 소개하고자 한다.

史蹟 및 名勝 第3號 - 奈城 酉谷 權冲齋 關係 遺蹟

① 宗家

봉화읍(奈城) 닭실마을(酉谷)에 소재하며, 古宅으로서 건물의 양상이나 구조가 조선시대의 士大夫家로서의 전형적인 모습을 지니고 있다. 경내에는 忠定公(權橃의 시호) 不遷位 位牌를 모시는 大廟가 있고, 不遷位 祭祀를 지내는 羹牆閣이 있다. 우리나라의 대표적인 庭園인 靑巖

16) 李重煥 著, 李翼成 譯, 『擇里志』, 을유문화사, 1994. 189쪽. '二相'에 대한 괄호 안의 설명은 인용한 원저의 주석이다.

17) 미야지마 히로시, 노영구 옮김, 『양반-역사적 실체를 찾아서』, 도서출판 강, 1996. 104쪽.

18) 鄭民昊, 「16~17세기 경상도 奈城縣 酉谷 安東權氏 門中의 형성과정과 향촌활동」, 안동대학교 사학과 석사학위논문, 2014. 10~11쪽 참조.

亭이 뜰 안에 있다.

權橃이 1520년 입향하여 지은 초기의 소규모 종택을 그의 아들인 靑巖 權東輔와 손자인 石泉 權來가 증축하여 60여 칸을 이루었다. 그 구성은 '日'자 모양으로 양 끝은 樓로 꾸며 행랑을 내려다보게 했고, 그 중간이 안채로 좌우가 높고 안뜰이 좁고 작았다. 1678년에는 이 집의 동쪽 10보 미만 되는 곳에 터를 닦아 옛집의 일부만 남기고 대대적으로 고쳐 지었다. 그 뒤 다시 서쪽 옛터에 종택을 옮겨 지었다.[19)]

1940년에 발생한 닭실마을의 큰 화재는 冲齋 종가가 축소되는 직접적인 계기가 되었다. 이때 본채의 동쪽에 있던 별당, 사당 서쪽에 있던 별묘와 장판각 등이 불탔다. 冲齋 종가가 현재의 모습을 갖춘 것은 1948년이다. 이때 안 행랑채, 著存閣 등 여러 채가 철거되고, 오늘날 남은 건물들도 위치에는 별다른 변화가 없었으나 사실상 다시 지어졌다. 또한 건물의 규모가 많이 축소되었고 본채를 이루는 안채와 사랑채 방들이 모두 작아졌다.[20)] 그래서 현재 건물은 60여 칸에서 33칸으로 축소되었다.

② 大廟

冲齋 宗宅 內에 소재하고 있다.

忠定公 冲齋 權橃의 不遷位 위패를 모시는 祠堂이다. 사당 건물의 지붕 형식은 매우 특이한데, 일반적인 맞배지붕(지붕판 두 개를 앞뒤로 맞붙인 지붕. 지붕의 마리리가 'ㅅ'자를 이루는데 이렇게 만들어지는 삼각형 부분을 박공이라고 한다)이지만 추녀(지붕판이 만나는 지점에 45도 방향으로 거는 사각형 단면의 부재)를 설치하여 가적지붕(을 덧대고 뒤쪽을 제외한 삼면에 부연(둥근 단면의 서까래 위에 설치하는 짧은 사각형 단면의 서까래)을 돌렸다. 추녀는 비스듬한 활주가 지탱하고 있다.[21)]

③ 羹牆閣

冲齋 宗宅 內에 소재하고 있다.

5대손 荷塘 權斗寅이 孝陵參奉과 掌苑署別提를 거쳐 工曹正郎과 永春縣監을 역임하고 향리로 돌아와 선조의 추모하기 위해 건립하였으며, 權橃의 不遷位 祭祀를 모시는 곳이다.

---

19) 『국역 石泉志』의 내용을 재인용하였다. 한필원, 『종가의 멋과 맛이 넘쳐 나는 곳, 봉화 冲齋 權橃 종가』, 예문서원, 2011. 137쪽.

20) 한필원, 『종가의 멋과 맛이 넘쳐 나는 곳, 봉화 冲齋 權橃 종가』, 예문서원, 2011. 139~140쪽.

21) 한필원, 『종가의 멋과 맛이 넘쳐 나는 곳, 봉화 冲齋 權橃 종가』, 예문서원, 2011. 161~162쪽.

羹牆이라는 말은 『後漢書』卷63 「李固傳」에서 유래하였다. '舜임금이 앉아서는 담장에서 堯임금을 보았고, 밥 먹을 때는 국그릇 속에서 보았다.(坐則見堯於墻, 食則覩堯於羹)'라고 하였다. 선현을 추모한다는 의미로 쓰이는데, 조상들을 추모하고 기리려는 의도를 담고 있다.

※ 羹牆閣이란 현판은 外孫인 思齋 洪仁壽의 글씨이다.

④ 青巖亭

冲齋 宗宅 內에 소재하고 있다.

權橃이 닭실에 은거하면서 1526년에 종가의 서쪽 거북바위(龜巖) 위에 건립한 정자이다. 거북바위 위에 지었기 때문에 처음에는 龜巖亭으로 불리다가 후에 權東輔의 호를 따서 靑巖亭이라고 하였다. 權橃의 서재인 冲齋 앞에 있는데, 주위에는 연못으로 둘러져 있고 뜰에서 정자로 들어가는 돌다리(石橋)를 놓았다. 古松과 향나무 그리고 버드나무 등이 있고, 정자의 거북바위틈으로 철쭉과 단풍이 자생하고 있다. 靑巖亭은 손님을 접대하거나 향촌의 회합 장소로 사용되었으며, 향촌사회의 공론을 이끌어 가는 데 중요한 역할을 담당하였다.[22] 건축양식이 뛰어나 문화재적 가치가 높은 우리나라의 대표적인 정원이다.

※ '靑巖亭'이란 현판은 山蔭(현재 경남 山淸) 사람인 梅菴 曺湜의 글씨이다.

※ '靑巖水石'이란 현판은 篆書의 大家인 眉叟 許穆의 글씨이다.

⑤ 石泉精舍

봉화읍(奈城) 三溪에 소재하고 있다.

權橃의 장자인 權東輔가 1565년에 先志를 계승하여 건립하였다. 이미 權橃이 생전에 종가의 동구 밖 시냇가의 긴 바위에 돌로 축대를 쌓아 터를 마련해 두었으니, 대를 이어 건축을 구상하고 실현한 것이다.[23] 石泉은 權東輔의 맏아들인 權來의 호를 딴 것이다. 주위는 기암절벽으로 둘러 싸여 있고 울창한 老松林과 물 맑은 水石으로 장관을 이루며 뜰에는 烏竹과 돌샘(石井)이 있으며 계곡일대가 절경이라 詩人墨客들의 발길이 끊어지지 않았다고 한다. 權橃의 5대손인 權斗寅과 權斗經이 1710년에 대대적인 중수하였다.

※ 현판 중 '石泉精舍'는 전라도 士人 松齋 宋一中의 글씨이다.

※ '水明樓'·'杖屨播馥'·'溪山含輝'는 安東府使를 역임한 서울사람 宋蘖 李正臣의 글씨이다.

---

22) 鄭民昊, 「16~17세기 경상도 奈城縣 酉谷 安東權氏 門中의 형성과정과 향촌활동」, 안동대학교 사학과 석사학위논문, 2014. 40~41쪽 참조.

23) 한필원, 『종가의 멋과 맛이 넘쳐 나는 곳, 봉화 冲齋 權橃 종가』, 예문서원, 2011. 176쪽.

(5) 有形文化財

① 寒水亭

지정종별 : 경상북도 유형문화재 제147호

소재지 : 경북 봉화군 춘양면 의양리

權橃이 春陽에 농장을 개설하면서 1534년에 터를 마련하였고, 1576년에 權東輔가 '居然軒'을 지었는데 불타 없어졌다. 이 居然軒 근처에 權來가 현종 13년(1608)에 寒水亭을 건립하였다. 그 후 1742년에 중수하였는데 權萬이 이 때 「重修上梁文」을 지었다.

현재의 건물은 1990년 화재로 전소된 것을 1992년 실측하여 복원하였다. 조선조에 석학들이 운집하여 道義를 선양하였으며, 新進學者들을 배출한 곳이기도 하다. 후에는 애국지사들의 집회장소 및 은신처로 사용하던 곳이다. 맑은 정신으로 공부하라는 뜻에서 '寒水亭'이라 하였다.

※ '寒水亭'과 '月澄軒'의 현판글씨는 경상도 都事 裵大維의 글씨이다.

② 追遠齋

지정종별 : 경상북도 유형문화재 제343호

소재지 : 경북 봉화군 봉화읍 유곡리

冲齋 종택의 북서쪽에 있는 큰새궁골에 자리 잡고 있다. 본래는 權橃의 외조부 尹塘과 그의 부인 永川皇甫氏의 墓祭를 위한 齋室이었다. 그 후 이곳은 安東權氏의 묘역이 되었으며, 權橃의 아버지 權士彬과 어머니 坡平尹氏, 季父인 權士秀, 權橃 자신과 처 和順崔氏, 동생인 權檥, 맏아들인 權東輔, 둘째아들인 權東美 등이 안장되어 있다.

齋舍는 追遠齋·上室·有司室·문간채 4개의 건물로 구성되어 있다. 齋舍 洞口에는 노송이 있는데, 둘레가 4m, 높이가 24m이었으나, 현재는 枯死木이 되어 그 쓸쓸함을 보여주고 있다. 또 둘레가 4m, 높이가 10m정도 되는 큰 버드나무가 위용을 자랑하며 소나무와 나란히 쌍벽을 이루고 있다. 이 재실은 규모가 상당히 크고, 관리사(문간체) 등 여러 곳에서 오래된 건축 수법들이 잘 남아 있어 건축적인 가치가 크다.[24)]

※ '追遠齋' 현판은 外孫인 洪思齋의 글씨이다.

---

24) 한필원, 『종가의 멋과 맛이 넘쳐 나는 곳, 봉화 冲齋 權橃 종가』, 예문서원, 2011. 182쪽.

(6) 民俗資料

① 瑞雪堂

지정종별 : 경상북도 民俗資料 제104호

소재지 : 경북 봉화군 봉화읍 유곡 2리 554

원래는 吐日 마을에 있던 權橃의 둘째아들 權東美의 거처였다. 瑞雪堂은 權東美의 맏아들 權寀의 증손인 瑞雪堂 權斗翼이 松巖亭 앞에 있던 것을 숙종 34년(1708)에 현 위치로 옮겨 건립하였다. 權斗翼이 李琓과 李棟完 등 명유들과 교유하면서 공부를 하던 공간이었다. 18세기 건축의 시대적 특성과 형태를 잘 간직하고 있다.[25)]

(7) 記念物

① 沙洞齋舍

지정종별 : 경상북도 記念物 제157호

소재지 : 경북 봉화군 봉화읍 유곡 2리 사동

임진왜란 때에 군량 조달에 공을 세워 軍資監正을 역임한 權來의 묘소를 관리하기 위하여 맏아들 權尙忠이 건립한 齋室이다. 증손인 權斗應이 증축하는 등 수차례 중수를 거쳐 현재에 이르고 있다. 沙洞齋舍는 上室과 東樓로 이루어져 있으며, 동루는 정면 3칸, 측면 1칸의 2층 누각 건물로 심벽 없이 판벽으로만 구성되어 있어 특징적이다. 또한 이 건물은 독립운동사에서 독특한 자취를 가지고 있다. 1919년 己未「파리장서」가 아무런 성과를 거두지 못하자 일부 유림들이 다시 외교활동에 나설 계획을 세워 중국의 유력한 인물에게 독립청원서를 보내기로 하고 1920년에 權相翊 등이 제2차「파리장서」를 작성한 곳이다.[26)]

(8) 文化財資料

① 三溪書院

지정종별 : 경상북도 문화재 자료 제417호

---

25) 한필원,『종가의 멋과 맛이 넘쳐 나는 곳, 봉화 冲齋 權橃 종가』, 예문서원, 2011. 183쪽.

26) 파리장서사건(巴里長書事件) : 3.1독립운동이 일어나자 전국의 儒林 대표 郭鍾錫·金福漢 등 137명이 조선의 독립을 호소하는 유림들의 탄원서를 작성 서명해 이를 김창숙이 上海에서 파리의 만국평화회의에 우송한 것이다. 그러나 일본경찰에게 발각되어 郭鍾錫 과 대부분의 유림 대표가 체포되었으며 일부는 국외로 망명하였다. 그 후 郭鍾錫·金福漢·河龍濟 등은 감옥에서 殉死하고 그 밖의 인사들도 일경의 고문에 못 이겨 죽거나 처형되었다.

소재지 : 경북 봉화군 봉화읍 삼계리 152-2

權橃의 명예가 회복된 이후, 權東輔는 아버지의 忠節과 學德을 기리기 위해 宣祖 21년(1588)에 지역의 유림들과 함께 忠定公祠를 건립하였다. 이 忠定公祠에 위패를 봉안하여 오다가 顯宗 元年(1660)에 朝廷에서 三溪書院으로 顯額을 하사하여 賜額書院이 되었다. 堂室과 齋門의 이름은 모두 寒岡 鄭逑가 지었으며, 祠堂은 忠定公祠, 講堂은 精一堂, 東齋는 思無邪齋, 西齋는 毋不敬齋, 樓는 觀物樓, 正門은 喚惺門이다.

三溪書院은 봉화 유림들이 결속을 도모하고 공론을 모으는 장소로 이용되었고, 또한 을미의병의 始發地이기도 하다. 고종 8년(1871)에 대원군의 서원철폐령에 따라 철폐되었다가 1960년에 규모를 축소하여 복원되었고 봄·가을로 제향하고 있다.

② 宜陽里權進士宅

지정종별 : 경상북도 文化財 資料 제190호

소재지 : 경북 봉화군 춘양면 의양리 235

본 건물은 惺庵 權喆淵(1874~1951)이 살던 집으로서 현 위치의 건너 마을인 雲谷에 있었으나, 그의 아버지가 1880년경 이곳으로 이건하였다. 權喆淵은 고종 25년(1880)에 司馬試에 합격하여 生員이 되었는데, 명사와 우국지사들의 내왕이 잦았다. 權喆淵의 손자 權坦雄에 의하면 郭鍾錫에게 배웠고 그의 사후 문집의 출간을 위해 거금을 출연하였다. 당시 곽종석의 제자인 金昌淑 등이 유림계열의 독립운동을 주도하고 있었는데, 權喆淵이 출연한 돈은 문집을 발간하는 대신 독립자금으로 전용되었다고 한다. 1991년 안채의 견치석 기단을 철거하고 자연석으로 다시 쌓았으며, 부식된 목부재와 파손된 기와를 교체하였다.[27]

(9) 其他文化遺産

① 松巖亭

봉화읍 유곡 2리(吐日) 마을 서쪽 산기슭에 위치한 정자이다. 權東美가 宣祖 14년(1581) 司馬試에 合格하여 掌苑署別坐·義禁府都事·直長·主簿 등을 거쳐 宜寧縣監·燕岐縣監·司憲府監察·龍宮縣監을 역임하고 향리로 돌아와 창건하였다. 주위는 울창한 松林으로 싸여있

---

27) 「우리고장우리문화재-경북문화재자료 190호 宜陽里權進士宅」, 봉화일보 인터넷뉴스, 2010년 12월 06일, http://www.bonghwanews.co.kr.

고 사방이 적막하여 그윽한 풍취가 풍긴다. 원래는 松巖臺 위에 있다가 퇴락하여, 약 100여 년 전에 현 위치로 후손인 權起燮이 이건하여 중수하였다.

② 松生齋舍

봉화읍 유곡 3리인 松生(골이 깊고 소나무가 많이 자생한다고 하여 松生이라 함)에 있다. 權橃의 손자인 權來의 어머니인 禮安金氏(金玏의 딸)와 繼妣인 完山 李氏의 묘소를 관리하기 위하여 건립한 齋室이다. 건물의 규모나 구조면에서 大齋舍 건물에 못지않았으나 한국전쟁 때에 화재로 소실되었다가 전쟁이 끝난 후 규모를 축소하여 신축하였다.

③ 觀行堂

경북 봉화군 봉화읍 유곡리(닭실)에 있으며, 權橃의 6세손 琅玕軒 權蓍가 창건하여 수학하던 정자이다. 觀行은 후손들이 행실을 바로하면 조상을 빛낼 수 있고, 행실을 바로하지 못하면 조상을 욕보일 수 있으니 행실을 바르게 하라는 뜻이다.[28)]

④ 忠定公冲齋權橃先生神道碑

경북 봉화군 봉화읍 유곡(안닭실 중마을) 재궁골 冲齋 先生의 묘소 앞 산기슭 언덕에 있다. 神道碑文은 愚伏 鄭經世가 지었고, 碑首의 篆書는 仙源 金尙容의 글씨이고, 碑面의 글씨는 懼齋 金就英이 쓴 글씨이다. 비의 높이는 6척 6푼이고 두께는 7촌이며 넓이는 2척 7촌으로 서북모양으로 조각한 바당 위에 비를 세웠다.

⑤ 冲齋先生三溪書院遺虛碑

경북 봉화군 봉화읍 삼계리 三溪書院내에 있다. 1906년 嶺南儒林에서 遺墟碑를 건립하였고, 碑文은 思庵 朴淳이 지은 神道碑銘을 陰刻으로 새겼는데, 그 후 響山 李晩燾가 陰記하고, 龍山 李晩寅이 글을 썼다.

---

28) 「우리고장 우리문화재-觀行堂」, 봉화일보 인터넷뉴스, 2012년 1월 15일.

4. 16세기 관료 權橃의 朝鮮·明刊本 수집 경로 탐색[29)]
-冲齋博物館 소장 장서를 중심으로

1) 들어가며

조선시대에 책은 값비싼 귀중품이었고, 재력이 있어도 원한다고 쉽게 구입할 수 있는 것이 아니었다. 서점 설치에 대한 정부의 논의가 몇 차례 있었지만, 논란만 있었을 뿐 결론은 없었다. 또한 서적상이나 冊儈들이 활동하였다는 기록이 있지만, 서적 중개나 유통이 활발하였다고 할 수 없다. 조선후기 방각본 출현 이전까지 조선은 국가가 출판을 독점하고 있었기 때문에 서적 공급이 제한적이었고, 이에 따라 서적 유통도 제한적일 수밖에 없었다. 중앙에서 간행한 책의 보급은 한정적이었다. 먼저 임금에게 진상하고, 그다음에는 궁중의 도서관에 일정량을 할당하였고, 또한 여러 중앙관청에 분배되었다. 그러고 나서 '개인에게 반사가 이루어졌다. 조선전기에는 활자본이든 목판본이든 1차 발행량은 특별한 예외를 제외하면 수백 부에 불과하였는데 모두 중앙의 고급 관료에게 반사 형식으로 보급되었다. 중·하급 관료는 물론이고 관료조직에 속하지 않은 양반, 그리고 지방에 사는 양반들은 반사 대상이 되지 못하였다. …[中略]… 그러므로 고급 관료로 오래 재직한다면 반사의 기회를 많이 얻어 서적을 제법 모을 수 있었을 것이다.'[30)] 실제로 중앙 관료들은 위의 방법을 통해 서적을 수집할 수 있었다.

16세기 관료였던 柳希春(1513~1577)은 『眉巖日記』를 통해 당시의 서적 출판과 유통에 대해 많은 정보를 제공하였다. 柳希春은 乙巳士禍 때 파직되었다가 2년 후 양재역 벽서 사건에 연루되어 19년간 귀양살이를 하다가 선조 즉위년에 복직되었던 인물이다. 그는 선조 초반에 교서관제조를 역임하면서 중앙관청에서 서적 간행을 주관하였고, 지방관청에서도 서적 간행을 주도하였다. 또한 서적 유통과정에서는 사행단이나 책쾌를 통해 구입하거나 서로의 책을 맞교환하기도 하였으며, 지인이나 관청의 소장본을 빌려 등사하기도 하였음을 알려준다.[31)] 『眉巖日記』는 그 내용 자체의 분석을 통해 柳希春의 장서 수집 경로를 파악할 수 있다. 그런데 『眉

29) 본 논문은 『동아시아고대학』제54집에 게재된 논문을 일부 수정·보완하였다.

30) 강명관, 『조선시대 책과 지식의 역사』, 천년의상상, 2014, 342~343쪽.

31) 裵賢淑, 「柳希春이 版刻을 主導한 書籍에 관한 研究」, 『한국도서관·정보학회지』 제34권 제3호, 2003; 송재용, 「『미암일기』에 나타난 서적 및 출판 관련 사항 일고찰 」, 『동아시아고대학』 제36집, 2014; 우정임, 「『眉巖日記』를 통해 본 柳希春의 서적교류와 地方板本의 유통」, 『지역과 역사』 제26호, 2010; 柳在燁, 「朝鮮中期의 圖書 出版에 관한 一考察-『眉巖日記』의 記錄 研究」, 『出版雜誌研究』 제11권 제1호, 2003.

巖日記』는 선조 즉위년부터 10년간의 기록으로 그 이전의 상황은 알 수 없다. 그래서 필자는 16세기 전반기의 관료였던 權橃(1478~1548)의 서적 수집 경로를 탐색함으로써 선조 이전의 관료가 서적을 수집하는 과정을 제시하고자 한다.

權橃은 성종 9년에 安東에서 출생하였으며, 자는 仲虛이고, 호는 冲齋·萱亭·松亭이다. 權橃은 1507년인 30세부터 관직에 나가, 42세 때 己卯士禍 때문에 10여 년 간 酉谷에 복거하였다. 그러다 56세 때 특명으로 서용되어 68세 때 乙巳士禍로 파직되어 유배되었다. 그리고 그는 이듬해 유배지인 삭주에서 사망하는데, 파직과 유배 기간을 제외하고 약 24년 정도의 관료생활을 하였다. 權橃은 16세기의 중종연간에 관료로 재직하였고, 柳希春은 선조연간에 관료로 재직하였으므로 權橃이 유희춘보다 한 세대 앞선 시대에 관료로 활동하였다. 그러므로 權橃의 서적 수집 경로를 탐색하면 선조연간 이전인 중종연간에 관료가 서적을 수집한 경로를 파악할 수 있을 것이다.

> 사신은 논한다. '權橃은 독서를 좋아하여 늙어서도 손에서 책을 놓지 않았다. 경연석에서는 언제나 좋은 말을 아뢰었으며 천둥 같은 임금의 위엄 아래서도 몸을 돌보지 않았고, 나라에 큰 일이 있으면 앉아서 밤을 새우기도 하였다.'[32]

權橃이 의정부 좌참찬에 제수되던 날 있었던 사관의 평가이다. 李滉이 지은 行狀에도 權橃이 손에서 책을 놓지 않았다는 기록이 있으며, 특히 말년에는 『自警編』과 『近思錄』을 좋아하여 소매 속에서 떠나지 않았다고 하였다. 또한 權橃의 연보와 李滉이 쓴 행장에는 『近思錄』과 관련된 일화가 소개되어 있다. 중종이 연회를 열어 마음껏 취하라고 하였는데, 權橃도 취하여 부축을 받고 나갔다. 이때 뒷정리를 하던 내시가 『近思錄』을 습득하였는데, 중종이 權橃이 떨어뜨린 책이니 찾아주라고 하였다. 이것은 權橃의 연보에 의하면 중종 35년(1540) 3월에 벌어진 일이다.[33] 史官과 李滉은 모두 權橃이 독서를 좋아하였음을 증언하고 있다. 이하에서는 독서의 대상인 책을 그가 어떤 경로로 소장하였는지 구체적으로 추적해볼 것이다. 이상에서 權橃의 약력에 대해 구체적으로 소개하지 않았는데, 이하의 논술에서 대조의 편의를 위해 그것을 표로 제시한다.[34]

---

32) 『中宗實錄』, 중종 36년(1541) 11월 7일. 한국고전종합DB(http://db.itkc.or.kr/)에서 인용. 이하에서 『朝鮮王朝實錄』을 인용할 경우 '한국고전종합DB'를 이용하며 따로 주를 달지 않는다.

33) 權橃, 安東權氏 忠定公派 서울 宗親會 編, 「朝天錄」, 『冲齋先生文集』 卷八, 1982. 96~97쪽.

34) 이하에 표로 작성한 약력은 다음 서적을 참고하였다. 『冲齋先生文集』의 「충재선생 연보」(번역본)와 이병휴, 「冲齋 權橃의 時代와 生涯」, 『退溪學』 제19권, 2010.

〈표 1〉 權橃 약력

연호	연도	나이	행력
성종 9	1478	1	11월 6일, 安東府 道村里에서 출생.
연산군 2	1496	19	진사시에 합격.
연산군 5	1499	22	和順 崔氏와 결혼.
연산군 10	1504	27	對策에 합격하였으나 削榜됨.
중종 2	1507	30	봄, 별시문과 합격. 4월, 승문원 權知副正字. 12월, 예문관 검열.
중종 3	1508	31	11월, 待敎. 12월, 승정원 注書.
중종 4	1509	32	9월, 撰修廳에서 「燕山君日記」의 修撰에 참여.
중종 5	1510	33	4월, 홍문관부수찬 지제교. 10월, 사간원 정언. 11월, 예조좌랑.
중종 6	1511	34	3월, 兵曹佐郞. 4월, 春秋館 겸 弘文館修撰. 5월, 홍문관 부교리.
중종 7	1512	35	5월, 日本과의 講和 반대.
중종 8	1513	36	5월, 사헌부 지평. 9월, 병조정랑.
중종 9	1514	37	2월, 이조정랑. 8월, 호조정랑. 9월, 永川郡守.
중종 10	1515	38	7월, 大學衍義補를 반사 받음.
중종 12	1517	40	10월, 사헌부 장령을 거쳐 議政府舍人이 됨.
중종 13	1518	41	1월, 성균관 司成. 5월, 우부승지. 6월, 좌부승지. 7월, 우승지. 9월, 좌승지, 11월, 도승지 겸 예문관직제학.
중종 14	1519	42	2월, 예조참판. 4월, 동지중추부사. 6월, 士禍 조짐을 보고 外職을 청하여 三陟府使가 됨. 11월, 士禍가 일어나 파직되어 귀향.
중종 15	1520	43	1월, 安東府 奈城縣 酉谷에 卜居.
중종 21	1526	49	'靑巖亭' 건축. 伯兄 權檥와 白雲巖을 유람.
중종 25	1530	53	職牒을 돌려받았다가 곧 환수됨.
중종 26	1531	54	3월, 부인상을 당함.
중종 28	1533	56	4월, 龍驤衛 副護軍에 서용. 6월, 金安老의 미움을 사 密陽府使가 됨.
중종 30	1535	58	漢城府左尹. 9월, 부친상을 당함.
중종 32	1537	60	11월, 상을 마치고 忠武衛 上護軍. 12월, 한성부 좌윤.
중종 33	1538	61	2월, 경상도 관찰사. 7월, 동지중추부사. 8월, 형조참판. 9월, 오위도총부도총관을 겸함.
중종 34	1539	62	2월, 병조참판. 6월, 漢城府 判尹. 7월, 지중추부사가 되어 改宗系奏請使로 使行.
중종 35	1540	63	2월, 大明會典을 續纂할 때 宗系를 고쳐주겠다는 勅命을 받고 귀국. 5월, 知中樞府事 兼 五衛都摠府都摠管이 되었다가 다시 漢城府判尹이 됨. 6월, 世子右賓客을 겸함. 11월, 左參贊.
중종 36	1541	64	5월, 예조판서. 6월, 의금부사를 겸함.
중종 38	1543	66	6월, 朱子大全을 반사 받음.
중종 39	1544	67	봄, 朱子大全 校. 11월, 중종이 승하하자 殯殿都監에 임명됨.
인종 1	1545	68	5월, 우찬성. 7월, 명종이 즉위하자 院相이 됨. 8월, 병조판서. 衛社功臣에 錄勳되었다가 곧 削勳됨. 10월, 파직당해 귀향.
명종 1	1546	69	告身을 빼앗김.
명종 2	1547	70	9월, 良才驛 壁書事件으로 朔州에 유배.
명종 3	1548	71	3월 26일, 配所에서 병사. 11월, 奉化縣 酉谷山에 장사 지냄.

2) 權橃의 장서 수집

權橃의 경우 중앙관료로 재직할 때에 『翰院日記』(1507.12.1~1508.12.26) 『堂后日記』(1509.1.1~1510.3.30)·『承宣日記』(1518.5.15~11.6)를 남겼고, 永川郡守로 재직할 때는 『永陽日錄』(1514.11.2.~1515.10.16.)을 密陽府使로 재직할 때는 『春陽日記』(1533.5.18~1534.3월 말)를 남겼으며, 명나라 사신으로 갔을 때에는 使行日記인 『朝天錄』(1539.7.17~12.16)을 남겼다. 이 일기들 중에 『翰院日記』·『堂后日記』·『承宣日記』는 朝廷에서 일어난 일들을 상세히 기록하여 史料로서의 가치가 높다.

權橃은 이 일기들을 관료로서의 공적인 기록으로 여겨서 사적인 내용은 거의 찾아볼 수 없다. 이 일기들에도 서적과 관련된 기록이 남아 있기는 하지만 사적으로 서적을 수집하였다는 내용은 찾을 수 없기 때문에 『眉巖日記』처럼 내용을 분석하여 장서 수집 경로를 직접적으로 파악할 수 없다. 그런데 충재박물관[35]에는 현재 權橃이 수집한 것으로 특정할 수 있는 책들이 남아 있다.

이런 서적들로는 국가가 지급한 경우와 사적으로 기증을 받은 경우가 있는데, 이는 관련기록을 통해 확인할 수 있다. 전자의 경우는 해당 서적이 현존하며 책 자체에 頒賜記가 있는데, 『易學啓蒙要解』·『東萊先生音註唐鑑』·『大學衍義補』·『近思錄』·『朱子大全』 5종이다. 다음으로는 연보를 통해 반사 받았음을 확인할 수 있으나 서적이 일실된 경우로 『瀛奎律髓』·『文苑英華』·『棠陰比事』·『大學衍義』 4종이 있다. 그리고 사적으로 기증받은 서적으로는 表紙裏面에 '嘉靖辛卯孟夏監司任士鈞所贈'이란 識記가 있는 『劉向說苑』이 있다. 또한 權橃이 『朝天錄』에서 명나라 외교 관료에게 기증받았다고 밝힌 『朱子大全』도 있다. 이외에도 특정할 수는 없으나 權橃이 기증받거나 구입하였을 가능성이 높은 서적들도 다수 남아 있다. 이에 대해 아래에서 구체적으로 살펴보도록 한다.

(1) 현존하는 朝鮮刊本

조선시대에 文科에 합격하여 관료가 되기 위해서는 일종의 예비시험인 生員進士試에 우선 합격해야 한다. 權橃은 燕山君 2年(1496)에 進士試에 합격하여 『弘治九年丙辰閏三月司馬榜

35) 충재박물관은 박물관은 冲齋 權橃 종가의 유물을 보존 전시하고 있다. 경상북도 봉화군 봉화읍 유곡리 963(충재길 44)에 위치해있으며, 2007년 개관이후부터 지금까지 공립박물관으로 운영되고 있다. 현재는 보물 482점과 고려시대부터 근대시기까지의 기타 유물 등 총 10,000여점을 소장하고 있다.

目』(보물 제896-2호)을 받는다. 이 榜目은 엄밀한 의미의 서적은 아니지만 그렇다고 단순한 증빙서류도 아니다. 정부가 발행한 책자로 進士試 합격자 이름뿐만 아니라 신상에 관한 다양한 정보 등이 수록되어 있다. 관료가 되기 전 국가로부터 받을 수 있는 책자이며 權橃은 19세에 이 책자를 받게 된다.

이후 燕山君 10年(1504)에 문과에 급제하지만 策文에 諱해야 할 '處'자를 써서 합격을 취소되었다.[36] 이렇게 합격이 취소 3년 후에 정권이 바뀌자 中宗 2年(1507)에 文科別試에 합격하여 『正德二年三月文武雜科榜目』(보물 제896-3호)이란 책자를 받게 된다. 權橃은 문과 합격 직후 承文院의 權知副正字로 벼슬을 시작하여 국가로부터 각종 서적을 반사 받는다.

『易學啓蒙要解』(보물 제896-6호)의 內賜記는 '正德七年二月日 內賜弘文館副校理權橃周易啓蒙一件命除謝恩 同副承旨臣 趙 [手決] '로 되어 있다. '正德七年'은 中宗 7年(1512)으로 2월에 弘文館副校理인 權橃에게 宣賜本을 내렸음을 알 수 있다. 內賜記에는 『易學啓蒙』이라고 하였으나 실제로는 『易學啓蒙要解』이며, 이를 약칭한 것으로 보인다. 이 책은 4권 2책의 목판본으로 8행 17자로 되어 있으며, 첫 장 좌측 상단에 '宣賜之記'란 宣賜印이 찍혀 있다. 權橃이 이 『易學啓蒙要解』를 반사 받은 것은 경연과 관련이 있는 것 같다. "弘文館副修撰 鄭士龍이 아뢰기를, '『易經』의 卦辭를 다 진강한 다음에는 마땅히 계속해서 繫辭를 진강해야 할 것입니다. 그러나 계사의 해석하기 어려운 곳이 모두 『啓蒙』에 해석되어 있으니, 먼저 『啓蒙』을 진강하고 다음에 계사를 진강함이 어떠하겠습니까?'하니, '그리하라.'고 전교하였다." 이상은 중종 7년 (1512) 1월 22일의 기사인데, 중종은 중종 6년(1511) 1월부터 『易經』을 강독하기 시작하였다.[37] 다음해에도 『易經』 강독을 이어가다가 '繫辭'의 해석이 어려우니 『易學啓蒙』을 먼저 진강하기를 권유받고 허락한다. 『易學啓蒙』을 진강하기로 한지 얼마 되지 않은 2월에 權橃이 『易學啓蒙要解』를 반사 받는다. '홍문관 관원은 원칙상 모두 경연을 겸대(겸임)하므로 실제로 경연관은 주로 홍문관 관원이었다. 홍문관은 관원의 선발이나 임명, 임무 수행과 재교육이 매우 엄격하게 시행되었다. 매월 독서한 실적을 기록하고 시험을 보아 고과에 반영하였다.'[38] 당시 弘文館副校理였던 權橃은 경연을 관장해야 하였으며, 경연에 사용할 『易學啓蒙』의 해설서인 『易學啓蒙要解』를 반사 받았다.

『東萊先生音註唐鑑』의 內賜記는 '正德七年三月日 內賜弘文館副校理權橃唐鑑一件 命除

---

36) 연산군이 일찍이 金處善의 直諫하는 말에 분노하여 그를 죽이고 나서 그의 이름인 處와 善 두 글자를 사용하지 못하게 명하였다. 『冲齋先生文集』의 「충재선생 연보」(번역본), 45쪽 참조.

37) 金重權, 「朝鮮朝 經筵에서 中宗의 讀書歷에 관한 考察」, 『서지학연구』 제41집, 2008. 174쪽.

38) 김태완, 『경연, 왕의 공부』, 역사비평사, 2011. 114쪽.

謝恩 右承旨臣 李 [手決] '로 되어 있다. 이 책은 24권 5책의 初鑄甲寅字本으로 10행 17자로 되어 있으며, '宣賜之記'란 內賜印이 찍혀 있다. 중종은 1511년(중종 6) 6월 5일에 『名臣言行錄』을 대내에 들이라 명하고, 또 『唐鑑』을 印刊하라 명하였다. 이후 『中宗實錄』에서는 『唐鑑』의 간행 여부에 대한 기록은 찾을 수 없다. 그러나 內賜記를 통해서 이듬해에 『唐鑑』을 반사하였음을 확인할 수 있다.

『大學衍義補』(보물 제896-7호)는 內賜記가 '正德十年七月日 內賜永川郡守權檄大學衍義補一件 命除謝恩 左承旨臣 李 [手決] '로 되어 있다. 이 책은 正德 10年(1515)인 中宗 10年에 永川郡守인 權檄에게 내린 宣賜本이다. 첫 장 상단 우측에는 '宣賜之記'란 內賜印이 찍혀 있고, 하단에는 '靑岩家寶'란 藏書印이 찍혀 있다. 이 책은 初鑄甲寅字本으로 10행 17자로 되어 있으며, 51책 중 41책만 남아 있다. 이 책은 중앙에서 관료 생활을 하던 權檄이 외직으로 나가 있을 때 반사 받은 것이다.

『近思錄』(보물 제896-8호)은 內賜記가 '正德十四年正月日 內賜承政院都承旨權檄近思錄一件 命題謝恩 左承旨臣柳 [手決] '로 되어 있다. 이 책은 正德 14年인 中宗 14年(1519)에 都承旨인 權檄에게 내린 宣賜本이다. 첫 장 상단 우측에는 '宣賜之記'란 內賜印이 찍혀 있고, 하단에는 '靑岩家寶'란 藏書印이 찍혀 있다. 이 책은 9권 3책의 初鑄甲寅字本로 9행 18자로 되어 있다. 중종 13년(1518) 7월 26일에 김희수가 『近思錄』이 민간에서는 매우 드물어 儒者들이 구하기 힘드니 印出할 것을 건의한다. 이에 중종은 "中外에 인출하여 반포하도록 하라."고 명령하였다. 그런데 이후 『中宗實錄』에서는 『近思錄』의 간행 여부에 대한 기록은 찾을 수 없다. 그러나 內賜記를 통해서 이듬해에 『近思錄』을 반사하였음을 확인할 수 있다. 또한 "1519년(중종 14)에 홍문관 박사 安處順이 구례현감으로 부임하면서 『近思錄』 1질을 받아가 그곳에서 개간한 후, 다른 지방에서도 간행하도록 하였다."[39] 安處順이 중앙정부에서 받아간 『近思錄』이 중종 13년(1518)에 간행하도록 명령하여 權檄이 반사 받은 『近思錄』과 동일본일 것이다. 그러므로 初鑄甲寅字本 『近思錄』이 1518년이나 혹은 늦어도 이듬해 1월에는 간행되었음을 알 수 있다.

『朱子大全』(보물 제896-9호)은 內賜記가 '嘉靖二十二年六月 內賜議政府左參贊權檄朱子大全一件 命除謝恩 都承旨臣 洪 [手決] '로 되어 있다. 이 책은 嘉靖 22年인 中宗 38年(1543)에 左參贊인 權檄에게 내린 宣賜本이다. 첫 장 상단에 '宣賜之記'란 宣賜印이 찍혀 있고, 하단에는 「權斗寅」이란 所藏印이 찍혀 있다. 이 책은 乙亥字本으로 10행 18자로 되어 있으며, 95책

39) 신양선, 『조선중기 서지사 연구 - 16세기 관찬서를 중심으로』, 혜안, 2012. 144쪽.

의 巨帙인데 90책이 남아 있다. 『朱子大全』에 대한 간행 기록은 『中宗實錄』에는 보이지 않고 『宣祖實錄』에서 찾을 수 있다. 柳希春이 아뢰기를, "중종조의 명신 金安國은 正德 무인년에 사신으로 북경에 갔을 때 『朱子大全』과 『朱子語類』·『伊洛淵源』 등 性理에 관한 모든 서적을 사들이고서 …… 돌아와서 印出하기를 계청하였었는데 미처 시행하지 못한 채 기묘년에 사림들이 몰락하였고 金安國도 19년 동안 폐기되었습니다. 정유년 겨울에 다시 서용되어 조정으로 돌아와 校書提調가 되자 드디어 인출하여 流布하였습니다."(『宣祖實錄』, 선조 7년 4월 23일) 柳希春이 말한 정유년은 중종 32년(1537)으로 金安國이 己卯士禍로 파직된 이후 복직한 해이다. 그런데 柳希春은 그가 校書提調를 맡았다고 하였으나, 金安國의 연보에는 복직한 해에 上護軍으로 기용되어 同知成均館事 겸임하였다고 되어 있다. 또한 이후에도 그가 校書提調를 역임하였다는 기록이 없어서 柳希春의 말은 착오가 있는 듯하다. 그러므로 『朱子大全』이 중종 32년(1537)에 인출되었다고 단언할 수 없다. 그러나 『朱子大全』은 金安國의 복귀하고 6년 후에 인출되었음을 위의 內賜記를 통해 확정할 수 있다.

金安國이 『朱子大全』의 간행에 어떤 역할을 하였을 수도 있지만, 복귀한 그 해에 곧바로 『朱子大全』을 인출하였을 가능성은 매우 낮다. 위에서 보았듯이 임금이 간행을 명령하여도 책을 간행하는 데는 시간이 걸리기 때문이다. 權橃이 반사 받은 『朱子大全』은 乙亥字本인데, 금속활자는 해당 서적을 찍어내고 나면 다른 책을 간행하기 위해 해판한다. 또한 반사는 일회적이어서 그 당시가 아니면 해당 서적을 입수하기 힘들다. 그러므로 乙亥字本 의 인출은 權橃이 반사 받은 中宗 38年(1543) 직전일 가능성이 높다. 또한 權橃은 1543년 『朱子大全』을 하사받고 이 책을 교정한 「朱子大全考疑」라는 글을 남겼다.

이상의 內賜記가 남아 있는 서적을 제외하고 『音點春秋左傳詳節句解』도 權橃이 반사 받은 것으로 보인다. 이 책에는 內賜記는 없고 '宣賜之記'와 '花山權公之記'란 印記만 남아 있다. 이 책은 국가로부터 반사 받은 것은 분명하지만 언제 누가 반사 받은 것인지 확정할 수 없다. 初鑄甲寅字로 찍어내고 8행 16자로 된 『音點春秋左傳詳節句解』의 판본은 현재 국내에서 충재박물관을 제외하고 성암고서박물관에만 소장되어 있다. 그런데 동일한 판본이 日本 內閣文庫에 소장되어 있으며, 이 판본의 마이크로필름이 국립중앙도서관에 소장되어 있다. 이 판본에는 內賜記가 '嘉靖十二年九月日 內賜司諫院正言鄭希廉…左副承旨臣 金 [手決] '로 되어 있다. 이 책은 嘉靖十二年인 중종 28년(1533)에 司諫院正言인 鄭希廉에게 내린 宣賜本이다. 위에서 분석한 것처럼 금속활자본의 인출은 대체로 반사 직전에 이루어졌으므로 『音點春秋左傳詳節句解』도 1533년 9월 직전에 인출되었을 가능성이 높다. 또한 현재 충재박물관이 소장한 『音點春秋左傳詳節句解』에는 內賜記가 남아 있지 않지만, 鄭希廉과 같은 시점에 權橃이 반

사 받았을 가능성이 높다.[40]

權橃이 반사 받은 현존하는 서적은 『音點春秋左傳詳節句解』를 포함하여 6종이며, 이 중 5종이 금속활자본이다. '조선시대의 한자 활자는 20만 자 내외로 주조됐다. 적으면 10만 자, 많으면 30만 자였다. 이런 규모의 금속활자를 만들 수 있는 능력은 국가밖에 없었다.'[41] 또한 '조선시대의 금속활자란 대량 인쇄와는 거리가 멀었다. 금속활자는 대량 인쇄로 서적을 다수 공급하려는 의도에서 만들어진 것이 아니었다.'[42] 그러므로 중앙정부의 출판물인 금속활자본은 특별한 경우를 제외하고는 인출 당시에 현직에 있는 관료만이 반사 받을 수 있었다. 權橃이 수집한 宣賜本은 모두 그가 현직 관료였을 때 반사 받은 것이다. 그렇다면 중종시대에 중앙정부에서 금속활자로 간행한 서적이면서 權橃이 현직 관료였다면 그가 수집하였을 가능성이 높다. 그 중 충재박물관에 현존하는 서적은 『史記』·『少微家塾點校附音通鑑節要』·『增修附註資治通鑑節要續編』·『山谷集詩註』·『續東文選』이다. 이 서적들 중에서 『史記』는 初鑄甲寅字混入補字로 중종연간(1506~1544)에 간행되었고, 『少微家塾點校附音通鑑節要』는 乙亥字로 중종연간~선조초기에 간행되었으므로[43] 權橃이 수집하였을 가능성이 높다. 나머지 3종에 대해서는 아래에서 상술한다.

『增修附註資治通鑑節要續編』은 初鑄甲寅字混入補字로 간행되었는데, 간행시기를 특정하지 못하고 중종연간으로 잡고 있다.[44] 그런데 중종 6년(1511)에 夕講에서 『宋鑑』을 강독하는데,[45] 『宋鑑』이 바로 『增修附註資治通鑑節要續編』의 약칭 書名이다. 경연에 사용된 책들은 경연에 참여하는 관료들이 반드시 가지고 있어야 하기 때문에 최소한 참여 관료의 수만큼은 필요하다. 그래서 『增修附註資治通鑑節要續編』은 경연이 시작되기 전에는 간행하여 경연 참여 관료에게 반사되어야 한다. 중종 6년(1511) 弘文館副校理였던 權橃은 경연에 참여하였으며 이때 『增修附註資治通鑑節要續編』을 반사 받았을 것이다.

『續東文選』의 경우 '撰集廳堂上 申用漑·金詮·南袞 등이 撰修한 『續東文選』을 올렸다.'고 하였다.'(『中宗實錄』 중종 13년 7월 12일) 權橃의 일기에도 동일한 날짜에 비슷한 기록이 있다. '撰集廳左議政申用漑判中樞金銓(詮)左贊成南袞進續東文選并箋且 啓曰序使某製進 傳曰

---

40) 『音點春秋左傳詳節句解』가 權橃이 반사 받은 宣賜本일 가능성은 金東滉이 이미 제기한 바 있다. 金東滉, 「冲齋 遺物館 藏書 硏究」, 성균관대학교 문헌정보학과 석사학위논문, 1992. 50쪽.

41) 강명관, 『책벌레들 조선을 만들다』, 푸른역사, 2007. 70쪽.

42) 강명관, 『조선시대 책과 지식의 역사』, 천년의상상, 2014, 99쪽.

43) 金東滉, 「冲齋 遺物館 藏書 硏究」, 성균관대학교 문헌정보학과 석사학위논문, 1992. 46~50쪽.

44) 김민현, 「『增修附註資治通鑑節要續編』의 유통과 활용에 대한 연구」, 『奎章閣』第52輯, 2018. 172쪽.

45) 金重權, 「朝鮮朝 經筵에서 中宗의 讀書歷에 관한 考察」, 『서지학연구』 제41집, 2008. 200쪽.

在下可製者製之可也'[46) 『中宗實錄』에는 '進箋'의 전문만을 기록하고 기사가 끝난다. 그런데 權橃의 「承宣日記」에는 '進箋'의 내용은 없고 중종이 그것을 제작하라고 하교하는 내용이 있다. 『中宗實錄』의 기록만 보면 간행본인지의 여부는 알 수 없다. 하지만 權橃의 「承宣日記」에서는 제작을 허락하는 내용이 있기 때문에, 이 날 찬집청에서 올린 『續東文選』은 편집이 완료된 草本이었을 것이다. 어쨌든 『續東文選』은 중종 13년(1518)에 쓴 '序'가 있으며 乙亥字로 初刊되었다. 충재박물관에는 乙亥字本 『續東文選』이 남아 있는데, 權橃이 그 당시 간행된 판본을 반사 받거나 수집하였을 것이다.

『山谷集詩註』는 간행시기를 정확히 특정할 수 없지만 중종연간에 자주 사용된 初鑄甲寅字混入補字로 간행되었다. 그런데 『中宗實錄』 중종 2년(1507) 10월 27일에 『山谷集』과 관련하여 司憲府가 崔連孫을 탄핵한 기록이 있다. "奉常寺正 崔連孫이 전임 咸陽郡守 때 …… 『黃山谷集』 판본이 그 郡에 있어 유림들이 다투어 印出하기를 간청하였으나, 崔連孫은 번거롭고 요란스러운 것이 싫어서 그 판본을 불태워 버렸으니, 이는 선비로서 차마 할 짓이 못 됩니다. 그 직위를 改正하소서." 지방관청의 출판은 주로 중앙에서 금속활자본을 하사하여 판각하게 함으로써 이루어진다. 그런데 『山谷集』의 경우는 崔連孫이 咸陽郡이 보유한 책판을 불태워버림으로써 더 이상 인출이 불가능하게 되었다. 그래서 중앙정부에서는 금속활자를 이용해 이 책을 다시 찍어냈을 가능성이 높고, 이때 初鑄甲寅字混入補字로 찍어낸 『山谷集詩註』를 權橃이 반사 받거나 수집하였을 가능성이 있다.

조선간본 중에서 權橃이 사적으로 기증받았음을 확인할 수 있는 유일한 책은 『劉向說苑』(보물 제896-10호)이다. 이 책의 표지이면에 '嘉靖辛卯孟夏監司任士鈞所贈'이란 識記가 있는데, 이 책은 11행 18자로 된 목판본으로 20권 4책으로 되어 있지만 지금은 제1책만 남아 있다. 嘉靖辛卯는 中宗 26년(1531)이며, 監司를 지내는 任士鈞이 기증한 것이다. 여기서 任士鈞은 任樞(1482~1534)인데 '士鈞'은 그의 자이다. 『中宗實錄』을 보면, 任樞는 중종 25년(1530) 6월 15일에 경상도 관찰사에 제수되었고, 이듬해인 중종 26년(1531) 7월 6일에 한성부 우윤에 제수되었다. 『劉向說苑』의 識記에서 '監司'라고만 하고 해당 지역을 명기하기 않았지만, 그 지역이 '경상도'임을 『中宗實錄』을 통해 확인할 수 있다. 그리고 任樞의 경상도 관찰사 재임기간과 책을 기증한 시점이 정확히 일치한다. 이때 權橃은 己卯士禍 때 파직당해서 安東府 奈城縣 酉谷에 터를 잡고 은거하던 시기였다. 任樞는 자신의 관할 지역에 거주하던 權橃과 교류하였을 가능성이 높다.

---

46) 權橃, 安東權氏 忠定公派 서울 宗親會 編, 「承宣日記」, 『冲齋先生文集』 卷七, 1982. 356쪽.

權橃은 中宗2年(1507)에 文科別試에 합격하여 벼슬길에 나아갔고, 任樞는 같은 해에 生員試에 급제하고, 연이어 式年文科에 급제하여 벼슬을 시작하였다. 權橃과 任樞는 나이 차이가 나지만 같은 해에 文科에 합격하여 관직에 나아가 己卯士禍 이전까지 함께 관료생활을 하였다. 또한 權橃이 永川郡守로 재직하던 시기의 『冲齋日記』(보물 제896-12호)[47]에서 '士鈞'을 만났다는 기록이 있고 다른 일기에도 '士鈞'이 여러 차례 등장하는데, '士鈞'이 바로 任樞로 둘의 친분관계는 상당하였던 것으로 보인다.

『劉向說苑』의 간행에 대한 기록은 『成宗實錄』의 成宗 24年(1493) 12月 29日에 나온다. 당시 이조판서였던 李克墩(1435~1503)이 "전에 監司로 있을 때 …… 유향의 『說苑』·『新序』는 …… 신이 刊行하게 하였습니다."라고 성종에게 보고하였다. 민관동은 위의 기록을 근거로 李克墩이 경상도 관찰사로 재직할 때인 1492년이나 1493년에 간행되었을 것이라고 하였다.[48] 또한 조선전기 출판목록을 기록한 『攷事撮要』에도 『說苑』이 등장하고, 『嶺南冊版記』에도 '劉向說苑, 壯紙二十二貼二張 墨三丁(安東郡)'[49]이라는 기록이 있다. 지방에서 목판본을 제작하는 경우 '대체로는 책판을 제작한 곳에서 그 책판을 보유한다.'[50] 그래서 任樞는 경상감사로 재직하면서 책판을 보유하고 있던 안동에서 『說苑』을 새로 인출하여 權橃에게 기증하였을 가능성이 높다. 그런데 『劉向說苑』은 權橃의 청탁 여부는 확인할 수 없지만, 친분이 있던 任樞에게 기증 받았음은 확실하다.

『冲齋先生文集』에는 權橃이 서적과 관련하여 쓴 글 네 편이 실려 있는데, 「春秋胡傳箚疑」·「性理群書考疑」·「近思錄考疑」·「朱子大全考疑」이다. 제목에서 알 수 있듯이 해당서적을 읽은 후 의문점에 대해 상고한 글들이다. 그 해당서적 중 『近思錄』과 『朱子大全』은 위에서 이미 검토하였고, 『性理群書』는 아래에서 살펴볼 것이다. 이 세 판본은 모두 權橃이 수집하여 소장하고 있었으며 충재박물관에 지금까지 남아 있다. 그러므로 현재 충재박물관에 남아 있는 『春秋胡傳』도 權橃이 소장하고 탐독하면서 「春秋胡傳箚疑」를 썼다고 보는 것이 타당하다. 『胡傳春秋』는 세종 21년(1439)에 慶州에서 개판 되었는데,[51] 權橃은 안동의 유력한 재지사

---

47) 표지에는 '永(陽日錄)'이라는 서명이 있고, '甲戌(1514)九月十四日'부터 시작하여 '乙亥(1515)十月十六日'까지 閏四月을 포함하여 13개월 동안 보고 행한 일들을 날짜별로 적고 있다. 이 일기는 冲齋가 永川郡守에 임용된 甲戌 9월 14일부터 시작하였으나, 실질적인 日錄은 永川郡守에 부임한 11월 2일부터 적고 있다. 문화재청 홈페이지(http://www.heritage.go.kr/)에서 원문을 열람할 수 있다.

48) 민관동, 「조선 출판본 『新序』와 『說苑』 연구」, 『中國語文論譯叢刊』 제29집, 2011. 163쪽.

49) 金致雨, 「『嶺南冊板記』所藏 刊本의 分類別 傾向」, 『書誌學研究』 제24집, 2002. 285쪽.

50) 강명관, 『조선시대 책과 지식의 역사』, 천년의상상, 2014, 212쪽.

51) 金致雨, 「『嶺南冊板記』所藏 刊本의 分類別 傾向」, 『書誌學研究』 제24집, 2002. 296쪽.

족[52]이었기 때문에 인근인 경주에서 보유하고 있던 책판에서 인출한 『春秋胡傳』을 수집한 것으로 보인다.

지방관청이 보유한 책판의 경우, 해당지역 행정장관에게 청탁하여 서적을 인출할 수 있었다. 실제로 柳希春이 지인이나 교유관계에 있는 지방관들에게 인출을 부탁하여 인출한 서적이 전국에 걸쳐 78종에 이른다.[53] 또한 李文楗(1496~1567)도 『默齋日記』를 통해 지방의 서적의 유통양상에 대한 많은 정보를 제공하였다. 星州 李氏 명문거족 李文楗도 乙巳士禍에 연루되어 성주로 유배되었으나, 유배기간 동안에도 성주뿐만이 아니라 경상도 지방관들을 통해 다른 지방관청이 보유한 책판을 인출하여 많은 책을 소장하였다.[54] 이를 보면 재지사족이며 동시에 중앙관료인 權橃은 특히 경상도 지방관청의 목판본을 다수 수집할 수 있는 조건을 충분히 갖추고 있었다. 그래서 지방 목판본의 경우 權橃이 지방관에게 청탁하여 서적을 인출하였을 가능성은 있지만 관련기록은 찾을 수 없다. 또한 權橃은 외직으로 영천군수·삼척부사·밀양부사·경상감사를 역임하였는데, 다른 사람에게 청탁하지 않더라도 재임 당시 해당지역의 목판본을 인출할 수 있었을 테지만 이에 대한 관련기록은 찾을 수 없다.

(2) 현존하는 明刊本

현재 충재박물관이 소장한 중국간본으로는 『周易傳義大全』·『大明一統志』·『閔家三訂禮記集說』·『禮記集說大全』·『性理群書大全』·『集千家註分類杜工部詩』·『柳文』·『西山先生眞文忠公文集』·『宋元通鑑』·『名世文宗』 등이 있다. 이 중 뒤에 열거한 『宋元通鑑』과 『名世文宗』 2종은 權橃 사후에 간행되었으므로 權橃이 수집할 수 없었던 서적이다. 權橃 사후에 간행된 판본들을 제외하고, 그 나머지 明刊本들은 權橃이 수집하였을 가능성이 높다. 權橃은 고위관료라고 해도 평생에 한 번도 기회가 주어지지 않을 중국간본 수집의 기회를 갖게 된다.

權橃은 중종 34년(1539) 7월에 宗系辨誣 주청사로 明나라에 가게 된다. 明·淸 시대 사신으로 중국에 갔던 조선 관료들이 공식적인 외교관계 이외에 개인적으로 그곳에서 중국서적을

---

52) 다음 책에서는 安東 權氏가 재지양반으로 형성되는 과정과 權橃이 고위 중앙관료에 오르면서 酉谷 權氏로 분화하는 과정을 자세히 분석하였다. 미야지마 히로시, 노영구 옮김, 『양반-역사적 실체를 찾아서』, 도서출판 강, 1996.

53) 송재용, 「『미암일기』에 나타난 서적 및 출판 관련 사항 일고찰」, 『동아시아고대학』 제36집, 2014. 78종의 서적에 대한 상세한 목록은 109~111쪽 참조.

54) 우정임, 「『默齋日記』에 나타난 明宗代 지방의 書籍流通 실태」, 『지역과 역사』 제17호, 2015.

구입해서 입국한 기록은 많다. 權橃의 『朝天錄』은 1539년(중종 34) 7월 17일 賜宴으로부터 12월 16일 燕京에서 고국으로 출발하는 날까지의 기록이다. 權橃은 『朝天錄』에도(서) 개인적으로 서적을 수집한 기록을 1건도 남기지 않았다. 그런데 『朝天錄』의 1539년(중종 34) 11월 4일의 기록에는 "외교 관료가 즐겁게 사례하며 『周易大全』 여섯 권과 책 상자를 내어주었다.(天使喜謝仍出周易大全六卷具匣與之)"[55]라고 하였다. 그런데 이 책은 충재박물관에 지금도 남아 있다. 이 책은 조선에서 간행된 『周易傳義大全』과는 다르게 12행 22자로 되어 있어서 명대의 판본이 확실하며, 權橃이 명나라의 외교 관료에게 기증받은 판본일 것이다.

위에서 언급한 중국간본들 중에, 權橃 생전에 간행된 서적들 중 간행연도를 확정할 수 있는 것은 모두 4종이다. 『大明一統志』는 弘治乙丑(1505)에 간행되었고, 『禮記集說大全』은 安正堂에서 1530년에 간행되었고, 『柳文』은 嘉靖 15年(1536)에 간행되었고, 『西山先生眞文忠公文集』은 嘉靖 三年(1524)에 書林精舍에서 간행되었다. 간행연도를 확정할 수는 없지만, 『集千家註分類杜工部詩』는 元末~明初에 初刊本이 나왔고, 『閔家三訂禮記集說』과 『性理群書大全』은 간행연도를 확정할 수 없지만 權橃이 생전에 소장하였던 서적이다. 이중 『性理群書大全』의 경우, 윗글에서 權橃이 「性理群書考疑」란 글을 썼다고 언급하였는데 이 글의 대상 판본이 바로 明刊本인 『性理群書大全』일 것이다.

權橃 생전에 간행된 서적 중 權橃이 명나라에서 구입하였음을 확정할 수 있는 책이 『閔家三訂禮記集說』이다. 『閔家三訂禮記集說』에 權橃의 후손인 權斗寅이 쓴 識記를 통해 위의 내용을 확인할 수 있다. "庚午(1690)秋, 因金書狀'至和'(金元燮의 字)行, 貿得禮記一帙於燕京, 院藏唐本禮記, 本吾家冊, 而題目及紙頭書吐, 乃先祖冲齋先生手蹟, 不知何時爲院冊, 余以此冊易之, 覽者詳之, 斗寅識."[56] 인용문에서 '院"은 어떤 서원인지 특정할 수 없으나 여기서 소장하고 있던 '唐本禮記'가 『閔家三訂禮記集說』이며 여기에 權橃의 手蹟이 남아 있기 때문에 이 책은 權橃이 생전에 수집하였음이 확실하다.

『大明一統志』의 경우, "1521년 역관인 김이석이 금서인 『大明一統志』를 몰래 반출하려다 적발된 사건을 계기로 이에 조선 사신의 관사 문을 봉쇄해버렸다."[57] 『大明一統志』는 명나라에서도 구입하기가 어려웠기 때문에 국내에서도 수집하기는 힘들었을 것이다. 그리고 杜甫의

---

55) 權橃, 安東權氏 忠定公派 서울 宗親會 編, 「朝天錄」, 『冲齋先生文集』 卷八, 1982. 375쪽.

56) 權斗寅이 쓴 識記의 표점부호와 첨가한 내용은 심사자의 의견을 따랐고, 또한 이하의 논술에서 투고 당시 내용의 미흡한 점도 심사자의 지적에 따라 수정하였다.

57) 박수밀, 「조선의 중국 서적유입 양상과 그 의미-序班과 琉璃廠의 존재를 중심으로」, 『동아시아문화연구』 제50호, 2011. 127쪽.

詩集은 국내에서 여러 차례 출판되었으나 중국 판본은 많지 않다. 『集千家註分類杜工部詩』의 현존하는 판본은 충재박물관을 제외하고 성균관대학에만 소장되어 있다. 또한 柳宗元의 문집인 『柳文』도 국내에서 여러 차례 출판되었으나 현존하는 중국 판본은 많지 않다. 마지막으로 『西山先生眞文忠公文集』은 陳德秀의 문집으로 국내에서 출판된 적이 없고 중국 판본만 남아 있다. 그런데 현재 국내 소장된 책은 대부분이 청대 판본이고 충재박물관이 소장한 명대 판본은 거의 없다. 權橃이 수집한 이런 明刊本들은 현재 거의 남아 있지 않아서 희귀본으로서 가치가 있다.

충재박물관이 소장한 중국 판본 중 權橃 생전에 간행된 明刊本은 지금 국내에 거의 남아 있지 않다. 그래서 충재 집안의 후손들이 조선에서 유통되던 위의 明刊本을 수집하였다고 보기는 힘들다. 또한 경로를 확정할 수 없지만 權橃 사후에 충재 집안에서 수집한 중국간본은 『宋元通鑑』과 『名世文宗』 2종에 불과하다. 그렇다면 權橃 생전의 간행된 명대 판본 8종은 모두 權橃이 중종 34년(1539) 明나라에 사신으로 갔을 때 구입하였을 가능성이 높다.

(3) 기록에 등장하는 刊本

『冲齋先生文集』에는 權橃 자신이 쓴 글과 다른 이들이 權橃에 대해 쓴 글이 있다. 앞에서 소개한 것처럼 李滉이 쓴 權橃의 행장에 의하면 그가 『自警編』과 『近思錄』을 좋아하여 항상 소매에 지니고 다녔다고 하였다. 이중 『近思錄』에 대해서는 이미 살펴보았고, 여기서는 『自警編』에 대한 검토부터 시작한다. 『自警編』은 성종 13년(1482)에 왕명으로 교서관에서 初鑄甲寅字로 간행하였고, 중종 14년(1519)에 경주부에서 이를 번각하여 목판본으로 간행하였다. 權橃이 수집하여 소매에 지니고 다니면서 읽었다는 『自警編』은 경주 간행본이다. 이 책은 현재 충재박물관에 소장되어 있으며, '靑岩家寶'라는 印記가 찍혀 있다.

이하에서는 權橃의 행적을 기록한 연보를 통해 서적 수집과 관련된 정보를 검토한다. 필자는 충재연보를 통해 서적과 관련된 내용을 모두 뽑아 표로 만들었다.

연보에는 경연과 관련된 서적과 국가에서 하사받은 서적들이 등장한다. 경연과 관련된 서적은 『中庸』·『資治通鑑綱目』·『儀禮』·『穀梁傳』·『詩傳』·『近思錄』·『大學』·『尙書』이다. 그리고 하사받은 서적은 『大學衍義補』·『近思錄』·『瀛奎律髓』·『文苑英華』·『棠陰比事』·『朱子大全』·『大學衍義』이다. 또한 서적유통과 관련된 유일한 기록으로 『近思錄』을 李耔에게 증정하였다는 사실도 남아 있다.

〈표 2〉 權橃 연보의 서적 관련 사항

연도와 일시	서적	내용	벼슬
중종 5년(1510) 11월 11일	中庸	朝講 참여	弘文館 副修撰 知製敎
중종 8년(1513) 1월 22일	綱目	侍讀官으로 강론	弘文館 副校理
중종 8년(1513) 3월 21일	儀禮·穀梁傳	상주 시 인용	弘文館 副校理
중종 10년(1515) 5월	近思錄	李耔에게 증정	永川郡守
중종 10년(1515) 7월	大學衍義補	반사 받음	永川郡守
중종 13년(1518) 1월 10일	詩傳	經筵에서 강론	司憲府 掌令
중종 13년(1518) 6월 28일	近思錄	불시에 入對하여 강론	左副承旨
중종 13년(1518) 9월 15일	大學	殿講에서 강론	左承旨
중종 13년(1518) 10월 5일	近思錄	불시에 經筵에서 강론	左承旨
중종 14년(1519) 1월	近思錄	반사 받음	都承旨
중종 14년(1519) 8월	瀛奎律髓	반사 받음	三陟府使
중종 33년(1538) 9월	文苑英華	반사 받음	刑曹參判 겸 五衛都摠府 副摠管
중종 35년(1540) 3월	近思錄	분실한 소책자를 임금의 명령으로 돌려받음	知中樞府事
중종 35년(1540) 4월 9일	棠陰比事	반사 받음	漢城府判尹 겸 知春秋館事
중종 38년(1543) 6월	朱子大全	반사 받음	禮曹判書 겸 義禁府事
중종 38년(1543) 8월	大學衍義	반사 받음	禮曹判書 겸 義禁府事
중종 39년(1544) 봄	朱子大全	인쇄본을 교정함	禮曹判書 겸 義禁府事
인종 1년(1545)	尙書	經筵에서 無逸篇 강의	議政府 左參贊 겸 知經筵 義禁府事

"왕이 군주로서 덕성을 수양하기 위해 공부하고, 현명하고 경륜이 많은 관료들과 정책토론을 하게끔 제도적으로 마련한 공간이 바로 경연이다."[58] 중종이 집권한 39년 동안 경연을 통해 읽은 책은 중복된 것을 제외하고 『尙書』·『綱目』·『大學衍義』·『春秋』·『論語』·『詩經』·『孟子』·『大學』·『中庸』·『高麗史節要』·『宋鑑』·『小學』·『易經』·『近思錄』·『禮記』·『續綱目』·『大學衍義補』 17종이다.[59] 權橃은 지방관료 재직할 때와 파직당하여 은거할 때를 제외하고 중앙에서 관료로 재직하면서 경연에 참여하였다. 그렇다면 權橃이 중앙관료로 재직할 때 경연에 사용된 서적은 이미 소장하고 있거나 없다면 반사를 받거나 수집하였을 것이다. 경연에 사용된 책들은 성리학 관련 서적과 역사서이고, 대부분은 지방에서도 목판인쇄가 가능한 것들

58) 김태완, 『경연, 왕의 공부』, 역사비평사, 2011. 42쪽.
59) 金重權, 「朝鮮朝 經筵에서 中宗의 讀書歷에 관한 考察」, 『서지학연구』 제41집, 2008. 205쪽.

이어서 權橃이 수집하는 데는 어려움이 없었을 것이다. 또한 금속활자로 찍어낸 『宋鑑』·『近思錄』·『大學衍義補』 등은 윗글에서 분석한 것처럼 權橃이 반사 받아서 소장하게 된다.

연보에 나온 반사 받은 서적들 중 현존하는 『大學衍義補』·『近思錄』·『朱子大全』은 윗글에서 이미 다루었다. 그런데 『瀛奎律髓』·『文苑英華』·『棠陰比事』는 연보에 기록만 남아 있을 뿐 현재는 일실되었다.

『瀛奎律髓』는 唐나라와 宋나라의 律詩를 뽑아 편찬한 詩選集이다. 『燕山君日記』 연산군11년(1505) 5월 19일의 기록에 "『瀛奎律髓』 등을 校書館으로 하여금 인쇄하여 바치게 하라"라는 전교가 있다. 그런데 연산군은 이듬해(1506) 9월 2일 왕위에서 쫓겨나고, 이후에 이 책의 간행 여부에 대한 기록은 없다. 權橃 연보에는 중종 14년(1519) 8월에 『瀛奎律髓』를 반사 받았다고 하였으므로 이때쯤 간행된 것으로 보인다.

『文苑英華』는 宋代 칙명으로 928년에 편찬된 詩文總集으로 1000권에 이르는 巨帙이다. 『中宗實錄』 중종 31년(1536) 11월 2일에 이 책을 간행하라는 중종의 명령이 있다. "聖節使 宋㻩이 중국에서 돌아와 … 아뢰기를, '…… 『文苑英華』를 사려고 값을 물으니 銀 50냥이나 되었으나, 25냥으로 할인하여 通事들이 가지고 간 雜物을 주고 사왔습니다. 다만 인쇄본은 희귀하여 구하지 못하였고 필사본 1질을 구하였습니다.'하니, 알았다고 전교하고, 이어 정원에 전교하였다. '『文苑英華』를 구하여 왔으면 대내로 들여보내어 내가 본 뒤에 校書館으로 보내어 간행하게 하라.'" 그런데 이 책은 필사본이기 때문에 오류가 많아서 간행이 연기되었다.

『中宗實錄』 중종 32년(1537) 4월 30일에 伴酥使 鄭士龍이 중종을 인견하며 보고하였다. 鄭士龍이 명나라 천사에게 "지난번에는 중국에 『文苑英華』라는 책이 있음을 듣고, 우리나라에는 없는 책이므로 많은 돈을 주고 한 질을 사왔는데, 모두 誤字와 錯簡 투성이므로 인출하지 못하였다."고 하였다. 그러자 천사가 "그 책은 많이 없다. 앞서 雲南에 한 질이 있으므로 조정에서은 13냥을 주고 사왔으니, 당신네 나라에서 주청한다면 얻을 것이다."라고 하였다. 어쨌든 중종의 간행 명령 이후 정부에서는 『文苑英華』의 간행을 시도하였으나 오류가 많아서 인출하지 못하였으며, 정부에서 이 책을 수집하기 위해 꾸준히 노력하고 있음을 알 수 있다. 그런데 權橃의 연보에 의하면 鄭士龍의 보고하고 나서 6개월 후인 같은 해(1537) 9월에 『文苑英華』를 반사 받았다고 하였다. 그렇다면 중종 31년(1536) 중종의 간행 명령이 있은 후 실제로 필사본을 토대로 간행 작업을 진행하다가 저본의 오류 때문에 인출을 못하였고, 이후 鄭士龍이 『文苑英華』의 인쇄본을 구해 와서 그것을 저본으로 삼아 다시 교열하여 權橃이 반사 받은 중종 32년(1537) 9월 직전에 인출하였을 것이다.

『棠陰比事』는 宋나라의 桂萬榮이 1207년에 편찬한 재판기록집이다. 『中宗實錄』 중종 34년

(1539) 10월 7일에 대사헌 尙震이 법제에 대한 토론 중 이 책의 간행을 건의한다. "신의 생각으로는 『棠陰比事』에는 獄訟을 처결하는 방법이 상세하게 실려 있지 않은 것이 없으니, 이것을 인쇄하여 나누어 주고 익히 읽게 하소서." 그러자 중종이 이를 허락한다. "『棠陰比事』를 속히 인쇄하여 중외에 반포, 소송을 처결하는 방법의 시말을 알게 하면 이러한 폐단이 없게 될 것이다." 그런데 이 책도 역시 이 책의 간행 여부에 대한 기록은 없으나, 權橃 연보에는 중종 35년(1540) 4월 9일에 『棠陰比事』를 반사 받았다고 하였다. 이때는 중종의 간행 명령이 있었던 이듬해인데, 간행 명령 후 7개월 정도의 인쇄 기간을 거쳐 간행되었을 것으로 보인다.

權橃이 관직에 없을 때 일기를 썼는지 여부는 알 수 없고, 지금 남아 있는 일기는 모두 관료로 재직할 때 쓴 것들이다. 그중 永川郡守로 재직할 때 쓴 『永陽日錄』와 密陽府使로 재직할 때 쓴 『春陽日記』에는 서적과 관련된 기록을 찾아볼 수 없다. 중앙에서 관료 생활을 할 때 쓴 『翰院日記』·『堂后日記』·『承宣日記』와 명나라 사신으로 갔을 때 쓴 使行日記 『朝天錄』에는 서적과 관련된 기록이 남아 있다. 이 일기에 등장하는 서적과 관련된 내용을 모두 뽑아 표로 만들었다.

〈표 3〉 權橃 일기의 서적 관련 사항

연도와 일시	서적	내용	출전
중종 2년(1507) 3월 6일	尙書	進講 마침	翰苑日記
중종 3년(1508) 12월 10일	大學衍義	進講 마침	翰苑日記
중종 3년(1508) 12월 11일	論語	進講 시작	翰苑日記
중종 4년(1515) 2월 14일	東文選·古文選	중종이 각 1건을 들이라고 명함	堂后日記
중종 4년(1515) 5월 8일	經國大典·續錄	중종이 인출해 中外에 반사하라고 명함	堂后日記
중종 13년(1518) 5월 27일	大學	夕講에서 進講 마침	承宣日記
중종 13년(1518) 6월 24일	小學	校書館正字 鄭承周가 40건 진상	承宣日記
중종 13년(1518) 6월 24일	小學諺解文·呂氏鄕約	撰集廳 堂上 金詮·南袞·崔淑生이 진상	承宣日記
중종 13년(1518) 7월 12일	續東文選	撰集廳 堂上 申用漑·金銓(詮)·南袞이 '箋'과 함께 진상	承宣日記
중종 13년(1518) 10월 5일	近思錄	불시에 夜對에서 趙光祖·金正國과 강론	承宣日記
중종 13년(1518) 10월 8일	呂氏鄕約註解	申光漢이 아직 완성하지 못하였다고 보고함	承宣日記
중종 34년(1539) 11월 4일	周易大全	중국 사신에게 기증 받음	朝天錄
중종 34년(1539) 11월 5일	大明會典	明나라 郎中 王之望이 조선에서 가져간 大明會典에 대해 논의	朝天錄

위의 표에서 『近思錄』·『續東文選』·『朱子大全』은 윗글에서 이미 살펴보았다. 그 외에 경연과 관련된 기록을 보면, 『尙書』·『大學衍義』·『大學』의 진강을 마친 날과 『論語』의 진강을 시작한 날을 특정할 수 있어서 사료적 가치가 있다.

다음으로 『經國大典』과 『(大典)續錄』은 중종 4년(1515) 5월 8일에 중종이 간행을 명령하는데, 성종 때에 이미 간행된 지방의 목판본을 가리키는 것 같다. 중종 8년(1513)에 『經國大典』 이후의 법령들을 모아 『大典後續錄』을 제1차 편찬하였고, 중종 38년(1543)에 제2차로 편찬하였다.[60] 중종 4년(1515)은 집권 초기로 아직 『大典後續錄』이 편찬되었을 때가 아니므로 이전에 간행된 목판본이나 아니면 금속활자로 새로 조판하여 인출을 반사하라고 하였을 것이다. 그러나 현재 충재박물관에 소장된 『經國大典』은 목판본으로 權橃이 반사 받거나 수집한 것으로 특정할 수 있는 근거는 찾을 수 없다.

이상의 서적들 외에도 權橃은 중종 13년(1518)에 『小學』·『小學諺解』·『呂氏鄕約』·『呂氏鄕約註解』와 관련된 기록을 남겼다. 중종 집권기는 "성리학적 이념으로 무장한 士類들의 약진으로 『飜譯小學』(1518)·『二倫行實圖』(1518)·『呂氏鄕約諺解』(1518)·『正俗諺解』(1518)·『警民編』(1519) 등 교화 서적의 편찬이 두드러졌다."[61] 이런 정치적 상황에서 權橃의 『承宣日記』는 이와 관련된 서적의 출판에 대해 기록을 남겼고 이것 역시 사료적 가치가 높다. 그런데 權橃은 이상의 국가출판물을 모두 반사 받았을 것인데, 이때 소장하게 된 서적은 지금 하나도 남아 있지 않다. 위의 서적들 중에 충재박물관에 현존하는 책은 『小學諺解』가 유일한데, 이 책은 權橃 사후에 간행된 목판본이다.

필자는 충재박물관이 소장한 문서를 검토하던 중에 權橃이 썼다고 하는 대출 기록[62]을 발견하였다. 이 대출 기록은 충재가 빌려준 책을 소장하고 있었다는 증거이다. 이 대출 기록은 세로쓰기로 2단으로 써 놓았는데, 가로쓰기 형식으로 구성하면 표 4와 같다.

이 대출 기록은 먼저 서명과 권수를 적고 나서 대출자를 밝히고 마지막으로 '빌려갔다(借去)'라고 썼다. 대출 기록에 등장하는 서적은 『續東文選』·『真西山集』·『輿地勝覽』·『書解』·『李相国集』·『論語』·

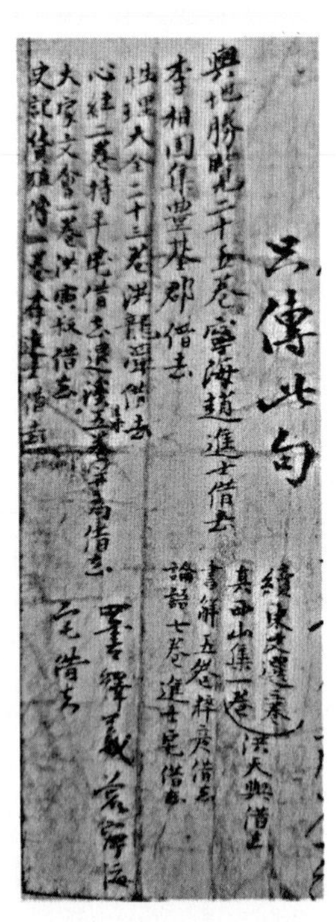

대출 기록 사진(부분)

60) 신양선, 『조선중기 서지사 연구-16세기 관찬서를 중심으로』, 혜안, 2012. 62~63쪽.

61) 정용건, 「中宗代 續撰·增補 사업과 그 정치적 함의」, 『漢文學論集』 제50집, 2018. 206쪽.

62) 韓國學中央硏究院, 『奉化 酉谷 安東權氏 權橃宗家 古文書』, 한국학중앙연구원 출판부, 2015. 556쪽.

〈표 4〉 대출 기록

<table>
<tr><td rowspan="2"></td><td>續東文選三卷</td><td rowspan="2">洪天與借去</td></tr>
<tr><td>真西山集一卷</td></tr>
<tr><td>輿地勝覺二十五卷寧海趙進士借去</td><td colspan="2">書解五卷粹彦借去</td></tr>
<tr><td>李相国集豐基郡借去</td><td colspan="2">論語七卷進士宅借去</td></tr>
<tr><td>性理大全二十三卷洪龍潭借去</td><td colspan="2"></td></tr>
<tr><td>心經二卷持平宅借去退溪五卷并為借去</td><td colspan="2" rowspan="2">四書釋義□(해독불가)寧海宅借去</td></tr>
<tr><td>大家文會一卷洪寅叔借去</td></tr>
<tr><td>史記貨殖傳一卷李進士借去</td><td colspan="2"></td></tr>
</table>

『性理大全』·『心經』·『退溪』·『大家文會』·『史記·貨殖傳』·『四書釋義』 모두 12종이다. 그런데 기록에 등장하는 대출자 중 洪寅叔은 洪游敬(1650년생, 진사, 풍기 거주)이고 粹彦은 金重兼(1649년생, 진사, 문과, 거주지 청도)인데, 모두 17세기 말의 인물들이며 權斗寅의 지인일 가능성이 있다.[63] 그리고 위의 대출 기록 중 權橃 사후에 간행된 서적도 있으므로 기록의 작성자는 權橃이 아닐 가능성도 배제할 수 없다. 위의 서적 중에 윗글에서 살펴본 『史記』와 『續東文選』, 그리고 널리 구할 수 있던 『論語』를 제외하고 나머지 서적들을 살펴보도록 한다.

『輿地勝覺』의 경우, 1481년(성종 12)에 『東國輿地勝覽』 50권을 완성하였으며, 이를 다시 1486년에 增刪·수정하여 『東國輿地勝覽』 35권을 간행하였다. 중종 때에 이르러 『東國輿地勝覽』를 수정·증보하여 『新增東國輿地勝覽』을 완성한다. 『新增東國輿地勝覽』에 대한 『中宗實錄』의 기록은 중종 23년(1528)부터 등장한다. 8월 10일에 李荇이 "『輿地勝覽』을 增補하여 편찬하는 일은 이미 각도에 이첩하였습니다."라고 보고한다. 중종 25년(1530) 11월 20일에는 撰集廳에서 監校官을 차출하여 『續輿地勝覽』을 교정할 것을 청하자 중종은 撰集廳 스스로 하라고 명령한다. 중종 27년(1532) 1월 30일에는 중종이 새로 간행된 『輿地勝覽』에 대해 전교한다. "근래에 『輿地勝覽』을 보니, 議政府와 忠勳府 등에는 모두 題名記가 있는데, 宗親府만은 없다. 내가 폐조 때에 일찍이 종친부의 제조로 있었기 때문에 제명기가 없는 것을 일찍부터 알고 있었으나, 反正 후에 이미 지어 놓은 줄 알았다. 대체로 종친부는 九族의 敦睦을 맡고 있는 곳이니 제명기가 있어야만 한다. 또 이번에 새로 간행된 『輿地勝覽』에는 미처 싣지 못하였지만 이 뒤에 改刊할 때에는 실을 수 있으니, 종친부의 郎官을 불러서 이 뜻을 이르라." 중종이

63) 필자는 대출자에 대한 정보를 찾지 못하였으나 익명의 심사자가 이 내용을 지적해 주었고 그의 의견에 따라 내용을 수정하였다.

여기서 말한 '이번에 새로 간행된 『輿地勝覺』'이 바로 『新增東國輿地勝覽』이다. 權檢의 대출 기록에 등장하는 『輿地勝覺』도 『新增東國輿地勝覽』이었을 것이다. 그런데 "국가 기밀정보에 속하는 이유로 지도·지리서인 『天文圖』·『新增東國輿地勝覽』은 민간의 소장을 금하였다."[64] 權檢은 이런 귀중본을 소장하였으나 현재는 일실되어 충재박물관에 남아 있지 않다.

『真西山集』은 위에서 살펴본 陳德秀의 문집인 『西山先生眞文忠公文集』으로 보인다. 이 책은 상술한 것처럼 嘉靖 三年(1524)에 書林精舍에서 간행되었으며 국내에서 간행된 적이 없다. 이 책은 權檢이 명나라에 사신으로 갔을 때 구입한 것으로 보이며, 당시 국내에서는 거의 구할 수 없는 판본이었다. 그런데 權檢 집안은 이 책을 '洪天與'에게 대출해 주었고, 『新增東國輿地勝覽』이란 귀중본도 '趙進士'에게 대출해주었다. 그러므로 權檢 집안은 귀중본이라고 해도 책이 필요한 사람에게는 대출해주었음을 알 수 있다.

『李相国集』은 고려 때인 1251년 진주분사대장도감에서 고종의 칙명으로 『東國李相国集』 간행하였다. "朝鮮朝에 들어와 임란전과 후에도 몇 번 간행되었다는 사실을 零本으로 伝하는 여러 책들로 추정할 수 있는데 失本되었던 것을 日本에서 입수하여 다시 刊行되었다는 李瀷의 말로 오늘날 완전히 전해지는 版本을 英正時代의 覆刻本으로 추정하고 있다."[65] 그런데 『李相国集』은 『攷事撮要』에는 보이지 않으나 『嶺南冊板記』에는 尙州에서 간행된 것으로 되어 있다.[66] 權檢은 임란 전에 출판된 『李相国集』을 소장하고 있었는데, 그 판본은 尙州刊本일 가능성이 높다.

『性理大全』의 경우, 세종 1년(1419)에 수입하여 간행을 준비하였고 세종 9년(1427)에 강원도와 경상도에서 판각하여 바쳤다. 세종 17년(1435)에는 이미 鑄字所에 『性理大全』의 책판을 보유하고 있었으며, 이것으로 인출한 책을 각 도에 내려 보내 지방에서 자체적으로 인출하여 보급하도록 하였다.[67] 그런데, "中宗 初年에는 … 경연에서의 『性理大全』을 進講에 대비하여 토론하게 하였는데, … 완전히 이해하는 사람이 없어서 강론하지 못하였다. 그러다가 中宗 13年에 와서 『性理大全』을 강독할 26名을 뽑아 節目을 만들어 『性理大全』에 전념케 하였다. …… 이러한 예비과정을 거쳐 中宗14年 5月에 『小學』의 進講을 마치고 『性理大全』을 進講하게 되었다."[68] 중종은 집권 초기부터 『性理大全』을 진강하려고 하였으므로 경연에 참여할 관

---

64) 신양선, 『조선중기 서지사 연구-16세기 관찬서를 중심으로』, 혜안, 2012. 157쪽.
65) 申夕和, 「漢籍解題 東國李相國集」, 『清大漢林』 제2집, 1983.
66) 金致雨, 「『嶺南冊板記』所藏 刊本의 分類別 傾向」, 『書誌學硏究』 제24집, 2002. 285쪽.
67) 禹貞任, 「조선전기 性理書의 간행과 유통에 관한 연구」, 부산대학교 사학과 박사학위논문, 2009. 24~25쪽.
68) 金恒洙, 「16세기 士林의 性理學 理解-書籍의 刊行·編纂을 중심으로」, 『韓國史論』 제7권, 1981. 144~145쪽.

료들에게 이 책을 반사할 필요가 있었다. 그런데 중종연간에는『性理大全』의 경연과 관련된 기록만 남아 있을 뿐 간행과 관련된 기록은 찾을 수 없다. 이는 세종 때에 이미 중앙관청인 鑄字所에서『性理大全』의 책판을 보유하고 있어서 필요하면 그때그때 인출할 수 있었기 때문이다. 충재박물관에는 현재 16세기에 간행된 목판본『性理大全』을 소장하고 있는데, 이 판본은 權橃이 반사 받았거나 수집한 것으로 보인다.

『心經』의 경우, 陳德秀가 편찬하였는데 명대에 들어와 程敏政(1445~1500)이『心經』에 주석을 단『心經附註』가 弘治 5年(1492)에 간행되었다. 16세기 이후 조선의 성리학자들이 이『心經附註』를 애독하였다. "『心經附註』가 陳德秀의『心經』을 포함하고 있기 때문에 대개 이를 혼용하였고,『心經』이라 기록하더라도 이는 대부분『心經附註』를 말하는 경우가 많았다."[69]『心經』이 중종 이전에 간행되지는 않았던 것 같고『心經附註』는 중종 18년(1523)년 경에 光州에서 간행되었다.[70] 대출기록에 나온『心經』이『心經附註』일 가능성이 있는데, 그렇다면 權橃이 수집한『心經附註』는 광주 간행본일 것이다. 그런데 현재 충재박물관에 소장된『心經附註』는 1566년에 李滉이 跋을 쓴 판본이므로 權橃이 수집하였던『心經附註』와는 다른 판본이다.

위에서 검토한 것처럼『新增東國輿地勝覽』·『東國李相国集』·『性理大全』·『心經』은 權橃이 수집한 서적일 가능성이 높지만, 대출 기록의 작성자가 權橃임을 확정할 수 없으므로 그의 후손들이 수집한 서적일 가능성도 배제할 수 없다.[71]

이상의 대출 기록에는 權橃 사후에 간행된 책들인『退溪』·『四書釋義』·『大家文會』·『書解』가 있다.『退溪』는『退溪集』으로 1599년(선조 32)에 李滉의 문인인 趙穆 등이 간행하기 시작해 이듬해인 1600년에 51권 31책으로 간행하였다.『四書釋義』도 李滉의 저작으로 1609년(광해군 1)에 경상감사 崔瓘來가 편십하여 간행하였다.『大家文會』는 柳夢寅이『左傳』·『國語』·『戰國策』·『史記』·『漢書』·『韓文』(韓愈)·『柳文』(柳宗元)에서 글을 뽑아 엮은 古文選集이다. 이 책은 編者 柳夢寅이 1606년(선조 39)에 황해도 관찰사로 있을 때 황해도 海州 목사 尹暉의 후원으로 간행되었다.『書解』는『書傳諺解』로 선조 때 校正廳에서 언해한 原稿를 임진왜란 이후 다시 손질하여 간행하였을 것으로 추정된다. 이 4종은 모두 權橃 사후에 간행된 책으로 權橃이 수집할 수는 없었다. 그러므로 權橃 사후에 權橃의 후손이 수집한 책들로 보인다.

69) 구정수·남태우,「『心經』의 書誌的 硏究」,『제10회 한국정보관리학회 학술대회 논문집』, 2003. 371쪽.
70) 尹炳泰,「退溪와 心經附註-退溪書誌의 硏究 其三」,『퇴계학과 유교문화』 제8호, 1979. 72~73쪽 참조.
71) 익명의 심사자는 4종의 서적에 대해 權橃의 후손이 수집했을 가능성을 제기하였는데, 필자는 그 의견에 따라 이 내용을 덧붙였다.

3) 나오며

조선은 국가가 출판을 독점하고 있어서 서적 공급이 제한적이기 때문에 관료로 재직해야만 서적 수집이 용이하였다. 權橃은 16세기 전반인 중종연간에 관료로 활약하면서 서적을 수집하였다. 그러나 그는 서적 수집과 관련하여 사적인 기록을 남기지 않았기 때문에 현재 충재박물관에 남아 있는 실물을 바탕으로 수집 경로를 탐색하였다. 權橃은『弘治九年丙辰閏三月司馬榜目』과『正德二年三月文武雜科榜目』이란 책자를 시작으로 국가로부터 다수의 서적을 반사 받았다. 그 중 頒賜記가 남아 있는 서적은『易學啓蒙要解』·『東萊先生音註唐鑑』·『大學衍義補』·『近思錄』·『朱子大全』 5종이다. 연보를 통해 반사 받았음을 확인할 수 있으나 현재 일실된 서적은『瀛奎律髓』·『文苑英華』·『棠陰比事』·『大學衍義』 4종이다. 頒賜記가 남아 있지 않지만 충재박물관에 현존하는 서적들 중 중종연간에 금속활자로 인출된『史記』·『少微家塾點校附音通鑑節要』·『增修附註資治通鑑節要續編』·『山谷集詩註』·『續東文選』은 權橃이 수집하였을 가능성이 높다. 또한 대출기록에 남아 있는 서적 중『新增東國輿地勝覽』·『東國李相国集』·『性理大全』·『心經』은 權橃이 수집하였을 가능성이 높지만 현재는 일실되었다. 또한 국가가 아니 개인에게 기증받은 서적도 있는데, '嘉靖辛卯孟夏監司任士鈞所贈'이란 識記가 있는『劉向說苑』이다. 그리고 자신이 소장하고 있던『近思錄』을 李耔에게 기증하기도 하였다. 權橃은 중종 34년(1539) 7월에 宗系辨誣 주청사로 明나라에 가게 되는데, 고위관료라고 해도 평생에 한 번도 기회가 주어지지 않을 중국간본 수집의 기회를 갖게 된 것이다. 이때 쓴『朝天錄』에서 명나라 외교 관료에게 기증받았다고 밝힌『朱子大全』이 있으며, 현지에서 현존하는 명대 판본인『周易傳義大全』·『大明一統志』·『閔家三訂禮記集說』·『禮記集說大全』·『性理群書大全』·『集千家註分類杜工部詩』·『柳文』·『西山先生眞文忠公文集』을 구입하였을 가능성이 높다.

權橃의 조선간본 수집은 국가로부터 반사 받거나 개인적으로 기증 받는 경로를 통해 이루어졌다. 또한 明刊本의 수집은 사신으로 가서 명나라 관료에게 기증을 받거나 개인적으로 직접 구입하는 경로를 통해 이루어졌다.

필자는 충재박물관 현존하는 실제 서적과 충재가 남긴 기록을 바탕으로 그가 장서를 수집하는 과정을 보았다. 실록에는 임금의 서적 간행 명령이 등장하는데, 실제 간행 여부가 등장하지 않는 경우도 많다. 그런데 이상의 고찰을 통해 해당 서적의 실제 간행 여부를 확인할 수 있었다. 『東萊先生音註唐鑑』·『朱子大全』·『近思錄』·『文苑英華』·『瀛奎律髓』 등이 그것인데, 이 서적들은 임금의 간행 명령이 있은 후에 6개월에서 1년 정도 내에 출판되었음을 확인할 수 있다. 현존하는 판본들과 기록을 통해 해당서적의 실제 간행 여부를 밝힐 수 있다는 데 의의가 있다.

第二部

冲齋博物館 문헌과 해제

1. 經·史·子類

(1) 家禮*

書名	出版事項	版式狀況	一般事項	所藏番號
家禮	朱熹 著	7卷 2冊, 朝鮮木版本, 四周單邊, 半郭 : 21.6×18.7㎝, 有界, 10行 20字, 註雙行, 上下白口, 上下內向四瓣花紋黑魚尾, 32.7×23.5㎝, 線裝, 楮紙	印記 : 青岩家寶	09-2013 ~2014

• **概要**

朱熹가 南宋時代(1127~1279) 사대부의 표준적 冠婚喪祭 儀禮의 절차와 법식을 규정한 禮學書이다.

• **編纂과 刊行**

鄭夢周가 1353년(恭愍王 2)에 『朱子家禮』에 의거하여 家廟를 세우고, 神主를 만들어 선조의 제사를 받들게 청하는 자료에 근거하면 『家禮』가 우리나라에 전래된 것은 늦어도 고려 말임을 추정할 수 있다. 또 조선시대 최초의 관련기록은 1403년(太宗 3) 平壤府에서 『家禮』 150부를 인쇄하여 각사에 나누어주었다고 되어있다. 조선시대의 『家禮』는 먼저 『性理大全』과 『朱子成書』를 통해 전래되었으며, 나중에 『性理大全』의 권18~21에 포함된 것을 분리하여 독립된 서적으로 간행되었다. 이 계통의 刊本은 1563년(明宗 18) 谷城縣에서 간행된 목판본이 있고, 1603년 星州 川谷書院 刊本과 1611년 咸府 刊本 등이 있다.[1)]

• **著者 및 編者**

『家禮』는 清代 주자학자인 王懋竑이 僞作說을 제창하였으며, 『四庫提要』 등이 이것을 답습함으로써 한 때 정설로 간주된 적이 있다. 그러나 上山春平·陳來·束景南 등의 연구로 위작설이 반증되었다.[2)]

• **版本構成**

卷首 : 家禮圖. 卷1 : 通禮. 卷2 : 冠禮. 卷3 : 婚禮. 卷4 : 喪禮一. 卷5 : 喪禮二. 卷6 : 喪禮

---

1) 정경훈, 「朝鮮前期 朱子 著述의 刊行에 관한 硏究」, 『서지학연구』제42집, 2009. 456~457쪽.

2) 吾妻重二, 이승연 번역, 「『家禮』의 刊刻과 版本-『性理大全』까지」, 『동양예학』제4호, 2000. 43~44쪽.

三. 卷7 : 葬禮

• **同一 書名 版本 所藏處**

금속활자본(戊申字) : 국립중앙도서관, 한국학중앙연구원, 고려대학교, 미국 컬럼비아대학교 등.
금속활자본(壬辰字) : 국립중앙도서관, 규장각, 영남대학교, 日本東洋文庫 등.
금속활자본(丁酉字) : 국립중앙도서관.
목활자본 : 한국국학진흥원, 경상대학교 등.
목판본 : 국립중앙도서관, 국회도서관, 규장각, 한국국학진흥원, 한국학중앙연구원, 경기대학교, 경상대학교, 계명대학교, 고려대학교, 단국대학교 퇴계·율곡기념도서관, 동아대학교, 서울대학교, 성균관대학교, 숙명여자대학교, 연세대학교, 영남대학교, 용인대학교, 원광대학교, 이화여자대학교, 전북대학교, 조선대학교, 충남대학교, 한양대학교, 부산광역시 시민도서관, 화성시향토박물관, 성암고서박물관, 사우당종택, 춘호재, 日本東洋文庫, 日本大阪府立中之島圖書館, 미국 UC버클리대학교 등.
필사본 : 한국국학진흥원, 경기대학교, 경희대학교, 단국대학교 퇴계기념도서관, 부산대학교, 영남대학교, 충남대학교 등.

(2) 家禮考證

書名	出版事項	版式狀況	一般事項	所藏番號
家禮考證	曺好益 撰, 19世紀 刊	7卷 3冊, 朝鮮木版本, 四周雙邊, 半郭 : 20.5×15.4㎝, 有界, 10行 20字, 上下白口, 上下內向四瓣花紋黑魚尾, 29.2×19.3㎝, 線裝, 楮紙	序 : 丙戌…金堉謹書, 印記 : 酉谷青岩	09-0344 ~0346

• **概要**

『家禮考證』은 『家禮』에서 해석하기 어려운 제도, 기물, 용어 및 구절과 인명 등에 대하여 그 출처를 상고하여 밝히고, 經史를 인용하여 고증하고 아울러 자기의 의견을 덧붙여서 후학들이 이해하기 쉽게 고증한 책이다. 또한 圖說을 곳곳에 배치하여 내용의 이해를 도모했는데, 圖說의 대부분은 丘濬의 『家禮儀節』을 준용한 것이다.[3]

---

3) 장동우, 「『家禮』註釋書를 통해 본 朝鮮 禮學의 進展過程」, 『東洋哲學』第34輯, 2010. 251쪽.

• 編纂과 刊行

명나라 丘濬이 편찬한 『家禮』를 曺好益이 다시 고증하여 편찬하였다. 조호익이 죽은 뒤, 그의 제자인 金堉이 유고를 정리한 후에 閔應協에게 위촉하여 1646년(인조24)에 간행하였다.

• 著者 및 編者

曺好益(1545~1609) : 본관은 昌寧이고, 자는 士友이며 호는 芝山이다. 1576년(선조 9)에는 평안도 강동현으로 유배를 갔으며, 이곳에서 후진을 양성하여 관서 지방에 학풍을 진작시켰다. 임진왜란이 일어난 뒤 柳成龍이 그의 억울한 사정을 왕에게 고해 석방되고, 曺好益은 의병을 모아 중화·상원 등지에서 왜군을 많이 무찌르는 등 공을 세웠다. 이어 형조정랑이 되고, 1593년(선조26) 평양 전투에 참가하여 공을 세웠다. 그 뒤 안주 부사·정주 목사 등을 지내다가 병으로 사직했다.

저서로 『芝山集』·『心經質疑考誤』·『家禮考證』·『周易釋解』·『易象推說』·『論爲學之要』·『理氣儒釋等辨』·『大學童子問答』·『蘇黃李杜詩家句註』 등이 있다.

• 版本構成

卷1 : 通禮·祠堂·宗法. 卷2 : 衣服冠帶·巾幞屨靴製造法·用道. 卷3 : 居家雜禮. 卷4 : 冠禮. 卷5 : 婚禮. 卷6 : 喪禮. 卷7 : 祭禮.

• 同一 書名 版本 所藏處

목판본 : 국립중앙도서관, 규장각, 한국학중앙연구원, 경기대학교, 경상대학교, 계명대학교, 성균관대학교, 안동대학교, 이화여자대학교, 사우당종택, 日本蓬左文庫(名古屋市 教育委員會 蓬左文庫), 미국 UC버클리대학교, 미국 하버드대학옌칭도서관 등.

(3) 家禮輯覽

書名	出版事項	版式狀況	一般事項	所藏番號
家禮輯覽	金長生 輯, 18世紀 刊	零本 2冊, 朝鮮木版本, 四周雙邊, 半郭 : 20.1×16.6㎝, 有界, 12行 20字, 上下白口, 上下內向四瓣花紋魚尾, 27×20.2㎝, 線裝, 楮紙	所藏 : 卷4~10	09-1925 ~1926

• 概要

金長生이 『家禮』 관한 여러 先儒들의 禮說을 모아 엮은 책이다. 『家禮輯覽』은 『家禮』에 대해 문헌적으로 고증하고 명료화하는 작업에 중점을 두었다. 첫째 『家禮』에는 빠져 있지만 명문규정이 있는 조항들을 보충하였고, 둘째 『家禮』의 규정을 古禮와 朱熹 자신의 직접적인 언급을 통해 바로잡는 방향으로 진행되었다. 이와 함께 『家禮』에 기록된 내용에 근거하여 이해하기 쉽도록 도설만을 따로 한 책으로 정리하여 독자의 이해를 도왔다.[4)]

• 編纂과 刊行

저자 金長生은 『家禮』의 내용이 현실과 맞지 않는 사례가 있을 뿐만 아니라, 그 예절의 내력과 후세의 여러 해석에 일관성이 있어야 할 필요성을 절감하여 1599년(선조 32)에 편집을 마쳤다. 편자의 사후, 그의 아들 愼獨齋 金集이 同門들과 함께 교정을 보았고, 1685년(숙종 11) 夢漁亭 徐文重과 蒲庵 李師命이 전후하여 영남과 호남의 감사를 지냈는데, 그들에 의해 1685년(숙종11)에 목판본으로 간행되었다.

• 著者 및 編者

金長生(1548~1631) : 본관은 光山이고, 자는 希元이며 호는 沙溪이다. 1578년(선조11) 學行으로 천거되어 6품직에 오르고 昌陵參奉 등을 거쳐 鐵原府使등을 역임하였고, 1613년(광해군5) 癸丑獄事에 심문을 받았으나 무혐의로 누명을 벗고 관직을 사퇴하였다. 후에 刑曹參判에 임명되었으나 사퇴하고, 향리에서 교육에 전심하였다.

• 版本構成

卷首 : 圖說 · 自序 · 家禮專輯覽後序(宋時烈 撰) · 凡例. 卷1 : 通禮. 卷2 : 冠禮. 卷3 : 昏禮. 卷4 : 喪禮. 卷5~9 : 喪禮. 卷10 : 祭禮.

• 同一 書名 版本 所藏處

목판본 : 국립중앙도서관, 규장각, 한국학중앙연구원, 계명대학교, 단국대학교 퇴계기념도서관, 동아대학교, 성균관대학교, 이화여자대학교, 한양대학교, 춘호재, 日本大阪府立中之島圖書館, 미국 UC버클리대학교 도서관 등.
필사본 : 한양대학교.

---

4) 장동우, 「『家禮』註釋書를 통해 본 朝鮮 禮學의 進展過程」, 『東洋哲學』第34輯, 2010. 248쪽.

(4) (文公)家禮儀節

書名	出版事項	版式狀況	一般事項	所藏番號
文公家禮儀節	丘濬(明) 輯	零本 1冊, 中國木版本, 四周單邊, 半郭 : 22.7×16.6㎝, 有界, 10行 22字, 上下白口, 上下內向四瓣花紋黑魚尾, 32.8×20.2㎝, 線裝	印記 : 青岩家寶	09-2719

• **概要**

明나라 학자 丘濬이 1474년(成化 10)에 朱熹의 『家禮』에 儀節을 모아 주석을 붙인 책이다. 『家禮儀節』은 『家禮』의 禮儀 규정을 구체적으로 節次化하여 『家禮』의 시행과 보급에 크게 기여한 책으로 평가된다. 『家禮儀節』은 한국과 일본에도 전파되어 『家禮』 실천의 중요한 참고자료로 활용되었다.[5]

조선간본은 9행 17자로 되어 있는데, 충재박물관 소장본은 10行 22字로 되어 있어서 중국간본으로 보인다.

• **編纂과 刊行**

丘濬이 周復이 편찬한 『朱子家禮』를 저본으로 하여[6] 40여 종의 서목을 인용하였으며 小註에는 '濬按'이라고 해서 자기의 의견을 붙여 편찬하였다. 중국에서는 명대와 청대에 출판되었고, 국내에서는 中宗 때 乙亥字로 간행되었으며, 목판본으로는 全羅道觀察使 閔聖徵이 1626년(仁祖 4) 여름 靈光郡에서 간행하였다. 이 판본은 春秋館의 編修官인 鄭良弼이 主監하고 生員 辛應純과 進士 奉景綸이 감교하였다.

• **著者 및 編者**

邱濬(1420~1495) : 瓊州 瓊山 사람으로, 자는 仲深이고 호는 深菴·瓊山先生·瓊臺이다. 明 景泰 5年에 進士가 되었고 翰林院 編修와 進侍講 등을 거쳐 禮部尙書를 지냈으며 弘治 4年에는 文淵閣 大學士가 되었다. 어려서부터 학문에 열중하였으며 朱熹의 학문을 종주로 삼았다. 저서로는 『大學衍義補』와 『家禮儀節』 등이 있으며, 문집으로는 『瓊臺集』이 있다.

閔聖徵(1582~1648) : 본관은 驪興이고, 자는 士尙이며 호는 拙堂이다. 문과에 급제해서 史官

---

5) 정현정, 「丘濬 『家禮儀節』의 『家禮』 재구성에 대한 고찰」, 『대동문화연구』제78집, 2012. 6쪽.

6) 이승연, 「丘濬의 예학에 관한 고찰-『家禮儀節』을 중심으로」, 『동양예학』제10집, 2003. 14쪽.

이 되었다. 후에 開城留守로 재직중에 李适의 亂이 일어나 그 管內에 있는 이괄의 일파를 上啓하지 않고 처형한 죄로 罷職되었다가 그 다음해에 全羅道觀察使로 다시 등용되어 登極副使로 明나라에 갔는데 그때 본서를 가져와서 靈光에서 간행한 것으로 추정된다.

• **版本構成**

卷首 : 引用書目, 黃榦, 陳淳, 李方子, 楊復, 黃瑞節. 卷1 : 通禮, 圖說(太宗小宗圖, 祠堂三間之圖, 祠堂一間之圖, 時節陳設圖, 家衆序立之圖, 義門祠堂位次圖, 五世竝列之圖, 祭四世之圖, 神主深衣前後圖, 大帶緇冠幅中圖, 履圖指量寸法圖 等) 卷2 : 冠禮. 卷3 : 昏禮. 卷4 : 喪禮. 卷5 : 喪禮, 葬禮. 卷6 : 葬禮. 卷7 : 祭禮. 卷8 : 家禮雜儀. 附錄 : 書狀, 字辭, 字說, 聘啓, 書疏, 墓誌, 壙記, 祭文, 祝文, 告家廟文, 土神祭文 等.

• **同一 書名 版本 所藏處**

금속활자본(乙亥字) : 국립중앙도서관.

목활자본 : 국립중앙도서관, 경상대학교 등.

목판본 : 국립중앙도서관, 규장각, 한국국학진흥원, 건국대학교, 경기대학교, 계명대학교, 고려대학교, 단국대학교 퇴계·율곡기념도서관, 동국대학교, 동아대학교, 부산대학교, 서울대학교, 성균관대학교, 숙명여자대학교, 영남대학교, 원광대학교, 성암고서박물관, 미국 UC버클리대학교 도서관 등.

필사본 : 영남대학교, 용인대학교, 사우당종택 등.

(5) 決訟類聚補

書名	出版事項	版式狀況	一般事項	所藏番號
決訟類聚補	李志奭[7] 編, 宜寧, 丁亥(1707)年 刊[8]	不分卷 1冊, 朝鮮木版本, 揷圖, 四周雙邊, 半郭 : 21.5×15.4㎝, 有界, 10行 20字, 上下白口, 上下內向四瓣花紋黑魚尾, 30.5×19.5㎝, 線裝, 楮紙	表題 : 聽訟指南, 刊記 : 丁亥仲春宜寧縣開刊	09-1932

7) 원 목록에는 '金伯幹 編'으로 되어 있으나 金伯幹은 『決訟類聚』의 편자이지 『決訟類聚補』의 편자가 아니므로 아래 논문을 근거로 바로잡았다.

8) 원 목록에는 '丁亥(1827)'로 되어 있으나 '丁亥(1707)'로 바로잡았다.

• **概要**

『決訟類聚補』는 조선시대 지방수령의 민사재판과 형사재판을 위한 지침서이다. 金伯幹이 편찬한 『決訟類聚』가 詞訟을 처리하는 지침으로서 訟官에게 도움이 되어왔으나 내용이 상세하지 못해 참고하기에 불편하였다. 이러한 불편을 없애기 위하여 1698년에 『受敎輯錄』이 간행되었으나 갈수록 새로운 수교도 늘어났다. 이 때문에 『決訟類聚補』는 새로운 내용을 증보하여 詞訟뿐만 아니라 형사재판인 獄訟을 위한 지침서로도 이용되었다.

• **編纂과 刊行**

『鏤板考』에는 편찬한 사람의 성명이 없다고 하였으나, 李志奭이 宜寧縣監으로 재직할 때인 1707년(숙종 33)에 경상도 의령에서 목판본으로 간행하였다.[9)]

• **著者 및 編者**

李志奭(1652~1707) : 본관은 星州이고, 자는 周卿이다. 그는 어려서부터 과거에 뜻이 없었지만 부친의 명으로 1682년 증광시를 봐 生員이 되었다. 이후 刑曹佐郎과 正郎 등을 거쳐 宜寧縣監이 되었는데, 1707년 봄에 병이 들어 8월 13일에 사망했다.

• **版本構成**

凡例·目錄·聽訟式, 本文 : 相避·鬪毆·辜限·殺傷·檢驗·落胎·盜賊·推斷·擅殺·濫刑·捕亡·嫁娶·犯姦·詐僞·告訴·罵言·雜犯·勿許聽理·聽理·親着·立後·奉祀·私賤·公賤·陳告·贖身·屬公·惠恤·驛路·功臣賜牌·文記·賣買·賣買日限·徵債·戶籍·田結·停訟·決訟日限·作紙·雜令·受贓·山訟. 附 : 守令下直時承政院別諭·飢民賑濟法·貰馬給價法·田稅加升法·還上除耗法·田筭法·銀錢和賣法·軍兵放料法·還上分給法 等.

• **同一 書名 版本 所藏處**

금속활자본 : 가톨릭대학교.

목판본 : 국립중앙도서관, 규장각, 한국학중앙연구원, 건국대학교, 경상대학교, 성균관대학교, 이화여자대학교, 성암고서박물관 등.

필사본 : 규장각, 성암고서박물관 등.

---

9) 박철상, 「조선시대 詞訟法書의 編刊과 傳承」, 『大東漢文學』第54輯, 273~275쪽.

(6) 經國大典

書名	出版事項	版式狀況	一般事項	所藏番號
經國大典	崔恒 等受命編, 1603年 刊	6卷 3冊, 朝鮮木版本, 四周單邊, 半郭 : 23.2×16.8cm, 有界, 10行 17字, 上下白口, 上下內向黑魚尾, 32.4×21.4cm, 線裝, 楮紙	刊記 : 萬曆三十一年三月新刊, 序 : 成化五年己丑(1469)…徐居正拜手稽首謹序, 印記 : 青岩酉谷	09-1905~1907
經國大典	崔恒 等受命編	零本 3冊, 朝鮮木版本(後刷) 四周單邊, 半郭 : 22.5×16.7cm, 有界, 10行 17字, 上下白口, 上下內向黑魚尾, 31.7×22cm, 線裝, 楮紙	刊記 : 萬曆三十一年三月新刊, 序 : 成化五年己丑(1469)…徐居正拜手稽首謹序, 跋 : 成化五年己丑(1469)…崔恒, 所藏 : 卷1, 4~6	09-1914~1916

• **概要**

조선시대 법령을 종합해 편찬한 법전으로 조선의 법치의 기반이 된 책이다. 『經國大典』 시행된 뒤에 『大典續錄』·『大典後續錄』·『受敎輯錄』 등과 같은 법령집과 『續大典』·『大典通編』·『大典會通』 등과 같은 법전이 편찬되어 『經國大典』을 보완하였다.

• **編纂과 刊行**

세조는 즉위하자마자 六典詳定所를 설치하고 법전 편찬에 착수하였다. 1460년(세조 6) 7월에 「戶典」과 「戶典謄錄」을 완성하였고, 이듬해 7월에는 「刑典」을 완성하였으며, 1466년에는 나머지 「吏典」·「禮典」·「兵典」·「工典」도 완성하였다. 그러나 세조는 반포를 보류하고 있었고, 그 뒤 예종이 반포하려고 하였으나 갑자기 사망하여 반포되지 못하였다. 성종이 즉위하자 곧 『經國大典』을 다시 수정해 드디어 1471년 1월 1일부터 시행하게 되었다. 그런데 누락된 조문이 있어 다시 개수해 1474년 2월 1일부터 시행하였고, 그 때 대전에 수록되지 않은 법령으로 시행할 필요가 있는 72개 조문은 따로 續錄을 만들어 함께 시행하였다. 1481년 9월에 勘校廳을 설치하고 다시 개수해 1485년 1월 1일부터 시행하였으며, 이것을 다시 개수하지 않고 최종적으로 확정된 것으로 규정지었다. 이후 여러 차례 간행되어 널리 반포되었으며, 萬曆三十一年刊本·兵部刊本·大丘刊本·平壤府開刊本·芸閣鑄字印本 등이 있다.

• **著者 및 編者**

崔恒(1409~1474) : 본관은 朔寧이고, 자는 貞父이며, 호는 太虛亭·幢梁이다. 1434년(세종 16) 알성문과에 장원으로 급제하여 집현전부수찬이 되었다. 이 해 『資治通鑑訓義』의 편찬에 참여했으며, 이어 朴彭年·申叔舟·成三問 등과 같이 훈민정음 창제에 참여하였다. 그 후

『五禮儀注』·『古今韻會』·『용비어천가』·『동국정운』·『훈민정음해례』 등을 찬진하였고, 『大學衍義』를 주석하고, 『高麗史』의 열전을 집필하였다. 1452년 2월 『세종실록』 편찬 때는 수찬관으로 참여하였다. 이어 동부승지가 되었으며 1453년(단종 1) 계유정난 때 협찬한 공이 있어서 輸忠衛社協贊靖難功臣 1등에 녹훈되고, 도승지가 되었다. 세조는 즉위한 직후 六典詳定所를 설치하고 『經國大典』 편찬에 착수하였는데, 이 때 六典詳定官으로 임명되어 1458년(세조 4)에 『新六典』의 초안을 작성하여 올렸다. 그 후 중추원사세자빈객 겸 성균관대사성·이조판서·의정부우참찬·左參贊 겸 世子貳師·좌찬성·우의정·좌의정·영의정을 역임하였다. 1469년 經國大典詳定所 提調를 겸하여 『經國大典』을 찬진했고, 이어 『武定寶鑑』을 찬수하였으며, 1471년 『세종실록』·『예종실록』을 찬진하였다.

- **版本構成**

卷1 : 吏典. 卷2 : 戶典. 卷3 : 禮典. 卷4 : 兵典. 卷5 : 刑典. 卷6 : 工典.

- **同一 書名 版本 所藏處**

금속활자본(甲寅字) : 국립중앙도서관, 규장각 등.
금속활자본(戊申字) : 성균관대학교, 미국 UC버클리대학교 등.
금속활자본 : 성암고서박물관.
목판본 : 국립중앙도서관, 규장각, 한국국학진흥원, 한국학중앙연구원, 경상대학교, 계명대학교, 대구가톨릭대학교, 동국대학교, 부산대학교, 충남대학교, 부산광역시 시민도서관, 성암고서박물관, 남평문씨 인수문고, 中國國家圖書館, 日本大阪府立中之島圖書館, 프랑스 국립도서관, 미국 UC버클리대학교 등.
필사본 : 국립중앙도서관, 계명대학교 등.

(7) (古今歷代標題註釋)十九史略通攷

書名	出版事項	版式狀況	一般事項	所藏番號
古今歷代標題註釋十九史略通攷	曾先之(元)[10]編次, 余進[11](明) 通攷.	零本 1冊, 朝鮮木版本, 四周雙邊, 半郭 : 25×17.8㎝, 有界, 10行 18字, 上下白口, 上下內向四瓣花紋黑魚尾, 33.6×21.3㎝, 線裝, 楮紙	表題 : 史略, 印記 : 酉谷青岩, 所藏 : 卷6	09-1999
古今歷代標題註釋十九史略通攷	曾先之(元)編次, 余進(明) 通攷.[19世紀]刊	零本 2冊, 朝鮮木版本, 四周單邊, 半郭 : 24.1×16.9㎝, 有界, 10行 18字, 上下白口, 上下內向四瓣花紋黑魚尾, 32.5×21.4㎝, 線裝, 楮紙	印記 : 酉谷青岩, 所藏 : 卷5~6	09-2010 ~2011

• 槪要

『古今歷代標題註釋十九史略通攷』는 『十八史略』에다 명나라 余進이 '元史略'을 추가하고 十八史 전체를 通攷하여 편성한 책이다. 이 책은 『十九史略通攷』 또는 『十九史略』으로 약칭한다. 太古 부분에서는 神話나 寓言을, 堯·舜·禹 부분에서는 經書와 諸家百家를 인용하였고, 역사적 사실에 대해서는 『史記』를 포함한 중국 사료를 중심으로 하여 시대 순으로 抄略하였다. 余進은 서술 사이에 先儒의 史論을 채록하고 자신의 견해 삽입하여 非儒學的인 史實을 비판하는 등 朱子學的 正統史觀을 전개하였다.

• 編纂과 刊行

余進이 正統 11年(1446)에 완성한 『十九史略』은 조선전기부터 우리나라에 널리 보급되었다. 成宗朝 및 中宗·宣祖朝에 乙亥字로 印出한 것이 있고, 다시 宣祖朝에 再鑄甲寅字로 印出한 것이 있다. 또 『攷事撮要』에 의하면 壬亂 이전에 原州·咸安·咸興·全州·平壤·瑞興·安東·潭陽 등지에서 판각한 사실을 알 수 있다.

임란 이전의 현존 판본으로는 을해자본과 1558년 8월에 간행된 潭陽府의 開刊本, 1568(선조 1)년의 宋純 內賜本, 1585년(선조 18)의 裵三益 內賜本 등이 있으며, 19세기 일본에서는 1582년(선조 15)에 弘文館副校理 金睟의 跋이 있던 우리나라 萬曆本의 模本으로 추정되는 간본도 나왔다.

『十九史略』의 간행본을 살펴보면 대체로 조선전기로부터 17세기 중엽까지는 동일한 편성 체제와 내용을 유지하였다. 그러다가 1740년경 寧邊府 판본에서 내용의 차이를 보여주었고, 1785년 경상감영 乙巳 開刊本에서는 명나라 역사를 추가하였으며, 1832년 경상감영 壬辰 新刊本은 영변부 판본의 내용과 을사 改刊本을 종합하여 간행하였다.[12)]

• 著者 및 編者

余進(생졸년 미상) : 鄱陽 출신으로 자는 宗海이고 호는 竹窩이다. 松塢 王逢의 문인으로 유학자 집안에서 자라 어려서부터 영민하고 공부하기를 좋아하였으며 유가경전과 역사에 대한 이해가 깊었다. 曾先之의 『十八史略』이 정통사관에서 벗어났다고 여겨 『資治通鑑綱目』의 義例에 의거하여 바로 잡고, 유학자들의 견해를 널리 채록하여 글의 뜻을 풀이하였고,

10) 목록에는 '曾先之(宋)'로 되어 있으나 曾先之는 宋나라 사람이 아니라 元나라 사람이다.

11) 목록에는 '余進宗海'로 되어 있으나 余進이 이름이고 宗海는 자이다.

12) 장인진, 「경상감영판 『十九史略通攷』의 문헌적 연구」, 『大東漢文學』第45輯, 2015. 202쪽.

또 元史를 뽑아내어 뒤에다 보태『十九史略通攷』를 완성하였다.13)

• 版本構成

卷1 : 太古·三皇 五帝·夏·殷·周·春秋戰國. 卷2 : 秦·西漢. 卷3 : 東漢·蜀漢·西秦. 卷4 : 東晋·南北朝·隨. 卷5 : 唐. 卷6 : 五代(梁·唐·晉 漢·周)·宋. 卷7 : 南宋. 卷8 : 元.

• 同一 書名 版本 所藏處

금속활자본(戊申字) : 국립중앙도서관, 日本東洋文庫 등.
금속활자본(丁酉字) : 경상대학교.
목판본 : 한국학중앙연구원, 경상대학교, 동아대학교, 용인대학교, 전주대학교, 아단문고, 영국 국립도서관 등.
필사본 : 한국학중앙연구원, 춘호재 등.

(8) 古今韻會擧要

書名	出版事項	版式狀況	一般事項	所藏番號
古今韻會擧要	黃公紹(宋) 編輯, 熊忠(元) 擧要, 18世紀 刊	零本 10冊, 朝鮮木版本, 上下雙邊 半郭 : 23.9×17.1㎝, 有界, 8行 11字, 上下大黑口, 上下內向六瓣花紋黑魚尾, 34.4×22.1㎝, 線裝, 楮紙	序 : ①壬辰(宋)…劉辰翁序 ②至順二年…余謙拜手稽首謹書	09-1318 ~1327
古今韻會擧要	黃公紹(宋) 編輯, 熊忠(元) 擧要, 18世紀 刊	零本 10冊, 朝鮮木版本, 上下雙邊 半郭 : 23.7×17.1㎝, 有界, 8行 23字, 上下大黑口, 上下內向黑魚尾, 34.4×21.9㎝, 線裝, 楮紙	所藏 : 卷25~27	09-1894

• 槪要

『古今韻會擧要』는 中國 元代에 간행된 韻書이다. 宋末元初의 학자인 黃公紹는 1292년(至元 29年)에서 1297년 사이에『古今韻會』라는 韻書를 편찬하였는데, 이 책은 訓詁 방면을 중시하여 많은 고전문헌들을 인용하였기 때문에 註釋이 너무 복잡하고 이용하기 불편한 점이 있었다. 이에 黃公紹와 같은 고향 출신인 熊忠은 일종의 요약본을 만들어『古今韻會』를 개편하였는데 이 韻書가 바로『古今韻會擧要』이다.『古今韻會擧要』는『洪武正韻』등과 함께 조선 시대에 널리 이용되던 중국 운서였기 때문에 국내에서도 여러 번 간행된 바 있다.

13) 金侖壽,「『十九史略』의 源流와 韓國的 展開(上)」,『서지학보』제6호, 1991. 73쪽.

조선의 韻書인 『東國正韻』이 책을 저본으로 사용하였기 때문에 한국의 漢字音 연구에 핵심적인 자료로 인정받고 있다.[14)]

• **編纂과 刊行**

중국의 판본에는 元刻本 2種(陳宗刊本(失傳)·余謙刊本)·元刻明修本·明刻本 3種(明嘉靖六年鄭氏宗文堂刻本·明嘉靖十五年秦鉞李舜臣刻十七年劉儲秀重修本·明刻萬曆二十八年許國誠重修本)·淸光緖九年淮南書局重刊本 등이 있다. 조선간본은 2종의 목판본이 있는데, 그 중 규장각 소장본인 '奎26662'에는 "順治十六年十二月二十一日內賜承政院古今韻會一件"라는 內賜記가 있는데 첫 번째 판본이 1659년에 간행되었을 가능성이 매우 크다.[15)]

• **著者 및 編者**

黃公紹(생졸년 미상) : 際邵武(福建) 출신으로 자는 直翁이다. 南宋 鹹淳元年(1265)에 進士가 되어 架閣官을 제수 받아 관직에 나아갔다. 송나라가 망하자 관직을 버리고 고향으로 돌아가 樵溪에 은거하며 학문 활동에 매진하였다. 黃公紹는 '六書'에 정통하여 대략 元나라 至元 29年(1292)경에 『說文解字』를 근거로 宋과 元 이전의 字書와 韻書를 참고하여 『古今韻會』를 완성하였다. 문집으로는 『在軒集』이 있다.
熊忠(생졸년 미상) : 『古今韻會擧要』를 편찬한 것 이외에 다른 행적은 미상이다.

• **版本構成**

卷1 : 上平聲1~3(東~江). 卷2 : 上平聲4~5(支~微). 卷3 : 上平聲6~7(魚~虞). 卷4 : 上平聲8~11(齊~眞). 卷5 : 上平聲12~15(文~刪). 卷6 : 下平聲1~2(先~蕭). 卷7 : 下平聲3~6(肴~麻). 卷8 : 下平聲7~8(陽~庚). 卷9 : 下平聲9~11(靑~侯). 卷10 : 下平聲12~15(侵~咸). 卷11 : 上聲1~4(董~紙). 卷12 : 上聲5~8(尾~薺). 卷13 : 上聲9~15(蟹~潸). 卷14 : 上聲16~19(銑~晧). 卷15 : 上聲20~23(哿~梗). 卷16 : 上聲24~30(迥~豏). 卷17 : 去聲1~4(送~寘). 卷18 : 去聲5~7(未~遇). 卷19 : 去聲8~9(霽~泰). 卷20 : 去聲10~12(卦~震). 卷21 : 去聲13~16(問~諫). 卷22 : 去聲17~20(霰~號). 卷23 : 去聲21~24(箇~敬). 卷24 : 去聲25~30 (徑~陷). 卷25 : 八聲1~3(屋~覺). 卷 26 : 八聲4~6(質~月). 卷27 : 八聲7~9(曷~屑). 卷28 : 八聲10~11(藥~陌). 卷29 : 八聲12~13(錫~職). 卷30 : 八聲14~17(緝~洽).

---

14) 愼鏞權, 「『古今韻會擧要』의 판본에 대하여」, 『인문학연구』제11집, 2008. 167쪽.
15) 愼鏞權, 「『古今韻會擧要』의 판본에 대하여」, 『인문학연구』제11집, 2008. 173~175쪽.

• 同一 書名 版本 所藏處

목판본 : 국립중앙도서관, 규장각, 경기대학교, 고려대학교, 동아대학교, 성균관대학교, 숙명여자대학교, 안동대학교, 영남대학교, 중앙대학교, 충남대학교, 성암고서박물관, 아단문고, 독락당, 中國國家圖書館, 日本東洋文庫, 日本小倉文庫(東京大學), 프랑스 동양언어문화학교 등.

(9) 光國原從功臣錄券

書名	出版事項	版式狀況	一般事項	所藏番號
光國原從功臣錄券	光國功臣都監 編, 宣祖 24年(1591) 刊	1冊, 再鑄甲寅字本, 四周雙邊, 半郭 : 25×17㎝, 有界, 10行17字, 內向三葉花紋魚尾, 37.6×22.5㎝, 線裝, 楮紙	卷首 : 萬曆十九年(1591)閏三月初二日…同副承旨臣奇芬敬奉傳旨, 印記 : 施命之寶	보물 제896-4호

• 概要

光國功臣은 선조 24년(1590)에 宗系辨誣에 공을 세운 사람들에게 내린 것이다. 正功臣 이외에 관련된 공을 세운 사람에게 준 공신의 칭호를 원종공신이라 한다. 원종공신은 1등에서 3등으로 분류해 공신녹권을 지급하고 각종 특혜를 부여하였다. 『光國原從功臣錄券』은 조선시대에 발급되어 현존하는 21종의 원종공신녹권 중 再鑄甲寅字로 인출된 유일한 금속활자본이다. 『光國原從功臣錄券』은 그 당시 서적 문화와 함께 관직이나 신분사회의 형태와 사회상을 알아볼 수 있다.[16]

충재박물관 소장본은 보물 제896-4호로 선조 24년(1591) 윤3월에 光國功臣都監에서 光國原從功臣 1등 左贊成 權檄에게 발급한 것이다.

• 編纂과 刊行

『光國原從功臣錄券』은 선조 24년(1591)에 금속활자 再鑄甲寅字인 庚辰字로 인출한 1책(20장)으로 이루어졌다. 후대에는 원본을 목활자로 다시 인쇄한 판본도 간행되었다.

• 版本構成

卷首 : 卷首題, 受給者의 직함과 성명(수급자 성명 위에 '施命之寶'라는 御寶가 찍혀 있음).

---

16) 송일기 · 진나영, 「光國原從功臣錄券의 書誌的 硏究」, 『한국도서관 · 정보학회지』제41권 제4호, 2010. 212쪽.

本文 : 공신 책봉에 관한 명을 받은 사람인 봉명자의 직함과 성명, 공신을 책봉하는 사유의 내용을 담은 傳旨, 등급별 공신들의 직함과 성명, 포상 및 특전 시행에 관한 명을 받은 사람의 직함과 성명, 등급별 포상 및 특전의 내용.
卷末 : 功臣都監名 및 都監員 發給機關名, 각 도감원의 職銜 및 姓氏(都監員의 시작부분에 '施命之寶'라는 御寶가 찍혀 있음).[17)]

• 同一 書名 版本 所藏處

금속활자본(庚辰字本) : 수급자가 權橃로 되어 있으며 冲齋博物館에 유일본이 남아있다.
목활자본 : 국립중앙도서관(수급자 : 李繼孟), 고려대학교(수급자 : 柳雲龍), 奇大升 종가(수급자 : 奇廷獻).

(10) 槐潭先生四書纂要

書名	出版事項	版式狀況	一般事項	所藏番號
槐潭先生四書纂要	裵相說 著, 1882年 跋	零本 1冊, 朝鮮木版本, 揷圖, 四周雙邊, 半郭 : 21×16.2㎝, 有界, 11行 18字, 上下白口, 上下內向四瓣花紋黑魚尾, 30.9×20.6㎝, 線裝, 楮紙	跋 : 上之十九年壬午(1882)…權璉夏謹書, 印記 : 酉谷靑岩, 所藏 : 坤	09-2107

• 槪要

槐潭은 裵相說의 호이고, 그가 『大學』과 『中庸』에 諸儒들의 주석을 모아 편집한 책이다. 서명을 『四書纂要』라고 하였으나, 실제로 판본에는 『大學』과 『中庸』 2종에 대한 주석만이 수록되어 있다. '引用先儒姓氏書目'에 따르면 朱熹의 『朱子大全』·『朱子語類』, 陳淳의 『性理字義』, 王守仁의 『傳習錄』 등 중국학자들의 전적을 인용하였고, 또한 權近의 『入學圖說』, 李彦迪의 『大學補遺』, 張顯光의 『易學圖說』, 李滉의 『退溪先生文集』, 李珥의 『栗谷先生文集』 등 조선 유학자들의 전적도 인용하였다.

• 編纂과 刊行

『槐潭先生四書纂要』는 裵相說의 사후에 간행되었는데, 첫머리에 실린 李敦宇의 序에서 간행연도를 확인할 수 있다. 序에서는 '今上十九年壬午刊行于世'라고 하였는데, '今上'은 高宗

17) 송일기·진나영, 「光國原從功臣錄券의 書誌的 硏究」, 『한국도서관·정보학회지』 제41권 제4호, 2010. 220쪽.

을 가리키며 高宗 '十九年'은 1882년에 해당한다.

- **著者 및 編者**

裵相說(1759~1789) : 영조 35년(1759) 12월 25일 安東府 奈城縣 留老里에서 출생하였고, 자는 君弼이며 호는 槐潭이다. 어려서부터 총명하였으나 집안이 빈한하여 특별한 스승의 가르침 없이 남의 책을 빌려다 읽으며 독학하였다. 정조 4년(1780)에는 李象靖의 문하에 들어가 학문을 배웠으며, 四書와 性理書에 공부에 매진하였다. 그래서 젊은 나이에 『道學六圖』·『書計鎖錄』·『四書疑義』·『性理纂要』·『四書纂要』·『啓蒙圖解』 등을 저술하였다. 그런데 정조 13년(1789) 봄에 31세의 나이로 과거를 보기 위해 한양에 갔다가 시험에는 응시하지 않고 돌아왔다가 얼마 뒤 4월 14일에 병으로 세상을 떠났다.

- **版本構成**

『大學纂要』: 序(李敦禹 撰)·編輯大意·引用書目. 大學圖·大學衍義之圖·小學大學相爲終始·大學總論·大學章句序·讀法·章句大全.

『中庸纂要』: 中庸圖·中庸分節辨議·庸學相爲表裏·中庸總論·序·讀法·章句大全·書四書纂要後(權璉夏 撰).

- **同一 書名 版本 所藏處**

목활자본 : 충남대학교.

목판본 : 국립중앙도서관, 한국국학진흥원, 한국학중앙연구원, 계명대학교, 성균관대학교, 성암고서박물관, 프랑스 동양언어문화학교 등.

(11) 求仁錄

書名	出版事項	版式狀況	一般事項	所藏番號
求仁錄	李彦迪 著, 17世紀 刊	4卷 2冊, 朝鮮木版本, 四周雙邊, 半郭 : 21.3×16.7㎝, 有界, 10行 17字, 上下白口, 上下內向六瓣花紋黑魚尾 31.9×21㎝, 線裝, 楮紙	序 : 嘉靖庚戌(1550)…李彦迪書, 印記 : 三溪書院	09-0270 ~0271

- **槪要**

李彦迪이 1550년(명종 5)에 '仁'에 관한 학설을 종합적으로 고찰한 책이다. 李彦迪은 自序에서 五常의 으뜸은 仁이라고 규정하고 仁을 구하는 방법은 여러 경전에 나와 있으나 이해하기 어려우므로 이것을 모아서 분류하여 보기에 편리하도록 하였다는 저술의 취지를 밝히고 있다.

• **編纂과 刊行**

李彦迪은 1550년(명종 5)에 평안도 강계에서 귀양살이하는 동안 『大學章句補遺』·『續大學或問』 등과 함께 이 책을 저술하였다. 李彦迪 사후에 간행되었으나 跋文과 刊記가 없어서 간행연도는 특정할 수 없다.

• **著者 및 編者**

李彦迪(1491~1553) : 본관은 驪江(驪州)이고, 慶州 良佐村에서 출생하였다. 자는 復古이고 호는 晦齊·紫溪翁이다. 14세에 甲子士禍를 보면서 聖賢의 학문에 대한 뜻을 굳혔으며, 慶州州學教官·副正字를 거쳐 正字 벼슬에 올랐다. 31세에 博士가 되어 弘文館兼經筵司春秋官 記事官을 겸하였다. 32세에 세자의 侍講을 하게 되었고, 33세에 成均館 典籍·仁同縣監·春秋館記事官을 지냈다. 36세에 司憲府持平·兵曹正郎·吏曹正郎을 지냈으며 37세에 侍講院文學·司憲府掌令兼承文院 校勘이 되었다. 38세에 成均館司成과 경상도 御史로 파견되기도 하였다. 40세에 司諫院司諫이 되었고, 41세에 成均館司藝가 되었다. 이때 동궁을 둘러싼 金安老와 의견대립이 있었고 그래서 사직하고 고향인 경주에 돌아와 향리의 紫玉山 기슭에 獨樂堂을 짓고 학문연구에 힘썼다.

중종 32년(1537) 金安老 일파가 쫓겨난 뒤 47세에 다시 弘文館副校理·知製教兼經筵侍讀官·春秋館記注官轉校理·應教知製教·編修官 등을 역임했다. 48세에 議政府檢詳·弘文館直提學·兵曹參知를 거쳐 49세에 兵曹參判이 되었다. 50세에 禮曹參判·成均官大司成·司憲府大司憲을 역임하고, 51세에 漢城府尹·議政府右參贊을 지냈다. 52세에 吏曹判書·知中樞府事·形曹判書를 두루 지냈다. 55세에 乙巳士禍를 맞으면서 질병으로 벼슬을 사양했지만 議政府左贊成에 있으며 知經筵春秋館事를 겸하였다. 良才驛 壁書 사건에 관련되어 57세에 江界로 귀양 가게 되었으며, 63세로 귀양지에서 죽을 때까지 학문 연구에 힘썼다.

• **版本構成**

卷1 : 論求仁之方. 卷2 : 論仁道之大. 卷3 : 論仁之體用. 卷4 : 總論仁體及用功之要. 卷尾 : 西銘(張載 撰)·復卦贊(朱熹 撰)·復卦義贊(張栻 撰)·勿齋箴(陳德秀 撰)·克己銘(呂大臨 撰)·敬齋箴(朱熹 撰)·思誠齋箴(陳德秀 撰).

• **同一 書名 版本 所藏處**

금속활자본(甲寅字) : 성균관대학교, 전남대학교 등.

목활자본 : 안동대학교.

목판본 : 국립중앙도서관, 한국국학진흥원, 건국대학교, 경기대학교, 계명대학교, 단국대학교 퇴계기념도서관, 대구가톨릭대학교, 동국대학교 경주캠퍼스, 동아대학교, 부산대학교, 연세대학교, 영남대학교, 용인대학교, 원광대학교, 전남대학교, 충남대학교, 성암고서박물관, 독락당, 사우당종택, 日本東洋文庫, 미국 UC버클리대학교 등.

(12) 近思錄*

書名	出版事項	版式狀況	一般事項	所藏番號
近思錄	朱熹(宋)·呂祖謙(宋)共著, 晋州, 恭愍王 19年(1370)	14卷 4冊, 高麗木版本, 四周雙邊, 半郭 : 17×11㎝, 有界, 8行 18字, 註雙行, 下向黑魚尾, 23×16㎝, 線裝, 楮紙	墨書識記 : 予踐阼之十有八年甲寅(1794)仲秋也通政大夫承政院左副承旨…臣徐榮輔奉敎謹書, 跋 : 庚戌(1370)己丑朔 星山李魯叔謹識, 刊記 : 星山李氏刊于晋陽中正大夫晉州牧使…李仁敏	보물 제262호
近思錄	朱熹(宋)·呂祖謙(宋)共著, 中宗14年(1519)	9卷 3冊, 初鑄甲寅字本, 四周雙邊, 半郭 : 26.5×16.7㎝, 有界, 9行 18字, 註雙行, 內向三葉花紋魚尾, 36.1×21.6㎝, 線裝, 楮紙	近思錄集解序 : 淳祐戊申(1248)長至日…葉采(宋)謹序, 進表 : 淳祐二十年(1252)正月 日…葉采上表, 印 : 宣賜之記, 靑巖家寶, 內賜記 : 正德十四年(1519) 正月日/內賜承政院都承旨 權橃 近思錄 一件命題謝恩/左承旨臣柳 〔手決〕	보물 제896-8호
近思錄	朱熹(宋)·呂祖謙(宋)共著	2卷 1冊, 朝鮮木版本(丁酉字本覆刻), 四周雙邊, 半郭 : 24.4×16.8㎝, 有界, 10行 17字, 註雙行, 內向二葉花紋魚尾, 35.8×23.2㎝, 線裝, 楮紙	序 : 予踐阼之十有八年甲寅(1794)仲秋也…臣徐榮輔奉敎謹書御製忠定公權橃袖珍近思錄序, 印 : 奎章之寶, 識記 : 特旨內賜近思錄一部故判尹權橃橃六代孫正郎萬傳致于故家	구목록

• **概要**

『近思錄』은 주자학의 입문서이자 교과서로, '近思'는 『論語』의 "널리 배우고 돈독히 하며, 절실하게 묻고 가까이 생각하면 仁은 그 가운데 있다"는 구절에서 따온 것이다. 眞德秀의 『心經』과 함께 신유학의 필수문헌으로 중시되었다.

충재박물관에는 3종의 『近思錄』이 소장되어 있는데, 1종은 보물 제262호이고 다른 1종은 보물 제896-8호이다. 보물 제262호 『近思錄』은 공민왕 19년(1370)에 晋州牧使로 부임한 李仁

敏이 晋州에서 간행하였는데, 매우 희귀한 高麗本이다. 元나라 판본을 復刻한 袖珍本으로 權橃이 늘 지니고 다녔다고 한다. 英祖가 충재 종가에서 빌려 열람하였고 正祖가 1794년에 序文을 지어 돌려주었다. 보물 제896-8호 『近思錄』은 中宗 14년(1519) 正月에 국왕이 당시 承政院의 都承旨인 權橃에게 내린 初鑄甲寅字로 인출한 宣賜本이다. 마지막 1종은 정조가 보물 제262호 『近思錄』을 충재 종가에 돌려보내면서 함께 반사한 것으로 추정된다.

• **編纂과 刊行**

宋代 朱熹가 친구인 呂祖謙과 함께, 자신들의 선배인 '北宋의 네 선생', 周敦頤, 程顥·程頤 형제 그리고 張載의 '새로운 이야기들'을 주제별로 분류 편찬한 選集이다. 국내에는 고려 말 성리학이 유입될 때 들어와 1370년 李仁敏이 4책으로 복간하였으며, 1519년(中宗 14) 구례현감 安處順에 의해 목판본으로 간행되었다.

• **著者 및 編者**

朱熹(1130~1200) : 福建에서 출생하였고, 자는 元晦·仲晦이며 호는 晦庵·晦翁·雲谷山人·滄洲病叟·遯翁이다. 18세에 지방의 과거 예비시험 解試에 합격하였고 이듬해 수도 臨安에서 본시험에 합격하였다. 1151년 22세 때 吏部 임관시험에 합격하여 福建 同安의 主簿로 벼슬을 시작하였다. 그런데 조정의 한직을 계속 맡음으로써 학자로서의 생활을 꾸려나갈 수 있었고 사상과 학문은 점점 깊어졌다.

저서로는 『論語要義』·『論語訓蒙口義』·『困學恐聞編』·『程氏遺書』·『論孟精義』·『資治通鑑綱目』·『八朝名臣言行錄』·『西銘解義』『太極圖說解』·『通書解』·『程氏外書』·『伊洛淵源錄』·『古今家祭禮』·『近思錄』·『四書章句集注』·『周易本義』·『詩集傳』·『楚辭集注』 등이 있다.

呂祖謙(1137~1181) : 婺州 金華 출신으로 자는 伯恭이며 호는 東萊先生이다. 林之奇와 汪應辰 등에게 사사하였으며, 孝宗 隆興 원년(1163) 進士에 급제한 뒤 다시 博學宏詞科에 합격하였다. 著作郎 兼 國史院編修官을 거쳐 『徽宗實錄』 중수에 참여하였고, 『皇朝文鑒』을 편찬하고 간행하였다.

저서에 『呂氏家塾讀詩記』 32권과 『東萊先生左氏博議』 25권, 『呂東萊先生文集』 40권, 『歷代制度詳說』 등이 있으며, 朱熹와 共著한 『近思錄』이 있다.

• **版本構成**

卷1 : 道體. 卷2 : 爲學. 卷3 : 致知. 卷4 : 存表. 卷5 : 克己. 卷6 : 家道. 卷7 : 出處. 卷8 : 治

體. 卷9 : 治法. 卷10 : 政事. 卷11 : 教學. 卷12 : 警戒. 卷13 : 辨異端. 卷14 : 觀聖賢.

• 同一 書名 版本 所藏處

금속활자본(甲寅字) : 규장각, 한국학중앙연구원, 고려대학교, 전남대학교, 충남대학교, 성암고서박물관 등.

금속활자본(戊申字) : 국립중앙도서관, 규장각, 계명대학교, 고려대학교, 서울대학교, 연세대학교, 영남대학교, 성암고서박물관, 명재 윤증 종가, 日本東洋文庫 등.

금속활자본(壬辰字) : 규장각, 고려대학교, 연세대학교 등.

금속활자본(丁酉字) : 경상대학교, 계명대학교, 고려대학교, 中國雲南大圖書館 등.

금속활자본 : 국립중앙도서관, 단국대학교 퇴계도서관, 전주시립완산도서관 등.

목활자본 : 한국국학진흥원, 한국학중앙연구원, 경기대학교, 경상대학교, 계명대학교, 동국대학교, 원광대학교, 전남대학교 등.

목판본 : 국립중앙도서관, 규장각, 한국국학진흥원, 한국학중앙연구원, 건국대학교, 경기대학교, 경상대학교, 경희대학교, 계명대학교, 고려대학교, 국민대학교, 단국대학교 퇴계·율곡기념도서관, 대구가톨릭대학교, 동국대학교 서울·경주캠퍼스, 동아대학교, 부산대학교, 서울대학교, 성균관대학교, 숙명여자대학교, 안동대학교, 영남대학교, 용인대학교, 원광대학교, 이화여자대학교, 인하대학교, 전남대학교, 전북대학교, 전주대학교, 조선대학교, 중앙대학교, 충북대학교, 한양대학교, 대구광역시립중앙도서관, 부산광역시 시민도서관, 전주시립완산도서관, 화성시향토박물관, 성암고서박물관, 사우당종택, 춘호재, 미국 의회도서관, 미국 컬럼비아대학교, 미국 UC버클리대학교, 미국 하와이대학교, 브린모어칼리지 등.

필사본 : 한국국학진흥원, 한국학중앙연구원, 경기대학교, 경상대학교, 계명대학교, 고려대학교, 국민대학교, 단국대학교 퇴계·율곡기념도서관, 숙명여자대학교, 영남대학교, 원광대학교, 이화여자대학교, 전남대학교, 충남대학교, 성암고서박물관, 춘호재 등.

(13) 南冥先生學記類編

書名	出版事項	版式狀況	一般事項	所藏番號
南冥先生學記類編	曺植 編, 德川書院, 1617	零本 1冊, 朝鮮木版本, 四周雙邊, 半郭 : 23×19㎝, 有界, 11行 21字, 上下白口, 上下內向四瓣花紋黑魚尾, 33×23.1㎝, 線裝, 楮紙	表題 : 學記類編, 刊記 : 萬曆精舍秋德川書院刊, 印記 : 西谷靑岩, 所藏 : 卷下	09-2085

• **概要**

曺植이 선현들의 언행에서 수양에 유익한 부분을 골라 엮은 책이다. 曺植이 평소 글을 읽을 때 중요한 사항을 수시로 기록한 것을 책자로 만들어 '學記'라고 하였는데, 이것은 학습할 때 적어놓은 비망록이라고 볼 수 있다. 曺植은 번거로운 주석이나 논쟁보다도 선현들의 언행 가운데 정곡을 간추린 요점만을 집약하였으며, 이러한 자료들을 후일 재편집하여 유학도로서 공부하여야 할 요체와 본질들을 항목별로 묶어 배열하고 있다.

• **編纂과 刊行**

曺植의 사후에 그의 문인들에 의해 편집 간행되었으나 간행연도는 미상이다.

• **著者 및 編者**

曺植(1501~1572) : 본관은 昌寧이고, 경상도 삼가현의 토골(兎洞)에서 태어났다. 자는 健中이고 호는 南冥이다. 아버지는 曺彦亨으로 4~7세 사이에 아버지를 따라 서울로 왔으며, 이후 아버지의 벼슬살이를 따라서 義興·端川에도 거주하였으나 20대 중반까지 주로 서울에 거주하였다. 22세 때 생원·진사시의 초시와 문과의 초시에 합격했으나 회시에 실패했으며, 26세 때 부친상을 당해 고향 삼가로 돌아가 3년 상을 마친 뒤, 한때 의령의 闍崛山에서 독서하다가 30세 되던 해 어머니를 모시고 김해 炭洞에 있는 처가로 거처를 옮겼다.

학자로서의 명망이 높아지자 1538년(중종 33) 경상도관찰사 李彦迪과 대사간 李霖의 천거로 헌릉참봉에 제수되었으나 나아가지 않았다. 45세가 되던 1545년(명종 1) 을사사화로 가까운 지인들이 화를 입게 되자 세상을 탄식하고 더욱 숨을 뜻을 굳혔으며, 마침 모친상을 당함에 삼가로 돌아가 侍墓하였고, 상복을 벗은 후에는 김해 생활을 청산하고, 고향인 토골로 돌아가 문인들과 함께 도학을 강론하였다.

61세 때인 1561년 삼가의 토골에서 진주 덕산의 絲綸洞으로 거처를 다시 옮기고 山天齋를 지어 강학하자, 진주·산청·함양·거창 등의 인근지역은 물론 서울의 선비들까지 조식을 좇아 몰려들었다. 문정대비가 죽고 윤원형이 실각하여 척신정치가 막을 내리던 1566년(명종 21)에 정치쇄신과 민심수습의 일환으로 상서원판관의 벼슬을 받자 66세의 나이로 상경하여 사은숙배 후 임금을 면대하고 물음에 응하였으나, 명종의 성의와 대신의 경륜이 부족함을 알고 곧 사직하고 나서 하향하였다. 이듬해 선조가 즉위한 이후 새로운 정치를 보필할 어진 인물을 구한다는 차원에서 여러 차례 벼슬을 내렸으나 늙고 병들었음을 구실로 끝내 응하지 않았다.

• **版本構成**

卷1 : 道의 體統과 性命의 근원 등을 밝힌 233條目. 卷2 : 배움의 방법과 요체를 제시한 129條目. 卷3 : 致知·存善·力行·克己·齊家 등에 대한 198條目. 卷4 : 出處·治道·臨政·處事·教人戒謹 등에 대한 147條目. 卷5 : 辨異端·聖賢相傳 등을 논한 83條目. 卷尾(附錄) : 三天一太極圖·爲學序次圖·博約圖·易書學庸語孟一道圖·忠恕圖·審幾圖·誠爲·極圖·天人一理圖·心統性情圖·敬誠圖.

• **同一 書名 版本 所藏處**

목활자본 : 경상대학교, 원광대학교 등.

목판본 : 국립중앙도서관, 규장각, 경상대학교, 경희대학교, 계명대학교, 고려대학교, 단국대학교 퇴계기념도서관, 동아대학교, 부산대학교, 연세대학교, 원광대학교, 조선대학교, 충남대학교, 부산광역시 시민도서관, 남평문씨 인수문고, 사우당종택 등.

新鉛活字本 : 계명대학교, 국민대학교, 숙명여자대학교, 숭실대학교, 전남대학교, 한양대학교 등.

필사본 : 규장각, 부산대학교 등.

(14) 南華眞經

書名	出版事項	版式狀況	一般事項	所藏番號
南華眞經	莊周 撰, 郭象 註, 陸德明 音義, 16世紀 刊	零本 2冊, 朝鮮木版本, 四周雙邊, 半郭 : 23.6×16.5㎝, 有界, 10行 19字, 上下大黑口 上下內向四~六瓣花紋黑魚尾, 32.4×21.5㎝, 線裝, 楮紙	序 : 夫莊子者可謂知本矣故始末…諸同志者共之, 所藏 : 卷1~2	09-2711 ~2712

• **槪要**

중국 戰國時代 莊周의 저서로 『莊子』로 알려져 있는데, 唐 玄宗이 莊周를 '南華眞人'으로 追號함에 따라 『南華眞經』이라는 이름을 붙였다. 내용은 內篇 7권, 外篇 15권, 雜篇 11권으로 나누어졌는데, 내편이 가장 오래된 것으로 莊子 사상의 정수가 포함되어 있다.

• **編纂과 刊行**

여러 판본이 있으나 晉 郭象이 주석을 단 33권본이 선본으로 인정받고 있다. 그 중 조선에서 간행된 『南華眞經』은 1520년 이전 郭子玄이 註, 陸德明의 音義, 林希逸의 口義를 倂記하여 편찬한 책이며 1506~1567년에 간행된 것으로 추정되는 乙亥字本과 1546~1608년 乙亥字混入補字本 그리고 乙亥字覆刻本이 있다. 전체 10권 10책으로 본문의 내용은 林希逸의 『莊子鬳齋口義』와 동일하다.[18)]

• **著者 및 編者**

莊周(생졸년 미상) : 戰國時代 宋나라의 蒙 출신으로 자는 子休이고 호는 南華真人이다. 楚나라 威王(?~BC 327) 시대에 활동하였으며, 공자에 버금가는 성인으로 존경받는다. 老子와 더불어 '老莊'으로 일컬어진다.

陸元朗(생졸년 미상) : 唐나라의 학자로 자는 德明이다. 처음에 隋나라를 섬겼으나, 唐 高祖의 초빙으로 대학박사·국자박사가 되었다. 그가 편찬한 『經典釋文』은 經學 原典을 정리한 책의 효시로 불린다.

林希逸(1193~1271) : 宋나라 福州 福清 출신으로 자는 肅翁·淵翁이고 호는 竹溪·鬳齋이다. 理宗 端平 2년(1235) 進士가 되었고, 淳祐 연간에 秘書省正字와 考工員外郞을 역임하였다. 저서에는 『易講』과 『春秋正附篇』·『鬳齋考工記解』·『老莊列三子口義』·『竹溪稿』·『鬳齋續集』 등이 있다.

• **版本構成**

內篇 : 逍遙遊·齊物論·養生主·人間世·德充符·大宗師·應帝王. 外篇 : 騈拇·馬蹄·胠篋·在宥·天地·天道·天運·刻意·繕性·秋水·至樂·達生·山木·田子方·知北遊. 雜篇 : 庚桑楚·徐無鬼·則陽·外物·寓言·讓王·盜跖·說劍·漁夫·列禦寇·天下.

• **同一 書名 版本 所藏處**

금속활자본(乙亥字) : 고려대학교, 성암고서박물관 등.

목판본 : 국립중앙도서관, 규장각, 한국국학진흥원, 경기대학교, 고려대학교, 동아대학교, 영남대학교, 부산광역시 시민도서관 등.

필사본 : 경상대학교, 고려대학교, 동국대학교, 영남대학교, 원광대학교, 전남대학교, 한양대학교, 성암고서박물관 등.

---

18) 최정이, 「朝鮮時代 道家書 간행 및 版本 분석」, 경북대학교 문헌정보학과 서지학 석사학위논문, 2013. 39쪽.

(15) 魯史零言

書名	出版事項	版式狀況	一般事項	所藏番號
魯史零言	李恒福 著, 18世紀 刊	30卷 15冊, 朝鮮木版本, 四周雙邊, 半郭 : 21×15㎝, 有界, 9行 19字, 上下白口, 上下內向四瓣花紋黑魚尾, 31×20.5㎝, 線裝, 楮紙	序 : 崇禎癸丑(1673)…朴世采謹書, 印記 : 三溪書院	09-1005

• 概要

『魯史零言』은 李恒福이 『春秋』의 경문과 『左氏傳』을 깊이 연구하여 번잡한 내용을 빼고 『外傳』에서 보완한 책이다. 저술 동기는 광해군 때 인목대비 폐위논의를 둘러싸고 벌어진 春秋論爭 이후 大北 세력의 춘추인식을 바로잡기 위한 것이었다. 그러나 『魯史零言』에는 李恒福이 직접 저술 동기나 편집 기간을 밝혀놓은 것이 없다.

충재박물관 소장본은 印記가 '三溪書院'으로 되어있어 원래 三溪書院에 소장되어 있던 판본임을 알 수 있다.

• 編纂과 刊行

『魯史零言』은 李恒福이 北靑으로 귀양을 가고 이듬해 죽을 때까지 옆에서 수종하며 기록을 남긴 鄭忠信의 『白沙北遷日錄』을 보아도 별다른 흔적이 없는 것을 보면, 『魯史零言』은 귀양가기 전 1613~1617년 사이에 저술된 것으로 보인다.[19] 李恒福이 북청 配所에서 죽은 후 필사본으로 몇 편이 전해지다가 손자인 李時顯이 1673년(현종 14)에 星州牧使가 되었을 때에 아들인 李世龜에게 명하여 간행하였다.

• 著者 및 編者

李恒福(1556~1618) : 본관은 慶州이고, 자는 子常이며 호는 弼雲·白沙이다. 1580년(선조 13) 알성문과에 병과로 급제하고 著作·博士·正言·修撰 등의 관직을 역임하였고, 임진왜란이 일어나자 왕비를 개성까지 호위하고 왕자를 평양으로 선조를 의주까지 호종하였다. 1602년 鄭仁弘 사건에서 성혼을 비호하고 나섰다가 정철의 편당으로 몰려 영의정에서 사퇴하였고, 광해군 때 광해군의 친형인 臨海君의 살해 음모에 반대하다가 정인홍 일당의 공격을 받았다. 1617년 인목 대비 김씨가 서궁에 유폐되고 이어 왕비에서 폐위하여 평민으로 만들자는 주장이 나오자 이에 맞서 싸우다가, 1618년 관작이 삭탈되고 북청으로 유배되어 그곳에서

---

19) 곽성용, 「광해군代 春秋論爭과 李恒福의 『魯史零言』」, 『漢文學報』제38집, 2018. 184쪽.

세상을 떠났다.

• **版本構成**

卷首 : 序(朴世采 撰)·凡例 11項目. 卷1~3(外傳) : 隱公·桓公·莊公. 卷4~5 : 閔公·僖公. 卷6~7 : 僖公. 卷8~9 : 文公. 卷10~11 : 宣公. 卷12~13 : 成公. 卷14~19 : 襄公. 卷20~25 : 昭公. 卷26~28 : 昭公·定公. 卷29~3 : 哀公.

• **同一 書名 版本 所藏處**

목판본 : 국립중앙도서관, 규장각, 한국국학진흥원, 한국학중앙연구원, 경기대학교, 경상대학교, 국민대학교, 대구가톨릭대학교, 동국대학교, 부산대학교, 성균관대학교, 숙명여자대학교, 연세대학교, 영남대학교, 전남대학교, 전북대학교, 충남대학교, 부산광역시 시민도서관, 성암고서박물관, 남평문씨 인수문고, 中國雲南大學校圖書館, 日本大阪府立中之島圖書館 등.

(16) 論語集註大全

書名	出版事項	版式狀況	一般事項	所藏番號
論語集註大全	胡廣(明)等 奉勅纂修, 大邱 : 嶺營, 壬午(1882)	零本 5冊, 朝鮮木版本, 四周單邊, 半郭 : 23.5×17.1㎝, 有界, 10行 18字, 上下白口, 上下向六瓣花紋黑魚尾, 33.5×21.3㎝, 線裝, 楮紙	刊記 : 壬午新刊嶺營藏板, 藏書記 : 書冊所	09-1839~1843

• **概要**

『論語集註大全』은 明代 永樂帝 때에 胡廣(1370~1418) 등이 여러 학자들의 주석을 토대로 편찬한 四書大全 가운데 하나이다. 『四書五經大全』의 현전하는 木版本은 18종이 있으며, 『論語』 판본 중에 가장 많은 종수를 차지한다. 그러므로 『四書五經大全』은 『論語』 판본 중에서 가장 널리 유통되었음 알 수 있다.

충재박물관 소장본은 藏書記가 '書冊所'로 되어 있는데, 刊記에 '嶺營藏板'이라고 되어 있으므로 '書冊所'는 慶尙監營을 가리키며 거기에서 인출한 판본임을 알 수 있다.

• **編纂과 刊行**

이 책은 조선시대 世宗朝에 수입되어 간행된 이래 가장 많이 복각·중간되었다. 10행 22자로 된 간본이 最古本이라 할 수 있는데, 1429년 王命으로 강원감영에서 간행되었으며, 明의 永

樂版『四書五經大全』을 저본으로 覆刻한 것이다. 이 1429년 간본을 底本으로 하여 중앙과 지방에서 여러 차례 重刊하였다.
중앙에서는 成均館에서 간행된 것이 있는데, 經書의 대부분은 校書館에서 간행하지만 이 책은 이례적으로 성균관에서 간행하였다. 한편 지방에서는 咸營과 嶺營에서 官板本으로 重刊되었고, 전주에서는 방각본과 후쇄본이 간행되었다. 咸營 간본의 刊記에는 '辛未 月 日 咸營苗刊'이라 되어있지만, 정확한 연대를 추정하기는 어렵다. 營本은 4종은 刊記가 '乙丑(1745)四月嶺營重刊', '戊午(1858)五月嶺營重刊', '壬午(1822)新刊嶺營藏板', '丁巳正月嶺營重刊'(연대미상)으로 되어 있다.
1820년에 內閣에서 간행된 10행 18자의 판본이 있는데, 이것은 정유자복각본이다. 경상감영에서 1822년에 간행된 판본이 이 내각본의 판식을 따르고 있으며, 1918년에 경성의 회동서관에서 후쇄본이 간행되었다.[20]

• **著者 및 編者**

胡廣(1370~1418) : 明나라 江西 吉水 출신으로 자는 光大이고, 호는 晃庵이며, 시호는 文穆이다. 建文 2년(1400)에 進士第一로 급제하여 翰林院 修纂·文淵閣大學士 등을 역임하였다. 왕명으로『周易大全』과『書傳大全』·『詩經大全』·『禮記大全』·『春秋大全』·『四書大全』·『性理大全』의 편찬을 주관하였다. 저서에는『胡文穆集』등이 있다.

• **版本構成**

卷1 : 學而. 卷2 : 爲政. 卷3 : 八佾. 卷4 : 里人. 卷5 : 公冶長. 卷6 : 雍也. 卷7 : 述而. 卷8 : 泰伯. 卷9 : 子罕. 卷10 : 鄕黨. 卷11 : 先進. 卷12 : 顔淵. 卷13 : 子路. 卷14 : 憲問. 卷15 : 衛靈公. 卷16 : 季氏. 卷17 : 陽貨. 卷18 : 微子. 卷19 : 子張. 卷20 : 堯曰.

• **同一 書名 版本 所藏處**

금속활자본(庚子字) : 국립중앙도서관.
금속활자본(甲寅字) : 국립중앙도서관.
금속활자본(戊申字) : 국립중앙도서관, 규장각, 계명대학교, 고려대학교, 영남대학교, 성암고서박물관 등.

---

20) 安賢珠,「조선시대에 간행된 漢文本『論語』의 板本에 관한 연구」,『書誌學硏究』제24집, 2002. 328~330쪽.

금속활자본(丁酉字) : 국립중앙도서관, 한국학중앙연구원, 국회도서관, 계명대학교, 성균관대학교, 안동대학교, 모덕사 등.
금속활자본(壬辰字) : 규장각, 영남대학교.
금속활자본(校書館印書體字) : 고려대학교.
금속활자본 : 규장각.
목활자본 : 국립중앙도서관, 규장각, 경기대학교, 경상대학교, 계명대학교, 고려대학교 등.
목판본 : 국립중앙도서관, 국회도서관, 규장각, 한국학중앙연구원, 경기대학교, 경상대학교, 경희대학교, 계명대학교, 고려대학교, 단국대학교 퇴계·율곡기념도서관, 대구가톨릭대학교, 동국대학교 서울·경주캠퍼스, 동아대학교, 부산대학교, 서울대학교, 성균관대학교, 숙명여자대학교, 숭실대학교, 안동대학교, 연세대학교, 영남대학교, 원광대학교, 이화여자대학교, 인하대학교, 전남대학교, 중앙대학교, 충북대학교, 충남대학교, 한양대학교, 대구광역시립중앙도서관, 화성시향토박물관, 성암고서박물관, 남평문씨 인수문고, 모덕사, 사우당종택, 춘호재, 中國雲南大學校圖書館, 日本東洋文庫, 미국 하버드대학옌칭도서관, 미국 클레어몬트대학 등.
원고본 : 규장각.
필사본 : 국립중앙도서관, 경기대학교, 경상대학교, 계명대학교, 동아대학교, 부산대학교, 성균관대학교, 숙명여자대학교, 영남대학교, 원광대학교, 충남대학교, 한양대학교, 춘호재, 성암고서박물관 등.

(17) 唐段少卿酉陽雜俎

書名	出版事項	版式狀況	一般事項	所藏番號
唐段少卿酉陽雜俎	段成式(唐) 撰, [16世紀]刊	零本 1冊, 朝鮮木版本, 四周雙邊, 半郭 : 18.6×12.3㎝, 有界, 10行 19字, 上下大黑口, 上下內向黑魚尾, 29.2×16.8㎝, 線裝, 楮紙	序 : 唐太常少卿段成式, 所藏 : 卷1~10	09-1935

• **概要**

唐代 段成式이 張華의 『博物志』를 모방하여 편찬한 작품으로 異事奇文을 위주로 엮어 놓은 책이다.
충재박물관 소장본은 成宗 24年(1493)경에 판각한 조선간본인데, 낙질본으로 卷1~10까지의 1책이 남아 있다.

• **編纂과 刊行**

중국에서 간행한『酉陽雜俎』의 최초 판본은 南宋 嘉定 7年(1214) 永康 周登이 출판한 前集 20권이다. 그로부터 9년 후인 嘉定 16年(1223)에 武陽 鄧復이 續集 10권과 함께 30권으로 간행하였다. 또한 南宋 理宗 淳祐 10年(1250)에는 廣文 彭氏 등이 고적들을 참고하여 이전 판본의 희미한 부분을 보충한 후 재차 간행하였다. 그러나 이 판본들은 현재 전하지 않는다. 明 간본은 舊明本·新都本(黃校本)·五序本이 있다. 明淸 시기 판본은 舊明本·新都本(黃校本)·稗海本의 20권 본과 五序本·趙琦美脉望館本·津逮秘書本(毛本·學津討源本·湖北先正遺書本의 30권 본이 있다. 이밖에도 叢書集成初編本(30卷本), 淸 馬俊良이 편한『龍威秘書』4권 본, 顧雲逵가 편한『藝苑捃華』4권 본이 있다.[21]

국내 출판에 대한 기록은『成宗實錄』의 成宗 24年(1493) 12月 29日條에 처음으로 나오기 때문에 그 이전에 간행된 것으로 추정된다. 이 기록에 따르면 李克墩이 慶尙道觀察使로 재직할 때『酉陽雜俎』刊行하도록 지시하였다고 하였다. 그러므로『酉陽雜俎』이 1493년 이전에 간행되어졌음을 확인할 수 있다.[22]

• **著者 및 編者**

段成式(803?-863) : 齊州 臨淄(현 山東省 淄博市)에서 출생하였으며, 자가 柯古이다. 그는 唐 穆宗 때 校書郎을 지냈으며 말년에는 太常少卿에까지 올랐던 문인이다. 집안에 藏書가 많아 어려서부터 박학다식했으며 특히 佛經에 정통했다고 전해진다. 그는 일찍부터 文名이 높았는데, 그가 구사하는 언어와 문장은 뜻이 심오하고 광대하여 세상 사람들이 珍異하게 여겼다고 하며, 그의 작품으로는《廬陵官下記》2卷이 있으나 현재 전하지는 않는다.[23]

• **版本構成**

前集-卷1 : 忠志·禮異·天咫. 卷2 : 玉格·壺史. 卷3 : 貝編. 卷4 : 境異·喜兆·禍兆·物革. 卷5 : 詭習·怪術. 卷6 : 禮絶·器奇·樂. 卷7 : 酒食·醫. 卷8 : 黥·雷·夢. 卷9 : 事感·盜俠. 卷10 : 物異. 卷11 : 廣知. 卷12 : 語資. 卷13 : 冥跡·尸穸. 卷14 : 諾皐記 上. 卷15 : 諾皐記 下. 卷16 : 廣動植之一(羽篇·毛篇). 卷17 : 廣動植之二(鱗介篇·蟲篇). 卷18 : 廣動植之三

---

21) 민관동·정영호·박종우 공저,『朝鮮刊本 酉陽雜俎의 복원과 연구』, 학고방, 2018. 40~41쪽 참조.

22) 민관동,「조선 출판본『新序』와『說苑』연구」,『中國語文論譯叢刊』제29집, 2011. 163쪽.

23) 陳文新·閔寬東 合著,《韓國所見中國古代小說史料》, 武漢大學出版社, 2011년, 91~92쪽. 寧稼雨,《中國文言小說總目提要》, 齊魯書社, 1994년, 106쪽. 민관동·정영호·박종우 공저,『朝鮮刊本 酉陽雜俎의 복원과 연구』, 학고방, 2018. 14쪽에서 재인용.

(木篇). 卷19 : 廣動植之四(草篇). 卷20 : 肉攫部.

續集 - 卷1 : 支諾皐 上. 卷2 : 支諾皐 中. 卷3 : 支諾皐 下. 卷4 : 貶誤. 卷5 : 寺塔記 上. 卷6 : 寺塔記 下. 卷7 : 金剛經鳩異. 卷8 : 支動. 卷9 : 支植 上. 卷10 : 支植 下.

• 同一 書名 版本 所藏處

조선간본 : 성균관대학교, 성암문고, 榮州 嘯皐祠堂 등.

중국간본 : 국립중앙도서관, 규장각, 한국학중앙연구원, 단국대학교 퇴계기념도서관, 동아대학교, 성균관대학교, 연세대학교, 영남대학교, 남평문씨 인수문고 등.

일본간본 : 국립중앙도서관.

(18) 大東韻府群玉

書名	出版事項	版式狀況	一般事項	所藏番號
大東韻府群玉	權文海 著	20卷 20冊, 朝鮮木版本, 四周雙邊, 半郭 : 22.9×17.5㎝, 有界, 10行 20字, 上下白口, 上下內向四瓣花紋黑魚尾, 32.3×21.8㎝, 線裝, 楮紙	表題 : 大東韻玉, 序 : 聖上二十二年(1798)…鄭範祖撰, 跋 : ①蒼羊(乙未, 1655)…金應祖謹識 ②上章閹茂(庚戌, 1670)…洪汝河書, 印記 : 酉谷青岩藏書記 : 青岩亭藏	09-0232 ~0251

• 概要

우리나라 문헌 174종과 중국 문헌 15종 중에서 우리나라의 지리·역사·인물·문학·식물·동물 등을 총망라하여 韻別로 분류해 놓은 책이다. 서명에서 '大東'은 '東方大國'이라는 뜻이고, '韻府群玉'은 운별로 배열한 사전이라는 뜻이다. 원나라 陰時夫가 지은 『韻府群玉』이 중국의 역사 기록을 수록한 것인데, 『大東韻府群玉』은 우리나라의 사전임을 밝히고 있다. 『大東韻府群玉』은 '국학적 지식의 바다'이며, '한국학의 연원'으로 의미를 부여할 수 있다.[24]

• 編纂과 刊行

權文海가 大邱府使로 있을 때인 1589년(선조 22) 완성하였는데, 金誠一이 啓達하여 간행하려하였으나 壬辰倭亂이 일어남에 따라 결실을 보지 못하였다. 丁範祖의 서문에 의하면 저작

24) 林熒澤, 「『大東韻府群玉』의 역사적 기원과 위상」, 『韓國漢文學硏究』제32집, 2003. 7쪽.

이 완성된 이후 약 200여 년 동안 筆寫本으로 草澗先生 宗家에 대대로 보관되어오다가 저자의 7대손인 權進漢 때에 이르러 純祖 12年(1812)에 板刻에 대한 논의가 있었다. 그로부터 24년 뒤인 憲宗 2年(1836)에 간행이 완성되었다.[25)]

- **著者 및 編者**

權文海(1534~1591) : 본관은 醴泉이고, 자는 灝元이며 호는 草澗이다. 1560년(명종 15) 별시 문과에 병과로 급제하여 좌부승지·관찰사를 지내고 1591년에 司諫이 되었다. 李滉의 문하에서 수학하였으며, 柳成龍·金誠一 등과도 친교가 있었다. 저서로는 『大東韻府群玉』과 문집으로 『草澗集』이 있다.

- **版本構成**

卷1~4 : 上平聲(東·冬·江·支·微·魚·虞·齊·佳·灰·眞·文·元·寒·刪). 卷5~8 : 下平聲(先·蕭·肴·豪·歌·麻·陽·庚·青·蒸·尤·侵·覃·鹽·咸). 卷9~12 : 上聲(黃·腫·講·紙·尾·語·虞·薺·蟹·賄·軫·吻·阮·旱·潸·銑·篠·巧·皓·哿·馬·養·梗·迥·有·寢·感·淡·豏). 卷13~17 : 去聲(送·宋·絳·寘·未·御·過·霽·泰·卦·隊·震·問·願·翰·諫·霰·嘯·效·號·箇·禡·漾·徑·宥·沁·勘·豔·陷). 卷18~20 : 入聲(屋·沃·覺·質·物·月·曷·黠·屑·藥·陌·錫·職·緝·合·葉·洽)

- **同一 書名 版本 所藏處**

목판본 : 규장각, 한국국학진흥원, 한국학중앙연구원, 경상대학교, 경희대학교, 대구가톨릭대학교, 동국대학교, 안동대학교, 영남대학교, 전남대학교, 충남대학교, 한양대학교, 대구광역시립중앙도서관, 남평문씨 인수문고, 日本小倉文庫(東京大學), 日本東洋文庫, 日本大阪府立中之島圖書館, 프랑스 콜레주드프랑스 한국학도서관, 미국 UC버클리대학교 등.

신연활자본 : 국립중앙도서관, 경희대학교, 고려대학교, 대구가톨릭대학교, 부산대학교, 성균관대학교, 전남대학교, 한양대학교 등.

필사본 : 한국학중앙연구원.

---

25) 김이겸, 「『大東韻府群玉』의 編纂 및 板刻經緯에 관한 考察」, 『書誌學研究』제10집, 1994. 591~594쪽.

(19) 大明一統志

書名	出版事項	版式狀況	一般事項	所藏番號
大明一統志	李賢(明)等受命編, 愼獨書齋, 弘治乙丑(1505)	零本 25冊, 中國木版本(明版), 四周雙邊, 半郭 : 19.6×12.5㎝, 有界, 10行22字, 上下大黑口 上下內向黑魚尾, 25×14㎝, 線裝, 竹紙	刊記 : 皇明弘治乙丑愼獨書齋刊行 序 : 天順五年(1461), 進 : 天順五年…李賢等謹上表, 印記 : 靑岩家寶, 藏書記 : (冊)主靑岩亭, 所藏 : 卷1~44, 46~87(全 90卷26冊)	09-0464~0488

• 槪要

『大明一統志』는 明代에 간행된 지리총지로 1370년에 찬수한 『大明地書』를 토대로 1461년에 완성되었다. 이 책은 명대 행정구역의 유관 자료를 체계적으로 정리했을 뿐 아니라 이웃 국가의 풍속, 지리, 문화 등에 대해서도 정리하고 있다.

충재박물관에 소장된 『大明一統志』는 權橃이 중종 34년(1539) 7월에 宗系辨誣 주청사로 明나라에 갔을 때 입수한 것으로 추정된다.

• 編纂과 刊行

1370년 明 太祖 洪武帝는 魏俊民·黃篪·劉儼·丁鳳 등에게 명하여 『大元大一統志』의 체계에 따라 지리총지를 찬수하도록 했다. 이어 1458년 明 英宗이 李賢 등에게 중수를 명하여 1461년 4월에 완성하였다. 英宗이 직접 서문을 쓰고 『大明一統志』라는 서명을 내렸으며, 홍치연간과 만력연간에도 재차 수정되면서 관련내용을 증보하였다. 판본으로 1461년의 萬壽堂 간본이 있고, 1505년의 愼獨齋 간본이 있으며, 1588년의 歸仁齋 간본, 그리고 四庫全書本이 있다.

• 版本構成

卷1~5 : 京師. 卷6~18 : 南京. 卷19~21 : 山西. 卷22~25 : 山東. 卷26~31 : 河南. 卷32~37 : 陝西. 卷38~48 : 浙江. 卷49~58 : 江西. 卷59~72 : 湖廣. 卷73 : 六番招討使司. 卷74~78 : 福建. 卷79~82 : 廣東. 卷83~85 : 廣西. 卷86~87 : 雲南. 卷88 : 貴州. 卷89~90 : 外國.

• 同一 書名 版本 所藏處

금속활자본(乙亥字) : 국립중앙도서관, 규장각, 고려대학교, 숙명여자대학교, 충남대학교 등.
목활자본 : 규장각.

목판본 : 규장각, 한국국학진흥원, 한국학중앙연구원, 고려대학교, 전남대학교, 충남대학교 등.

필사본 : 계명대학교.

(20) 大學綱目箴

書名	出版事項	版式狀況	一般事項	所藏番號
大學綱目箴	柳崇祖 著, 河東, 丁酉 刊	不分卷 1冊, 朝鮮木版本, 四周單邊, 半郭 : 23×16.8㎝, 有界, 10行 17字, 上下白口, 上下內向四瓣花紋黑魚尾, 線裝, 楮紙, 31.2×21.6㎝,	刊記 : 丁酉七月附刊于河東, 印記 : 三溪書院	09-1378
大學箴	柳崇祖 著, 安東, 19世紀 刊	不分卷 1冊, 朝鮮木版本, 四周雙邊, 半郭 : 20×15.5㎝, 有界, 10行 20字, 上下白口, 上下內向四瓣花紋黑魚尾, 31.5×20.5㎝, 線裝, 楮紙	序 : 崇祖謹序, 中廟朝命刊舊例 : 重刊于安東本孫家戊辰十月, 印記 : 酉谷靑岩	09-0965

• **概要**

이 책은 『大學』의 팔조목에 대한 箴으로, 격물에서 치지로 한 단계씩 실천해 가면 궁극에는 평천하의 대업을 달성하게 된다는 것을 강조하였으며 그 순서와 방법을 설명하였다.

충재박물관에는 2종이 소장되어 있는데, 河東에서 간행한 『大學綱目箴』과 安東에서 간행한 『大學箴』을 소장하고 있다.

• **編纂과 刊行**

柳崇祖의 문집인 『眞一齋先生遺集』은 8대손 柳烾將이 편찬하여 1788년에 간행되었다. 여기에는 「進大學十箴性理淵源撮要疏」이 있는데, 柳範休의 跋에 의하면 柳淰이 1651년(孝宗 2)에 戰亂으로 거의 없어진 柳崇祖가 편한 『大學十箴性理淵源撮要』의 舊刊 판본을 구해서 重刊한 뒤 王에게 바쳤으며, 임금이 虎皮 一令을 下賜하였다고 했다. 『大學綱目箴』의 重刊本이 1651년에 간행되었다고 하였으므로, 初刊本은 1651년 이전에 간행되었는데 간행연도를 확정할 수는 없다.

• **著者**

柳崇祖(1452~1512) : 본관은 全州이고, 자는 宗孝이며 호는 眞一齋·石軒이다. 세조 때 진사

가 되고, 1489년(성종 20) 식년문과에 급제하여 1490년 師儒에 뽑혔다. 이어서 정언 등을 지냈고 1501년(연산군 7) 부교리로서 貢案詳定廳의 낭청이 되었다. 장령 때 연산군의 실정을 극간하다가 1504년 갑자사화로 原州에 유배되었다. 중종반정으로 풀려나와 판결사에 특진하였다. 공조참의에 이어 황해도관찰사 등을 지냈다. 문집에 『眞一齋文集』, 저서에 『大學綱目箴』·『性理淵源撮要』·『經書諺解』 등이 있다.

• **版本構成**

不分卷 : 明明德箴·作新民箴·止至善箴·使無訟箴·致知格物箴·謹獨箴·正心箴·修身箴·齊家治國箴·治國平天下箴·附錄(性理淵源撮要).

• **同一 書名 版本 所藏處**

목판본 : 국립중앙도서관, 규장각, 한국국학진흥원, 연세대학교 등.

(21) 大學童子問答

書名	出版事項	版式狀況	一般事項	所藏番號
大學童子問答	曺好益 著	不分卷 1冊, 朝鮮木版本, 四周雙邊, 半郭 : 29.3×19.2㎝, 有界, 10行 20字, 上下白口, 上下內向四瓣花紋黑魚尾, 30.2×25.2㎝, 線裝, 楮紙	序 : 萬曆三十七年己酉(1609)…芝山老人書	09-1115

• **概要**

1609년(광해군 1) 金鉉이 白本冊子를 가지고 와서 『大學』의 대강의 뜻을 적어달라고 청하자, 평소에 『大學』을 연구하고 제자들을 가르치던 내용을 적어주면서 겸양해 '大學童子問答'이라 이름 지었다. 이 책은 朱熹의 『大學章句』를 대본으로 하면서 朱熹의 주석을 존중하되 답습하지 않고 자신의 견해를 밝혔다.

• **編纂과 刊行**

曺好益은 1609년 7월 이 책을 집필하다가 8월에 죽게 되어 傳十章 끝에 완결하지 못한 부분이 남아 있다. 이 책의 간행은 그가 죽은 뒤 진행된 것으로 보이나 간행연대는 미상이다.

• 著者

曺好益 : 본서의 『家禮考證』 해제 참조.

• 版本構成

不分卷 : 經1章 : 8條目 總論. 傳首章 : 明明德. 傳2章 : 新民. 傳3章 : 止至善. 傳4章 : 本末. 傳5章 : 格物補傳. 傳6章 : 誠意. 傳7章 : 正心. 傳8章 : 修身·齊家. 傳9章 : 齊家·治國敎化. 傳10章(未完).

• 同一 書名 版本 所藏處

목판본 : 규장각, 한국학중앙연구원, 계명대학교, 동국대학교 경주캠퍼스, 성균관대학교, 울산대학교 등.

필사본 : 한국학중앙연구원.

(22) 大學衍義補

書名	出版事項	版式狀況	一般事項	所藏番號
大學衍義補	丘濬(明) 撰, 周洪謨 等校, 中宗 10年(1515) 頃 刊	160卷 51冊, 初鑄甲寅字本, 四周單邊, 半郭 : 24.9×17㎝, 有界, 10行 17字, 大黑口, 內向黑魚尾, 28.1×18.7㎝, 線裝, 楮紙	版心題 : 衍義補, 印記 : 宣賜之記, 內賜記 : 正德十年(1515)七月日 內賜永川郡守權橃大學衍義補一件命除謝恩 左承旨臣李[手決]	보물 제896-7호

• 槪要

宋代 眞德秀는 『大學衍義』를 지어 『大學』의 八條目 중에 治人에 필요한 修身과 齊家를 중심으로 덕목을 논하였다. 明代 丘濬의 『大學衍義補』는 『大學衍義』의 취지를 계승하면서도 특히 治國平天下에 필요한 經世의 방안을 119개 항목의 '事'로 정리하여 10년간의 노력을 쏟아 완성하였다. 陳德秀의 『大學衍義』와는 달리 실용적인 경세 방안을 제시하였기 때문에 중국은 물론 조선의 군주와 관료들에게 많은 영향을 끼쳤다.[26)]

충재박물관 소장본 『大學衍義補』는 內賜記가 '正德十年七月日 內賜永川郡守權橃大學衍義

26) 윤정분, 「『大學衍義補』의 朝鮮 전래와 그 수용(上)-正祖의 『御定大學類義』를 중심으로」, 『中國史研究』 제14집, 2001. 101~102쪽.

補一件 命除謝恩 左承旨臣 李〔手決〕'로 되어 있다. 이 책은 正德 10年(1515)인 中宗 10年에 永川郡守인 權檖에게 내린 宣賜本이다.

• **編纂과 刊行**

조선에서는 1494년(成宗 25)에 安琛이 明나라에 사신으로 갔다 와서 진상했던 『大學衍義補』를 왕명에 따라 간행하였다. 이는 『大學衍義補』가 중국에서 간행된 지 약 6년이 지난 뒤였다. 이후에는 중종 때 初鑄甲寅字本으로 간행되었고, 英祖 때 戊申字本으로도 간행된 것으로 추정된다.

• **著者 및 編者**

丘濬 : 본서의 『家禮儀節』 해제 참조.

• **版本構成**

卷首 : 大學衍義補序 · 重刊大學衍義合補序 · 進大學衍義補表 · 附刻大學衍義補姓氏 · 大學衍義補目錄 · 誠意正心之要 · 審幾微. 卷1~160 : 治國平天下之要, 正朝廷(總論朝廷之要 · 正綱常之常 · 正名分之等 · 公賞罰之施 · 謹號令之頒 · 廣陳言之路), 正百官(總論任官之道 · 定職官之品 · 頒爵祿之制 · 敬大臣之禮 · 簡侍從之臣 · 重臺諫之任 · 淸入仕之路 · 公銓選之法 · 嚴考課之法 · 崇推薦之道 · 戒濫用之失), 固邦本(總論固本之道 · 蕃民之生 · 制民之産 · 重民之事 · 寬民之力 · 愍民之窮 · 民之忠 · 制民之害 · 擇民之長 · 分民之牧 · 詢民之), 制國用(總論理財之道 · 貢賦之常 · 經制之義 · 市之令 · 銅楮之幣 · 山澤之利 · 征之課 · 傳算之籍 · 算之失 · 漕輓之宜 · 屯營之田), 明禮樂(總論禮樂之道 · 禮義之節 · 樂律之制 · 王朝之禮 · 郡國之禮 · 家鄕之禮), 秩祭祀(總論祭祀之理 · 郊祀天地之禮 · 宗廟饗祀之禮 · 國家常祀之禮 · 內外郡祀之禮 · 祭告祈禱之禮 · 釋奠先師之禮), 崇敎化(總論敎化之道 · 設學校以立敎 · 明道學以成敎 · 本經術以爲敎 · 一道德以同俗 · 躬孝悌以敦化 · 崇師儒以重道 · 謹好尙以率民 · 廣敎化以變俗 · 嚴旌別以示勸 · 擧贈謚以勸忠), 備規制(都邑之建 · 城池之守 · 宮闕之居 · 游之設 · 冕服之章 · 璽節之制 · 輿衛之儀 · 曆象之法 · 圖籍之儲 · 權量之謹 · 寶玉之器 · 工作之用 · 章服之辨 · 胥隷之役 · 郵傳之置 · 道之備), 愼刑憲(總論制刑之義 · 定律令之制 · 制刑獄之具 · 明流贖之意 · 詳聽斷之法 · 議當原之 · 順天時之令 · 謹詳之議 · 伸冤抑之情 · 愼災之赦 · 明復讐之義 · 簡典獄之官 · 存欽之心 · 戒濫縱之失), 嚴武備(總論威武之道 · 軍伍之制 · 宮禁之衛 · 京輔之屯 · 郡國之守 · 本兵之柄 · 器械之利 · 牧馬之政 · 簡閱之敎 · 將帥之任 · 出師之律 · 戰陳之法 · 察軍之情·盜之機·賞功之格·經武之要), 馭夷狄(夏外夷之限·愼德懷遠之道·譯言賓待之禮·征討綏和之義·脩攘制禦之策·守邊固之·列屯遣戍之制·四方夷落之情·劫誘窮之失), 成功化(聖神功化之極).

• **同一 書名 版本 所藏處**

금속활자본(甲辰字) : 고려대학교.

금속활자본(戊申字) : 규장각, 日本宮內廳書陵部 등.

목판본 : 국립중앙도서관, 규장각, 한국학중앙연구원, 건국대학교, 고려대학교, 국민대학교, 동국대학교, 동아대학교, 서울대학교, 부산광역시 시민도서관, 남평문씨 인수문고 등.

필사본 : 한국국학진흥원, 한국학중앙연구원, 고려대학교 등.

(23) 大學章句大全

書名	出版事項	版式狀況	一般事項	所藏番號
大學章句大全	胡廣(明)等奉勅編, 16世紀 刊	不分卷 1冊, 朝鮮木版本(乙亥字飜刻), 四周單邊, 半郭 : 26.5×19.7㎝, 有界, 8行 16字, 上下白口, 上下內向四瓣花紋黑魚尾, 36.1×24㎝, 線裝, 楮紙	序 : …淳熙己酉二月甲子新安朱熹序, 藏書記 : 靑巖亭家寶藏	09-1972

• **概要**

『大學章句大全』은 明의 翰林學士 胡廣(1370~1418) 등이 永樂帝(成祖)의 勅命으로 편찬한 『大學』의 주석서이다. 이 책은 1414년 胡廣·楊榮 등 39명의 학자가 편집에 착수하여 이듬해인 1415년에 완성하였다. 송나라 이후 축적된 여러 유학자들의 성리학설을 종합·정리한 책이다. 『五經大全』·『性理大全』과 함께 과거시험의 교재로 사용되어 널리 유포되었다. 『大學章句大全』은 이는 조선시대를 통틀어 가장 많은 종수를 가지고 있는 판본이기도 하다.27)

• **編纂과 刊行**

우리나라에서는 세종 때 명나라로부터 이 서적들을 수입하였으며, 1424년(세종 6) 처음으로

27) 송일기·안현주, 「조선시대에 간행된 漢文本 大學의 諸版本에 관한 硏究」, 『한국도서관·정보학회지』제36권 제2호, 2005. 28쪽.

『大學章句大全』을 간행하였다. 조선시대 유통되었던 『大學』은 대부분이 『大學章句大全』이며,[28] 세종 때 처음 『大學章句大全』이 간행된 이후 20세기 초반까지 지속적으로 간행되었다. 『大學章句大全』은 중앙정부에서 戊申字·丁酉字·後期芸閣印書體字·訓鍊都監字 등 모두 4종의 활자로 인쇄하였으며,[29] 『大學章句大全』 포함한 『大學』은 전국에 걸쳐 28개 지역에서 목판본으로 인쇄하였다.[30]

• **著者 및 編者**

胡廣 : 본서의 『論語集註大全』 해제 참조.

• **版本構成**

不分卷 : 大學章句序, 讀大學法, 大學章句大全－經文 : 大學之道·知止而后有定·物有本末·古之欲明明德·物格而后知至·自天子以至於庶人·其本亂而末治者. 大學章句大全－傳文 : 明明德·新民·止於至善·本末·格物致知補傳·誠意·正心修身·修身齊家·齊家治國·治國平天下.

• **同一 書名 版本 所藏處**

금속활자본(戊申字) : 국립중앙도서관, 고려대학교, 연세대학교 등.

금속활자본(壬辰字) : 규장각, 연세대학교 등.

금속활자본(丁酉字) : 국립중앙도서관, 국회도서관, 성균관대학교, 영남대학교 등.

금속활자본(校書館印書體字) : 고려대학교.

금속활자본 : 한국학중앙연구원, 부산대학교 등.

목활자본 : 경기대학교, 경상대학교(洪武正韻字), 충남대학교 등.

목판본 : 국립중앙도서관, 국회도서관, 규장각, 한국국학진흥원, 한국학중앙연구원, 경기대학교, 경상대학교, 경희대학교, 계명대학교, 고려대학교, 국민대학교, 단국대학교 퇴계·율곡기념도서관, 동국대학교 서울·경주캠퍼스, 동아대학교, 부산대학교, 서울대학교, 성균관대학교, 숙명여자대학교, 안동대학교, 연세대학교, 영남대학교, 용인대학교, 원광대학교, 이화여자대

28) 정왕근, 「朝鮮時代에 刊行된 『大學』의 板本考」, 『文獻情報學論集』제9호, 2007. 250쪽.

29) 송일기·안현주, 「조선시대에 간행된 漢文本 大學의 諸版本에 관한 硏究」, 『한국도서관·정보학회지』제36권 제2호, 2005. 27쪽.

30) 정왕근, 「朝鮮時代에 刊行된 『大學』의 板本考」, 『文獻情報學論集』제9호, 2007. 250쪽.

학교, 전남대학교, 전북대학교, 조선대학교, 중앙대학교, 충남대학교, 한양대학교, 부산광역시 시민도서관, 성암고서박물관, 남평문씨 인수문고, 사우당종택, 춘호재, 中國雲南大學校圖書館, 日本東洋文庫, 미국 하버드대학옌칭도서관, 브린모어칼리지, 클레어몬트대학 도서관 등.

신연활자본 : 경기대학교, 동국대학교, 성균관대학교 등.

필사본 : 국립중앙도서관, 한국학중앙연구원, 경기대학교, 경상대학교, 고려대학교, 단국대학교 퇴계기념도서관, 동국대학교, 동아대학교, 부산대학교, 영남대학교, 전남대학교, 전북대학교, 충남대학교, 한양대학교, 대구광역시립중앙도서관, 성암고서박물관, 모덕사, 남평문씨 인수문고, 사우당종택, 춘호재 등.

(24) 續大學或問

書名	出版事項	版式狀況	一般事項	所藏番號
續大學或問	李彦迪 著, [18世紀]刊	不分卷 1冊, 朝鮮木版本, 四周雙邊, 半郭 : 20.4×16.2㎝, 有界, 10行 28字, 34.3×20.9㎝, 線裝, 楮紙	序 : ①時予御極之十有八年甲寅(1794)春書 ②嘉靖己酉(1549)…驪江李彦迪謹書, 跋 : 旃蒙大荒落(乙巳,1665)…趙絅八十歲敬跋, 印記 : 酉谷青岩, 青岩家寶, 藏書記 : 青巖藏	09-1937

• **概要**

李彦迪은 『大學章句』의 편차와 순서를 바꾸어 본래의 經1장과 傳10장을 經1장과 傳9장으로 줄여 『大學章句補遺』를 만들었다. 『續大學或問』은 『大學章句補遺』에서 朱熹의 『大學章句』와 서차나 해석을 다르게 한 이유를 6개조의 문답식으로 간명하게 밝힌 책이다.

• **編纂과 刊行**

1605년(선조 38) 선조의 명으로 간행하였으며 권두에 선조의 어제서문, 朱熹의 『大學章句』 서문, 저자의 자서가 있으며, 권말에 盧守愼·趙絅의 발문이 있다.

• **著者 및 編者**

李彦迪 : 본서의 『求仁錄』 해제를 참조.

• **同一 書名 版本 所藏處**

목판본 : 국립중앙도서관, 국회도서관, 한국국학진흥원, 계명대학교, 단국대학교 퇴계기념도

서관, 동국대학교, 성균관대학교, 영남대학교, 전남대학교, 전주대학교, 충남대학교, 성암고서박물관, 남평문씨 인수문고, 춘호재, 日本東洋文庫 등.
필사본 : 부산대학교, 독락당 등.

(25) 東國通鑑

書名	出版事項	版式狀況	一般事項	所藏番號
東國通鑑	徐居正 等編, 17世紀 刊	零本 15冊, 朝鮮木版本, 四周單邊, 半郭 : 24.1×16.8㎝, 有界, 10行 17字, 上下大黑口 上下內向四瓣花紋黑魚尾, 32.9×21.6㎝, 線裝, 楮紙	序 : ①成化乙巳(1485)…李克墩拜手稽首謹序 ②進箋…成化二十一年…徐居正, 所藏 : 卷1~5, 8~15, 18~19, 22~35, 39~41, 44~45, 52~53	09-0790 ~0804

• **概要**

『東國通鑑』은 관찬 사서로 편년체로 되어 있으며, 단군조선으로부터 삼한까지는 자료가 부족하여 체계적인 서술이 불가능하다는 의미에서 外紀로 다루었고, 삼국 건국부터 통일신라를 거쳐 고려 말까지 서술하였다.

• **編纂과 刊行**

『東國通鑑』은 世祖가 1458년(세조 9)부터 3년여에 걸쳐 편찬 작업을 추진하였으나, 세조의 죽음으로 인해 끝내 완성을 보지 못하였다. 예종 때에도 세조가 완성하지 못한 『東國通鑑』의 편찬을 완성하려는 논의가 있었으나 즉위한 다음해에 사망하면서 계획은 실행되지 못하였다. 성종 때에 들어와서도 『東國通鑑』의 편찬 논의가 있었는데, 徐居正이 1483년(성종 14)에 정식으로 『東國通鑑』의 편찬을 건의하였고 서거정이 주도하여 이듬해 찬진하였다. 성종이 수정을 명령하여 1485년(성종 16)에 『新編東國通鑑』이 완성되었다. 1484년에 편찬한 『東國通鑑』은 현재 남아 있지 않고 『新編東國通鑑』만 전한다.[31]

• **著者 및 編者**

徐居正(1420~1488) : 본관은 大丘이고, 자는 剛中·子元이며 호는 四佳亭 혹은 亭亭亭이다. 1438년(세종 20) 생원·진사 양시에 합격하고, 1444년 식년 문과에 을과로 급제하여 司宰監

31) 韓永愚, 「『東國通鑑』의 歷史敍述과 歷史認識(上)」, 『韓國學報』제5권 2호, 1979.

直長에 제수되었다. 그 뒤 集賢殿博士·經筵司經·弘文館副修撰·知製敎兼世子右正字·世子右弼善·右司諫·知製敎·禮曹參議·吏曹參議·藝文館提學·中樞府同知事·禮曹參判·刑曹判書·藝文館大提學·成均館知事 등을 역임하였고, 국가의 典冊과 詞命이 모두 서거정의 손에서 나왔다. 1471년 純誠明亮佐理功臣 3등에 녹훈되고 達城君에 봉해졌다. 1474년 다시 君에 봉해지고 좌참찬에 복배되었다. 그 후에도 右贊成·都摠管·大提學·漢城府判尹·吏曹判書·兵曹判書·左贊成 등을 역임하였고 世子貳師로 1487년 왕세자가 입학하자 『論語』를 강론하였다.

저술로는 시문집으로 『四佳集』이 전한다. 공동 찬집으로 『東國通鑑』·『東國與地勝覽』·『東文選』·『經國大典』·『聯珠詩格言解』가 있고, 개인 저술로서 『東人詩話』·『太平閑話滑稽傳』·『筆苑雜記』·『東人詩文』 등이 있다.

• **版本構成**

卷1：新羅(始祖~儒理)·高句麗(始祖~大武神王)·百濟(始祖~多婁王). 卷2：新羅(儒理~阿達羅王)·高句麗(大武神王~新大王)·百濟(多婁王~肖古王). 卷3：新羅(伐休王~訖解王)·高句麗(故國川王~故國原王)·百濟(肖古王~比流王). 卷4：新羅(訖解王~炤智王)·高句麗(故國原王~長壽王)·百濟(契王~東成王). 卷5：新羅(炤智王~眞平王)·高句麗(文咨王~嬰陽王)·百濟(東城王~武王). 卷6：新羅(眞平王~善德女王)·高句麗(嬰陽王~寶藏王)·百濟(武王~義慈王). 卷7：新羅(善德女王~大宗王)·高句麗(寶藏王)·百濟(義慈王). 卷8：新羅(太宗王~文武王)·高句麗(寶藏王). 卷9：新羅(文武王~神文王). 卷10：新羅(孝昭王~憲德王). 卷11：新羅(興德王~神德王). 卷12：新羅(景明王~敬順王). 卷13：高麗(太祖~景宗). 卷14：高麗(成宗). 卷15：高麗(穆宗~顯宗). 卷16：高麗(顯宗~靖宗). 卷17：高麗(文宗~順宗). 卷18：高麗(宣宗~肅宗). 卷19：高麗(肅宗~睿宗). 卷20：高麗(睿宗). 卷21~23：高麗(仁宗). 卷24~25：高麗(毅宗). 卷26~28：高麗(明宗). 卷29：高麗(神宗~康宗). 卷30~32：高麗(高宗). 卷34~36：高麗(元宗). 卷37~41：高麗(忠烈王). 卷42：高麗(忠宣王~忠肅王). 卷43：高麗(忠肅王). 卷44：高麗(忠惠王~忠惠王復位). 卷45：高麗(忠惠王~忠定王). 卷46~49：高麗(恭愍王). 卷50~53：高麗(辛禑). 卷54~56：高麗(恭讓王).

• **同一 書名 版本 所藏處**

금속활자본(甲寅字)：국회도서관.
금속활자본(乙亥字)：충남대학교.

금속활자본(甲辰字) : 국립중앙도서관, 성균관대학교, 성암고서박물관 등.
금속활자본(戊申字) : 규장각, 계명대학교, 고려대학교, 성균관대학교, 전남대학교, 中國國家圖書館, 日本大谷大學圖書館, 日本大阪府立中之島圖書館, 하버드대학옌칭도서관 등.
금속활자본 : 국립중앙도서관, 미국 클레어몬트대학 등.
목판본 : 국립중앙도서관, 규장각, 한국국학진흥원, 한국학중앙연구원, 경기대학교, 경상대학교, 경희대학교, 계명대학교, 고려대학교, 단국대학교 퇴계기념도서관, 동국대학교, 영남대학교, 성암고서박물관, 모덕사, 浙江省圖書館, 日本東洋文庫, 미국 하버드대학옌칭도서관, 미국 UC버클리대학교 등.
필사본 : 규장각, 단국대학교 율곡기념도서관, 부산대학교, 영남대학교, 日本東洋文庫 등.
신연활자본 : 국립중앙도서관, 한국국학진흥원, 가톨릭대학교, 계명대학교, 고려대학교, 단국대학교 율곡기념도서관, 동국대학교, 동아대학교, 성균관대학교, 영남대학교, 전남대학교, 충남대학교, 한양대학교 등.

(26) 東萊先生音註唐鑑

書名	出版事項	版式狀況	一般事項	所藏番號
東萊先生音註唐鑑	范祖禹(宋) 著, 呂祖謙(宋) 註	24卷 5冊, 初鑄甲寅字本, 四周單邊, 半郭 : 25.1×17㎝, 有界, 10行 17字, 上下大黑口 上下內向六瓣花紋黑魚尾, 26.9×19.8㎝, 線裝, 楮紙	序 : ①大明弘治十年歲次困辭(1497)…白昻序 ②大明弘治十年歲次困辭(1497)…呂鏜序, 內賜記 : 正德七年(1512)三月 日內賜弘文館副校理權機唐鑑一件/命除謝恩/右承旨臣書	09-0653 ~0657

• **概要**

『東萊先生音註唐鑑』은 唐 高祖 武德 元年(618년)에서 昭宣帝 天祐 4년(907년)에 이르는 290년의 역사를 『資治通鑑』식으로 서술한 책이다. 范祖禹가 12권으로 지은 것을 東萊의 呂祖謙이 音註를 달아 24권으로 정리하여 편찬하였다.

충재박물관 소장본 『東萊先生音註唐鑑』은 內賜記가 '正德七年三月日 內賜弘文館副校理權機唐鑑一件 命除謝恩 右承旨臣 李[手決]'로 되어 있다. 중종은 1511년(중종 6) 6월 5일에 『唐鑑』을 印刊하라 명하였는데, 이후 『中宗實錄』에서는 『唐鑑』의 간행 여부에 대한 기록은 찾을 수 없다. 그러나 內賜記를 통해서 중종이 간행을 명한 이듬해에 『唐鑑』을 반사하였음을 확인할 수 있다.

• **編纂과 刊行**

조선에서는 1511년(중종 6)의 초주갑인자본과 '嘉靖壬戌(1562)秋八月'라는 간기도 남아있는 1562년(명종 17)에 간행본이 있다. 다른 판본으로는 16세기 후반에 밀양에서 간행된 목판본(1585년 목판본 『고사촬요』에 수록)이 있고, 영조 연간에 인출된 무신자본, 17세기 초에 훈련도감에서 인출된 甲寅字體訓鍊都監字 木活字本, 정조 연간에 간행된 영남감영본이 있다.

• **著者 및 編者**

范祖禹(1041~1098) : 成都 華陽 사람으로 자는 淳夫·夢得이다. 仁宗 嘉祐 8년(1063) 進士에 급제하여 司馬光이 밑에서 『資治通鑑』을 편수하는데 일조하였다. 철종이 즉위하자 벼슬이 給事中에 이르렀다. 선인태후가 죽자 간신들이 정권을 잡을 것을 우려하여 힘써 간하다가 오히려 모함을 받고 유배 중에 죽었다. 저서에는 『論語說』·『唐鑑』·『中庸論』·『范太史集』 등이 있다.
呂祖謙(1137~1181) : 武州 사람으로 자는 伯恭이고 호는 東萊先生이다. 1163년(隆興 1)에 진사가 되었으며, 太學博士·祕書郎·直祕閣著作郎 겸 國史院編修官을 역임했다. 『徽宗實錄』의 개편과 『皇朝文鑒』의 편찬사업에 참여했다. 성리학에서는 朱熹·張栻과 더불어 명성을 떨쳤으며, 산문은 필치가 예리하고 시는 청려하다는 평가를 받는다. 저서로는 『東萊集』·『呂氏家塾讀書記』·『東萊左傳博議』 등이 있으며, 『宋文鑒』·『古文關鍵』 등을 편찬하였다.

• **版本構成**

卷首 : 重刊序(白昻·呂鏜 撰)·目錄·進書表(范祖禹 撰). 卷1~2 : 高祖. 卷3~6 : 太宗. 卷7 : 高宗. 卷8 : 睿宗. 卷9~10 : 玄宗. 卷11 : 肅宗. 卷12 : 代宗. 卷12~16 : 德宗. 卷17 : 順宗. 卷18 : 憲宗. 卷19 : 穆宗. 卷20 : 文宗. 卷21 : 宣宗. 卷22 : 僖宗. 卷23~24 : 昭宗·昭宣帝.

• **同一 書名 版本 所藏處**

금속활자본(戊申字) : 국립중앙도서관.
금속활자본(壬辰字) : 규장각, 연세대학교, 미국 UC버클리대학교 등.
금속활자본(丁酉字) : 日本大阪府立中之島圖書館.
목판본 : 국립중앙도서관, 한국학중앙연구원, 경기대학교, 계명대학교, 동국대학교, 동아대학교, 성균관대학교, 숙명여자대학교, 연세대학교, 영남대학교, 이화여자대학교, 대구광역시립중앙도서관, 부산광역시 시민도서관, 성암고서박물관, 남평문씨 인수문고, 中國國家圖書館, 浙江省圖書館 등.

(27) 孟子集註大全

書名	出版事項	版式狀況	一般事項	所藏番號
孟子集註大全	胡廣(明)等奉勅編, 成均館, 丙寅	零本 1冊, 朝鮮木版本, 四周單邊, 半郭 : 23.1×28.1㎝, 有界, 10行 22字, 上下白口, 上下向四瓣花紋黑魚尾, 31.7×22.4㎝, 線裝, 楮紙	刊記 : 丙寅四月日成均館重刊, 印記 : 酉谷靑岩, 藏書記 : 冊主靑岩亭, 所藏 : 卷 13~14	09-1970
孟子集註大全	朱熹(宋)集註, [19世紀]刊	零本 1冊, 朝鮮木版本, 四周雙邊, 半郭 : 23.3×18.2㎝, 有界, 10行 22字, 上下白口, 上下內向四瓣花紋黑魚尾, 34×22.1㎝, 線裝, 楮紙	藏書記 : 書冊所, 所藏 : 卷 9~10	09-2058
孟子	朱熹(宋)集註, [19世紀]刊	零本 1冊, 朝鮮木版本, 四周單邊, 半郭 : 22.5×15.5㎝, 有界, 11行 24字, 上下白口, 上下內向四瓣花紋黑魚尾, 29.5×19.3㎝, 線裝, 楮紙	印記 : 酉谷靑岩, 藏書記 : 酉谷, 靑巖, 冊主宗宅	09-2081

• **槪要**

『孟子集註大全』은 永樂帝의 勅命을 받아 胡廣·楊榮 등 39명의 학자가 편집에 착수하여 1417년(永樂 15)에 완성되어 頒布되었다. 곧이어 『孟子集註大全』은 科擧에서 주요 교재로 채택되고 經學 연구에도 기본교재로 쓰이게 되었다. 조선에도 전파되어 세종 때에 처음 수입된 이후 가장 많이 인쇄되고 널리 읽혔던 책이다.

• **編纂과 刊行**

조선에는 세종 때에 수입되어 1428년에 간행된 이후 중앙과 지방에서 여러 차례 간행되었다. 중앙정부에서 甲寅字·戊申字·丁酉字·後期芸閣印書體字·訓鍊都監字 등 모두 5종의 활자로 인쇄하였으며, 목판본은 전국에 걸쳐 간행되었으며 현재 12종이 남아있다.[32)]

• **著者 및 編者**

胡廣 : 본서의 『論語集註大全』 해제 참조.

• **版本構成**

卷1 : 梁惠王章句上. 卷2 : 梁惠王章句下. 卷3 : 公孫丑章句上. 卷4 : 公孫丑章句下. 卷5 : 滕文公章句上. 卷6 : 滕文公章句下. 卷7 : 離婁章句上. 卷8 : 離婁章句下. 卷9 : 萬章章句

32) 안현주, 「조선시대에 간행된 『孟子』의 諸版本에 관한 硏究」, 『한국도서관·정보학회지』제37권 제1호, 2005. 324~325쪽.

上. 卷10 : 萬章章句下. 卷11 : 告子章句上. 卷12 : 告子章句下. 卷13 : 盡心章句上. 卷14 : 盡心章句下.

• 同一 書名 版本 所藏處

금속활자본(甲寅字) : 고려대학교.

금속활자본(戊申字) : 규장각, 계명대학교 등.

금속활자본(壬辰字) : 규장각.

금속활자본(丁酉字) : 국립중앙도서관, 국회도서관, 한국학중앙연구원, 고려대학교, 안동대학교, 영남대학교, 성암고서박물관 등.

금속활자본(整理字體鐵活字) : 국립중앙도서관, 전북대학교 등.

금속활자본 : 숙명여자대학교, 성암고서박물관 등.

목활자본 : 국립중앙도서관, 한국학중앙연구원, 경기대학교, 경상대학교, 이화여자대학교 등.

목판본 : 국립중앙도서관, 규장각, 한국국학진흥원, 한국학중앙연구원, 경기대학교, 경상대학교, 경희대학교, 계명대학교, 고려대학교, 국민대학교, 단국대학교 퇴계·율곡기념도서관, 동국대학교 서울·경주캠퍼스, 동아대학교, 부산대학교, 성균관대학교, 숙명여자대학교, 안동대학교, 영남대학교, 용인대학교, 원광대학교, 전남대학교, 전북대학교, 조선대학교, 중앙대학교, 충남대학교, 한양대학교, 대구광역시립중앙도서관, 화성시향토박물관, 성암고서박물관, 남평문씨 인수문고, 사우당종택, 춘호재, 中國雲南大學校圖書館, 日本東洋文庫, 프랑스 동양언어문화학교, 미국 클레어몬트대학 등.

필사본 : 국립중앙도서관, 한국학중앙연구원, 경기대학교, 경상대학교, 계명대학교, 고려대학교, 부산대학교, 숙명여자대학교, 영남대학교, 용인대학교, 원광대학교, 이화여자대학교, 전북대학교, 충남대학교, 충북대학교, 모덕사, 사우당종택, 춘호재 등.

(28) 戊申倡義錄

書名	出版事項	版式狀況	一般事項	所藏番號
戊申倡義錄	李鎭東 編, 1874年 序	5卷 2冊, 朝鮮木版本, 四周雙邊, 半郭 : 21.6×16.1㎝, 有界, 10行 20字, 上下白口, 上下內向四瓣花紋黑魚尾, 32.5×21.5㎝, 線裝, 楮紙	序 : 聖上十日年戊戌(1874)…柳厚祚謹序, 印記 : 酉谷靑岩	09-0263~0264

• **概要**

1728년(영조 4) 戊申亂이 일어났을 때 안동과 상주 등 영남 지역에서 일어난 의병의 명단과 활동 상황을 기록하여 편찬한 책이다. 『戊申倡義錄』은 정조대 중반에 영남 남인들을 정치 기반으로 확보하려는 정조의 정치적 의도가 취해지면서 편찬된 책이다. 李鎭東은 영남 지역이 그동안 戊申亂과 관련해서 의혹을 받는 상황을 불식시키고자 하였다.

• **編纂과 刊行**

戊申亂이 일어난 지 60년 후인 1788년(정조 12)에 정조가 안동의 의병장 柳升鉉과 權萬에게 관작을 내리고 그 때의 사적을 조사해 보고하라는 명령을 내렸다. 그러나 감사 등이 별다른 움직임을 보이지 않자, 李鎭東이 도내의 인사들과 더불어 의병에 대한 기록을 모아 1책으로 편집한 후 국왕에게 바쳤다. 국왕은 대신의 논의를 거쳐 그 책을 경상도에서 간행하게 하였으나 이루어지지 않다가 1874년(고종 11)에 柳厚祚의 서문을 받아 간행되었다.[33]

• **編者**

李鎭東(1732~1815) : 본관은 眞城이고, 安東의 녹전 원당리에서 출생하였다. 자는 逸昇이고 호는 寡齋이다. 이황의 숙부인 李堣(1469~1517)의 후손으로 벼슬을 하지 않고 산중에 묻혀 학문에만 매진하였다.

• **版本構成**

卷1 : 安東(安東義兵軍門座目·軍門日記·軍門節目·通文·檄文·書 等), 尙州(尙州義兵軍門座目·軍門日記·軍令·牓·誓軍中文·報狀 等), 禮安(禮安義兵軍門座目軍門日記·軍門節目·檄文·傳令 等). 卷2 : 醴泉 義兵·榮川 義兵·順興 義兵·豊基 義兵. 卷3 : 永川 義兵·義城 義兵·英陽 義兵·奉化 義兵·眞寶 義兵·龍宮 義兵. 卷4 : 別錄. 卷5 : 命嶺南上下道號召使傳旨·命嶺南右道召募使·狀啓·筵說·錄安東義兵將柳升鉉子孫傳敎·疏錄 等.

• **同一 書名 版本 所藏處**

목활자본 : 국립중앙도서관.

목판본 : 국립중앙도서관, 한국학중앙연구원, 성균관대학교, 안동대학교, 사우당종택 등.

필사본 : 한국국학진흥원, 안동대학교 등.

---

33) 고수연, 「『戊申倡義錄』을 통해 본 18, 19세기 嶺南 南人의 정치동향」, 『역사와 담론』제65집, 2013, 313~324쪽.

(29) 百家類纂

書名	出版事項	版式狀況	一般事項	所藏番號
百家類纂	沈津(明) 編, 1692年 序	零本 32冊, 朝鮮木版本, 四周雙邊, 半郭 : 22×15.4㎝, 有界, 10行 22字, 上下白口, 上下內向四瓣花紋黑魚尾, 30.9×20.1㎝, 線裝, 楮紙	序 : ①崇禎紀元後四十九年壬申(1692)…閔昌道 ②皇明萬曆柒年歲舍己卯(1579)…張時徹, 印記 : 青岩家寶, 所藏 : 卷1~34, 36~40	09-0658 ~0689
百家類纂	沈津(明) 編, 1692年 序	零本 1冊, 朝鮮木版本, 四周雙邊, 半郭 : 22×15.4㎝, 有界, 10行 22字, 上下白口, 上下內向四瓣花紋黑魚尾, 30.9×20.1㎝, 線裝, 楮紙	新刊序 : 崇禎紀元後四十九年壬申(1692)…閔昌道書于嶺南宣化堂, 原序 : 皇明萬曆柒年歲舍己卯(1579)…張時徹讃, 印記 : 青岩家寶	09-1949

• **概要**

명의 沈津이 儒家의 正系 이외에 一家의 說을 세운 학자들의 말을 類別로 나누어 40권 30책으로 엮은 책이다. 『百家類纂』은 경상도 감영에 소장되어 있었는데, 여러 차례 인출이 이루어졌다. 이를 계기로 유가이외에도 百家의 저술을 분류하여 그들의 사상을 체계적으로 소개함으로써 조선 지식인의 사유의 지평을 넓혔다.

• **編纂과 刊行**

중국간본은 沈津이 안휘성 含山縣에 있을 때 隆慶 元年(1567)에 간행한 것으로 보인다. 조선에서는 閔昌道가 1689년경 홍문관에서 처음 중국간본 『百家類纂』을 접하였고, 이를 바탕으로 1691년 경상도 관찰사로 부임하자 새로 간행하고자 하여 그 이듬해인 1692년에 완성한 것으로 보인다. 이는 영조 6년인 1730년경에 작성된 『慶尙道冊板』에 『百家類纂』의 책판이 경상도 감영에 소장되어 있다는 기록으로 확인할 수 있다.[34)]

• **著者 및 編者**

沈津(생졸년 미상) : 명나라 浙江省 출신이다. 중앙에서 관직 생활을 하다가 安徽·江蘇·浙江 등지에서 외직을 지냈다.

閔昌道(1654~1725) : 본관은 驪興이고, 자는 士會이며 호는 化隱이다. 1678년(숙종 4) 증광문과에 을과로 급제하였고, 이듬해 문과중시에 병과로 급제하였다. 1680년 정언이 되었고, 1689년 헌납·부교리를 지냈고, 1690년 헌납으로 司書를 겸하였고, 이어 이조좌랑·승지를

34) 김방울, 「『백가류찬(百家類纂)』의 편찬과 간행」, 『한국전통문화연구』제10호, 2012. 29쪽.

거쳐 1691년 경상도관찰사가 되었고, 이듬해 부제학을 거쳐, 1693년 이조참의, 1694년 대사성이 되었으며, 1722년(경종 2) 辛壬士禍 때 長水에 유배되었다.

• 版本構成

卷首 : 新刊百家類纂序 · 原序 · 目錄 · 凡例總敍 · 六家總論 · 韓詩外傳題辭 · 儒家類總題 · 家語題辭 等. 卷1~12 : 儒家類(孔子家語 · 國語 · 晏子春秋 · 孔叢子 · 新語 · 荀子 · 韓詩外傳 · 說苑 · 文中子 · 說林 等). 卷13~19 : 道家類(老子 · 列子 · 莊子 · 文子 · 關尹子 · 陰符經 · 參同契 · 玄眞子 · 無能子 等). 卷20~23 : 法家類(管子 · 韓子 · 政論 · 大復論 等), 卷24 : 名家類(尹子 · 鄧子 · 公孫子 等). 卷25 : 墨家類(墨子), 卷26~27 : 縱橫家類(鬼谷子 · 戰國策 等). 卷28~37 : 雜家類(鬻子 · 呂覽 · 淮南子 · 論衡 · 白虎通 · 風俗通 · 子華子 · 劉子新論 等). 卷38~40 : 兵家類(六韜 · 司馬子 · 孫子 · 三略 · 韜鈐 等).

• 同一 書名 版本 所藏處

목판본 : 국립중앙도서관, 한국국학진흥원, 한국학중앙연구원, 경희대학교, 계명대학교, 국민대학교, 성균관대학교, 안동대학교, 영남대학교, 충남대학교, 화성시향토박물관, 성암고서박물관 등.

필사본 : 경기대학교, 경상대학교, 경희대학교, 부산대학교 등.

(30) 史記

書名	出版事項	版式狀況	一般事項	所藏番號
史記	司馬遷 著, 16世紀 印	零本 9冊, 初鑄甲寅字本, 四周雙邊, 半郭 : 25.3×16.8㎝, 10行 17字, 上下白口, 上下內向四瓣花紋黑魚尾, 34.2×21.8㎝, 線裝, 楮紙	印記 : 靑岩家寶, 所藏 : 卷4~5, 7~9, 11~17, 40~41, 86~89, 106~110, 116~122	09-1474, 1488 ~1495
史記	司馬遷 著, 18世紀 刊	零本 20冊, 朝鮮木版本, 四周雙邊, 半郭 : 23×15.6㎝, 有界, 10行 19字, 上下白口, 上下內向四瓣花紋黑魚尾, 33.4×22.2㎝, 線裝, 楮紙	表題 : 史記評林, 序 : ①萬曆五年歲丁丑(1577)…徐中行 ②萬曆四年丙子(1576)…茅坤, 藏書記 : 書冊所藏	09-0649 ~0652, 2111 ~2126
史記	18世紀 寫	不分卷 1冊, 朝鮮筆寫本, 四周雙邊, 半郭 : 25.9×18.5㎝, 有界, 12行 30字, 上下白口, 上下內向六瓣花紋黑魚尾, 34.7×22.1㎝, 線裝, 楮紙		09-1844

史記列傳	司馬遷 著	零本 1冊, 朝鮮木版本, 四周單邊, 半郭 : 23.9×17.1㎝, 有界, 10行 17字, 上下白口, 上下內向四瓣花紋黑魚尾, 29×20.6㎝, 線裝, 楮紙	表題 : 史記	09-2704
史記抄		不分卷 1冊, 朝鮮筆寫本, 無界, 16行 23字, 無魚尾, 28.5×23.8㎝, 線裝, 楮紙	表題 : 史記抄	09-2703

• **概要**

前漢 武帝시기에 司馬遷이 五帝부터 漢武帝까지의 역사를 기술한 紀傳體의 通史이다. 충재박물관에는 모두 5종의 『史記』가 소장되어 있는데, 1종은 初鑄甲寅字로 인출한 금속활자본이고 2종은 목판본이고 2종은 필사본이다. 初鑄甲寅字混入補字本 『史記』는 중종연간(1506~1544)에 간행되었는데, 당시 현직 관료였던 權橃이 수집하였을 가능성이 높다.

• **編纂과 刊行**

『史記』는 宣帝 때 司馬遷의 外孫 楊惲에 의해 처음으로 세상에 반포되었다고 한다. 草稿가 완전하지 않았기 때문에 前漢 元帝와 成帝 때 褚少孫가 증보하였고, 후세에 많은 사람들이 주석을 달았다. 현존하는 最古의 주석은 劉宋 때 裴駰의 『史記集解』이다. 그 뒤에도 司馬貞(唐)의 『史記索隱』과 張守節(唐)의 『史記正義』 등이 있다. 이 3종의 주석서를 '三家注'라고 하는데 이후 간행되는 판본들의 근거가 되었다. 중국에는 宋元明淸을 거쳐 다양한 판본이 여러 차례 간행되었고, 조선에서도 금속활자본과 목판본으로 여러 차례 간행되었다.

• **著者 및 編者**

司馬遷(BC.145~BC.85?) : 陝西省 夏陽縣에서 출생하였으며, 자는 子長이다. 아버지 司馬談은 武帝 치세 초기에 太史令으로 재직했는데, 司馬遷은 아버지를 따라 長安에 가서 고대 문헌들을 접했다. 기원전 126년 司馬遷은 학업을 일시적으로 중단하고 각지를 유람하며 다양한 문화를 체험하고 역사 자료를 수집하였다. 기원전 118년 장안으로 돌아온 그는 낭중이 되어 벼슬살이를 시작했다. 기원전 110년 『史記』를 집필하려던 아버지 司馬談이 병사하자, 기원전 108년 司馬遷은 아버지의 뒤를 이어 태사령에 부임했고, 『史記』 집필의 사전 작업에 착수했다. 그리고 기원전 103년부터 본격적으로 『史記』를 집필하기 시작하였는데, 기원전 99년 흉노 토벌에 실패한 李陵을 변호하가다 기원전 98년 사형까지 언도받았다. 宮刑을 선택하고 살아남은 司馬遷은 대략 기원전 91년경에 『史記』를 완성하였다.

• **版本構成**

卷1~12 : 本紀, 卷13~22 : 表, 卷23~30 : 書, 卷31~60 : 世家, 卷61~130 : 列傳.

• **同一 書名 版本 所藏處**

금속활자본(庚子字) : 성암고서박물관, 영국 국립도서관 등.
금속활자본(甲寅字) : 국립중앙도서관, 계명대학교, 고려대학교 등.
금속활자본(戊申字) : 규장각.
금속활자본(顯宗實錄字) : 국립중앙도서관, 고려대학교, 단국대학교 율곡기념도서관, 성균관대학교, 연세대학교, 영남대학교, 전남대학교, 충남대학교, 성암고서박물관, 미국 컬럼비아대학교 등.
금속활자본 : 계명대학교, 성암고서박물관 등.
목판본 : 국립중앙도서관, 규장각, 한국국학진흥원, 한국학중앙연구원, 건국대학교, 경기대학교, 경상대학교, 경희대학교, 계명대학교, 고려대학교, 국민대학교, 단국대학교 퇴계기념도서관, 동국대학교, 동아대학교, 부산대학교, 서울대학교, 성균관대학교, 숙명여자대학교, 안동대학교, 연세대학교, 영남대학교, 원광대학교, 이화여자대학교, 전남대학교, 전북대학교, 전주대학교, 중앙대학교, 충남대학교, 한양대학교, 대구광역시립중앙도서관, 부산광역시 시민도서관, 성암고서박물관, 남평문씨 인수문고, 모덕사, 사우당종택, 춘호재, 미국 UC버클리대학교 등.
필사본 : 건국대학교, 경기대학교, 단국대학교 퇴계기념도서관, 성균관대학교, 영남대학교, 용인대학교, 원광대학교, 이화여자대학교, 전남대학교, 충남대학교, 성암고서박물관 등.

(31) 史纂抄選

書名	出版事項	版式狀況	一般事項	所藏番號
史纂抄選	司馬遷 撰, 17世紀 刊	2卷 1冊, 朝鮮木版本, 四周雙邊, 半郭 : 22.5×15.3㎝, 有界, 9行 16字, 上下白口, 上下內向四瓣花紋黑魚尾, 32.9×20㎝, 線裝, 楮紙		09-1942

• **概要**

1610년(광해 2)에서 1612년(광해 4) 사이에 李恒福·趙緯韓·李德馨·尹根壽·車天輅가 중국 판본인 『史記纂』에서 16편을 뽑아 편찬한 책이다.

• 編纂과 刊行

明代 王世貞의 『史記纂』을 저본으로 李恒福 等이 編하여 1612년(光海君 4)에 간행하였다. 李恒福의 跋文에 의하면 趙維韓이 『史記』를 인쇄하자는 제의를 해서 평소 抄寫해 놓은 것을 보여주었다는데, 李德馨도 가지고 있던 한 부를 내어놓았고, 尹根壽도 찬성하여 왕세정의 『史記纂』을 論定去就하여 『全選』은 53종, 『抄選』은 20종을 얻어 도합 73종을 엮어 『史纂全選』과 『史纂抄選』라는 제명으로 훈련도감에서 간행하였다. 이후 이 목활자본을 저본으로 여러 차례 번각되었다.

• 著者 및 編者

李恒福 : 본서의 『魯史零言』 해제 참조.

• 版本構成

卷1 : 孔子世家·司馬相如列傳·律書 等. 卷2 : 魏世家·匈奴傳·大宛列傳·禮書·樂書·三代世表·十二諸侯年表·六國表·漢興以來諸侯年表·秦楚之際月表·高祖功臣侯年表.

• 同一 書名 版本 所藏處

목활자본 : 국립중앙도서관(庚午字體訓鍊都監字), 경상대학교 등.

목판본 : 규장각, 한국학중앙연구원, 고려대학교, 단국대학교 퇴계기념도서관, 전북대학교 등.

(32) 四大奇書第一種 *

書名	出版事項	版式狀況	一般事項	所藏番號
四大奇書第一種	羅貫中(明) 著, 金聖歎(淸) 編, 毛宗崗(淸) 評, 18世紀 刊	零本 5冊, 朝鮮木版本, 四周單邊, 半郭 : 21.3×14.4㎝, 無界, 12行 26字, 上下白口, 上下向黑魚尾, 28.1×18.5㎝, 線裝, 楮紙	表題 : 三國志, 版心題 : 第一才子書, 所藏 : 卷2, 3, 12, 13, 16(全 20冊中)	09-0339

• 槪要

『四大奇書第一種』은 명대 사대기서 중에서 『三國志演義』를 지칭한다. 후한 말 헌제 때부터 魏·蜀·吳 三國의 치열한 각축과 책사들의 활약을 14세기에 羅貫中이 章回小說의 형식으로 편찬한 장편 역사소설이다. 충재박물관의 소장본은 조선간행본이다.

• 編纂과 刊行

『四大奇書第一種』은 毛宗崗이 批點을 달아 康熙 18년(1679)경에 완성하였다. 이후 이 판본은 중국에서는 여러 차례 간행되었으며 조선시대에도 수차례 간행하였다.

• 著者 및 編者

羅貫中(1330~1400 : 魯迅 추정) : 본명 本이고, 자가 貫中이며 호는 湖海散人이다. 그의 생애에 관해서는 거의 알려진 사실이 없지만, 『三國志演義』는 지금까지도 널리 읽히고 있다. 施耐庵과 『水滸傳』을 공저하였다고 하지만, 저술과정에서 그가 어떤 역할을 했는지는 아직 논란의 대상이 되고 있다.

毛宗崗(1632~1709이후) : 淸의 江南 長洲 사람으로, 자는 序始이며 호는 孑庵이다. 『水滸傳』에 평점을 단 金聖歎과 같은 고향 사람이다. 글재주로 이름은 났으나 곤궁하게 지내며 벼슬은 하지 못했고, 중년 이후에는 두 눈까지 실명했다. 『三國志演義』를 평하는 것을 즐거움으로 삼았으며, 金聖歎의 필법을 본받아 『三國志演義』에 評點하였다.

• 同一 書名 版本 所藏處

목판본 : 국립중앙도서관, 규장각, 한국학중앙연구원, 경기대학교, 경상대학교, 경희대학교, 계명대학교, 고려대학교, 국민대학교, 단국대학교 퇴계·율곡기념도서관, 동국대학교, 동아대학교, 부산대학교, 성균관대학교, 안동대학교, 연세대학교, 영남대학교, 용인대학교, 원광대학교, 전남대학교, 전북대학교, 조선대학교, 충남대학교, 한양대학교, 모덕사, 사우당종택, 中國國家圖書館, 프랑스 국립도서관 등.

필사본 : 경기대학교, 단국대학교 율곡기념도서관, 전북대학교 등.

(33) 四禮輯要

書名	出版事項	版式狀況	一般事項	所藏番號
四禮輯要	權萬斗 著, 19世紀 刊	6卷 2冊, 朝鮮木版本, 四周雙邊, 半郭 : 20.1×15.9㎝, 有界, 10行 20字, 上下白口, 上下內向四瓣花紋黑魚尾, 31.4×20.4㎝, 線裝, 楮紙	序 : 崇禎甲申後百有一年(1745)…權萬斗書 跋 : 柳廷鎬謹跋	09-1094 ~1095

• 槪要

본서는 李震相이 쓴 『四禮輯要』와는 다르며, 卷首題는 『四禮輯要』로 되어 있으나 『四禮節

要書』로 불린다. 본서는 禮書로 각 단원마다 典據와 출처를 밝히고 있으며, 권말의 방대한 인용서목이 수록되어 있다.

• **編纂과 刊行**

본서는 權萬斗의 사후에 19세기에 간행된 것으로 보인다.

• **著者 및 編者**

權萬斗(1674~1753) : 본관은 安東이고, 자는 用卿이며 호는 知足堂이다. 1711년(숙종 37) 생원이 되고, 1717년 식년문과에 병과로 급제한 뒤 공조정랑이 되고, 史官으로서 경연관을 겸하였다. 1725년 장수현감이 되어 굶주린 백성들을 구제하고 부역을 감하는 등의 선정을 베풀었다. 사임한 뒤 고향에서 후진을 양성하는 한편, 유생들과 함께 『四禮節要書』를 짓고, 『寧海邑誌』를 편찬하였다. 저서로는 『知足堂集』이 전한다.

• **版本構成**

卷一 : 通禮. 卷二 : 冠禮. 卷三 : 婚禮. 卷四 : 喪禮上. 卷五 : 喪禮下. 卷六 : 祭禮·引用書目·跋(柳廷鎬 撰).

• **同一 書名 版本 所藏處**

목활자본 : 경상대학교.

목판본 : 국립중앙도서관, 규장각, 한국국학진흥원, 계명대학교, 동아대학교, 부산대학교, 성균관대학교, 안동대학교, 영남대학교, 용인대학교, 조선대학교 등.

(34) 書傳大全

書名	出版事項	版式狀況	一般事項	所藏番號
書傳大全	胡廣(明)等 奉勅編.	零本 2冊, 朝鮮木版本(丁酉字飜刻), 四周雙邊, 半郭 : 24.3×17.1㎝, 有界, 10行 18字, 上下白口, 上下向四瓣花紋黑魚尾, 34.7×22.1㎝, 線裝, 楮紙	藏書記 : 書冊所, 所藏 : 卷 1, 2	09-1350 ~1351
書傳大全	胡廣(明)等 奉勅編, [跋 : 1793]印 丁酉字本	零本 8冊, 朝鮮木版本, 四周單邊, 半郭 : 25×17㎝, 有界, 10行 18字, 上下白口, 上下內向黑魚尾, 35×22.1㎝, 線裝, 楮紙	跋 : 丁酉字鑄字跋, 藏書記 : 書冊所	09-1401 ~1408

書傳大全	胡廣(明)等 奉勅編, [17世紀] 刊	零本 1冊, 朝鮮木版本, 四周單邊, 半郭 : 22.1×16.8㎝, 有界, 10行 21字, 上下大黑口, 上下內向黑魚尾, 33×21.1㎝, 線裝, 楮紙	印記 : 西谷靑岩, 靑岩家寶, 所藏 : 卷 上	09-1425
書傳大全	胡廣(明)等 奉勅編.	零本 3冊, 朝鮮木版本, 四周單邊, 半郭 : 23.2×18.4㎝, 有界, 10行 22字, 上下白口, 上下內向四瓣花紋黑魚尾, 33.5×22.4㎝, 線裝, 楮紙	序 : 嘉定己巳(1209)年… 蔡沈序, 藏書記 : 戊辰正月二十一日外甥李壽德上書, 所藏 : 卷 1~3	09-1448 ~1450

• **概要**

『書傳大全』은 南宋代 朱熹의 제자 蔡沈의 『書集傳』을 기본으로 하여 明代 胡廣이 주축이 되어 『書經』에 대한 여러 학설을 정리한 주석서이다.

• **編纂과 刊行**

유가 경전으로서 과거시험의 교재로서 중시되었던 『書傳大全』은 조선 전기인 세종의 命으로 중앙관서와 지방관서 등에서 적극적으로 간행·유통되었으며, 조선 후기에 들어와 방각본 등으로 확대되어 더욱 간행·유통이 활발해졌다. 중앙관서의 刊本은 刊經都監本·校書館本·內閣本·訓鍊都監本·觀象監本·司譯院本·學部刊本이 있고, 특수 관서의 간본인 宗簿寺刊本·內醫院刊本·惠民署刊本·掌樂院刊本·軍器寺刊本 등이 있다. 지방관서에서는 중앙의 간본을 복각하거나 자체 제작을 하였는데, 畿營·錦營·完營·嶺營·原營·箕營·海營·咸營 등에서 간행하였다.[35]

• **著者 및 編者**

胡廣 : 본서의 『論語集註大全』 해제 참조.

• **同一 書名 版本 所藏處**

금속활자본(甲寅字) : 한국학중앙연구원, 계명대학교 등.

금속활자본(庚辰字) : 국립중앙도서관.

금속활자본(戊午字) : 한국학중앙연구원, 안동대학교, 성암고서박물관 등.

금속활자본(戊申字) : 규장각, 계명대학교, 영남대학교, 성암고서박물관 등.

---

35) 김유미, 「『尙書』의 新注疏로서, 한국본 『書傳大全』 刊印本들 간의 서지학적 異同 연구」, 『정신문화연구』 제41권 제1호(통권150호), 2018, 90쪽.

금속활자본(顯宗實錄字) : 숙명여자대학교.
금속활자본(壬辰字) : 규장각, 서울대학교 등.
금속활자본(丁酉字) : 국립중앙도서관, 국회도서관, 규장각, 한국학중앙연구원, 부산대학교, 성균관대학교, 안동대학교, 영남대학교, 中國國家圖書館, 미국 프린스턴대학교 등.
금속활자본(後期校書館印書體字) : 국립중앙도서관.
금속활자본(整理字體鐵活字) : 영남대학교.
금속활자본 : 경상대학교, 부산대학교, 영남대학교, 성암고서박물관 등.
목활자본 : 규장각, 경기대학교, 경상대학교, 경희대학교, 영남대학교, 용인대학교, 원광대학교, 충남대학교, 성암고서박물관 등.
목판본 : 국립중앙도서관, 국회도서관, 규장각, 한국국학진흥원, 한국학중앙연구원, 경기대학교, 경상대학교, 경희대학교, 건국대학교, 계명대학교, 고려대학교, 국민대학교, 단국대학교 퇴계·율곡기념도서관, 대구가톨릭대학교, 동국대학교 서울·경주캠퍼스, 동아대학교, 부산대학교, 성균관대학교, 숙명여자대학교, 안동대학교, 연세대학교, 영남대학교, 용인대학교, 원광대학교, 전남대학교, 전북대학교, 전주대학교, 충남대학교, 충북대학교, 한양대학교, 대구광역시립중앙도서관, 부산광역시 시민도서관, 화성시향토박물관, 성암고서박물관, 모덕사, 송광사 성보박물관, 남평문씨 인수문고, 사우당종택, 춘호재, 日本東洋文庫, 프랑스 콜레주드프랑스 한국학도서관, 러시아 국립도서관, 미국 하버드대학옌칭도서관, 미국 클레어몬트대학 등.
필사본 : 국립중앙도서관, 한국국학진흥원, 한국학중앙연구원, 경기대학교, 경상대학교, 계명대학교, 동국대학교, 부산대학교, 성균관대학교, 숙명여자대학교, 안동대학교, 연세대학교, 영남대학교, 원광대학교, 전북대학교, 중앙대학교, 충남대학교, 한양대학교, 성암고서박물관, 춘호재, 日本小倉文庫(東京大學) 등.

(35) 性理群書大全

書名	出版事項	版式狀況	一般事項	所藏番號
性理群書大全	玉峯道人(明) 集覽, 養浩遁叟 訂定, 林泉處士 校正, 明 永樂年間(1404~1424) 刊	33冊, 中國木版本, 四周雙邊, 半郭 : 18.6×12.3㎝, 有界, 11行 22字, 註雙行, 大黑口, 下向黑魚尾, 25.9×14.5㎝, 線裝, 竹紙.	版心題 : 性理群書	구목록

• **概要**

『性理群書大全』은 永樂年間에 간행된 『性理大全』의 인명·지명·연호 등에 王幼學의 『通鑒

綱目集覽』이란 책의 체제를 따라 주석을 단 책이다.

충재박물관 소장본은 權橃이 중종 34년(1539) 7월에 宗系辨誣 주청사로 明나라에 갔을 때 구입한 것으로 보인다. 또한 權橃은 「性理群書考疑」란 글을 남겼는데, 이 글의 대상 판본이 바로 이 『性理群書大全』일 것이다.

• 編纂과 刊行

『性理群書大全』의 卷尾에는 元代 大德 辛未年에 刊行되었다고 하였으나, 내용은 明代 간행된 『性理大全』에 수를 날았기 때문에 사실에 맞지 않다. 실제로 이 책은 玉峰道人이 明代 正德 六年(1511)에 편찬하여 建陽書林에서 간행하였다. 조선에서 『性理群書句解』라는 책은 여러 차례 간행되었으나, 『性理群書大全』은 한 차례도 간행된 적이 없다.

• 著者 및 編者

玉峰道人(생졸년 미상) : 이 책에서는 저자를 瓊山 玉峰道人이라고 밝히고 있으나 정확히 어떤 인물인지 알 수 없다.

• 同一 書名 版本 所藏處

국내에는 충재박물관을 제외하고 유일하게 한국학중앙연구원에 소장되어 있다.

(36) 性理大全書

書名	出版事項	版式狀況	一般事項	所藏番號
性理大全書	胡廣(明) 等奉勅撰, 世宗年間 (1418~1450) 刊	70卷 35冊, 朝鮮木版本, 挿圖, 四周單邊, 半郭 : 25.9×16.8㎝, 有界, 10行 22字, 註雙行, 小黑口, 內向黑魚尾, 32.1×21.5㎝, 線裝, 楮紙	表題 : 性理大全, 御製序 : 永樂十三年(1415)	구목록

• 概要

『性理大全』은 明 永樂 13年(1415) 成祖의 명에 따라 편찬된 책이다. 이는 明 왕조가 朱子學을 官學化하고 그 이론서가 필요하게 되자 송 이후 諸儒들의 성리에 관한 이론을 모은 것이다.[36)]

36) 權重達, 「性理大全의 形成과 그 影響」, 『중앙사론』제4집, 1985, 71쪽.

• **編纂과 刊行**

명나라 성조가 편찬하게 한『性理大全』이 조선에 처음 전래된 것은 1419년(세종 1)이다. 세종은 이 책을 국내에 널리 전파하기 위해 경상감사 崔府와 전라감사 沈道源과 강원감사 趙從生에게 명해 국내에서 간행하게 하였다. 이후에 이 책은 경연에서 강의되기도 하였고, 널리 보급하기 위해 여러 차례 간행되었다.

• **著者 및 編者**

胡廣 : 본서의『論語集註大全』해제 참조.

• **版本構成**

冊1 : 太極圖. 冊2 : 通書. 冊3 : 西銘·正蒙. 冊4 : 正蒙·皇極經世書. 冊5~7 : 皇極經世書. 冊8~9 : 易學啓蒙. 冊10~11 : 家禮. 冊12 : 律呂新書. 冊13 : 洪範皇極. 冊14 : 理氣(總論·太極天地·曆法·天文·氣象·陰陽·五行·時令·地理) 冊15 : 鬼神(總論·魂魄·祭祀·神祇·生死 等)·性理(性命·人性 等). 冊16 : 性理(氣質之性). 冊17 : 性理(心性·情意·思慮 等). 冊18 : 性理(道·理·德·仁 等). 冊19 : 性理(仁義禮智信·誠·忠信·忠恕·恭敬 等). 冊20 : 道統(總論·孔·子·顔子·曾子·子思·孟子·孔孟門人·周子·二程子·張子·邵子 等). 冊21 : 程子門人(羅從彦·胡安國·朱子·張拭 等). 冊22 : 呂祖謙·陸九淵·朱子門人·眞德秀魏華父·許衡·吳澄 等. 冊23 : 總論·小學 等. 冊24 : 存養·省察. 冊25 : 知行·致知·力·行·克己·改過 等. 冊26 : 義利·出處·教人 等. 冊27 : 人倫讀書法. 冊28 : 讀書法·史學·字學·科學 等. 冊29 : 論詩·論文·老子·列子·莊子·墨子·管子·孫子孔叢子·申韓·荀子·董子 等. 冊30 : 楊子·文中子·韓子·歐陽子·蘇子·唐虞三代·春秋戰國·秦. 冊31 : 西漢. 冊32 : 東漢·三國·晋·唐 等. 冊33 : 五代·宋·君道(君德·聖學·儲嗣·君臣·臣道 等). 冊34 : 治道(總論·禮樂·宗廟·宗法·謚法·封建·學校·用人·人材·求賢·論官·諫諍·法令·賞罰 等). 冊35 : 治道(五伯·田賦·理材·節儉·賑䘏·禎異·論兵·論刑·夷狄) 等.

• **同一 書名 版本 所藏處**

금속활자본(甲寅字) : 고려대학교, 성균관대학교 등.

목활자본 : 충남대학교, 성암고서박물관 등.

목판본 : 국립중앙도서관, 규장각, 한국국학진흥원, 한국학중앙연구원, 경기대학교, 경상대학교, 경희대학교, 계명대학교, 고려대학교, 단국대학교 율곡기념도서관, 대구가톨릭대학교, 동

국대학교, 부산대학교, 서울대학교, 성균관대학교, 숙명여자대학교, 안동대학교, 영남대학교, 용인대학교, 울산대학교, 원광대학교, 이화여자대학교, 전남대학교, 전북대학교, 조선대학교, 중앙대학교, 충남대학교, 한양대학교, 부산광역시 시민도서관, 성암고서박물관, 남양홍씨 정효공파(남창군), 남평문씨 인수문고, 독락당, 춘호재, 日本東洋文庫 등.

필사본 : 경기대학교, 경상대학교, 고려대학교, 동국대학교, 부산대학교, 숙명여자대학교, 충남대학교, 사우당종택 등.

(37) 性理大全書節要

書名	出版事項	版式狀況	一般事項	所藏番號
性理大全書節要	金正國 編, 中宗~宣祖年間 刊	4卷 4冊, 朝鮮木版本, 四周單邊, 半郭 : 22×17㎝, 有界, 10行 19字, 註雙行, 大黑口, 內向黑魚尾, 34.9×21.2㎝, 線裝, 楮紙	表題 : 性理節要, 版心題 : 性理大全	구목록

• **概要**

金正國이 1538년(중종 38)에 송·원의 성리학자의 학설을 집성한 巨帙인 『性理大全』에서 중요한 부분만을 뽑아 4권으로 편찬한 책이다. 임진왜란으로 인해 대부분 사라진 중종 때의 판본이라서 서지학적 가치가 크다.

• **編纂과 刊行**

金正國이 1538년 여름에 호남관찰사로 부임하여 都事 金晦伯과 의논해 羅州牧(錦城)에 있던 목활자에 부족한 글자와 이지러진 글자를 새겨 갖추어 그 해 가을에 인출하였다.

• **著者 및 編者**

金正國(1541~1541) : 본관은 義城이고, 자가 國弼이며 호는 思齋·八餘居士이다. 중종 4년(1509) 別試文科에 급제하여 承旨·黃海道觀察使가 되었으나 己卯士禍로 削奪官職당하고 고향에 칩거하며 저술과 제자 양성에 전념하였다. 그 후 중종 32년(1537) 復官되어 全羅監司가 되었고 이후 兵曹參議·工曹參議·刑曹參判 등을 지냈다. 문집에 『思齋集』이 있고, 『性理大全節要』·『村家救急方』·『歷代授受承統之圖』·『警民篇』·『己卯黨籍』 등을 남겼다.

• **版本構成**

卷1 : 通書·樂·西銘·家禮·律呂新書·鬼神·性理·道·仁·道統·孟子·朱子·程子·張子·邵子·羅從彦·李侗·胡安國·朱子·張栻·爲學之方·存養 等 22篇. 卷2 : 知行·力行·教人·人倫·史學·論詩·論文·老子·莊子·董子·文仲子·韓子·歐陽子·蘇子·舜·宣王·管仲·荀息·狐偃·趙衰·子產·毛遂·趙括·魯仲連·藺相始·屈原·秦始皇·茅蕉·陳涉 等 29篇. 卷3 : 高帝·文帝·武帝·宣帝·項羽·蕭何·韓信·張良·彭越·曹參·周勃·王陵·趙堯·賈誼·鼂錯·張湯·霍光·魏相·趙充國·丙吉·劉向·蕭望之·龔勝·王莽·光武·嚴光·李固·杜喬·荀淑·竇武·何進·陳蕃·曹操·荀彧·晋元帝·溫嶠·王導·謝安·陶潛·唐太宗·中宗·玄宗·狄仁傑·陽城·張巡·馮道 等 46篇. 卷4 : 仲淹·王安石·李綱·君道·君德·聖學·儲嗣·君臣·臣道·治道·禮樂·宗廟·宗法·謚法·封建·學校·用人·人材·求賢·諫諍·賞罰·王伯·節儉·賑恤·禎異·論兵·論刑·夷狄 等 28篇.

• **同一 書名 版本 所藏處**

목활자본 : 규장각, 성암고서박물관 등.

목판본 : 국립중앙도서관, 한국국학진흥원, 고려대학교 등.

필사본 : 고려대학교.

(38) 新編音點性理群書句解

書名	出版事項	版式狀況	一般事項	所藏番號
新編音點性理群書句解	熊節(宋) 撰, 熊剛大(宋) 解	零本 3冊, 朝鮮木版本, 挿圖, 四周單邊, 半郭 : 24.4×15㎝, 有界, 10行 18字, 上下白口, 上下下向黑魚尾, 35.4×22㎝, 線裝, 楮紙	印記 : 靑岩家寶	09-1412 ~1414

• **概要**

송나라의 熊節이 편집하고 熊剛大가 주석한 것으로서 성리학에서 중요시하는 여러 문헌들을 모아 만든 『性理群書句解』에 주요 글자에 대한 音點을 음각으로 표기하여 재편집한 책이다. 『性理大全』의 '性理'라는 용어도 이 책에 근거한 것이며, 성리학 입문서로 중요한 역할을 하였다.

• **編纂과 刊行**

『新編音點性理羣書句解』前集의 宋代 간본이 현존하기 때문에 13세기 전반에 편찬된 책을 얼마 지나지 않아 간행하였을 것으로 보인다. 조선에서는 元代 간본인 『新編音點性理羣書句解』를 모본으로 하여 세종 때 甲寅字로 간행하였다. 이 책은 청주향교에 頒賜되어 이것을 저본으로 청주목에서 1488년(성종 19)에 목판으로 간행되었다.[37)]

• **著者 및 編者**

熊節(생졸년 미상) : 宋나라 建陽縣 崇泰里 사람으로 호는 復齋이고 자는 元用이다. 朱熹의 제자로 어려서부터 易에 조예가 깊었으며, 慶元 5년(1199)에 進士가 되었다. 저서로는 『性理群書』(『性理群書句解』)·『中庸解』·『智仁堂稿』·『論語集說』이 있다.

熊剛大(생졸년 미상) : 熊節과 같은 지역인 建陽縣 崇泰里 사람으로 호는 古溪·勿軒이다. 朱熹의 제자인 蔡淵·黃靜의 제자로 嘉定 7년(1214)에 進士에 급제하여 建安儒學教授와 建安書院長을 지냈다. 저서로는 『性理集說』(『性理群書句解』)·『詩經註解』·『小學集解』가 있다.[38)]

• **版本構成**

卷1 : 傳道支派·贊. 卷2 : 訓·戒·箴·規. 卷3 : 銘·五言短句·五言長句. 卷4 : 五言長句·七言短句·七言長句. 卷5 : 賦·序. 卷6 : 序. 卷7 : 記. 卷8 : 說·錄·辯·論. 卷9 : 河圖象數·洛書範數 等. 卷10 : 伏羲八卦次序·伏羲八卦方位. 卷11 : 周敦頤太極圖(朱熹 註解). 卷12~13 : 正蒙(張載 撰). 卷14~16 : 皇極經世書(邵雍 撰). 卷17~18 : 通書(周敦頤 撰). 卷19 : 邵州遷學釋采祝文(周敦頤 撰)·祭朱光庭文(程頤 撰)·祭延平李先生文(朱熹 撰) 等. 卷20 : 濂溪先生行錄(朱熹 撰)·明道先生行狀(程頤 撰). 卷21 : 伊川先生年譜(朱熹 撰)·橫渠先生行狀(呂大臨 撰). 卷22 : 康節先生墓誌銘(程顥 撰)·涑水司馬先生行狀(蘇軾 撰) 等. 卷23 : 晦庵朱先生行狀 等.

• **同一 書名 版本 所藏處**

금속활자본(甲寅字) : 규장각, 성균관대학교, 충남대학교, 성암고서박물관 등.

목판본 : 국립중앙도서관, 규장각, 한국국학진흥원, 경기대학교, 계명대학교, 고려대학교, 동

37) 디지털청주문화대전(http://cheongju.grandculture.net/)

38) 金允濟, 「『性理群書句解』의 내용과 편찬경위」, 『奎章閣』第23輯, 2000. 4쪽.

국대학교, 영남대학교, 성암고서박물관 등.
필사본 : 경기대학교, 단국대학교 등.

(39) 新刊音點性理羣書句解

書名	出版事項	版式狀況	一般事項	所藏番號
新刊音點性理群書句解	熊節[39](宋) 編, [16世紀] 刊	零本 3冊, 朝鮮木版本(初鑄甲寅字飜刻), 四周雙邊, 半郭 : 25.7×16.9㎝, 有界, 10行 18字, 上下白口, 上下下向黑魚尾, 35.4×22㎝, 線裝, 楮紙	表題 : 性理群集, 跋 : 弘治元年戊申…金孝貞, 印記 : 靑岩家寶, 所藏 : 後集 卷1~23	09-1475 ~1478

• **概要**

송나라의 熊節이 편집하고 熊剛大가 주석한 책으로 『音點性理羣書句解』는 '新編'과 '新刊'으로 구분된다. 전자는 바로 앞에 소개한 『新編音點性理羣書句解』로 '前集'으로 간행한 것이고, 후자인 『新刊音點性理羣書句解』는 전자에 『近思錄』·『近思續錄』·『近思別錄』을 추가하여 '後集'이란 형태로 간행한 것이다.

• **編纂과 刊行**

『新編音點性理羣書句解』는 세종 26년(1444)에 初鑄甲寅字로 인출되었고, 충재박물관 소장본은 이를 번각한 목판본이다.

• **著者 및 編者**

본서의 『新編音點性理羣書句解』의 해제 참조.

• **版本構成**

본서의 『新編音點性理羣書句解』의 해제 참조.

• **同一 書名 版本 所藏處**

국립중앙박물관과 서울대학교 규장각에만 初鑄甲寅字本이 소장되어 있다.

---

39) 목록에는 '範'으로 되어 있으나 '節'의 오자이다.

(40) 小學諺解

書名	出版事項	版式狀況	一般事項	所藏番號
小學諺解	英祖 命撰, [19世紀] 刊	零本 1冊, 朝鮮木版本, 四周雙邊, 半郭：22.9×16.9㎝, 有界, 10行 17字, 上下白口, 上下內向四瓣花紋黑魚尾, 33.8×22.9㎝, 線裝, 楮紙	御製序：淳熙丁未, 藏書記：冊主靑岩亭, 所藏：卷 1	09-1927

• **概要**

『小學諺解』는 성리학의 기본교재이면서 아동용 수신서 『小學』을 조선정부가 널리 보급하기 위해 한글로 번역한 책이다.

• **編纂과 刊行**

中宗 13年(1518) 王命에 의해 金銓·崔淑生·金安老 등이 明의 何士信이 편찬한 『小學集成』을 저본으로 언해하여 『飜譯小學』을 간행하였는데, 이 책이 『小學』의 최초의 한글번역본이다. 이어서 宣祖 21年(1588) 王命에 의해 程愈의 『小學集說』을 底本으로 校正廳에서 편찬하여 校書館에서 '經書字'로 『小學諺解』를 간행하였다. 이 책은 중종 때의 『飜譯小學』이 너무 의역에 치우쳐서 直譯의 형태로 번역하였다. 다음으로는 이 經書字本을 번각한 목판본으로는 仁祖 27年(1649) 咸營 刊本과 1685年 濟州鄕校 간본 등이 있다. 또한 英祖 20年(1744) 王命에 의해 간행된 것으로 卷頭에는 英祖가 직접 지은 御製 序가 붙어 있다. 이 책은 '戊申字'로 간행되었으며, 이를 복각한 목판본도 남아 있다.[40] 冲齋博物館 소장본은 '戊申字'를 복각한 목판본이다.

• **版本構成**

冊1：御製小學諺解序·小學諺解凡例·小學書題·小學題辭·小學諺解卷之一(內篇). 冊2：小學諺解 卷之二(內篇). 冊3：小學諺解卷之三(內篇)·小學諺解卷之四(內篇). 冊4：小學諺解卷之五(外篇). 冊5：小學諺解卷之六(外篇)

• **同一 書名 版本 所藏處**

금속활자본(乙亥字)：영남대학교.

---

40) 申政燁, 「朝鮮時代 간행된 小學 諺解本 연구」, 『書誌學硏究』第44輯, 2009. 421~431쪽.

금속활자본(戊申字) : 국립중앙도서관, 규장각, 계명대학교, 고려대학교, 성균관대학교 등.
금속활자본(丁酉字) : 동국대학교 경주캠퍼스.
금속활자본 : 충남대학교.
목활자본 : 용인대학교.
목판본 : 국립중앙도서관, 규장각, 한국국학진흥원, 경기대학교, 경상대학교, 계명대학교, 고려대학교, 단국대학교 퇴계·율곡기념도서관, 대구가톨릭대학교, 동국대학교 서울·경주캠퍼스, 동아대학교, 부산대학교, 성균관대학교, 숙명여자대학교, 안동대학교, 영남대학교, 용인대학교, 원광대학교, 전남대학교, 전주대학교, 충남대학교, 대구시립중앙도서관, 성암고서박물관, 모덕사, 독락당, 명재 윤증 종가, 日本小倉文庫(東京大學) 등.
필사본 : 경기대학교, 계명대학교, 숙명여자대학교, 영남대학교, 원광대학교, 충남대학교 등.

(41) 小學諸家集註

書名	出版事項	版式狀況	一般事項	所藏番號
小學諸家集註	李珥 編, [19世紀] 刊	零本 1冊, 朝鮮木版本, 四周單邊, 半郭 : 22.1×16.4㎝, 有界, 10行 17字, 上下白口, 上下內向四瓣花紋黑魚尾, 32×20.5㎝,線裝, 楮紙	藏書記 : 書冊所, 所藏 : 卷5	09-2060

• **概要**

『小學諸家集註』는 李珥가 何士信의 集成, 吳訥의 集解, 陳祚의 正誤, 陳選의 增註, 程愈의 集說을 참고하여 그 가운데에서 註를 채택하고 설명이 부족한 부분은 자신의 註를 덧붙여 6권으로 편찬한 책이다.[41)]

• **編纂과 刊行**

李珥는 44세 때인 1579년에 이 책을 완성하였고 오랫동안 필사본으로 전해져 오다 光海君 4年(1612)때 李恒福에 의해 처음으로 訓鍊都監字로 印行되었다. 『小學諸家集註』의 계통은 크게 두 가지로 나눌 수 있는데, 하나는 이이가 편찬한 『小學諸家集註』 계열이고 다른 하나는 英祖 20年(1744)에 편찬된 宣政殿訓義 계열이다.

李珥의 編纂本가운데 가장 빠른 시기의 것은 '皇明萬曆 四十年(1612)壬子仲冬上澣'이라는 刊

41) 申政燁, 「朝鮮時代 小學의 刊行과 版本」, 경북대학교 문헌정보학과 석사학위논문, 2009. 80쪽.

記가 있는 庚午字體訓鍊都監字本이다. 다음은 肅宗이 지은 序文이 붙은 戊申字本으로 訓鍊都監字本과 비교했을 때 「御製小學序」와 「小學集註攷訂」이 추가되었다. 다음은 英祖 20년(1744)에 英祖가 弘文館의 여러 신하들에게 명하여 李珥의 『小學諸家集註』에 訓義를 달게 한 宣政殿訓義本계열의 판본이다. 英祖朝의 宣政殿訓義 『小學諸家集註』가 간행되고 나서 이후에 나오는 대부분의 판본이 이 책을 底本으로 할 만큼 정본으로 인정을 받게 된다. 이를 복각한 목판본으로는 1745年 黃海監營·安東府·商山刊行本과 1768年 內學廳內賜本 등이 있다.[42]

• **著者 및 編者**

李珥(1536~1584) : 본관은 德水이고, 자는 叔獻 호는 栗谷·石潭·愚齋이다. 1548년(명종 3) 13세 때 진사 초시에 합격하였다. 1558년 봄 禮安의 陶山으로 李滉을 방문했고, 그 해 겨울의 별시(문과 초시)에서 「天道策」을 지어 장원급제하였다. 1564년 호조좌랑을 시작으로 예조좌랑·이조좌랑 등을 역임하였고, 1568년(선조 1) 千秋使의 書狀官으로 명나라에 다녀왔다. 부교리로 춘추기사관을 겸임해 『명종실록』 편찬에 참여하였다. 1574년 우부승지에 임명되고, 재해로 인해 「萬言封事」를 올렸다. 1575년 주자학의 핵심을 간추린 『聖學輯要』를 편찬했다. 1577년 아동교육서인 『擊蒙要訣』, 1580년 기자의 행적을 정리한 『箕子實記』를 편찬했다. 1582년 이조판서에 임명되고, 어명으로 「人心道心說」을 지어 올렸다. 1583년 「時務六條」를 올려 외적의 침입을 대비해 十萬 養兵을 주청하였다. 1584년 大寺洞에서 영면하여, 파주 자운산 선영에 안장되었다.

• **版本構成**

卷首 : 御製小學後序(洪鳳祚 撰)·御製小學小識(任珽 撰)·宣政殿小學訓義凡例·小學集註攷訂·小學篇目·小學集註總論·小學集註總目·小學書題·小學題辭. 卷末 : 小學集註跋(成渾 撰)·小學跋(李恒福 撰).

• **同一 書名 版本 所藏處**

금속활자본(戊申字) : 규장각, 고려대학교, 전남대학교, 성암고서박물관 등.

금속활자본(丁酉字) : 국회도서관.

금속활자본 : 숙명여자대학교, 충남대학교 등.

목활자본 : 규장각(訓鍊都監字), 한국학중앙연구원, 경기대학교, 경상대학교, 고려대학교(訓

42) 申政燁, 「朝鮮時代 小學의 刊行과 版本」, 경북대학교 문헌정보학과 석사학위논문, 2009. 69~84쪽.

鍊都監字), 원광대학교, 이화여자대학교 등.

목판본 : 국립중앙도서관, 국회도서관, 규장각, 한국국학진흥원, 한국학중앙연구원, 경기대학교, 경상대학교, 경희대학교, 계명대학교, 고려대학교, 국민대학교, 단국대학교 율곡기념도서관, 대구가톨릭대학교, 동국대학교 서울·경주캠퍼스, 동아대학교, 부산대학교, 성균관대학교, 숙명여자대학교, 안동대학교, 연세대학교, 영남대학교, 용인대학교, 원광대학교, 전남대학교, 전북대학교, 전주대학교, 중앙대학교, 충남대학교, 충북대학교, 한양대학교, 대구시립중앙도서관, 성암고서박물관, 남평문씨 인수문고, 사우당종택, 춘호재, 日本東洋文庫, 미국 예일대학교.

신연활자본 : 경기대학교, 계명대학교, 국민대학교, 단국대학교 율곡기념도서관, 성균관대학교, 전주대학교, 충남대학교, 한양대학교, 화성시향토박물관, 춘호재 등.

필사본 : 국립중앙도서관, 한국국학진흥원, 한국학중앙연구원, 가톨릭대학교, 경기대학교, 경상대학교, 계명대학교, 서울대학교, 숙명여자대학교, 영남대학교, 용인대학교, 원광대학교, 충남대학교, 충북대학교, 한양대학교, 대구시립중앙도서관, 모덕사, 독락당 등.

(42) 宋季元明理學通錄

書名	出版事項	版式狀況	一般事項	所藏番號
宋季元明理學通錄	李滉 著, 安東, 陶山書院, 英祖19(1743) 刊	10卷 10冊, 朝鮮木版本, 四周雙邊, 半郭 : 21.2×16㎝, 有界, 10行 20字, 註雙行, 內向二葉花紋魚尾, 32.2×20.7㎝, 線裝, 楮紙	版心題 : 理學通錄, 跋 : 萬曆丙子(1576)趙穆謹識, 刊記 : 上之十九年癸亥(1743)冬陶山書院重刊	구목록

• **概要**

『宋季元明理學通錄』은 李滉이 朱熹를 비롯한 宋·元·明나라 주자학파 학자들의 行狀·傳記·語錄 등을 명료하게 서술한 책이다.

• **編纂과 刊行**

李滉의 門人들이 1571년(辛未)부터 退溪 생전에 간행되지 못한 『宋季元明理學通錄』 관련 자료를 정리하고, 1574년 正月에 權好文이 權文海(1534~1591)와 논의한 후에 金繼輝(1526~1582)와 梁喜(1515~1580)를 통해 1575년(乙亥)에 安東府에서 刊刻하였다. 安東府에서 『宋季元明理學通錄』을 간행한 이후 1575년 여름과 9월에 『宋季元明理學通錄』의 편집과

교정에 관한 논의가 다시 진행된다. 趙穆의 跋文에 의하면 다시 편집과 교정 작업을 거쳐 1576년(丙子)에 陶山書院에서 간행되었다. 그 후 18세기에 이르러 다시 『宋季元明理學通錄』 간행과 관련된 논의가 이루어져서 1743년에 陶山書院에서 重刊을 하게 된다. 이것이 현재 통행본인 1743년(癸亥) 陶山書院 重刊本이다.[43)]

• **著者 및 編者**

李滉(1501~1570) : 경상도 禮安縣 溫溪里 출신으로 자는 景浩이고 호는 退溪·退陶·陶叟이다. 1527년(중종 22) 鄕試에서 진사시와 생원시 초시에 합격하고, 성균관에 들어가 다음 해에 진사 회시에 급제하였다. 1534년 문과에 급제하고 承文院副正字가 되면서 관직에 나갔으며, 1537년 어머니 상을 당하자 향리에서 3년간 복상했고, 1539년 홍문관수찬이 되었다가 을사사화 후 병약함을 구실로 모든 관직을 사퇴하였다. 명종이 出仕를 종용하여 외직인 단양군수·풍기군수 등을 역임하였고 중앙관직은 여러 차례 고사하였다.

1560년 陶山書堂을 짓고 7년간 서당에 기거하면서 독서·수양·저술에 전념하는 한편, 많은 제자들을 가르쳤다. 선조가 즉위해서도 벼슬을 내렸지만, 이황은 번번이 사퇴하였다. 하지만 선조의 거듭된 요청에 68세의 노령으로 知經筵의 중임을 맡아 선조에게 「戊辰六條疏」를 올렸고, 필생의 역작 『聖學十圖』를 저술하여 어린 국왕 선조에게 바쳤다. 1569년(선조 2) 이조판서에 임명되었으나 사양하고 환향한 후 학문에 전념하다 다음 해 11월 사망하였다

• **版本構成**

卷1 : 文公朱先生. 卷2 : 朱門諸子一. 卷3 : 朱門諸子二. 卷4 : 朱門諸子三. 卷4 : 朱門諸子四. 卷6 : 朱門諸子五. 卷7 : 朱門諸子六. 卷8 : 朱門諸子七. 卷9 : 朱張後私淑諸子. 卷10 : 元諸子. 卷11 : 明諸子. 卷12 : 外集.

• **同一 書名 版本 所藏處**

목활자본 : 부산광역시 시민도서관.

목판본 : 국립중앙도서관, 경상대학교, 계명대학교, 고려대학교, 대구가톨릭대학교, 동국대학교, 동아대학교, 영남대학교, 용인대학교, 충남대학교, 성암고서박물관, 사우당종택, 남평문씨 인수문고 등.

필사본 : 경상대학교, 용인대학교 등.

---

43) 강경현, 「『宋季元明理學通錄』의 구성과 의의」, 『한국학연구』제32집, 2014, 495~498쪽.

(43) 宋元通鑑

書名	出版事項	版式狀況	一般事項	所藏番號
宋元通鑑	薛[44]應旂 編, 陳仁錫 評閱, [17世紀]刊	157卷 36冊, 中國木版本(明版), 四周單邊, 半郭 : 21.2×14.1㎝, 有界, 10行 20字, 上下白口, 上下向黑魚尾, 27×17.3㎝, 線裝, 竹紙.	序 : 天啓丙寅(1626)…陳仁錫書, 自序 : 皇明嘉靖丙寅(1566)…薛應旂序, 印記 : 權斗寅	09-0010 ~0045

• **概要**

宋 太祖에서 元 順帝에 이르는 480年間의 역사에 관해 明 薛應旂가 편집하고 陳仁錫이 評閱을 가한 編年體 史書이다.

충재박물관에 소장된 판본은 權橃이 중종 34년(1539) 7월에 宗系辨誣 주청사로 明나라에 갔을 때 입수한 것으로 추정된다.

• **編纂과 刊行**

최초의 간본은 明 天啟 10年(1630)에 간행되었는데, 현재 北京圖書館에 소장되어 있다. 권수에 天啓 6年(1626)에 陳仁錫이 작성한 서문이 있고 이어서 嘉靖 45年(1566)에 薛應旂가 지은 서문이 수록되어 있다. 이 책은 조선에서는 간행된 적이 없는 것으로 보인다.

• **著者 및 編者**

薛應旂(1500~1573) : 武進(江蘇) 사람으로 字는 仲常이고 호는 方山이다. 1534년(嘉靖 13)에 擧人이 되고 그 다음해에 進士가 되어 慈谿知縣을 시작으로 南京考功郎中·浙江提學副使 등을 역임했다. 王守仁에게 학문을 배워 良知說을 주장하였으며 만년에는 宋代 理學을 연구했다. 저서로 『高亭淵源錄』·『甲子會記』·『四書人物考』·『憲章錄』·『方山文錄』 등이 있다.

陳仁錫(1581~1636) : 南直 長洲(蘇州) 사람으로 자는 明卿이고 호는 芝臺이다. 1579년(萬曆 25)에 擧人이 되고 1622년(天啓 2) 進士에 합격하여 翰林編修가 되었다. 그러나 魏忠賢의 鐵券文 편찬을 거부했기 때문에 삭탈관직을 당하여 귀향했다가 1628년(崇禎 1)에 복직되었다. 神宗과 光宗의 실록을 편찬하였고, 저서로 『皇明世法錄』·『四書語錄』·『周禮句解』·『六經圖考』·『漕政考』·『經濟八編類纂』·『無夢園集』 등이 있다.

44) 목록에는 '蘇'로 되어 있는데 '薛'의 오자이다.

• 版本構成

卷1~128 : 宋紀. 卷129~157卷 : 元紀.

• 同一 書名 版本 所藏處

목판본 : 국립중앙도서관, 규장각, 고려대학교, 단국대학교 퇴계기념도서관, 동아대학교, 서울대학교, 숙명여자대학교 등.

(44) 詩傳大全*

書名	出版事項	版式狀況	一般事項	所藏番號
詩傳大全	胡廣(明)等奉勅纂	零本 1冊, 朝鮮木版本, 四周雙邊, 半郭 : 23.4×18.3㎝, 有界, 10行 22字, 上下白口, 上下內向四辦花紋黑魚尾, 33.7×22.5㎝, 線裝, 楮紙	印記 : 西谷靑岩, 藏書記 : 荷塘公所派冊, 所藏 : 卷 18	09-1064
詩傳大全	胡廣(明)等奉勅纂, [17世紀]刊	20卷 12冊, 戊申字本, 四周雙邊, 半郭 : 24.8×17.3㎝, 有界, 10行 17字, 註雙行, 上下白口, 上下內向四辦花紋黑魚尾, 35.2×22.3㎝, 線裝, 楮紙	序 : 淳熙四年丁酉(1177)…朱熹, 印記 : 西谷靑岩, 靑岩家寶	09-0820~0831

• 槪要

宋의 朱熹가 『詩經』을 해설한 『詩傳』에 明의 胡廣 등이 주석을 달아 편찬한 책이다.

• 編纂과 刊行

조선에서는 世宗 11年(1429) 3월 6일에 明 永樂年間에 간행된 『詩傳大全』을 저본으로 하여 처음으로 전라도에서 간행하여 그 책판을 주자소에 보관하게 되었다. 세종은 이 판본뿐만 아니라 甲寅字로도 『詩傳大全』을 간행하게 하였다. 이후로 『詩傳大全』은 조선시대 말기까지 명본 복각본과 활자본 2원체제로 간행되었다.

전자의 경우를 간행연대 순으로 살펴보면 鑄字所本(1429)·漢陽本(1561)·成均館本(1672)·北漢城本(1716)·嶺營本(1745)·嶺營本(1760)·간행지미상본(1764)·嶺營本(1798)·全州 河慶龍本(1810)·光州牧本(辛酉)·嶺營本(戊辰) 등과 간행지와 간행년이 미상인 판본 3종이 있다. 후자의 경우는 임진왜란 이전에 갑인자본, 경진자본이 간행되었고, 임진왜란 후에 무오자본, 훈련도감자본, 무신자본 2종, 후기운각인세체자본, 정유자본, 목활자본이 간행되었다.[45]

• **著者 및 編者**

胡廣 : 본서의 『論語集註大全』 해제 참조.

• **版本構成**

冊1 : 詩傳大全凡例 · 皇朝郡邑志增注 · 勅纂修 · 詩傳序(朱熹) · 詩傳大全綱領 · 詩傳大全圖. 冊2 : 詩序. 冊3 : 國風-周南 · 召南 · 邶. 冊4 : 國風-鄘 · 衛 · 王 · 鄭. 冊5 : 國風-齊 · 魏 · 唐 · 秦. 冊6 : 國風-陳 · 檜 · 曹 · 豳. 冊7 : 小雅-鹿鳴 · 白華 · 彤弓. 冊8 : 小雅-祈父 · 小旻. 冊9 : 小雅-北山 · 桑扈 · 都人士. 冊10 : 大雅-文王 · 生民. 冊11 : 大雅-蕩. 冊12 : 頌-淸廟 · 臣工 · 閔予小子 · 魯 · 商.

• **同一 書名 版本 所藏處**

금속활자본(甲寅字) : 국립중앙도서관, 규장각, 한국학중앙연구원, 고려대학교 등.

금속활자본(戊午字) : 국립중앙도서관, 규장각, 성균관대학교, 성암고서박물관, 사우당종택, 미국 컬럼비아대학교 등.

금속활자본(戊申字) : 국립중앙도서관, 계명대학교, 서울대학교, 성암고서박물관 등.

금속활자본(壬辰字) : 규장각, 안동대학교, 영남대학교 등.

금속활자본(丁酉字) : 국립중앙도서관, 한국학중앙연구원, 경상대학교, 성균관대학교, 안동대학교, 영남대학교, 한양대학교, 성암고서박물관, 中國國家圖書館, 浙江省圖書館 등.

금속활자본(後期校書館印書體字) : 국립중앙도서관.

금속활자본(整理字體鐵活字) : 사우당종택.

금속활자본 : 부산대학교, 영남대학교 등.

목활자본 : 국립중앙도서관, 규장각, 경기대학교, 경상대학교, 고려대학교, 부산대학교, 영남대학교, 남평문씨 인수문고 등.

목판본 : 국립중앙도서관, 규장각, 한국국학진흥원, 한국학중앙연구원, 경기대학교, 경상대학교, 경희대학교, 계명대학교, 고려대학교, 국민대학교, 단국대학교 퇴계·율곡기념도서관, 대구가톨릭대학교, 동국대학교 서울·경주캠퍼스, 동아대학교, 부산대학교, 성균관대학교, 숭실대학교, 안동대학교, 연세대학교, 영남대학교, 용인대학교, 원광대학교, 이화여자대학교, 전남대학교, 전주대학교, 조선대학교, 중앙대학교, 충남대학교, 충북대학교, 한양대학교, 대구광역시

45) 안현주, 「조선시대에 간행된 한문본 〈詩經〉 판본에 관한 고찰-明本 覆刻本 『詩傳大全』을 중심으로」, 『한국도서관·정보학회지』 제48권 제1호, 2017. 278~283쪽.

립중앙도서관, 부산광역시 시민도서관, 화성시향토박물관, 성암고서박물관, 송광사 성보박물관, 사우당종택, 춘호재, 日本東洋文庫, 미국 하버드대학옌칭도서관, 미국 클레어몬트대학 등. 필사본 : 국립중앙도서관, 규장각, 한국국학진흥원, 한국학중앙연구원, 경기대학교, 경상대학교, 계명대학교, 단국대학교 퇴계·율곡도서관, 동국대학교, 동아대학교, 부산대학교, 숙명여자대학교, 안동대학교, 영남대학교, 원광대학교, 충남대학교, 화성시향토박물관, 성암고서박물관, 남평문씨 인수문고, 춘호재, 미국 컬럼비아대학교 등.

(45) 詩藪

書名	出版事項	版式狀況	一般事項	所藏番號
詩藪	胡應麟(明)著, [朝鮮朝後期]刊	20卷 6冊, 朝鮮木版本, 四周雙邊, 半郭 : 18.7×13.5㎝, 有界, 10行 20字, 註雙行, 內向二葉花紋魚尾, 25.2×17.8㎝, 線裝, 楮紙	序 : 新都汪昆伯玉(明)撰	구목록

• **概要**

『詩藪』는 明代의 胡應麟이 엮은 詩論集으로, 周·漢 이래 六朝·唐·宋·元·明에 이르기까지 古體·近體의 시를 논하였다. 서명은 詩談의 林藪라는 뜻에서 그 이름을 詩藪라고 하였다.

• **編纂과 刊行**

조선간본은 명대에 간행된 程百二序本을 저본으로 삼았다. 侯榮川은 程百二序本의 간행시기를 萬曆 三十四年(1606)으로 추정하였는데, 조선간본의 초간 시기는 1606년 이후였다. 한국학중앙연구원 장서각본의 해제, 연세대본의 구매 기록 및 장서인등을 종합하여 보면『詩藪』는 조선에서 1614년~1624년 사이에 한 차례 간행된 바 있고, 1692년도 간행되었으며, 1834년 이후에 다시 한 번 간행되었다.[46]

• **著者**

胡應麟(1551~1602) : 蘭溪사람으로 자는 元瑞이었다가 후에 明瑞로 바꾸었고 호는 少室山人또는 石羊生이다. 胡應麟은 어려서부터 매우 총명하고, 고서 읽기를 좋아하였다. 과거 시

46) 전염순, 「『詩藪』의 조선조 수용에 대한 일고찰」, 『中國人文科學』第61輯, 2015. 261쪽.

험에 여러 차례 응시하였으나 계속 낙방하여, 16세(1566)에 縣生員이 되고 26세(1576)에 향시에 합격하여 擧人이 되는 데 그쳤을 뿐 벼슬길에 나아가지 못하였다. 胡應麟은 고서에 관심이 많아 책을 폭넓게 읽고, 방대한 양의 책을 구매하여 소장하였으며, 서실에서 손님을 만나지 않고 책을 교감하는 일에만 몰두했다. 저서로는 『少室山房筆叢』·『詩藪』·『類稿』·『甲乙剩言』·『丹鉛新錄』·『藝林學山』 등이 있다.[47)]

• **版本構成**

冊1 : 內篇1(古體上) : 雜言, 內篇2(古體中) : 五言, 內篇3(古體下) : 七言. 冊2 : 內篇4(近體上) : 五言, 內篇5(近體中) : 七言, 內篇6(近體下) : 絶句, 冊3 : 外篇1~3卷, 冊4 : 外篇4~6卷, 冊5 : 雜篇1~4卷, 冊6 : 雜篇 5~6卷, 續篇 1~2卷.

• **同一 書名 版本 所藏處**

목판본 : 국립중앙도서관, 한국학중앙연구원, 경상대학교, 부산대학교, 성균관대학교, 영남대학교, 이화여자대학교, 충남대학교, 남평문씨 인수문고 등.

필사본 : 日本東洋文庫.

(46) 新編古今事文類聚前集 *

書名	出版事項	版式狀況	一般事項	所藏番號
新編古今事文類聚前集	祝穆(宋) 編, 唐富春(明) 校	零本 2冊, 朝鮮木版本, 四周單邊, 半郭 : 19×14.2㎝, 有界, 11行 24字, 上下白口, 上下向黑魚尾, 25.7×18.2㎝, 線裝, 楮紙	所藏 : 卷16~19, 41~44	09-2606~02607

• **槪要**

宋代 祝穆이 前集 60권·後集 50권·續集 28권·別集 32권을 편찬하고, 元代 富大用이 新集 36권과 外集 15권을 편찬하였고, 元代 祝淵이 遺集 15권을 보충하였다. 이를 明代 唐富春이 校正·補遺하였는데, 인류사회 삼라만상을 天·地·人·物의 4종으로 분류하여 편찬한 일종의 백과사전이라고 할 수 있다.

47) 전염순, 「『詩藪』의 조선조 수용에 대한 일고찰」, 『中國人文科學』第61輯, 2015. 257~258쪽.

• **編纂과 刊行**

조선에서는 成宗 15年(1493)에 『事文類聚』를 금속활자로 印刊하여 90건을 文臣들에게 반사하였다는 기록이 있다. 조선간행 甲辰字本 『事文類聚』의 底本은 遺集을 포함하지 않은 元刊本이었다. 중국에서는 『事文類聚』가 初刊된 후 明에 이르러 1604년(萬曆 甲辰)에 唐富春이 校正하고 補遺하여 목판본으로 重刻本을 내었는데, 이 판본이 19세기 嶺營에서 목판본으로 간행되었다. 이 판본은 刊記가 '辛卯季春 嶺南新刊'으로 되어있어서 간행연대를 1831년 혹은 1891년으로 보고 있는데, 1831년이 타당하다.[48]

• **著者 및 編者**

祝穆(?~1255) : 宋代 建寧府 崇安 사람으로 어릴 때 이름은 丙이었고, 자는 和甫이다. 증조부 祝确은 朱熹의 외조부이고 아버지 康国은 朱熹의 이종사촌이다. 아버지가 朱熹의 어머니 祝氏를 따라 崇安에 살게 되었고, 동생 祝癸와 함께 朱熹에게 수학하였다. 그러다 程元鳳·蔡抗錄의 저서를 상납하여 迪功郎에 제수되고, 후에 興化軍의 涵江書院山長이 되었다. 저서로는 『事文類聚』 이외에 지리지인 『方輿勝覽』이 있다.[49]

• **版本構成**

冊1 : 總目. 冊2~3 : 天道部. 冊4~5 : 天時部·地道部. 冊6 : 地道部. 冊7 : 帝系部. 冊8 : 人道部·仕進部. 冊9~10 : 仕進部. 冊11 : 隱逸部·仙佛部. 冊12 : 民業部·牧藝部. 冊13 : 牧藝部. 冊14 : 樂生部·神疾部. 冊15 : 神鬼部·喪事部. 冊16~17 : 喪事部. 冊18~22 : 人倫部·肖貌部. 冊23 : 肖貌部. 冊24 : 林木部·竹荀部·果實部. 冊25 : 果實部·花卉部. 冊26 : 花卉部. 冊27 : 鱗蟲部·介蟲部. 冊28~29 : 毛蟲部·羽蟲部. 冊30~31 : 羽蟲部. 冊32 : 儒學部. 冊33~34 : 文章部. 冊35 : 書法部. 冊36 : 禮樂部·性行部. 冊37 : 性行部. 別集 : 祝穆編 : 冊38 : 仕進部·人事部. 冊39~40 : 人事部.

• **同一 書名 版本 所藏處**

금속활자본(甲辰字) : 국립중앙도서관, 규장각, 건국대학교, 단국대학교 율곡기념도서관, 숙명여자대학교, 영남대학교 등.

---

48) 최영화, 「『事文類聚』의 조선 수용과 전개-관판본으로부터 방각본, 필사본에 이르기까지」, 『洌上古典研究』 제52집, 2016. 214~216쪽.

49) 閔庚三, 「『事文類聚』考略-朝鮮嶺營新刊本을 중심으로」, 『中國語文論叢』제18집, 2000. 322쪽.

금속활자본 : 국립중앙도서관, 규장각 등.

목활자본 : 한국학중앙연구원, 경기대학교 등.

목판본 : 국립중앙도서관, 규장각, 한국학중앙연구원, 경기대학교, 경상대학교, 경희대학교, 계명대학교, 고려대학교, 단국대학교 퇴계·율곡기념도서관, 대구가톨릭대학교, 동국대학교, 동아대학교, 성균관대학교, 숙명여자대학교, 영남대학교, 원광대학교, 전남대학교, 전북대학교, 전주대학교, 조선대학교, 충남대학교, 대구광역시립중앙도서관, 성암고서박물관, 모덕사, 日本東洋文庫 등.

필사본 : 한국학중앙연구원 등.

(47) 心經發揮附刊辨破錄

書名	出版事項	版式狀況	一般事項	所藏番號
心經發揮附刊辨破錄	鄭逑[50] 編, 泗陽書院, 丁丑(1817)	不分卷 1冊, 朝鮮木版本, 四周雙邊, 半郭 : 20.9×15.9㎝, 有界, 10行 20字, 上下白口, 上下內向四瓣花紋黑魚尾, 30.1×19.9㎝, 線裝, 楮紙	刊記 : 丁丑臘月泗陽書院開刊, 藏書記 : 巖藏	09-1931

• **概要**

『心經發揮』는 眞西山의 『心經』에다가 鄭逑가 주해에 부족한 것을 보충한 주석서이다. 『心經發揮附刊辨破錄』은 鄭逑의 직계 제자들이 『心經發揮』의 발간을 상의한 편지글과 뒷날 그 『心經發揮』에 鄭煒(1740~1811)의 『心經發揮考異』를 부록으로 붙이는 것을 비판한 통문을 모아 편집한 책이다.[51]

• **編纂과 刊行**

泗陽書院은 鄭逑가 학업을 닦았던 칠곡 泗水洞에 향인들이 鄭逑와 李潤雨를 함께 배향하여 건립하였는데, 여기서 丁丑年(1817 혹은 1877)에 간행하였다.

• **著者 및 編者**

鄭逑(1543~1620) : 본관은 淸州이고, 자는 道可이며 호는 寒岡이다. 1563년 鄕試 합격했으나 이후 과거를 포기하고 학문 연구에 전념하였다. 1573년(선조 6) 金宇顒이 추천해 禮賓寺參

50) 목록에는 '鄭述'로 되어 있으나 '述'은 '逑'의 오자이다.

51) 홍원식 외, 『심경부주 주석서 해제』, 예문서원, 2009. 489쪽. 이하의 내용은 모두 이 책을 참고하였다.

奉에 임명되었으나 나가지 않는 등 여러 번 관직에 임명되어도 사양하다가 1580년 비로소 昌寧縣監으로 관직생활을 시작하였다. 1584년 同福縣監을 거쳐, 이듬해 校正廳郎廳으로 『소학언해』·『사서언해』 등의 교정에 참여하였다.

임진왜란이 일어나자 通川郡守로 재직하면서 의병을 일으켜 활약하였다. 1593년 선조의 형인 河陵君의 시체를 찾아 장사를 지낸 공으로 당상관으로 승진한 뒤 우부승지, 장례원판결사·강원도관찰사·형조참판 등을 지냈다. 1608년(광해군 즉위년) 臨海君의 역모사건이 있자 관련자를 모두 용서하라는 소를 올리고 大司憲을 그만두고 귀향하였다. 1613년 癸丑獄事 때 永昌大君을 구하려 했으며, 1617년 廢母論 때에도 仁穆大妃를 庶人으로 쫓아내지 말 것을 주장하였다.

• **版本構成**

不分卷 : 寒岡先生遺書開刊時事實·答李東湖·答崔訒齋·與裵藤庵·鄭禮安與朴弘漢書·朴弘漢抵檜淵單子·泗陽通文·伊江通問·泗陽通文·伊江通問.

• **同一 書名 版本 所藏處**

목판본 : 계명대학교, 고려대학교, 대구가톨릭대학교, 연세대학교, 전남대학교 등.

(48) 心經附註

書名	出版事項	版式狀況	一般事項	所藏番號
心經附註	眞德秀 著	4卷 2冊, 朝鮮木版本(後刷), 四周雙邊, 半郭 : 24.5×17.2㎝, 有界, 10行 17字, 上下大黑口, 上下內向黑魚尾, 34.5×21.9㎝, 線裝, 楮紙	表題 : 心經, 序 : ①弘治五年壬子(1482)…程敏政謹序 ②弘治五年壬子(1482)…汪祚識, 跋 : 嘉靖四十五年丙寅(1566)…李滉謹書, 印記 : 青岩家寶, 李岩伝	09-2170 ~2171

• **概要**

宋의 眞德秀가 지었고, 明의 程敏政이 주석을 단 책이다.

충재박물관에 소장된 『心經附註』는 1566년(명종 21)에 李滉이 跋을 쓴 판본이다.

• **編纂과 刊行**

『心經』은 陳德秀가 편찬하였는데, 명대에 들어와 程敏政(1445~1500)이 『心經』에 주석을 단

『心經附註』를 弘治 5年(1492)에 간행하였다. 16세기 이후 조선의 성리학자들이 이 『心經附註』를 애독하였다. "『心經附註』가 진덕수의 『心經』을 포함하고 있기 때문에 대개 이를 혼용하였고, 『心經』이라 기록하더라도 이는 대부분 『心經附註』를 말하는 경우가 많았다."[52] 『心經附註』는 중종 18년(1523)년 경에 光州에서 간행되었다.[53] 또한 李滉이 1566년(명종 21)에 「後論」을 쓴 판본이 16세기 이후로는 여러 차례 간행되었으며, 權橃을 제향한 봉화의 三溪書院에서도 간행되었다.

• **著者 및 編者**

眞德秀(1178~1235) : 자는 景元이며 후에 希元으로 바꾸었으며, 西山先生이라 부르기도 한다. 浦城(지금의 福建省 浦城縣) 사람이다. 慶元 年間(1196~1200)에 進士가 되어 南劍州判官에 제수되었다. 후에 博學宏詞科에 합격하여 太學士가 되었으며 관직은 參知政事에 이르렀다. 직언을 잘하여 조정에 몸담은 10년 동안 수십만 자의 奏疏를 올렸는데, 모두가 사물의 핵심을 찌르는 말들이었다. 1235년(宋 端平 2)에 세상을 떠났으니 향년 58세였다.

• **版本構成**

卷1 : 書大禹謨人心道心章 · 詩魯頌上帝臨女章 · 大雅視爾友君子章 · 易乾九二閑邪存誠章 · 坤六二敬以直內章 · 損大象懲忿窒慾章 · 益大象遷善改過章 · 復初九不遠復章 · 論語子絶四章 · 顔淵問仁章 · 仲弓問仁章 · 中庸天命之謂性章. 卷2 : 大學誠意章 · 正心章 · 樂記禮樂不可斯須去身章 · 君子反情和志章 · 君子樂得其道章 · 孟子人皆有不忍人之心章 · 矢人函人章 · 赤子之心章. 卷3 : 孟子牛山之木章 · 仁人心章 · 無名之指章 · 人之於身也兼所愛章 · 鈞是人也章 · 飢者甘食章 · 魚我所欲章. 卷4 : 孟子鷄鳴而起章 · 養心章 · 周子養心說 · 通書聖可學章 · 程子視聽言動四箴 · 苑氏心箴 · 朱子敬齋箴 · 求放心齋銘 · 尊德性齋銘.

• **同一 書名 版本 所藏處**

금속활자본(甲寅字) : 규장각, 국회도서관, 영남대학교 등.

금속활자본(戊申字) : 국립중앙도서관, 규장각, 한국학중앙연구원, 계명대학교, 성균관대학교, 영남대학교, 명재 윤증 종가, 성암고서박물관, 미국컬럼비아대학교 등.

금속활자본(丁酉字) : 국회도서관.

---

52) 구정수 · 남태우, 「『心經』의 書誌的 硏究」, 『제10회 한국정보관리학회 학술대회 논문집』, 2003. 371쪽.
53) 尹炳泰, 「退溪와 心經附註-退溪書誌의 硏究 其三」, 『퇴계학과 유교문화』제8호, 1979. 72~73쪽 참조.

금속활자본(整理字) : 국립중앙도서관.
금속활자본 : 한국학중앙연구원, 日本東洋文庫 등.
목활자본 : 경상대학교, 계명대학교, 영남대학교 등.
목판본 : 국립중앙도서관, 규장각, 한국국학진흥원, 한국학중앙연구원, 경기대학교, 경희대학교, 계명대학교, 고려대학교, 국민대학교, 단국대학교 퇴계기념도서관, 대구가톨릭대학교, 동국대학교, 동아대학교, 부산대학교, 성균관대학교, 숙명여자대학교, 안동대학교, 영남대학교, 용인대학교, 원광대학교, 이화여자대학교, 전남대학교, 전북대학교, 전주대학교, 조선대학교, 중앙대학교, 충남대학교, 한양대학교, 부산광역시 시민도서관, 성암고서박물관, 독락당, 사우당종댁, 춘호새, 미국 컬럼비아대학교, 미국 UC버클리대학교 등.
신연활자본 : 동국대학교 경주캠퍼스.
필사본 : 국립중앙도서관, 규장각, 한국국학진흥원, 한국학중앙연구원, 경상대학교, 계명대학교, 고려대학교, 단국대학교 퇴계기념도서관, 부산대학교, 성균관대학교, 숙명여자대학교, 안동대학교, 영남대학교, 이화여자대학교, 전남대학교, 충남대학교, 사우당종택, 춘호재 등.

(49) 心經質疑考誤

書名	出版事項	版式狀況	一般事項	所藏番號
心經質疑考誤	曹好益 著, [20世紀]刊	不分卷 1冊, 朝鮮木版本, 四周雙邊, 半郭 : 20.7×15.2㎝, 有界, 10行 20字, 上下白口, 上下內向四瓣花紋黑魚尾, 29.1×19.3㎝, 線裝, 楮紙		09-2047

• **概要**

李德弘(1541~1596)이 스승인 李滉에게 『心經』에 대해 물은 질문과 그에 대한 답변을 기록한 『心經質疑』의 내용에 대해, 曹好益(1545~1609)이 이와 다른 자신의 견해를 붙여 간행한 책이다. 曹好益이 『心經質疑』의 내용을 바로잡으면서 먼저 그 내용을 그대로 옮겨 적었는데, 그 내용이 현재 전하는 『心經質疑』의 내용과 차이가 있어 현행본과는 다른 『心經質疑』가 존재했다는 것을 확인할 수 있다.[54)]

• **編纂과 刊行**

단권 목판본인데 전36장에 불과하다. 序文과 跋文은 없고 오직 緖頭에 [芝山病夫識]란 글이

54) 홍원식 외, 『심경부주 주석서 해제』, 예문서원, 2009. 95쪽.

있는데 芝山은 曺好益의 號다. 不分卷 1冊의 목판본으로 간행되었으나, 간행 연대는 정확히 알 수 없다.

• **著者 및 編者**

曺好益 : 본서의 『家禮考證』 해제 참조.

• **同一 書名 版本 所藏處**

금속활자본(甲寅字) : 국회도서관, 규장각, 영남대학교 등.
금속활자본(戊申字) : 국립중앙도서관, 규장각, 한국학중앙연구원, 계명대학교, 성균관대학교, 영남대학교, 성암고서박물관, 명재 윤증 종가, 미국컬럼비아대학교 등.
금속활자본(丁酉字) : 국회도서관.
금속활자본(整理字) : 국립중앙도서관.
금속활자본 : 한국학중앙연구원, 日本東洋文庫 등.
목활자본 : 경상대학교, 계명대학교, 영남대학교 등.
목판본 : 국립중앙도서관, 규장각, 한국학중앙연구원, 경기대학교, 계명대학교, 국민대학교, 대구가톨릭대학교, 동국대학교, 동아대학교, 부산대학교, 숙명여자대학교, 안동대학교, 영남대학교, 용인대학교, 이화여자대학교, 전남대학교, 전북대학교, 전주대학교, 조선대학교, 중앙대학교, 충남대학교, 한양대학교, 부산광역시 시민도서관, 성암고서박물관, 독락당, 사우당종택, 춘호재, 미국 컬럼비아대학교, 미국 UC버클리대학교 등.
신연활자본 : 동국대학교 경주캠퍼스.
필사본 : 국립중앙도서관, 규장각, 한국국학진흥원, 한국학중앙연구원, 경상대학교, 계명대학교, 고려대학교, 단국대학교 퇴계기념도서관, 부산대학교, 성균관대학교, 숙명여자대학교, 안동대학교, 영남대학교, 이화여자대학교, 전남대학교, 충남대학교, 사우당종택, 춘호재 등.

(50) 雙節錄

書名	出版事項	版式狀況	一般事項	所藏番號
雙節錄	金養善 著, [跋 : 1803]刊	2卷 1冊, 朝鮮木版本, 四周雙邊, 半郭 : 18.8×14.7㎝, 有界, 10行 18字, 上下白口, 上下內向四瓣花紋黑魚尾, 30×18.7㎝, 線裝, 楮紙	跋 : 今上三年癸亥(1803)…眞城李禎國謹書, 印記 : 酉谷靑岩, 藏書記 : 靑巖藏, 靑巖亭	09-1110

• **概要**

高麗 末의 文臣으로서 高麗가 망하자 벼슬을 버리고 中國과 海島에 隱居한 忠臣 金濟와 金澍 형제의 遺文 약간과 遺事들을 모아 놓은 책이다.

• **編纂과 刊行**

金濟와 金澍의 후손인 金養善이 純祖 3年(1903)에 수집하여 간행하였으며, 卷末에 李禎國의 跋文(1803년)이 있다.

• **著者 및 編者**

金濟(생졸년 미상) : 고려 후기 문신으로 본관은 善山이며, 호는 白巖이며, 시호는 忠介이다. 平海郡守로 있을 때 高麗가 망하자 배를 타고 海島로 들어가 詩를 벗하면서 여생을 보냈다. 朝鮮 正祖 때 바다에 壇을 세워 招魂祭가 거행되고 아우 金澍와 함께 安東의 孤竹書院에 祭享되었다.

金澍(생졸년 미상) : 善山人으로 禮儀判書 元老의 아들이고, 자는 澤夫이며 호는 籠巖이고 시호는 忠貞이다. 禮儀判書로 있을 때 聖節使로 明나라에 갔다가 1392년 돌아오던 도중 鴨綠江에 이르러 高麗가 망했다는 소식을 듣고 부인에게 '忠臣不事二君'이라는 내용의 편지와 함께 朝服 및 신발을 보낸 후 다시 압록강을 건너 中國으로 들어가 荊楚에서 여생을 마쳤다. 明나라 황제는 그의 소식을 듣고 그에게 禮部尙書의 벼슬을 내렸으나 받지 않자 尙書의 祿을 내렸다. 저서로는『籠巖逸稿』가 있다.

• **版本構成**

卷首 : 目錄·恩誥 5首(傳敎·筵敎·筵奏)·御製來格廟賜祭文·御製海上賜祭文. 卷1 : 遺稿 4首(詩 3首·寄夫人柳氏書 1首)·諡狀·贈諡敎旨·白巖·籠巖先生奉安文·白巖·籠巖先生常享祝文·海壇歲祀常享祝文·忠介公遺狀. 卷2 : 雙節記·雙節祠上樑文·孤竹書院講堂上樑文·海上遺詩後敍·蹈海詩跋·月巖記蹟·宋判書答忠介公本孫書.

• **同一 書名 版本 所藏處**

목판본 : 국립중앙도서관, 규장각, 한국국학진흥원, 계명대학교, 국민대학교, 대구가톨릭대학교, 동아대학교, 부산대학교, 성균관대학교, 연세대학교, 전남대학교, 전주대학교, 조선대학교, 대구시립중앙도서관, 부산시민도서관, 성암고서박물관, 사우당종택 등.

(51) 陽村先生入學圖說

書名	出版事項	版式狀況	一般事項	所藏番號
陽村先生入學圖說	權近 著	2卷 1冊, 朝鮮木版本, 揷圖, 四周單邊, 半郭 : 17.3×16㎝, 有界, 14行 22字, 上下白口, 上下內向四瓣花紋黑魚尾, 27.2×20.1㎝, 線裝, 楮紙	刊記 : 洪熙乙巳(1425)夏晋州牧衕梓, 序 : 洪武庚午(1390)…權近謹題, 跋 : ①洪武戊寅(1398)…鄭道傳識 ②洪熙乙巳(1425) …卞季良敬跋, 印記 : 權斗寅, 永嘉後學權斗寅春卿, 靑岩家寶, 拙修齋, 藏書記 : 壬申夏在京時幼村所贈	09-1166

• **概要**

『入學圖說』은 陽村 權近이 益山에서 귀양살이 하던 시절인 1390년에 유학의 경전인 四書五經과 太極圖說 등에서 주요 개념어를 뽑아 圖와 說로 풀이한 성리학의 입문서이다.

• **編纂과 刊行**

이 책은 前集과 後集으로 나뉘어져 있는데, 權近 생존할 때 1397년(태조 6)에 晉州에서 前集이 먼저 간행되었고, 28년 후인 1425년(세종 7)에 역시 진주에서 前·後集 합본이 다시 간행되었다. 初刊本은 권근이 완성한 후 필사본으로 7년간 통용되다가 1397년(태조 7)에 저자의 서문을 붙여 晉州에서 도호부사 金爾音에 의하여 간행되었다.

權近 사후에 아들 權蹈가 初刊本에 수록되지 않은 원고를 발견하여 1425년에 朴融에게 부탁하여 감사 河演 등의 협조를 받고, 목사 李穗와 판관 潘茂良이 감독하여 역시 晉州에서 간행하였다. 이 후에 간행된 浪州本(1545년)과 榮川本(1547년) 등이 있는데, 이 판본들은 1425년 진주간본을 저본으로 하였다.[55)]

• **著者 및 編者**

權近(1352~1409) : 본관은 安東이고, 자는 可遠·思叔이며 호는 陽村·小烏子이다. 1368년(공민왕 17) 성균시에 합격하고, 이듬해 급제해 춘추관검열·성균관직강·예문관응교 등을 역임했다. 공민왕이 죽자 鄭夢周·鄭道傳 등과 함께 위험을 무릅쓰고 排元親明을 주장했으며, 左司議大夫·成均館大司成·知申事 등을 거쳐, 1388년(창왕 1) 同知貢擧가 되었다. 이듬해 簽書密直司事로서 門下評理 尹承順과 함께 명나라에 다녀왔다. 그러나 명나라 禮部咨文을

55) 강문식, 「『入學圖說』의 編刊 경위와 經學論」, 『藏書閣』제29집, 2013. 105~114쪽.

몰래 뜯어본 죄로 牛峯에 유배되었다. 그 뒤 寧海·興海 등을 전전하여 유배되던 중, 1390년(공양왕 2) 尹彝·李初의 옥사에 연루되어 한때 청주 옥에 구금되기도 했다. 뒤에 다시 益州에 유배되었다가 석방되어 충주에 寓居하던 중 조선왕조의 개국을 맞았다.

그 뒤 새 왕조에 出仕하여 藝文館大學士·중추원사 등을 지냈다. 1396년 명나라에 보낸 외교문서의 내용이 문제가 되어 명나라에 사신으로 가서 문제를 해결하였다. 귀국한 뒤 開國原從功臣으로 花山君에 봉군되고, 정종 때는 政堂文學·參贊門下府事·대사헌 등을 역임하였다. 1401년(태종 1) 佐命功臣 4등으로 吉昌君에 봉군되고 贊成事에 올랐다. 1402년에는 知貢擧가 되었고, 1407년에는 최초의 文科重試에 讀卷官이 되었다. 새 왕조의 문교시책을 개징·보완하는 데 크게 이바지했으며 유학 보급에도 크게 공헌했다. 저서로는 성리학 관련 서적인 『入學圖說』과 『五經淺見錄』이 있으며, 시문집으로 『陽村集』이 있다.

• **版本構成**

天人心性合一之圖·天人心性分釋之圖·大學指掌之圖·大學立傳變文以分知行本末厚薄三節辨議·中庸首章分釋之圖·中庸分節辨議·諸侯昭穆五廟都宮之圖·時祫之圖·一室之圖·語孟大旨·五經體用合一之圖·五經各分體用之圖·河圖五行相生之圖·洛書五行相剋之圖·先天方位圓圖·先天方位方圖·伏羲先天八卦·文王後天方位·陰陽六九爲老之圖·天地生成之數·河圖中宮之數·洪範九疇天人合一圖上·洪範九疇天人合一圖下·無逸之圖·十二月卦之圖·周天三辰之圖·一期生閏之圖·天地竪看之圖·天地橫看之圖·望前生明之圖·望後生魄之圖·土圭測影之圖·土旺四季之圖·律呂隔八相生之圖·五聲八音之圖·周南篇次之圖·變風十三國之圖·公族及太宗之圖·掛扐過揲之法.

• **同一 書名 版本 所藏處**

목판본 : 국립중앙도서관, 국회도서관, 규장각, 한국학중앙연구원, 고려대학교 등.

필사본 : 부산대학교.

(52) 御定奎章全韻

書名	出版事項	版式狀況	一般事項	所藏番號
御定奎章全韻	正祖 命編, 冐洞[56], 丁亥	2卷 1冊, 朝鮮木版本, 四周雙邊, 半郭 : 16.1×12.8㎝, 有界, 12行 20字, 上下白口, 上下向黑魚尾, 21.4×15.9㎝, 線裝, 楮紙	刊記 : 丁亥六月初一日辰時冐洞新刊, 印記 : 金琪鴻	09-1533

• 概要

정조의 명에 의해 李德懋 등이 편찬한 한자 韻書이다. 東音(朝鮮音)과 華音(中國音)을 함께 표시한 운서로서 李德懋가 1792년(정조 16)까지 주로 편찬하고, 尹行恁·徐榮輔·南公轍·李書九·李家煥·成大中·柳得恭·朴齊家 등이 교정한 다음 1796년(정조 20)에 간행하였다.

• 編纂과 刊行

지금까지 알려진 異本으로는 羊泉 重刊本(1828), 嶺營 장판본(1835), 戊戌孟春龍洞 重刊本(1838), 『禦定詩韻』(1846), 辛亥孟春由泉 重刊本(1851), 西溪 장판본(1860), 乙丑本(1865), 丁亥冶洞 신간본(1887), 美陽書坊 梓行本(1889), 신구서림본(1913), 지물서책보본(1913), 회동서관본(1914), 동미서시본(1915), 한남서림본(1917), 을미신간영영 장판본(1919) 등이 있다.[57)]

• 著者 및 編者

李德懋(1741~1793) : 본관은 全州이고, 자는 懋官 호는 炯庵·雅亭·靑莊館·嬰處·東方一士·信天翁이다. 어려서부터 박학다식하여 그 명성이 정조에게까지 알려져 1779년에 朴齊家·柳得恭·徐理修와 함께 초대 규장각 외각검서관이 되었다.

규장각의 도서 편찬에 적극 참여해 『圖書集成』·『國朝寶鑑』·『奎章閣志』·『弘文館志』·『宋史筌』·『檢書廳記』·『大典會通』·『箕田攷』·『奎章全韻』·『詩觀小傳』 등의 정리와 교감하였다. 저서에 『觀讀日記』·『耳目口心書』·『嬰處詩稿』·『嬰處文稿』·『禮記考』·『編纂雜稿』·『紀年兒覽』·『士小節』·『淸脾錄』·『磊磊落落書』·『盎葉記』·『入燕記』·『寒竹堂隨筆』·『天涯知己書』·『洌上方言』·『峽舟記』 등이 있다.

• 版本構成

卷上 : 平聲(上平)15韻(東·冬·江·支·微·魚 等), 上聲15韻(蕫·腫·講·紙·尾·語 等), 去聲16韻(送·宋·絳·末·御 等), 入聲8韻(屋·沃·覺·質·物·月 等). 卷下 : 平聲(下平)15韻(先·蕭·肴·豪·歌 等), 上聲14韻(銑·篠·巧·皓·哿 等), 去聲14韻(霰·嘯·效·號·箇 等), 入聲8韻(藥·陌·錫·職·緝 等)

• 同一 書名 版本 所藏處

목판본 : 국립중앙도서관, 국회도서관, 규장각, 한국국학진흥원, 한국학중앙연구원, 건국대학

56) 목록에는 '氵呂洞'으로 되어 있으나 '氵呂'는 '浕'이다.

57) 金順姬, 「奎章全韻 版本考」, 『創立十周年 紀念論文集』(충남대학교 문헌정보학과), 1990.

교, 경기대학교, 경상대학교, 경희대학교, 계명대학교, 고려대학교, 국민대학교, 단국대학교 퇴계·율곡기념도서관, 대구가톨릭대학교, 동국대학교 서울·경주캠퍼스, 동아대학교, 부산대학교, 서울대학교, 성균관대학교, 숙명여자대학교, 숭실대학교, 안동대학교, 연세대학교, 영남대학교, 용인대학교, 원광대학교, 이화여자대학교, 인하대학교, 전남대학교, 조선대학교, 중앙대학교, 충남대학교, 충북대학교, 한양대학교, 화성시향토박물관, 성암고서박물관, 남평문씨 인수문고, 독락당, 사우당종택, 춘호재, 中國國家圖書館, 中國雲南大學校圖書館, 浙江省圖書館, 日本東洋文庫, 日本小倉文庫(東京大學), 프랑스 국립도서관, 프랑스 동양언어문화학교, 프랑스 콜레주드프랑스 한국학도서관, 미국 예일대학교, 미국 프린스턴대학교, 미국 UC버클리대학교 등.

필사본 : 고려대학교.

(53) 易象說

書名	出版事項	版式狀況	一般事項	所藏番號
易象說	曺好益 著	3卷 1冊, 朝鮮木版本, 四周雙邊, 半郭 : 20.1×15.2㎝, 有界, 10行 20字, 上下白口, 上下內向四瓣花紋黑魚尾, 29.3×19.4㎝, 線裝, 楮紙	跋 : 歲己亥(1779)…李象靖謹識, 印記 : 酉谷靑岩	09-1077

• **概要**

曺好益이 지은 『易經』의 註釋書로서 『易經』의 章句를 抄錄하고 여기에 程傳과 本義 및 諸家의 說을 뽑아 간명하게 주석을 더한 다음 또한 자신의 私見을 첨가하였다.

• **編纂과 刊行**

저자인 曺好益이 죽은 후 그의 5世孫 曺善迪이 편집하여 成篇한 것을 6世孫인 曺德臣이 1779년(正祖 3)에 『芝山集』의 續集을 간행할 때 續集의 일부분으로 合編하여 간행한 것이다. 그러나 그 후에 『芝山集』이 重刊될 때 原集과 續集을 함께 合刊하고 오직 『易象說』만을 大山 李象靖의 勘定을 거쳐 一冊으로 따로 간행하였다.

• **著者 및 編者**

曺好益 : 본서의 『家禮考證』해제 참조.

• **版本構成**

卷1 : 周易上經 乾卦 等 30卦 註釋. 卷2 : 周易下經 咸·恒 等 25卦 註釋. 卷3 : 易傳 繫辭上傳·繫辭下傳·說卦傳·序卦傳 註釋.

• **同一 書名 版本 所藏處**

목판본 : 국립중앙도서관, 규장각, 계명대학교, 성균관대학교, 영남대학교 등.

(54) 易學啓蒙要解

書名	出版事項	版式狀況	一般事項	所藏番號
易學啓蒙要解	世祖 命撰, 中宗 7年(1512) 刊	4卷 2冊, 朝鮮木版本, 四周雙邊, 半郭 : 24.4×16.4㎝, 有界, 8行 17字, 註雙行, 上下大黑口, 內向黑魚尾, 35.5×22㎝, 線裝, 楮紙	版心題 : 啓蒙要解, 內賜記 : 正德七年二月日 內賜弘文館副校理權橃周易啓蒙一件命除謝恩 同副承旨臣 趙[手決]	보물 제896-6호

• **概要**

世祖의 命으로 宋 朱熹의 『易學啓蒙』을 문답 형식으로 해설한 책으로 易學의 入門書이다. 崔恒을 비롯하여 韓繼禧·金國光·盧思愼·丘從直·鄭自英·鄭蘭宗·兪希益·魚世恭·崔自濱·兪鎭 등이 校正과 補解에 참여하였다. 『易學啟蒙』에 대한 독자적인 이해는 『易學啟蒙要解』를 비판적으로 수용함으로써 시작되었다고 할 수 있다.[58)]

충재박물관 소장본 『易學啓蒙要解』는 보물 제896-6호로 內賜記는 '正德七年二月日 內賜弘文館副校理權橃周易啓蒙一件命除謝恩 同副承旨臣 趙[手決]'로 되어 있다. '正德七年'은 中宗 7年(1512)으로 2월에 弘文館副校理인 權橃에게 내린 宣賜本이다.

• **編纂과 刊行**

『易學啟蒙』은 蔡元定(1135~1198)이 초안을 잡았고, 그 내용에 대해 朱熹가 수정·보완한 것이다. 『易學啟蒙要解』는 『性理大全』 속의 『易學啟蒙』을 그대로 실었으며, 『性理大全』 편찬 이전의 『易學啟蒙』과 관련하여 발표된 저작들이 주석으로 망라되어 있다.[59)] 세조가 1458년

58) 양순자, 「『易學啓蒙要解』의 도서역학적 의의」, 『東洋哲學』第40輯, 2013. 54쪽.
59) 양순자, 「『易學啓蒙要解』의 도서역학적 의의」, 『東洋哲學』第40輯, 2013. 31~34쪽.

(세조4)에 崔恒 등에게 명하여 『易學啓蒙要解』를 간행하게 하였는데, 大字는 戊寅字를 주조하여 찍어냈다.[60] 후대에는 이를 번각한 목판본이 간행되었다. 또한 영조는 1772년(영조48)에는 왕세손의 易學 공부를 위해 『易學啓蒙要解』를 壬辰字로 찍어내게 하였다.[61]

• 著者 및 編者

崔恒 : 본서의 『經國大典』 해제 참조.

• 版本構成

卷1 : 本圖書. 卷2 : 原卦. 卷3 : 明著策. 卷4 : 考變占, 附圖 : 玉齋胡氏通釋附圖·伏羲則河圖以作易圖·大禹則洛書以作範圖·先天八卦合洛書數圖·後天八卦合河圖數圖·伏羲六十四卦方圖·邵子天地四象圖·朱子天地四象圖·掛扐過揲總圖 等.

• 同一 書名 版本 所藏處

금속활자본(戊寅字) : 성암고서박물관.

금속활자본(壬辰字) : 규장각, 日本大阪府立中之島圖書館 등.

목판본 : 국립중앙도서관, 국회도서관, 규장각, 한국국학진흥원, 한국학중앙연구원, 경기대학교, 경상대학교, 계명대학교, 고려대학교, 국민대학교, 서울대학교, 숙명여자대학교, 안동대학교, 영남대학교, 이화여자대학교, 전남대학교, 충남대학교, 성암고서박물관, 사우당종택, 명재 윤증 종가, 미국 하버드대학옌칭도서관, 미국 UC버클리대학교 도서관 등.

필사본 : 국립중앙도서관, 규장각, 성균관대학교, 숙명여자대학교, 안동대학교 등.

(55) 永陽四難倡義錄

書名	出版事項	版式狀況	一般事項	所藏番號
永陽四難倡義錄	永川儒林 編, [跋 : 1822] 刊	不分卷 1冊, 朝鮮木版本, 四周雙邊, 半郭 : 22.1×15.8㎝, 有界, 10行20字, 上下白口, 上下內向四瓣花紋黑魚尾, 32.6×20.8㎝, 線裝, 楮紙	序 : ①聖上二十二(1822)…柳台佐序 ②金熙周序, 跋 : 壬午(1822)…李鼎秉謹跋, 印記 : 酉谷靑岩	09-0959

60) 천혜봉, 『한국 금속활자 인쇄사』, 범우사, 2012. 139쪽.
61) 천혜봉, 『한국 금속활자 인쇄사』, 범우사, 2012. 275쪽.

• **槪要**

慶尙道 永陽지방에 관련되는 壬辰倭亂·丁卯胡亂·丙子胡亂·戊申亂때의 義兵活動의 공적을 모은 책이다.

• **編纂과 刊行**

1822년(純祖 22)에 永川 儒林 鄭復休 등이 편집 간행하였다. 앞에는 四亂과 慶尙道의 활동을 관련지어 설명한 柳台佐·金熙周의 序와 수집의 전말을 밝힌 序言 및 凡例 8조 그리고 壬辰倭亂 때의 〈永陽復城圖〉와 이에 대한 간략한 설명이 있다.

• **著者 및 編者**

鄭復休(생졸년 미상) : 영천 유림으로 자세한 행력은 미상이다.

• **版本構成**

壬辰倡義錄 : 月城陣殉節·附諸賢記述, 丁卯倡義錄, 丙子倡義錄 : 義兵將鄭公答舍弟好問書·與從弟好禮書, 戊申倡義錄 : 諭境內士子文·召募條約,答安東義陣文·呈按撫使朴師洙文·呈號召使文·號召使狀啓·周甲戊申道儒上言事實·禮曹回啓·大臣獻議·敎諭文.

• **同一 書名 版本 所藏處**

목판본 : 국립중앙도서관, 규장각, 성균관대학교, 프랑스 동양언어문화학교, 미국 하버드대학 옌칭도서관 등.

(56) 禮記集說大全

書名	出版事項	版式狀況	一般事項	所藏番號
禮記集說大全	胡廣(明)等奉勅纂, 安正堂, 1530	零本 10冊, 中國木版本, 四周雙邊, 半郭 : 16.3×11.9㎝, 有界, 11行 21字, 上下大黑口, 上下下向黑魚尾, 23.1×13.8㎝, 線裝, 竹紙.	跋 : ①正統十六年十月蒙建寧府知郡張郡武府同知鄒同校正禮記大全開刊差 會計參百六十九字書, 嘉靖庚寅藏孟冬月安正堂刊, 印記 : 三溪書院	09-0698~0707

• **槪要**

『禮記集說大全』은 明代의 학자 胡廣(1370~1418) 등이 찬집한 책이다.

충재박물관 소장본은 明나라 安正堂에서 1530년에 간행한 판본으로 權橃이 중종 34년(1539) 7월에 宗系辨誣 奏請使로 明나라에 갔을 때 입수한 것으로 추정된다.

• **編纂과 刊行**

明 胡廣(1369~1418) 等이 成祖의 명을 받아 편찬한 禮記의 주석서로, 五經大全의 일부로서 四書大全과 性理大全과 함께 永樂 12년(1414)에 편찬에 착수하여 永樂 15년(1417)에 간행이 완료되었다.

• **著者 및 編者**

胡廣 : 본서의 『論語集註大全』 해제 참조.

• **版本構成**

卷1 : 曲禮上一. 卷2 : 曲禮下第二. 卷3 : 檀弓上第三. 卷4 : 檀弓下第四. 卷5 : 王制第五. 卷6 : 月令第六. 卷7 : 曾子問第七. 卷8 : 文王世子第八. 卷9 : 禮運第九. 卷10 : 禮器第十. 卷11 : 郊特牲第十一. 卷12 : 內則第十二. 卷13 : 玉藻第十三. 卷14 : 明堂位第十四. 卷15 : 喪服小記第十五. 卷16 : 大傳第十六. 卷17 : 學記第十八. 卷18 : 樂記第十九. 卷19 : 雜記上第二十. 卷20 : 雜記下第二十一. 卷21 : 喪大記第二十二. 卷22 : 祭法第二十三. 卷23 : 祭統. 卷24 : 哀公問第二十七. 卷25 : 坊記第三十. 卷26 : 表記第三十二. 卷27 : 緇衣第三十三. 卷28 : 服問第三十六. 卷29 : 儒行第四十一. 卷30 : 射義第四十六.

• **同一 書名 版本 所藏處**

중국판본인 이 판본은 국내에서 충재박물관을 제외하고 규장각에만 소장되어 있다.

(57) 閔家三訂禮記集說

書名	出版事項	版式狀況	一般事項	所藏番號
閔家三訂禮記集說	陳澔(元[62]) 編	10卷 10冊, 中國木版本, 四周雙邊, 半郭 : 18.5×13.7㎝, 有界, 9行 18字, 上下白口, 上下內向四瓣花紋黑魚尾, 24.7×16.1㎝, 線裝.	序 : 至致壬戌(1322)…陳澔序, 印記 : 權斗寅, 三溪書院, 藏書記 : 庚午秋因金書狀至和行貨乃禮記一帙於燕糸院藏唐本禮記本吾家冊而題目及紙頭書吐乃先祖冲齋先生手蹟不知何時爲院冊余以此冊易之覺者洋之斗寅識	09-0454 ~0463

• **概要**

충재박물관에 소장된『閔家三訂禮記集說』은 權橃이 중종 34년(1539) 7월에 宗系辨誣 奏請使로 明나라에 갔을 때 입수한 것으로 추정된다. 한국고전적종합목록시스템을 검색한 결과, 국내에는 없는 유일본으로 보인다.

• **編纂과 刊行**

蜀本은 宋代에 蜀(四川)에서 板刻한 本으로, 글자의 크기에 따라 大字本, 中字本, 小字本의 구별이 있다. 監本은 後唐과 宋의 國子監에서 간행한 것이다. 五代 後唐 때 재상 馮道(882~954)가 九經을 교정하게 하여 간행한 것을 효시로 대부분의 왕조에서 간행되었다. 송나라 監本은 대개 五代의 옛 판본을 사용하여 간행한 것이다. 監本 및 蜀本이 간행된 이후로 建安余氏本과 興國于氏本이 간행되었다. 또한 盱郡重刊 廖氏本은 송나라 廖剛(1070~1143)이 교감하여 간행한 선본이다. 建本註疏은 福建에서 간행하였으며 널리 유포된 판본이다.

• **著者 및 編者**

陳澔(1260~1341) : 江右(現在 江西 都昌) 사람으로, 자는 可大이고 호는 雲住·北山叟이다. 陳澔는 南宋 말기에 출생하여 출사하지 않고 학문에만 전념하였다. 元 順帝 至元 初(1337)에 白鹿洞書院의 主敎를 담당하였는데, 이때 白鹿洞書院을 저명한 서원으로 명성을 떨치게 하였다.《禮記集說》을 지어 학자로서 이름을 떨쳤다.

• **版本構成**

본서의『禮記集說大全』해제 참조.

• **同一 書名 版本 所藏處**

없음.

---

62) 목록에는 '明'으로 되어 있으나, 陳澔는 '元'나라 사람이다.

(58) 禮儀補遺

書名	出版事項	版式狀況	一般事項	所藏番號
禮儀補遺	鄭鎰 著, [跋 : 1802]刊	3卷 3冊, 朝鮮木版本, 四周單邊, 半郭 : 20.2×14㎝, 有界, 11行 22字, 上下白口, 上下向四瓣花紋黑魚尾, 29.8×19.2㎝, 線裝, 楮紙	序 : ①上之三十四年庚子…權斗仁 ②上之二十四年戊寅…鄭鎰, 印記 : 酉谷靑岩	09-0347 ~0349

• 概要

『禮儀補遺』는 鄭鎰이 관혼상제의 說을 『家禮』나 『通典』 등의 책을 본떠서 12개의 綱目으로 나누고, 이를 다시 195개의 작은 항목으로 세분하여 고금의 禮書에서 인용하고 그 중 이해하기 어려운 것에 해설을 붙인 책이다. 관혼상제에 관한 지침서로서의 구실을 하며, 영남지방의 예법을 살피는 데에도 도움이 된다.

• 編纂과 刊行

책머리에는 1708년 3월에 쓴 權斗寅의 서문에 이어 1698년 정월에 쓴 저자의 서문과 인용서목이 있으며, 책의 끝에는 1716년(숙종 43)에 安鍊石이 쓴 발문과 1802년(순조 2)에 趙述道 및 저자의 종4대손인 鄭來成이 쓴 발문이 실려 있다. 저자의 사후 백여 년이 지난 뒤에 현손 鄭來榮과 鄭來學, 5대손 鄭之貞이 인근 사우의 도움을 얻어 1813년(순조 13)에 간행하였다.

• 著者 및 編者

鄭鎰(1634~1717) : 본관은 淸州이고, 출신지는 경상북도 安東이다. 조선 중기 유학자로 자는 器彦이고, 호는 三棄齋이다. 壽職으로 副護軍에 제수되었다. 예학을 중히 여겨 선묘에 묘표·묘지가 없을 때면 반드시 마련하였으며, 고금의 예서를 수집·연구하여 『禮儀補遺』를 저술하였는데, 이때도 특히 喪祭에 더 신경을 써서 저술하였다. 또 집안에 「譜牒」이 없음을 안타깝게 여겨 완성하였다. 문집으로는 金檻寓가 발문을 쓴 4권 2책의 『三棄齋文集』이 전한다.

• 版本構成

卷1 : 冠禮·冠變禮·婚禮·婚變禮·喪禮. 卷2 : 喪禮·葬禮. 卷3 : 喪葬服變禮·祭禮·祭變禮·雜禮·雜祝.

• 同一 書名 版本 所藏處

목판본 : 국립중앙도서관, 한국국학진흥원, 계명대학교, 성균관대학교, 성암고서박물관, 춘호재 등.

(59) 類苑叢寶

書名	出版事項	版式狀況	一般事項	所藏番號
類苑叢寶	金堉 編,	零本 28冊, 朝鮮木版本, 四周雙邊, 半郭 : 19.3×14.3㎝, 有界, 10行24字, 上下白口, 上下內向四瓣花紋黑魚尾, 30.8×19.8㎝, 線裝, 楮紙	序 : 昭陽協洽(癸未)…金堉伯厚序	09-1258 ~1285
類苑叢寶	金堉 編, 19世紀刊	零本 1冊, 朝鮮木版本, 四周雙邊, 半郭 : 20.3×14.3㎝, 有界, 10行24字, 上下白口, 上下內向四瓣花紋黑魚尾, 26×18.3㎝, 線裝, 楮紙	印記 : 酉谷靑岩, 所藏 : 卷17~18	09-2721

• 槪要

『類苑叢寶』는 조선 인조 때 金堉이 편찬한 주제별 類書로서, 한국의 주제별 유서로서는 『芝峰類說』에 이어 두 번째로 편찬된 책이다. 임진왜란과 병자호란의 겪으면서 조선에서는 대부분의 서적이 소실되어 이를 안타깝게 여긴 金堉이 유서 편찬을 통해 그 부족함을 보충하려 하였다.[63]

• 編纂과 刊行

金堉은 1642년(인조 20)부터 초고를 작성하여 1643년에 완성하였고, 같은 해 호남감사인 南銑이 完營에서 初刊本을 간행하였다. 1643~1646년에 重刊本이 간행되었는데, 간행지는 미상이다. 그리고 1791년~1796년에 嶺營에서 三刊本이 간행되었다. 또한 간행지 미상의 初刊補刻本이 17세기에 간행되었고, 1646년에는 남한산성에서 重刊補刻本이 간행되었다.[64]

63) 주기평, 「『類苑叢寶』에 나타난 중국 『類書』 전통의 한국적 계승과 수용 양상」, 『韓國思想史學』제50집, 2018. 172쪽.

64) 전혜진, 「『類苑叢寶』의 編纂과 刊行에 관한 書誌學的 연구」, 성균관대학교 문헌정보학과 석사학위논문, 2016. 35~71쪽.

• **著者 및 編者**

金堉(1580~1658) : 본관은 淸風이고, 자는 伯厚이며 호는 潛谷·晦靜堂이다. 1605년(선조 38)에 사마시에 합격해 성균관으로 들어갔으나, 상소하였다가 문과에 응시할 자격을 박탈당하였다. 1623년에 인조가 즉위하자 의금부도사에 임명되었으며, 이듬해 증광 문과에 장원으로도 급제하여 10월에 正言에 임명되었다. 그 후 安邊都護府使·冬至聖節千秋進賀使·예조참의·우부승지·장례원판결사·충청도관찰사·승정원좌부승지·형조참의 겸 대사성·대제학·대사간·병조참의·한성부우윤·도승지 겸 元孫輔養官·병조참판·이조참판 겸 備邊司有司提調·형조판서 겸 선혜청제조·우참찬·대사헌·예조판서·도총부도총관·개성부유수 등을 역임하였다. 1649년 5월 효종의 즉위와 더불어 대사헌이 되었고, 이후 우의정과 영의정을 지내면서 대동법의 확장 시행에 적극 노력하였다.

그리고 『類苑叢寶』·『皇明紀略』·『種德新編』·『松都誌』·『海東名臣錄』 등을 저술하고 간행하였다. 그는 자신의 저술을 널리 보급하기 위해 직접 활자를 제작하고 인쇄하는 데에도 많은 노력을 기울였으며, 이 사업은 자손 대까지 하나의 家業으로 계승되어 우리나라 鑄字와 인쇄 사업에 크게 기여하였다.

• **版本構成**

卷1~3 : 天道門. 卷4 : 天時門. 卷5~7 : 地道門. 卷8~10 : 帝王門. 卷11~18 : 官職門. 卷19 : 吏部. 卷20 : 戶部. 卷21~22 : 禮部. 卷23 : 兵部. 卷24 : 刑部. 卷25~27 : 人倫門. 卷28 : 人道門. 卷29~32 : 人事門. 卷33~34 : 文學門·筆墨門·璽印門. 卷35 : 珍寶門·布帛門. 卷36 : 器用門. 卷37 : 飮食門. 卷38 : 冠服門·米穀門. 卷39~40 : 草木門. 卷41~44 : 鳥獸門. 卷45~46 : 蟲魚門. 卷47 : 附錄.

• **同一 書名 版本 所藏處**

목판본 : 국립중앙도서관, 규장각, 한국학중앙연구원, 경기대학교, 계명대학교, 고려대학교, 국민대학교, 대구가톨릭대학교, 부산대학교, 서울대학교, 숙명여자대학교, 안동대학교, 영남대학교, 원광대학교, 이화여자대학교, 전남대학교, 조선대학교, 충북대학교, 대구시립중앙도서관, 사우당종택, 日本東洋文庫, 日本大阪府立中之島圖書館, 미국 UC버클리대학교 등.

필사본 : 한국국학진흥원, 한국학중앙연구원, 영남대학교, 충남대학교, 송광사 성보박물관 등.

(60) 劉向說苑

書名	出版事項	版式狀況	一般事項	所藏番號
劉向說苑	劉向(漢) 撰, 1492~1493年刊	零本 1冊, 朝鮮木版本, 四周雙邊, 半郭 : 18×14.8㎝, 有界, 11行 18字, 大黑口, 上下內向黑魚尾, 26.6×18.5㎝, 線裝, 楮紙	版心題 : 說苑	보물 제896-10호

• **概要**

西漢의 劉向이 先秦時代부터 漢代까지의 歷史故事를 모아 편찬한 책이다. 劉向은 『新序』의 작업을 먼저 끝내고, 나머지 방대한 자료를 그냥 둘 수 없어 더욱 세분화하고 편장의 주제까지 명확히 하여 『說苑』을 완성하였다.

충재박물관 소장본은 보물 제896-10호로 원래는 20권 4책이지만 지금은 1책만 남아 있다. 表紙裏面에 '嘉靖辛卯(1531) 孟夏 監司 任士鈞 所贈'이란 識記가 있는데, 嘉靖辛卯는 中宗 26년(1531)이며, 당시 慶尙監司인 任士鈞이 權橃에게 기증한 판본이다.

• **編纂과 刊行**

『說苑』이 국내에 유입된 시기는 고려시대인데, 국내출판에 대한 기록은 『成宗實錄』의 成宗 24年(1493) 12月 29日條에 처음으로 나오기 때문에 그 이전에 간행된 것으로 추정된다. 이 기록에 따르면 李克墩이 慶尙道觀察使로 재직할 때 『說苑』과 『新序』 및 『酉陽雜俎』 刊行하도록 지시하였다고 하였다. 그러므로 『說苑』이 1493년 이전에 간행되어졌음을 확인할 수 있는데,[65] 조선 전기 출판목록을 기록한 『攷事撮要』에 『說苑』이 등장하고, 『嶺南冊版記』에도 '劉向說苑, 壯紙二十二貼二張 墨三丁(安東郡)'[66]이라는 기록도 남아있다.

• **著者 및 編者**

劉向(BC 77?~BC 6) : 前漢 말의 沛縣 사람으로 본명은 更生이며 자는 子政이다. 楚元王 劉交의 4세손이고 劉歆의 아버지이다. 散騎諫大夫給事中·散騎宗正給事中·光祿大夫·中壘校尉 등 역임하였다. 그는 雜史·雜傳을 넘나들 정도로 정통 유학의 속박에 얽매이지 않았던 대학자로 평가 받았다. 춘추 전국 시대로부터 한나라 때 이르기까지 사람들의 언행을 분류하여 『新序』와 『說苑』을 편찬하였다. 또한 『詩經』과 『書經』에 나타난 여인들 중 모범과 경계로

65) 민관동, 「조선 출판본 『新序』와 『說苑』 연구」, 『中國語文論譯叢刊』 제29집, 2011. 163쪽.
66) 金致雨, 「『嶺南冊板記』 所藏 刊本의 分類別 傾向」, 『書誌學硏究』 제24집, 2002. 285쪽.

삼을 만한 사례를 모아 『列女傳』을 저술하였다.

• **版本構成**

卷1 : 君道. 卷2 : 臣術. 卷3 : 建本. 卷4 : 立節. 卷5 : 貴德. 卷6 : 復恩. 卷7 : 政理. 卷8 : 尊賢. 卷9 : 正諫. 卷10 : 敬愼. 卷11 : 善說. 卷12 : 奉使. 卷13 : 權謀. 卷14 : 至公. 卷15 : 指武. 卷16 : 說叢. 卷17 : 雜言. 卷18 : 辯物. 卷19 : 修文. 卷20 : 反質.

• **同一 版本 所藏處**

목판본 : 고려대학교, 연세대학교, 영남대학교, 안동군자마을(後彫堂), 奉化郡 金斗淳, 醴泉郡 李虎柱, 豐山邑 金直鉉 등.

(61) 乙巳定難記

書名	出版事項	版式狀況	一般事項	所藏番號
乙巳定難記	明宗年間 刊	1冊(64張), 乙亥字本, 四周雙邊, 半郭 : 24.3×16.2㎝, 有界, 10行 19字, 註雙行, 大黑口, 內向三葉花紋魚尾, 34×20.5㎝, 假綴(原線裝), 楮紙.	印記 : 宣賜之記, 蒼雪齋	보물 제896-11호

• **槪要**

明宗 즉위년 乙巳(1545) 8月 이후, 尹任 등 大尹 일파가 鄭順朋·林百齡 등 小尹 일파를 제거하기 위해 일으킨 乙巳士禍의 사건전말을 小尹 일파의 입장에서 기록한 책이다.

충재박물관 소장본은 국내 유일본으로 보물 제896-11호로 지정되어 있다. 宣賜之記가 날인된 부분만 있고 內賜記가 쓰였던 부분이 떨어져 나가서 수급자가 누구인지 미상이다. 하지만 권벌도 처음에는 衛社功臣에 올랐으나 鄭順朋의 반대로 削勳되었기 때문에 권벌이 하사받은 것으로 추정된다. 첫 번째 장의 오른쪽 상단에 宣賜之記라는 宣賜印이 찍혀 있고, 그 하단에 '蒼雪齋'란 所藏印이 찍혀 있다. 원래 線裝이던 것이 뒤에 풀어진 흔적이 있으며, 뒷부분은 상당부분이 떨어져 나간 듯하다. 현존하는 마지막장에 '蒼雪齋'란 所藏印이 찍혀 있는데, 蒼雪齋는 權斗經(1654~1726)의 호이기 때문에 당시에도 뒷부분이 떨어져 나가 있었음을 알 수 있다.[67)]

---

67) 문화재관리국, 『冲齋權橃宗家所藏文化財調査報告書』, 1985. 106~107쪽. 이하의 해제 내용은 모두 이 자료를 참고하였다.

• 編纂과 刊行

본문에는 中宗의 禧陵이 靖陵으로 改號된 사실이 小字註에 나오는데, 이때가 明宗 17년(1562)이기 때문에 이 이후에 간행된 것으로 추정된다.

• 著者 및 編者

미상.

• 版本構成

이 책은 '今上元年 嘉靖二十四年八月'에서 시작하여 맨 마지막장의 '權機朔州……白仁傑安邊……付處' 등의 기록이 남아 있다. 乙巳士禍의 시초인 乙巳年(1545) 8月부터 大尹 일파가 小尹 일파의 숙청을 마감한 丁未年(1547)까지의 사실이 수록되었다.

• 同一 書名 版本 所藏處

필사본 : 대만 국립고궁박물관.

(62) 自警編

書名	出版事項	版式狀況	一般事項	所藏番號
自警編	趙善璙(宋) 編, [16世紀]刊	零本 4冊, 朝鮮木版本(初鑄甲寅字飜刻), 四周單邊, 半郭 : 24×17.1㎝, 有界, 10行 17字, 上下大黑口, 上下內向黑魚尾, 33.2×21.1㎝, 線裝, 楮紙	跋 : 正德己卯(1519)…金安老謹跋, 印記 : 靑岩家寶, 所藏 : 乙, 丙 丁, 戊	09-1470

• 槪要

『自警編』은 趙善璙가 건강상의 이유로 벼슬에서 물러나 있던 시기에 자신을 삼가하고 경계하는 데에 도움이 될 수 있게 하고자 명신 240명의 언행을 모아 편찬한 책이다.

• 編纂과 刊行

趙善璙가 1224년(宋 寧宗 嘉定 17)에 편찬을 완성하지만 10년 후인 1234년(端平 元年)에 九江郡齋本이 初刊되었다. 이후 주요 간본으로는 洪武 27년(1394) 蜀藩刻本·弘治 15년(1502) 蜀府 飜刻本·嘉靖 7년(1528) 蜀府 重刻本이 있고, 이외의 명대 간본으로는 嘉靖 19

년(1540) 三山 小泉 林庭棉 重刻本·嘉靖 24년(1545) 唐曜 刻本·嘉靖 40년(1561) 大理 刻本·萬曆元年(1573) 瑞州府 刊本·萬曆 4년(1576) 狀猷 刻本·萬曆 5년(1577) 李超 刻本·萬曆丙戌本(1586) 등이 있으며, 청대 간본으로는 四庫全書本·康熙 19년(1680) 宋實頴 刻本·雍正 6년(1728)본·乾隆 43년(1778)의 王允禮 藏本 등이 있다.

우리나라에서는 성종 13년(1482) 2월에는 梁誠之(1415~1485)가 『高麗史』·『自警編』·『東國輿地勝覽』 등의 서적을 인쇄하여 반포하도록 건의하자, 같은 해 3월에는 성종이 『自警編』을 간행을 명령하여 初鑄甲寅字本으로 간행되었다. 이후에는 중종 14년(1519) 慶州府 刊本 (목판본, 10行 17字)·명종 10년(1555) 申濩 序文本(초주갑인자 후기본, 10行 17字)·광해군 1년(1609) 秋香 活字本(목활자본, 12行 19字)·현종 5년(1664) 宋時烈 跋文本(목판본, 10行 17字)·숙종 10년(1684) 朴世采 跋文本(현종실록자본, 10行 18字) 등이 있다.[68]

- **著者 및 編者**

趙善瞭(생졸년 미상) : 자가 德純이며, 최초에 벼슬을 한 시점은 嘉定 元年인 1208년이고, 『自警編』의 서문을 작성한 시점은 嘉定 갑신년인 1224년이다. 또한 『自警編』을 실제 간행하면서 작성한 발문을 기록한 때가 端平 원년(1234) 3월이므로, 당시까지는 활동하고 있었음을 알 수 있다. 『新安文獻志』에 따르면, 시점은 알 수 없지만 武寧縣의 縣令과 江州의 知事를 역임한 것으로 되어 있다. 趙善瞭의 행적을 구체적으로 살펴보기는 쉽지 않지만, 어려서부터 큰 뜻을 품은 학식 깊은 儒士이자 백성을 위해 노력하는 덕망 높은 관료였다고 할 수 있다.[69]

- **版本構成**

學問類 : 學問·見識·器量, 操修類 : 正心·檢身·誠實·操守·定力·清廉·約·無嗜好·謹行·韜晦·攝養·好生, 齊家類 : 孝友·教子孫·賑親族·居處, 接物類 : 交際·君子·小人·樂善·教育·厚德·報德·不報·婚葬, 出處類 : 出處·義命·恬退·患難·休致, 事君類上篇 : 忠義·公正·德望·得體·講讀·諫諍, 事君類下篇 : 憂國·薦擧·用人·善處事·使命, 政事類 : 政事·鎮靜信·通下情·濟人·救荒·救弊·辨誣·獄訟·財賦·兵·制勝, 拾遺 : 議論·報應.

---

68) 임기영, 「『自警編』의 수용 및 간행 판본 연구」, 『書誌學硏究』第74輯, 2018. 80~99쪽.
69) 임기영, 「『自警編』의 수용 및 간행 판본 연구」, 『書誌學硏究』第74輯, 2018. 72~73쪽.

• 同一 書名 版本 所藏處

금속활자본(顯宗實錄字) : 고려대학교.

목판본 : 국립중앙도서관, 경기대학교, 경상대학교, 경희대학교, 계명대학교, 고려대학교, 동국대학교, 숙명여자대학교, 연세대학교, 영남대학교, 원광대학교, 부산광역시 시민도서관, 성암고서박물관, 中國國家圖書館, 中國雲南大學校圖書館, 프랑스 동양언어문화학교 등.

필사본 : 국립중앙도서관, 규장각, 한국국학진흥원, 영남대학교 등.

(63) 資治通鑑綱目

書名	出版事項	版式狀況	一般事項	所藏番號
資治通鑑綱目	朱熹(宋) 綱目, 思政殿 訓義, [17世紀]刊	59卷 85冊, 朝鮮木版本, 四周雙邊, 半郭 : 25×16.6㎝, 有界, 10行 18字, 註雙行, 上下白口, 上下下向黑魚尾, 34.7×21.2㎝, 線裝, 楮紙	印記 : 青岩家寶	09-0489 ~0573
資治通鑑綱目	朱熹(宋) 撰, 思政殿 訓義	零本 1冊, 朝鮮木版本, 四周雙邊, 半郭 : 24.4×16.4㎝, 有界, 10行 17字, 上下白口, 上下下向黑魚尾, 33.3×21.5㎝, 線裝, 楮紙	所藏 : 卷1(上~中)	09-1920

• 概要

『資治通鑑綱目』은 중국 宋나라 司馬光이 쓴 역사책 『資治通鑑』을 기준으로, 朱熹(1130~1200)가 『春秋』의 형식에 따라 역사적 사실에 대하여 큰 제목으로 綱을 따로 세우고 기사는 目으로 구별하여 엮은 역사서이다. 약칭하여 『通鑑綱目』 또는 『綱目』이라고도 한다.

• 編纂과 刊行

『資治通鑑綱目』의 서문은 朱熹가 43세 때 쓴 것인데, 『資治通鑑綱目』은 그가 죽고 20여년이 지나서 간행되었다. 그래서 綱은 朱熹가 쓰고 目은 제자인 趙師淵이 마무리하여 간행한 것으로 알려져 있다. 조선 개국 후에는 정종 2년(1400년) 경연에서 진강한 것을 시작으로 역대 왕들의 교육과 통치에 활용되었다. 세종 2년(1420) 庚子字로 인출한 것을 시작으로 여러 차례 활자본이 간행되어 경연에 쓰이거나 신하들에게 반사되었다. 세종 18년(1436)에는 思政殿訓義 『資治通鑑綱目』을 인출하기 丙辰字를 주조하여 간행하였다.

그 후 중종 때에는 大字는 '倣丙辰木活字'를 만들어 원래 활자와 섞어 쓰고 中字는 初鑄甲寅字와 補字를 사용하여 인출했다. 선조 때는 大字를 倣丙辰木活字를 사용하고 中字는 再鑄

甲寅字인 庚辰字를 사용하여 인출했다. 중종 때는 병진자본 외에 1496년에 간행된 명나라 黃仲昭의『新刊資治通鑑綱目』을 참고로 하여 초주갑인자와 보자를 사용하여 교서관에서 인출한 판본도 있다. 이외에 성종 때 癸丑字와 숙종 연간에 韓構字로 인출한 활자본이 있다. 이중 丙辰字本과 甲寅字本은 우리나라에서 간행된『資治通鑑綱目』의 큰 계통을 이루는데 이를 복각한 목판본이 여러 차례 인쇄되었다.70)

• **著者 및 編者**

朱熹 : 본서의『近思錄』해제 참조.

• **版本構成**

卷1~2 : 戰國時代~秦末. 卷3~8 : 前漢·新. 卷9~13 : 後漢獻帝. 卷14~16 : 三國時代. 卷17~18 : 西晉. 卷19~卷23 : 東晉. 卷24~36 : 南北朝時代. 卷37 : 隋. 卷38~53 : 唐. 卷54~59 : 唐末~後周.

• **同一 書名 版本 所藏處**

금속활자본(庚子字) : 국립중앙도서관, 규장각, 사우당종택 등.

금속활자본(甲寅字) : 규장각, 한국학중앙연구원, 계명대학교, 고려대학교 등.

금속활자본(丙辰字) : 국립중앙도서관, 국민대학교 등.

금속활자본(癸丑字) : 국립중앙도서관, 성균관대학교, 고려대학교, 성암고서박물관 등.

금속활자본(丙子字) : 고려대학교.

금속활자본(庚辰字) : 성균관대학교.

금속활자본(戊申字) : 성균관대학교.

금속활자본(韓構字) : 국립중앙도서관, 규장각, 한국학중앙연구원, 계명대학교, 단국대학교 율곡도서관, 대구광역시립중앙도서관, 성암고서박물관, 日本東洋文庫 등.

금속활자본(初鑄整理字) : 미국 컬럼비아대학교.

금속활자본 : 규장각, 한국학중앙연구원, 경상대학교, 고려대학교, 영남대학교, 日本大阪府立中之島圖書館, 성암고서박물관 등.

목판본 : 국립중앙도서관, 국회도서관, 규장각, 한국국학진흥원, 한국학중앙연구원, 건국대학교, 경기대학교, 경상대학교, 경희대학교, 계명대학교, 고려대학교, 국민대학교, 단국대학교 퇴계기념도서관, 대구가톨릭대학교, 동국대학교 서울·경주캠퍼스, 동아대학교, 부산대학교,

---

70) 송일기·오정환,「김천 직지사 간행의『資治通鑑綱目』연구」,『한국비블리아학회지』제21권 제4호, 2010. 98~100쪽.

성균관대학교, 숙명여자대학교, 영남대학교, 용인대학교, 원광대학교, 이화여자대학교, 전남대학교, 전주대학교, 중앙대학교, 충남대학교, 한양대학교, 대구시립중앙도서관, 모덕사, 성암고서박물관, 남평문씨 인수문고, 사우당종택, 춘호재, 日本大阪府立中之島圖書館 등.
필사본 : 규장각.

(64) 少微家塾點校附音通鑑節要

書名	出版事項	版式狀況	一般事項	所藏番號
少微家塾點校附音通鑑節要	王逢(宋)輯義, [18世紀]刊	零本 1冊, 朝鮮木版本, 四周單邊, 半郭 : 21.1×17.2㎝, 有界, 10行 17字, 註雙行, 上下白口, 上下內向四瓣花紋黑魚尾, 32×21.8㎝, 線裝, 楮紙	表題 : 通鑑, 印記 : 青岩家寶, 所藏 : 卷48~50	09-1876
少微家塾點校附音通鑑節要	王逢(宋)輯義, [18世紀]刊	零本 3冊, 朝鮮木版本, 四周雙邊, 半郭 : 23.8×17.2㎝, 有界, 10行 17字, 上下白口, 上下內向四瓣花紋黑魚尾, 33×21.4㎝, 線裝, 楮紙	表題 : 通鑑, 印記 : 青岩家寶, 所藏 : 卷36~38, 39~41, 45~47	09-1877~1879
少微家塾點校附音通鑑節要	王逢(宋)輯義, [18世紀]刊	零本 3冊, 朝鮮木版本, 四周雙邊, 半郭 : 23.2×17.4㎝, 有界, 10行 17字, 上下白口, 上下內向四瓣花紋黑魚尾, 32×21.1㎝, 線裝, 楮紙	表題 : 通鑑, 印記 : 青岩家寶, 藏書記 : 冊主青岩亭, 所藏 : 卷38~40, 44~46, 47~50	09-1882~1884
少微家塾點校附音通鑑節要	王逢(宋)輯義, [18世紀]刊	零本 1冊, 朝鮮木版本, 四周雙邊, 半郭 : 21.5×17.6㎝, 有界, 10行 17字, 上下白口, 上下內向四瓣花紋黑魚尾, 32.9×21㎝, 線裝, 楮紙	表題 : 通鑑, 所藏 : 卷33~35	09-1885
少微家塾點校附音通鑑節要	王逢(宋)輯義, [18世紀]刊	零本 1冊, 朝鮮木版本, 四周雙邊, 半郭 : 21.8×17㎝, 有界, 10行 17字, 上下白口, 上下內向四瓣花紋黑魚尾, 31×21.5㎝, 線裝, 楮紙	表題 : 通鑑, 印記 : 酉谷青岩, 所藏 : 卷42~44	09-1886
少微家塾點校附音通鑑節要	王逢(宋)輯義, [18世紀]刊	零本 2冊, 朝鮮木版本, 四周雙邊, 半郭 : 22.7×17.2㎝, 有界, 10行 17字, 上下白口, 上下內向四瓣花紋黑魚尾, 32×21.1㎝, 線裝, 楮紙	表題 : 通鑑, 印記 : 酉谷青岩, 所藏 : 卷28~30, 31~34	09-1887~1888
少微家塾點校附音通鑑節要	王逢(宋)輯義, [17世紀]印	零本 2冊, 朝鮮乙亥字本, 四周單邊, 半郭 : 25×16.8㎝, 有界, 10行 19字, 註雙行, 上下大黑口 上下內向六瓣花紋黑魚尾, 33.3×21.2㎝, 線裝, 楮紙	表題 : 通鑑, 印記 : 青岩家寶, 所藏 : 卷17~19, 31~34	09-1978

• **概要**

『資治通鑑』 294권은 北宋 神宗의 元豊 7年(1084)에 司馬光에 의해 이루어졌다. 周 威烈王 23年(기원전 403)부터 五代 後周 顯德 6年(959)에 이르는 1362년간의 편년체 通史이다. 司馬遷의 『史記』와 함께 중국의 가장 대표적인 역사서인데, 『通鑑節要』는 이것을 50권으로 요약한 것이다.

충재박물관 소장본 중 금속활자본『少微家塾點校附音通鑑節要』는 乙亥字로 중종연간~선조 초기에 간행되었으므로[71] 權橃이 현직 관료로 있을 때 수집하였을 가능성이 높다.

• **編纂과 刊行**

16권 5책, 8권 3책 등의 조선목판본이다.『少微家塾點校附音通鑑節要』는 宋 徽宗 때의 학자인 江贄의『通鑑節要』에 明代 眉山 史炤가 音釋하고, 鄱陽 王逢이 輯義하였으며 京兆 劉剡이 增校하여 간행한 책이다. 보통 通鑑이라고 불리며 조선시대를 통틀어 여러 차례에 걸쳐 간행되어, 현재 각기 다른 많은 판본들이 남아있다.

• **著者 및 編者**

王逢(생졸년 미상) : 樂平縣(현재 江西省 三水) 사람으로 자는 原夫이고 호는 松塢이다. 그는 野谷 洪初를 사사하였는데, 朱熹의 학문을 계승한 학자로 평가받는 인물이다. 朱熹의 학문을 계승한 그는 過擧를 버리고 道德 性命을 연구하여 經史에 통달하였다. 宣德 1년(1425)에 천거를 받아 富陽訓에 임명되었으나 부임하지 않고, 鄕塾에 돌아가 문인 何英·吳存·余進 등과 더불어 강론하다가 80여 세에 졸하였다.[72]

• **同一 書名 版本 所藏處**

금속활자본(甲寅字) : 건국대학교.

금속활자본(乙亥字) : 고려대학교.

금속활자본(戊申字) : 국립중앙도서관, 건국대학교 등.

목판본 : 국립중앙도서관, 규장각, 한국국학진흥원, 한국학중앙연구원, 경기대학교, 경상대학교, 경희대학교, 계명대학교, 고려대학교, 국민대학교, 단국대학교 퇴계·율곡기념도서관, 대구가톨릭대학교, 동국대학교 경주캠퍼스, 동아대학교, 부산대학교, 서울대학교, 성균관대학교, 숙명여자대학교, 안동대학교, 연세대학교, 영남대학교, 용인대학교, 원광대학교, 전남대학교, 전북대학교, 전주대학교, 조선대학교, 중앙대학교, 충남대학교, 한양대학교, 대구광역시립중앙도서관, 화성시향토박물관, 모덕사, 송광사 성보박물관, 용화사 묵담유물관, 성암고서박물관, 독락당남평문씨 인수문고, 사우당종택, 춘호재, 中國國家圖書館 등.

---

71) 金東浘,「冲齋 遺物館 藏書 硏究」, 성균관대학교 문헌정보학과 석사학위논문, 1992. 46~50쪽.

72) 정재철,「중국도서의 수입과 학문적 수용-명초 건양의 서림학자 劉剡의 편찬서를 중심으로」,『東方漢文學』제66집, 2016. 12쪽.

필사본 : 국립중앙도서관, 한국국학진흥원, 한국학중앙연구원, 경기대학교, 영남대학교, 원광대학교, 日本小倉文庫(東京大學) 등.

(65) 增修附註資治通鑑節要續編

書名	出版事項	版式狀況	一般事項	所藏番號
增修附註資治通鑑節要續編	劉剡(明) 編輯, 張光啓(明) 訂正, [17世紀]刊	零本 12冊, 朝鮮木版本, 四周單邊, 半郭 : 23.1×16.1㎝, 有界, 10行 19字, 註雙行, 上下白口, 魚尾, 32.5×20.9㎝, 線裝, 楮紙	表題 : 宋鑑, 序 : 宣德四年己酉(1429)…張光啓撰, 印記 : 權斗寅, 所藏 : 卷1~13, 16~18, 13~30	09-0913 ~0924
增修附註資治通鑑節要續編	劉剡(明) 編輯, 張光啓(明) 訂正, [17世紀]刊	零本 12冊, 朝鮮木版本, 四周單邊, 半郭 : 23×16.5㎝, 有界, 10行 19字, 註雙行, 上下白口, 上下內向六瓣花紋黑魚尾, 32.2×20.6㎝, 線裝, 楮紙	印記 : 青岩, 所藏 : 卷1~15, 21~28	09-1210 ~1221
增修附註資治通鑑節要續編	張光啓 訂正, 劉剡 編輯, [17世紀]刊	零本 1冊, 朝鮮木版本, 四周單邊, 半郭 : 22.2×16.3㎝, 有界, 10行 22字, 註雙行, 上下白口, 上下內向四瓣花紋黑魚尾, 32.3×20.8㎝, 線裝, 楮紙	表題 : 宋鑑, 所藏 : 卷29~30	09-2559
增修附註資治通鑑節要續編	張光啓 訂正, 劉剡 編輯, [17世紀]刊	零本 2冊, 朝鮮木版本, 四周單邊, 半郭 : 22.6×16.5㎝, 有界, 10行 22字, 註雙行, 上下白口, 上下內向亂花紋黑魚尾, 32.3×20.7㎝, 線裝, 楮紙	表題 : 宋鑑, 序 : 宣德四年己酉…張光啓撰, 印記 : 青岩, □松居士, 所藏 : 卷1, 19~20(全 15冊中)	09-2625 ~2626
增修附註資治通鑑節要續編	張光啓 訂正, 劉剡 編輯, [17世紀]刊	零本 2冊, 朝鮮木版本, 四周單邊, 半郭 : 23.8×17.2㎝, 有界, 10行 22字, 註雙行, 上下白口, 上下內向亂花紋黑魚尾, 32.5×21㎝, 線裝, 楮紙	表題 : 宋鑑, 所藏 : 卷19~20, 21~22(全 16冊中)	09-2627 ~2628
增修附註資治通鑑節要續編	劉剡(明) 編輯, 張光啓(明) 訂正, [16世紀]印	零本 13冊, 朝鮮初鑄甲寅字本(木活字補), 四周單邊, 半郭 : 25×17㎝, 有界, 10行 17字, 註雙行, 上下大黑口, 上下下向黑魚尾, 32.4×21.3㎝, 線裝, 藁精紙	表題 : 宋鑑, 印記 : 青岩家寶, 藏書記 : 主石泉翁	09-1985 ~1997

• **槪要**

『增修附註資治通鑑節要續』은 조선에 通行된 『少微家塾點校附音通鑑節要』(약칭 『通鑑節要』)의 속편이다. 명나라 초 建陽의 출판업자 劉剡은 과거 수험용 참고서로 『通鑑節要』를 출판하고 곧이어 그 속편인 본서를 편집하고 建陽知縣 張光啓가 訂定하여 출판하였다. 본서는 『通鑑節要』 이후의 시대인 宋·遼·金·元의 역사를 朱熹의 '正統論'에 입각하여 기술하였다.

본서는 송과 원을 정통으로 하였기 때문에 일반적으로 '宋鑑' 혹은 '宋元節要'라 지칭되었다.[73)] 충재박물관 소장본 중 금속활자본인 『增修附註資治通鑑節要續編』은 初鑄甲寅字混入補字로 간행되었는데, 간행시기를 특정하지 못하고 중종연간으로 잡고 있다.[74)] 그런데 중종 6년(1511)에 夕講에서 『宋鑑』을 강독하였는데,[75)] 『宋鑑』이 바로 『增修附註資治通鑑節要續編』의 약칭 書名이다. 경연에 사용된 책들은 경연에 참여하는 관료들이 반드시 가지고 있어야 한다. 그런데 중종 6년(1511) 弘文館副校理였던 權橃은 경연에 참여하였기 때문에 이때 『增修附註資治通鑑節要續編』을 반사 받았을 것으로 추정된다.

• **編纂과 刊行**

중국에서 『增修附註資治通鑑節要續』는 雙桂書堂의 1433년 간행본이 나온 이후 이본이 다양한 書坊에서 간행되었다. 조선에서는 세종 말에서 세조 초에 初鑄甲寅字로 간행되었고, 이 판본은 1400년대에 목판으로 번각하여 간행되었다. 성종연간에는 初鑄甲寅字補字混入本으로 간행되었고, 중종연간에도 初鑄甲寅字補字混入本으로 다시 간행되었다. 이후에는 1500년대 후반에 乙亥字로 간행되었고, 이 판본은 1600년대 목판으로 번각하여 간행되었다. 또한 영조 2년(1726)경에는 戊申字로 간행되었고, 1700~1800년대에는 壬辰字로 간행되었으며, 고종연간에는 壬辰字補字混入本으로 간행되었다.

초주갑인자와 을해자의 경우에는 활자본을 飜刻하여 목판본으로도 유통이 되었다. 그러나 초주갑인자부터 임진자에 이르기까지 일부 형태적 특징과 본문의 오탈자 및 序圖의 유무 등 미세한 차이점을 제외하면 내용상에 변화가 없어 초기 판본의 내용이 조선 후기까지 그대로 이어졌다고 할 수 있다.[76)]

• **著者 및 編者**

劉剡(생졸년 미상) : 明代 安徽 休寧 사람이고, 자는 用章이다. 건양에서 대를 이어 書房을 운영해 온 집안 출신이다. 그는 1435년에 朱熹의 『資治通鑑綱目』에 發明·考異 등을 혼합하여 편집하였는데, 이 책은 그의 族兄인 劉寬에 의해 간행되었다.[77)]

---

73) 김민현, 「『增修附註資治通鑑節要續編』의 유통과 활용에 대한 연구」, 『奎章閣』第52輯, 2018. 161쪽.
74) 김민현, 「『增修附註資治通鑑節要續編』의 유통과 활용에 대한 연구」, 『奎章閣』第52輯, 2018. 172쪽.
75) 金重權, 「朝鮮朝 經筵에서 中宗의 讀書歷에 관한 考察」, 『서지학연구』제41집, 2008. 200쪽.
76) 김민현, 「『增修附註資治通鑑節要續編』의 유통과 활용에 대한 연구」, 『奎章閣』第52輯, 2018. 167~173쪽.
77) 정재철, 「중국도서의 수입과 학문적 수용-명초 건양의 서림학자 劉剡의 편찬서를 중심으로」, 『東方漢文學』제66집, 2016. 11쪽.

張光啓(생졸년 미상) : 明 중기에 盱江(현재 江西省 撫州)사람이다. 永樂年間에 진사가 되었고, 宣德年間에 福建建陽縣令을 역임하였다. 학식이 뛰어나 成化年間에 『新刊四明先生高明大字續資治通鑒節要』·『增修附注資治通鑒節要』·『增修附注資治通鑒節要續編』 등을 저술하였다.

• 版本構成

卷1~11 : 宋紀(宋 建隆一年~宋 靖康二年, 附錄 : 遼·夏·金·西遼. 卷12~26 : 南宋紀(南宋 建炎一年~南宋 祥興二年), 附錄 : 金·西遼·夏·元. 卷27~30 : 元紀(元 至元十六年)~元 至正二十七年.

• 同一 書名 版本 所藏處

금속활자본(甲寅字) : 국립중앙도서관, 국회도서관, 고려대학교, 영남대학교 등.
금속활자본(乙亥字) : 고려대학교, 성균관대학교 등.
금속활자본(戊申字) : 한국학중앙연구원, 연세대학교, 中國國家圖書館, 中國雲南大學校圖書館, 미국 컬럼비아대학교 등.
금속활자본(壬辰字) : 규장각.
금속활자본(丁酉字) : 한양대학교.
금속활자본 : 경희대학교, 성암고서박물관 등.
목판본 : 국립중앙도서관, 규장각, 한국학중앙연구원, 경기대학교, 계명대학교, 고려대학교, 단국대학교 퇴계기념도서관, 동국대학교, 동아대학교, 성균관대학교, 숙명여자대학교, 영남대학교, 충남대학교, 한양대학교, 성암고서박물관 등.
필사본 : 고려대학교.

(66) 篆大學

書名	出版事項	版式狀況	一般事項	所藏番號
篆大學	金振興 著, [17世紀]刊	不分卷 1冊, 朝鮮木版本, 四周單邊, 半郭 : 27.3×18.5㎝, 有界, 5行 字數不定, 上下白口, 上下內向四瓣花紋黑魚尾, 36.2×23.5㎝, 線裝, 楮紙	序 : 崇禎癸卯(1683)…宋時烈叙, 卷末 : 辛丑(1661)…金振興書	09-1834

• 概要

朱熹의 「大學章句序」와 「大學章句大全」에서 註釋을 제외한 원문만을 篆書 38체로 쓴 것으로, 이 한 책으로 각종 篆書體를 통관할 수 있게 되어 있다. 그 수록된 양으로 보아서도 篆書 서법에 관한 사전적 역할을 할 수 있는 자료이다.

• 編纂과 刊行

金振興의 跋을 보면 1661년(顯宗 2)에 완성되었음을 알 수 있다. 宋時烈·李端夏·金萬基·呂聖齊 등이 序文·跋文을 지어 1663년(현종 4)에 간행하였다.

• 著者 및 編者

金振興(1621~?) : 본관은 善山이고, 자는 興之·待而이고, 호는 松溪이다. 1654년 譯科에 급제하여 篆文學官이 되고 뒤에 護軍이 되었다. 어려서부터 呂爾徵을 따라 篆書·備書를 배우고 明의 朱之蕃의 篆訣을 얻은 뒤 노력 끝에 38체에 통달하여 篆書家로 이름을 떨쳤다. 조선 중기의 篆書大家로 송시열 같은 巨儒 등으로부터도 높게 평가 받았다. 『篆大學』 이외에도 『篆海心鏡』이 간행되었으며, 이는 조선시대 서예사의 연구 자료로서 적지 않은 가치가 있다.

• 版本構成

1.鳥篆(史佚回赤雀丹鳥二祥作), 2.上方大篆(程邈飾李斯出法), 3.龜書(見龜而作), 4.穗書(神農回上黨生嘉禾而作), 5.奇字篆(甄豊定古文六體此其一), 6.芝英篆(陳遵回芝生漢武殿作), 7.碧落篆(唐元嘉子李□作), 8.大篆(史籒變古文六體著書十五篇), 9.飛白書(蔡雝見人以⌴成字作) 10.科斗書(源出古文或云顓頊製), 11.金錯書(韋誕作古錢名漢之銖兩), 12.鳥跡書(蒼頡觀鳥跡始製文字), 13.古篆(似柳葉體而細), 14.柳葉篆(衛瓘三世攻書善衆體), 15.殳書, 16.懸鍼書, 17.轉宿篆(熒惑退舍司星子韋作), 18.玉筋篆(陽氷善作), 19.倒薤篆(仙人務光見薤偃風作), 20.麟書(獲麟弟子爲素王紀瑞作), 21.鐘鼎書(三代以此體刻銘鍾鼎), 22.龍書(大昊獲景龍之瑞作此), 23.鵠頭書(漢家尺一之簡如鵠首), 24.鼎小篆(似古鼎體而細), 25.秦璽篆(程邈作), 26.古鼎書(似鍾鼎體而粑), 27.懸針篆(曹喜以此題五經篇目), 28.鳳尾書(鳳鳥適至而作), 29.龍爪篆(羲之見飛字龍爪形作), 30.垂雲書(黃帝回慶雲之見而作), 31.刻符書(秦壞古文定八體此其一), 32.剪刀篆(韋誕作後史游造其極), 33.小篆(胡毋敬作比籒篆頗改省), 34.垂露篆(曹喜作點若濃露之垂), 35.纓絡篆(劉德昇夜觀星宿爲此), 36.太極篆(象太極圖), 37.墳書(周媒氏配合界女書證文), 38.雕蟲篆(魯秋胡妻春翫蟲作)

• 同一 書名 版本 所藏處

목판본 : 국립중앙도서관, 규장각, 경기대학교, 동아대학교, 성균관대학교, 영남대학교, 전남대학교, 대구시립중앙도서관, 성암고서박물관, 日本東洋文庫, 미국 UC버클리대학교 등.

(67) 周易本義口訣附說

書名	出版事項	版式狀況	一般事項	所藏番號
周易本義口訣附說	崔岦[78] 口訣	2卷 1冊, 朝鮮木版本, 四周雙邊, 半郭 : 29.5×15.1㎝, 有界, 8行 20字, 上下白口, 上下內向四瓣花紋黑魚尾, 33×20.4㎝, 線裝, 楮紙	印記 : 靑岩家寶	09-1938

• 槪要

崔岦이 『周易本義』에 입각하여 경문에 한글로 구결을 단 책이다.

• 編纂과 刊行

崔岦은 1602년(선조 35) 교정청에서 『周易』의 언해사업에 참여하였다가 한가한 외직으로 나가 구결 작업에 몰두하기를 자청하였다. 그 뒤 1603년 5월 『주역언해』의 편찬이 일단락된 뒤에 이 요청이 받아들여져 강원도의 간성군수로 나갔다. 崔岦은 간성군수로 재직한 3년 사이에 구결 작업을 완성하였다.[79] 그러나 崔岦의 사후 실록의 史評에서 '책이 완성됨에 임금에게 올렸으나 … 세상에 쓰이지 않았다.'(光海君日記 4년 7월 癸卯條)라고 하였다. 그러므로 崔岦의 사후인 인조 때 이후에 간행된 것으로 보인다.

• 著者 및 編者

崔岦(1539~1612) : 본관은 通川이고, 자는 立之이며 호는 簡易·東皐이다. 그는 빈한한 가문에서 태어났으나 1555년(명종 10) 17세의 나이로 진사가 됐고 1559년(명종 14) 식년문과에 장원으로 급제했다. 여러 외직을 지낸 뒤에 1577년(선조 10) 奏請使의 質正官으로 명나라에 다녀왔다. 1581년(선조 14) 재령군수로 굶주린 백성들을 구제하였고, 그 해에 다시 주청사의 질정관이 되어 명나라에 다녀왔다. 그는 1584년(선조 17)에 護軍으로 吏文庭試에 장원을 했

78) 목록에는 '崔笠'으로 되어 있으나 '笠'은 '岦'의 오자이다.
79) 이충구, 「周易諺解의 過程과 特徵」, 『東洋哲學硏究』제14집, 1994. 405쪽.

다. 1592년(선조 25)에 공주목사가 되었으며 이듬해에 전주부윤을 거쳐 승문원제조를 지냈다. 그 해에 주청사의 질정관이 되었다. 1594년(선조 27)에 奏請副使가 되어 명나라에 다녀왔다. 그 뒤에 判決事가 되었고 1606년 동지중추부사가 되었다. 이듬해에 강릉부사를 지내고 형조참판에 이르러 사직하고 평양에 은거했다. 저서로는 『簡易集』·『十家近體詩』·『漢史列傳抄』 등이 있다.

• 版本構成

卷1 : 河圖洛書伏羲八卦次序·伏羲八卦方位·伏羲六十四卦次序·六十四卦方位·文王八卦次序·文王八卦方位·變卦圖·上經(乾卦~離卦). 卷2 : 下經(咸卦~未濟)·彖上傳. 卷3 : 彖下傳·象上傳·象下傳·繫辭上傳. 卷4 : 繫辭下傳·文言傳·說卦傳·序卦傳·雜卦傳·五贊筮儀 音訓·考異.

• 同一 書名 版本 所藏處

목판본 : 규장각, 전남대학교, 日本小倉文庫(東京大學), 日本大阪府立中之島圖書館 등.

(68) 周易諺解

書名	出版事項	版式狀況	一般事項	所藏番號
周易諺解	宣祖 命撰	零本 3冊, 朝鮮木版本, 四周單邊, 半郭 : 23.8×16.9㎝, 有界, 10行 18字, 上下白口, 上下向四瓣花紋黑魚尾, 35.2×22.4㎝, 線裝, 楮紙	所藏 : 卷2~4	09-1496 ~1498

• 槪要

『周易』에 한글로 토를 달고 우리말로 직역을 하면서 원문을 앞에 싣고 뒤에 언해를 붙였는데, 원문에는 한글 현토와 한자음이 있고, 번역문에도 한자와 한자음이 표기되어 있다.

• 編纂과 刊行

선조 때 校正廳에서 정구·홍가신·한백겸·강복성이 참여하여 언해하였으며, 언해의 책임자 윤근수가 首堂上으로 총재하였다. 이 판본은 1606년(선조 39)년 이전에 인출되었으며,[80] 이후에는 여러 차례 간행되었다. 간기가 '歲庚午仲春開刊全州河慶龍藏板'은 1810년(순조 10)

80) 이충구, 「周易諺解의 過程과 特徵」, 『東洋哲學硏究』제14집, 1994. 416쪽.

에, '庚辰新刊內閣藏板'은 1820년에, '丙戌新刊嶺營藏板'은 1826년에, '庚寅新刊嶺營藏板'은 1830년에, '壬戌季春嶺營重刊'은 1862년(철종 13)에 간행된 것이다. '戊寅新刊嶺營藏板'과 '乙丑七月日寧邊府開刊' 등의 간기를 가진 것들은 간행연도를 추정하기 어려움이 있다. 그밖에 1695년(숙종 21)에 간행된 것으로 보이는 '戊申字活字本'이 있고, 다른 사서삼경의 언해와 마찬가지로 『주역언해』도 많은 이본이 존재한다.

• **著者 및 編者**

尹根壽(1537~1616) : 본관은 海平이고, 자는 子固이며 호는 月汀이다. 1558년(명종 13) 별시문과에 병과로 급제해 승문원권지부정자에 임용된 뒤, 승정원주서·춘추관기사관·연천군수 등을 거쳐 1562년 홍문관부수찬이 되었다. 이 때 己卯士禍로 화를 당한 趙光祖의 伸冤을 청했다가 과천현감으로 체직되었고, 이듬해 8월 대사헌 李戡의 탄핵을 받아 파직되었다. 1565년 홍문관부교리로 다시 기용된 뒤 이조좌랑·정랑 등을 차례로 지내고, 이듬해 의정부사인·知製敎兼校書館校理로 『명종실록』 편찬에 참여하였다. 이후 검상·사인·장령·집의·사예·부응교 등을 역임했으며, 1572년(선조 5) 동부승지를 거쳐 대사성에 승진하였다. 이듬해 奏請副使로 명나라에 가서 宗系辨誣를 요청하였다.

그 뒤 경상도감사·부제학·개경유수·공조참판 등을 거쳐 1589년 聖節使로 명나라에 파견되었으며, 귀국할 때 『大明會典全書』를 가져왔다. 이듬해 종계변무의 공으로 光國功臣 1등에 海平府院君으로 봉해졌다. 1591년 우찬성으로 鄭澈이 세자 책봉 문제로 화를 입자, 윤근수가 정철에게 당부했다는 대간의 탄핵으로 형 윤두수와 함께 삭탈관직 되었다. 임진왜란이 일어나자 예조판서로 다시 기용되었으며, 問安使·遠接使·奏請使 등으로 여러 차례 명나라에 파견되었고, 국난 극복에 노력하였다. 그 뒤 판중추부사를 거쳐 좌찬성으로 판의금부사를 겸했고, 1604년 호성공신(扈聖功臣) 2등에 봉해졌다

• **版本構成**

卷1 : 乾卦·坤卦·屯卦·蒙卦·需卦·訟卦·師卦·比卦·小畜卦·履卦·泰卦·否卦. 卷2 : 同人卦·大有卦·謙卦·豫卦·隨卦·蠱卦·臨卦·觀卦·噬嗑卦·賁卦·剝卦·復卦·无妄卦·大畜卦·頤卦·大過卦·坎卦·離卦. 卷3 : 咸卦·恒卦·遯卦·大壯卦·晉卦·明夷卦·家人卦·睽卦·蹇卦·解卦·損卦·益卦·夬卦·姤卦·萃卦·升卦·困卦. 卷4 : 井卦·革卦·鼎卦·震卦·艮卦·漸卦·歸妹卦·豐卦·旅卦·巽卦·兌卦·渙卦·節卦·中孚卦·小過卦·旣濟卦·未濟卦. 卷5 : 繫辭上傳. 卷6 : 繫辭下傳. 卷7 : 說卦傳. 卷8 : 序卦傳. 卷9 : 雜卦傳.

• **同一 書名 版本 所藏處**

금속활자본(戊申字) : 국립중앙도서관, 규장각, 한국학중앙연구원, 고려대학교, 성균관대학교 등.

금속활자본(丁酉字) : 한국학중앙연구원, 성균관대학교 등.

목활자본 : 국립중앙도서관, 경상대학교, 숙명여자대학교, 용인대학교 등.

목판본 : 국립중앙도서관, 국회도서관, 규장각, 한국국학진흥원, 한국학중앙연구원, 가톨릭대학교, 경기대학교, 경상대학교, 경희대학교, 계명대학교, 고려대학교, 국민대학교, 단국대학교 퇴계·율곡기념도서관, 대구가톨릭대학교, 동국대학교 서울·경주캠퍼스, 동아대학교, 부산대학교, 서울대학교, 성균관대학교, 숭실대학교, 안동대학교, 연세대학교, 영남대학교, 원광대학교, 이화여자대학교, 인하대학교, 전남대학교, 전북대학교, 전주대학교, 조선대학교, 중앙대학교, 충남대학교, 충북대학, 한양대학교, 모덕사, 송광사 성보박물관, 사우당종택, 남평문씨 인수문고 춘호재, 日本東洋文庫, 日本小倉文庫(東京大學), 日本大阪府立中之島圖書館, 프랑스 동양언어문화학교, 러시아 국립도서관, 미국 하버드대학옌칭도서관 등.

필사본 : 국립중앙도서관, 경상대학교 등.

(69) 周易傳義大全

書名	出版事項	版式狀況	一般事項	所藏番號
周易傳義大全	胡廣(明) 等受勅編, 大邱 : 嶺營, 庚寅(1830)	零本 12冊, 朝鮮木版本, 四周單邊, 半郭 : 23.8×17㎝, 有界, 10行 18字, 註雙行, 上下白口, 上下向四瓣花紋黑魚尾, 34×22.7㎝, 線裝, 楮紙	表題 : 周易, 刊記 : 庚寅新刊嶺營藏板, 藏書記 : 册主柄橋宅	09-0372 ~0383
周易傳義大全	胡廣(明) 等受命編	零本 11冊, 中國木版本(明版), 四周雙邊, 半郭 : 19.5×12.9㎝, 有界, 12行 22字, 註雙行, 上下大黑口, 上下下向黑魚尾, 26.5×15.3㎝, 線裝.	刊記 : 弘治丙辰余氏雙桂書堂新刊, 印記 : 靑岩家寶, 所藏 : 卷1~4, 7~22	09-1188 ~1198
周易傳義大全	胡廣(明) 等受命編	零本 12冊, 朝鮮木版本, 四周單邊, 半郭 : 21.4×18.5㎝, 有界, 10行 22字, 上下白口(大黑口混入), 上下內向四瓣花紋黑魚尾, 33×22.5㎝, 線裝, 楮紙	印記 : 酉谷靑岩, 所藏 : 卷1~16, 20~24	09-1199 ~1202, 1630 ~1637
周易傳義大全	胡廣(明) 等受勅纂修, [19世紀]刊	零本 1冊, 朝鮮木版本, 四周雙邊, 半郭 : 21×18.7㎝, 有界, 10行 22字, 上下白口, 上下內向四瓣花紋黑魚尾, 33.1×22.7㎝, 線裝, 楮紙	印記 : 酉谷靑岩, 所藏 : 卷18~19	09-2722

• 概要

明代 成祖의 칙령에 따라 胡廣(1370~1418) 등 42인이 『周易』에 대한 여러 註釋을 모아 펴낸 책이다.

충재박물관 소장본 중 명나라 판본은 權橃이 중종 34년(1539) 7월에 宗系辨誣 주청사로 명나라에 갔을 때 입수한 것으로 추정된다.

• 編纂과 刊行

1414년(永樂 12) 明 成祖는 翰林學士 胡廣 및 侍講 楊榮·金幼孜 등 42인에게 『五經大全』·『四書大全』·『性理大全』의 편찬을 명하여 이듬해인 1415년(永樂 13) 9월에 완성토록 하였다. 『周易傳義大全』은 이때 편찬되어 간행되었다. 大全本의 경서는 중국에서 간행된 직후인 태종 말년에 조선에 수입되어, 세종 연간 이래 여러 차례에 걸쳐 국가 차원에서 간행되었다. 그리고 1777년(정조 1)에는 關西 지방에서 丁酉字 15만자를 제작하였으며, 정조는 1793년 여름에 교서관으로 하여 사서삼경을 인쇄하도록 하여 이듬해인 1794년 1월 24일에 이르러 완성을 보게 되었다.[81)]

• 著者 및 編者

胡廣 : 본서의 『論語集註大全』 해제 참조.

• 版本構成

卷1 : 乾卦·卷2 : 坤卦·屯卦. 卷3 : 蒙卦·需卦·訟卦. 卷4 : 師卦·比卦·小畜卦. 卷5 : 履卦·泰卦·否卦. 卷6 : 同人卦·大有卦·謙卦. 卷7 : 豫卦·隨卦·蠱卦. 卷8 : 臨卦·觀卦·噬嗑卦. 卷9 : 賁卦·剝卦·復卦. 卷10 : 无妄卦·大畜卦·頤卦. 卷11 : 大過卦·坎卦·離卦. 卷12 : 咸卦·恒卦·遯卦. 卷13 : 大壯卦·晉卦·明夷卦·家人卦. 卷14 : 睽卦·蹇卦·解卦. 卷15 : 損卦·益卦·夬卦. 卷16 : 姤卦·萃卦·升卦. 卷17 : 困卦·井卦·革卦. 卷18 : 鼎卦·震卦·艮卦. 卷19 : 漸卦·歸妹卦·豐卦·旅卦. 卷20 : 巽卦·兌卦·渙卦·節卦. 卷21 : 中孚卦·小過卦·旣濟卦·未濟卦. 卷22 : 繫辭上傳. 卷23 : 繫辭下傳. 卷24 : 說卦傳·序卦傳·雜卦傳.

• 同一 書名 版本 所藏處

금속활자본(甲寅字) : 고려대학교, 계명대학교 등.

---

81) 장원연, 「정유자본 『周易傳義大全』의 간행과 교정」, 『書誌學硏究』제59집, 2104. 382~383쪽.

금속활자본(戊申字) : 국립중앙도서관, 성암고서박물관, 미국 컬럼비아대학교 등.
금속활자본(壬辰字) : 국립중앙도서관, 규장각, 영남대학교 등.
금속활자본(丁酉字) : 국립중앙도서관, 국회도서관, 한국학중앙연구원, 건국대학교, 경상대학교, 성균관대학교, 영남대학교 등.
금속활자본(後期校書館印書體字) : 국립중앙도서관, 고려대학교, 미국 컬럼비아대학교 등.
목활자본 : 국립중앙도서관, 경기대학교, 경상대학교, 용인대학교 등.
목판본 : 국립중앙도서관, 국회도서관, 규장각, 한국국학진흥원, 한국학중앙연구원, 가톨릭대학교, 경기대학교, 경상대학교, 경희대학교, 계명대학교, 고려대학교, 국민대학교, 단국대학교 퇴계·율곡기념도서관, 동국대학교 서울·경주캠퍼스, 동아대학교, 부산대학교, 서울대학교, 성균관대학, 숙명여자대학교, 안동대학교, 영남대학교, 용인대학교, 원광대학교, 이화여자대학교, 전남대학교, 전북대학교, 전주대학교, 조선대학교, 중앙대학교, 충남대학교, 한양대학교, 대구광역시립중앙도서관, 화성시향토박물관, 모덕사, 성암고서박물관, 사우당종택, 남평문씨 인수문고, 춘호재, 日本東洋文庫, 日本大阪府立中之島圖書館, 미국 프린스턴대학교 등.
필사본 : 국회도서관, 한국국학진흥원, 경기대학교, 경상대학교, 경희대학교, 계명대학교, 단국대학교 퇴계기념도서관, 부산대학교, 연세대학교, 영남대학교, 원광대학교, 전남대학교, 충남대학교, 한양대학교, 화성시향토박물관 등.

(70) 朱子大全

書名	出版事項	版式狀況	一般事項	所藏番號
朱子大全	朱熹 著, 中宗 38年(1543)	零本 90冊, 乙亥字本, 四周單邊, 半郭 : 23.4×16㎝, 有界, 10行 18字, 註雙行, 內向三葉花紋魚尾, 31.4×19.5㎝, 線裝, 楮紙	內賜記 : 嘉靖二十二年(1543) 六月 日 內賜議政府左參贊權橃朱子大全一件 命除謝恩 都承旨臣 洪[手決]	보물 제896-9호
朱子大全	朱熹 著, [17世紀]刊	零本 63冊, 朝鮮木版本, 四周單邊, 半郭 : 20.2×16.4㎝, 有界, 10行 18字, 註雙行, 上下白口, 上下內向有紋魚尾, 32.2×20.3㎝, 線裝, 楮紙	序 : ①嘉靖壬辰(1532)…潘潢拜書 ②淳祐五年(1245)…王遂, 印記 : 三溪書院, 所藏 : 目錄 2卷, 卷 11~66, 71~73, 76, 77, 82~85, 88~100, 續集 卷 1~11, 別集 卷 8~10.	09-0574 ~0636

• **概要**

朱熹가 일생을 두고 저작한 모든 학설 위주로 여러 학자들의 質疑에 대해 회답한 편지들과

詩·記·銘·碑文·墓誌 등 문예에 관한 저작들을 함께 모은 방대한 저작이다.

충재박물관에는 2종의 『朱子大全』이 소장되어 있다. 그 중 乙亥字로 인출한 금속활자본은 보물 제896-9호로 內賜記가 '嘉靖二十二年六月 內賜議政府左參贊權橃朱子大全一件 命除謝恩 都承旨臣 洪[手決]'로 되어 있다. 이 책은 嘉靖 22年인 中宗 38年(1543)에 左參贊인 權橃에게 내린 宣賜本이다.

• **編纂과 刊行**

朱熹 사후 그의 門人들이 편찬하였는데, 100권은 보존되어 오던 것을 모은 것이고, 별집 11권은 그의 문인 餘思魯가 모은 것이며, 속집 10권은 누가 정리했는지 미정이다. 宋 度宗 咸淳 元年(1265)에 저자의 후손 朱玉이 교정하여 『朱子大全集』이라는 이름으로 간행하였다. 이후에는 천순본(1460)·성화본(1483)·가정본(1532)·만력본(1605)으로 간행되었다.

국내에서 『朱子大全』은 建安書院版의 간본인 天順版(1460)을 저본으로 1543년 교서제조 金安國의 주도로 乙亥字混入補字本이 교서관에서 처음 간행되었다. 이후 柳希春(1575)이 교서제조가 되어 유림의 요청을 받아 金安國版의 오류를 바로 잡고 수요에 부응하고자 국왕의 윤허를 받아 체계적인 교정을 거친 보주을해자본이 교서관에서 인출되었다. 조선 후기는 전주에서 각각 元斗杓(1635)와 洪啟禧(1771)가 주도하여 활자본이 아닌 목판본으로 간행되었다.[82)]

• **著者 및 編者**

朱熹 : 본서의 『近思錄』 해제 참조.

• **版本構成**

卷1 : 詞·賦·琴操·詩. 卷2~9 : 詩. 卷10 : 詩·樂府. 卷11~12 : 封事. 卷13~14 : 奏. 卷15 : 講義議狀. 卷16~19 : 奏狀. 卷20~21 : 申請. 卷22~23 : 辭免. 卷24~29 : 書(時事出處). 卷30 : 書(問答 : 答汪尙書). 卷31 : 書(問答 : 與張敬夫). 卷32 : 書(問答). 卷33 : 書(問答 : 答呂伯恭). 卷34 : 書(問答 : 答呂伯恭). 卷35 : 書(問答 : 答呂伯恭問龜山中庸·答劉子澄). 卷36 : 書(辨答 : 答陸子壽·答陸子美·答陸子靜·答陳同甫). 卷37 : 書(問答論事). 卷38 : 書(問答). 卷39 : 書(問答). 卷40 : 書(問答 : 答劉平甫·與平甫書中雜說·答吳耕老·答何叔京). 卷41 : 書(問答 : 答馮作肅·答連嵩鄉·答程允夫·答黃子厚). 卷42 : 書(問答 : 答胡黃仲·與吳晦叔·

82) 최경훈, 「朝鮮時代 『朱子大全』의 刊行에 관한 考察」, 『書誌學研究』第76輯, 2018. 75~76쪽.

答石子重). 卷43~47 : 書(問答). 卷48 : 書(問答 : 答呂子約). 卷49~56 : 書(問答). 卷57 : 書(問答 : 答林一之·答李堯鄕·答陳安鄕). 卷58~64 : 書(問答). 卷65~74 : 雜著. 卷75~76 : 序. 卷77~80 : 記. 卷81~84 : 跋. 卷85 : 銘·箴·贊·表·啓·婚書·上梁文. 卷86 : 祝文. 卷87 : 祭文. 卷88~89 : 碑銘. 卷90 : 墓表. 卷91~93 : 墓誌銘. 卷95~98 : 行狀. 卷99~100 : 公移.

- **同一 書名 版本 所藏處**

금속활자본(乙亥字) : 국립중앙도서관, 한국학중앙연구원, 건국대학교, 고려대학교, 숙명여자대학교, 사우당종택, 미국 하버드대학옌칭도서관 능.
금속활자본 : 연세대학교, 영남대학교 등.
목활자본 : 경상대학교, 동국대학교 경주캠퍼스 등.
목판본 : 국립중앙도서관, 국회도서관, 한국국학진흥원, 한국학중앙연구원, 경기대학교, 경상대학교, 경희대학교, 계명대학교, 고려대학교, 국민대학교, 단국대학교 퇴계·율곡기념도서관, 대구가톨릭대학교, 동국대학교 서울·경주캠퍼스, 동아대학교, 부산대학교, 성균관대학교, 안동대학교, 연세대학교, 영남대학교, 원광대학교, 이화여자대학교, 전남대학교, 전북대학교, 조선대학교, 중앙대학교, 충남대학교, 한양대학교, 모덕사, 남평문씨 인수문고, 춘호재 등.
필사본 : 국립중앙도서관, 규장각, 한국국학진흥원, 경상대학교, 고려대학교, 대구가톨릭대학교, 동국대학교 경주캠퍼스, 성균관대학교, 숙명여자대학교, 연세대학교, 영남대학교, 충남대학교 도서관 등.

(71) 朱子書節要

書名	出版事項	版式狀況	一般事項	所藏番號
朱子書節要	朱熹 著, 李滉 編, [18世紀]刊	零本 1冊, 朝鮮木版本, 四周雙邊, 半郭 : 22.2×16.1㎝, 有界, 10行 18字, 上下白口, 上下內向四瓣花紋黑魚尾, 30.3×21.2㎝, 線裝, 楮紙	印記 : 酉谷靑岩, 永嘉後學權斗寅春卿, 所藏 : 卷5~6, 9~10, 11~16	09-0320 ~0324
朱子書節要	朱熹 著, 李滉 編, 川谷書院, 乙亥(1575)	零本 3冊, 朝鮮木版本, 四周雙邊, 半郭 : 21.5×16㎝, 有界, 10行 18字, 上下白口, 上下內向四瓣花紋黑魚尾, 30.5×21.1㎝, 線裝, 楮紙	刊記 : 萬曆乙亥季夏重刊于川谷書院暮年而畢, 跋 : ①嘉靖辛酉…黃俊良 ②丁卯…後學奇大升, 印記 : 靑岩家寶, 永嘉後學權斗寅春鄕, 所藏 : 卷 7~8, 17~20	09-1409 ~1411

• **概要**

조선 중기의 학자 李滉이 『朱子大全』 중에서 중요한 부분을 뽑아 편찬한 책이다.

• **編纂과 刊行**

『朱子書節要』는 李滉이 56세가 되던 1556년(明宗 11) 6월에 편찬하였다. 初刊本의 간행은 1561년 5월에 성주목사로 있던 문인 黃俊良에 의하여 이루어졌다. 황준량은 영천 臨皐書院의 목활자를 빌리고, 경상감사 洪曇의 도움을 받아 인출하였다. 그러나 『朱子書節要』는 이후 이황이 재차 교정하고 주석도 증보하면서 여러 차례의 간행으로 이어졌다. 두 번째로 柳仲郢이 1565년에 황해감사로 있으면서 해주에서 활자로 인출하였고, 비슷한 시기인 1566년 무렵에 평양에서 다시 활자로 인출되었으나 이 세 판본이 모두 활자본이라 인출 후에는 곧바로 판이 해체되었고 인출한 책의 부수도 많지 않은 한계로 학자들이 널리 유포되지 못하였다. 마침 柳仲郢이 1566년에 정주목사로 부임하여 이러한 한계를 인식하고 이황의 교정이 추가된 增註本과 '諸子目錄' 1권을 얻어 활자가 아닌 목판에 판각하고 1567년 9월에 판각을 마무리하면서 자신의 발문을 지어 권말에 첨부하였다. 李滉 사후의 『朱子書節要』 간행은 1575년에 성주의 川谷書院에서 서원장이였던 鄭逑에 의해 목판 판각이 이루어졌다.

이후 간본으로는 문인 金誠一이 나주목사 부임하여 간행하였다고 알려진 나주본(1584)이 있고, 柳成龍의 제자인 鄭經世가 전라감사로 부임하여 간행한 전주본(1611)을 비롯하여, 도산서원본(1743), 도산서원본의 간기까지 그대로 새겨 정조연간에 인출한 임진자본, 도산서원 重刊本(1904) 등이 있다.[83]

• **著者 및 編者**

朱熹 : 본서의 『近思錄』 해제 참조.

李滉 : 본서의 『宋季元明理學通錄』 해제 참조.

• **版本構成**

卷1~2 : 時事出處. 卷3 : 王張問答. 卷4 : 呂劉問答. 卷5 : 陸陳辨答. 卷6 : 問答論事. 卷7 : 問答. 卷8~18 : 知舊門人問答. 卷19 : 續集. 卷20 : 別集.

---

83) 정경훈, 「『朱子大全』 選集書에 관한 연구」, 경북대학교 문헌정보학과 박사학위논문, 2018. 84~91쪽.

• 同一 書名 版本 所藏處

금속활자본(戊申字) : 서울대학교.

금속활자본(壬辰字) : 서울대학교.

금속활자본(丁酉字) : 계명대학교, 연세대학교 등.

목판본 : 국립중앙도서관, 국회도서관, 규장각, 한국국학진흥원, 한국학중앙연구원, 경기대학교, 경상대학교, 경희대학교, 계명대학교, 고려대학교, 국민대학교, 단국대학교 율곡기념도서관, 대구가톨릭대학교, 동국대학교, 동아대학교, 부산대학교, 성균관대학교, 숙명여자대학교, 안동대학교, 연세대학교, 영남대학교, 용인대학교, 원광대학교, 전남대학교, 충남대학교, 한양대학교, 대구시립중앙도서관, 부산광역시 시민도서관, 성암고서박물관, 사우당종택, 남평문씨 인수문고, 춘호재, 日本東洋文庫, 日本大阪府立中之島圖書館 등.

목활자본 : 경기대학교.

필사본 : 국립중앙도서관, 규장각, 경기대학교, 계명대학교, 고려대학교, 부산대학교, 성균관대학교, 안동대학교, 영남대학교, 원광대학교 등.

(72) 朱子語類

書名	出版事項	版式狀況	一般事項	所藏番號
朱子語類	朱熹(宋) 撰, 黎靖德(宋) 編, [17世紀]刊	零本 32冊, 朝鮮木版本, 四周雙邊, 半郭 : 23.7×18.4㎝, 有界, 13行 22字, 上下大黑口, 上下內向四瓣花紋黑魚尾, 34.6×22.2㎝, 線裝, 楮紙	印記 : 順興後人, 安應昌, 豈叔, 所藏 : 卷3~61, 64~65, 68~72, 88~91, 97~99, 103~106, 115~117, 122~131.	09-0868~0899

• 概要

『朱子語類』 140권은 1270년(咸淳 6)에 남송의 導江 출신인 黎靖德이 江西 建昌에서 판각한 朱熹(1130~1200)의 語錄이다. 『朱子語類』의 내용은 97명에 이르는 朱熹의 제자가 1170~1200년 사이에 스승과 문답한 것으로, 晩年에 이른 朱熹가 四書五經·性理學·역사·정치·문학에 대해 어떤 견해를 가졌는지가 나타나있어 주자학을 이해하는 데 기본적인 텍스트이다.

• 編纂과 刊行

朱熹가 사망한 이후 黃士毅를 비롯한 제자들은 스승이 생존해 있을 때 문답했던 내용을 각자 기록한 語錄을 편찬했다. 그러나 어록의 내용은 기록자에 따라 차이가 있었고, 이를 重刻한 판본이 일치하지 않았으므로 많은 오류가 나타났다. 이에 黎靖德은 기왕에 나온 朱熹의 어록들을 수집하여 중복되는 부분을 삭제하고, 내용을 26門으로 분류한 『朱子語類』를 편찬하여 池州에서 간행하였다. 『朱子語類』의 판본은 매우 많은데, 중요한 것으로 송나라 함순 6년(1270)에 간행된 판본과 명나라 성화 9년(1473)에 간행된 판본, 청나라 강희 연간에 간행된 판본, 청나라 광서 6년(1880)에 간행된 판본, 賀瑞麟 교정본 등이 있다.

조선에서는 1515년(중종 10) 11월에 중종이 홍문관에 소장된 성화본을 底本으로 하여 『朱子語類』를 간행하라고 명령하였다. 1544년(중종 39)에 다시 활자본으로 간행되어 洪敍疇, 尹漑, 金天宇, 韓澍 등 90人에게 배포되었다. 1571년(선조 4) 11월에 선조는 교서관에서 『朱子語類』를 간행하여 널리 배포하라고 명령하였고, 1573년부터 간행 작업을 시작하여 柳希春과 趙憲이 편찬을 주도하였다. 1575년(선조 8)에 丙子字로 간행된 『朱子語類』 140권 50책은 그해 5월에 반사되었다.

인조 때 이후 『朱子語類』는 목판본으로 여러 차례 간행되었는데, 인쇄는 주로 영남감영에서 담당했다. 그런데 18세기 중엽에 영남감영에 보관했던 『朱子語類』의 목판이 燒失되는 사고가 발생했다. 이에 洪啓禧는 1769년(영조 45)에 『朱子語類』의 草本을 만들고, 1770년에 刊本의 대본을 필사하였으며, 이를 바탕으로 1771년에 목판을 제작하여 간행할 것을 영조에게 요청했다. 이것이 1771년에 목판본으로 간행되었는데, 홍계희는 인조 때 이후로 간행된 목판본의 오류를 바로잡고, 선조 때 활자본의 옛 모습을 회복하는 것을 목표로 하여 국내 판본은 물론이고 중국에서 구입한 10여 종의 판본을 일일이 대조하여 원문을 교정했다.[84]

- **著者 및 編者**

朱熹 : 본서의 『近思錄』 해제 참조.

黎靖德(생졸년 미상) : 宋代 永嘉縣(지금의 浙江) 출신이다. 嘉祐年間에 沙縣(별칭 沙陽)主簿를 지냈고, 『沙陽縣志』의 편찬을 주도했다. 景定 4年(1263)에 기존에 출판된 『朱子語類』를 수집하여 중복된 부분을 빼고 편집하여 鹹淳 6年(1270)에 140卷의 『朱子語類』를 출판하였다.

- **版本構成**

卷1~2 : 理氣. 卷3 : 鬼神. 卷4~6 : 性理一~三. 卷7 : 小學. 卷8 : 總論爲學之方. 卷9 : 論知

84) 김문식, 「조선본 『朱子語類』의 간행과 활용」, 『史學志』제43권, 2011. 66~77쪽.

行. 卷10~11：讀書法上·下. 卷12：持守. 卷13：力行. 卷14~18：大學一~四. 卷19~50：論語一~三十二. 卷51~61：孟子一~十一. 卷62~64：中庸一~三. 卷65~77：周易一~十三. 卷78~79：尙書一~二. 卷80~81：詩一~二. 卷82：孝經. 卷83：春秋. 卷84~91：禮一~八. 卷92：樂. 卷93：孔·孟·周·程(孔子·孟子·周敦頤·程頤). 卷94：周子之書. 卷95~97：程子之書一~三程. 卷98~99：張子(張載)之書一~二. 卷100：邵子(邵康節)之書. 卷101：程子門人. 卷102：楊氏門人·尹氏門人. 卷103：羅氏門人·胡氏門人. 卷104：朱子一(自論爲學工夫). 卷105：朱子二(論自注書). 卷106：朱子三(外任). 卷107：朱子四(內任). 卷108：朱子五(論治道). 卷109：朱子六(論取士). 卷110：朱子七(論兵·論刑). 卷111：朱子八(論民·財). 卷112：朱子九(論官). 卷113~121：朱子十~十八(訓門人一~九). 卷122：呂伯恭. 卷123：陳君擧·陳同父葉正則附. 卷124：陸氏(陸九淵). 卷125：老子·莊子·列子. 卷126：釋氏. 卷127：本朝一(太祖朝·太宗眞宗朝·仁宗朝·英宗朝·神宗朝·哲宗朝·徽宗朝·欽宗朝·高宗朝·孝宗朝·寧宗朝). 卷128：本朝二(法制). 卷129：本朝三(自國初至熙寧人物). 卷130：本朝四(自熙寧至靖康人物). 卷131：本朝五(中興至今日人物上). 卷132：本朝六(中興至今日人物下). 卷133：本朝七(盜賊·夷狄). 卷134~136：歷代一~三. 卷137：戰國漢唐諸子. 卷138：雜類. 卷139作文上, 140：作文下(詩).

- **同一 書名 版本 所藏處**

금속활자본(庚子字)：성균관대학교, 영남대학교 등.

금속활자본(丙子字)：국립중앙도서관, 국회도서관, 계명대학교, 고려대학교, 성암고서박물관 등.

금속활자본(戊申字)：규장각.

목판본：국립중앙도서관, 국회도서관, 규장각, 한국국학진흥원, 한국학중앙연구원, 경기대학교, 경상대학교, 경희대학교, 계명대학교, 고려대학교, 단국대학교 퇴계기념도서관, 대구가톨릭대학교, 동국대학교, 동아대학교, 부산대학교, 서울대학교, 성균관대학교, 숙명여자대학교, 연세대학교, 영남대학교, 용인대학교, 원광대학교, 이화여자대학교, 전남대학교, 전주대학교, 조선대학교, 충남대학교, 모덕사, 남평문씨 인수문고, 춘호재 등.

필사본：국립중앙도서관, 경상대학교, 부산대학교, 안동대학교 등.

(73) 朱書百選

書名	出版事項	版式狀況	一般事項	所藏番號
朱書百選	正祖 編, [19世紀]刊	6卷 2冊, 朝鮮木版本(丁酉字飜刻), 四周單邊, 半郭 : 24.3×17.1㎝, 有界, 10行 18字, 上下白口, 上下向四瓣花紋黑魚尾, 31.7×21㎝, 線裝, 楮紙	印記 : 三溪書院, 藏書記 : 三溪, 沈知府東亞印送	09-0388 ~0389

• **概要**

정조가 朱熹의 편지 중에서 가장 요긴한 내용 100편을 뽑아 모은 책으로 1794년(정조 18) 內閣에서 간행하였다. 정조는 朱子書를 연구하고 관련 서적을 다수 편찬하였는데, 그 가운데 『朱子書節要』를 중심으로 서간문을 선집하고 頭註를 붙여 편성한 것이 『朱書百選』이다.

• **編纂과 刊行**

『朱書百選』은 정조가 1794년에 『朱子大全』에 수록된 서간문을 엄선하여 편성한 책이다. 정조는 『朱書百選』을 편찬하고 나서 監印所(鑄字所)에서 丁酉字로 인출하도록 하여 1794년 12월 25일 신하들에게 반사하였다. 또한 정조는 활자로 인출한 이후 곧바로 호남·영남·관서의 감영에 명하여 번각하도록 하였다. 번각의 명에 따라 嶺營·完營(乙卯完營刊印)·關西營에서 번각이 이루어졌고, 羅州에서도 번각되었다.85)

• **著者 및 編者**

朱熹 : 본서의 『近思錄』 해제 참조.

• **版本構成**

卷1 : 上延平李先生·與陳侍郎與陳丞相·與汪尙書·答汪尙書. 卷2 : 答張敬夫·答張欽夫·答張欽夫論仁說·答韓尙書·答鄭自明·與袁寺丞·與臺端·上宰相答詹帥. 卷3 : 答陳同父·與李誠父·與留丞相·與趙尙書·答張定修. 卷4 : 答呂伯恭·答劉子澄·與劉子澄·答陸子靜·與慶國卓夫人·上黃端明·與王龜齡·與劉共父·答鄭景望·答尤延之答周益公·答林正夫·答柯國材. 卷5 : 答許順之與魏應仲·答何叔京·答程允夫·答胡廣仲·答吳晦叔·答李伯諫·答林擇之·答蔡季通·答游誠之·答楊子直·答廖子晦·答李濱老. 卷6 : 答呂道一·答潘叔昌·答劉季章·答諸葛誠之·答王季和·答路德章·答趙幾道·答葉正則·答楊志仁·答徐子融·答陳器之·答汪叔耕·答鞏仲至·與湖南諸公論中和·答黃直卿.

---

85) 정경훈, 「『朱子大全』 選集書에 관한 연구」, 경북대학교 문헌정보학과 박사학위논문, 2018. 135~138쪽.

• 同一 書名 版本 所藏處

금속활자본(丁酉字) : 국립중앙도서관, 국회도서관, 규장각, 한국학중앙연구원, 경상대학교, 부산대학교, 숙명여자대학교, 영남대학교, 원광대학교, 전남대학교, 성암고서박물관, 남평문씨 인수문고, 中國國家圖書館, 中國雲南大學校圖書館, 浙江省圖書館, 미국 컬럼비아대학교 등.

금속활자본 : 한국학중앙연구원, 영남대학교, 이화여자대학교 등.

목활자본 : 국립중앙도서관, 경상대학교, 충남대학교 등.

목판본 : 국립중앙도서관, 국회도서관, 규장각, 한국국학진흥원, 한국학중앙연구원, 가톨릭대학교, 경기대학교, 경상대학교, 경희대학교, 계명대학교, 고려대학교, 국민대학교, 단국대학교 율곡기념도서관, 대구가톨릭대학교, 동국대학교 서울·경주캠퍼스, 동아대학교, 부산대학교, 성균관대학교, 숙명여자대학교, 연세대학교, 영남대학교, 울산대학교, 원광대학교, 전남대학교, 전주대학교, 조선대학교, 중앙대학교, 충남대학교, 한양대학교, 대구시립중앙도서관, 부산광역시 시민도서관, 성암고서박물관, 사우당종택, 남평문씨 인수문고, 춘호재, 日本大阪府立中之島圖書館 등.

필사본 : 국립중앙도서관, 규장각, 한국국학진흥원, 한국학중앙연구원, 경기대학교, 경상대학교, 계명대학교, 단국대학교 퇴계기념도서관, 부산대학교, 성균관대학교, 숙명여자대학교, 안동대학교, 영남대학교, 용인대학교, 원광대학교, 충남대학교, 사우당종택, 춘호재 등.

(74) 中庸九經衍義

書名	出版事項	版式狀況	一般事項	所藏番號
中庸九經衍義	李彦迪 著, [17世紀] 刊	17卷 5冊, 朝鮮木版本(乙亥字飜刻), 四周雙邊, 半郭 : 22.3×16.1㎝, 有界, 10行 18字, 註雙行, 上下白口, 上下內向六瓣花紋黑魚尾, 32×20.8㎝, 線裝, 楮紙	序 : 李彦迪, 跋 : 萬曆十一年(1593)…柳成龍, 印記 : 三溪書院	09-0155 ~0159

• 槪要

李彦迪이 『中庸』 제20장의 '九經'에 대하여 주석한 책이다. 九經이란 나라를 다스리는 데 있어서 가장 중요한 修身·尊賢·親親·敬大臣·體群臣·子庶民·來百工·柔遠人·懷諸侯의 9조목으로, 『大學』의 8조목과 표리의 관계에 있다고 할 수 있다.

• 編纂과 刊行

李彦迪이 유배지 강계에서 저술하다가 마지막 4장을 끝내지 못한 미완성의 책인데, 1570년(선조 3) 선조가 李彦迪의 유고를 찾아 간행하도록 명하여, 1583년 柳成龍에 의해 간행되었다.

• **著者 및 編者**

李彦迪 : 본서의 『求仁錄』 해제 참조.

• **版本構成**

卷1 : 爲治之道. 卷2~卷7 : 爲天下國家之本(修身一~修身六). 卷8~卷17 : 爲天下國家之要(尊賢一~尊賢五, 親親一~親親六) 別集 卷一~卷十二 : 爲天下國家之要(體天道一體天道五, 畏天命一~畏天命三, 戒滿盈一~戒滿盈四)

• **同一 書名 版本 所藏處**

목활자본 : 경기대학교, 경상대학교 등.

목판본 : 국립중앙도서관, 규장각, 한국국학진흥원, 한국학중앙연구원, 경기대학교, 계명대학교, 고려대학교, 단국대학교 율곡도서관, 대구가톨릭대학교, 동국대학교 서울·경주캠퍼스, 동아대학교, 부산대학교, 성균관대학교, 안동대학교, 연세대학교, 영남대학교, 전남대학교, 전주대학교, 충남대학교, 부산시민도서관, 성암고서박물관, 독락당, 사우당종택, 中國國家圖書館, 浙江省圖書館, 日本東洋文庫, 日本大阪府立中之島圖書館, 日本對馬歷史民俗資料館, 미국 하버드대학옌칭도서관 등.

필사본 : 독락당, 中國北京大學校圖書館, 日本對馬歷史民俗資料館 등.

(75) 中庸章句大全

書名	出版事項	版式狀況	一般事項	所藏番號
中庸章句大全	胡廣(明) 等 奉勅纂修, [18世紀] 印.	不分卷 1冊, 戊申字本, 四周雙邊, 半郭 : 25.2×17.4㎝, 有界, 10行 17字, 上下白口, 上下內向四瓣花紋黑魚尾, 34×22.1㎝, 線裝, 楮紙	印記 : 西谷青岩, 權斗寅, 藏書記 : 青巖亭家寶, 青岩亭藏	09-1918
中庸章句大全	胡廣(明) 等 奉勅纂修, [18世紀] 刊	不分卷 1冊, 朝鮮筆寫本, 無界, 12行 22字, 無魚尾, 27×19.8㎝, 線裝, 楮紙	表題 : 庸學, 印記 : 永嘉權斗寅, 藏書記 : 青巖亭藏, 表紙墨書 : 甲寅十二月改粧	09-2707
中庸章句大全	胡廣(明) 等 奉勅纂修.	不分卷 1冊, 朝鮮筆寫本, 無界, 30.5×20.8㎝, 線裝, 楮紙	表題 : 庸學	09-1917

- **概要**

翰林學士 胡廣(1370~1418) 등이 成祖의 勅命에 따라 朱熹의『中庸章句』에 송·원대 학자들이 보충하여 편찬한『中庸』의 주석서이다.

충재박물관 소장본은 모두 3종이 있는데, 1종은 戊申字로 인출한 금속활자본이고, 나머지 2종은 모두 필사본이다.

- **編纂과 刊行**

『中庸章句大全』은 世宗 때 明나라로부터 수입하여 1428년 국내에서 처음으로 간행된 이후에 중앙과 지방에서 여러 차례 간행하였다. 이 판본들은 明刊本을 복각한 판본과 활자본 계통으로 나눌 수 있다. 조선초기부터 임진왜란 직후에 간행된 목판본들은 明刊本의 형태적인 특징을 보이고 있다. 이 판본들의 간행처는 처음에 강원도 원주에서 복각되었을 것으로 보이나 실물이 존재하지 않다. 임진왜란직후인 1612년에 함흥부에서 간행되었고, 17세기에 成均館과 北漢에서 개판되었다.

그 후에 함경감영, 영변부, 경상감영 등에서 간행되었고, 19세기에 전주의 방각본인 하경룡본이 간행되었으며, 1916년에는 하경룡본의 후쇄본이 전주의七書房에서 간행되었다.

금속활자본으로는 丁酉字本이 1793년에 교서관에서 처음 활자로 인쇄된 후 1820년에 內閣에서, 1828년에 경상감영에서 복각되었으며, 1918년에는 경성에 있는 회동서관에서 1820년에 내각에서『中庸章句大全』을 간행할 때 사용했던 판을 이용하여 後刷本으로 간행하였고, 대구의 재전당서포에서는 戊子新刊嶺營藏板의 간기를 가진 嶺營本(1828년)의 판을 이용하여 後刷本을 간행하였다. 즉 1793년에 간행된 정유자본을 저본으로 2번의 복각이 이루어졌으며, 그 복각본들의 후쇄본이 방각본으로 간행되었음을 알 수 있다.[86]

- **著者 및 編者**

胡廣 : 본서의『論語集註大全』해제 참조.

- **版本構成**

不分卷 : 讀中庸法, 中庸章句序, 中庸章句大全(天命章旨·仲尼章旨·中庸全旨·道之節旨·道其全旨·舜其全旨·人皆全旨·回之全旨·天下全旨·子路全旨·素隱章旨·費隱章旨·道不章旨·素位章旨·譬如章旨·鬼神章旨·大孝章旨·無憂章旨·達孝章旨·哀公章旨·自誠

---

86) 안현주,「조선시대에 간행된『中庸』의 諸板本에 관한 研究」,『書誌學研究』제32집, 2005. 197~201쪽.

全旨·唯天全旨·其次全旨·前知全旨·自成章旨·故至章旨·大哉章旨·愚而章旨·王天章旨·祖述章旨·至聖章旨·至誠章旨·衣錦章旨).

• 同一 書名 版本 所藏處

금속활자본(甲寅字) : 고려대학교.

금속활자본(戊申字) : 국립중앙도서관, 규장각, 계명대학교, 성암고서박물관, 미국 컬럼비아대학교 등.

금속활자본(壬辰字) : 규장각.

금속활자본(丁酉字) : 국립중앙도서관, 국회도서관, 고려대학교, 안동대학교, 영남대학교 등.

금속활자본(校書館印書體字) : 고려대학교. 한국학중앙연구원 등.

목활자본 : 국립중앙도서관, 규장각, 경기대학교, 경상대학교, 고려대학교, 원광대학교 등.

목판본 : 국립중앙도서관, 국회도서관, 규장각, 한국국학진흥원, 한국학중앙연구원, 경기대학교, 경상대학교, 경희대학교, 계명대학교, 고려대학교, 국민대학교, 단국대학교 퇴계·율곡기념도서관, 대구가톨릭대학교, 동국대학교 서울·경주캠퍼스, 동아대학교, 부산대학교, 서울대학교, 성균관대학교, 숙명여자대학교, 안동대학교, 영남대학교, 용인대학교, 원광대학교, 이화여자대학교, 전남대학교, 전북대학교, 전주대학교, 조선대학교, 중앙대학교, 충남대학교, 한양대학교, 대구시립중앙도서관, 부산광역시 시민도서관, 성암고서박물관, 모덕사, 송광사 성보박물관, 독락당, 남평문씨 인수문고, 사우당종택, 춘호재, 中國雲南大學校圖書館, 미국 하버드대학옌칭도서관, 미국 클레어몬트대학 등.

필사본 : 국립중앙도서관, 규장각, 한국학중앙연구원, 경기대학교, 경상대학교, 계명대학교, 고려대학교, 단국대학교 율곡기념도서관, 동국대학교 경주캠퍼스, 동아대학교, 부산대학교, 숙명여자대학교, 안동대학교, 영남대학교, 원광대학교, 충남대학교, 대구시립중앙도서관, 성암고서박물관, 춘호재 등.

(76) 崔直提學出處事蹟

書名	出版事項	版式狀況	一般事項	所藏番號
崔直提學出處事蹟	崔應亨 編, [16世紀]刊	不分卷 1冊, 朝鮮木版本, 四周單邊, 半郭 : 25.6×16.7㎝, 有界, 10行 22字, 上下大黑口, 上下內向四~六瓣花紋黑魚尾, 34.7×21.5㎝, 線裝, 楮紙	表題 : 崔炯村事蹟, 印記 : 酉谷青岩, 被傳者 : 崔德之	09-2681

• **概要**

文宗 때의 문신인 崔德之의 행적에 대한 책이다.

• **編纂과 刊行**

崔德之의 문집인 『蘆洲先生文集』의 「崔直提學出處事蹟後敍」를 보면, 崔應亨이 靈巖郡守로 부임하자 烟郁書院의 儒生 두 명이 崔德之의 出處 사적이 기록된 책 한 권을 가지고 와서 보게 되었고, 崔德之가 百世의 師表로서 당대 및 후세 諸賢들의 추앙을 받음은 지극히 당연한 일이라고 하였다. 그래서 후손인 崔應亨이 이를 편찬하여 간행한 것으로 보인다.

• **著者 및 編者**

崔德之(1384~1455) : 본관은 全州이고, 자는 可久이며 호는 烟村·存養이다. 고려 우왕 10년(1384)에 태어나서 1405년(태종 5) 식년문과에 同進士로 급제한 뒤 추천을 받아 사관이 되었고, 1409년 교서관정자로서 圜丘壇에서 기우제를 지낼 때 五帝祭文을 준비 못하여 한때 투옥되었다. 뒤에 감찰 등 三司의 淸要職을 거쳐, 외관으로 김제군수·남원부사 등 여러 주·군을 다스렸다. 남원부사를 사퇴한 뒤 영암의 永保村에 내려가 학문연구에 몰두하였다. 문종이 즉위하자 그를 불러 예문관직제학에 임명하였으나 사직하고 고향으로 내려갔다.

崔應亨(1581~?) : 선조 14년(1581)에 태어났으나 졸년은 미상이다. 본관은 羅州이고, 자는 汝會이다. 자세한 생평은 알려져 있지 않고, '萬曆三十八年庚戌閏三月初六日式年司馬榜目'에 생원 3등으로 이름이 올라 있다.

• **版本構成**

「崔直提學出處事蹟後敍」를 보면, 유생이 가져왔다는 책에는 崔德之의 학문의 出處 사적 및 立祠 顚末, 관직에서 물러날 때 名公鉅卿들의 送別詩 및 序跋, 그리고 선생이 머물렀던 存養樓의 記文 및 題詠詩篇이 실려 있었고, 말미에는 遲川 崔鳴吉(1586~1647)의 시 한 수와 澤堂 李植(1584~1647)의 문장 한 편이 실려 있었다고 한다.

• **同一 書名 版本 所藏處**

한국고전적종합목록시스템에서는 다른 소장처가 없는 것으로 나온다.

(77) 音點春秋左傳詳節句解

書名	出版事項	版式狀況	一般事項	所藏番號
音點春秋左傳詳節句解	朱申(宋) 著, 劉瑞仁 校正, [16世紀]刊	零本 13冊, 初鑄甲寅字本, 四周雙邊, 半郭 : 23.3×13.2㎝, 有界, 8行 16字, 上下白口, 上下內向六瓣花紋黑魚尾, 34×19.2㎝, 線裝, 楮紙	後序 : 正德癸酉(1513)…朱希周序, 重刊序 : 正德癸酉…王鏊叙, 印記 : 宣賜之記, 花山權公之記, 所藏 : 卷1~10, 13~35	09-0441 ~0453
音點春秋左傳詳節句解	朱申(宋) 註釋, 劉端仁 校正, [16世紀]印	零本 10冊, 初鑄甲寅字本, 四周雙邊, 半郭 : 23.5×13.2㎝, 有界, 8行 16字, 上下白口, 上下內向六瓣花紋黑魚尾, 32.3×18.5㎝, 線裝, 楮紙	所藏 : 卷 12~31	09-0416 ~0425

• **概要**

『春秋左傳』 원문에 두 줄로 주석을 붙인 책으로 본문은 『左傳』에 대해서만 해석을 하고, 『春秋』의 경문에 있는 것은 해석하지 않았으며, 주에 실려 있는 사실의 始末에 별도의 근거가 있는 것은 모두 뒤에 附注를 붙였다.

충재박물관 소장본은 內賜記가 없고 '宣賜之記'와 '花山權公之記'란 印記만 남아 있다. 初鑄甲寅字로 찍어내고 8행 16자로 된 『音點春秋左傳詳節句解』의 판본은 현재 국내에서 충재박물관을 제외하고 성암고서박물관에만 소장되어 있다. 그런데 동일한 판본이 日本 內閣文庫에 소장되어 있으며, 이 판본의 마이크로필름이 국립중앙도서관에 소장되어 있다. 이 판본에는 內賜記가 '嘉靖十二年九月日 內賜司諫院正言鄭希廉…左副承旨臣 金[手決]'로 되어 있다. 이 책은 嘉靖十二年인 중종 28년(1533)에 司諫院正言인 鄭希廉에게 내린 宣賜本이다. 금속활자본의 인출은 대체로 반사 직전에 이루어졌으므로 『音點春秋左傳詳節句解』도 1533년 9월 직전에 인출되었을 가능성이 높다. 또한 현재 충재박물관이 소장한 『音點春秋左傳詳節句解』에는 內賜記가 남아 있지 않지만, 鄭希廉과 같은 시점에 權橃이 반사 받았을 가능성이 높다.[87)]

• **編纂과 刊行**

『春秋左傳句解』의 내용은 杜預의 古注에 의거하였고 아울러 止齋 陳氏의 논의를 채용하면서 간혹 자신의 새로운 견해를 덧붙였다. 이 책은 각 구절마다 해석을 가하였으므로 '句解'라

87) 『音點春秋左傳詳節句解』가 權橃이 반사 받은 宣賜本일 가능성은 金東洸이 이미 제기한 바 있다. 金東洸, 「冲齋 遺物館 藏書 硏究」, 성균관대학교 문헌정보학과 석사학위논문, 1992. 50쪽.

고 이름을 지었다. 전체적으로 두예의 해석이 간결하면서 깊은 맛을 주는 것만 같지는 못하나, 두예가 자세하게 설명하지 못한 곳에 대해 보충해주고 있어서 읽는 이에게 쉽게 이해할 수 있도록 도움을 준다. 청 朱彝尊의 『經義考』에는 林堯叟 『春秋左傳句解』 40권이 전한다고 하면서 堯叟의 『春秋左傳句解』는 明 崇禎(1628~1644) 연간에 杭州 書坊에서 그의 책을 가지고 杜預의 注와 합해서 간행하였다고 하였다.

• **著者 및 編者**

朱申(생졸년 미상) : 宋 虔州 雩都 사람으로 자는 維宣이며 호는 熙時子이다. 仁宗 皇祐 연간에 太學에 있으면서 명성을 떨쳤다. 저서에 『周易句解』·『春秋左傳句解』·『孝經句解』·『語孟辨箋』·『孫吳新注』 등이 있다.

孫鑛(생졸년 미상) : 明 浙江 餘姚 사람으로 자는 文融이며 호는 月峰·湖上散人이다. 萬曆 2年(1574)의 進士 출신으로 文選郎中·兵部侍郎·右都御史·兵部尚書·太子少保·參贊機務 등 역임하였다.

• **版本構成**

卷1 : 隱公. 卷2 : 桓公. 卷3 : 莊公. 卷4 : 閔公. 卷5 : 僖公. 卷6 : 僖公二. 卷7 : 僖公三. 卷8 : 僖公四. 卷9 : 文公. 卷10 : 文公下. 卷11 : 宣公上. 卷12 : 宣公下. 卷13 : 成公. 卷14 : 成公二. 卷15 : 成公三. 卷16 : 襄公. 卷17 : 襄公二. 卷18 : 襄公三. 卷19 : 襄公四. 卷20 : 襄公五. 卷21 : 襄公六. 卷22 : 襄公七. 卷23 : 昭公. 卷24 : 昭公二. 卷25 : 昭公三. 卷26 : 昭公四. 卷27 : 昭公五. 卷28 : 昭公六.

• **同一 書名 版本 所藏處**

금속활자본(初鑄甲寅字) : 성암고서박물관.

목판본 : 국립중앙도서관, 국회도서관, 규장각, 한국학중앙연구원, 경기대학교, 경상대학교, 계명대학교, 고려대학교, 대구가톨릭대학교, 동국대학교 경주캠퍼스, 동아대학교, 부산대학교, 서울대학교, 성균관대학교, 숙명여자대학교, 안동대학교, 영남대학교, 용인대학교, 원광대학교, 전남대학교, 중앙대학교, 충남대학교, 충북대학교, 한양대학교, 대구시립도서관, 부산광역시 시민도서관, 성암고서박물관, 사우당종택, 남평문씨 인수문고, 춘호재, 日本東洋文庫, 미국 프린스턴대학교 등.

필사본 : 국립중앙도서관, 경상대학교, 계명대학교, 고려대학교, 숙명여자대학교, 안동대학교, 영남대학교, 원광대학교, 충남대학교 등.

(78) 春秋胡氏傳

書名	出版事項	版式狀況	一般事項	所藏番號
春秋胡氏傳	胡安國(宋) 傳, [16世紀]刊	30卷 8冊, 朝鮮木版本(乙亥字飜刻), 四周單邊, 半郭 : 22×16.8㎝, 有界, 10行 19字, 註雙行, 上下大黑口, 上下內向黑魚尾, 33.3×21.5㎝, 線裝, 楮紙	印記 : 靑岩家寶	09-0160 ~0167

• **概要**

孔子의 『春秋』를 宋代의 胡安國이 해석한 傳이다. 『春秋』 三傳외에 胡安國의 本傳은 議論을 주로 다루어 후세의 학자에게 중요하게 쓰였다.

『冲齋先生文集』에는 權橃이 쓴 「春秋胡傳箚疑」라는 글이 실려 있는데, 현재 충재박물관에 남아 있는 『春秋胡傳』은 權橃이 소장하고 탐독하면서 「春秋胡傳箚疑」를 쓴 것으로 보인다. 『胡傳春秋』는 세종 21년(1439)에 慶州에서 개판 되었는데,[88] 權橃은 출신지 安東의 인근인 慶州에서 보유하고 있던 책판에서 인출한 『春秋胡傳』을 수집한 것으로 보인다.

• **編纂과 刊行**

朝鮮에서 간행한 『春秋胡氏傳』의 판본들도 다수 나타나는데, 연대 별로 제시하면 다음과 같다. 16세기 乙亥字飜刻本이 있고, 17세기 초반에는 活字本인 甲寅字體訓鍊都監字本이 있고 17세기 후반에는 이 판본의 번각본이 있으며, 18세기 초반에는 甲寅字體訓鍊都監字 再飜刻本이 있다.[89]

• **著者 및 編者**

胡安國(1074~1138) : 福建 사람으로 자는 康侯이며 宋 神宗 熙寧 7년에 태어나서 宋 高宗 紹興 8년에 죽었다. 中書舍人으로 등용된 후, 侍講을 겸해서 『時政論』 21편을 진상하였다. 王安石이 春秋學官을 폐한데 대해 분개하여 10여 년 동안 春秋만 전문으로 연구하여 高宗이 春秋 講義만 전담시키고 또한 『春秋傳』을 纂修하라는 칙명을 내려서 이 책을 완성하였다.

• **版本構成**

第1冊 : 隱公 11年, 第2冊 : 桓公 18年, 第5冊 : 莊公 32年, 第4冊 : 閔公 2年·僖公 20年, 第3

88) 金致雨, 「『嶺南冊板記』所藏 刊本의 分類別 傾向」, 『書誌學硏究』제24집, 2002. 296쪽.
89) 염종일·송일기, 「조선시대에 간행된 『春秋』 板本에 관한 書誌的 연구」, 『한국문헌정보학회지』제41권 제4호, 2007. 340쪽.

冊 : 僖公 33年·文公 18年, 第6冊 : 宣公 18年, 第7冊 : 成公 18年·襄公 11年, 第8冊 : 襄公 31年·昭公 12年, 第9冊 : 昭公 32年·定公 9年, 第10冊 : 定公 15年·哀公 14年.

• 同一 書名 版本 所藏處

금속활자본(乙亥字) : 국립중앙도서관, 건국대학교, 성균관대학교, 전남대학교, 전주대학교, 성암고서박물관 등.

금속활자본 : 한국학중앙연구원, 계명대학교 등.

목활자본(訓鍊都監字) : 규장각, 계명대학교, 고려대학교, 성균관대학교, 성암고서박물관 등.

목판본 : 국립중앙도서관, 규장각, 한국국학진흥원, 한국학중앙연구원, 경기대학교, 경상대학교, 경희대학교, 계명대학교, 고려대학교, 국민대학교, 대구가톨릭대학교, 동국대학교 경주캠퍼스, 동아대학교, 성균관대학교, 숙명여자대학교, 영남대학교, 전남대학교, 조선대학교, 충남대학교, 부산시민도서관, 화성시향토박물관, 성암고서박물관, 사우당종택, 日本大阪府立中之島圖書館 등.

필사본 : 계명대학교, 단국대학교 퇴계기념도서관, 숙명여자대학교 등.

(79) 忠烈錄

書名	出版事項	版式狀況	一般事項	所藏番號
忠烈錄	鄭亨逵 編, [20世紀]刊	2卷 1冊, 朝鮮木版本, 四周雙邊, 半郭 : 20.6×16.3㎝, 有界, 11行 20字, 上下白口, 上下內向四瓣花紋黑魚尾, 31.2×20.5㎝, 線裝, 楮紙	序 : ①韓致應謹書 ②丙午(1906)… 姜必孝謹書, 跋 : 十代孫亨逵謹識, 印記 : 西谷青岩, 被傳者 : 鄭湛	09-2560

• 概要

壬亂時 全羅道 金堤郡 熊峙戰鬪에서 전사한 鄭湛의 忠烈을 기리기 위해 그의 후손 鄭亨逵가 傳聞이나 당시의 여러 문헌 자료를 모아 편한 책이다.

• 編纂과 刊行

疏啓隨錄에 의하면 鄭湛은 嶺南의 寧海출신으로 金堤郡守로 있으면서 壬亂을 맞아 權慄의 幸州大捷에 버금가는 전공을 세웠음에도 宣武原從功臣에 錄勳되지 못한 것에 대해 金堤儒生 및 鄭亨逵가 1869년에 追錄勳을 바라면서 간행하였다.

• 著者 및 編者

鄭亨逵(생졸년 미상) : 자세한 생평은 알 수 없다. 그런데 1862년 英陽의 유생 趙以復·吳正黙·鄭亨逵 등이 英陽鄕校의 重修를 위해 英陽의 儒生들이 鄕論을 모으고 觀察使의 협조를 청원한 上書가 있다. 여기에 이름이 등장하는 것으로 보면 英陽의 유생이었음을 알 수 있다.

• 版本構成

詩·書·遺事·行狀·傳·墓誌銘·祭文·輓詞·事略雜記(宣廟寶鑑·全州邑誌·熊峙記事·西厓柳文忠公懲毖錄·白沙李松公記略)·記跋·上樑文·疏啓隨錢·請謚事略.

• 同一 書名 版本 所藏處

녹활자본 : 국립중앙도서관, 규장각, 한국학중앙연구원, 경상대학교, 부산대학교, 전남대학교, 日本東洋文庫 등.

목판본 : 국립중앙도서관, 규장각, 한국국학진흥원, 성균관대학교, 연세대학교, 대구시립중앙도서관, 日本東洋文庫, 미국 UC버클리대학교 등.

(80) 太極問辨

書名	出版事項	版式狀況	一般事項	所藏番號
太極問辯	李彦迪 著[90], 慶州 : 玉山書院, 壬寅(1842)	2卷 1冊, 朝鮮木版本, 四周雙邊, 半郭 : 20.9×16.5㎝, 有界, 10行 18字, 上下白口, 上下向四瓣花紋黑魚尾, 34×22㎝, 線裝, 楮紙	序 : 天啓二年(1622)…李廷龜謹序, 跋 : ①張顯光謹跋 ②張顯光識 ③天啓三年(1623)…金止男謹題于後 印記 : 酉谷靑岩	09-1912

• 槪要

李彦迪이 太極說에 관한 견해를 宣揚하고 保存하기 위해 자신의 글에다 周敦頤와 朱熹의 太極說을 辨說한 글을 모아 『太極問辨』이라 命名하여 單行本으로 편찬하였다. 李彦迪의 孫子인 李浚이 精寫하여 李滉에게 質正을 구하였는데, 退溪는 그것을 閱讀한 끝에 감탄하였다고 한다. 그 후 李浚은 다시 그것을 가지고 鄭逑에게 비평을 청했는데, 그가 朱熹의 다른 글을 첨가하여 合刊하기를 권하였다. 李浚은 寒岡의 뜻을 받들어 마침내 그것을 太極問辨이라는 書名으로 출간했다.

90) 목록에는 '鄭逑 著'로 되어 있으나 이 책은 李彦迪의 저작이다.

• **編纂과 刊行**

初刊本은 金止男(1559~1631)의 주선으로 花山府에서 나왔는데 약간의 紕繆가 없지 않았다. 그 후 玉山書院에서 重刊本이 나왔으나 初刊本의 錯誤를 철저하게 勘校하지 못했다. 이 花山府 初刊本과 玉山書院의 重刊本의 誤謬를 校正하고 著書義例를 勘案하여 刪節을 가해 體裁를 갖춰서 檜淵書院에서 改刊本을 간행하였다.

• **著者 및 編者**

李彦迪 : 본서의『求仁錄』해제를 참조.

• **版本構成**

卷首 : 太極問辨序(李廷龜, 1622), 太極問辨目錄, 周子太極圖, 太極問辨卷上 : 答陸子美九韶書(朱子)2篇, 與朱元晦書(陸象山), 答陸子靜九淵書(朱子), 與朱元晦書(陸象山), 答陸子靜書(朱子), 太極問辨卷下 : 書忘齋忘機堂無極太極說後(李彦迪), 答忘機堂第一書, 答忘機堂, 第二書, 答忘機堂第三書, 答忘機堂第四書, 花山舊刊太極問辨跋(金止男, 1623), 跋(張顯光), 後識(張顯光), 考訂 11則.

• **同一 書名 版本 所藏處**

목판본 : 국립중앙도서관, 국회도서관, 한국국학진흥원, 한국학중앙연구원, 경기대학교, 경상대학교, 계명대학교, 대구가톨릭대학교, 동국대학교 서울·경주캠퍼스, 부산대학교, 성균관대학교, 안동대학교, 영남대학교, 용인대학교, 울산대학교, 전주대학교, 충남대학교, 성암고서박물관, 독락당, 사우당종택, 춘호재, 日本東洋文庫 등.

필사본 : 한국학중앙연구원, 계명대학교, 동국대학교, 모덕사, 독락당 등.

(81) 寒岡先生言行錄謬條辨破錄

書名	出版事項	版式狀況	一般事項	所藏番號
寒岡先生言行錄謬條辨破錄	[19世紀]刊	不分卷 1冊, 朝鮮木版本, 四周雙邊, 半郭 : 19.7×16.3㎝, 有界, 10行 18字, 上下白口, 上下向四瓣花紋黑魚尾, 29.1×20.3㎝, 線裝, 楮紙	印記 : 酉谷靑岩	09-0964

• **概要**

鄭逑(1543~1620)의 언행록인『寒岡先生言行錄』가운데 張顯光과 관련된 일부 내용에 대해 장현광의 후손들이 鄭逑와 張顯光이 師弟關係라는 내용이 오류임을 밝힌 책이다. 이 책은 17세기 전반 경상도 성주 일대를 중심으로 형성된 寒旅學派의 동향을 해명할 수 있는 유용한 자료이다.

• **編纂과 刊行**

서문과 발문 등 간행상황을 알 수 있는 기록이 없어 정확한 간행 연도는 알 수 없으나 지질과 板形 등을 고려할 때 1800년대에 간행된 것으로 추정된다.

• **著者 및 編者**

張顯光(1554~1637) : 본관은 仁同이고, 자는 德晦이며 호는 旅軒이다. 정부에서 여러 관직에 임명하였으나 나아가지 않고 학문에만 전념하였다. 1595년 가을 보은현감에 임명되어 부임했으나, 관찰사에게 세 번이나 사직을 청한 뒤 허가를 기다리지 않고 향리에 돌아갔다가 직무유기 혐의로 의금부에 잡혀갔다. 그 후에도 여러 차례 관직에 임명되었으나 모두 사퇴하였다. 1636년 12월 병자호란이 일어나자 여러 군현에 통문을 보내어 의병을 일으키게 하고 군량미를 모아 보냈다. 그러나 이듬해 2월 三田渡에서의 항복 소식을 듣고 세상을 버릴 생각으로 東海의 立嵒山에 들어간 지 반년 후에 세상을 떠났다.

• **版本構成**

不分卷 : 總論·東洛通檜淵文·東洛再通檜淵文·張氏與鄭氏書·鄭氏答張氏書·東洛三通檜淵文·張氏再與鄭氏書·東洛四通檜淵文·蘇湖李氏答張氏書·榮川士林通檜淵文·藏待士林答東洛文·懷德崇賢士林通檜淵文·崇賢士林答東洛文.

• **同一 書名 版本 所藏處**

목판본 : 규장각, 한국학중앙연구원, 계명대학교, 단국대학교 퇴계기념도서관, 대구가톨릭대학교, 성균관대학교, 영남대학교 등.

필사본 : 부산대학교.

(82) 漢書

書名	出版事項	版式狀況	一般事項	所藏番號
漢書	班固 撰 著, [17世紀]刊	零本 34冊, 顯宗實錄字本, 四周單邊, 半郭 : 24.2×15.5㎝, 有界, 10行 19字, 上下白口, 上下內向六瓣花紋黑魚尾, 32.3×20.4㎝, 線裝, 楮紙	序 : ①萬曆辛巳(1581)…何洛文書 ②萬曆癸未(1583)…陳文燭撰 ③萬曆辛巳…王宗沐書 ④萬曆辛巳(1581)…茅坤序, 印記 : 靑岩家寶, 所藏 : 卷1~27, 29~100 ※卷13~18은 木版本	09-1116 ~1149

• 槪要

『史記』와 더불어 중국 史學史上 대표적인 저작이다. 漢 武帝에서 완결된 司馬遷의 『史記』의 뒤를 이은 正史이다. 班固의 아버지 班彪가 『史記』에 부족한 점을 느꼈고, 또 武帝 이후의 일은 『史記』에 기록되지 않았으므로 스스로 사서를 편집코자 『後傳』 65편을 편집하였으나 미완의 상태로 세상을 떠났다. 아들 班固가 明帝의 명으로 『漢書』 저작에 종사하였다. 章帝 建初年間에 일단 완성을 보았으나 「八表」와 「天文志」는 그의 죽음으로 미완성으로 남아 있었는데, 누이동생 班昭가 和帝의 명으로 완성하였다.
충재박물관 소장본은 顯宗實錄字本인데, 卷13~18은 木版本으로 되어 있다.

• 編纂과 刊行

10권 10책, 19권 5책 등이 남아있는 조선목판본이다. 『漢書』는 중국 後漢時代의 역사가 班固가 저술한 紀傳體의 역사서이다. 12帝紀·8表·10志, 70列傳으로 전 100권으로 구성되었으며, 『前漢書』 또는 『西漢書』라고도 한다. 조선시대에도 금속활자본과 목판본으로 여러 차례 간행되었다.

• 著者 및 編者

班固(32(?)~92) : 扶風 安陵 사람으로 자는 孟堅이다. 부친 班彪과 伯父 班嗣 모두 저명한 학자이다. 15세 즈음이던 광무제 建武 23년인 47년에 낙양 태학에 입학하였다. 부친 死後에 반고는 아버지의 뜻을 이어 修史의 일을 시작하였으나 國史를 마음대로 한다는 모함을 받아 투옥되기도 하였다. 아버지가 쓰던 역사서를 바탕으로 『漢書』를 집필하고 편찬하여 20년 만에 완성하였다.

• **版本構成**

卷首 : 目次·序·凡例·敍例·刻例·總評·目錄·姓氏·引用書目·世系·字例. 卷1~12 : 紀. 卷13~20 : 表. 卷21~30 : 志. 卷31~100 : 傳.

• **同一 書名 版本 所藏處**

금속활자본(甲寅字) : 국립중앙도서관, 계명대학교, 영남대학교, 中國國家圖書館, 日本東洋文庫 등.
금속활자본(戊申字) : 국립중앙도서관, 성균관대학교 등.
금속활자본(顯宗實錄字) : 국립중앙도서관, 동국대학교, 성균관대학교, 영남대학교, 성암고서박물관, 日本大阪府立中之島圖書館, 미국 컬럼비아대학교, 미국 UC버클리대학교 등.
금속활자본(壬辰字) : 전주대학교.
금속활자본 : 성암고서박물관.
목활자본 : 경기대학교, 경상대학교, 영남대학교, 성암고서박물관 등.
목판본 : 국립중앙도서관, 규장각, 한국국학진흥원, 한국학중앙연구원, 경기대학교, 경희대학교, 계명대학교, 고려대학교, 단국대학교 퇴계·율곡기념도서관, 대구가톨릭대학교, 동국대학교 서울·경주캠퍼스, 동아대학교, 부산대학교, 성균관대학교, 숙명여자대학교, 영남대학교, 원광대학교, 전남대학교, 중앙대학교, 충남대학교, 한양대학교, 대구시립중앙도서관, 성암고서박물관, 사우당종택, 춘호재 등.
필사본 : 한국국학진흥원, 한국학중앙연구원, 경기대학교, 경상대학교, 경희대학교, 부산대학교, 성균관대학교, 영남대학교, 충남대학교, 모덕사 등.

(83) 洪範衍義

書名	出版事項	版式狀況	一般事項	所藏番號
洪範衍義	李徽逸 著	零本 12冊, 朝鮮木版本, 四周雙邊, 半郭 : 19.0×16.9㎝, 有界, 10行 20字, 上下白口, 上下內向四瓣花紋黑魚尾, 31.4×21.4㎝, 線裝, 楮紙	序 : 上之十四年著雍執徐(戊辰)…李玄逸謹書, 印記 : 酉谷靑岩, 所藏 : 卷1~25	09-0404 ~0415

• **槪要**

李徽逸과 李玄逸 형제가 불과 65자에 불과한 『書經』의 '洪範九疇'에 446,755 자의 주석을 달아 그 체계와 의미를 가장 완벽하게 구현한 역작이다.

• 編纂과 刊行

李徽逸이 편찬·간행에 착수했으나 완성을 보지 못하고 중도에 세상을 떠나자, 동생 이현일이 그 뜻을 받들어 1686년(숙종 14)에 초본을 완성하였다. 1689년부터 1723년까지 李栽(1657~1730)에 의해 『洪範衍義』의 주석 체계가 정리·교정되었다. 1766~1767년에 李徽逸의 曾孫인 李猷遠(1695~1773)과 李鳳煥(?~1770)에 의해 대대적인 刪節이 행해졌고, 이 교정본의 校勘을 李象靖(1711~1781)에게 부탁하였다. 이상정은 이유원의 교정본 반하면서 李玄逸이 교감한 판본에 충실할 것을 주장하며 설득하여 그들과 함께 1772년 석천서당에서 李玄逸의 교정본을 대본으로 『洪範衍義』를 교정하였다. 이 교정본은 13권본으로 1772년에서 1784년 8월 이전에 간행되었을 것으로 추정된다. 그리고 현재 통행본인 22권본은 李相聖에 의해 1855년에 간행되었다.[91]

• 著者 및 編者

李徽逸(1619~1672) : 본관은 載寧이고, 자는 翼文이며 호는 存齋이다. 평생 학문을 연구했으며 뒤에 학행으로 참봉에 천거되었으나 부임하지 않았다. 병자호란 뒤에는 손자·오자의 병서를 읽고 산천의 험이와 주변 국가의 정황을 조사하여 효종의 북벌계획에 도움이 되고자 했다. 효종이 죽고 북벌론이 잠잠해지자 다시 『近思錄』·『心經』·『性理大全』 등을 연구하여 성리학의 일가를 이루었다. 저서로는 『存齋集』·『求人略』·『洪範衍義』가 있다.

李玄逸(1627~1704) : 본관은 載寧이고, 자는 翼昇이며 호는 葛庵이다. 1646년(인조 24)과 1648년에 초시에 모두 합격했으나 벼슬에 뜻이 없어 복시를 단념하였다. 1674년에 학행으로 명성이 높아지자 寧陵參奉에 천거되었으나 아버지의 상을 당해 나가지 않았다. 그 후 여러 관직에 임명되었으나 나아가지 않았고, 외척의 용사와 당쟁의 폐단 등을 논하였다. 1694년 4월 인현왕후가 복위된 뒤 갑술환국 때 趙嗣基를 신구하다가 유배되었는데, 유배지에서 글을 가르치며 『愁州管窺錄』을 완성하였다. 1699년에는 재야로 돌아가라는 명에 따라 1700년에는 향리로 돌아가 강학하였다. 저서로는 『葛庵集』과 편서로 『洪範衍義』가 있다.

• 版本構成

卷1 : 五行. 卷2 : 五事(貌·言·視·聽·思. 卷3~21 : 八政(食·貨·祀·司空·司徒·司寇·賓·

91) 김홍수, 「『洪範衍義』의 편찬과 간행」, 『民族文化論叢』제57집, 2014. 43~48쪽.

師). 卷22 : 五紀(歲·月·日·星辰·曆數). 卷23~24 : 皇極. 卷25 : 三德(正直·剛克·柔克). 卷26 : 稽疑(雨·霽·蒙·驛·克·貞·悔). 卷27 : 庶徵(雨·暘·燠·寒·風·時). 卷28 : 五福(壽·富·康寧·攸好德·考終命)·六極(凶短折·疾·憂·貧·惡·弱)

• 同一 書名 版本 所藏處

목판본 : 국립중앙도서관, 한국국학진흥원, 경상대학교, 동국대학교 경주캠퍼스, 동아대학교, 부산대학교, 용인대학교, 부산시민도서관, 中國國家圖書館, 日本東洋文庫 등.
필사본 : 안동대학교.

2. 文集類

1) 中國文集

(1) (詳說)古文眞寶大全

書名	出版事項	版式狀況	一般事項	所藏番號
詳說古文眞寶大全	黃堅 編, [18世紀]刊	零本 1冊, 朝鮮木版本, 四周單邊, 半郭 : 21×15㎝, 有界, 9行 18字, 上下白口, 上下內向四瓣花紋黑魚尾, 27×19.1㎝, 線裝, 楮紙	印記 : 西谷青岩, 藏書記 : 青岩家藏, 宗宅, 青岩亭, 所藏 : 卷7~8	09-1928

• **概要**

『詳說古文眞寶大全』은 戰國時代부터 宋代에 이르기까지의 시문을 전집·후집으로 나누어 만든 冊이다. 前集은「勸學文」을 비롯하여 고시를 주로 수록하였고, 後集은 산문인 17체의 명문을 실었다. 조선시대에 서당에서 고문의 演變과 體法을 익히기 위하여 교재로 쓰던 시문선집이다.

• **編纂과 刊行**

중국에 현존하는『古文眞寶』중에서 실물을 확인할 수 있는 간본으로는 元 각본『魁本大字諸儒箋解古文眞寶』· 明 각본『諸儒箋解古文眞寶』· 明 萬曆 12년 司禮監 각본『諸儒箋解古文眞寶』가 있다.[1] 또한 弘治本이라고 알려진『諸儒箋解古文眞寶』도 있는데, 이것을 포함하면『古文眞寶』의 중국 현존 판본은 총 4종이다.[2]

우리나라의 간행본은 田祿生의『野隱逸稿』에 의하면, 자신이 고려 말기에 원나라로부터『古文眞寶』를 가지고 와서 원본에 刪增하여 合浦에서 간행하였다고 하였으나 이 初刊本이 전해지지 않는다. 조선시대에 들어와서는 세종 2년(1420)에『善本大字諸儒箋解古文眞寶』가 管城(沃川)에서 간행되었다. 서명이『詳說古文眞寶大全』으로 된 판본은 문종 2년(1452)에

---

1) 姜贊洙,「中國刻本『古文眞寶』에 대한 연구-紹興圖書館 所藏『魁本大字諸儒箋解古文眞寶』를 중심으로」,『中國文學硏究』제32집, 2006. 78~79쪽 참조. 姜贊洙,「『古文眞寶』의 編纂과 그 流轉 樣相」,『中國文學硏究』제33집, 2006. 126쪽 참조.

2) 위의 두 논문에서 강찬수는 弘治本이라고 알려진『諸儒箋解古文眞寶』는 2003년 北京書店에서 실시한 경매과정에서 개인 소장자에게 넘어가서 판본이 弘治 연간에 간행된 것인지 여부와 구체적인 서지사항은 확인할 수 없다고 하였다.

庚午字로 간행되었으며, 광해군 4년(1612)에도 간행되었다. 이외에도 甲寅字 계열의 금속활자본(甲寅字·戊申字·壬辰字·丁酉字)으로 간행되었으며, 이 활자본을 번각한 목판본도 여러 차례 간행되었다. 순조 3년(1803)에는 '泰仁田以采朴致維梓'라는 刊記가 붙어있는 泰仁 방각본도 간행되었으며, 1913년에는 서울의 新舊書林에서도 방각본이 간행되었다.

• **著者 및 編者**

黃堅(생졸년 미상) : 宋末·元初의 문인으로 알려져 있으며, 구체적으로 누구인지는 고증되지 않았다. 또한 청대 乾隆 연간에 편찬된 『天祿琳琅書目』에서는 『諸儒箋解古文眞寶』의 편찬자에 대해 '黃堅不知爲何時人'이라고 기재되어 있다. 그런데 강찬수는 여러 근거를 제시하며, '황견을 현존 원각본의 편자로 볼 수 없으며, 더욱이 최초로 형성된 남송 시기 『古文眞寶』의 편자로 볼 수 없는 것이다. 다만 황견은 조기 개편자 혹은 수정자로서 그 편목상의 增刪·加工에 참여한 인물일 것'[3]이라고 추정하였다. 또한 송나라 말기의 학자인 黃堅이 編하였고, 원대의 林楨이 校正과 註解를 하였다고 주장하고 있다.[4]

田祿生(1318~1375) : 실전된 初刊本의 편자이다. 본관은 담양이고, 자는 孟耕이며 호는 壄隱이다. 충혜왕 때 과거에 급제하여 濟州司錄을 지낸 후 典校·校勘이 되었다. 1347년(충목왕 3)에 整治都監의 교감으로서 좌랑 徐浩와 함께 奇皇后의 친척 동생인 奇三萬의 죄를 다스렸는데, 奇三萬이 옥사하였으므로 옥에 갇혔다가 곧 풀려났다. 1361년 홍건적의 침입을 피해 왕이 남행할 때 전라안찰사로 왕을 호종해 2등공신이 되었다. 그 뒤 左常侍·監察大夫·大司憲·政堂文學·門下評理·同知貢擧 등을 역임하였다. 1375년(우왕 1)에 간관 李詹과 全伯英이 李仁任·池奫을 벨 것을 왕에게 청하였다. 그런데 李詹과 全伯英을 옥에 가두고 崔瑩·池奫 등을 시켜 국문하게 하였다. 이들의 말이 朴尙衷·田祿生에게 관련되므로 최영이 이들을 심하게 국문하고 귀양을 보냈는데, 모두 가던 도중에 죽었다. 저서로 『壄隱集』이 있다.

• **版本構成**

前集－卷1 : 勸學文 8篇·五言古風短篇 42首. 卷2 : 五言古風短篇 28首. 卷3 : 五言古風長

3) 姜贊洙, 「『古文眞寶』의 編纂과 그 流轉 樣相」, 『中國文學研究』제33집, 2006. 128쪽. 구체적인 근거는 위의 논문의 127~128쪽 참조.

4) 姜贊洙, 「中國刻本 『古文眞寶』에 대한 연구-紹興圖書館 所藏『魁本大字諸儒箋解古文眞寶』를 중심으로」, 『中國文學研究』제32집, 2006. 姜贊洙, 「『古文眞寶』의 編纂과 그 流轉 樣相」, 『中國文學研究』제33집, 2006.

篇 27首, 卷4 : 七言古風短篇 30首, 卷5 : 七言古風短篇 19首, 卷6 : 七言古風長篇 8首, 卷7 : 長短句 20首, 卷8 : 歌類 16首, 卷9 : 歌類 14首, 卷10 : 行類 10首, 卷11 : 行類 13首, 卷12 : 吟類 3首·引類 3首·曲類 6首·辭 1篇(連昌宮辭).

後集 - 卷1 : 離騷經 等 14篇, 卷2 : 五柳先生傳 等 15篇, 卷3 : 平淮 等 11篇, 卷4 : 送李愿歸盤谷序 等 11篇, 卷5 : 昌黎文集序 等 14篇, 卷6 : 待漏院記 等 14篇, 卷7 : 送徐無黨南歸序 等 11篇, 卷8 : 潮州韓文公廟碑 等 8篇, 卷9 : 李君山房記 等 11篇, 卷10 : 送秦少章序 等 21篇, 附錄 : 疊山先生批點文章軌範大全.

• **同一 書名 版本 所藏處**

금속활자본 : 국립중앙도서관, 국회도서관, 한국학중앙연구원, 경상대학교, 고려대학교, 연세대학교, 영남대학교, 성균관대학교, 장로회신학대학교, 성암고서박물관, 臺灣 國立中央圖書館[5] 등.

목판본 : 국립중앙도서관, 규장각, 한국학중앙연구원, 한국국학진흥원, 경기대학교, 경상대학교, 경희대학교, 계명대학교, 고려대학교, 국민대학교, 단국대학교 율곡기념도서관·퇴계기념도서관, 동국대학교, 동아대학교, 부산대학교, 성균관대학교, 숙명여자대학교, 안동대학교, 연세대학교, 영남대학교, 용인대학교, 이화여자대학교, 전남대학교, 전주대학교, 충남대학교, 한양대학교, 부산시민도서관, 화성시향토박물관, 성암고서박물관, 송광사성보박물관, 남평문씨 인수문고, 독락당, 사우당종택, 춘호재, 日本 大阪府立中之島圖書館, 미국 컬럼비아대학교, 미국 UC버클리대학교 등.

필사본 : 국립중앙도서관, 한국학중앙연구원, 경기대학교, 경상대학교, 계명대학교, 고려대학교, 단국대학교 율곡기념도서관·퇴계기념도서관, 부산대학교, 숙명여자대학교, 안동대학교, 연세대학교, 영남대학교, 용인대학교, 원광대학교, 충남대학교, 성암고서박물관, 송광사성보박물관, 사우당종택, 춘호재 등.

---

5) 朴現圭는 臺灣 國立中央圖書館이 丁酉字로 찍어낸 금속활자본을을 소장하고 있다고 하였다. 朴現圭, 「18世紀 後半 韓·中校正刷本 『詳說古文眞寶大全』과 『國語』에 대한 調査 分析」, 『서지학보』제11집, 1993. 155~157쪽 참조.

(2) 大明律詩

書名	出版事項	版式狀況	一般事項	所藏番號
大明律詩		2卷 1冊[6], 朝鮮木版本, 四周雙邊, 半郭 : 17.8×13.5㎝, 有界, 12行 20字, 上下白口, 上下下向黑魚尾, 26.6×17㎝, 線裝, 楮紙	表題 : 大明律	09-1921

• **概要**

『大明律詩』는 泰仁에서 간행된 방각본이며, 명나라 연간(1368~1644) 88명의 시인들이 지은 七言律詩 총 342수가 수록되었고, 그 내용은 매우 다양하다.

태인판은 전라도 泰仁 지방에서 간행한 방각본의 통칭이다. 田以采와 朴致維의 공동명의의 방각본으로는 『詳說古文眞寶大全後集』(1796)·『增刪濂洛風雅』(1796)『史要聚選』(1799)·『事文類聚抄』(1799)·『大明律詩』(1800)·『公子通記』(1803)·『孝經大義』(1803)·『詳說古文眞寶大全前集』(1803)·『孔子家語』(1804)·『農家集成』(1806)·『新刊救荒撮要』(1806)·『明心寶鑑抄』·『孝經諺解』·『童子習』이 있다.

태인 방각본 간행의 실무적 업무를 담당했던 朴致維의 행적이 밝혀짐에 따라 그는 정조와 순조연간에 역사적으로 실재했던 인물임이 입증되었다. 그동안 태인 방각본의 간행연대 추정에 '崇禎' 연호 또는 고갑자 '干支'를 서기로 환산하는데 있어서 그들의 활동시기를 밝히지 못하였기 때문에 심지어 그가 출생하기 이전에 이미 출판 간행되었다는 오류를 낳고 말았다. 한국출판사에서 상업출판의 본격적인 서막을 열었던 태인 방각본의 주인공인 朴致維의 행력이 밝혀지자 전라도 태인에서 출판된 방각본은 그의 이름을 책방의 상호로 130여 년 동안 사용되었다는 그간의 학계의 주장과는 달리 1796년에서 1806년의 불과 10년 사이에 출판되었다는 새로운 사실을 입증하게 되었다.[7]

• **編纂과 刊行**

序도 跋도 없으나 맨 끝장에 「歲庚申田以采朴致維梓」라고 적혀 있어서 간행자가 田以采와 朴致維임을 알 수 있다. 이 책은 중국에서는 간행된 적이 없으며, 조선시대 泰仁에서 庚申年(1800)에 간행되었다.

---

6) 목록에는 '不分卷 1冊'으로 되어 있으나 실제로는 2卷 1冊이다.
7) 국립중앙도서관 『誓願交感書』 해제 참조.

• 著者 및 編者

田以采(생졸년 미상) : 潭陽田氏로 埜隱 田祿生(1318~1375)의 후손이다. 朴致維·孫基祖와 함께 坊刻本 泰仁板을 간행한 인물이다. 田以采에 대해 알 수 있는 유일한 기록은 태인 현감 耐翁 趙恒鎭(1738~1803)이 『詳說古文眞寶大全後集』의 跋文이다. '아전 전이채가 야은의 후예로써 이 책에 판목이 훼손되어 전해지지 않음을 유감으로 여겨 드디어 여러 친족과 함께 재물을 모아 가지고 저본으로 필사하여 거듭 판각하였다. 아!, 서리의 무리로써 고문이 보배임을 잘 알고, 야은이 남긴 공을 천명하였다.'

朴致維(1761~?) : 영조 37년(1761) 무렵에 태인 인근에서 출생하여 정조 말에서 순조 연간에 활동하였다. 그는 집안의 흉사로 일찍이 불교와 인연을 맺게 되었으며, 한동안 절에서 기거하면서 본격적으로 글과 출판기술을 익히고 30대 중반 무렵에 당시 태인 아전 출신 田以采와 손을 잡고 방각본 출판업에 참여하였다. 이때 그는 사찰에서 익힌 한문과 출판실무를 바탕으로 주로 출판의 실질적인 업무를 담당하였다.

• 版本構成

卷1 : 高啓·楊基·徐賁·鄭元佑·楊維楨·劉基·宋濂·胡虛白·謝肅·注廣洋·劉仔肩·顧謹中·吳志淳·劉秋·胡廣·湯胤勣·張以寧·宋訥·李德·郭奎·湯仲友·朱夢炎曾棨·王恭·蘇平·黃澤·陳汝言·包聖·林鴻·浦源·藍智·馬軾·王直·王稱·張和·李東陽·程敏政·謝鐸·張泰·秦旭·章懋·沈周·張弼·史鑑·王崇獻·李夢陽·何景明·顧璘·王九思·楊愼·徐禎卿·邊貢·孟洋·王同祖·文徵明·唐寅·張含·何孟春 等.

卷2 : 喬世寧·馬中錫·王守仁·黃棺·高岱·嚴嵩·唐順之·龔秉德·劉爾牧·黃佐·徐階沈明臣·黃姬水·李攀龍·吳國倫·汪道昆·徐仲行·周天球·顧聖之·吳敏道·魏裳王世懋·張九一 等.

• 同一 書名 版本 所藏處

목판본 : 국립중앙도서관, 규장각, 경상대학교, 단국대학교 율곡·퇴계기념도서관, 대구가톨릭대학교, 동국대학교, 동국대학교 경주캠퍼스, 용인대학교, 전남대학교, 사우당 종택, 아단문고, 日本大阪府立中之島圖書館 등.

필사본 : 국립중앙도서관, 영남대학교, 용인대학교, 춘호재 등.

(3) 集千家註分類杜工部詩

書名	出版事項	版式狀況	一般事項	所藏番號
集千家註分類杜工部詩	杜甫 著	零本 8冊, 中國木版本, 四周雙邊, 半郭 : 19.2×12.8㎝, 有界, 12行 20字, 註雙行, 上下白口, 上下下向黑魚尾, 25×14㎝, 線裝, 竹紙.	印記 : 酉谷靑岩	09-0690 ~0697

• **槪要**

唐의 시인 杜甫의 시를 주제별로 분류하고 역대 諸家의 주석을 모아 편찬한 중국간본이다. 충재박물관에 소장된 『集千家註分類杜工部詩』는 元末~明初에 初刊本이 나왔는데, 權橃이 중종 34년(1539) 7월에 宗系辨誣 奏請使로 明나라에 갔을 때 입수한 것으로 추정된다. 杜甫의 詩集은 국내에서 여러 차례 출판되었다. 그러나 중국판본인 『集千家註分類杜工部詩』는 충재박물관을 제외하고 성균관대학에만 소장되어 있다. 權橃이 수집한 이 明刊本은 현재 거의 남아 있지 않아서 희귀본으로서 가치가 있다.

• **編纂과 刊行**

唐 杜甫의 시를 宋 徐居仁이 편집하고 黃鶴이 補注를 달았다. 주석을 단 사람으로는 韓愈·元稹·文天祥·謝枋得·劉防孟 등으로 모두 156명으로 서명에 '集千家注'라고 한 것은 黃鶴이 과장한 표현이다. 『西江志』에 의하면 元 仁宗 皇慶 元年(1312)인 皇慶壬子에 餘志安이 勤有堂에서 간행되었다고 한다.[8)] 元末에는 葉氏가 廣勤堂에서 복간하였고 이후에도 여러 차례 번각되었다.[9)]

• **著者 및 編者**

杜甫(712~770) : 본적은 湖北省의 襄陽이고, 河南省의 鞏縣에서 태어났다. 자는 子美이고 호는 少陵이다. 중국 최고의 시인으로서 詩聖이라 불렸으며, 또한 李白과 병칭하여 李杜라고 일컫는다. 소년시절부터 시를 잘 지었으나 과거에는 급제하지 못하였고, 각지를 방랑하다 이후에 長安에 들어갔으나 여전히 불우하였다. 44세에 安祿山의 난이 일어나 적군에게 포로가 되어 장안에 연금된 지 1년 만에 탈출하여, 새로 즉위한 황제 肅宗의 行在所에 달려갔으므로, 그 공으로 左拾遺를 제수 받았다. 그 후 48세에 관직을 버리고 처자와 함께 甘肅省의

8) 天祿琳琅四庫書房的博客 (http://blog.sina.com.cn/u/2751226792) 참조.
9) 鎭江市圖書館(http://www.zjlib.net/)

秦州·同谷을 거쳐 四川省의 成都에 정착하여 浣花溪에다 浣花草堂을 세웠다. 54세 때, 귀향할 뜻을 품고 성도를 떠나 揚子江을 하행하여 사천 夔州의 협곡에 이르러 2년 동안 체류하다가 이후 2년간 湖北과 湖南에서 방랑을 계속하였는데, 배 안에서 병을 얻어 洞庭湖에서 59세에 병사하였다.

徐居仁(생졸년 미상) : 陳振孫의 『書録解題』에 의하면 徐居仁은 東萊사람인데, 어떤 사람인지 알 수 없다고 했다.

黃鶴(생졸년 미상) : 臨川 출신으로 자는 叔似이고 저서로는 『北牕寓言』이 있다.[10]

• 版本構成

모두 28卷으로 구성되어 있으며, 詩는 총 25卷이다. 그 앞에 두보의 傳記·杜詩에 주를 단 인물들·碑銘·年譜가 1卷으로 되어 있으며, 文이 2卷으로 되어 있다. 詩는 바로 다음의 『纂註分類杜詩』의 해제를 참조.

• 同一 書名 版本 所藏處

한국고전적종합목록시스템에 의하면 元末~明初에 간행된 중국목판본은 성균관대학교에만 소장되어 있다.

(4) 纂註分類杜詩

書名	出版事項	版式狀況	一般事項	所藏番號
纂註分類杜詩	杜甫(唐) 著, [17世紀] 刊	零本 4冊, 甲寅字體訓鍊都監字本, 四周雙邊, 半郭 : 25×16.3㎝, 有界, 9行 17字, 註雙行, 上下白口, 上下內向六瓣花紋黑魚尾, 34.6×21.5㎝, 線裝, 楮紙	印記 : 青岩, 所藏 : 卷 20, 21, 23, 24.	09-1206 ~1209

• 概要

唐의 시인 杜甫의 시를 주제별로 분류하고 역대 諸家의 주석을 모아 편찬한 책이다. 주자학을 체화한 조선의 사대부에게 杜甫의 시는 詩作의 모범일 뿐 아니라 내용이 憂國衷情을 담고 있어 중요시되었다. 『纂註分類杜詩』는 조선시대의 대표적인 杜詩 주석서로, 중앙정부에서 독자적으로 편찬하여 활자본으로 인쇄하였고, 지방에서 목판으로 복각하여 여러 차례 간

10) 天祿琳琅四庫書房的博客 (http://blog.sina.com.cn/u/2751226792) 참조.

행하였다. 『纂註分類杜詩』는 조선 문인들에게 그 자체로 환영받았을 뿐만 아니라 두시언해의 저본이 되었다.

• **編纂과 刊行**

唐의 시인 杜甫의 시를 주제별로 분류하고 역대 제가의 註를 모아 편찬한 책이다. 1443년(세종 25)에 詩學을 진흥시키기 위하여 중외의 杜詩 주석서를 구매하여 집현전에서 參校해서 하나로 종합하라는 왕명이 내려지고, 安平大君과 辛碩祖 등 6인이 이 작업을 맡았다. 그러나 이 會註本이 세종대에 간행되었는지는 확인할 수 없다. 현재 확인할 수 있는 것은 1485년(성종 16)에 간행된 甲辰字本과 丙子字本이다.

『纂註分類杜詩』는 宋 徐居仁이 編次한 『集千家註分類杜工部詩集』에 의거하여 編次를 따르고, 元 高崇蘭編의 『集千家註批點分類杜工部詩集』에 따라서 劉辰翁 批點을 인쇄해 넣었다. 目錄과 25권 합 21책이다.[11] 금속활자본을 저본으로 복각한 목판본이 전국에 걸쳐 여러 차례 간행되었고, 목활자 訓鍊都監本은 1615년(광해군 7)에 간행되었으며 이 판본을 복각한 목판본도 간행되었다.[12]

• **著者 및 編者**

본서의 『集千家註分類杜工部詩』의 헤제 참조.

• **版本構成**

卷1 : 紀行上(古詩 40首). 卷2 : 紀行下(律詩 37首)·述懷上(古詩 24首). 卷3 : 述懷 下(律詩 53首)·疾病(古詩 2首·律詩 2首)·懷古(古詩 13首·律詩 5首)·古跡(古詩 2首·律詩 2首). 卷4 : 時事上(古詩 32首). 卷5 : 時事下(律詩 44首)·邊塞(古詩 17首)·將帥(古詩 4首·律詩 6首)·軍旅(古詩 2首·律詩 7首). 卷6 : 宮殿(古詩 2首·律詩 6首)·宮詞(律詩 9首)·省守(律詩 5首)·陵廟(古詩 2首·律詩 14首)·居室上(古詩 11首). 卷7 居室下(律詩 39首)·隣里(律詩 4首). 題人居室(古詩 5首·律詩 7首)·田園(古詩 2首·律詩 5首). 卷8 : 皇族(古詩 3首·律詩 9首)·世胄(古詩 4首·律詩 2首)·宗族(古詩 6首·律詩 32首)·外族(古詩 3首·律詩 7首)·婚姻(古詩 2首·律詩 1首). 卷9 : 仙道(古詩 3首·律詩 1首)·隱逸(古詩 2首·律詩 4首)·釋老(古詩 8首·律詩 8首)·寺觀(古詩 4首·律詩 15首). 卷10 : 四時(古詩 1首·律詩 39首)

---

11) 심경호, 「조선조의 杜詩集 간행에 관하여」, 『韓國學報』제11집, 1985. 84~85쪽 참조.

12) 黃瑄周, 「한국본 『찬주분류두시(纂註分類杜詩)』의 제 판본」, 『중국어문학논집』제107집, 2017. 405~4016쪽 참조.

·夏(古詩 3首·律詩 4首)·秋(古詩 5首·律詩 20首)·冬(古詩 4首·律詩 9首). 卷11 : 節序(古詩·律詩 共 51首)·晝夜(古詩 2首·律詩 21首)·夢(古詩 2首·律詩 2首). 卷12 : 月(律詩 19首)·雨雪(古詩 14首·律詩 36首)·雲雷(古詩 1首·律詩 2首). 卷13 : 山嶽(古詩 3首·律詩 3首)·江河(古詩 9首·律詩 15首)·都邑(古詩 2首·律詩 35首). 卷14 : 樓閣(古詩 4首·律詩 35首)·眺望(律詩 9首)·亭榭(古詩 3首·律詩 8首). 卷15 : 園林(古詩 3首·律詩 24首)·果實(古詩 1首·律詩 11首)·池沼(律詩 9首)·舟楫(律詩 13首)·橋梁(律詩 3首)·燕飮(古詩 7首·律詩 20首). 卷16 : 文章(古詩 2首·律詩 14首)·書畫(古詩 17首·律詩 6首)·音樂(古詩 2首·律詩 5首)·器用(古詩 4首·律詩 3首)·食物(古詩 8首·律詩 4首). 卷17 : 鳥(古詩 11首·律詩 22首)·獸(古詩 8首·律詩 7首)·蟲(律詩 3首)·魚(律詩 2首). 卷18 : 花(古詩 3首·律詩 13首)·草(古詩 1首·律詩 2首)·竹(律詩 3首)·木(古詩 7首·律詩 7首). 卷19 : 投贈(古詩 1首·律詩 6首)·寄簡上(古詩 17首). 卷20 : 寄簡中(律詩 13首). 卷21 : 寄簡下(律詩 55首)·懷舊(古詩 3首·律詩 9首). 卷22 : 尋訪(古詩 3首·律詩 13首)·酬寄(律詩 8首)·惠貺(古詩 1首·律詩 3首)·送別上(古詩 19首). 卷23 : 送別下(律詩 80首). 卷24 : 慶賀(古詩 1首·律詩 4首)·傷悼(古詩 8首·律詩 22首). 卷25 : 雜賦(古詩 13首·律詩 6首·絶句 31首·歌 9首·行17首).

- **同一 書名 版本 所藏處**

금속활자본(庚子字) : 규장각.

금속활자본(甲寅字) : 고려대학교, 日本 京都大學[13] 등.

금속활자본(甲辰字) : 국립중앙도서관, 미국 컬럼비아대학교 도서관 등.

금속활자본(丙子字) : 국립중앙도서관, 한국학중앙연구원, 고려대학교, 충남대학교 등.

금속활자본(戊申字) : 한국학중앙연구원 등.

목활자본(甲寅字體訓鍊都監字) : 국립중앙도서관, 규장각, 한국학중앙연구원, 계명대학교, 고려대학교, 단국대학교 율곡기념도서관, 동국대학교, 성균관대학교, 영남대학교, 전남대학교, 충남대학교, 한양대학교, 中國國家圖書館, 日本東洋文庫 등.

목판본 : 국립중앙도서관, 규장각, 한국학중앙연구원, 계명대학교, 고려대학교, 단국대학교, 동국대학교 경주캠퍼스, 영남대학교, 미국 UC버클리대학교 등.

필사본 : 사우당종택.

---

13) 京都大學 판본은 '한국고전적종합목록시스템'에는 검색되지 않지만, 黃瑄周가 판본 분석을 통해 初鑄甲寅字本임을 특정하였다. 黃瑄周, 「한국본 『찬주분류두시(纂註分類杜詩)』의 제 판본」, 『중국어문학논집』제107집, 2017. 401~405쪽 참조.

(5) 分類杜工部詩

書名	出版事項	版式狀況	一般事項	所藏番號
分類杜工部詩	杜甫 著, 18世紀 刊	零本 1冊, 朝鮮木版本, 四周雙邊, 半郭 : 20.2×14.5㎝, 有界, 8行 17字, 上下白口, 上下內向四瓣花紋黑魚尾, 30×19㎝, 線裝, 楮紙	所藏 : 卷8	09-1973

• 概要

杜甫의 시를 주제에 따라 분류하여 우리말로 번역한 번역서이다. 서명이 『分類杜工部詩』로 만 되어 있어서, 서명에서 언해하였음을 알 수는 없지만 통칭 『杜詩諺解』로 불린다.

• 編纂과 刊行

杜甫의 시는 作詩의 모범이라는 詩史上의 특징으로 인해 왕명으로 杜甫詩集이 간행되었는데, 1444년(세종 25)에 두보의 시를 분류하고 주석을 집대성한 『纂註分類杜詩』가 간행되었다. 성종은 柳允謙에게 두시를 강학하게 하여 문신들의 作詩 수준을 높이도록 하였고, 1481년(성종 12) 諺解令을 내려 『纂註分類杜詩』를 언해하도록 하였다. 언해한 활자본은 『分類杜工部詩』로 명명되었는데, 杜工部는 工部員外郞 벼슬을 한 두보를 가리키며 통칭 『杜詩諺解』로 불린다. 임진왜란 직후에는 활자나 冊板이 소실되고 약탈되어, 杜甫詩集을 구하기 어려워졌다. 그래서 1632년(인조 10)에 경상감사 吳翻(1592~1634)의 주관하에 경상도 여러 고을에서 관찰사와 대구부사의 지시와 감독으로 初刊本을 교정하여 간행한 것이다.

• 著者 및 編者

柳允謙(1420년~?) : 본관은 瑞山이고, 자는 亨叟이다. 할아버지 柳沂는 閔無咎·閔無疾 사건에 연루되어 죄를 입고, 아버지 柳方善은 연좌로 관노가 되었다가 뒤에 사면되어 평민이 되었다. 아버지가 억울한 생활을 하는 동안 杜甫의 詩에 정통했기 때문에 그것을 배웠다. 그런데 과거를 치르기도 전에 세종의 부름으로 布衣로서 杜詩의 撰註에 참여하였다. 1455년(세조1) 과거 응시를 허락해 달라고 상언한 결과, 허락을 얻어 1462년 별시 문과에 丙科로 급제하였다. 1465년 司憲府監察·成均館司成을 지냈으며, 1480년(성종11) 중국에서 오는 사신들과 唱和를 할 수 있는 젊은 문신들에게 杜詩를 교습시켰다. 이듬해는 왕명을 받아 曺偉 등과 함께 『分類杜工部詩(諺解)』 25권을 완성하였다. 그 후 弘文館副提學·工曹參議·大司諫·副提學·同副承旨·戶曹參議·敦寧府都正 등을 역임하였다. 또한 왕명으로 徐居正·盧思愼·許琮·魚世謙·柳洵 등과 함께 『聯珠詩格』과 『黃山谷詩集』을 한글로 번역하였다.

• **版本構成**

바로 앞의 『纂註分類杜詩』의 해제 참조.

• **同一 書名 版本 所藏處**

금속활자본(乙亥字) : 규장각, 한국학중앙연구원, 계명대학교 등.

목활자본(訓鍊都監字) : 고려대학교, 전남대학교 등.

목판본 : 규장각, 한국학중앙연구원, 경기대학교, 경상대학교, 경희대학교, 계명대학교, 고려대학교, 국민대학교, 단국대학교 율곡기념도서관, 동국대학교, 동아대학교, 부산대학교, 서울대학교 중앙도서관, 영남대학교, 원광대학교, 이화여자대학교, 전남대학교, 중앙대학교, 충남대학교, 한양대학교, 독락당, 日本小倉文庫(東京大學), 日本東洋文庫, 미국 UC버클리대학교 등.

필사본 : 국립중앙도서관, 한국학중앙연구원, 동국대학교, 안동대학교, 영남대학교 등.

(6) 虞註杜律

書名	出版事項	版式狀況	一般事項	所藏番號
虞註杜律	杜甫(唐) 著	零本 1冊, 朝鮮木版本, 四周雙邊, 半郭 : 18.5×13.2㎝, 有界, 10行 20字, 上下白口, 上下向四瓣花紋黑魚尾, 28.3×18.2㎝, 線裝, 楮紙	表題 : 杜律, 跋 : 成化紀元之七年辛卯…金紐書	09-1945
虞註杜律	杜甫(唐) 著, [19世紀]刊	2卷 2冊, 朝鮮木版本, 四周單邊, 半郭 : 19.1×15㎝, 有界, 11行 23字, 上下白口, 上下內向四瓣花紋黑魚尾, 26.9×18.3㎝, 線裝, 楮紙	序 : ①盧陵陽士奇序 ②太學士建安楊榮書, 印記 : 權根寅信, 權相漢印	09-1947 ~1948
杜律	杜甫(唐) 著	不分卷 1冊, 朝鮮筆寫本, 無界, 12行 20字, 無魚尾, 32.5×22.3㎝, 線裝, 楮紙	印記 : 青岩家寶, 青岩, 權斗寅, 藏書記 : 青岩家藏	09-1975

• **槪要**

元의 虞集이 杜詩 가운데 七言律詩 백여 편을 골라 朱熹의 『詩集傳』을 모방하여 주석한 것으로 2권 2책이다. 두보가 安史의 난으로 유랑하게 된 45세 이후의 작품들이 대부분으로, 憂國衷情의 뜻을 담은 것이다. 詩題와 시작품을 해설하고 지명이나 특수 어휘, 난해한 전고 등을 풀이한 圈內註와 시 전체의 의미를 자유롭게 감상한 圈外註가 달려 있다. 『虞註杜律』은 두보의 칠언율시가 소재·주제별로 분류되어 있고 주석이 상세하여 율시를 지을 때 참고하기 좋다는 이유에서 선호되었다.

• **編纂과 刊行**

『虞註杜律』은 본래 寫本으로 전해지던 것을 明의 朱熊이 1434년(宣德 9)에 鋟梓하였고, 1443년(正統 8)에 林靖이 교정하고 石璞이 重刻하였다. 그런데 元代 張性은 시의 감상을 위해 詩語·詩意·작품구조 등 세 방면에 걸쳐 체계적인 주석을 달았지만 생전에 이를 간행하지 못하고 죽었다. 그의 사후 지역 인사들에 의해 明 1429년(宣德 4)에 『杜律演義』로 간행되었다. 그러나 朱熊가 이를 표절하고 元의 四大詩人인 虞集의 이름에 가탁하여 『杜律虞註』라는 서명으로 간행하여 널리 유포하였다.[14)]

조선에서는 1443년의 重刊本을 참조로 하여 1471년(성종 2)에 淸州에서 覆刊하여 杜律의 교재로 널리 사용하였다. 권말에 있는 金紐의 跋文에 의하면 당시 淸州牧使 權至가 간행하였으며 글씨는 槐山郡守 朴秉德이 썼다고 한다. 『虞註杜律』은 청주에서 번각된 이후 화순·의성 등 전국에서 여러 차례 번각하여 간행되었으며, 1902년(광무 6)에는 池松旭이 活印했고, 1913년에는 新舊書林에서도 목판본으로 간행하였다.

• **著者 및 編者**

虞集(1272~1348) : 자는 伯生이고, 호는 道園·邵菴이며, 시호는 文靖이고, 臨川에서 출생하였다. 원나라 말년 몽골인의 조정이 이전까지 漢族의 문화를 경시하는 풍조를 바꾸어 이를 존중하려는 기운을 따라 1297년 大都(현재 北京)로 나가 大都路儒學敎授·太常博士가 되었고, 1328년 문종이 즉위하자 신임을 받아 학문소인 규장각을 창설하고 侍書學士가 되었다. 주요저서에 『道園學古錄』(50권), 『道園遺稿』(6권) 등이 있다. 唐詩의 박력을 계승한 시인으로서, 楊載·范梈·揭傒斯와 함께 '元詩四大家'의 으뜸으로 꼽힌다.

• **版本構成**

卷1 : 紀行 2首·述懷 8首·懷古 6首·將相 3首·宮殿 8首·省宇 2首·居室 3首·題人屋壁 3首·宗族 2首·隱逸 3首·釋老 1首·寺觀 3首·四時 21首. 卷2 : 節序 12首·晝夜 2首·天文 4首·地理 3首·樓閣 7首·眺望 2首·亭榭 2首·果實 2首·舟楫 2首·橋梁 1首·燕飮 2首·音樂 1首·禽獸 3首·蟲類 1首·簡寄 17首·尋訪 5首·酬寄 3首·送別 12首·雜賦 1首.

---

14) 이의강, 「조선시대 유행 杜詩集 『杜律虞註』의 문헌학적 연구」, 『韓國漢文學硏究』제28집, 2001. 자세한 논증은 39~45쪽 참조.

• 同一 書名 版本 所藏處

목판본 : 국립중앙도서관, 규장각, 한국학중앙연구원, 경상대학교, 경기대학교, 경희대학교, 계명대학교, 국민대학교, 고려대학교, 단국대학교 율곡기념도서관·퇴계기념도서관, 대구가톨릭대학교, 동아대학교, 동국대학교 경주캠퍼스, 성균관대학교 존경각, 숙명여자대학교, 부산대학교, 안동대학교, 용인대학교, 이화여자대학교, 인하대학교, 전남대학교, 전주대학교, 중앙대학교, 한양대학교, 인천광역시 가천박물관, 모덕사, 사우당종택, 춘호재, 미국 UC버클리대학교 등.
필사본 : 국립중앙도서관, 한국국학진흥원, 한국학중앙연구원, 경기대학교, 경희대학교, 계명대학교, 고려대학교, 단국대학교 퇴계기념도서관, 부산대학교, 숙명여자대학교, 안동대학교, 영남대학교, 원광대학교, 이화여자대학교, 전주대학교, 충남대학교, 모덕사, 사우당종택, 춘호재, 충청남도역사박물관 등.

(7) 名世文宗

書名	出版事項	版式狀況	一般事項	所藏番號
名世文宗	胡時化(明) 選集, 陳仁錫(明) 訂正.	30卷 30冊, 中國木版本(明版), 四周單邊, 半郭 : 22.9×13.3㎝, 9行 18字, 上下白口, 上下內向四瓣花紋黑魚尾, 26.5×17㎝, 線裝, 竹紙	序 : 皇明崇禎戊辰(1628)…陳仁錫書 印記 : 西谷青岩	09-0168 ~0197

• 概要

이 책은 다양하고도 호탕한 중국 문장들을 일일이 정독할 수 없어 왕조 별로 가장 빼어난 작품들만을 간추려 문인들의 문장 학습에 도움을 주고자 편찬된 것으로 과거시험용으로도 많이 애용되었던 것으로 보인다.
충재박물관이 소장한 『名世文宗』은 9행 18자의 중국간본이다. 그런데 이 책은 權橃 사후에 출판된 것이기 때문에 權橃의 후손들이 수집한 판본인데, 藏書記가 없어서 수집 경로를 확정할 수 없다.

• 編纂과 刊行

중국 간본은 王世貞이 편집하고 鍾惺이 增定한 것으로 앞에 王世貞과 鍾惺의 序가 있다. 胡時化의 『名世文宗』이 먼저 있었고 왕세정의 재편집본이 나왔고, 鍾惺은 이 두 본이 모두 너무 簡約하다 하여 다시 작품들을 추가하여 편찬하였다. 1628년 명의 陳仁錫이 쓴 序를 필두로 王錫爵·郭子章·胡時化의 序가 차례로 수록되어 있다. 宋 眞德秀(1178~1235)의 『文

章正宗』과 『續文章正宗』에서 주로 鈔하여 편집한 것으로 督學 褚鈇의 命으로 胡時化가 편집하고 刊行하였다. 胡時化 편찬본이 나오고 바로 뒤이어 王世貞의 增訂本도 나왔다. 중국간본과 조선간본의 차이는 다음과 같다. 중국간본에는 '總目'과 '眉批'가 있는데, 조선간본에는 이것이 모두 없다. 또한 중국간본은 '9행 18자'로 되어 있는데, 조선간본은 '10행 18자'로 되어 있다.[15)]

• 著者 및 編者

胡時化(생졸년 미상) : 행력에 관한 자료는 거의 남아 있지 않다. 그런데 1571年(明 隆慶 5)에 '科殿試'에 '第三甲'으로 합격했다.[16)] 그리고 胡時化가 合肥令을 역임했을 때, 지방 인사들이 '嘉惠' 후학을 위해 古文選本을 편집해달라고 하였다. 胡時化는 4개월 동안 『名世文宗』의 편집본을 만들었고, 지방 인사들은 이것을 池寧에 가지고 가서 간행하였다.[17)]

• 版本構成

卷首 : 序(陳仁錫·王錫爵·郭子章·胡時化 撰)·凡例·談文·談國朝文. 卷1 : 左傳. 卷2 : 左傳·國語』 卷3 : 國語. 卷4 : 公羊傳·穀梁傳·檀弓記·諸子(管子·墨子·晏子·孫武子 等). 卷5 : 諸子(列子·莊子·荀子·商子 等). 卷6 : 戰國策. 卷7 : 戰國策·呂氏春秋·李斯·陳餘 等. 卷8 : 西漢文(賈誼 等). 卷9 : 西漢文(晁錯·枚乘·公孫弘 等). 卷10 : 西漢文(司馬相如·東方朔·李陵·蘇武 等). 卷11 : 史記. 卷12 : 西漢文(劉向·匡衡 等). 卷13 : 西漢文(劉歆·揚雄 等). 卷14 : 東漢文(王充·班固 等). 卷15 : 東漢文(應邵·蔡邕 等). 卷16 : 三國文(諸葛亮·曹植 等). 卷17 : 晉文(杜預·陸機·陸雲·阮籍·陶淵明 等). 卷18 : 六朝文(范曄·謝靈運·沈約 等). 卷19 : 唐文(盧照隣·駱賓王·王勃 等). 卷20~21 : 唐文(韓愈). 卷22 : 唐文(李白·王維·元結 等). 卷23 : 宋文(張載·周敦頤·范仲淹·歐陽修·司馬光·曾鞏 等). 卷24 : 宋文(王安石·秦觀·蘇洵 等) 卷25 : 宋文(蘇軾). 卷26 : 宋文(蘇軾·蘇轍·陸游·范成大 等). 卷27 : 元文(姚遂·金履祥·虞集·楊維楨 等). 卷28 : 國朝文(劉基·宋濂·方孝孺·楊士奇·丘濬 等). 卷29 : 國朝文(唐順之·王守仁·何景明 等). 卷30 : 國朝文(李夢陽·文徵明·李攀龍·王世貞·湯顯祖·李摯·袁宏道 等).

---

15) 吳正嵐, 「『名世文宗』對金錫胄『古文百選』及其文學思想的影響」, 『한국어문학국제학술포럼 학술대회』제10호, 2010. 174쪽.

16) 「明朝进士列表」(http://blog.sina.com.cn/s/blog_14ed091140102wnek.) 참조.

17) 姜云鹏, 「上图藏『名世文宗』版本考述-兼论『名世文宗』的形成过程」, 『古籍研究』, 2013. 51쪽 참조.

• 同一 書名 版本 所藏處

목활자본(倣乙亥字體訓鍊都監字本) : 규장각, 경기대학교, 계명대학교, 고려대학교, 연세대학교, 모덕사 등.

목판본 : 한국학중앙연구원, 서울대학교 등.

중국목판본 : 국립중앙도서관, 한국학중앙연구원, 계명대학교, 고려대학교, 충남대학교 등.

필사본 : 계명대학교.

(8) 文選

書名	出版事項	版式狀況	一般事項	所藏番號
文選	昭明太子(梁) 著	零本 1冊, 朝鮮木版本, 四周單邊, 半郭 : 23.2×16.7㎝, 有界, 10行 17字, 上下白口,(大黑口混入) 上下內向黑魚尾, 33.3×20.7㎝, 線裝, 楮紙	所藏 : 卷3~4	09-1845
文選	昭明太子(梁) 著	零本 9冊, 朝鮮木版本, 四周單邊, 半郭 : 23.1×16.7㎝, 有界, 10行 17字, 上下白口,(大黑口混入) 上下內向黑魚尾, 33.7×21.4㎝, 線裝, 楮紙	跋 : 正德己巳(1509)…黃瑾跋, 印記 : 酉谷青岩, 藏書記 : 壬子夏四月日買得朴青岩藏, 所藏 : 卷3~6, 13~14, 21~22, 25~30	09-1851~1853

• 概要

梁 昭明太子 蕭統이 편찬한 詩文集으로 흔히 『昭明文選』이라고도 부른다. 『文選』을 編選함에 있어 그는 '文과 '筆'을 엄격히 구별하여, 先秦에서 梁에 이르는 各體 문장을 다 뽑되 六經과 諸子는 제외하였고 史書에서도 오직 論贊만을 뽑아 騈文 계열의 글이 주류를 이루고 있다. 『文選』에는 周·秦·兩漢에서 齊·梁에 이르는 시대의 127명의 작가들의 詩文이 실려 있는데, 무명씨의 작품도 여러 편 있다.

충재박물관에는 낙질인 2종의 판본이 있는데, 그 중 1종은 藏書記가 '壬子夏四月日買得朴青岩藏'으로 되어 있어서 충재 종가에서 매입한 책임을 알 수 있다.

• 編纂과 刊行

蕭統은 文選을 편찬하기 위하여 東宮에 文選樓를 짓고 高齋十學士라 불리던 劉孝威·庾肩吾 등을 모아 옛날 典籍들을 놓고 토론케 하는 한편, 秦漢 이래의 詩文을 모아 文選 31권을 편찬하였다. 唐代에 李善(630?~689)이 여기에 註를 달면서 한 卷을 둘로 나누어 60권으로 재정리함으로써, 그 뒤로 30卷本『文選』은 세상에서 자취를 감추게 되었다. 그리고 李善의 註는 인용 자료가 풍부하여 근래 고증학자들의 引據를 위한 좋은 자료가 되고 있다. 李善에 뒤이어 718년(唐 開元 6)에는 다시 呂延濟·劉良·張詵·呂向·李周翰의 5인이 모여 註를 써서 조정에 바쳤는데, 이를 五臣註라 흔히 부른다. 그리고 北宋 元祐年間(1086~1093)에 李善註와 五臣註를 合刊한 이래로 흔히 六臣註라 부르게 되었다. 이 뒤로 李善의 註만이 실린『文選』은 세상에서 자취를 감추게 되었고, 후세에 다시 나온 李善註本『文選』은 六臣註本에서 五臣註를 빼어내고 만들어 놓은 것이라 한다. 宋代에 들어와서는1026년(宋 天聖 4)에 沈嚴의 後序 가 붙은 五臣註本이 있고, 天聖연간에 公孫覺 등이 校勘 인간한 李善註本이 있으며, 또한 1094년(元祐 9)에 秀州 州學이 다시 對勘하여 간행한 판본도 있다.
조선간본은 1402년(世宗 2) 庚子에 주조한 활자로 1428년(世宗 10)에 찍어낸 庚子字本(宣德三年 卞季良 跋文)이 있다. 그리고 임진란 이후에 訓鍊都監字로 다시 찍은 목활자본도 있다. 또한 이 활자본을 복각한 목판본들이 전국에 걸쳐 여러 차례 간행되었다.

• **著者 및 編者**

蕭統(501~531) : 자는 德施이고, 별칭으로 昭明太子·昭明帝라고도 부른다. 南朝 梁나라의 제1대 왕인 武帝 蕭衍의 아들로 제2대 왕 蕭綱과 제4대 왕 蕭繹의 형이며, 제3대 왕 蕭棟의 조부이다. 501년 蕭衍의 맏아들로 태어났으며, 502년 蕭衍이 양나라를 세우자 황태자로 책봉되었다. 성인이 된 뒤에는 국정에 참여해 어진 정치를 펼쳐 백성들과 관리들의 신망을 받았다. 蕭統은 文人으로도 널리 알려져 있는데, 어릴 때부터 매우 총명해 3살 때『論語』와『孝經』을 읽었으며 5살에 五經을 모두 읽었다고 전해진다. 그는 3만여 권에 이르는 책을 소장하고 수많은 문인들과 교류하였다. 그리고 당시에 전해지던 詩文들을 모아『文選』을 편찬했는데, 이는 남북조시대 이전의 문학작품들을 후세에 전하는 데 중요한 역할을 하였다. 蕭統은 531년에 31세의 나이로 일찍 죽어 제위에는 오르지 못했다.

• **版本構成**

卷1~6 : 賦(京都). 卷7 : 賦(郊祀·耕籍·畋獵). 卷8 : 賦(畋獵). 卷9 : 賦(畋獵·紀行). 卷10 : 賦(紀行). 卷11 : 賦(遊覽·宮殿). 卷12 : 賦(江海). 卷13 : 賦(物色·鳥獸). 卷14 : 賦(鳥獸·志). 卷15 : 賦(志). 卷16 : 賦(志·哀傷). 卷17 : 賦(論文·音樂). 卷18 : 賦(音樂). 卷19 : 賦(情)·詩(補亡·述德·勸勵). 卷20 : 詩(獻詩·公燕·祖餞). 卷21 : 詩(詠史·百一·游仙). 卷22 : 詩(招隱·反招隱·游覽). 卷23 : 詩(詠懷·哀傷·贈答). 卷24~25 : 詩(贈答). 卷26 : 詩(贈答·行旅). 卷27 : (行旅·軍戎·郊廟·樂府). 卷28 : 詩(樂府·挽歌·雜歌). 卷29 : 詩(雜詩).

卷30：詩(雜詩·雜擬). 卷31：詩(雜擬). 卷32~33：騷. 卷34：七. 卷35：七·詔·冊. 卷36：令·敎·文. 卷37~38：表. 卷39：上書·啓. 卷40：彈事·牋·奏記. 卷41~43：書. 卷44：檄. 卷45：對問·設論·辭·序. 卷46：序. 卷47：頌·贊. 卷48：符命. 卷49：史論. 卷50：史論·史述贊. 卷51~55：論. 卷56：箴·銘·誄. 卷57：誄·哀. 卷58：哀·碑文. 卷59：碑文·墓誌. 卷60：行狀·吊文·祭文.

• **同一 書名 版本 所藏處**

금속활자본(庚子字)：성암고서박물관.
금속활자본(初鑄甲寅字)：국립중앙도서관, 규장각, 한국학중앙연구원, 영남대학교, 성암고서박물관 등.
금속활자본(顯宗實錄字)：국립중앙도서관.
목활자본(訓鍊都監字)：국립중앙도서관, 규장각, 한국학중앙연구원, 경기대학교, 경희대학교, 고려대학교, 성암고서박물관, 中國國家圖書館, 日本東洋文庫 등.
목판본：국립중앙도서관, 규장각, 한국국학진흥원, 한국학중앙연구원, 경희대학교, 계명대학교, 고려대학교, 국민대학교, 단국대학교 퇴계기념도서관, 대구가톨릭대학교, 동국대학교, 동아대학교, 성균관대학교, 숙명여자대학교, 영남대학교, 원광대학교, 이화여자대학교, 충남대학교, 성암고서박물관 등.
필사본：국립중앙도서관, 한국국학진흥원, 한국학중앙연구원, 경기대학교, 경상대학교, 국민대학교, 동국대학교, 부산대학교, 영남대학교, 원광대학교, 이화여자대학교, 프랑스 동양언어문회힉교 등.

(9) 白氏文集

書名	出版事項	版式狀況	一般事項	所藏番號
白氏文集	白居易(唐) 著, 16世紀 刊	71卷 22冊, 朝鮮木版本, 四周雙邊, 半郭：27.8×19.1㎝, 有界, 10行 19字, 上下白口,(大黑口混入) 上下內向四瓣花紋黑魚尾, 34.4×23.4㎝, 線裝, 楮紙	藏書記：萬曆甲申冬印得于帶方乙酉春粧潢于八溪郡齊	09-1379 ~1400

• **槪要**

白居易가 직접 자신이 지은 시의 내용을 諷喩·閑適·感傷·雜律로 분류하였다. 諷諭의 시는 민중의 고통을 반영하고 귀족의 사치를 폭로하며 옳지 못한 전쟁에 반대하는 내용으로 新樂府를 대표하는 작품들이다. 閑適의 시는 평정한 마음의 경계를 나타낸 시들이며, 感傷은 悲歡離合에 대한 인간의 자연스러운 감정을 표현한 시들이며, 雜律은 近體詩로 각종 율시를 가리킨다.

충재박물관 소장본은 藏書記가 '萬曆甲申冬印得于帶方乙酉春粧潢于八溪郡齊'로 되어 있다. '帶方'에서 인출해서 얻었다고 하는데 '帶方'이 무엇을 의미하는지는 모호하다. 그런데 이 판본은 徐有榘의 「京外鏤板」에 수록되어 있는데 安東府에서 간행한 판본으로[18] 安東府에서 인출해서 八溪郡에서 粧潢한 것으로 보인다.

• **編纂과 刊行**

白居易는 생전에 이미 여러 차례 자신의 문집을 스스로 편찬하였는데, 문집이 간행된 것은 宋代에 이르러서이다. 백거이 문집은 前集은 『白氏長慶集』에서 後集인 『白氏文集』(70卷)을 거서 續後集인 『白氏文集』(75卷)으로 완성되었다. 『白氏文集』은 『新唐書·藝文志』를 보면 75卷으로 되어 있으나, 宋代의 목록서인 『崇文總目』은 70卷, 『郡齋讀書志』는 71卷, 『直齋書錄解題』도 71卷으로 되어 있다. 宋代에 여러 차례 간행되었는데 현존하는 유일한 판본은 南宋 紹興年間에 浙江 지역에서 간행한 71卷本이다. 明代에 들어와서 正德 8年(1513) 蘭雪堂 銅活字本, 正德 14年(1519) 郭勳 간본, 嘉靖 17年(1538) 錢應龍 간본, 萬曆 34年(1606) 馬元調 간본 등이 있다. 淸代에는 교감을 중심한 판본들이 여러 차례 간행되었다.

조선에서는 금속활자 甲辰字本이 성종 후기에 간행되었다고 추정되는데, 이는 일본 那波道圓 活字本의 저본이 되기도 하였다. 조선에서는 활자본 이외에도 목판본으로도 간행되었으며 原刻本과 補刻本이 현존한다.[19]

• **著者 및 編者**

白居易(772~846) : 본적은 山西省 太原이고, 洛陽 부근의 新鄭에서 출생하였다. 자는 樂天이고, 호는 醉吟先生·香山居士이다. 800년 29세로 進士에 급제하였고, 32세에 황제의 親試에 합격하였다. 807년 36세로 한림학사가 되었고, 이듬해에 左拾遺가 되었으며, 이 시기에 『新樂府』 50수(805)를 썼다. 814년 태자 左贊善太夫에 임용되었으나, 이듬해서 九江의 司馬

---

18) 朴文烈, 「「京外鏤板」考」, 『人文科學論集』제4호, 1985. 168쪽.

19) 김경동, 「백거이 문집의 성립과정과 제판본」, 『中國學報』제77집, 2016. 판본에 자세한 내용은 172~191쪽 참조.

로 좌천되었다. 818년 忠州刺史가되었으며, 임기를 마치고 長安에 돌아오자 권력 다툼의 소용돌이를 피하기 위하여 822년 자진해서 杭州刺史가 되었다. 825년 蘇州刺史로 전임하였으나 827년에는 중앙으로 복귀를 명령 받아 秘書監에 임명되었다. 831년 원진 등 옛 친구들이 세상을 떠나자 낙양 교외의 龍門의 여러 절을 자주 찾았고 '香山居士'라는 호를 쓰며 불교로 기울어졌다. 이에 문집인 『劉白唱和集』 5권과 『白氏文集』 60권을 834~839년에 걸쳐 사찰에 봉납하였다. 842년 71세 때 刑部尙書의 대우로 퇴직하였는데, 『白氏文集』은 70권에 이르렀다. 그 뒤로도 인생의 마무리로서 75권의 전집을 編定하였고, 이것이 완성된 이듬해 생애를 마쳤다.

• **版本構成**

卷1~4 : 諷論. 冊2 : 卷5~9, 閑適·感傷. 卷10~13 : 感傷. 卷14~17 : 律詩. 卷18~21 : 律詩. 卷22~27 : 銘~記. 卷28~32 : 書 – 中書制誥. 卷33~36 : 中書制誥. 卷38~39 : 翰林制誥. 卷40~43 : 翰林制誥·奏狀. 卷44~47 : 奏狀·策林. 卷48~51 : 策林·甲乙判·雜體. 卷52~55 : 格詩·雜體·律詩. 卷56~59 : 律詩·碑·誌·序·記·辰. 卷60~63 : 碑~祭文·格詩·雜體. 卷64~67 : 律詩. 卷68~71 : 律詩·半格詩·碑·記·銘.

• **同一 書名 版本 所藏處**

금속활자본(甲寅字) : 국립중앙도서관, 한국학중앙연구원, 일본 宮內廳書陵部 등.
목판본 : 국립중앙도서관, 규장각, 한국국학진흥원, 한국학중앙연구원, 연세대학교, 日本 慶應大學 斯道文庫, 天理大學圖書館, 大阪府立圖書館, 東洋文庫[20] 등.

(10) 山谷集詩註

書名	出版事項	版式狀況	一般事項	所藏番號
山谷集詩註	黃庭堅(宋) 著, 16世紀 刊	39卷 20冊, 初鑄甲寅字本, 四周雙邊, 半郭 : 25×17㎝, 有界, 10行 17字, 上下白口, 上下內向六瓣花紋黑魚尾, 34.8×21.8㎝, 線裝, 楮紙	內集序 : 乙亥鄱陽許尹, 外集序 : 嘉靖元年(1225)··· 晋陵錢文子, 印記 : 拙修, 永嘉後學權斗寅春卿	09-0102~0121

20) 이상 일본에 소장된 조선 판본은 다음 논문을 참조하여 보충하였다. 김경동, 「백거이 문집의 성립과정과 제판본」, 『中國學報』 제77집, 2016. 189~190쪽.

• **概要**

宋代의 詩人 黃庭堅(1045~1105)의 詩集으로 內集 20권·外集 17권·別集 2권으로 이루어져 있다.

『山谷集詩註』는 간행시기를 정확히 특정할 수 없지만 중종연간에 자주 사용된 初鑄甲寅字混入補字로 간행되었다. 그런데 『中宗實錄』 중종 2년(1507) 10월 27일에, 崔連孫이 咸陽郡守 때 관청에서 보관하고 있던 『山谷集』의 板木을 태워서 司憲府에서 그를 탄핵한 기록이 있다. 중앙정부에서는 금속활자를 이용해 이 책을 다시 찍어냈을 가능성이 높고, 이때 初鑄甲寅字混入補字로 찍어낸 『山谷集詩註』가 그것이며, 權橃이 현직 관료로 있을 때 수집하였을 것으로 추정된다. 현존하는 금속활자본 『山谷集詩註』는 충재박물관 소장본 유일한 것으로 보인다.

• **編纂과 刊行**

黃庭堅의 詩集으로 자신이 編한 文集도 있었다 하나 지금은 전하지 않는다. 內集은 1128년(宋 建炎 2)에 그의 조카 洪炎이 편찬했고, 外集은 孝宗 때(1163~1189)에 李彤이 엮었고 別集은 1182년(宋 淳熙 9)에 그의 손자 黃㽦이 누락된 遺文을 보충하여 엮은 것이다. 宋代 간본으로는 南宋 초기에 『豫章先生文集』이 있고, 『豫章黃先生文集』 2종도 있다. 元代 간본으로는 宋 史容이 주를 단 『山谷外集詩注』가 있다. 明代에는 嘉靖 간본이 있고 方沅 이 校刻한 萬曆 간본인 『重刻黃文節山谷先生文集』 등이 있다. 淸代 간본으로는 『宋黃山谷先生正集』이 있고, 乾隆30년(1765)에 緝香堂에서 重刊한 『黃山谷內集』 등이 있다.[21]

安平大君이 『山谷精髓』를 엮었으며, 1483년(성종 14)에는 『黃山谷詩集』을 언문으로 번역하라는 왕명이 있었다. 특히 성종은 황정견의 시가 어려운 것을 병통으로 여겨 언해하여 배우는 자들이 쉽게 이해하도록 하였으나 이루어지지는 않았다. 그러나 황정견의 문집은 왕성하게 간행되어 兪好仁은 1487년(성종 18)에 成任과 成俔 형제에게 나누어져 있던 本集과 別集을 빌려 경상도 天嶺에서 목판으로 간행하기도 하였고, 그 후로도 여러 차례 간행되었다.

• **著者 및 編者**

黃庭堅(1045~1105) : 洪洲 分寧(지금의 江西 修水) 사람으로 자가 魯直이며 호는 山谷·涪翁이다. 進士가 된 다음에 葉縣尉란 벼슬을 지냈다. 熙寧 初(1068 前後)에 北京國子監의 교수가 되었고, 哲宗 때에는 校書郞이 되어 神宗 實錄의 檢討官을 지냈으며, 뒤에 著作佐郞이

21) 김학주, 「조선 刊 『黃山谷集』 略考」, 『조선시대 간행 중국문학 관계서 연구』, 서울대학교출판부, 2000. 227~228쪽 참조.

되었다. 實錄이 완성된 뒤에는 起居舍人이 되었다가 紹聖年間(1095 前後)에는 鄂州 知尹이 되었으나, 章惇과 蔡卞 등의 미움을 사서 涪州別駕로 貶謫되었고, 다시 黔州와 戎州로 옮겼다. 徽宗 初(1101 前後)엔 다시 太平州 知尹으로 등용 되었다가 또 宣州로 貶謫되었다. 뒤에 永州로 옮겨졌다가 거기서 사망하였다.

• 版本構成

卷1 : 詩(元豊 元年~7年) 卷2 : 詩(元豊 8年~元祐 元年). 卷3~5 : 詩(元祐 元年). 卷6~8 : 詩(元祐 2年). 卷9~10 : 詩(元祐 3年). 卷11 : 詩(元祐 4年~紹聖 元年). 卷12 : 詩(紹聖 2年~元符 2年). 卷13 : 詩(元符 2年~3年). 卷14 : 詩(元符 3年~建中 靖國 元年). 卷15 : 詩(建中 靖國 元年). 卷16~17 : 詩(崇寧 元年). 卷18 : 詩(崇寧 2年). 卷19 : 詩(崇寧 2年~3年). 卷20 : 詩(崇寧 3年~4年). 別集詩註 : 卷上 : 詩 36首. 卷下 : 詩 38首.

• 同一 書名 版本 所藏處

목활자본 : 고려대학교, 성균관대학교, 일본 오사카부립 나카노시마도서관 등.

목판본 : 경희대학교, 계명대학교, 고려대학교, 遼寧省圖書館 등.

(11) 柳文

書名	出版事項	版式狀況	一般事項	所藏番號
柳文	柳宗元 著, 劉禹錫 編	43卷 6冊, 中國木版本(明版), 上下單邊, 半郭 : 19×12.8㎝, 有界, 11行 22字, 上下白口, 上下下向白魚尾, 26.2×15.4㎝, 線裝.	印記 : 酉谷青岩, 權錫九印	09-1479 ~1484

• 概要

唐 劉禹錫이 편집한 柳宗元의 詩文에 대해 宋代 여러 문인들이 주해작업을 덧붙인 주석본이다. 冲齋博物館 소장본은 明代 游居敬이 嘉靖 15年(1536)에 교정하고 판각한 중국판본『柳文』이다. 權橃이 중종 34년(1539) 7월에 宗系辨誣 주청사로 明나라에 갔을 때 입수한 것으로 추정된다.

• 編纂과 刊行

柳宗元은 819년(元和 14) 柳州에서 사망했는데, 劉禹錫은 〈京本唐柳先生文集序〉에서 병세

가 악화되어 謫所에서 죽게 되어 草稿를 보낸다는 유종원의 편지를 받고 編次하여 45권의 문집을 만들어 간행했다는 경위를 서술하였다. 유종원 문집의 중국간본으로는 鄭定本『重校添注音辯唐柳先生文集』·廖瑩中世彩堂本『河東先生集』·南宋永州刻『柳柳州外集』·蔣之翹 輯注『唐柳河東集』·郭雲鵬濟美堂『河東先生集』·游居敬 校『柳文』·何焯 批校『王荊石先生批評柳文』·『增廣注釋音辯唐柳先生集』·『新刊詁訓唐柳先生文集』·『五百家注音辯唐柳先生文集』 등이 있다. 조선간본은『唐柳先生集』이란 서명으로 간행되었으며, 금속 활자본으로는 甲寅字와 丙子字 간본이 있고, 목활자 訓鍊都監字 간본이 있으며, 甲寅字 복각본 계통 목판본과 訓鍊都監字 복각본 계통 목판본이 있다.[22)]

• **著者 및 編者**

柳宗元(773~819) : 河東 출신으로 자는 子厚이며, 柳河東 또는 河東先生으로도 불리며, 柳州刺史를 지냈기 때문에 柳柳州로도 일컬어진다. 덕종 貞元 9년(793)인 21세에 진사에 급제했고, 정원 14년(798)에 博學宏辭科에 급제했다. 集賢殿正字로 있다가 藍田尉로 옮기고, 監察御史가 되었다. 정원 21년(805) 순종이 즉위하고 정치 개혁의 새로운 바람이 일었다. 당시 그는 왕숙문과 가까이 지냈는데, 왕숙문이 정권을 잡자 禮部員外郎으로 발탁되었다. 그러나 개혁은 실패하였고, 이 때문에 永州司馬로 벼슬이 강등되어 귀양을 갔으며, 이후 다시는 중앙에 돌아오지 못했다. 헌종 元和 10년(815) 柳州刺史로 옮겼고 4년 후 그곳에서 죽었다.

劉禹錫(772~842) : 洛陽 출신으로 자는 夢得이고 호는 廬山人이다. 19세에 長安으로 유학했고, 덕종 貞元 9년(793)에 진사가 되었다. 이후 博學宏辭科에 급제하여 정원 11년(795)에 太子校書가 되었다. 정원 16년(800)에 淮南 절도사 두우의 막료가 되었다가 정원 19년(803)에 監察御史가 되었다. 이후 유종원, 왕숙문 등과 함께 정치 개혁을 기도했지만 순종 永貞 元年(805)에 왕숙문이 실각하자 朗州司馬로 좌천되었다. 10년 후인 헌종 元和 9년에 다시 중앙으로 소환되었는데, 그가 지은 시가 비판의 대상이 되어 다시 兗州刺史로 전직되었다. 이후 중앙과 지방의 관직을 역임했고 문종 開成 元年(836)에 배도의 추천으로 太子賓客과 檢校禮部尙書를 지내 '劉賓客' 혹은 '劉尙書'라고 불렸다. 만년에는 낙양으로 돌아와 여유롭게 생활하다가 태자빈객을 최후로 생애를 마쳤다.

---

22) 唐潤熙·吳洙亨,「柳宗元 詩文集의 朝鮮에서의 수용과 유통-한국 소장 柳宗元 詩文集 판본을 중심으로」,『中國語文學論集』제66호, 2011. 참조.

• **版本構成**

卷1：雅詩歌曲 5篇. 卷2：賦 9篇. 卷3：論 8篇. 卷4：議辯 10篇. 卷5~7：碑銘 20篇. 卷8：行狀 3篇. 卷9：表銘碣誄 10篇. 卷10~11：誌碣誄20 篇. 卷12~13：墓表誌 19篇. 卷14：對 5篇. 卷15：問答 3篇. 卷16：說 11篇. 卷17：傳 7篇. 卷18：騷 10篇. 卷19：弔贊箴戒 15篇. 卷20：銘雜題 12篇. 卷21~25：題序 57篇. 卷26~29：記 36篇 卷30~34：書 35篇. 卷35~36：啓 21篇. 卷37~38：表 49篇. 卷39：奏狀 22篇. 卷40~41：祭文 30篇. 卷42：古今詩 70首. 卷43：古今詩 68首.

• **同一 書名 版本 所藏處**

목판본：규장각, 한국국학진흥원, 충남대학교[23] 등.

필사본：한국국학진흥원, 경상대학교 등.

(12) 西山先生眞文忠公文集

書名	出版事項	版式狀況	一般事項	所藏番號
西山先生眞文忠公文集	眞德秀(宋) 著, 書林精舍, 1524年 刊	51卷 19冊, 中國木版本, 四周單邊, 半廓 23.6×18㎝, 有界, 13行 21字, 上下大黑口 上下內向四瓣花紋黑魚尾, 32.2×22.1㎝, 線裝, 竹紙.	刊記：嘉靖三年(1524)孟夏書林精舍新刊, 跋：嘉靖元年(1522)…張文麟謹書, 識：十代孫永祖謹識, 印記：靑岩家寶	09-1078 ~1093

• **概要**

宋 眞德秀의 문집으로『宋史』『本傳』의 기록에 따르면,『四書集編』·『西山甲乙稿』·『對月甲乙集』·『經筵講義』·『端平廟議』·『翰林詞草』·『四六獻忠集』·『江東救荒錄』·『淸源雜志』,『星沙集志』 등의 저서가 있다고 하는데, 이들 중 많은 저작이 이 책 속에 실려 있다. 眞德秀의 학문은 朱熹를 祖宗으로 삼고 義理를 중요시하였기 때문에 각종 성리학 경전에 주석을 달았다. 그가 주석을 단 성리학 경전들은 조선에서 간행되어 조선 성리학자들에게 환영받았다. 하지만 그의 문집은 조선에서 간행되지 않아서 모두 중국으로부터 수입한 것이다.

---

23) 충남대학교 판본은 '한국고전적종합목록시스템'에는 검색되지 않지만, 莫如士가 다시 교정한 판본이 소장되어 있다고 한다. 唐潤熙·吳洙亨,「柳宗元 詩文集의 朝鮮에서의 수용과 유통－한국 소장 柳宗元 詩文集 판본을 중심으로」,『中國語文學論集』제66호, 2011. 424쪽.

충재박물관 소장본은 權橃이 중종 34년(1539) 7월에 宗系辨誣 주청사로 明나라에 갔을 때 입수한 것으로 추정된다. 또한 1524년에 書林精舍에서 간행된 것으로 국내 소장본들 중 가장 이른 중국판본이다.

• **編纂과 刊行**

宋 眞德秀의 문집으로 이 판본은 조선에서는 간행된 적이 없다. 중국 판본으로는 嘉靖 元年(1522)에 張文麟 跋을 쓴 간본이 嘉靖 3年(1524) 書林精舍에서 간행되었는데 현전하는 판본 중에 비교적 이른 판본이다. 明 萬曆 연간(1573~1619)에 福建巡撫였던 金學曾에 의해 간행된 版本과, 明 崇禎 연간(1628~1643)에 浦城縣 知縣인 王允元이 이를 보충하고 편집하여 간행한 版本이 있다. 그리고 淸代에는 1665년(康熙 4) 姚兆禎의 序가 실린 판본이 있고, 또한 1723년(雍正 1) 阿爾賽의 序와 1865년(同治 4) 趙符銅의 跋이 실린 판본 등이 있다.

• **著者 및 編者**

眞德秀(1178~1235) : 浦城(지금의 福建省 浦城縣) 사람으로 자는 景元이며 후에 希元으로 바꾸었다. 慶元 연간(1196~1200)에 進士가 되어 南劍州判官에 제수되었다. 후에 博學宏詞科에 합격하여 太學士가 되었으며 관직은 參知政事에 이르렀다. 평소 직언을 잘하여 조정에 몸담은 10년 동안 수차례 奏疏를 올렸는데, 모두가 사물의 핵심을 찌르는 말들이었다. 1235년(宋 端平 2)에 세상을 떠났으니 향년 58세였다. 書室의 이름은 虛綵堂이며 諡號는 文忠이다. 西山先生이라 부르기도 한다.

• **版本構成**

卷1 : 本傳·古詩·律詩·賦 등. 卷2~12 : 『對月甲稿』. 卷13~17 : 『對月乙稿』. 卷18 : 『經筵講義』. 卷19~23 : 『翰林詞草』. 卷24~26 : 記. 卷27~29 : 序가. 卷30~卷31 : 問答. 卷32~33 : 講義·策·說·箴·頌·銘·贊. 卷34~36 : 題跋文. 卷37~47 : 書·啓·文·神道碑·墓地銘·行狀. 卷48~49 : 詞. 卷50~51 : 上疏文. 卷52~54 : 祝文. 卷55 : 祭文.

• **同一 書名 版本 所藏處**

목판본 : 국립중앙도서관, 규장각, 경기대학교, 계명대학교, 고려대학교, 동아대학교, 성균관대학교, 충남대학교, 열화당책박물관 등.

(13) 雅誦 *

書名	出版事項	版式狀況	一般事項	所藏番號
雅誦	朱熹(宋) 著, 正祖 編	零本 1冊, 朝鮮木版本, 四周單邊, 半郭 : 23.5×16.6㎝, 有界, 10行 18字, 上下白口, 上下向四瓣花紋黑魚尾, 32×20.9㎝, 線裝, 楮紙	印記 : 酉谷靑岩, 藏書記 : 石泉藏, 靑丹所藏	09-2724
雅誦	朱熹(宋) 著, 正祖 編	8卷 2冊, 朝鮮筆寫本, 無界, 10行 20字, 無魚尾, 30.5×20.4㎝, 線裝, 楮紙		09-1798 ~1799

• **概要**

正祖가 1799년(정조 23)에 宋 朱熹의 문집인『朱子大全』에서 시와 韻文 선별하여 편찬하고 간행한 시선집이다. 권두에는 정조가 쓴「御製雅誦序」, 책의 취지와 체재를 밝힌「雅誦義例」, 수록된 시의 목차인「雅誦目錄」이 있다. 詞·賦·琴操 4首, 古體詩와 近體詩 359수, 銘·箴·贊·題辭·三先生祠文·勸學文 52편 등 총 415편의 글을 선별하여 수록하였다.[24)]

• **編纂과 刊行**

8권 2책의 조선목판본으로 1799년 정조가 朱熹의 詩를 선별하여 편찬하고 간행하였다. 正祖가 직접『朱子大全』에서 시를 선별하고 序文을 썼으며, 신하들이 교정을 하고 註釋을 붙여 금속활자 壬辰字로 간행하였다. 1799년 9월 15일 朱熹의 誕日에 맞추어 제1권의 간행을 시작하여 같은 달 25일에 총 8권을 완간하였다. 정조는 印刊된『雅誦』을 각 官署와 주요 書院 및 편찬에 참여한 관료 등에게 반사하고, 또 飜刻本을 제작하여 전국의 鄕校 등에 널리 배포하였다.

• **著者 및 編者**

正祖 李祘(1752~1800) : 자는 亨運, 호는 弘齋이다. 영조의 둘째아들인 莊獻世子와 惠慶宮 洪氏의 맏아들이다. 妃는 淸原府院君 金時默의 딸로 孝懿王后이다. 1759년(영조 35) 세손에 책봉되고 1762년 장헌세자가 비극의 죽음을 당하자 요절한 영조의 맏아들 孝章世子의 後嗣가 되어 왕통을 이어받았다.『續五禮儀』·『增補東國文獻備考』·『國朝寶鑑』·『大典通編』·『文苑黼黻』·『同文彙考』·『奎章全韻』·『五倫行實』 등 조선후기 사회에 맞추어 재정리하기 위해 영조 때부터 시작된 정비작업을 완결하였고, 자신의 저작물도『弘齋全書』(184권 100책)

24) 이화여자대학교 한국문화연구원,『이화여자대학교 중앙도서관 소장 고서해제2』, 2008. 강혜선의「雅誦」해제 참조.

로 간행하였다.

• 版本構成

卷首 : 序文(正祖 撰)·義例 6條·目錄. 卷1 : 詞 2首·賦 1篇·琴操 1首. 卷2 : 五言絶句 44首·六言詩 2首. 卷3 : 七言絶句 84首. 卷4 : 五言古詩 73首. 卷5 : 五言古詩 30首·七言古詩 13首. 卷6 : 五言律詩 50首. 卷7 : 七言律詩 54首·五言排律 4首. 卷8 : 銘 28篇·箴 2篇·贊 18篇·題辭 1篇·文 2篇.

• 同一 書名 版本 所藏處

금속활자본(壬辰字) : 규장각, 미국 UC버클리대학교 도서관, 미국 컬럼비아대학교 도서관 등.
금속활자본(丁酉字) : 국립중앙도서관, 국회도서관, 한국학중앙연구원, 계명대학교, 국민대학교, 영남대학교, 이화여자대학교, 전남대학교, 성암고서박물관 등.
목활자본 : 경상대학교.
목판본 : 국립중앙도서관, 규장각, 한국국학진흥원, 한국학중앙연구원, 경상대학교, 계명대학교, 고려대학교, 국민대학교, 단국대학교 율곡·퇴계기념도서관, 대구가톨릭대학교, 동국대학교 서울·경주캠퍼스, 동아대학교, 숙명여자대학교, 안동대학교, 연세대학교, 영남대학교, 용인대학교, 울산대학교, 이화여자대학교, 전남대학교, 전주대학교, 충남대학교, 화성시향토박물관, 독락당, 보성 남평문씨, 사우당종택, 성암고서박물관, 춘호재, 日本東洋文庫, 프랑스 국립도서관 등.
필사본 : 국립중앙도서관, 규장각, 한국국학진흥원, 한국학중앙연구원, 가톨릭대학교, 경기대학교, 경상대학교, 경희대학교, 계명대학교, 고려대학교, 단국대학교 율곡·퇴계기념도서관, 대구가톨릭대학교, 성균관대학교, 숙명여자대학교, 부산대학교, 안동대학교, 영남대학교, 원광대학교, 전남대학교, 충남대학교, 부산광역시 시민도서관, 성암고서박물관, 춘호재 등.

(14) 朱文公校昌黎先生集

書名	出版事項	版式狀況	一般事項	所藏番號
朱文公校昌黎先生集	韓愈(唐) 著, 朱熹(宋) 校, [17世紀] 刊	零本 11冊, 朝鮮木版本, 四周雙邊, 半郭 : 25.9×16.8㎝, 有界, 10行 18字, 上下白口, 上下下向黑魚尾, 34.9×21.8㎝, 線裝, 楮紙	印記 : 酉谷青岩, 藏書記 : 青岩亭家藏宗家, 所藏 : 卷2~3, 11~14, 15~17, 20~21, 22~26, 30~36, 27~28, 37~40.	09-0426~0436

• **槪要**

唐나라 때의 문인 韓愈의 시문집으로, 조선간본『朱文公校昌黎先生集』의 篇名이나 正文은 중국간본과 같지만 주석의 내용에 차이가 있다. 조선간본의 주석은『韓文考異』와『五百家註音辨昌黎先生集』의 주석 대부분을 싣고 있으므로 어느 중국간본보다 자세하다. 또한 어떤 주석은 지금 남아 전하는 여러 판본에도 없는 것도 실려 있다. 조선본의 체례는 대체로『五百家註音辨昌黎先生集』의 체례를 따르고 있지만, 한유와 화답한 다른 사람의 시 등도 참고로 싣고 있는 점도 중국간본과 다르다. 그러므로 조선본은 朱熹의『韓文考異』와 魏仲擧의『五百家註音辨昌黎先生集』을 겸하여 취하고 있어서 한유의 글을 읽고자 하는 독자들에게 가장 좋은 판본 중의 하나이다.[25]

• **編纂과 刊行**

한유의 문집은 長慶 4年(824) 한유의 사위이자 문인인 李漢이 한유의 시문 총 716편을 40권으로 편찬하여『昌黎先生集』을 만들었다. 간행본으로는 宋初의 蜀本과 大中祥符 2년(1009)의 杭州本이 있었으며, 嘉祐年間에는 蜀嘉 祐本과 李漢老·謝任伯이 교감한 秘閣本, 그리고 李邴(1085~1146)의 校本과 謝克家의 校本 등과 呂大防本이 있었다고 한다. 다만 이들 판본은 모두 일실되어 확인할 길이 없다.

현존하는 판본으로는 方崧卿(1135~1194)이 기존의 여러 판본과 주석본에 의거해서 교정하고 주석의 잘못을 바로잡아 편찬한『韓集擧正』이 있다. 慶元 연간(1195~1200)에 朱熹는 기존의 창려선생집의 異本이 많은 점과 秘閣本 위주로 구성된『韓集擧正』이 지닌 문제점을 해결하기 위해『韓文考異』를 편찬하였다. 이 판본은 후대에『朱文公校昌黎先生集』으로 불리우며 한유의 문집의 선본으로 널리 인정받게 되었다. 이외의 판본으로는 慶元 6년(1200)에 魏仲擧가『五百家注音辯昌黎先生文集』을 편찬하여 간행하였다. 明代刊本으로는 遊居敬校『韓文』, 東雅堂本『昌黎先生集』, 蔣之翹注『唐韓昌黎集』 등이 있다. 淸代刊本으로는 陳景雲撰『韓集點勘』과 顧嗣立 補註『昌黎先生詩集注』가 있다.[26]

조선간본 한유 시문집의 全集은『朱文公校昌黎先生集』과『五百家注音辯昌黎先生文集』 두 종이 전해지고 있다.『朱文公校昌黎先生集』은 조선 시대에 크게 성행하였으며 금속활자본, 목활자본, 목판본 등으로 간행되었다. 금속활자본으로는 世宗 20년(1438) 왕명에 따라 간행된

25) 김학주,「조선 간『朱文公校昌黎先生集』略考」,『조선시대 간행 중국문학 관계서 연구』, 서울대학교출판부, 2000. 145~154쪽 참조.

26) 唐潤熙·吳洙亨,「鮮時代에 간행된 韓愈 詩文集 판본 연구」,『中語中文學』제47집, 2010. 353~360쪽 참조.

甲寅字本(10行 18字)이 있고, 후대에 다시 찍어낸 甲寅字本(10행 17자)이 있는데 戊申字本으로 분류되기도 한다. 또한 中宗 年間(1516~1544)에 간행된 丙子字本(11行 20字)도 있다. 목활자본은 光海君 2년(1610)에 간행된 庚午字體 訓練都監字本(9행 16자)이 있다. 목판본은 甲寅字 覆刻本 계통(10행 18자)의 판본이 있고, 訓練都監字 覆刻本 계통(9행 16자)이 있다.[27)]

• **著者 및 編者**

韓愈(768~842) : 河南 河陽 사람으로, 자는 退之이고, 昌黎先生으로도 불린다. 어릴 때 고아가 되어 형수의 손에 길러졌는데, 『六經』을 다 암송하고 百家의 학문을 배웠다. 德宗 貞元 8년(792) 진사가 되었으며, 汴州 觀察推官·四門博士·監察御史를 지냈다. 정원 19년(803) 監察御史를 역임할 때 수도의 장관을 탄핵했다가 德宗의 노여움을 사 陽山令으로 좌천되었다. 이후에는 國子博士와 中書舍人을 거쳐 元和 12년(817)에 吳元濟의 반란 평정에 공을 세워 刑部侍郎이 되었지만, 元和 14년(819)에 憲宗이 佛骨을 모신 것을 간하다가 潮州刺史로 좌천되었다. 이후에는 袁州로 옮겼다가 중앙정부로 소환되어 國子祭酒에 임명되고, 兵符侍郎을 거쳐 나중에 吏部侍郎과 京兆尹까지 올랐다. 유가의 사상을 존중하고 도교와 불교를 배격했으며, 송나라 이후의 道學의 선구자가 되었고, 문장에도 뛰어나서 唐宋八大家 가운데 한 사람으로 추앙받았다.

• **版本構成**

本集-卷1 : 賦 4首·古詩 32. 卷2 : 古詩 27首. 卷3 : 古詩 30首·卷4 : 古詩 34首·卷5 : 33首·卷6 : 古詩 26首. 卷7 : 古詩 28首. 卷8 : 古詩 11首. 卷9 : 律詩 85首. 卷10 : 律詩 80首. 卷11 : 雜著 12篇. 卷12 : 雜著 17篇·卷13 : 雜著 12篇·卷14 : 雜著 20篇. 卷14 : 書 3篇. 卷15 : 書 8篇·啓 2篇. 卷16 : 書 11篇. 卷17 : 書 11篇. 卷18 : 書 10篇. 卷19 : 書 7篇·序 9篇. 卷20 : 序 13篇. 卷21 : 序 14篇. 卷22 : 哀辭·祭文 14篇. 卷23 : 祭文 22篇. 卷24 : 墓表 9篇. 卷25 : 墓誌銘 10篇. 卷26 : 墓誌銘 6篇. 卷27 : 墓碑銘 3篇. 卷28 : 墓誌銘 5篇. 卷29 : 墓誌銘 5篇. 卷30 : 墓誌銘 6篇. 卷31 : 碑銘 4篇. 卷32 : 墓誌銘 5篇. 卷33 : 墓誌銘 5篇. 卷34 : 墓誌銘 7篇. 卷35 : 墓誌銘 6篇. 卷36 : 雜文 4篇. 卷37 : 狀 8篇. 卷38 : 表 14篇. 卷39 : 表

---

27) 李章佑, 「朝鮮朝 刊本 『朱文公校昌黎先生集』에 관하여」, 『中國文學』제7집, 1980. 74~83쪽 참조. 唐潤熙·吳洙亨, 「鮮時代에 간행된 韓愈 詩文集 판본 연구」, 『中語中文學』제47집, 2010. 353~360쪽 참조. 위에서 戊申字本으로도 분류된다는 甲寅字本(10행17자)을 李章佑는 宣祖 13년(1518, 庚辰)에 再鑄된 甲寅字인 庚辰字本으로 보았으나, 필자는 唐潤熙·吳洙亨의 논문을 따랐다.

15篇. 卷40 : 表狀 11篇.

外集 - 卷1 : 賦·歌·詩 等 6篇·請遷玄宗廟議. 卷2 : 書 5篇. 卷3 : 序 2篇. 卷4 : 雜著 6篇. 卷5 : 雜著 7篇. 卷6~10 : 遺文 : 聯句 3篇·遺詩 12篇·記 1篇·書 1篇·啓 1篇·狀 4篇·疏 1篇·題名 7篇·傳(『新唐書』-「韓愈列傳」)·文錄序(趙德 撰)·記舊本韓文後(歐陽修 撰)·州韓文公廟碑(蘇軾 撰).

• 同一 書名 版本 所藏處

금속활자본(甲寅字) : 규장각, 고려대학교, 단국대학교 퇴계기념도서관, 동국대학교, 성균관대학교, 영남대학교, 미국 하버드대학옌칭도서관 등.

금속활자본(丙子字) : 국립중앙도서관, 계명대학교 등.

금속활자본(戊申字) : 한국학중앙연구원.

목활자본(訓鍊都監字) : 국립중앙도서관, 규장각, 한국학중앙연구원, 경기대학교, 계명대학교, 고려대학교, 동아대학교, 성균관대학교, 연세대학교, 전남대학교, 전북대학교, 사우당종택, 브린모어칼리지 도서관 등.

목판본 : 국립중앙도서관, 규장각, 경상대학교, 계명대학교, 국민대학교, 고려대학교, 단국대학교 율곡기념도서관, 동국대학교, 영남대학교, 용인대학교, 전남대학교, 충남대학교, 남평문씨 인수문고, 춘호재 등.

필사본 : 고려대학교, 미국 하버드대학 옌칭도서관 등.

(15) 宋大家王文公文抄

書名	出版事項	版式狀況	一般事項	所藏番號
宋大家王文公文抄	王安石(宋), 茅坤(明) 批評.	零本 1冊, 朝鮮木版本, 四周雙邊, 半郭 : 23.8×16.9㎝, 有界, 10行 18字, 內向三葉花紋魚尾, 33.8×22.2㎝, 線裝, 楮紙	"戊戌仲夏嶺營開刊"本의 後刷本	구목록

• 概要

茅坤이 편찬한 『唐宋八大家文抄』에서 왕안석의 문장을 뽑아 간행하였다.

• 編纂과 刊行

北宋의 문신 王安石(1021~1086)의 名文 선집으로 明의 문인 茅坤(1512~1601)이 편집·간행

한 뒤 손자 茅著가 重訂하였다. 茅坤은 '文必秦漢'을 내세운 明代 前七子의 문학운동에 이의를 제기하여 『唐宋八家文抄』를 편찬하면서 王安石의 문장을 16권으로 묶었다. 조선에서 금속활자본은 顯宗實錄字로 간행하였고, 목판본으로도 여러 차례 간행하였다.

• **著者 및 編者**

王安石(1021~1086) : 중국 북송의 문인·정치가로, 자는 介甫, 호는 半山老人이다. 송나라 神宗에게 발탁되어 均輸法·青苗法·市易法 등 일련의 개혁적인 新法을 제정하여 실시한 개혁적 정치가이다. 이 과정에서 司馬光이 이끄는 舊法黨과 극한 대립이 있었고, 훗날 성리학에서 구법당의 사상을 받아들이면서 왕안석은 배척 대상으로 여겨졌다. 그러나 세상에 보탬이 되어야 한다는 문학의 실용성을 매우 강조한 그의 문장만은, 구성이 엄밀하고 논리가 정연하며 비유가 빼어나서 名文으로 일컬어져, 그를 唐宋八大家의 한 사람으로 손꼽기도 하였다.
茅坤(1512~1601) : 浙江省 歸安에서 출생하였고, 자는 順甫이고 호는 鹿門이다. 1538년 진사에 급제하고, 青陽·丹徒 두 현의 지사에서 시작하여 吏部稽勳司·廣平通判·廣西近備僉事를 역임하였다. 猺族의 반란을 진압하였고, 胡宗憲의 휘하에서 왜구 평정을 도왔다. 擬古派 풍조가 성할 때, 唐宋古文을 推賞하여 『唐宋八大家文鈔』 144권을 편집하여 유포시켰다. 저서에는 시문집 『玉芝山房稿』(22권)가 있고, 왜구평정 때의 견문기 『海寇後編』·『徐海本末』 등이 있다.

• **版本構成**

卷1 : 上書 1篇. 卷2 : 箚子·疏·狀 共7篇. 卷3 : 表·啓 共36篇. 卷4 : 書 15篇. 卷5 : 書 20篇. 卷6 : 序 12篇. 卷7 : 記 9篇. 卷8 : 記 13篇. 卷9 : 論 10篇. 卷10 : 雜著 15篇. 卷11 : 碑銘·行狀 共8篇. 卷12 : 墓碑銘 9篇. 卷13 : 墓誌銘 11篇. 卷14 : 墓誌銘 15篇. 卷15 : 墓誌銘 14篇. 卷16 : 墓表·祭文 共16篇.

• **同一 書名 版本 所藏處**

금속활자본(戊申字) : 경상대학교, 계명대학교 등.
금속활자본(丁酉字) : 한국학중앙연구원.
목활자본 : 국립중앙도서관.
목판본 : 규장각[해군사관학교 기탁도서(2015)], 건국대학교, 경기대학교, 경상대학교, 경희대학교, 계명대학교, 고려대학교, 대구가톨릭대학교, 동아대학교, 부산대학교, 안동대학교, 영남대학교, 원광대학교, 중앙대학교, 충남대학교 등.

2) 朝鮮文集

⑴ 葛山集

書名	出版事項	版式狀況	一般事項	所藏番號
葛山集	權宗洛(朝鮮) 著, 1898年 刊[28]	4卷 1冊, 朝鮮木版本, 四周雙邊, 半郭 : 19.7×16.3㎝, 10行 20字, 上下白口, 上下內向四瓣花紋黑魚尾, 31.5×21.8㎝, 線裝, 楮紙	序 : 柳道獻, 跋 : ①李晩由謹識 ②權相大謹書, 印記 : 酉谷靑岩	09-2598

• **概要**

조선 후기의 학자 權宗洛의 시문집.

• **編纂과 刊行**

19세기 말경에 그의 증손인 權宜一에 의하여 편집·간행되었다. 1839년에 쓴 柳道獻의 서문과 李晩由와 權相大의 발문이 실려 있다.

• **著者**

權宗洛(1745~1819) : 본관은 安東이고, 자는 明應이며 호는 葛山·兄窩이다. 安東 지역에서 거주하면서 『孝經』을 유학의 기본으로 여기고, 궁벽한 시골 유생들을 위해 『孝經』을 간행하여 반포하기도 하였다. 특히 『易經』과 太極說에 조예가 깊었다. 1812년(순조 12) 민란이 일어나자 鄕林들에 의해 의병장으로 추대되기도 하였으나 난이 평정되어 출정을 중지하였다.

• **版本構成**

卷1 : 詩(葛山八景 等 89首). 卷2 : 書·記·識·上樑文·上言·回答文·祝文(4篇)·祭文(3篇)·雲谷立祠日錄(3篇). 卷3(附錄) : 行狀·墓碣銘·挽詞·祭文. 卷4(附錄) : 詩·書·悠然亭上樑文 等.

• **同一 書名 版本 所藏處**

목판본 : 국립중앙도서관, 한국국학진흥원, 한국학중앙연구원, 계명대학교, 동국대학교 서울·경주캠퍼스, 성균관대학교, 연세대학교, 영남대학교, 원광대학교, 전주대학교, 충남대학교 등.

---

28) 목록에는 '20世紀 刊'으로 되어 있으나 '영남 간행 문집목록'으로 수정하였다.

(2) 葛庵先生文集 *

書名	出版事項	版式狀況	一般事項	所藏番號
葛庵先生文集	李玄逸 著, 寧海, 1810年 刊	零本 3冊, 朝鮮木版本, 四周雙邊, 半郭 : 19.1×15.4㎝, 有界, 10行 20字, 上下白口, 上下內向四瓣花紋黑魚尾, 31×20.5㎝, 線裝, 楮紙	印記 : 酉谷靑岩	09-1176 ~1178

• 槪要

조선 후기의 문신이자 학자인 李玄逸의 시문집.

• 編纂과 刊行

원래 숙종 연간에 저자의 아들 李栽가 편집하고, 그를 비롯하여 6인이 네 차례의 교정을 거쳐 定稿本을 완료하였으며, 부록 5권 3책도 李栽가 편찬하여 간행을 시도하였으나, 당시 李玄逸이 1694년(숙종 20) 甲戌獄事 이후 罪籍에 올라 있어 간행하지 못하였다. 그 뒤 1811년(순조 11) 별집 6권 3책을 추가하여 21책으로 간행하였으나, 역시 官禁으로 문집은 회수되고 책판은 소각되었으며, 간행에 참여한 자손 6인은 유배되는 수난을 겪었다. 그 뒤 철종·고종 연간에 다시 간행을 시도하다가 1908년(융희 2) 李玄逸이 신원되면서 그 이듬해인 1909년(융희 3)에 重刊하였다.

• 著者

李玄逸 : 본서의 『洪範衍義』 해제 참조.

• 版本構成

第1冊~第15冊(卷1~卷29) : 葛庵先生文集, 第16冊~第17冊 : 附錄, 第18冊~第20冊 : 葛庵先生別集, 第21冊 : 葛庵先生年譜.

• 同一 書名 版本 所藏處

목판본 : 국립중앙도서관, 국회도서관, 한국국학진흥원, 한국학중앙연구원, 경기대학교, 계명대학교, 고려대학교, 부산대학교, 성균관대학교, 숙명여자대학교, 연세대학교, 영남대학교, 전남대학교, 전주대학교, 충남대학교, 한양대학교, 남평문씨 인수문고, 사우당종택, 성암고서박물관, 춘호재, 미국 UC버클리대학교 등.

필사본 : 국립중앙도서관, 계명대학교, 성균관대학교, 안동대학교, 용인대학교 등.

(3) 江坡先生文集

書名	出版事項	版式狀況	一般事項	所藏番號
江坡先生文集	權尙任 著, 寧海, 1895年 刊	3卷 1冊, 朝鮮木活字本, 四周雙邊, 半郭 : 22×16.6㎝, 10行 20字 註雙行, 上下白口, 上下內向四瓣花紋黑魚尾, 32.7×21.4㎝, 線裝, 楮紙	序 : 乙未(1775)立春節貞城李晩寅謹書, 跋 : 辛卯(1771)秋七月…金城李長老謹識	09-1010

• 槪要

조선 중기의 문신이며 학자인 權尙任의 시문집.

• **編纂과 刊行**

정확한 편찬 연대는 알 수 없으나 후손 權升河 등의 의뢰로 1775년 李晩寅이 서문을 썼다는 점으로 보아 1775년경에 편집되었으며 그 이후에 간행된 것으로 추정된다.

• **著者**

權尙任(1622~1700) : 본관은 安東이고, 寧海縣에서 출생하였다. 자는 士重이며 호는 江波이다. 1669년(현종 10) 식년문과에 병과로 급제하였으나, 어머니의 상을 당하여 집으로 돌아와 시묘하였다. 1672년에 성균관에 등용되어 이듬해 典籍·宣教郎·司憲府監察 등을 지냈다. 이어서 秉節校尉로 忠武衛副司正을 거쳐 宣傳官司勇이 되었다. 1675년(숙종 1) 공조정랑에 春秋官記注官을 겸임하였다. 이어서 成均館直講·湖中御史 등을 역임하고 이천 지방을 암행하던 중에 固城縣令의 임명을 받았다. 1679년 禮曹正郎을 거쳐 海南縣監이 되었으나, 병으로 부임하지 않았다. 이듬해에 풍기군수·軍器寺副正·司寺正·奉常寺僉正·濟用監正 등을 지냈다. 1692년 承文院判校에 春秋館編修官을 겸하였고, 이듬해 벼슬을 사직하고 향리에 돌아와서 후학을 지도하여 많은 학자를 배출하였다.

• **版本構成**

卷1 : 詩 25首·輓詞 28首·疏 2篇·辭狀 3篇. 卷2 : 書 6篇·策 1篇·祭文 2篇·墓碣銘 3篇·行狀 2篇. 附錄 : 家狀·遺事·墓誌銘·祭文·誄辭·輓詞.

• **同一 書名 版本 所藏處**

목활자본 : 국립중앙도서관, 한국국학진흥원, 한국학중앙연구원, 계명대학교, 대구가톨릭대

학교, 연세대학교, 영남대학교, 용인대학교, 전남대학교, 전주대학교, 충남대학교, 부산시민 도서관 등.

(4) 江海文集

書名	出版事項	版式狀況	一般事項	所藏番號
江海文集	金佐永 著, 慶州, 1905年 刊	4卷 2冊, 朝鮮木版本, 四周雙邊 半郭 : 18.1×15㎝, 有界, 10行 18字, 上下白口, 上下內向四瓣花紋黑魚尾, 29.8×19.6㎝, 線裝, 楮紙	表題 : 江海集, 版心題 : 江海集, 跋 : 乙巳(1905)…李中轍謹書	09-2364 ~2365

• **概要**

조선 후기 학자 金佐永의 시문집.

• **編纂과 刊行**

1905년 경주에서 간행되었으며, 乙巳年(1905)에 李中轍이 쓴 발문이 실려 있다.

• **著者**

金佐永(1789~1856) : 본관은 義城이고, 자는 德彦이며 호는 江海이다. 江皐 柳尋春의 문하에서 수학하였다. 굳은 지조와 청렴함을 갖추고 독실하게 공부를 하여 다른 선비들로부터 추앙을 받았다. 과거 공부에는 뜻을 두지 않고 『朱子書節要』와 『心經』 등을 탐독하며 성리학의 오묘한 뜻을 이해하기 위해 노력하였다.

• **版本構成**

卷1 : 詩. 卷2 : 詩. 卷3 : 詩. 卷4 : 詩·雜著·序·記. 卷5 : 對策·啓狀·祭文. 卷6 : 跋·銘·上樑文·墓碣銘. 卷7 : 輓·祭文·墓碣銘·行狀·文集跋. 附錄 : 四時風景歌(春景·夏景·秋景·冬景).

• **同一 書名 版本 所藏處**

목판본 : 국립중앙도서관, 한국국학진흥원, 한국학중앙연구원, 계명대학교, 단국대학교 퇴계기념도서관, 동국대학교 경주캠퍼스, 성균관대학교, 연세대학교, 영남대학교, 전남대학교, 독락당 등.

(5) 開谷先生遺集

書名	出版事項	版式狀況	一般事項	所藏番號
開谷先生遺集	李爾松 著, 1811年 刊	5卷 2冊, 朝鮮木版本, 四周雙邊, 半郭 : 20.3×16.3㎝, 有界, 10行 20字, 上下白口, 上下內向四瓣花紋黑魚尾, 30.9×21.2㎝, 線裝, 楮紙	序 : 癸卯(1783)…韓山李光靖序, 後序 : 辛未(1811)…金埦謹書, 印記 : 酉谷靑岩	09-2202 ~2203

• **槪要**

조선후기 무신 李爾松(1598~1665)의 시문집.

• **編纂과 刊行**

1811년(순조 11)에 간행되었으며, 李象靖·李光靖의 서문과 金埦의 발문이 실려 있다.

• **著者**

李爾松(1598~1665) : 본관은 眞城이고, 자는 壽翁이며 호는 開谷이다. 1632년(인조 10) 추천으로 昌陵參奉이 되고, 1635년 증광문과에 갑과로 급제하여 바로 성균관전적에 제수되었다. 이어서 공조좌랑·예조좌랑·병조좌랑·성균관직강·예조정랑·춘추관기주관·병조정랑을 거쳐 1643년 함평현감으로 나갔다가, 1647년 다시 내직으로 들어와 형조정랑을 제수 받았다. 그 뒤 풍기군수로 나가서는 지방 호족의 모함으로 파면되었다가, 1652년(효종 3)에 다시 예조정랑으로 서용되었으나 이듬해에 부친상을 당하여 사직하였다. 喪期를 마치고 나서는 벼슬길을 단념하고 靑城山에 들어가 洛皐草堂을 짓고 학문을 닦았다. 1656년에 다시 부름을 받고 나가 성균관전적을 거쳐, 通禮院相禮에 올랐으나 사양하였다. 1665년 禮賓寺正에 제수되어 肅拜를 나갔다가 서울 객관에서 죽었다.

• **版本構成**

卷1 : 詩. 卷2 : 詩. 卷3 : 賦·疏·箋·雜著(通文·序文·記文·跋文)·銘·讚·表·傳·上樑文·祈雨文·祭文. 卷4 : 墓碣銘. 卷5 : 行狀·墓碣銘·挽詞·祭文.

• **同一 書名 版本 所藏處**

목판본 : 국립중앙도서관, 한국국학진흥원, 한국학중앙연구원, 계명대학교, 성균관대학교, 연세대학교, 미국 UC버클리대학교 등.

(6) 黔澗先生文集

書名	出版事項	版式狀況	一般事項	所藏番號
黔澗先生文集	趙靖 著, 尙州, [跋 : 1707]	4卷 2冊, 朝鮮木版本, 四周雙邊, 半郭 : 20.7×16.2㎝, 有界, 10行 20字, 上下白口, 上下內向四瓣花紋黑魚尾, 31.8×21.2㎝, 線裝, 楮紙	序 : 李光庭序, 跋 : 上之三十三年丁亥(1707)…蔡獻徵謹跋, 印記 : 酉谷靑岩	09-2174 ~2177

• **概要**

조선 중기의 문신이며 학자인 趙靖의 시문집. 이 문집에는 임진왜란 당시 일기인 『辰巳日錄』이 수록되어 있는데, 『辰巳日錄』은 임진왜란 당시 경상도 상주지역에서 義兵으로 활동한 행적을 기록한 것으로 당시의 시대상을 살피는 데 좋은 자료이다.

• **編纂과 刊行**

趙靖의 후손이 1707년 경 수집한 것을 五世孫 趙學經 등이 1740년 경 李光庭의 校正을 받아 상주에서 목판본으로 初刊本을 간행하였다. 李光庭이 붙인 序文에 따르면 許穆(1595~1682)이 序를 붙이려고 趙靖의 遺文을 가지고 있었는데, 書齋에 불이 나면서 함께 불타버리고 남아 있는 것이 어지럽게 뒤섞여 버리게 되었다고 한다. 이후 趙靖의 五世孫인 趙學經과 趙觀經 형제가 남아 있던 遺文을 모아 간행하였다.

• **著者**

趙靖(1555~1636) : 본관은 豊壤이고, 자는 安仲이며 호는 黔澗이다. 18세에 향시에 합격하였다. 28세 되던 해인 1592년 임진왜란이 일어나자 鄭經世·李弘道 등과 함께 의병을 일으켜 왜적과 전투를 벌였다. 1596년에는 李㙉 등과 같이 疏를 올려 국왕의 親征을 요청하고 日本과 강화하는 것을 배격하였다. 1599년 천거로 參奉이 되었고, 1603년 사마시에 합격하였으며, 1605년 文科에 급제하였다. 이후 본격적으로 관직생활을 하며 사헌부감찰·예조좌랑·대구판관 등을 두루 거쳤다. 1624년(인조 2) 李适의 亂이 일어났을 때 공주까지 扈駕하였다. 1627년 奉常寺가 되었을 때 尙州의 여러 士族과 같이 道南書院을 창건하였으며, 城東 등지에 鄕約을 실시하기도 하였다.

• **版本構成**

卷1 : 詩. 卷2 : 疏·箋·狀. 卷3 : 通文·記·狀·完文·祭文·論·祈雨祭文. 卷4 : 年譜·行狀·墓表·墓誌·行蹟·挽詞·祭文·涑水書院奉安文·常享祝文·投贈. 附錄 : 黔澗先生辰巳日錄.

• 同一 書名 版本 所藏處

목판본 : 국립중앙도서관, 한국국학진흥원, 한국학중앙연구원, 규장각, 경기대학교, 연세대학교, 전남대학교, 중앙대학교 등.

필사본 : 국립중앙도서관, 규장각 등.

(7) 敬堂先生文集

書名	出版事項	版式狀況	一般事項	所藏番號
敬堂先生文集	張興孝 著, 耿光書院, 1693年 序	2卷 1冊, 朝鮮木版本, 四周單邊, 半郭 : 21.5×15.6㎝, 有界, 10行 19字, 上下白口, 上下內向四瓣花紋黑魚尾, 29.7×20.3㎝, 線裝, 楮紙	序 : 上之十九年癸酉(1693)…權愈序, 印記 : 酉谷靑岩, 靑岩家寶, 藏書記 : 耿光書院印送藏于靑岩亭	09-0962
敬堂先生文集	張興孝 著, 耿光書院, 1693年 序	2卷 1冊, 朝鮮木版本, 四周單邊, 半郭 : 21×15.5㎝, 有界, 10行 19字, 上下白口, 上下內向四瓣花紋黑魚尾, 27.7×21㎝, 線裝, 楮紙	序 : 上之十九年癸酉(1693)…權愈序, 跋 : 李玄逸謹書, 印記 : 酉谷靑岩, 靑岩家寶, 藏書記 : 耿光書院印送藏于靑岩亭	09-1889
敬堂先生續集	張興孝 著, 城谷齋舍, 戊寅(1818)[29]	2卷 1冊, 朝鮮木版本, 四周單邊, 半郭 : 20.2×15.5㎝, 有界, 10行 19字, 上下白口, 上下內向四瓣花紋黑魚尾, 31.7×20.8㎝, 線裝, 楮紙	刊記 : 戊寅(1818)流火開刊于城谷齋舍 序 : 歲辛未(1811)…金𡊠, 跋 : 黃虎(戊寅)…柳範休敬書, 印記 : 酉谷靑岩	09-1101

• 槪要

조선 중기의 학자 張興孝의 시문집.

충재박물관 소장본은 藏書記가 '耿光書院印送藏于靑岩亭'으로 되어 있는데 耿光書院에서 인출하여 충재 종가에 보낸 판본이다.

• 編纂과 刊行

본집은 외손자 李徽逸이 편집하고, 1693년(숙종 19)에 李玄逸이 간행하였으며, 權愈의 서문과 李玄逸의 발문이 실려 있다. 속집은 1818년(순조 18)에 후손 張相奎가 편집하여 城谷齋舍에서 간행하였으며, 金𡊠의 서문과 柳範休의 발문이 실려 있다.

29) 목록에는 간행년도인 戊寅年이 '1878'년으로 되어 있으나 오류이다.

• **著者**

張興孝(1564~1633) : 본관은 安東이고, 자는 行源이며 호는 敬堂이다. 관계 진출을 단념하고 후진의 교도에 전념하여 제자가 수백 명에 달하였다. 특히 易學을 깊이 연구하여 胡方平의 『易學啓蒙通釋』의 '分配節氣圖'를 고증하여 20년 만에 '十二圈圖'를 推演하였다. 1633년에 昌陵參奉에 임명되었으나 교지가 도착되기 전에 죽었다.

• **版本構成**

卷首 : 敬堂先生文集序. 卷1 : 詩·道待人行·遊玉山辭·悼時辭·擬上仁祖大王疏·答寒岡鄭先生書·寒岡先生書附·答張旅軒書·答鶴駕山中讀書諸生書·答或人賀生男書·答外孫李徽逸書·答金子高·答李晦叔·答柳季華·答或人·贈表姪·贈學者·贈廬江讀書諸生·贈李晦叔·送申晉甫-悅道-赴京·祭西厓柳先生文·祭李養源-涵-文·無極太極有無辨·新歲箴·癸酉元日箴·鶴峯西厓兩先生言行錄·南行錄·四德箴·挽金道源-涌, 卷2 : 日記要語·一元消長圖·一元消長圖序·一元消長圖跋·行狀·言行錄·墓誌·奉安文·常享祝文·附張處士詩四首·敬堂集跋.

續集, 敬堂續集序. 卷1 : 詩·上寒岡先生問目·祭表兄金洗馬-潗-文·祭表叔權公-筋-文·祭金氏妹文·臨川書院還安文·敬堂說求記·附敬堂記·諭鏡光諸生文·日記要語拾遺. 卷2 : 挽詞·祭文·墓碣銘·言行錄拾遺·霽月臺記·一元消長圖改本說辨·一元消長圖跋·春坡里社上樑文·跋·光風亭重建記·光風亭重建上樑文·鳳林精舍記·遺墨.

• **同一 書名 版本 所藏處**

목활자본 : 한국학중앙연구원, 단국대학교 퇴계기념도서관 등.

목판본 : 국립중앙도서관, 규장각, 한국국학진흥원, 한국학중앙연구원, 경기대학교, 동국대학교 서울·경주캠퍼스, 성균관대학교, 연세대학교, 원광대학교, 충남대학교, 부산시민도서관, 사우당 종택, 성암고서박물관, 日本大阪府立中之島圖書館, 日本東洋文庫, 미국 UC버클리대학교 등.

(8) 敬庵先生文集

書名	出版事項	版式狀況	一般事項	所藏番號
敬庵先生文集	李漢膺 著, 1885年 跋.	13卷 6冊, 朝鮮木版本, 四周雙邊, 半郭 : 20×16.4㎝, 有界, 10行 20字, 上下白口, 上下內向四瓣花紋黑魚尾, 32.7×21.9㎝, 線裝, 楮紙	印記 : 酉谷青岩	09-0982 ~0987

• **概要**

조선후기 학자 李漢膺의 시문집.

• **編纂과 刊行**

저자 사후 아들 李景章 등이 李秀榮과 함께 遺稿를 정리하여 遺集을 간행하려 하였으나, 李景章이 죽자 다시 그의 아들 李興魯가 李秀榮에게 부탁하고 또 外孫 柳道能이 저자의 遺稿를 보냈다고 한다. 그래서 저자 사후 22년 만인 1885년(高宗 21)에 저자의 손자 李興魯 등에 의해 목판본으로 간행한 것으로 보인다.

• **著者**

李漢膺(1778~1864) : 본관은 眞寶이고, 자는 仲模이며 호는 敬菴이다. 安東에서 태어났고, 세 살에 모친을, 일곱 살에 부친을 잃어 乳媼의 손에서 자랐다. 伯祖 陋室翁과 族叔 危川公에게서 수학했고, 30세에 과거의 뜻을 접은 뒤로 성리학 공부에 전념하였다. 1849년에 繕工監役을 제수 받았으나 사양했고, 1857년에 壽職으로 僉樞가 내려졌으나 받지 않았고, 1860년에 敦寧府 都正을 제수 받았으나 역시 사양하고 받지 않았다. 朱熹·張載·呂祖謙 및 李滉의 글 중에서 622條의 글을 뽑아 『續近思錄』을 지었다.

• **版本構成**

卷1 : 詩 180首. 卷2 : 詩 150首. 卷3 : 書 22篇. 卷5 : 書簡 40篇. 卷6 : 書 12篇. 卷7 : 答三從孫得魯喪禮問目·書 5篇. 卷8 : 雜書 6篇. 卷9 : 雜書 : 自省錄·序 5篇·記 4篇·跋 8篇·箴 5篇. 卷10 : 上樑文 2篇·告由文 2篇·祭文 8篇·哀辭 4篇·墓碣銘 8篇·墓地銘 5篇. 卷11 : 壙記 3篇·行狀 11篇. 卷12 : 行狀 6篇. 卷13(附錄) : 行狀·墓碣銘·墓地銘·拜門錄.

• **同一 書名 版本 所藏處**

목판본 : 국립중앙도서관, 규장각, 한국학중앙연구원, 경기대학교, 계명대학교, 동국대학교, 성균관대학교, 전주대학교, 중앙대학교, 춘호재, 日本東洋文庫 등.

(9) 溪西先生逸稿

書名	出版事項	版式狀況	一般事項	所藏番號
溪西先生逸稿	成以性 著, 1863年 跋	2卷 1冊, 朝鮮木活字本, 四周單邊, 半郭 : 21.7×14.2㎝, 有界, 10行 20字, 上下白口, 上下內向四瓣花紋黑魚尾, 32.5×20.9㎝, 線裝, 楮紙	跋 : 癸亥(1863)…八代孫鍾震謹識, 印記 : 酉谷青岩	09-2003

• **槪要**

조선 중기의 문신 成以性의 시문집.

• **編纂과 刊行**

저자의 8대손 成鍾震이 주도하여 1863년에 목활자본으로 간행하였으며, 그 뒤 1976년에 석인본으로 간행되기도 하였다.

• **著者**

成以性(1595~1664) : 본관은 昌寧이고, 자는 汝習이며 호는 溪西이다. 1610년(광해군 2) 진사가 되었으나 벼슬길에 나아가지 않았고, 1627년(인조 5)에 식년문과에 병과로 급제하였다. 1634년 사간원정언·홍문관의 부수찬·부교리를 거쳐 이듬해 사헌부지평을 지낸 뒤, 1637년 사간원헌납이 되었는데 직언으로 일관하여 주위의 시기를 받아 승진이 순조롭지 못하였다. 외직으로는 진주·강계 등 네 고을을 다스렸는데, 후에 청백리에 뽑혔다.

• **版本構成**

卷1 : 詩 6首·輓詞 10首·敎書 2篇·祭文 3篇·疏 2篇·啓辭 7篇·書啓 2篇·書 14篇·燕行日記. 卷2(附錄) : 行狀·墓碣銘·墓誌·輓詞·祭文·梧川書院奉安文·常享祝文·溪西草堂記·淸白仁政碑銘·贈遺·議政府啓.

• **同一 書名 版本 所藏處**

木活字本 : 국립중앙도서관, 한국학중앙연구원, 성균관대학교, 本大阪府立中之島圖書館, 미국 UC버클리대학교 등.

필사본 : 대구시립중앙도서관.

(10) 溪巖先生文集 *

書名	出版事項	版式狀況	一般事項	所藏番號
溪巖先生文集	金坽 著, 安東 : 陶山書院, 英祖48(1772) 刊	6卷 3冊, 朝鮮木版本, 四周雙邊, 半郭 : 19.6×14.1㎝, 有界, 10行 19字, 上下白口, 上下內向四瓣花紋魚尾, 30.1×19.4㎝, 線裝, 楮紙	序 : 歲壬辰三月下澣韓山李象靖謹書, 跋 : 崇禎後三壬辰(1772)…李世澤謹書, 識 : 壬辰(1772)三月日玄孫紘謹識, 印記 : 酉谷青岩, 青岩家寶, 藏書記 : 壬辰七月日自陶山印送于青巖亭	09-2138 ~2140

• **概要**

조선 중기 학자 金坽의 시문집.
충재박물관 소장본은 藏書記가 '壬辰七月日自陶山印送于青巖亭'으로 되어있는데, 陶山書院에서 인출하여 충재 종가에 보낸 판본이다.

• **編纂과 刊行**

金坽의 덕행을 敬慕하여 1771년(영조 47)에 安東 禮安의 선비들이 자금과 工匠을 모아 陶山書院에서 이듬해 3월에 간행하였다. 李世源과 金重玹이 간행을 맡고, 승지 李世澤이 간행을 위해 發論하여 衆議를 모으는 데에 주력하였고, 저자의 현손 金紘이 편집에 관여하였다.

• **著者**

金坽(1577~1641) : 본관은 光山이고 禮安 출신이며, 호는 溪巖이다. 임진왜란이 일어나자 17세의 나이로 柳成龍의 막하로 자진 종군하기도 했으나, 광해군 때 大北黨이 집권하자 관직을 그만두고 낙향하였다. 1623년 인조 집권 이후 여러 관직을 제수 받았으나 不事二君의 절개를 지키기 위해 사양하고 나아가지 않았다. 그러나 1636년 병자호란이 일어나자 가산을 털어 의병들의 군량미로 충당했으며, 남한산성이 함락되자 비분강개한 시 몇 편을 남겼다.

• **版本構成**

卷1 : 詩(五言古詩·七言古詩). 卷2 : 詩(五言律詩·七言律詩). 卷3 : 詩(七言律詩·五言絶句·七言絶句). 卷4 : 書·疏. 卷5 : 祭文·表箋·雜著·傳·記·錄. 卷6 : 行狀·墓碣銘·祭文·挽詞.

• **同一 書名 版本 所藏處**

목판본 : 국립중앙도서관, 규장각, 한국국학진흥원, 한국학중앙연원, 계명대학교, 성균관대학교, 안동대학교, 영남대학교, 용인대학교, 중앙대학교, 성암고서박물관, 日本東洋文庫 등.

(11) 溪村先生文集 *

書名	出版事項	版式狀況	一般事項	所藏番號
溪村先生文集	李道顯 著	8卷 4冊, 朝鮮木版本, 四周雙邊, 半郭 : 20×16㎝, 有界, 10行 18字, 上下白口, 上下內向四瓣花紋黑魚尾, 33.6×21.6㎝, 線裝, 楮紙	印記 : 酉谷靑岩	09-1037 ~1040

• **概要**

조선 후기의 학자 李道顯의 시문집.

• **編纂과 刊行**

저자가 역적으로 몰려 죽었기 때문에 문집 간행의 엄두를 못 내다가 고종 때 복권을 계기로 저자의 외손인 金在固가 저자의 유문을 모아 문집을 간행할 수 있었으며, 간행연대는 대략 戊申년(1908) 이후로 추정된다.

• **著者**

李道顯(1726~1776) : 본관은 全州이고, 자는 穉文이며 호는 溪村이다. 그의 아들 李應元은 사도세자의 죽음과 관련하여 원통함을 밝혀 달라고 상소를 올렸는데, 1776년(정조 즉위년)에 이 일을 계기로 함께 역적으로 몰려 죽임을 당하였다. 고종 때에 그의 충절이 재평가되어 1899년(광무 3)에 嘉善大夫 內部協辨에 추증되었다.

• **版本構成**

卷1 : 詩 63首. 卷2 : 詩 90首. 卷3 : 請思悼世子伸雪疏, 書文 14篇. 卷4 : 書 10篇, 別紙 5篇, 雜著 2篇. 卷5 : 雜著(養家圖說·易學圖說·史總凡例 等 12篇). 卷6 : 雜著·序文·記·識·箴·贊. 卷7 : 祭文·哀辭·墓誌·行狀. 卷8 : 祭文·遺事·家狀·行狀·墓碣銘.

• **同一 書名 版本 所藏處**

목판본 : 국립중앙도서관, 한국국학진흥원, 경기대학교, 계명대학교, 대구가톨릭대학교, 성균관대학교, 연세대학교, 영남대학교, 전남대학교, 부산광역시 시민도서관, 성암고서박물관 등.

(12) 故寔

書名	出版事項	版式狀況	一般事項	所藏番號
故寔	金熙洛 著, 金喆銖 編, [跋 1878年] 刊[30]	5卷 3冊, 朝鮮木活字本[31], 四周單邊, 半郭 : 22.9×15.3㎝, 有界, 11行 22字, 上下白口, 上下內向四瓣花紋黑魚尾, 32.7×20.5㎝, 線裝, 楮紙	序 : 國朝寶鑑經國增典, 跋 : ①安東權泳夏謹跋 ②歲戊寅(1818)…喆銖謹識	09-2389 ~2391

• **概要**

正祖 때의 문신인 金熙洛의 講義와 詩文을 모은 책.

• **編纂과 刊行**

저자의 손자인 金喆銖가 1878년(고종 15)에 목활자본으로 간행하였으며, 權泳夏와 金喆銖의 발문이 실려 있다.

• **著者**

金熙洛(1761~1803) : 본관은 義城이고, 자는 叔明이며 호는 故寔軒이다. 1792년(정조 16) 사마시에 합격하였고, 몇 달 뒤에 陶山 應製에서 장원하였다. 1794년 규장각 講製文臣으로 뽑혀 그의 족형인 金熙周와 함께 궁중을 출입하며 여러 가지 課製와 四書 條對에서 자주 장원하였다. 1794년에서 1800년 사이에 三曹의 郎官과 사헌부지평·사간원정언을 역임하였고, 말년에는 노모를 봉양하기 위하여 興陽縣監을 자원하였다. 편수관으로서《海東人物攷》·《嶺南名臣錄》·《弘齋全書》 등의 편친에 침여하있다.

• **版本構成**

卷1 : 朱子大全講義十條箚子·御批十條別諭·箚子·御批 18條·國朝故事講義. 卷2 : 中庸講義·御製條問臣熙洛對. 卷3 : 說·題·策. 卷4 : 詩·律賦·銘·贊·箋文·議·序·記·辨·傳·上樑文·教書. 卷5 : 傳教·奎章閣記注筵說·行錄·雜著·書·祭文·輓詞. 附錄 : 行狀·挽誄·祭文.

• **同一 書名 版本 所藏處**

목활자본 : 국립중앙도서관, 규장각, 한국국학진흥원, 계명대학교, 연세대학교, 영남대학교,

30) 목록에는 跋文을 쓴 년도가 '1818년'으로 되어 있으나 오류이다.
31) 목록에는 '木版本'으로 되어 있으나 이 판본은 '木活字本'으로 간행되었다.

성암고서박물관, 미국 하버드대학 옌칭도서관 등.
필사본 : 한국국학진흥원.

(13) 廣瀨文集 *

書名	出版事項	版式狀況	一般事項	所藏番號
廣瀨文集	李野淳 著	13卷 7冊, 朝鮮木活字本, 四周雙邊, 半郭 : 22.6×16.6㎝, 有界, 10行 20字, 註單行, 上下白口, 上下內向二葉花紋魚尾, 33×21.5㎝, 線裝, 楮紙	表題 : 廣瀨集 印記 : 權錫九印	09-0906 ~0912

• **概要**

조선 후기 학자 李野淳의 시문집.

• **編纂과 刊行**

序文과 跋文이 없어 정확한 간행 연대와 경위를 알 수 없으나 저자의 생몰년을 감안할 때 조선후기에 간행된 것으로 추정된다.

• **著者**

李野淳(1755~1831) : 본관은 眞寶이고, 자는 健之이며 호는 廣瀨이다. 李滉의 9세손으로 李象靖·金宗德의 문하에서 李滉의 성리학을 연구하였다. 평생 벼슬에 뜻을 두지 않고 학문에만 전념하였는데, 특히 예학에 조예가 깊었다고 한다. 李滉이 강의하고 李德弘이 정리 편찬한 『朱子書講錄』의 오류를 교정하고 보완하는 데 매진하였고, 저서로 『陶山年譜補遺』·『禮說類編』·『要存錄』 등이 있다.

• **版本構成**

卷1 : 辭·詩. 卷2 : 詩. 卷3 : 書. 卷4 : 書. 卷5 : 書. 卷6 : 書. 卷7 : 雜著. 卷8 : 序·記·識跋. 卷9 : 銘·上樑文·祝文·奉安文·誄·哀辭·祭文. 卷10 : 碑·墓誌銘·墓碣銘·墓表. 卷11 : 行狀·遺事·家狀. 卷12 : 家狀·傳. 卷13 : 附錄 : 行狀·家狀·墓碣銘·挽詞·誄詞·祭文.

• **同一 書名 版本 所藏處**

목활자본 : 국립중앙도서관, 규장각, 한국국학진흥원, 성균관대학교, 안동대학교, 용인대학교, 성암고서박물관 등.

(14) 光山卓氏世稿

書名	出版事項	版式狀況	一般事項	所藏番號
光山卓氏世稿	卓光茂, 卓愼, 卓中[32]), 卓順昌 共著, 1827年 序.	2卷 2冊, 朝鮮木版本, 四周雙邊, 半郭 : 19.6×14.4㎝, 有界, 9行 18字, 上下白口, 上下內向四瓣花紋黑魚尾, 32.1×21.1㎝, 線裝, 楮紙	序 : ①上之十二年戊申(1788)…李光靖序 ②上之二十七年丁亥(1827)…朴綺壽序, 印記 : 酉谷靑岩	09-2245 ~2246

• **概要**

卓光武·卓愼·卓中·卓順昌의 詩와 遺事 등을 모은 시문집.

• **編纂과 刊行**

저자들의 후손 卓世亨이 1600년(宣祖 33)에 『卓氏世譜事實』 1권을 만들었고, 1788년(정조 12)에는 후손 卓昇運이 『景濂亭遺稿』와 『竹亭遺稿』를 수집 정리하여 간행하였다. 卓有文이 이것을 토대로 附錄을 덧붙여 편집하여 1827년(순조 27)에 목판본으로 重刊하였으며, 李光靖과 朴綺壽의 서문이 실려 있다.

• **著者**

卓光茂(생졸년 미상) : 본관은 光山이고, 호는 景濂亭이다. 1331년(고려 충혜왕 원년) 문과에 급제하여 1365년(공민왕 14)에는 內書舍人을 지냈으며, 이듬해는 左司議大夫를 거쳐, 禮儀判書와 集賢殿提學 등을 역임하였다. 만년에는 光州 別墅에 景濂亭이란 정자를 짓고 은거하였다. 문집으로는 『景濂亭集』이 있는데, 이것이 『光山卓氏世稿』 속에 전한다.

卓愼(1367~1426) : 卓光茂의 아들로 자는 子幾·謙夫·係危이고 호는 竹亭이다. 1389년(공양왕 1) 생원으로 식년문과에 同進士로 급제하였으나 부모가 연로하여 고향에 돌아와 아버지를 모시다가, 아버지가 병사한 뒤 1398년(정종 즉위년) 효행으로 천거되어 右拾遺가 되었다. 그 후 龍潭縣令·司諫院左正言·執義·典農寺正·同副代言·知申事·敬承府尹·吏曹參判·禮曹參判·同知經筵事·藝文館提學·議政府參贊 등을 역임하였다.

卓中(1404~1472) : 본관은 光山이고 卓希立의 아들이다. 世宗~成宗 때의 문신으로 金叔滋의 문하에서 수학하고, 金宗直과 교유하였으며, 典籍 등을 역임하였다.

卓順昌(생졸년 미상) : 본관은 光山이고 卓文尙의 맏아들이다. 宣祖~肅宗 때의 무신으로 成

---

32) 목록에는 '卓平'으로 되어 있으나 '卓中'의 오류이다.

均館 進士이다. 임진왜란 때 선조를 호종하였고, 壽職으로 訓鍊大將을 지냈다.

• 版本構成

卷首 : 光山卓氏世稿序, 光山卓氏世系圖. 卷上 : 景濂亭先生逸稿(卓光茂 著). 卷下 : 竹亭先生逸稿(卓愼 著). 續編-卷上 : 竹林先生逸稿(卓中 著), 續編-卷下 : 松庵逸詩(卓順昌 著). 附錄 : 光山卓氏世譜事實 : 庚子譜·己亥譜序·先墓碣·神道碑銘·世德祠上樑文·景濂先生奉安文·竹亭先生奉安文·享祀祝文·卓氏歷代榜目.

• 同一 書名 版本 所藏處

목판본 : 국립중앙도서관, 규장각, 한국국학진흥원, 한국학중앙연구원, 계명대학교, 연세대학교, 영남대학교, 용인대학교, 이화여자대학교, 사우당종택, 日本大阪府立中之島圖書館 등.

(15) 槐軒集

書名	出版事項	版式狀況	一般事項	所藏番號
槐軒集	金瑩 著, 1895年 刊[33]	4卷 2冊, 朝鮮木版本, 四周雙邊, 半郭 : 19.3×15.6㎝, 有界, 10行 18字, 上下白口, 上下內向四瓣花紋黑魚尾, 31×20.2㎝, 線裝, 楮紙	序 : 上之二十九年壬辰(1892)…權璉夏謹序, 跋 : ①壬戌…朴勝振敬書 ②旃蒙協洽(乙未)…金晦鎭謹書	09-1783 ~1784

• 槪要

조선 후기의 학자 金瑩의 시문집.

• 編纂과 刊行

저자의 후손 金敬淵·金益秀·金祁基 등이 1895년(고종 32)에 목판본으로 간행하였으며, 權璉夏의 서문과 金晦鎭의 발문이 실려 있다.

• 著者

金瑩(1765~1840) : 본관은 延安이고, 자는 義兼이며 호는 槐軒이다. 1765년 안동부에서 태어나

33) 목록에는 '[跋 : 1922] 刊'으로 되어 있으나 '1895年'에 간행되었다.

지역에서 활동한 문신이다. 1804년(순조 4) 문과에 합격하여 권지승문원정자가 되었고, 宗簿寺主簿·禮曹正郎·兵曹佐郎·司憲府持平·自如道察訪을 역임하였다. 그 후 司憲府掌令에 승진하여 召命이 있었으나 사양하고 영주시 이산면 두월리에서 月隱精舍를 짓고 은거하였다.

- **版本構成**

卷1 : 詩 127首. 卷2 : 詩 96首. 卷3 : 書 25篇·序 1篇·記 5篇·跋 3篇·箴 2篇·說 2篇·上樑文 1篇·奉安文 1篇·祝文 4篇·誄辭 1篇·祭文 7篇·家狀 1篇. 卷4(附錄) : 行狀·家狀·墓碣銘·墓誌銘·挽詞·祭文·月隱亭記.

- **同一 書名 版本 所藏處**

목활자본 : 국립중앙도서관, 국회도서관, 규장각, 한국국학진흥원, 고려대학교, 대구가톨릭대학교, 사우당종택 등.

(16) 九曲遺稿

書名	出版事項	版式狀況	一般事項	所藏番號
九曲遺稿	李重穆 著, 1892年 跋	2卷 1冊, 朝鮮木活字本, 四周單邊, 半郭 : 20.1×15.1㎝, 有界, 10行 20字, 上下白口, 上下內向四瓣花紋黑魚尾, 29.4×19.1㎝, 線裝, 楮紙	序 : 之四年戊戌(1838)…李相義謹序. 跋 : 黑龍(壬辰, 1892)…李晩寅謹跋	09-0224

- **槪要**

조선 후기의 학자 李重穆의 시문집.

- **編纂과 刊行**

그의 손자인 李章彪·李基洛 등이 편집해놓은 것을 현손 李宇九가 1892년(고종 29)에 목활자로 간행하였다. 李相義의 서문과 李晩寅의 발문이 실려 있다.

- **著者**

李重穆(1728~1823) : 자는 汝明이고 호는 九曲으로 조선 후기의 학자이다. 金禹銖가 쓴 行狀에 의하면, 효성이 지극하였고 장성하여서는 과거에 뜻을 끊고 공부에 전념하여 朱子書와 濂洛諸書를 두루 읽었다. 또한 후생을 교수함에 재질의 고하에 따라 토론함이 자세하여 반드시 실천을 주로 삼았다 한다.

• 版本構成

卷1 : 詩(五言·七言)·詞. 卷2 : 書·序·識·箴·祝文·祭文·附錄(行狀).

• 同一 書名 版本 所藏處

목활자본 : 국립중앙도서관, 한국국학진흥원, 한국학중앙연구원, 계명대학교, 고려대학교, 국민대학교, 단국대학교 율곡기념도서관, 서강대학교, 성균관대학교, 연세대학교, 전남대학교 도서관 등.

(17) 龜峯先生遺集

書名	出版事項	版式狀況	一般事項	所藏番號
龜峯先生遺集	權德麟 著, 1854年 跋.	2卷 1冊, 朝鮮木版本, 四周雙邊, 半郭 : 20.8×16.3㎝, 有界, 10行 19字, 上下白口, 上下內向四瓣花紋黑魚尾, 31.1×21㎝, 線裝, 楮紙	表題 : 龜峯集, 序 : ①睦萬中序 ②眞城李彙寧謹序, 後序 : 閼逢攝提格…李鍾祥謹書, 跋 : 尹坊謹識	09-2044

• 槪要

조선 전기의 학자 權德麟의 시문집.

• 編纂과 刊行

權德麟의 문집은 사후 전란을 겪으며 많은 글이 산일되어 곧바로 간행되지 못하다가 2백여 년 후에 權致福과 權致博 등의 주도하에 비로소 출간되었다. 전하는 글이 많지 않아 詩 2首와 書 4편, 策 2편만으로 上卷을 꾸미고, 下卷에는 權德麟과 관계된 여러 글을 모았다. 李鍾祥의 발문 연도가 閼逢攝提格(甲寅)이라고 되어 있는데, 서문을 쓴 李彙寧(1788~1861)의 생몰년을 고려할 때 1854년(철종 5)에 간행된 것으로 추정된다.

• 著者

權德麟(1529~1573) : 본관은 安東이고, 자는 君瑞이며 호는 龜峰이다. 1553년(명종 8) 별시 문과에 을과로 급제하였고, 成均館 典籍과 禮曹·兵曹 正郞 등의 내직과 懷德·河東 縣監, 永川·陜川 郡守 등의 외직을 거쳐 1573년 昆陽郡守로 부임하던 중 사망하였다. 良才驛壁書事件에 연루되어 강계로 유배된 李彦迪이 1553년 그곳에서 죽었는데, 스승 李彦迪의 영구를 맞이하여 돌아왔다. 또한 1571년(선조 4) 영천군수로 재직하던 중 일시 귀향하여 玉山書院을 건립하였다. 당시 누구도 감히 李彦迪의 奠祀를 주장하지 못하였는데도 홀로 倡議하여 玉山書院을 세우고 李彦迪을 제향하였다.

• 版本構成

卷上 : 詩(送朴重甫承任赴昌原 · 送或人 · 寄從子士諤 - 壬申 · 寄士諤 · 問人才 · 問帝王之治有實心則有實效). 卷下 : 晦齋先生在西塞時家書略 · 金璞齋 - 紐 - 與先生書 - 陜川罷歸時 · 陜川士民祭先生文 · 陜川郡遺愛碑銘 · 玉山書院記略 · 雲泉書院廟宇上樑文 · 奉安文 · 雲谷書社奉安文 · 通訓大夫行兵曹正郎龜峯先生權公行狀 · 墓誌銘 - 並序 · 墓碣銘 · 墓碣小識 · 墓碣銘 · 墳菴上樑文 · 玉山士林答陵齋通文 · 刊役時玉山書院通南學文.

• 同一 書名 版本 所藏處

목판본 : 국립중앙도서관, 규장각, 계명대학교, 고려대학교, 단국대학교 퇴계기념도서관, 동국대학교 경주캠퍼스, 연세대학교, 영남대학교, 전남대학교, 미국 UC버클리대학교 등.

(18) 鳩巢先生文集

書名	出版事項	版式狀況	一般事項	所藏番號
鳩巢先生文集	權聖矩 著	4卷 2冊, 朝鮮木活字本, 四周單邊, 半郭 : 20.5×16㎝, 有界, 10行 20字, 上下白口, 上下內向四瓣花紋黑魚尾, 31.4×21.2㎝, 線裝, 楮紙	序 : 權璉夏撰, 跋 : 金興洛謹識	09-1700 ~1701

• 槪要

조선 후기 문신인 權聖矩의 시문집.

• 編纂과 刊行

저자의 후손인 權宅銖 · 權濟説 등이 목활자본으로 간행하였으나 그 연대는 미상이다. 權璉夏의 서문과 金興洛의 발문이 실려 있다.

• 著者

權聖矩(1642~1708) : 본관은 安東이고, 자는 恕余이며 호는 鳩巢이다. 1678년(숙종 4) 증광

문과에 병과로 급제하여 승문원정자·전적·병조정랑을 지냈으며, 1688년에는 외직인 진산현감으로 나가기도 하였다. 한때 모함을 당하여 벼슬을 떠나 귀향하였다가, 1692년 直講으로 복직하였다. 이듬해 병조좌랑을 역임하였으며, 1699년 강진현감에 임명되었으나 그때 상을 당하여 고향에 돌아갔다.

• 版本構成

卷1~2 : 詩 201首·挽 46首. 卷3 : 挽 32首·賦 1首(衰止先朝詔賦)·疏 1篇(太師廟對擧疏)·箋 4篇·狀 3篇(水營禮狀·巡使南龍翼入府到境禮狀·統營禮狀)·書 2篇(答李進士成龜·答權懷德亨叔)·告由文 4篇·祭文 8篇·哀辭 3首·上樑文 1篇(宗宅移建時上樑文)·雜著 1篇(遊淸凉山錄). 卷4(附錄) : 行狀·墓碣銘·墓誌銘幷序·挽詞 2首·祭文 2篇·三松亭韻 12首.

• 同一 書名 版本 所藏處

목활자본 : 국립중앙도서관, 규장각, 한국국학진흥원, 한국학중앙연구원, 경기대학교, 계명대학교, 고려대학교, 동국대학교, 성균관대학교, 안동대학교, 연세대학교, 영남대학교, 용인대학교, 춘호재 등.

(19) 龜巖先生集

書名	出版事項	版式狀況	一般事項	所藏番號
龜巖先生集	李楨 著, 泗川 : 龜巖書院, 1641年 刊	不分卷 1冊, 朝鮮木活字本, 四周單邊, 半郭 : 21×17.4㎝, 10行 18字, 上下白口, 上下內向六瓣花紋黑魚尾, 31.6×21.7㎝, 線裝, 楮紙	序 : 皇明崇禎紀元己卯(1639)…趙絅謹撰, 跋 : 皇明崇禎紀元十三年(1640)…許穆謹撰, 印記 : 鄭義寶章	09-1964

• 概要

조선 중종·명종 시기의 문신이자 학자인 李楨의 시문집.

충재박물관 소장본은 서명이 『龜巖先生集』으로 된 原集인데, 印記가 '鄭義寶章'으로 되어 있어서 鄭義寶가 소장했던 판본으로 보인다.

• 編纂과 刊行

原集 2권은 1640년(仁祖 18) 저자의 고향인 泗川의 諸生들이 그를 추모하여 전쟁 통에 없어지고 남은 遺稿를 수집한 것을 주로 陽川 許穆이 刪定하고 교정하여 龜巖書院에서 목활자본으로 출간했다. 續集 2권은 1748년(英祖 24) 田禹基와 成謹이 새로이 遺稿를 찾아 成謹이 刪定하여 출간했으며, 別集 2권은 1901년(光武 5)에 후손 李泰煥과 柳震台·崔柄敏·崔鏞敏 등이 다시 遺文을 널리 모아 편집하여 1902년에 『龜巖先生文集』이란 서명으로 간행하였다.

• **著者**

李楨(1512~1571) : 본관은 泗川이고, 자는 剛而이며 호는 龜巖이다. 1536년(중종 31) 진사로 별시 문과에 장원급제하여 成均館典籍에 임명되었다. 다음 해 聖節使의 書狀官으로 명나라에 다녀왔다. 그 뒤 예조정랑·선산부사·청주목사를 지냈으며, 1555년 왜구가 침입하자 구원하러 갔고 그 위엄에 눌려 왜구들이 도망하였다. 1559년 우부승지·형조참의·좌부승지 등을 거쳐 이듬해 병조참의·대사간·호조참의·예조참의를 지내고, 경주부윤으로 나가 옛 신라의 列王墓를 보수하고, 西嶽精舍를 세워 후진 교육에 힘썼다. 1563년 중앙의 요직을 거쳐 다시 전라도 순천부사로 나가 甲子士禍 때 사사된 金宏弼을 위해 景賢堂을 건립하였다. 1568년(선조 1) 홍문관부제학에 임명되었으나 취임하지 않고 고향에 龜巖精舍를 지어 후진 양성에 힘썼다. 저술로는 『性理遺編』·『景賢錄』·『論喪禮』·『寒暄譜錄』 등이 있다.

• **版本構成**

卷1 : 詩(五言絶句·五言律詩·五言古詩·七言絶句·七言律詩·七言古詩)·觀頤堂記·辭免大司諫啓辭·再啓·經筵朝講啓辭－大司諫時·請開言路箚子·勸學箚子·辭免副提學疏·賀親蠶箋·雲谷微音詩後識·附退溪先生書·景賢錄識·臨淸臺碑陰識·祭退溪先生文·圭庵宋先生贊. 卷2 : 附錄 : 行狀·墓碣銘·賜祭文·祭文·挽·龜巖書院奉安文·春秋享告文·世系·世系跋·跋.

• **同一 書名 版本 所藏處**

목활자본(龜巖先生集 : 1641) : 국립중앙도서관, 경상대학교, 계명대학교, 고려대학교, 대구가톨릭대학교 등.

목판본(龜巖先生文集 : 1902) : 규장각, 고려대학교, 동아대학교, 성암고서박물관 등.

(20) 久菴遺稿

書名	出版事項	版式狀況	一般事項	所藏番號
久菴遺稿	韓百謙 著, 1640年 序,	2卷 1冊, 朝鮮木版本, 四周雙邊, 半郭 : 19×15.1㎝, 有界, 10行 18字, 上下白口, 上下內向四瓣花紋黑魚尾, 29.3×19.2㎝, 線裝, 楮紙	序 : 庚辰(1640)…李植謹序 印記 : 酉谷青岩	09-1070

• **概要**

조선 중기 문신이자 학자인 韓百謙의 시문집.

• **編纂과 刊行**

韓百謙의 저술은 임진왜란을 겪으면서 상당수가 소실되었는데, 문집에 수록된 것은 그의 말년인 1600년 이후의 것이 대부분인 것으로 보인다. 韓百謙의 아들인 韓興一(1587~1651)이 1640년(인조 18) 李植의 서문을 받아 목판본으로 간행하였다

• **著者**

韓百謙(1552~1615) : 본관은 淸州이고, 자는 鳴吉이며 호는 久菴이다. 1579년(선조 12) 생원시에 합격하고, 1585년 校正廳이 신설되자 鄭逑 등과 함께 교정낭청에 임명되어『經書訓解』의 교정을 보았다. 1589년 鄭汝立의 모반사건 때 자살한 정여립의 시신을 거두어 염하였는데, 후에 그 사실이 발각되어 杖刑을 받고 귀양을 갔다. 임진왜란 때 대사면령으로 석방되었는데, 귀양지에서 적군에게 아부해 반란을 선동한 자들을 참살한 공로로 內資寺直長에 기용되었다. 그 후 戶曹佐郎·刑曹佐郎·淸州牧使·判決事·戶曹參議·江原道安撫使 등을 역임하였다. 1611년 坡州牧使에 기용되었다가 사임하고 양주의 勿移村에 기거하였다.

• **版本構成**

卷上 : 箕田遺制說·箕田圖·附箕田圖說跋·附箕田圖說後語·深衣說·續衽鉤邊·曲袷·袪·純·負繩·大帶·深衣圖·四端七情說·四端七情圖·啓蒙揲蓍辨·豳風金縢說·讀多方解·晦齋論太極圖說跋·東史纂要後敍·題陰符經後·潮汐辨·接木說·勿移村久菴記·碑壇立議序·送芝峯李潤卿令公朝京序·返始堂記·啓蒙卦變圖跋. 卷下 : 戶曹參議辭職疏·貢物變通疏·安撫使辭職疏·行狀.

• 同一 書名 版本 所藏處

朝鮮木版本 : 국립중앙도서관, 규장각, 한국학중앙연구원, 고려대학교, 연세대학교, 성암고서박물관, 미국 UC버클리대학교 도서관 등.

(21) 龜窩先生文集

書名	出版事項	版式狀況	般事項	所藏番號
龜窩先生文集	金㙆 著	14卷 7冊, 朝鮮木版本, 四周雙邊, 半郭 : 21.7×16.5㎝, 有界, 10行 20字, 上下白口, 上下內向四瓣花紋黑魚尾, 31.4×20.9㎝, 線裝, 楮紙	印記 : 酉谷靑岩	09-1286 ~1292

• 槪要

조선 후기 학자 金㙆의 시문집.

• 編纂과 刊行

이 책은 서문과 발문이 없어서 편자도 알 수 없고 간행연도도 알 수 없는데, 金㙆 사후에 간행된 것으로 추정된다.

• 著者

金㙆(1739~1816) : 본관은 義城이고, 자는 子野이며 호는 龜窩이다. 1773년(영조 49) 사마시를 거쳐 1777년(정조 1) 증광문과에 병과로 급제하여 承文院正字가 되었다. 49세에는 成均館典籍이 되었다. 57세에 持平이 되었으나 부임하지 않았고, 59세에 司諫院正言을 거쳐 丹陽郡守가 되었다. 62세에 世子侍講院文學·掌令·司僕寺正·京畿都事를 역임하였고, 다음해에 獻納·執義·敎理를 거쳐 修撰이 되었다. 66세에는 通政大夫同副承旨에서 伊川都護府使가 되고 74세에 嘉善大夫에 올라 漢城右尹이 되고 이어서 禮曹參判이 되었다.

• 版本構成

卷1 : 詩·輓詞. 卷2 : 疏. 卷3 : 疏. 卷4 : 書筵講義·經筵講義. 卷5 : 書. 卷6 : 書. 卷7 : 雜著·序. 卷8 : 記·跋·哀辭·祝文. 卷9 : 祭文. 卷10 : 碑·墓誌銘. 卷11 : 墓碣銘·墓表. 卷12 : 行狀. 卷13 : 行狀. 卷14 : 遺事.

• 同一 書名 版本 所藏處

목판본 : 국립중앙도서관, 계명대학교, 대구가톨릭대학교, 동국대학교 경주캠퍼스, 부산대학교, 성균관대학교, 안동대학교, 용인대학교, 전남대학교, 부산시 시민도서관, 사우당종택 등.

(22) 九元亭文集

書名	出版事項	版式狀況	一般事項	所藏番號
九元亭文集	李亨天 著, [跋 : 1909]印	2卷 1冊, 朝鮮木版本[34], 四周雙邊, 半郭 : 21×16.7㎝, 有界, 10行 18字, 上下白口, 上下內向四瓣花紋黑魚尾, 30.7×20.8㎝, 線裝, 楮紙	序 : 眞城李晩煃謹序, 識 : 己酉(1909)…從後孫昌淵謹識	09-2588

• 槪要

조선 후기의 학자 李亨天의 시문집.

• 編纂과 刊行

저자의 5대손인 李岱鉉이 1909년에 목판본으로 간행하였으며, 李晩煃 서문과 李昌淵의 발문이 실려 있다.

• 著者

李亨天(1650~1709) : 본관은 永川이고 안동에서 출생하였다. 자는 立汝이고 호는 九元亭이다. 사마시에 합격하고 성균관에 들어가 여러 차례 과거에 응시하였으나 뜻을 이루지 못하자 과거공부를 그만두고 爲己之學에 전념하였다. 1696년(숙종 22) 관찰사가 효행으로 천거하여 章陵參奉에 임명되고, 다시 長水察訪에 임명되었으나 모두 부임하지 않았다. 1702년 九元亭이라는 精舍를 짓고 후생들을 모아 초하루와 보름에 성리학을 강의하였으며, 『大東萬姓忠孝錄』·『百行集』 등 충효에 관한 책들을 펴냈다.

• 版本構成

卷1 : 辭·詩·雜著. 卷2 : 輓詞·祭文·家狀·行略·墓表·墓誌銘·墓碣銘·三孝堂奉安文.

---

34) 목록에는 '木活字本'으로 되어 있으나 이 책은 '木版本'으로 간행되었다.

• 同一 書名 版本 所藏處

목판본 : 한국학중앙연구원, 경기대학교, 계명대학교, 고려대학교, 성균관대학교, 안동대학교, 연세대학교, 영남대학교, 용인대학교, 부산광역시 시민도서관, 미국 UC버클리대학교 등.

(23) 龜村先生文集

書名	出版事項	版式狀況	一般事項	所藏番號
龜村先生文集	柳景深 著, [序 : 1653] 刊	2卷 2冊, 朝鮮木版本, 四周雙邊, 半郭 : 20.3×16.2㎝, 有界, 10行 19字, 上下白口, 上下內向四瓣花紋黑魚尾, 29.2×20.3㎝, 線裝, 楮紙	序 : 黑蛇(癸巳, 1653)… 金應祖謹識, 印記 : 西谷靑岩	09-1057

• 概要

조선 중기의 문신이자 학자인 柳景深의 시문집.

• 編纂과 刊行

柳景深의 외손 崔夢亮과 외증손 裵尙益이 月沙 李廷龜(1564~1635)의 교정을 받아 편집하고, 崔夢亮의 아들 崔濟(河陽縣監)가 晉州牧使 李尙逸(柳景深의 외손서)과 高靈縣監 呂儆(柳景深의 외증손)과 더불어 사재를 털어 간행하였다. 저자의 행장과 묘갈명이 부록으로 실려 있는 문집의 일반적인 체제와는 달리 卷首에 그것들이 실려 있다.

• 著者

柳景深(1516~1571) : 본관 豊山이고, 자는 太浩이며 호는 龜村이다. 1537년 사마시에 합격하였고, 1544년(中宗 39) 별시문과에 을과로 급제하여 藝文館檢閱과 弘文館正字를 지냈다. 1546년(명종 1)에는 承政院注書로 문과중시에 장원급제하여, 1547년 禮曹佐郎·弘文館修撰이 되었으나 良才驛壁書事件에 연루되어 파직되었다. 1551년 복직되어 懷仁縣監 등을 거쳐 1558년 定州牧使가 되었으나, 尹元衡이 주도한 堰田 개간에 반대하다가 鍾城府使로 전출되었다. 1560년 光州牧使가 되었고, 1568년(선조 1) 戶曹參判으로 聖節使가 되어 명나라에 다녀왔으며, 禮曹參判와 大司憲을 거쳐 1571년 兵曹參判·平安道觀察使가 되었다. 平安道觀察使가 되었으나 병이 심해져 遞職을 요청하였고, 서울로 돌아오다가 長湍에서 죽었다.

• 版本構成

卷首 : 故嘉善大夫司憲府大司憲柳公行狀, 有明朝鮮國嘉善大夫司憲府大司憲柳公碣銘(柳

成龍 撰). 卷1 : 七言律詩. 卷2 : 賦·傳·序·辨·說·論·銘·策.

• **同一 書名 版本 所藏處**

목판본 : 국립중앙도서관, 규장각, 계명대학교, 용인대학교 등.

(24) 菊窓先生集*

書名	出版事項	版式狀況	一般事項	所藏番號
菊窓先生集	李燦 著, [跋 : 1895]印	4卷 2冊, 朝鮮木活字本[35], 四周單邊, 半郭 : 18×15.3㎝, 有界, 10行 18字, 上下白口, 上下內向四瓣花紋黑魚尾, 29.5×19.5㎝, 線裝, 楮紙	序 : 上之二十九年壬辰(1892)…李晩寅謹序, 跋 : 上之三十二年乙未(1895)…黃蘭善謹識, 刊記 : 上之三十二年乙未(1895)刊	09-2346 ~2347

• **槪要**

조선 중기의 의학자이자 문신인 李燦의 시문집.

• **編纂과 刊行**

저자의 후손인 李駿九가 주도하여 1985년에 목활자본으로 간행하였으며, 李晩寅의 서문과 「菊窓先生世系圖」가 실려 있다.

• **著者**

李燦(1575~1654) : 본관은 龍宮이고, 자는 仲明이며 호는 菊窓이다. 젊어서 자주 병을 앓은 것을 계기로 독학으로 의술을 연구하여 名醫로 널리 이름을 떨쳤다. 1632년(인조 10) 御醫의 치료에도 효험을 얻지 못한 인조의 병을 고쳐서 왕의 특명으로 翊衛司司御로 등용되었다. 그 후 宗簿寺主簿·工曹佐郎·軍威縣監 등을 역임하였다. 다시 왕의 특명으로 內醫院에 나가 御藥을 바쳐 工曹正郎에 기용되고, 이어서 金山縣監를 지냈다.

• **版本構成**

卷1 : 詩 44首·輓詞 37首. 卷2 : 書·祭文. 卷3 : 行狀(權璉夏 撰)·墓碣銘(李敏求 撰)·輓詞 83首. 卷4 : 書·祭文·跋.

---

35) 목록에는 '木版本'으로 되어 있으나 이 책은 '木活字本'으로 간행되었다.

• 同一 書名 版本 所藏處

목활자본 : 국립중앙도서관, 한국국학진흥원, 한국학중앙연구원, 경기대학교, 계명대학교, 고려대학교 대구가톨릭대학교, 성균관대학교, 연세대학교, 영남대학교, 춘호재, 미국 UC버클리대학교 등.

(25) 歸巖先生文集 *

書名	出版事項	版式狀況	一般事項	所藏番號
歸巖先生文集	李元禎 著, [跋 : 1838]印	10卷 5冊, 朝鮮木活字本, 四周單邊, 半郭 : 21.4×16.6㎝, 有界, 10行 19字, 上下白口, 上下內向六瓣花紋黑魚尾, 30.1×21.2㎝, 線裝, 楮紙	跋 : 戊戌(1838)…權守溫抆淚敬書, 印記 : 酉谷青岩	09-0284 ~0288

• 概要

조선 중기의 문신 李元禎의 시문집.

• 編纂과 刊行

10권 5책의 목활자본과 12권 6책의 목판본 2종이 있다. 목활자본의 간년은 미상이며, 목판본은 1837년 후손들이 누락된 유문을 더 수집하여 이전에 간행된 목활자본에 첨가하여 漆谷의 景巖齋에서 간행한 것이다.

• 著者

李元禎(1622~1680) : 본관은 廣州이고, 자는 士徵이며 호는 歸巖이다. 1648년(인조 26) 사마시를 거쳐 1652년(효종 3) 증광문과에 갑과로 급제하여 檢閱·校理를 지내고 1660년(현종 1) 謝恩使의 서장관으로 청나라에 다녀와 이듬해 東萊府使가 되었다. 1670년 청나라에 謝恩副使로 다녀왔으며, 1673년 都承旨를 지냈고, 1677년(숙종 3) 大司諫·刑曹判書를 지냈다. 1680년 이조판서로 있을 때에 庚申大黜陟으로 초산에 유배 가던 도중 불려와 장살 당하였다. 9년 뒤인 1689년 신원되었고, 영의정에 추증되었다.

• 版本構成

卷1 : 詩 60篇. 卷2 : 疏 28篇. 卷3 : 箚 1篇·啓辭 6篇·緘辭 2篇·獻議 2篇·諭書 2篇·箋 1篇·呈文 4篇·書 11篇. 卷4 : 雜著 : 序 11篇·記 8篇·跋 2篇. 卷5 : 祝文 6篇·祭文 33篇. 卷

6：墓碑 1篇·墓碣 11篇·墓誌 2篇·碑陰 1篇. 卷7：行狀 4篇. 卷8：行狀 3篇. 卷9(附錄)輓詞 50篇·賜祭文 2篇·祭文 4篇·神道碑銘(蔡濟恭)·諡狀(李宗淵)·延諡告由文(柳疇睦). 卷10：家狀(李世瑗)·家狀跋(崔守溫).

• 同一 書名 版本 所藏處

목활자본：국회도서관, 규장각, 계명대학교, 고려대학교, 성균관대학교, 연세대학교, 용인대학교, 한양대학교 등.

목판본：국립중앙도서관, 계명대학교, 국민대학교, 동국대학교, 동아대학교, 부산대학교, 성균관대학교, 영남대학교, 용인대학교, 전북대학교, 조선대학교, 중앙대학교, 충남대학교, 한양대학교, 부산광역시 시민도서관, 사우당종택, 日本東洋文庫, 미국 하와이대학교 도서관 등.

필사본：계명대학교 등.

(26) 龜厓先生集

書名	出版事項	版式狀況	一般事項	所藏番號
龜厓先生集	李琓 著	6卷 3冊, 朝鮮木版本, 四周雙邊, 半郭：19.4×14.6㎝, 有界, 10行 20字, 上下白口, 上下內向四瓣花紋黑魚尾, 28.7×20㎝, 線裝, 楮紙	表題：龜厓集, 跋：崇禎紀元後五己酉(1909)五世孫晃宙, 印記：酉谷青岩, 青岩家寶	09-2151

• 概要

조선 후기 안동 출신의 유학자 李琓의 시문집.

• 編纂과 刊行

저자의 조카 李仁溥가 1730년대 말에 初刊本을 간행하였고, 5세손인 李晃宙가 1909년에 重刊本을 간행하였다.

• 著者

李琓(1650~1732)：본관 全州이고 태종의 서자인 謹寧君 李禮의 후손으로, 안동에서 태어나 활동하였다. 자는 粹彦이고 호는 龜厓이다. 어려서 일찍 부모를 잃고 형 李瑄에게 글을 배웠고, 葛庵 李玄逸의 문하에서 수업하였다. 15세에부터 詩文으로 科場에서 이름을 날렸고 향시와 한성시에 연달아 합격하였으나 대과에는 끝내 급제하지 못하였다. 성리학에 관한 논술을 많이 남겼다.

• **版本構成**

卷1 : 詩. 卷2 : 詩·挽詞. 卷3 : 書·雜著. 卷4 : 銘·上梁文·祝文·祭文·哀詞. 卷5 : 墓誌·行狀. 卷6 : 行蹟. 附錄 : 家狀·行狀·挽章·祭文.

• **同一 書名 版本 所藏處**

목판본 : 국립중앙도서관, 한국학중앙연구원, 고려대학교, 동국대학교, 성균관대학교, 전남대학교 등.

(27) 虬川先生文集

書名	出版事項	版式狀況	一般事項	所藏番號
虬川先生文集	全克恒 著	3卷 1冊, 朝鮮木活字本, 四周雙邊, 半葉 22.2×16.2㎝, 有界, 10行 18字, 上下白口, 上下內向四瓣花紋黑魚尾, 32.5×21.7㎝, 線裝, 楮紙	印記 : 酉谷青岩	09-2110

• **概要**

조선 중기 문신이자 학자인 全克恒의 시문집. 이 책에는 上樑文 1편을 제외하고 모두 詩와 集句詩(卷三은 모두 옛 선인들의 시구를 하나씩 모아 엮은 것)만이 수록되어 있어 詩集으로 볼 수 있다.

• **編纂과 刊行**

序文과 跋文이 없으므로 구체적인 간행 경위에 대해서는 알 수 없다.

• **著者**

全克恒(1590~1636) : 본관은 沃川이고, 자는 德古·德久이며 호는 虯川이다. 1624년 정시문과에 병과로 급제하여 待教를 거쳐 藝文館檢閱을 역임하였다. 1636년 병자호란 때에는 禮曹正郎으로 인조를 따라 남한산성에 호종하던 중 인조의 명에 따라 다시 한양으로 되돌아가 성을 지키다 전사하였다. 사후 도승지에 추증되었고 1778년 정려되었다.

• 版本構成

卷1 : 詩 67首. 卷2 : 詩 84首·徵禮門上樑文(慶州南門). 卷3 : 詩(集句) 51首.

• 同一 書名 版本 所藏處

목활자본 : 국립중앙도서관, 규장각, 한국학중앙연구원, 계명대학교, 고려대학교, 단국대학교, 울산대학교, 사우당종택 등.

필사본 : 규장각, 전북대학교 등.

(28) 克明堂先生實紀

書名	出版事項	版式狀況	一般事項	所藏番號
克明堂先生實紀		2卷1冊, 朝鮮木版本, 四周雙邊, 半郭 : 19.9×16㎝, 有界, 10行19字, 上下白口, 上下內向四瓣花紋黑魚尾, 31.7×21㎝, 線裝, 楮紙	印記 : 酉谷靑岩, 藏書記 : 三溪書院上, 被傳者 : 張乃範	09-1106
克明堂先生實紀		2卷1冊, 朝鮮木版本, 四周雙邊, 半郭 : 19.9×16㎝, 有界, 10行19字, 上下白口, 上下內向四瓣花紋黑魚尾, 31.7×21㎝, 線裝, 楮紙	印記 : 酉谷靑岩, 藏書記 : 三溪書院上, 被傳者 : 張乃範	09-2540

• 槪要

조선 중기의 학자 張乃範의 시문집.

• 編纂과 刊行

序文과 跋文 등이 없어서 編者와 간행연도는 모두 미상이다.

• 著者

張乃範(1563~1640) : 본관은 仁同이고 寧海 출신이며, 자는 正甫이고 호는 克明堂이다, 11세 때 張顯光을 찾아가 수학했으며 18세 때는 鄭逑를 찾아 가르침을 받았다. 어려서부터 독서를 좋아해 평생을 학문연구로 보냈으며, 특히 禮學에 밝았으며 孝行으로 칭송받았다. 1606년(선조 39) 學行으로 천거 받았으며 만년에는 은거하면서 독서와 후진양성에 힘썼다.

• 版本構成

卷1 : 詩·書(寄兒慶遇慶廻·與李水使奎文)·祭文·雜著(師友記聞錄·養生金丹契·師友記聞

錄). 卷2 : 附錄 : 師友酬唱·旅軒先生題磻幽居韻·孫慕堂次韻·師友書牘·旅軒先生答書·都鋤齋答書·都養直答書·拾遺·墓碣文·祭文·輓詞·士林通文·嘯巖書院奉安文·常享祝文.

• 同一 書名 版本 所藏處

목판본 : 국립중앙도서관, 한국학중앙연구원, 경기대학교, 고려대학교, 대구가톨릭대학교, 동아대학교, 연세대학교, 영남대학교 등.

필사본 : 규장각.

(29) 近始齋先生文集 *

書名	出版事項	版式狀況	一般事項	所藏番號
近始齋先生文集	金垓 著, 1783年 跋	4卷2冊, 朝鮮木版本, 四周雙邊, 半郭 : 19.7×15.7㎝, 有界, 10行19字, 上下白口, 上下內向四瓣花紋黑魚尾, 31.5×20.3㎝, 線裝, 楮紙	序 : 上之三十四年戊子(1708)…趙德鱗序, 跋 : 上之七年(1783)…丁範祖謹撰, 印記 : 酉谷靑岩	09-2477~2478

• 槪要

조선 중기 문신 金垓의 시문집.

• 編纂과 刊行

金垓의 증손 金錫胤이 趙德鄰의 서문과 李簹의 발문을 받아 1708년 1책으로 편집해 놓은 것을 1783년 후손인 金墊과 金瑩 등이 주축이 되어 4권 2책으로 재편한 다음 丁範祖의 발문을 받아 간행하였다.

• 著者

金垓(1555~1593) : 본관은 光山이고 안동부 예안현에서 태어나서 안동 지역에서 활동하였다. 자는 達遠이고 호는 近始齋·始齋이다. 1588년에 사마시에 합격하였으나 벼슬에 뜻을 두지 않고 귀향하여 도산서원에서 柳成龍·金誠一과 더불어 스승인 퇴계의 문집 편수에 참여하였다. 1589년 증광문과에 을과로 합격하였으나 1589년 鄭汝立의 모반사건에 연루되어 문초를 받다가 무죄가 밝혀져 면직되어 낙향하였다. 임진왜란이 일어나자 의병을 일으켜 영남 의병대장에 추대되었다. 안동·군위·상주 등의 전투에서 큰 공을 세웠으나 경주의 진중에서 병사하였다.

• 版本構成

卷1 : 辭 3篇·詩 117首. 卷2 : 書. 卷3 : 書·雜著(說·辨·題後·祭文·表·箋·啓·遺事·墓誌). 卷4(附錄) : 行狀·墓誌銘·家狀·龍蛇記事.

• 同一 書名 版本 所藏處

목판본 : 국립중앙도서관, 규장각, 한국국학진흥원, 한국학중앙연구원, 계명대학교, 고려대학교, 국민대학교, 단국대학교 퇴계기념도서관, 대구가톨릭대학교, 성균관대학교, 연세대학교, 영남대학교, 용인대학교, 성암고서박물관자료실, 미국 UC버클리대학교 도서관 등.

(30) 錦江先生文集

書名	出版事項	版式狀況	一般事項	所藏番號
錦江先生文集	張璛 著, 1772年 序	6卷 2冊, 朝鮮木版本, 四周雙邊, 半郭 : 19.7×14.2㎝, 有界, 10行 21字, 上下白口, 上下內向四瓣花紋黑魚尾, 30.1×20㎝, 線裝, 楮紙	序 : 歲壬辰(1772)…李象靖序, 印記 : 酉谷青岩	09-1612~1613
錦江先生文集	張璛 著	零本 1冊, 朝鮮木版本, 四周雙邊, 半郭 : 19.9×14.4㎝, 有界, 10行 21字, 上下白口, 上下內向四瓣花紋黑魚尾, 30.1×19.9㎝, 線裝, 楮紙	表題 : 錦江集, 印記 : 酉谷青岩, 所藏 : 卷4~6	09-2109
錦江先生文集	張璛 著	零本 1冊, 朝鮮木版本, 四周雙邊, 半郭 : 19.8×14.4㎝, 有界, 10行 21字, 上下白口, 上下內向四瓣花紋黑魚尾, 30.2×19.9㎝, 線裝, 楮紙	序 : 壬辰…李象靖序, 所藏 : 卷1~3	09-1612~1613

• 概要

조선 후기 문신이자 학자인 張璛의 시문집.

• 編纂과 刊行

朴履章 등이 1772년(영조 48)에 목판본으로 간행하였으며, 李象靖의 서문이 실려 있다.

• 著者

張璛(1629~1711) : 본관은 仁同이고, 자는 仲溫이며 호는 錦江이다. 1679년(肅宗 5) 孝廉으로 천거되어 慶基殿參奉이 되었고, 1691년 學行으로 6품직에 超授되어 開寧縣監이 되었다. 2년 뒤 監察로 소환되었으나 사직하고 향리인 영천으로 돌아갔다.

• **版本構成**

卷1：詩 72首. 卷2：書 52篇. 卷3：書 45篇. 卷4：書 29篇. 卷5：記(汾江書院記·三棄齋記·諸老庚會記·雲谷書堂記)·跋(書退陶先生書札帖後·書文節公金先生逸稿後·書金陵李氏兄弟三老行實記·書影江亭詩版後)·祭文(道淵書院寒岡先生奉安文·五峰書院奉安文·壯巖書院三烈士奉安文·常享祝文·東溪精舍琴惺惺齋奉安文·伊溪精舍權松巢奉安文·開寧社稷壇祈雨祭文)·墓表(直講金公啓光墓表)·墓誌(成均進士張君璇墓誌·張君命相墓壙記·訥軒處士朴君墓誌·成均生員張君五相墓誌·先考果毅校尉府君墓誌)·行狀. 卷6(附錄)：行狀·挽詞·祭文.

• **同一 書名 版本 所藏處**

목판본 : 국립중앙도서관, 규장각, 한국국학진흥원, 한국학중앙연구원, 경기대학교, 계명대학교, 고려대학교, 대구가톨릭대학교, 동국대학교 경주캠퍼스, 성균관대학교, 연세대학교, 영남대학교, 전남대학교, 조선대학교, 성암고서박물관 등.

(31) 錦溪先生文集 *

書名	出版事項	版式狀況	一般事項	所藏番號
錦溪先生文集	黃俊良 著, [跋：1755]刊	14卷 5冊, 朝鮮木版本, 四周雙邊, 半郭：20.3×15.1㎝, 有界, 10行 20字, 上下白口, 上下內向四瓣花紋黑魚尾, 30.3×19.7㎝, 線裝, 楮紙	序：李山海, 跋：上之三十年乙亥(1755)…李光庭, 印記：酉谷靑岩	09-0274 ~0278

• **概要**

조선 중기 문신이자 학자인 黃俊良의 시문집.

• **編纂과 刊行**

內集은 丹陽군수 孫汝誠이 저자의 동생인 遂良과 함께 1567년경 저자의 초고를 수합하고, 李滉의 編次를 거쳐 단양에서 목판본으로 初刊했다. 또 1584년(선조 17) 단양군수 黃應奎가 초고본과 대조하여 考異를 작성하여 追刻하였다. 그 뒤 鄭逑가 1607년 安東府使로 재임할 때 內集에 수록되지 않은 저작을 外集으로 편집했고, 1755년 후손 黃尙鏵·黃閏德과 李萬華 등이 黃應奎의 考異를 반영하고 부록을 증보하여 李光庭의 교정을 거친 후 목판으로 內·外集을 합친 重刊本을 간행했다.

• **著者**

黃俊良(1517~1563) : 본관은 平海이고, 자는 仲擧이며 호는 錦溪이다. 1537년(중종 32) 생원이 되고, 1540년 식년문과에 을과로 급제하였다. 1542년 成均館學諭로 임명되었고 이듬해 學錄으로 승진되었으며, 1544년 학정으로, 1547년(명종 2) 박사에 이어 전적에 올랐다. 1548년 공조좌랑에 재직 중 상을 당해 3년간 시묘한 뒤 1550년 전적에 복직하였다. 이어 호조좌랑으로 전직되어 춘추관기사관을 겸했으며, 『중종실록』·『인종실록』 편찬에 참여하였다. 그 해 다시 병조좌랑으로 전직되고, 1551년 慶尙道 監軍御史로 임명되고, 이어 지평에 제수되었다. 단양군수 및 1560년 성주목사에 임명되어 4년을 재임하다가 1563년 봄에 병으로 사직하고 돌아오는 도중 예천에서 생을 마감하였다.

• **版本構成**

內集-卷1 : 詩 82首. 卷2 : 詩 89首. 卷3 : 詩 32首. 卷4 : 雜著(丹陽鄕校重創記·玄風客舍重修記·與迎鳳書院諸生書·上退溪書·與迎鳳諸賢書·答吳正字子强書·祭龔巖相公文·請革兩宗疏·四皓有無辨·上退溪書·與鹿峯精舍諸生書·答寄滰姪書·寄滰姪瑛兒書·尙州風詠樓上樑文·上周愼齋論竹溪志書·上退溪書·晦菴書節要跋). 卷5 : 跋(李山海 撰).

外集-卷1 : 詩 59首. 卷2 : 詩 114首. 卷3 : 詩 83首. 卷4 : 詩 76首. 卷5 : 詩 123首. 卷6 : 詩 115首. 卷7 : 疏·箋·書. 卷8 : 雜著 : 議·桃源辨·論·說·後·紫陽書堂記·遣韓愈宣諭王廷奏詒·樂毅伐齊檄·范仲淹答歐陽脩·頌·守在四夷賦·策問·銘·居官四箴·唐憲宗屛風贊·赤城鄕校上樑文·祭文·墓誌·對策.

• **同一 書名 版本 所藏處**

목판본 : 국립중앙도서관, 국회도서관, 한국국학진흥원, 한국학중앙연구원, 경상대학교, 계명대학교, 고려대학교, 국민대학교, 단국대학교 퇴계기념도서관, 성균관대학교, 안동대학교, 연세대학교, 영남대학교, 용인대학교, 울산대학교, 전북대학교 도서관, 사우당종택, 미국 UC버클리대학교 도서관 등.

필사본 : 국립중앙도서관.

(32) 錦南先生集

書名	出版事項	版式狀況	一般事項	所藏番號
錦南先生文集	崔溥 著, 屛山書院, 丁巳	零本 1冊, 朝鮮木版本, 四周單邊, 半郭 : 16.7×14.3㎝, 有界, 10行17字, 上下白口, 上下內向四瓣花紋黑魚尾, 24.6×17.8㎝, 線裝, 楮紙	印記 : 酉谷靑岩, 藏書記 : 丁巳一月屛山書院重刊, 所藏 : 卷2	09-2082

• 槪要

조선 중기의 학자 崔溥의 시문집에 그의 『漂海錄』이 合刊되어 있는 책.

• 編纂과 刊行

原集은 저자의 외손인 柳希春이 편집하여 1571년(선조4) 전라도관찰사로 부임하면서 목활자본으로 간행하였다. 『漂海錄』은 성종연간에 갑인자로 간행되었던 것을 柳希春이 교정한 후 1569년에 평안도관찰사 吳祥에게 부탁하여 定州에서 重刊하고 1573년 다시 전라도관찰사 李陽元에게 부탁하여 龍城에서 간행하였다. 1676년(숙종 2) 외6대손 羅斗春이 원집과 『漂海錄』을 합편하여 전라도관찰사 李喜年의 도움을 받아 羅州에서 목판으로 간행하였다. 그 후에는 1724년에 屛山書院에서 목판본으로 다시 간행하였다.

• 著者

崔溥(1454~1504) : 본관은 耽津이고 나주 출신이며, 자는 淵淵이고 호는 錦南이다. 1482년 친시문과에 을과로 급제하여 곧 교서관저작·박사·군자감주부 등을 역임하였다. 1485년 徐居正 등과 『東國通鑑』 편찬에 참여하여, 그 속의 論 120편의 집필을 담당했다. 그리고 그 이듬해에는 『東國輿地勝覽』의 편찬을 완성하는 단계에서 참여하였다. 이 해 문과중시에 을과로 급제했으며, 이어 홍문관교리로 임명되고 賜暇讀書하였다. 1487년 제주 등 3읍의 推刷敬差官으로 임명되어 제주로 건너갔는데, 거기에서 다음 해 초에 부친상의 기별을 받고 곧 고향으로 급히 오는 도중에 풍랑을 만나 14일 동안 표류하다가 명나라 台州府 臨海縣에 도착하였다. 그 후 자신이 조선 관원이라는 것을 간신히 승복시켜 일행은 북경으로 보내졌다가 조선으로 돌아왔다. 그가 귀국하자 성종은 중국 땅에서의 견문을 기술하여 바치도록 명하였는데, 그는 남대문 밖에서 8일간 머무르면서 『錦南漂海錄』 3권을 기술하였다. 그리고 곧 고향으로 달려가 여막을 지키다가 또 다시 모친상을 당하여 다시 삼년상을 지냈다. 이후 성종이 관직에 임명하려고 하였으나 그가 부친상을 당한 상태에서 복상하지 않고 아무리 임금의 명령이라 할지라도 기행문이나 쓰고 있었던 것은 도리에 어긋나기 때문에 관직을 맡길 수 없다고 반대하였다. 그 뒤 연산군 때에는 연산군의 잘못을 간하고 공경대신들을 통렬히 비판하다가 戊午史禍 때 화를 입어 함경도 단천으로 귀양 갔으며 여기서 6년을 지내다 甲子士禍 때 처형되었다.

• 版本構成

卷1 : 議大行廟號疏·丁巳祚廟後司諫院疏·撫夷亭記·慕華館記·澄淸樓記·小心樓記·李莊襄公墓碑銘·東國通鑑論 38篇. 卷2 : 東國通鑑論 82篇. 卷3 : 漂海錄(1488.1.30~2.4). 卷4 : 漂海錄(1488.2.5~3.23). 卷5 : 漂海錄(1488.3.28.~6.4).

• 同一 書名 版本 所藏處

목판본 : 국립중앙도서관, 규장각, 고려대학교, 전남대학교, 충남대학교 도서관 등.

(33) 琴易堂[36]先生文集 *

書名	出版事項	版式狀況	一般事項	所藏番號
琴易堂先生文集	裵龍吉 著, [19世紀] 刊	7卷 4冊, 朝鮮木版本, 四周雙邊, 半郭 : 20.7×15.7㎝, 有界, 10行 20字, 上下白口, 上下內向四瓣花紋黑魚尾, 31.7×20.9㎝, 線裝, 楮紙	序 : 上之七年乙卯(1615)…李漢膺謹序, 跋 : 丁巳…柳衡鎭謹跋, 印記 : 酉谷靑岩	09-0258~0261

• 槪要

조선 중기 학자 裵龍吉의 시문집.

• 編纂과 刊行

저자의 사후 220여 년이 지나 1855년(철종 6)에 후손 裵善源와 裵善河 형제가 저자의 시문을 정리하고 宗人 裵郁周·裵重鉉·裵鎬周가 목판본으로 간행하였다. 李漢膺의 서문과 柳衡鎭의 발문이 실려 있다.

• 著者

裵龍吉(1556~1609) : 본관은 興海이고, 자는 明瑞이며 호는 琴易堂·藏六堂이다. 1575년(선조 8) 사마시에 합격하여 진사가 되고, 1585년(선조 18) 성균관에 입학하였다. 1592년 임진왜

36) 목록에는 '琴陽堂'으로 되어 있으나 '陽'은 '易'의 오자이다.

란이 일어나자 안동에서 의병을 일으켜 金垓를 대장으로 추대하고 그의 부장으로 활약하였다. 1594년 洗馬의 직을 받고 이어 侍直·副率을 지내고, 1597년 정유재란 때는 화의에 반대하는 상소를 올렸다. 1602년 별시문과에 을과로 급제하여 이듬해 藝文館檢閱과 待敎가 되었으며, 1606년 司憲府監察 등을 역임한 뒤 1608년 忠淸道都事를 지냈다.

• 版本構成

卷1 : 賦 1篇, 詩 316首, 卷2 : 疏 7篇, 卷3 : 書 19篇, 卷4 : 雜著 11篇, 序 3篇, 卷5 : 記 8篇·跋 5篇·論 4篇, 卷6 : 祭文 10篇·銘 4篇·碣誌 3篇·墓表 6篇·行狀 1篇, 卷7(附錄) : 墓碣銘·行狀.

• 同一 書名 版本 所藏處

목판본 : 국립중앙도서관, 규장각, 한국국학진흥원, 계명대학교, 연세대학교 학술정보원, 미국 UC버클리대학교 등.

(34) 弁邑先生文集

書名	出版事項	版式狀況	一般事項	所藏番號
弁邑先生文集	金應楗 著, 1898年 跋	4卷 2冊, 朝鮮木版本, 四周雙邊, 半郭 : 18.2×15.5㎝, 有界, 10行 18字, 上下白口, 上下內向四瓣花紋黑魚尾, 31×20.7㎝, 線裝, 楮紙	序 : 戊戌(1898)…李種杞 謹叙, 印記 : 酉谷靑岩	09-1649 ~1650

• 槪要

조선 후기 학자 金應楗의 시문집.

• 編纂과 刊行

저자의 후손들이 1898년에 목판본으로 간행하였으며, 李種杞의 서문이 실려 있다.

• 著者

金應楗(1808~1885) : 본관은 義城이고, 자는 景斗이며 호는 弁邑이다. 벼슬에 뜻을 두지 않고 徐活에게 수학하며 학문을 닦았다. 1855년(철종 6)에는 柳致明의 문하에서 수학하면서 성리학에 몰두하였다. 1857년(철종 8)에는 趙秉穆이 京試에서 그를 뽑아 쓰려고 했으나 거절하였다. 1861년(철종 12)에 스승 柳致明이 죽자 집으로 돌아와 학문에 전념하였다.

• 版本構成

目錄. 卷1 : 詩 105首. 卷2 : 書簡文 8篇. 卷3 : 書簡文 36篇, 雜著 4篇(河圖數記疑·朞三百算法·養老所完議後叙·鄭季龍記事). 卷4 : 序文 2篇·誄辭 2篇(誄徐景威文·三從姪幼安哀辭)·祭文 15篇·告由文 2篇(道洞先祠權安告由文·埋安告由文)·上樑文 1篇(龍溪書堂重建上樑文). 附錄 : 行狀(金道和 撰)·墓碣銘(權璉夏 撰)·行錄(徐孝源 撰).

• 同一 書名 版本 所藏處

목판본 : 규장각, 한국국학진흥원, 한국학중앙연구원, 경기대학교, 고려대학교, 성균관대학교, 한양대학교, 미국 UC버클리대학교 등.

(35) 岐陽世稿

書名	出版事項	版式狀況	一般事項	所藏番號
岐陽世稿	柳長源 編	4卷 2冊, 朝鮮木版本, 四周雙邊, 半郭 : 19.9×16.3㎝, 10行 18字, 上下白口, 上下內向四瓣花紋黑魚尾, 32.5×21.4㎝, 線裝, 楮紙	序 : ①癸酉…黃龍漢謹書 ②鄭宗魯序, 印記 : 酉谷靑岩	09-0960, 2067

• 槪要

全州 柳氏 3代 柳義孫·柳復起·柳友潛의『軒先生逸稿』·『岐峯先生逸稿』·『陶軒先生逸高』3종을 合刊한 시문집.

• 編纂과 刊行

저자의 후손인 柳東嚴이 1813년(순조 13)에 목판본으로 간행하였으며, 黃龍漢·鄭宗魯의 서문이 실려 있다.

• 著者

柳義孫(1398~1450) : 본관은 全州이고, 자는 孝叔이며 호는 檜軒·聾巖이다. 1419년(세종 1) 생원시에 합격하고, 1426년 사마시에 합격하여 진사가 되었다. 그 뒤 檢閱을 거쳐, 監察·修撰을 역임하였다. 1436년에 문과중시에 을과로 급제하고 곧 直提學에 올랐으며 都承旨·吏曹參判 등을 지냈다.

柳復起(1555~1617) : 본관은 全州이고, 자는 聖瑞이며 호는 岐峯이다. 외숙 金誠一 밑에서 성장하면서 학문을 배웠으며, 鄭逑와 더불어 교유하였다. 1592년(宣祖 25) 임진왜란 때 金垓·尹龍吉과 함께 의병을 일으켜 慶州싸움에 참여했으며 전란이 끝난 뒤에는 굶주려 방랑하는 백성들을 진휼했다. 뒤에 등용되어 禮賓寺正에 이르렀다.

柳友潛(1575~1635) : 柳復起의 아들로 자는 尙之이며 호는 陶軒이다. 임진왜란 때 아버지를 따라 義兵활동을 했으며 말년에는 학문에 전념했다.

• 版本構成

卷1 : 檜軒先生逸稿 : 詩 29首·敎書(誡酒文)·序(資治通鑑綱目訓義序·無寃錄序)·記(平海郡風月樓記·承政院題名記)·碑銘(吏曹參判釣隱崔公墓碑銘幷序)·拾遺·遺事·榜目·遺墨.

卷2 : 岐峯先生逸稿 : 詩 2首·書(與柳承旨永詢書·上鶴峯先生)·雜著(鶴峯先生行蹟)·輓詞·祭文·墓表·墓誌·墓碣銘·行狀·遺事.

卷3 : 陶軒先生逸稿上 : 詩 138首. 卷4 : 陶軒先生逸稿下 : 書(答金施達光澍·上大人書)·祭文(祭寒岡鄭先生文·祭金雲川文·矗石樓祭叔父守門將公文)·雜著(岐陽書齋上樑文·門中完議序·體相入府時陳弊條目)·輓詞·祭文·墓誌·墓碣銘·行狀·遺事.

• 同一 書名 版本 所藏處

목판본 : 국립중앙도서관, 규장각, 한국국학진흥원, 한국학중앙연구원, 계명대학교, 단국대학교 퇴계기념도서관, 동국대학교, 성균관대학교, 안동대학교, 연세대학교 등.

(36) 記言 ㅅ

書名	出版事項	版式狀況	一般事項	所藏番號
記言	許穆 著	零本 20冊, 朝鮮木版本, 四周雙邊, 半郭 : 21.9×16.7㎝, 有界, 10行 18字, 上下白口, 上下內向黑魚尾, 34×22.2㎝, 線裝, 楮紙	序 : 强圉協洽(丁未, 1663)…許穆未收書, 跋 : 上之十四年癸丑(1673)…許穆, 印記 : 酉谷青岩, 青岩家寶	09-1428

• 概要

조선 후기의 문신이자 학자인 許穆의 시문집.

• 編纂과 刊行

저자인 許穆이 生前에 스스로 자신의 글을 수집 정리한 후 編次하고 篇名을 지었으며 나아가 書名까지도 명명하여 '記言'이라 하였다. 현존하는 『記言』 가운데 原·續集 67권은 許穆 자신이 편차한 것이며, 別集 26권은 許穆 사후 후손과 제자들이 그의 遺文을 수집하고 편차하여 1689년 숙종의 명에 의해 목판으로 간행한 것이다.

• **著者**

許穆(1595 ~1682) : 본관은 陽川이며, 자는 文甫·和甫이고 호는 眉叟이다. 1615년(광해군 7) 鄭彦訥에게 글을 배우고, 1617년 거창현감으로 부임한 아버지를 따라가서 文緯를 사사하였고 鄭逑를 찾아가 스승으로 섬겼다. 여러 관직을 거쳤으나 1680년 서인이 집권하면서부터는 고향에서 저술과 후진 양성에 몰두하였다. 그림·글씨·문장에 모두 능했으며, 글씨는 특히 전서에 뛰어나 동방 제1인자라는 찬사를 받았다. 작품으로 삼척의 陟州東海碑, 시흥의 領相李元翼碑, 파주의 李誠中表文이 있고, 그림으로 墨竹圖가 전한다. 저서로는 『東事』·『邦國王朝禮』·『經說』·『經禮類纂』·『眉叟記言』 등이 있다.

• **版本構成**

本集 - 卷1 : 學 12篇. 卷2 : 禮 12篇. 卷3 : 學 4篇. 卷4 : 禮 10篇. 卷5 : 文學 4篇. 卷6 : 古文 3篇. 卷7 : 贈言 3篇. 卷8 : 儒林 9篇. 卷9 : 圖像 3篇·鬼神 2篇. 卷10 : 人物 12篇. 卷11 : 淸士列傳 4篇. 卷12 : 氏族 3篇. 卷13 : 樓臺記 8篇. 卷14~15 : 田園記 12篇. 卷16 : 祠記 4篇. 卷17~20 : 墓碑銘 21篇·肆 1篇·遺事 1篇. 卷21 : 書 10篇. 卷22 : 善行 6篇. 卷23 : 戒懼 8篇. 卷24 : 記行 2篇. 卷25~26 : 妖祥 1篇·世變 5篇. 卷27~28 : 山川 29篇. 卷29 : 書畫 6篇. 卷30 : 邊塞 4篇·治體 1篇. 卷31 : 說 20篇. 卷32~36 : 東事 17篇. 卷37 : 陟州記事 36篇. 卷38~40 : 東序記言 9篇. 卷41~45 : 墓誌 43篇·墓文遺事 14篇. 卷46 : 雪公 5篇. 卷47~48 : 四方 9篇. 卷49~50 : 禮說 11篇·學說 3篇. 卷51~53 : 論事 10篇·治道 5篇·辭受 6篇·文學 1篇·政弊 11篇·災異 3篇. 卷54~57 : 四時 6篇·慶賀 2篇·乞骸 5篇·壽考 3篇·居室 3篇·儒林 6篇. 卷57 : 古詩 20首. 卷58 : 妖孽 2篇·節行 2篇·文章 2篇·學 3篇·哀辭 1篇. 卷59~62 : 敍述 37篇. 卷63 : 賦 2篇·誦 2篇·詩 18首. 卷64 : 賦 12篇. 卷65 : 自序一. 卷66 : 自序二. 卷67 : 自序續編說 等 35篇.

別集 - 卷1 : 詩 68首. 卷2 : 疏 9篇. 卷3 : 疏箚 40篇·卷4 : 疏箚 38篇·收議 8篇. 卷5~7 : 書牘 191篇. 卷8 : 序 53篇. 卷9 : 記 55篇. 卷10 : 跋 37篇·說 5篇·銘 7篇·頌 2篇. 卷12 : 祭文 14篇. 卷13 : 哀辭 30篇. 卷14 : 雜著 12篇. 卷15 : 記行 6篇. 卷16~25 : 丘墓文 181篇. 卷26 : 行狀 8篇·遺事 6篇.

• 同一 書名 版本 所藏處

목활자본 : 경상대학교, 전남대학교 등.

목판본 : 국립중앙도서관, 국회도서관, 규장각, 한국국학진흥원, 한국학중앙연구원, 가톨릭대학교, 경기대학교, 경상대학교, 경희대학교, 계명대학교, 고려대학교, 국민대학교, 동국대학교 서울·경주캠퍼스, 동아대학교, 성균관대학교, 숙명여자대학교, 부산대학교, 안동대학교, 영남대학교, 용인대학교, 원광대학교, 이화여자대학교, 전남대학교, 전북대학교, 전주대학교, 조선대학교, 충남대학교, 부산광역시 시민도서관, 남평문씨 인수문고, 성암고서박물관, 춘호재, 日本大阪府立中之島圖書館, 日本東洋文庫, 미국 UC버클리대학교 등.

필사본 : 국립중앙도서관, 한국국학진흥원, 연세대학교, 춘호재 등.

(37) 畸軒先生文集

書名	出版事項	版式狀況	一般事項	所藏番號
畸軒先生文集	朴龍相 著, 1876年 序	6卷 3冊, 朝鮮木版本, 四周雙邊, 半郭 : 19.4×15.8㎝, 有界, 10行 20字, 上下白口, 上下內向四瓣花紋黑魚尾, 31.5×21㎝, 線裝, 楮紙	序 : 柔兆困敦(丙子, 1876)…李敦禹謹序	09-1765 ~1767

• 槪要

조선 후기 문인이자 학자인 朴龍相의 시문집.

• 編纂과 刊行

저자의 사후에 손자 朴師周가 편집하였고, 후손 朴宇永이 1876년(고종 13)에 목판본으로 간행하였으며, 李敦禹의 서문이 실려 있다.

• 著者

朴龍相(1680~1739) : 본관은 務安이고, 자는 見卿이며 호는 畸軒이다. 李栽의 문하에서 배워 퇴계 李滉의 학통을 계승하였다. 1721년에 사마시에 합격하였으나, 더 이상 과거에 뜻을 두지 않고 학문 강론과 후학 양성에만 매진하였다. 당시 학문이 높은 李光庭·金聖鐸·權萬·權相一 등과 교유하면서 학문이 깊이를 더했고 退溪學을 계승 발전시켰다.

• 版本構成

卷1 : 詩. 卷2 : 詩·輓詞. 卷3 : 書簡. 卷4 : 序文(勝山修墓詩軸序·金上舍茅亭詩序)·記文

(德厚樓記·知足堂記)·上樑文(雷澤亭重修上樑文·慶壽堂重修上樑文)·雜著(書題名錄後·亂離埋主辨)·策文, 卷5 : 祝文(家廟還安告由文·椒齋別廟移安告由文 等)·祭文(祭葛庵李先生文 等)·哀辭(金振宇哀辭)·墓誌(三從兄通德郎朴公墓誌). 卷6(附錄) : 行狀(金道行 撰)·墓誌銘(權璉夏 撰)·墓碣銘(南皐 撰)·挽詞(李光庭 等 撰)·誄文(金聖鐸 撰·朴廷杰 撰)·祭文(金聖鐸 等 撰).

• 同一 書名 版本 所藏處

목판본 : 국립중앙도서관, 규장각, 한국국학진흥원, 한국학중앙연구원, 계명대학교, 고려대학교, 단국대학교 퇴계기념도서관, 동국대학교, 성균관대학교, 안동대학교, 연세대학교, 영남대학교 등.

(38) 懶隱先生文集 *

書名	出版事項	版式狀況	一般事項	所藏番號
懶隱先生文集	李東標 著, (序 : 1880) 刊	9卷 6冊, 朝鮮木版本, 四周雙邊, 半郭 : 20.3×16.1㎝, 有界, 10行 20字, 上下白口, 上下內向四瓣花紋魚尾, 30.8×20.5㎝, 線裝, 楮紙	序 : 聖上十七年(1880)…許傳撰, 印記 : 酉谷靑岩	09-0314 ~0319

• 槪要

조선 후기 학자 李東標의 시문집.

• 編纂과 刊行

저자의 사후에 李光庭과 權萬의 교감을 거쳐 문집을 엮었으나 화재로 상당부분이 소실되었는데, 1880년에 저자의 玄孫인 李漢膺과 5대손인 李衡相이 남아 있는 글과 관련된 기록을 다시 수집하여 목판본으로 간행하였다.

• 著者

李東標(1644~1700) : 본관은 眞寶이고 醴泉郡 金陵里에서 출생하였다. 자는 君則이며 호는 懶隱이다. 1675(肅宗 1) 진사시에 합격하였고, 1683년 증광문과에 급제하여 權知成均館學諭가 되고 1689년 典籍에 올라 副修撰을 거쳐 司諫院獻納이 되었다. 이어서 己巳換局을 당해 仁顯王后의 폐위에 반대하다가 파면되었다. 후에 복권되어 兵曹正郞·修撰·襄

陽府使·獻納 등을 거쳐 弘文館校理가 되고 吏曹佐郎으로 侍講院司書를 겸했으나 1692년 銓衡에 대한 의견 대립으로 사직하고 귀향하였다. 8월에 다시 吏曹佐郎과 文學·弼善 등에 임명되었으나 사양하였다. 그 후 13차에 걸쳐 召命을 받고 1693년 다시 執義를 거쳐 舍人과 司諫이 되어 時政을 論하였다. 이해 11월 通政大夫에 올라 同副承旨에서 右副承旨가 되었다가 光州牧使에 임명되었다. 1695년 戶曹參議가 되었으나 사양하고 돌아와서 이듬해 三陟府使에 임명되었다. 이후에는 여러 벼슬에 제수되었으나 대부분 나아가지 않고 향리에 머물렀다.

• **版本構成**

原集 - 卷1 : 詩. 卷2 : 詩. 卷3 : 疏·箚·啓·箋. 卷4 : 書. 卷5 : 序·記·雜著. 卷6 : 上樑文·祝文·祭文·忠孝堂金公行錄. 卷7 : 年譜. 卷8 : 行狀·諡狀·神道碑銘·墓誌銘·墓表. 卷9 : 祭文·輓詞·諸賢筵說·諸賢記聞錄·贈職時詩·贈牒焚黃時有吟·安東邑誌·醴泉邑誌·禮安邑誌·奉安文·常享祝文.

續集 - 卷1 : 詩. 卷2 : 書啓. 附錄 : 行狀·祭文·輓詞·元山書院立享時奉安文·常享文.

• **同一 書名 版本 所藏處**

목판본 : 국립중앙도서관, 규장각, 한국국학진흥원, 성암고서박물관, 캐나다 토론토대학교 등.

(39) 懶拙齋先生文集

書名	出版事項	版式狀況	一般事項	所藏番號
懶拙齋先生文集	李山斗 撰, 1833年 序	4卷 2冊, 朝鮮木版本, 四周雙邊, 半郭 : 21.3×16.9㎝, 有界, 10行 19字, 上下白口, 上下內向四瓣花紋黑魚尾, 30.7×20.2㎝, 線裝, 楮紙	序 : 聖上三十三年癸巳(1833)…柳台佐謹序, 印記 : 酉谷青岩	09-2273 ~2274

• **槪要**

조선 후기의 문신이자 학자인 李山斗의 시문집.

• **編纂과 刊行**

저자의 사후 영남 사림들이 1833년(純祖 33)에 목판본으로 간행하였으며, 柳台佐의 서문이 실려 있다.

• 著者

李山斗(1680~1772) : 본관은 全義이고, 자는 子昻이며 호는 懶拙齋이다. 1714년(肅宗 40) 生員이 되고 1732년(英祖 8) 文科에 합격하여 典籍과 禮曹正郎을 역임한 뒤 藍浦縣監이 되었다. 1737년 丹邱村에 은거하면서 禮曹正郎과 司藝에 임명되었으나 나가지 않았다. 1756년 通政大夫의 품계가 내려졌으며 이듬해 掌隸院判決事가 되었다. 1761년 工曹參判이 되었고 1767년 知中樞府事로 耆老所에 들어갔다.

• 版本構成

卷1 : 英廟大王傳敎·己丑圖像時·詩 45首·贊 7篇·疏 6篇. 卷2 : 書 14篇·誄 2篇·哀辭 4篇. 卷3 : 祭文 25篇·墓碣銘(宗人士則震標墓碣銘幷序). 卷4(附錄) : 行狀·神道碑銘幷序·畫像贊·輓詞 14首·御製賜祭文·祭文 15篇·肯構堂金景瑞閒中錄·丹丘學稧記.

• 同一 書名 版本 所藏處

목판본 : 국립중앙도서관, 한국국학진흥원, 한국학중앙연구원, 계명대학교, 고려대학교, 동국대학교, 연세대학교, 영남대학교, 전남대학교 등.

필사본 : 규장각, 계명대학교 등.

(40) 洛厓先生文集

書名	出版事項	版式狀況	一般事項	所藏番號
洛厓先生文集	安日履 著, 1890年 序	6卷 3冊, 朝鮮木活字本, 四周雙邊, 半郭 : 21.6×15.3㎝, 有界, 10行 20字, 上下白口, 上下內向四瓣花紋黑魚尾, 30.7×20.8㎝, 線裝, 楮紙	表題 : 洛厓集, 序 : 白虎(庚寅, 1890)…權璉夏謹序	09-2294~2296

• 槪要

조선 후기 학자 安日履의 시문집.

• 編纂과 刊行

저자의 사후에 후인들이 1890년경에 목활자본으로 간행하였으며, 權璉夏의 서문이 실려 있다.

• 著者

安日履(1661~1731) : 본관은 順興이고, 자가 吉甫이며 호는 洛厓이다. 17세 때 金泰基의 문

하에 들어가 퇴계학파의 학문을 전수받았다. 1690년 사마시에 합격하였고, 이듬해 성균관에 들어갔다. 1689년(숙종 15) 己巳換局으로 인하여 참형 당한 朴泰輔를 신원하려 했으나, 성균관 유생들이 동조하지 않으므로 좌절되고 말았다. 1694년(숙종 20) 문묘에서 黜享된 李珥·成渾 등이 復享되자 復享의 전례가 없었다고 극력 반대했으나, 그 상소는 윤허되지 않고 함경도 富寧에 유배되었다. 配所에 먼저 유배된 裵正徽와 함께 학문 연구에 주력하다가 이듬해인 1695년(숙종 21) 풀려나왔다. 1717년에 세자(경종)에게 대리청정의 하교가 있자, 안동과 상주의 유생들에게 세자를 보호하는 상소를 올리자고 역설하기도 했다.

• **版本構成**

卷1 : 詩·輓詞. 卷2 : 疏·書·祭文·賦·序. 卷3 : 記·上樑文·祝文·附錄(行狀·墓碣銘). 卷4 : 詩·輓詞·序. 卷5 : 書. 卷6 : 祭文.

• **同一 書名 版本 所藏處**

목활자본 : 국립중앙도서관, 국회도서관, 한국학중앙연구원, 경기대학교, 계명대학교, 고려대학교, 국민대학교, 대구가톨릭대학교, 성균관대학교, 연세대학교, 영남대학교, 용인대학교, 전주대학교, 성암고서박물관 등.

(41) 洛村文集

書名	出版事項	版式狀況	一般事項	所藏番號
洛村文集	李道長 著, 19世紀 刊	3卷 1冊, 朝鮮木版本, 四周雙邊, 半郭 : 21.5×17.4㎝, 有界, 10行 20字, 上下白口, 上下內向四瓣花紋黑魚尾, 33.2×22.2㎝, 線裝, 楮紙		09-1007

• **概要**

조선 후기의 문신이자 학자인 李道長의 시문집.

• **編纂과 刊行**

서문과 발문이 모두 없고 간기도 없어 구체적인 간행경위는 알 수 없다.

• **著者**

李道長(1603~1644) : 본관이 廣州이고, 자는 泰始이며 호는 洛村이다. 1630년(인조 8) 식년문

과에 병과로 급제하여 곧 승문원군지정자로 등용되었다. 그 뒤 沙斤道察訪 주서 등을 지내다가, 1634년 아버지의 상을 당하여 사임하였다. 1636년 다시 주서로 복직하고, 그해 병자호란이 일어나자 왕을 호종하여 남한산성에 들어갔다. 이듬해인 1637년 검열이 되었고, 이어서 봉교가 되었다가 지평으로 승직하였다. 1638년 교리를 거쳐 이조좌랑으로 있을 때에, 청나라에서 요청하여온 군사의 파견을 앞장서서 막았다. 그 뒤 수찬을 지내고, 외직인 합천군수로 나갔다가 관직을 사임하였다. 이조정랑으로 소명을 받고 상경 도중에 상주에서 중풍으로 귀향하였다. 그 후 교리·헌납·이조정랑·부응교·사간의 召命이 있으나 모두 부임하지 않았다.

• 版本構成

卷1 : 詩 28首·疏 8篇·啓辭 1篇·箋 1篇·呈文 3篇·序 1篇. 卷2 : 記 2篇·祝文 6篇·祭文 5篇·墓誌銘 2篇·行狀 1篇. 卷3(附錄) : 墓碑銘 1篇·墓誌銘 1篇·家狀 1篇·輓詞 13篇·祭文 7篇.

• 同一 書名 版本 所藏處

목판본 : 국립중앙도서관, 한국국학진흥원, 경희대학교, 국민대학교, 대구가톨릭대학교, 연세대학교, 남평문씨 인수문고 등.

필사본 : 계명대학교, 부산대학교 등.

(42) 南窓先生文集

書名	出版事項	版式狀況	一般事項	所藏番號
南窓先生文集	鄭梯 著, 1882年 序	6卷 2冊, 朝鮮木版本, 四周雙邊, 半郭 : 20.9×15.1㎝, 有界, 10行 21字, 上下白口, 上下內向四瓣花紋黑魚尾, 30.3×20.1㎝, 線裝, 楮紙	表題 : 南窓集, 序 : 上之十九年(1882)…韓山李敦禹謹序, 跋 : 己卯…李鶴來謹跋, 印記 : 酉谷青岩	09-2259 ~2260

• 槪要

조선 후기의 학자 鄭梯의 시문집.

• 編纂과 刊行

저자의 사후 후손 鄭基範 등이 1882년(고종 19)에 목판본으로 간행하였으며, 李敦禹의 서문과 李鶴來의 발문이 실려 있다.

• 著者

鄭梯(1689~1765) : 본관은 迎日이고, 자는 可升이며 호는 南窓이다. 鄭萬陽과 鄭葵陽에게 취학하여 학문을 닦았다. 여러 번 향시에 합격했으나 과거에 실패한 후로는 벼슬을 단념하고 학문에 매진했다.

• 版本構成

卷1 : 賦·詩·樂府. 卷2 : 書. 卷3 : 序·記. 卷4 : 跋·銘·雜著·祝文·祭文·誄文. 卷5 : 墓表·墓碣銘·碑銘·行狀·遺事·家狀. 卷6(附錄) : 輓詞·祭文·行狀·家狀·墓碣銘·昌臺書院從享文.

• 同一 書名 版本 所藏處

목판본 : 국립중앙도서관, 한국학중앙연구원, 경기대학교, 계명대학교, 고려대학교, 동국대학교 경주캠퍼스, 동아대학교, 성균관대학교, 연세대학교, 영남대학교, 용인대학교, 원광대학교, 전남대학교, 전북대학교, 전주대학교, 충남대학교, 부산광역시 시민도서관 등.

(43) 南川先生文集

書名	出版事項	版式狀況	一般事項	所藏番號
南川先生文集	權斗文 著, 1864年 刊	4卷 2冊, 朝鮮木版本, 四周雙邊, 半郭 : 18.8×16㎝, 10行 20字, 上下白口, 上下內向四瓣花紋黑魚尾, 29.5×20.2㎝, 線裝, 楮紙	序 : 上之三十三年癸巳(1833)…柳尋春謹書, 印記 : 酉谷靑岩	09-2371 ~2372

• 槪要

조선 중기의 문신이자 학자인 權斗文의 시문집.

• 編纂과 刊行

저자의 10대손 權東轍이 편집하여 1864년에 목판본으로 간행하였으며, 柳尋春의 서문이 실려 있다.

• 著者

權斗文(1543~1617) : 본관은 安東이고 영주 출신으로, 자는 景仰이며 호는 南川이다. 1572년(선조 5) 친시문과에 병과로 급제하여 교서관에 임명된 뒤 검열 등을 거쳐 1586년 형조정랑·청도군수 등을 지냈다. 1592년 임진왜란 때에 창평군수로 있다가 아들 권주와 함께 적에게 잡혔다. 이때 적의 정세를 세밀히 탐지해 관군에게 알렸는데, 이 일을 기록한 것이 『虎口日錄』이다. 원주에 이르렀을 때 깊은 밤을 이용하여 아들과 함께 탈출하였다. 이듬해 행재소에 이르러 봉상시주부가 되었고, 환도 후 軍資寺僉正을 거쳐 예천·진산·영천·금산 등의 수령이 되었다. 1602년에 사섬시정을 거쳐 杆城의 수령을 지내고 내자시정·통례원정을 역임하였다.

• **版本構成**

卷1 : 詩 214首. 卷2 : 雜著 1篇. 卷3 : 疏 1篇·箋 7篇·書 3篇·祭文 6篇. 卷4(附錄) : 行狀·墓碣銘·虎口日錄跋·書虎口日錄後·實錄·士林呈文·奉安文·祝文·錄後詩·輓詞 4首·墓碣銘 1篇.

• **同一 書名 版本 所藏處**

목판본 : 한국학중앙연구원, 계명대학교, 고려대학교, 용인대학교, 미국 UC버클리대학교 등.

(44) 南坡先生文集 *

書名	出版事項	版式狀況	一般事項	所藏番號
南坡先生文集	洪宇遠 著	零本 6冊, 朝鮮木活字本, 四周單邊, 半郭 : 21.5×14.1㎝, 10行 20字, 上下白口, 上下內向四瓣花紋黑魚尾, 33×19㎝, 線裝, 楮紙	跋 : 洪福全謹跋, 印記 : 酉谷青岩	09-1366~1371
南坡疏草	洪宇遠 著, 17世紀 寫	不分卷 1冊, 朝鮮筆寫本, 有界, 16行 字數不定, 33.4×20.8㎝, 線裝, 楮紙		09-1833

• **概要**

조선 후기의 문신이자 학자인 洪宇遠의 시문집.

• **編纂과 刊行**

洪宇遠의 시문을 저자의 손자 洪日恒이 原集 5책과 年譜 1책으로 편찬하였다. 그 뒤 저자의 玄孫 洪福全이 講義·啓辭·狀報·雜著·書 등을 모아 1책을 추가하여 총 7책으로 編定하였고, 1782년(정조 6)에 安城의 白峯書院에서 院儒들의 도움을 받아 木活字로 간행하였다. 본 문집의 總目 끝에는 1782년 3월에 白峯書院에서 활자로 印役을 시작하여 130여 일 만에 간행을 마쳤다는 刊記가 실려 있다.

• 著者

洪宇遠(1605~1687) : 본관은 南陽이고, 자는 君徵이며 호는 南坡이다. 1645년(인조 23) 별시 문과에 병과로 급제하여 1647년 검열을 거쳐 주서·대교·정언을 거쳐 1651년(효종 2) 예안현감이 되고, 1654년 수찬이 되었으나 金弘郁의 伸寃을 주장하다 파직을 당했다. 1656년 直講·북청판관이 되고, 1658년 병조정랑 등을 거쳐 1678년 공조판서 등을 역임하였다. 1680년 庚申大黜陟으로 남인이 몰락하자 許積의 역모사건에 연루되어 명천으로 유배되었으나, 나이가 많다는 이유로 문천으로 이배되었고 1687년 현지에서 생을 마감하였다.

• 版本構成

卷1 : 五言絶句 15首·七言絶句 184首. 卷2 : 五言律詩 174首·七言律詩 88首. 卷3 : 七言律詩 101首·五言古詩 11首·七言古詩 11首·五言排律 1首·七言排律 1首·賦 5首·卷4 : 疏 7篇·卷5 : 疏 13篇. 卷6 : 疏 22篇. 卷7 : 疏 24篇. 卷8 : 疏 28篇. 卷9 : 行狀 2篇·諡狀 2篇·碑銘 2篇. 卷10 : 經筵講義(肅宗朝)·啓辭 6篇·狀報 5篇·記 1篇·跋 1篇·說 4篇·序 1篇·玉冊文 1篇·祭文 5篇·箴 1篇. 卷11 : 書 44篇·殿策 2篇·策題 1篇·論 3篇.

別集 : 世系·年譜·附錄 : 致祭文·神道碑銘·行狀·遺事·白峯書院重修記.

• 同一 書名 版本 所藏處

목활자본 : 국립중앙도서관, 규장각, 한국학중앙연구원, 계명대학교, 고려대학교, 국민대학교, 성균관대학교, 안동대학교, 미국 컬럼비아대학교 등.

필사본 : 고려대학교.

(45) 南浦文集

書名	出版事項	版式狀況	一般事項	所藏番號
南浦文集	朴廷杰 著, 1899年 跋	4卷 2冊, 朝鮮木活字本, 四周單邊, 半郭 : 23.6×16.5㎝, 有界, 10行 19字, 上下白口, 上下內向四瓣花紋黑魚尾, 34.3×22.5㎝, 線裝, 楮紙	序 : 前行義禁府都事聞韶金道和序, 跋 : 歲之己亥(1899)仲秋月五代孫仁燦謹識	09-2358 ~2359

• 槪要

조선 중기의 학자 朴廷杰의 시문집.

• 編纂과 刊行

1899년에 저자의 5대손 朴仁燦이 편집하여 목활자본으로 간행하였으며, 金道和의 서문과 朴仁燦의 발문이 있다.

• 著者

朴廷杰(1683~1746) : 본관은 務安이고 盈德郡 출신으로 자는 懷英이며 호는 南浦이다. 密庵 李栽의 문하에서 수학하며 학문에만 전념하며 성리학 연구에 매진하였다. 金聖鐸과 朴觀善 등과 교유하면서 학문을 연구하고 토론하였으며, 과거에 뜻을 두지 않고 後學 교육에만 힘썼다.

• 版本構成

卷1 : 詩 127首. 卷2 : 書 19篇·序 2篇(奉餞松川權公得輿之保寧序·物理說送鄭伯永華瑞歸鄕序)·雜著 3篇(良奉家說·稼者問答·稼者說送從弟仲章熙朝讀書玉山書院)·哀辭 5篇. 卷3 : 祭文 6篇·行狀 8篇. 卷4(附錄) : 行狀·墓碣銘·挽辭 32首·哀辭 2篇·祭文 14篇.

• 同一 書名 版本 所藏處

목활자본 : 국립중앙도서관, 규장각, 한국국학진흥원, 한국학중앙연구원, 경기대학교, 계명대학교, 고려대학교, 동국대학교, 성균관대학교, 연세대학교, 영남대학교, 용인대학교, 전주대학교, 충남대학교 등.

(46) 冷泉文集

書名	出版事項	版式狀況	一般事項	所藏番號
冷泉文集	李猷遠 著, 1882年 刊	4卷 2冊, 朝鮮木版本, 四周雙邊, 半郭 : 19.3×15.5㎝, 有界, 10行 20字, 上下白口, 上下內向四瓣花紋黑魚尾, 29.3×20.2㎝, 線裝, 楮紙	序 : 上十九年壬午(1882)…許傳序, 跋 : 壬午…權錫璋謹識, 印記 : 酉谷青岩	09-1614

• 槪要

조선 후기의 학자 李猷遠의 시문집.

• 編纂과 刊行

저자의 사후에 權秉憲·權秉周 등이 1882년(고종 19)에 편집하여 간행하였는데, 許傳의 서문과 현손인 李秀榮의 후서와 權錫璋의 발문이 있다.

• 著者

李猷遠(1695~1773) : 본관은 載寧이고, 자는 宏甫·欽夫이며 호는 冷泉이다. 叔祖인 李栽에게 가르침을 받았으며, 李徽逸과 李玄逸의 문집과 李栽의 遺文을 뜻을 같이하는 사람들과 함께 여러 번 교감작업을 하였다. 또한 후학들을 계도하기 위하여 서당을 건립하고 강학하였다.

• 版本構成

卷1~3 : 詩 94首·書 43篇·雜著 3篇·記 1篇·祭文 26篇·哀辭 6篇·告由文 4篇·行錄 4篇.
卷4(附錄) : 遺事 1篇·行狀 1篇·墓碣銘 1篇·祭文 7篇·輓詞 25篇.

• 同一 書名 版本 所藏處

목판본 : 국회도서관, 한국국학진흥원, 한국학중앙연구원, 계명대학교, 고려대학교, 단국대학교 율곡기념도서관, 성균관대학교, 안동대학교, 연세대학교, 영남대학교 등.

(47) 陋室集

書名	出版事項	版式狀況	一般事項	所藏番號
陋室集	李重延 著, 1903年 跋	4卷 2冊, 朝鮮木版本, 四周雙邊, 半郭 : 19.2×16.3㎝, 有界, 10行 20字, 上下白口, 上下內向四瓣花紋黑魚尾, 31.8×21.4㎝, 線裝, 楮紙	跋 : 上之四十年癸卯(1903)…李載基謹識 印記 : 酉谷青岩	09-2249 ~2250

• 概要

조선 후기 학자 李重延의 시문집.

• 編纂과 刊行

저자의 사후 6대손 李鍾岱가 문중에서 간직하던 초고를 편찬하여 李載基의 교정을 받아 1903년(光武 7)에 목판본으로 간행하였다.

• **著者**

李重延(1711~1794) : 본관은 眞城이고, 자는 希愿이며 호는 陋室이다. 訥隱 李光庭에게 수학하였으며 鄕試에는 합격하였으나 大科에 응하지 않고 학문을 닦았다. 당시의 명사인 蔡濟恭·李象靖 등과도 편지로 교유하였으며, 陋室居士라 자칭하고 선승들과 학문적으로 교유하였다. 정조 때 노인직으로 僉知中樞府事가 되었다.

• **版本構成**

卷1 : 詩 87首. 卷2 : 書 40篇. 卷3 : 序·記·識·上樑文·祝文·祭文·哀詞·墓誌. 卷4(附錄) : 挽詞·祭文·家狀·墓誌銘·墓碣銘·陋室贊.

• **同一 書名 版本 所藏處**

목판본 : 규장각, 한국국학진흥원, 한국학중앙연구원, 계명대학교, 고려대학교, 동국대학교 서울·경주캠퍼스, 성균관대학교, 연세대학교, 영남대학교, 원광대학교, 전주대학교 등.

(48) 訥翁先生遺事

書名	出版事項	版式狀況	一般事項	所藏番號
訥翁先生遺事	宋弘濟 編, [跋 : 1813年] 刊	不分卷 1冊, 朝鮮木版本, 四周雙邊, 半郭 : 20.1×15.2㎝, 10行 19字, 上下白口, 上下內向四瓣花紋黑魚尾, 31.2×19.6㎝, 線裝, 楮紙	序 : ①聞韶金埈謹序 ②壬申(1812)…黃龍漢敬書, 跋 : 癸酉(1813)…宋應望跋	09-2523

• **概要**

15세기 말 16세기 초의 문신 宋碩忠의 시문집.

• **編纂과 刊行**

저자의 시문이 士禍로 인하여 거의 유실되었는데, 그의 후손인 宋弘濟가 남은 유고를 정리하고 또 契會圖 등 다른 자료들을 수집하여 1812년(순조 12) 1책으로 완성하고 이듬해 목판본으로 간행하였다. 黃龍漢의 서문과 宋應望의 발문이 실려 있다.

• **著者**

宋碩忠(1454~1524) : 본관은 陝川이고, 자는 元老이며 호는 訥齋이다. 1478년(성종 9) 진사

시에 합격하고 성균관에 입학하여 과거를 준비하는 한편 金宏弼·崔溥·朴聃孫·申希演 등의 학자들과 교유하면서 학문과 덕행을 닦았다. 1498년(연산군 4) 戊午士禍가 일어나 교유하던 인물들이 화를 입어 처벌받게 되자 평소 이들과 왕래하였던 서간을 강물에 던지고 병을 빙자하여 향리에 내려가 書史에 몰두하였다.

• **版本構成**

不分卷 : 世系·訥翁先生子孫錄(附記)·宋碩忠事實·遺文(詩·書簡文 等)·試券·情志交孚契會圖·契會影幀·宋碩忠墓碣銘·宋碩忠遺事·行狀(鄭宗魯 撰)·宋碩忠抄錄·贈別詩 3首·輓祠·祭文(李秀亨 作)·書院奉安文·師友錄·遺墨.

• **同一 書名 版本 所藏處**

목판본 : 국립중앙도서관, 규장각, 한국국학진흥원, 한국학중앙연구원, 계명대학교, 경기대학교, 고려대학교, 동국대학교 경주캠퍼스, 성균관대학교, 캐나다 토론토대학교 등.

(49) 凌虛先生文集

書名	出版事項	版式狀況	一般事項	所藏番號
凌虛先生文集	朴敏 著, [19世紀] 刊	4卷 2冊, 朝鮮木版本, 四周單邊, 半郭 : 22.2×17.3㎝, 有界, 10行 22字, 上下白口, 上下內向四瓣花紋黑魚尾, 30.9×21.7㎝, 線裝, 楮紙	序 : 聖上二十一年丁巳(1797)…丁範祖謹序, 跋 : ①上之十七年…曾孫泰茂書 ②己未…趙述道謹跋	09-0057 ~0058

• **概要**

조선 중기의 학자 朴敏의 시문집.

• **編纂과 刊行**

저자의 사망 직후 1631년에 문인 제자들이 유집을 편찬하고 연보·행록·사우록 등을 편찬하였다. 이것을 저자의 후손들이 간직하고 있었으나 1640년에 화재가 나 전질이 거의 다 불에 타서 소실되었다. 이에 증손 朴泰茂(1677~1756)가 소실되고 남은 것에 제현들의 문집과 원근의 사우들 사이에 전하는 것을 수록하고 1741년에 문집의 편차를 마쳤으나 간행은 하지 못하였다. 그 후 6대손 朴旨瑞(1754~1819)가 이미 편차해 놓았던 유고를 바탕으로 부록에 행장과 묘지명을 첨부하고 1797년에 丁範祖의 서문과 1799년에 趙述道의 발문을 받아 1811년경에 목판본으로 간행하였다.

• 著者

朴敏(1566~1630) : 본관은 泰安이고, 자는 行遠이며 호는 凌虛이다. 鄭逑의 문인으로 인조 집권 후 진사가 되었으나 관직에는 나아가지 못하였다. 정묘호란이 일어나자 倡義하여 江右義를 兵將으로 추대하였다. 이에 의병을 거느리고 상주에 이르렀으나 화의가 성립되었다는 소식을 듣고 되돌아갔다. 張顯光·金宇顒·許穆·鄭蘊 등과 교유하였다.

• 版本構成

卷1 : 詩 89首·賦 6篇·書 68篇. 卷2 : 雜著 17篇·啓 1篇·頌 3篇·贊 4篇·記 1篇·祭文 1篇·墓誌銘 1篇·通文 2篇·論 3篇·策 1篇. 卷3(附錄) : 世系·年譜·行狀·墓誌銘·墓碣銘·言行總錄·言行別錄·遺事·補遺·輓詞 21篇·枕流亭題詠·枕流亭懷古·憑虛臺懷古·鼎岡書院上樑文·奉安文·祝文 等. 卷4(附錄) : 師友錄(鄭逑·崔永慶·金宇顒·朴安室·朴齊仁·李光友·河沆·鄭崐壽·成汝信·朴惺·郭再祐·奇自獻·吳長·鄭蘊·許穆 等 97人).

• 同一 書名 版本 所藏處

목판본 : 경상대학교, 계명대학교, 성균관대학교, 연세대학교 학술정보원, 영남대학교 등.
필사본 : 경기대학교, 성균관대학교, 연세대학교 등.

(50) 丹溪先生實紀

書名	出版事項	版式狀況	一般事項	所藏番號
丹溪先生實紀	河龍翼 編, [跋 : 1868] 刊	4卷 2冊, 朝鮮木版本, 四周雙邊, 半郭 : 20.6×16.1㎝, 有界, 10行 19字, 上下白口, 上下內向四瓣花紋黑魚尾, 31.5×21.2㎝, 線裝, 楮紙	序 : ①安東金炳學謹序 ②上之五年戊辰(1868)…李敦禹謹序, 跋 : ①崇禎紀元後四戊辰…柳厚祚拜謹書 ②上之五年戊辰(1868)…李晩慤謹書, 印記 : 酉谷靑岩, 被傳者 : 河緯地	09-1827 ~1828

• 槪要

조선 전기의 문신 河緯地의 시문집.

• 編纂과 刊行

저자 河緯地의 후손 河龍翼이 1768년(영조 44)에 편집하였고, 권말에 洪啓禧의 발문이 있다. 후손 河相楫이 이것을 대본으로 하여 저자에 관한 遺文과 관련 사적 등을 수집해 1868년(고종 5)에 목판본으로 간행하였다.

• 著者

河緯地(1412~1456) : 본관은 晉州이고 선산 출신으로 자는 天章·仲章이며 호는 丹溪·赤村이다. 1435년(세종 17) 생원시에 합격하고, 1438년 식년문과에 장원으로 급제한 뒤, 집현전부수찬에 임명되었다. 1444년 집현전부교리가 되어『五禮儀註』의 상정에 참여하였고, 1449년에는 춘추관의 史官으로『高麗史』의 개찬에 참여하였다. 1450년(문종 즉위년) 세종 때부터 왕을 보좌해 치적을 쌓은 관계로 장령에 임명되었다. 그 뒤 1453년(단종 1) 장령에서 집의로 승진하였다. 1454년『세종실록』을 편찬하는 데 편수관으로 참여했고, 경연에서 侍講官으로 왕에게 경사를 강론하였다. 이듬 해 집현전부제학에서 예조참의로 전임되었고, 수양대군이 김종서를 죽이고 영의정이 되자 조복을 던져버리고 선산에 퇴거하였다. 수양대군이 왕위에 올라 그를 간곡히 불러 예조참판에 승진되었으며, 곧 이어 世子右副賓客을 겸하게 되었다. 그러나 그의 본뜻은 진실로 단종을 위하는 일에 있었으며, 세조에게 맞서다가 추국의 명을 받기도 하였다. 1456년(세조 2) 司藝 金礩의 고변으로 단종 복위운동이 탄로나 국문을 받게 되었고, 사육신 등 여러 절신과 함께 車裂刑을 당하였다.

• 版本構成

卷1 : 世系·年譜. 卷2(逸稿) : 詩·敎書·策文·疏·書. 卷3(附錄) : 河緯地 抄錄·墓碣銘·碣陰識·墓誌銘·祭墓文·改墓碑祭文·奉安文·祝文. 卷4 : 書院奉安文(彰烈祠享祝文·月巖書院·愍節祠·綠雲書院·鶴山書院)·上樑文(彰節祠上樑文·愍節祠上樑文)·河緯地追錄.

• 同一 書名 版本 所藏處

목판본 : 국립중앙도서관, 규장각, 한국국학진흥원, 한국학중앙연구원, 계명대학교, 고려대학교, 단국대학교 퇴계기념도서관, 대구가톨릭대학교, 동국대학교 경주캠퍼스, 안동대학교, 연세대학교, 전남대학교, 전주대학교, 성암고서박물관, 日本大阪府立中之島圖書館, 미국 UC 버클리대학교 등.

석인본 : 한국국학진흥원.

(51) 大溪遺稿

書名	出版事項	版式狀況	一般事項	所藏番號
大溪遺稿	黃在英 著, 刊年 未詳	7卷 4冊, 朝鮮木版本, 四周雙邊, 半郭 : 19.1×15.6㎝, 有界, 10行 19字, 上下白口, 上下內向四瓣花紋黑魚尾, 30.6×20.3㎝, 線裝, 楮紙	序 : 申獻求撰	09-0942 ~0945

• **概要**

조선 후기의 학자 黃在英의 시문집.

• **編纂과 刊行**

저자의 조카 黃炳欽이 흩어진 유고를 수집하고 편찬하여 목판본으로 간행하였으며, 1894년 당시의 禮曹判書 申獻求의 서문이 실려 있다.

• **著者**

黃在英(1835~1885) : 본관은 昌原이고, 자는 應護이며 호는 大溪이다. 1883년(高宗 20) 繕工監役에 임명 되었으나 사퇴하고 학문에 매진하여, 벼슬에 나아가지 않고 평생 고향에서 강학하며 지냈다.

• **版本構成**

卷1 : 詞 1首·詩 169首·挽詩 29首·疏 1篇. 卷2~4 : 書 147篇. 卷5 : 序 9篇·記 9篇·跋 14篇·雜著 6篇. 卷6 : 傳 1篇·祝文 4篇·祭文 24篇·碑銘 1篇·墓表 1篇·墓碣銘 1篇·墓誌銘 5篇. 卷7 : 行狀 3篇·遺事 4篇.

• **同一 書名 版本 所藏處**

목판본 : 국립중앙도서관, 국회도서관, 규장각, 한국학중앙연구원, 계명대학교, 고려대학교, 동국대학교 경주캠퍼스, 연세대학교, 충남대학교, 日本大阪府立中之島圖書館, 미국 UC버클리대학교 등.

(52) 大溪先生文集 *

書名	出版事項	版式狀況	一般事項	所藏番號
大溪先生文集	李周禎 著, [19世紀] 刊	4卷 2冊, 朝鮮木版本, 四周雙邊, 半郭 : 19.7×16㎝, 有界, 10行 20字, 註雙行, 上下白口, 上下內向二葉花紋魚尾, 30.2×20.7㎝, 線裝, 楮紙	印記 : 酉谷靑岩	09-0076 ~0078

• **槪要**

조선 후기의 문신이자 학자인 李周禎의 시문집.

• **編纂과 刊行**

본 문집은 서문과 발문이 없어서 명확한 간행 연대를 파악하기 힘들지만, 문집의 부록에 실려 있는 族子 蓍秀(1790~1849)가 찬술한 行狀(1845)과 柳致明(1777~1861)이 지은 墓碣銘(1846)의 작성 시기를 보면, 1846년(헌종 12) 이후에 간행된 것으로 보인다.

• **著者**

李周禎(1750~1813) : 본관은 固城이고, 자는 翰伯·景詹이며 호는 大溪이다. 1776년(정조 52)에 大山 李象靖에게 수학하며 영남 主理論의 학맥을 이었다. 28세에 사마시에 합격하였고, 46세 때인 1795년(정조 19) 乙卯 春塘臺試 丙科에 급제하였다. 1804년(순조 4)에 성균관 전적에 올랐다가 예조좌랑으로 轉補되었고, 結城縣監을 역임하였다. 1813년(순조 13)에 司憲府持平이 되고, 1816년(순조 16)에 開城府經歷을 맡았는데, 1818년 開城府에 재임 중에 세상을 떠났다.

• **版本構成**

卷1 : 詩 85首·輓詞 45篇·疏 2篇. 卷2 : 書 57篇. 卷3 : 序 12篇·記 5篇·跋 5篇·上樑文 7篇·銘 1篇·祝文 2篇. 卷4 : 祭文 22篇·墓誌銘 3篇·墓碣銘 4篇·壙記 6篇. 卷5 : 行狀 10篇. 卷6 : 行狀 7篇·遺事 1篇·附錄(行狀·墓碣銘).

• **同一 書名 版本 所藏處**

목판본 : 규장각, 한국학중앙연구원, 경희대학교, 계명대학교, 고려대학교, 안동대학교, 원광대학교, 부산광역시 시민도서관, 성암고서박물관 등.

(53) 大山先生文集 *

書名	出版事項	版式狀況	一般事項	所藏番號
大山先生文集	李象靖 著, [19世紀] 刊	54卷 27冊, 朝鮮木版本, 四周雙邊, 半郭 : 21.5×16.4㎝, 有界, 10行 18字, 上下白口, 上下內向四瓣花紋黑魚尾, 31.9×20.8㎝, 線裝, 楮紙	藏書記 : 三溪	09-1156 ~1165

• **概要**

조선 후기 학자 李象靖의 시문집.

• **編纂과 刊行**

저자의 사후에 동생 李光靖과 아들 李埦을 중심으로 여러 門人들이 참여하여 遺稿를 수십하고 편차해 두었다. 저자의 조카 李㙖가 저자 사후 22년만인 1802년(순조 2) 가을에 부친 李光靖의 뜻을 이어서 목판본으로 간행하였다.

• **著者**

李象靖(1710~1781) : 본관은 韓山이고, 자는 景文이며 호는 大山이다. 1735년(영조 11) 사마시와 대과에 급제하여 가주서가 되었으나 곧 사직하고 학문에 전념하였다. 1739년 連原察訪에 임명되었으나, 이듬해 9월 관직을 버리고 安東으로 돌아와 大山書堂을 짓고 제자 교육과 학문 연구에 몰두하였다. 1753년 연일현감이 되었으나 2년 2개월 만에 관직을 버렸고, 그 이후로는 오직 학문에만 전념하였다.

• **版本構成**

卷1 : 詩 137首. 卷2 : 詩 157首. 卷3 : 詩 166首. 卷4 : 疏 6篇. 卷5 : 書 17篇. 卷6 : 書 17篇. 卷7 : 書 23篇. 卷8 : 書 27篇. 卷9 : 書 44篇. 卷10 : 書 10篇. 卷11 : 書 13篇. 卷12 : 書 13篇. 卷13 : 書 24篇. 卷14 : 26篇. 卷15 : 書 30篇. 卷16 : 書 33篇. 卷17 : 書 13篇. 卷18 : 書 17篇. 卷19 : 書 8篇. 卷20 : 書 14篇. 卷21 : 書 25篇. 卷22 : 書 24篇. 卷23 : 書 24篇. 卷24 : 書 6篇. 卷25 : 書 22篇. 卷26 : 書 19篇. 卷27 : 書 17篇. 卷28 : 書 23篇. 卷29 : 書 23篇. 卷30 : 書 12篇. 卷31 : 書 22篇. 卷32 : 書 27篇. 卷33 : 書 19篇. 卷34 : 書 24篇. 卷35 : 書 13篇. 卷36 : 書 36篇. 卷37 : 書 22篇. 卷38 : 書 64篇. 卷39 : 雜著 11篇. 卷40 : 雜著 8篇. 卷41 : 雜著 5篇. 卷42 : 雜著 9篇. 卷43 : 序 23篇. 卷44 : 序 9篇, 記 11篇. 卷45 : 跋 45篇. 卷46 : 冬至五箴·銘 3篇·知中樞懶拙齋李公畵像贊·上樑文 3篇·哀辭 3篇·祝文 21篇·祭文 22篇.

卷47 : 墓碑銘 6篇·墓誌銘 12篇. 卷48 : 墓碣銘 19篇. 卷49 : 行狀 7篇. 卷50 : 行狀 6篇. 卷51 : 行狀 10篇. 卷52 : 行狀 8篇.

• 同一 書名 版本 所藏處

목판본 : 국립중앙도서관, 규장각, 한국국학진흥원, 한국학중앙연구원, 경기대학교, 경상대학교, 계명대학교, 고려대학교, 국민대학교, 부산대학교, 성균관대학교, 안동대학교, 용인대학교, 영남대학교, 전주대학교, 조선대학교, 중앙대학교, 충남대학교, 남평문씨 인수문고 성암고서박물관자료실, 사우당종택, 미국 UC버클리대학교 등.

(54) 大笑軒先生逸稿

書名	出版事項	版式狀況	一般事項	所藏番號
大笑軒先生逸稿	趙宗道 著, 1769年 序	3卷 1冊, 朝鮮木版本, 四周單邊, 半郭 : 22.7×16.4㎝, 有界, 10行 20字, 上下白口, 上下內向四瓣花紋黑魚尾, 29.8×20.6㎝, 線裝, 楮紙	序 : ①上之四十五年己丑(1769)…蔡濟恭書 ②上之二十四年戊辰…李光庭謹書 ③癸酉…柳命天序 ④韓夢參序, 印記 : 青岩家寶	09-1069

• 概要

조선 중기의 문신 趙宗道의 시문집.

• 編纂과 刊行

저자의 손자인 趙徵聖·趙徵天 등이 그의 유고를 모아 문집으로 엮었고 1693년 증손인 趙璹이 그의 시 20여 首와 雜著를 모아 보충하였다. 1748년 5세손 趙華世가 李光庭에게 교정을 부탁하여 다시 편집하였고, 7세손 趙輝晉이 1769년에 목판본으로 간행하였다. 蔡濟恭·李光庭·柳命天·韓夢參의 서문이 실려 있다.

• 著者

趙宗道(1537~1597) : 본관은 咸安이고, 자는 伯由이며 호는 大笑軒이다. 1558년(명종 13) 생원시에 합격한 뒤 천거로 安奇道察訪이 되었다. 그 뒤 司導寺直長·尙瑞院直長·通禮院引儀·掌隸院司評 등을 역임하고, 1583년(선조 16) 陽智縣監을 맡았고, 1587년 金溝縣令을 역임하였다. 1589년 鄭汝立의 모반사건에 연루되어 투옥되었다가 무고함이 밝혀져 석방되었다.

1592년 임진왜란이 일어나자 영남으로 돌아와 招諭使 金誠一과 함께 창의하여 의병모집에 진력하였고, 그해 가을 단성현감을 지냈다. 1596년에는 함양군수가 되었는데, 다음 해 정유재란이 일어나자 명을 받고 安陰縣監 郭䞭과 함께 의병을 규합하여 黃石山城을 수축하고 가족까지 이끌고 들어가 성을 지키면서 가토(加藤淸正)가 인솔한 적군과 싸우다가 전사하였다.

• 版本構成

卷頭 : 序(蔡濟恭·李光庭·柳命天·韓夢參)·世系圖·年譜·目錄. 卷1 : 詩 12首·簡牘 3篇·祭文 2篇·墓表 1篇·賦 1篇·執策 1篇·雜著 1篇. 卷2(附錄) : 趙宗道行狀(韓夢參)·諡狀(趙泰東)·神道碑銘(許穆)·碑陰記(尹基慶)·墓誌(李光庭). 卷3 : 輓詞·祭文·德巖書院奉安文·常享文·黃巖書院奉安文·宣額賜祭文·傳·傳後跋·懲毖錄中一段·黃石山城事蹟·三綱行實續錄·旌閭銘·請諡疏 等.

• 同一 書名 版本 所藏處

목판본 : 국립중앙도서관, 규장각, 경기대학교, 계명대학교, 고려대학교, 부산대학교, 성균관대학교, 숙명여자대학교, 연세대학교, 영남대학교, 전남대학교, 中國國家圖書館 등.

(55) 桃村先生實紀

書名	出版事項	版式狀況	一般事項	所藏番號
桃村先生實紀	李慶奭 編, 1867 跋	2卷 1冊, 朝鮮木版本, 四周雙邊, 半郭 : 19.3×16㎝, 9行 19字, 上下白口, 上下內向四瓣花紋黑魚尾, 31×27㎝, 線裝, 楮紙	序 : ①李獻慶撰 ②崇禎後四辛卯(1831) …柳尋春謹書, 跋 : 丁卯(1867) …金相寅謹識, 印記 : 西谷靑岩, 被傳者 : 李秀亨	09-2624

• 概要

世祖가 王位에 오르자 은거한 李秀亨의 遺文과 遺事 등을 모아놓은 책.

• 編纂과 刊行

저자의 후손인 李慶奭이 가문에 전해오는 李秀亨의 遺文과 遺事 등을 수집하여 1831년(순조 31) 목판본으로 간행하였다. 李獻慶·柳尋春의 서문과 成彦根의 後叙 그리고 金相寅의 발문이 실려 있다.

• 著者

李秀亨(1435~1528) : 본관은 羽溪이고, 자가 英甫이며 호가 桃村이다. 21세의 나이로 平市署令으로 있다가 단종이 수양대군에게 왕위를 선양하자 사직하고 봉화의 桃村里로 낙향했다. 세조는 사람을 보내 회유하였으나 거절하였고, 단종이 사사되자 평생을 세상 밖에 나가지 않고 단종을 향한 절의를 굳게 지키며 94세의 나이로 충절의 일생을 마쳤다.

• 版本構成

卷上 : 遺詩 1首(輓宋訥齋元老碩忠), 附錄(遺事·舊宅記·雉嶽山題名錄·題名錄記·題名錄序·墓碣陰識·師友錄·通諭文·太學答通文). 卷下(附錄) : 道溪書院奉安文·常享祝文·廟宇上樑文·陞院時告由文·移建時上樑文·拱北軒重修記·拱極樓記·後敍·古跡題詠·錦城壇記 等.

• 同一 書名 版本 所藏處

목판본 : 국립중앙도서관, 규장각, 한국학중앙연구원, 계명대학교, 고려대학교, 성균관대학교, 연세대학교, 미국 UC버클리대학교 등.

(56) 東岡先生文集 *

書名	出版事項	版式狀況	一般事項	所藏番號
東岡先生文集	金宇顒 著, 晴川書院, 乙亥 刊	22卷 9冊, 朝鮮木版本, 四周雙邊, 半郭 : 19.8×15㎝, 有界, 10行 21字, 上下白口, 上下內向四瓣花紋黑魚尾, 29.7×20.7㎝, 線裝, 楮紙	刊記 : 乙亥仲春晴川書院刊補, 序 : 上之八年…許穆序, 行狀跋 : 崇禎二年(1629)…張顯光識	09-1567 ~1575

• 概要

조선 중기 문신이자 학자인 金宇顒의 시문집.

• 編纂과 刊行

저자인 金宇顒의 사후 그의 시문이 鄕庄의 화재로 거의 소실되고 奏議·疏箚·賦詠·筆札 100여 편과 「續綱目」 한 질만 남게 되었다. 1657년경에 문집의 편차를 시작하여 1661년경 간행 준비를 마무리하였다. 그 후에 1755년으로 추정되는 乙亥년에 晴川書院에서 목판본으로 간행되었다. 重刊本은 1906년(광무 10)에 재편집하여 간행되었다.

• 著者

金宇顒(1540~1603) : 본관은 義城이고, 자는 肅夫이며 호는 東岡·直峰布衣이다. 1558년(명종 13) 진사가 되었고, 1567년 식년문과에 병과로 급제하여 승문원권지부정자에 임명되었으나 병으로 나가지 않았다. 1573년(선조 6) 홍문관정자가 되고, 수찬·부수찬을 거쳐 다시 수찬이 되었으나 문책을 받아 전적으로 좌천되었다. 그 후 여러 관직을 역임하다가 1597년 대사성에 이어 예조참판을 역임하였고, 1599년 사직하고 인천에서 한거하다 이듬해 청주로 옮겨 그곳에서 생을 마쳤다.

• 版本構成

卷首 : 序(許穆 撰). 卷1 : 詩 : 五言絶句·五言律詩·七言絶句·七言律詩·南風辭·黃華詞·賦 等. 卷2~5 : 疏 46篇(1573~1598). 卷6~9 : 箚 39篇(1573~1596). 卷10 : 啓 14篇·獻議 1篇·私議 1篇·敎書 1篇·傳旨 1篇·箋 1篇. 卷11~14 : 經筵講義. 卷15 : 箴. 卷16 : 書 16篇·雜著 2篇·祭文 8篇. 卷17 : 碑誌 2篇·行狀 2篇·遺事 1篇. 卷18(補遺) : 詩·紀行·跋·挽章·賦·疏箚·啓辭·書·祭文·先君子七峯先生言行錄 等. 卷19(附錄) : 祭文·挽章·奉安文·祝文·諡狀(李玄錫 撰). 附錄別冊 : 東岡先生世系圖·東岡先生年譜·致祭文·祭文·挽章·行狀(鄭逑 撰)·行狀(張顯光 撰)·跋文.

• 同一 書名 版本 所藏處

初刊本 : 규장각, 경기대학교, 경상대학교, 계명대학교, 고려대학교, 동국대학교, 성균관대학교, 연세대학교, 영남대학교, 원광대학교, 전북대학교, 남평문씨 인수문고, 사우당종택, 미국 UC버클리대학교 등.

重刊本 : 국립중앙도서관, 국회도서관, 한국국학진흥원, 계명대학교, 국민대학교, 동국대학교 경주캠퍼스, 부산대학교, 성균관대학교, 숙명여자대학교, 영남대학교, 전남대학교, 충남대학교, 성암고서박물관, 춘호재 등.

미상 : 국립중앙도서관, 규장각, 한국학중앙연구원, 경기대학교, 경상대학교, 고려대학교, 대구가톨릭대학교, 숙명여자대학교, 안동대학교, 영남대학교, 용인대학교, 원광대학교, 이화여자대학교, 대구광역시립중앙도서관, 부산광역시 시민도서관, 춘호재 등.

(57) 東溪先生文集

書名	出版事項	版式狀況	一般事項	所藏番號
東溪先生文集	權濤 著, 19世紀 刊	8卷 4冊, 朝鮮木版本, 四周單邊, 半郭 : 20.4×16.7㎝, 有界, 10行 20字, 上下白口, 上下內向四瓣花紋黑魚尾, 31.6×21㎝, 線裝, 楮紙	序 : 鄭宗魯撰, 跋 : 歲乙亥…後孫龍成謹識	09-1596 ~1599

• 概要

조선 중기의 문신 權濤의 시문집.

• 編纂과 刊行

저자 權濤의 손자 權褩과 후손 權大 등이 1808년(순조 8)에 편집하여 목판본으로 간행하였으며 鄭宗魯의 서문과 權龍成의 발문이 실려 있다.

• 著者

權濤(1575~1644) : 본관은 安東이고, 자는 靜甫이며 호는 東溪이다. 1601년(선조 34) 진사시에 합격했고, 1623년(인조 1) 승정원주서에 제수되었다. 1624년(인조 2) 李适의 난 때 翰林으로 왕을 공주까지 호종한 공으로 原從勳이 되어 성균관전적에 제수되었다. 1625년에는 홍문관부수찬에 제수되었고, 1628년 柳孝立의 옥사를 다스린 공으로 寧社原從功臣 1등에 책록되었다. 1631년 원종의 追崇을 극력 반대한 일로 남해로 유배되었다가 후에 복직하여 1640년에는 사간원대사간에 제수되었다.

• 版本構成

卷1~2 : 詩 158首. 卷3 : 挽詞 65首·賦 7篇. 卷4 : 敎書 2篇·疏 10篇·箚子 1篇·啓辭 12篇. 卷5 : 書 27篇. 卷6 : 雜著 6篇·箴 3篇·策文 1篇·表箋 3篇. 卷7 : 祝文 6篇·祭文 20篇·墓碣銘 7篇·行狀 1篇. 卷8(附錄) : 年譜 等.

• 同一 書名 版本 所藏處

목판본 : 국립중앙도서관, 한국학중앙연구원, 경기대학교, 경상대학교, 계명대학교, 고려대학교, 단국대학교 퇴계기념도서관, 대구가톨릭대학교, 부산대학교, 성균관대학교, 숙명여자대학교, 안동대학교, 영남대학교, 용인대학교, 원광대학교, 전남대학교, 전주대학교, 사우당종택, 춘호재, 日本東洋文庫 등.

(58) 桐溪先生文集

書名	出版事項	版式狀況	一般事項	所藏番號
桐溪先生文集	鄭蘊 著	8卷 5冊, 朝鮮木版本, 四周雙邊, 半郭 : 17.7×15.3cm, 有界, 9行 19字, 上下白口, 上下內向四瓣花紋黑魚尾, 26.9×19.8cm, 線裝, 楮紙	序 : 上章困敦(庚子, 1660)…趙絅稿, 跋 : 上之八年(1667)…許穆謹跋, 印記 : 三溪書院	09-0279 ~0283
桐溪先生文集	鄭蘊 著	零本 4冊, 朝鮮木版本, 四周雙邊, 半郭 : 18×15.3cm, 有界, 9行 19字, 上下白口, 上下內向四瓣花紋黑魚尾, 27.1×19.4cm, 線裝, 楮紙	序 : 上章困敦(庚子, 1660)…趙絅稿, 跋 : 上之八年(1667)…許穆謹跋, 印記 : 酉谷青岩	09-1968, 2017 ~2019
桐溪先生年譜	花葉樓, 1817	不分卷 1冊, 朝鮮木版本, 四周雙邊, 半郭 : 22.5×18.1cm, 有界, 10行 22字, 上下白口, 上下內向四瓣花紋黑魚尾, 32.8×22.6cm, 線裝, 楮紙	藏板記 : 花葉樓藏板, 刊記 : 崇禎四丁丑(1817)開刊, 跋 : 上之三十二年(1706)…李光庭, 印記 : 酉谷青岩, 被傳者 : 鄭蘊	09-1108
桐溪先生年譜	19世紀 寫	不分卷 1冊, 筆寫本, 四周雙邊, 半郭 : 22.8×18cm, 有界, 10行 20字, 無魚尾, 33×23cm, 線裝, 楮紙	上之三十二年後學平原李光庭敬識, 印記 : 酉谷青岩, 被傳者 : 鄭蘊	09-2074
桐溪先生行狀	許穆 撰, 19世紀 寫	不分卷 1冊, 筆寫本, 無界, 11行 20字, 無魚尾, 37.7×24.6cm, 線裝, 楮紙	印記 : 酉谷青岩, 被傳者 : 鄭蘊	09-1976

- **概要**

조선 중기의 학자 鄭蘊의 시문집.
충재박물관에는 重刊本으로 추정되는 2종의 문집이 소장되어 있다. 年譜는 2종이 있는데 1종은 花葉樓에서 간행한 목판본이고 1종은 필사본이다. 그리고 행장만 따로 필사한 판본도 소장되어 있다.

- **編纂과 刊行**

初刊本은 저자의 사후에 親孫인 鄭岐壽가 유고를 수집하여 趙絅과 許穆으로부터 서문과 발문을 받아 1660년(현종 1)에 간행하였다. 重刊本은 初刊本에서 누락된 遺文과 그 밖의 글들을 續集 3권과 附錄 2권, 그리고 年譜 등으로 편집하여 1852년(철종 3)에 간행하였다.

- **著者**

鄭蘊(1569~1641) : 본관은 草溪이고, 자는 輝遠이며 호는 桐溪·鼓鼓子이다. 1601년(선조 39)에 진사가 되고 1610년(광해군 2) 별시문과에 을과로 급제하고서 사간·이조참의·대사간·대제학·이조참판 등의 요직을 두루 역임하였다. 임해군 옥사사건 당시 부당함을 제기하다가, 광해군으로부터 미움을 받아 제주도에 위리안치 되었다. 그 뒤 인조 집권 때까지 10년 동안 유배지에서도 학문에 열중하였다. 인조가 집권한 후에는 광해군 때 절의를 지킨 인물로 지목되어 淸要職을 두루 역임하였다. 정묘호란으로 강화도가 함락되고 항복이 결정되자 오랑캐에게 항복하는 수치를 참을 수 없다고 하며 칼로 자결하였으나 목숨이 끊어지지 않았다. 그 뒤 관직을 단념하고 덕유산에 은거하였다.

• **版本構成**

卷1 : 詩(五言絶句 7首·七言絶句 144首·五言律詩 106首·七言律詩 87首·五言排律附古詩 17首·七言古詩 7首)·補遺(五言排律 6首). 卷2 : 記 5篇·說 1篇·序 11篇·跋 5篇·文 2篇·祭文 2篇·傳 2篇·論 4篇·書 9篇. 卷3 : 疏·箚·啓 30篇·行狀 3篇. 卷4 : 碑銘 4篇·墓碣 8篇·墓誌 8篇·補遺 1篇. 附錄-卷1 : 桐溪先生行狀·諡狀. 附錄-卷2 : 敎書 2篇·祭文 4篇·奉安文 3篇·挽詩 9首·上樑文 1篇.

• **同一 書名 版本 所藏處**

목판본 : 규장각, 한국국학진흥원, 한국학중앙연구원, 경기대학교, 경상대학교, 경희대학교, 계명대학교, 고려대학교, 국민대학교, 단국대학교 퇴계기념도서관, 대구가톨릭대학교, 부산대학교, 숙명여자대학교, 연세대학교, 영남대학교, 용인대학교, 원광대학교, 전남대학교, 전북대학교, 조선대학교, 중앙대학교, 부산광역시 시민도서관, 남평문씨 인수문고, 사우당종택, 성암고서박물관, 日本東洋文庫, 미국 UC버클리대학교, 러시아 국립도서관 등.

(59) 東溟先生文集 *

書名	出版事項	版式狀況	一般事項	所藏番號
東溟先生文集	黃中允 著, [跋 : 1905]刊	8卷 5冊, 朝鮮木版本, 四周雙邊, 半郭 : 18.7×15.6㎝, 有界, 10行 20字, 上下白口, 上下內向四瓣花紋黑魚尾, 31.7×20.6㎝, 線裝, 楮紙	序 : 上之四十二年乙巳(1905)…李晩燾謹序, 跋 : 乙巳(1905)…李中轍謹書.	09-1675 ~1679

• **槪要**

조선 중기 학자 黃中允의 시문집.

• **編纂과 刊行**

저자의 8대손 黃洙가 유고를 정리하여 1905년에 목판본으로 간행하였으며, 李晩燾의 서문과 李中轍의 발문이 있다.

• 著者

黃中允(1577~1648) : 본관은 平海이고, 자는 道先이며 호는 東溟이다. 생원으로 1612년(광해군 4) 증광문과에 갑과로 급제하여, 정언·헌납·낭청·사서 등의 관직을 역임하였다. 1620년 奏聞使로 임명되어 表文을 가지고 연경에 다녀온 뒤 동부승지·우부승지·좌부승지를 거쳐 승지에 올라 왕의 측근에서 업무를 수행하였다. 1623년(인조 1) 인조가 집권하자 광해군의 뜻에 영합하여 명나라와 외교를 단절하고 오랑캐와의 통호를 주장하였다는 죄목으로 탄핵을 받아 변방에 유배되었다. 이듬해 내지로 量移되었고, 1633년(인조 11) 유배에서 풀려나 시골로 돌아갔다.

• 版本構成

卷1~4 : 賦 1篇(天淵臺賦)·詩 670餘 首. 卷5 : 疏 5篇·啓 1篇·書 18篇·雜著 6篇. 卷6 : 雜著 2篇. 卷7 : 序 1篇·記 1篇·上樑文 2篇·祭文 3篇·墓誌銘 3篇·行狀 1篇. 卷8(附錄) : 行狀·家狀後敍·墓碣銘·墓誌銘·跋.

• 同一 書名 版本 所藏處

목판본 : 국립중앙도서관, 규장각, 한국국학진흥원, 한국학중앙연구원, 경기대학교, 계명대학교, 고려대학교, 동국대학교, 성균관대학교, 연세대학교, 영남대학교, 용인대학교, 원광대학교, 전남대학교, 전주대학교, 성암고서박물관 등.

(60) 東窩先生文集

書名	出版事項	版式狀況	一般事項	所藏番號
東窩先生文集	權得重[37], [跋 : 1890] 刊	2卷 1冊, 朝鮮木版本, 四周雙邊, 半郭 : 18.9×15.6㎝, 有界, 10行 20字, 上下白口, 上下內向四瓣花紋黑魚尾, 30.5×20.6㎝, 線裝, 楮紙	序 : 白虎(庚寅, 1890)…權璉夏謹序, 跋 : 庚寅(1890)…五代孫周郁謹跋	09-2546

• 槪要

조선 후기 학자 權得重의 시문집.

• 編纂과 刊行

저자의 5세손인 權周郁이 편찬하여 1890년에 목판본으로 간행하였으며, 權璉夏의 서문과 편자 權周郁의 발문이 있다.

37) 목록에는 저자가 '柳得中'으로 되어 있으나 '權得重'의 오류이다.

• **著者**

權得重(1687~1754) : 본관은 安東이고, 자는 子厚이며 호는 東窩이다. 영천에 거주하면서 세도정치가 극심하여 과거를 폐하고 산수를 즐기면서 학문에 힘썼다. 효성이 지극하여 1753년 효행과 경술로 暗行御史의 천거를 받아 임금이 吏曹에 등용하라는 명을 내렸으나 곧 죽어 戶曹佐郎에 증직되었다.

• **版本構成**

卷1 : 詩 62首 · 書 4篇 · 行錄 3篇 · 雜著 1篇. 卷2 : 行狀 · 行錄 · 墓碣銘 · 傳 · 輓詞 25首 · 祭文 3篇 · 遺事後 1篇 · 呈吏曹文 1篇.

• **同一 書名 版本 所藏處**

목판본 : 국립중앙도서관, 한국학중앙연구원, 계명대학교, 고려대학교, 동국대학교 서울·경주캠퍼스, 성균관대학교, 연세대학교, 영남대학교, 원광대학교, 전남대학교, 미국 UC버클리대학교 도서관 등.

(61) 東人詩話

書名	出版事項	版式狀況	一般事項	所藏番號
東人詩話	徐居正 著, 慶州 : 慶州府, 1639年 跋	2卷 1冊, 朝鮮木版本, 四周單邊, 半郭 : 24×18.2㎝, 有界, 12行 20字, 上下白口, 上下內向四瓣花紋黑魚尾, 33.9×21.7㎝, 線裝, 楮紙	刊記 : 慶州府重刊, 序 : ①丁酉(1477)…崔淑精國華序 ②成化十一年乙未…金守溫文良序 ③成化十一年…梁誠之, 跋 : 崇禎己卯(1639)…李必榮識, 印記 : 丹溪書堂, 永嘉後學權斗寅寶, 藏書記 : 丹丘雪軒所藏	09-1936

• **槪要**

조선 중기 문신이자 학자인 徐居正이 우리나라의 詩話를 모아 엮은 책.

충재박물관 소장본은 慶州府 重刊本으로, 藏書記가 '丹丘雪軒所藏'으로 되어 있다. 丹丘雪軒이 소장하고 있던 판본을 기증받거나 입수한 것으로 보인다.

• **編纂과 刊行**

初刊本은 1477년(成宗 8)에 인출하였는데, 兵火로 거의 없어지고 원본의 板本에 잘못된 것이 많이 있으므로 廣陵 李必榮이 1636년(仁祖 14)에서 1639년에 改刊하였다. 그리고 慶州府에서 改刊本을 토대로 1664년(顯宗 5)에 重刊하였다.

• 著者

徐居正 : 본서의 『東國通鑑』 해제 참조.

• 版本構成

卷首 : 序(姜希孟 撰-1474)·後序(崔淑精 撰-1477)·書東人詩話後(金守溫 撰-1475). 卷上. 卷下, 跋(李必榮 撰)

• 同一 書名 版本 所藏處

금속활자본(乙亥字) : 한국학중앙연구원.

목판본 : 국립중앙도서관, 규장각, 한국학중앙연구원, 경기대학교, 경상대학교, 계명대학교, 고려대학교, 동국대학교 서울·경주캠퍼스, 숙명여자대학교, 영남대학교, 日本東洋文庫, 日本尊敬閣文庫, 미국 UC버클리대학교 등.

필사본 : 한국학중앙연구원, 경기대학교, 경상대학교, 계명대학교, 국민대학교, 동국대학교 경주캠퍼스, 성균관대학교, 숙명여자대학, 영남대학교, 충남대학교, 전주시립완산도서관, 미국 UC버클리대학교 등.

(62) 東湖先生文集

書名	出版事項	版式狀況	一般事項	所藏番號
東湖先生文集	邊永淸 著, [跋 : 1860年] 刊	2卷 1冊, 朝鮮木版本, 四周雙邊, 半郭 : 18.7×15.2㎝, 有界, 10行 18字, 上下白口, 上下內向四瓣花紋黑魚尾, 32.2×20.2㎝, 線裝, 楮紙	表題 : 東湖集, 序 : 柳致明謹序, 跋 : 上之十一年庚申(1860)…柳厚祚謹書	09-2574

• 槪要

조선 중기 문신이자 학자인 邊永淸의 시문집.

• 編纂과 刊行

양난을 거치면서 散失되었던 저자 邊永淸의 글을 邊正鉄 등이 편집했으며, 1860년(철종 11)

에 후손 邊疇建과 邊鏞夔가 遺詩와 遺文과 附錄을 합하여 목판본으로 간행하였다. 柳致明의 서문과 柳厚祚의 발문이 실려 있다.

• **著者**

邊永淸(1516~1580) : 본관은 原州이고, 자는 開伯이며 호는 東湖이다. 1546년(명종 1)에 司馬試에 합격하고 1549년(명종 4)에 文科에 급제하여 兵曹佐郎·司諫院正言·司憲府持平을 역임하였다. 1551년(명종 6)에 권간을 배척하는 상소를 올렸다가 파직당하여 고향으로 돌아와 永嘉의 東湖 옆에 書室을 짓고 自號를 東湖라 하였다. 1553년(명종 8)에 구봉령의 천거로 홍문관에 들어갔으며 이후 司憲府執義·義興縣監·大邱府使·青松府使·司諫院獻納·司憲府掌令·尙衣院正을 역임하였다. 盧景麟·許忠吉·李希儉·沈守慶 등과 교유하였고 1567년(명종 21) 모친을 부양하기 위해 귀향한 후 조정의 부름에 응하지 않고 퇴계문하의 선배들과 학문을 논하며 말년을 보냈다

• **版本構成**

卷1 : 詩 159首·祭文(祭青松府使趙公文). 卷2 : 行狀·墓碣文幷序·家狀·輓詞 2首·丙子契帖·跋(柳厚祚).

• **同一 書名 版本 所藏處**

목판본 : 국립중앙도서관, 규장각, 한국학중앙연구원, 경기대학교, 계명대학교, 고려대학교, 동국대학교, 성균관대학교, 안동대학교, 영남대학교, 이화여자대학교, 전남대학교, 사우당종택, 성암고서박물관자료실, 춘호재, 미국 UC버클리대학교 도서관 등.

(63) 杜皐世稿

書名	出版事項	版式狀況	一般事項	所藏番號
杜皐世稿	權致福 編	4卷 1冊, 朝鮮木版本, 四周雙邊, 半郭 : 20.8×16.4㎝, 有界, 10行 19字, 上下白口, 上下內向四瓣花紋黑魚尾, 31.1×20.9㎝, 線裝, 楮紙	序 : 馬江後人李鍾祥謹書, 印記 : 酉谷青岩	09-2056

• **槪要**

조선 중기의 학자 權應生과 아들 權恁 그리고 從孫 權應命의 시문집. 權應生의『魯軒遺稿』

와 權恁의 『退庵逸稿』 그리고 權應命의 『江東逸稿』가 合刊되어 있다.

• **編纂과 刊行**

후손 權致福과 權致博 등이 선조들의 시문을 합편하여 1816년(純祖 16)에 목판본으로 간행하였으며, 李鍾祥의 서문이 실려 있다.

• **著者**

權應生(1571~1647) : 본관은 安東이고 밀양에서 출생하였다. 자는 命世이고 호는 魯軒이다. 1592년(선조 25) 임진왜란이 일어나자, 약관의 나이로 당숙인 權士諤과 작은아버지 權士敏과 함께 인근 주민과 노복들로 의병을 조직해 郭再祐의 휘하에 들어가 여러 번 전공을 세웠다. 1605년 진사시에 합격하고, 1612년(광해군 4) 蔭補로 참봉에 제수되었다. 그 뒤 奉事와 直長을 역임한 뒤, 1616년 平丘道察訪이 되었다가 벼슬을 버리고 향리로 돌아가 학문연구와 저술에 힘썼다. 1623년 인조 집권 후 다시 기용되어 北部主簿가 되었고, 얼마 후 鎭川縣監으로 전임되었다. 그 후 벼슬을 사양하고 밀양과 경주에서 학문에 매진하며 후진양성에 힘썼다.

權恁(1600~1654) : 본관 安東이고 경주에 거주하였다. 자는 和叔이고 호는 退庵이다. 任叔英의 문인으로 스승이 죽고 후사가 없자 상제를 맡았고, 후에 스승의 문집을 간행하고 묘석을 세웠으며 후사를 세워 대를 잇게 하였다. 1645년 학행으로 천거되어 司饔院參奉을 제수 받았으나, 벼슬에 뜻을 버리고 학문 연구와 詩作으로 평생을 보냈다.

權應命(1673~1735) : 본관 安東이고 경주에 거주하였으며, 權恁의 從孫이다. 그의 행적은 자세하지 않다.

• **版本構成**

卷1 : 宣務郎順陵參奉府君遺事. 卷2 : 魯軒遺稿 : 詩 4首 · 書 12篇 · 祭文 3篇 · 雜著 1篇(輕騎責頡利論) · 附錄(輓詞 25首 · 祭文 6篇 · 行狀 · 墓碣銘幷序 · 遺事 · 諸賢詩札 13篇 · 兄江精舍序 · 兄江精舍記 等). 卷3 : 追庵逸稿 : 書 3篇 · 狀 1篇(曾王考龜峯府君遺事) · 輓詞 27首 · 祭文 1篇 · 記聞錄 · 行狀 · 墓誌銘幷序 · 墓碣銘幷序 · 遺事 · 諸賢詩札 7篇 · 送權生恁序 等. 卷4 : 江東逸稿 : 詩 4首 · 行狀.

• **同一 書名 版本 所藏處**

목판본 : 국립중앙도서관, 규장각, 한국국학진흥원, 한국학중앙연구원, 경기대학교, 계명대학교, 고려대학교, 단국대학교 퇴계기념도서관, 대구가톨릭대학교, 성균관대학교, 연세대학교,

영남대학교, 전남대학교 등.

(64) 杜陵集

書名	出版事項	版式狀況	一般事項	所藏番號
杜陵集[38]	李濟兼	4卷 2冊, 朝鮮木版本, 四周雙邊, 半郭 : 19.6×16.6㎝, 有界, 10行 17字, 上下白口, 上下內向四瓣花紋黑魚尾, 32.2×20.9㎝, 線裝, 楮紙	印記 : 酉谷青岩	09-2396 ~2397

• 概要

조선 중기의 문신이자 학자인 李濟兼의 시문집.

• 編纂과 刊行

서문이나 발문은 없어서 刊年은 미상이나 1780년(정조 4)경 저자의 아들 李重延에 의하여 목판본으로 간행된 것으로 추정된다.

• 著者

李濟兼(1683~1742) : 본관은 眞城이고, 자는 善卿·士達이며 호는 杜陵이다. 1714년(숙종 40) 진사시에 합격하고 1724년(경종 4) 문과에 급제한 후 동몽교관과 승문원정자를 역임했고 1727년(영조 3) 栗峯道察訪이 되었다. 이듬해 李麟佐의 난이 일어났을 때 영남의 동지들을 규합하여 의병을 일으키려 했으나 반란이 진압되자 그만두었다. 반란 진압 후 姜必信의 무고로 평안도 宣川으로 유배되었다가 이후 다시 강원도 제천으로 옮겨 3년을 보낸 뒤 1735년 비로소 풀려났고 1741년이 되어서야 신원이 되었다. 유배지에서 돌아온 후 현재의 경상북도 봉화군 법전면 소천리에 滄浪精舍를 짓고 초야에 묻혀 학문을 닦았다.

• 版本構成

卷1 : 詩 85首. 卷2 : 書 40篇·祭文 5篇. 卷3 : 記 2篇(岐谷齋菴記·古山齋舍上樑時記)·跋 2篇(喪祭禮節要跋·書同門稧帖後)·策 3篇(問犯顔敢諫中當求伏節死義之士·問誦詩讀書不知其人可乎·問財聚民散)·家狀 1篇. 卷4(附錄) : 哀辭 1首·輓詞 12首·祭文 6篇·墓誌·家狀·行狀·墓碣銘 等.

---

38) 목록에는 '杜陸集'으로 되어 있으나 '陸'은 '陵'의 오자이다.

• 同一 書名 版本 所藏處

목판본 : 규장각, 한국국학진흥원, 한국학중앙연구원, 경기대학교, 고려대학교, 단국대학교 퇴계기념도서관, 동국대학교 경주캠퍼스, 동아대학교, 성균관대학교, 연세대학교, 영남대학교, 용인대학교, 전주대학교, 춘호재, 미국 UC버클리대학교 등.

(65) 遯庵先生逸集

書名	出版事項	版式狀況	一般事項	所藏番號
遯庵先生逸集	徐翰廷 著, [19世紀] 刊	2卷 1冊, 朝鮮木版本, 四周雙邊, 半郭 : 19.3×14.5㎝, 10行 18字, 上下白口, 上下內向四瓣花紋黑魚尾, 31×19.1㎝, 線裝, 楮紙	序 : ①上之九年己巳(1785)…蔡濟泰謹書 ②上之二年戊戌(1778)…李守貞謹序, 跋 : 甲戌…徐弘胤謹識, 印記 : 西谷靑岩, 藏書記 : 九皐里社印出靑岩藏	09-2541

• 槪要

조선 전기 학자 徐翰廷의 유집.

충재박물관 소장본은 藏書記가 '九皐里社印出靑岩藏'으로 되어 있는데, 저자 徐翰廷이 제향된 '九皐里社'에서 인출하여 충재 종가에 보낸 판본이다.

• 編纂과 刊行

저자의 10세손 徐弘胤 등이 저자의 유고를 편집하여 1814년(순조 14)에 목판본으로 간행하였으며, 蔡濟恭과 李守貞의 서문과 編者 徐弘胤의 발문이 수록되어 있다.

• 著者

徐翰廷(1407~1490) : 본관은 達成이고, 徐均의 아들이다. 일찍이 사마시에 합격하였는데 端宗이 遜位하고 世祖가 즉위하자 달성에서 가족을 이끌고 小白山으로 들어가 은둔하였다. 사후에 司憲府持平에 추증되고 九皐里社에 제향 되었다.

• 版本構成

卷1 : 詩 9首. 卷2(附錄) : 呈遯庵新居·雨後呈遯庵·祭文·榮川誌·達成世譜序·墓碣銘·墓碣銘·家狀·登岡記·登岡志·著3存齋記篇·九皐里社奉安告文·祝文·上言·啓 等.

• 同一 書名 版本 所藏處

목판본 : 국립중앙도서관, 한국학중앙연구원, 경기대학교, 계명대학교, 고려대학교, 성균관대학교, 안동대학교, 연세대학교, 용인대학교, 전남대학교, 전주대학교, 성암고서박물관, 미국 UC버클리대학교 등.

(66) 晩谷先生文集 *

書名	出版事項	版式狀況	一般事項	所藏番號
晩谷先生文集	趙述道 著, [19世紀] 刊	17卷 9冊, 朝鮮木版本, 四周雙邊, 半郭 : 20.1×15.7㎝, 有界, 10行 20字, 上下白口, 上下內向四瓣花紋黑魚尾, 31.6×20.8㎝, 線裝, 楮紙	序 : 鄭宗魯撰, 印記 : 酉谷靑岩	09-0198 ~0206

• 槪要

조선 후기 학자 趙述道의 시문집.

• 編纂과 刊行

저자의 조카 趙居信(1749~1826)이 趙述道의 시문을 수집하여 鄭宗魯(1738~1816)에게 校讎와 서문을 부탁하고, 鄭宗魯가 저자의 후손 趙根復과 교정을 마치고 서문을 써주었다. 간행 경위에 대한 자세한 기록은 없지만, 趙居信의 주도로 1821년에 목판으로 간행한 것으로 추정된다.

• 著者

趙述道(1729~1803) : 본관은 漢陽이고, 자는 聖紹이며 호는 晩谷이다. 과거공부에 매진했으나 1759년(영조 35) 동생 趙進道가 문과에 합격하고도 趙德鄰의 손자라는 이유로 削科되자 벼슬에 뜻을 접었다. 향인들이 그를 月課의 學正으로 추대하자 상벌을 엄격하게 행하며, 呂氏鄕約에 준해 생도들을 가르쳤다. 1776년에는 月麓書堂을 세우고 '晩谷'으로 자호를 짓고, 여기서 후학들을 지도하였다.

• 版本構成

卷1~2 : 詩 224首. 卷3~7 : 書 152篇. 卷8 : 雜著 6篇. 卷9 : 雜著 7篇·序 7篇. 卷10 : 序 6篇·記 8篇·跋 16篇·箴 2篇·銘 1篇. 卷11 : 贊 2篇·上樑文 4篇·哀辭 11篇·祝文 9篇. 卷12 : 祭文 33篇·墓表 3篇. 卷13 : 墓碣 15篇·墓誌 5篇. 卷14 : 墓誌 5篇·行狀 4篇. 卷15 : 行狀 3篇·行錄 5篇. 卷16 : 行錄 11篇. 卷17 : 行錄 5篇·遺事 8篇·傳 2篇.

• 同一 書名 版本 所藏處

목판본 : 국립중앙도서관, 한국국학진흥원, 한국학중앙연구원, 경기대학교, 계명대학교, 고려대학교, 동국대학교, 성균관대학교, 안동대학교, 영남대학교, 전남대학교 등.

필사본 : 국립중앙도서관.

(67) 晩洲先生文集

書名	出版事項	版式狀況	一般事項	所藏番號
晩洲先生文集	權以復 著, [跋 : 1846年] 刊	4卷 2冊, 朝鮮木版本, 四周雙邊, 半郭 : 21.2×16.1㎝, 有界, 10行 18字, 上下白口, 上下內向四瓣花紋黑魚尾, 31.6×20.7㎝, 線裝, 楮紙	跋 : 上之十二年丙午(1846)…李秉夏謹跋, 印記 : 酉谷靑岩	09-1167 ~1168

• 槪要

조선 후기의 학자 權以復의 시문집.

• 編纂과 刊行

저자의 아들 權廣美가 門下生 李元協·徐元模·聖模 등 여러 사람과 문집간행을 의논하였으나 성취하지 못하고 별세하였다. 저자의 손자인 權五奎가 아버지 뜻을 이어받아 목판본으로 간행하였으며, 李秉夏의 발문이 있다.

• 著者

權以復(1740~1819) : 본관은 安東이고, 출신지는 경북 靑松이다. 자는 無悔이고, 호는 晩洲이다. 大山 李象靖의 문하에서 수학하였으며, 세상 명예와 이득에 뜻을 두지 않았다. 1777년(정조 1) 식년시 생원 1등 2위에 합격한 후 성균관유생이 되었으나, 1781년(정조 5) 부친이 병환이 들자 고향으로 돌아와 평생 학문에 힘쓰며 후학들을 가르쳤다.

• 版本構成

卷1 : 詩 26首·輓詞 13首. 卷2 : 書 56篇. 卷3 : 雜著 5篇(起思錄·忠信說贈趙學仲·趙穉琢字辭 등)·記 2篇·先祖僉樞公所藏心經卷末識·跋文 6篇. 卷4 : 祭文 15篇·墓碣銘 1篇·僉知中樞府事南山徐公行狀·伯父僉樞菊軒府君遺事·先考成均生員府君遺事·權以復行狀.

• 同一 書名 版本 所藏處

목판본 : 국립중앙도서관, 규장각, 한국학중앙연구원, 경기대학교, 경희대학교, 계명대학교, 고려대학교, 동국대학교 서울·경주캠퍼스, 성균관대학교, 안동대학교, 연세대학교, 원광대학교, 전북대학교, 사우당종택, 미국 UC버클리대학교 등.

(68) 晩翠先生逸稿

書名	出版事項	版式狀況	一般事項	所藏番號
晩翠先生逸稿	金盖國 撰, [序 : 1774年] 刊	2卷 1冊, 朝鮮木版本, 四周雙邊, 半郭 : 20.1×14.6㎝, 有界, 10行 18字, 上下白口, 上下內向四瓣花紋黑魚尾, 31.1×19.5㎝, 線裝, 楮紙	表題 : 晩翠稿, 序 : 歲甲午(1774)…李象靖序 印記 : 酉谷青岩	09-2504

• 概要

조선 중기의 문신 金盖國의 시문집.

• 編纂과 刊行

저자의 5대손 金相玄이 士林들과 함께 逸文을 추려 1774년(英祖 50)에 목판본으로 간행하였으며, 李象靖의 서문과 金應祖의 발문이 실려 있다.

• 著者

金盖國(1548~1603) : 新羅 종실의 후손으로 본관은 延安이며, 자는 公齋이고 호는 晩翠堂·養眞翁이다. 1573년(宣祖 6) 사마시에 합격하였고 1591년 문과에 합격하였다. 임진왜란 때에는 향인들의 추대로 의병장이 되었고 1595년에는 그 공로로 禮賓主簿·刑工禮 三曹郞을 歷任하고 江原道都事를 거쳐 계속 승진하여 忠淸道都事 兼 春秋館記事를 지냈다. 1601년에는 沃川郡守로 있다가 병 때문에 사임했고 뒤에 다시 司憲府執義 兼 春秋館編修官이 되었다.

• 版本構成

卷1 : 詩 60首, 祭文 4篇. 卷2 : 關東錄·湖西錄. 附錄 : 家狀·墓碣銘·墓表·墓誌銘·祭文·輓詞·三峰書院上樑文·奉安文·聞見錄.

• 同一 書名 版本 所藏處

목판본 : 국립중앙도서관, 규장각, 한국국학진흥원, 한국학중앙연구원, 경기대학교, 계명대학교, 동국대학교 경주캠퍼스, 성균관대학교, 연세대학교, 용인대학교, 전남대학교 도서관 등.

(69) 晩悔堂先生文集

書名	出版事項	版式狀況	一般事項	所藏番號
晩悔堂先生文集	張慶遇 著, [跋 : 1862年] 刊	4卷 2冊, 朝鮮木版本, 四周雙邊, 半郭 : 19.3×16.1㎝, 有界, 10行 19字, 上下白口, 上下內向四瓣花紋黑魚尾, 31.2×20.8㎝, 線裝, 楮紙	序 : 李鍾祥謹序, 跋 : 壬戌(1862)…九代孫斗鉉謹跋, 印記 : 酉谷青岩	09-1591~1592

• 概要

조선 중기의 학자 張慶遇의 시문집.

• 編纂과 刊行

저자의 9대손 張斗鉉이 유문을 모아 편집하여 1862년(철종 13)에 목판본으로 간행하였으며, 李鍾祥의 서문과 張斗鉉 자신의 발문이 실려 있다.

• 著者

張慶遇(1581~1656) : 본관은 玉山이고, 자는 泰來이며 호는 晩悔堂이다. 1592년(선조 25년) 임진왜란 때에는 10여 세의 나이로 할머니를 모시고 金烏山과 青松 등을 전전하면서 피난하였다. 1609년 향시에 합격하였으나 광해군 집권기에는 서울에서 시행하는 식년과에 응시하지 않고 학문에만 몰두하였다. 1627년(인조 5년) 진사시에 합격하였으며, 병자호란이 일어났을 때는 인동의 병장에 차정되기도 하였다. 花山書堂을 건립하여 후진 교육에 힘썼다. 1654년(효종 5년) 학행으로 천거되어 英陵參奉에 제수되었으나 부임하지 않았다.

• 版本構成

卷首 : 世系圖 · 卷1 : 賦 2首 · 詩 9首 · 書 8篇 · 序 3篇(善籍序 · 惡籍序 · 贈刑部員外郎申晉甫悅道朝京序) · 雜著 4篇(晩晦堂記 · 法天說 · 師門記聞錄 · 奉先儀節) · 祭文 6篇 · 墓誌 1篇. 卷2~4(附錄) : 年譜 · 行狀 · 祭文 11篇 · 誄文 1篇 · 輓詞 45首 · 家狀 · 墓誌銘 · 墓碣銘 · 花山講堂上樑文 · 廟宇上樑文.

• 同一 書名 版本 所藏處

목판본 : 국립중앙도서관, 한국학중앙연구원, 한국국학진흥원, 고려대학교, 성균관대학교, 연세대학교, 영남대학교, 전남대학교 등.

필사본 : 경기대학교.

(70) 晩悔集

書名	出版事項	版式狀況	一般事項	所藏番號
晩悔集	權得己 著, [跋 : 1712年] 刊	零本 9冊, 朝鮮木版本, 四周單邊, 半郭 : 21×15.4㎝, 有界, 10行 22字, 上下白口, 上下內向四瓣花紋黑魚尾, 28.2×19.4㎝, 線裝, 楮紙	跋 : 崇禎戊辰後八十五年壬辰(1712)…權以鎭謹識, 印記 : 酉谷靑岩, 靑岩家寶	09-0637 ~0645

• 槪要

조선 중기의 문신이자 학자인 權得己의 시문집.

• 編纂과 刊行

저자의 詩文은 權諰 등이 수습하여 1630년 경에 6권(原集)으로 편차하여 문집 간행을 시도하였으나 중지되었다. 그 후 80여 년이 지나서 저자의 曾孫 權以鎭이 간행을 위해 原集에서 누락된 詩文과 雜說을 모아 拾遺 1권을 만들고 저자에 대한 추념의 글을 모아 附錄 1권을 만들었다. 그런 후에 1712년(숙종 38)에 慶州府尹으로 재임하면서 목판본으로 간행하였다.

• 著者

權得己(1570~1622) : 본관은 安東이고, 자는 重之이며 호는 晩悔이다. 1589년(선조 22) 진사시에 합격하고, 1610년(광해군 2) 식년문과에 장원급제하여 禮曹佐郎이 되었다. 그 뒤 광해군이 집권하자 관직을 버리고 충남 태안으로 낙향하여 야인생활을 하였다.

• 版本構成

卷1 : 詩 70餘 首·銘 1篇(梳銘). 卷2 : 記(愛閑亭記·飛霞鶩亭記·自可堂記·晩翠軒記 等)·論(閑邪存誠·蘧伯玉欲寡過而未能·湯武革命·無諸己而後非諸人·輪廻)·題·上疏 等. 卷3 : 墓誌銘(亡室李氏墓誌銘)·行狀(通政大夫守黃海道觀察使兼兵馬水軍節度使崔公寅東立行狀·趙直學正立行狀), 卷4 : 雜著(睽義·北征日記·李生訟冤錄)·書(附與慶上舍述古書·

與朴君省書). 卷5 : 書 20篇. 卷6 : 與朴仁之格物論辨說, 拾遺 : 琢玉齋記·鹽商遊百祥樓說·詈命文·然松雜錄. 附錄 : 行狀·墓碣銘·墓誌銘·挽詩·祭文·道山書院奉安祭文·春秋享祀祝文·策 2篇(殿策·執事策).

• 同一 書名 版本 所藏處

목판본 : 국립중앙도서관, 규장각, 한국국학진흥원, 한국학중앙연구원, 계명대학교, 고려대학교, 동국대학교 경주캠퍼스, 영남대학교, 용인대학교, 이화여자대학교, 전남대학교, 전북대학교, 조선대학교, 중앙대학교 등.

(71) 忘窩先生文集 *

書名	出版事項	版式狀況	一般事項	所藏番號
忘窩先生文集	金榮祖 著, [序 : 1775] 刊	5卷 4冊, 朝鮮木版本, 四周雙邊, 半郭 : 21.5×15.2㎝, 有界, 10行 20字, 上下白口, 上下內向四瓣花紋黑魚尾, 31.4×20.5㎝, 線裝, 楮紙	序 : 崇禎紀元後三乙未(1775)…李世澤謹書, 印記 : 酉谷青岩	09-1715~1718

• 槪要

조선 중기 학자 金榮祖의 시문집.

• 編纂과 刊行

저자의 5세손인 金行源과 宗孫인 金宅源이 1775년(영조 51)에 목판본으로 간행한 것으로 추정되며, 1775년 李世澤이 쓴 서문이 실려 있다.

• 著者

金榮祖(1577~1644) : 본관은 豊山이고, 자는 孝仲이며 호는 忘窩이다. 1601년(선조 34) 사마시에 합격하고, 1612년(광해군 4) 증광문과에 丙科로 급제하였다. 그 후 承文院正字를 거쳐 典籍에 승진하였으나 광해군 집권기에는 10여 년 동안 은거하였다. 1623년 인조 집권 후 복관되어 正言·持平·副修撰·掌令·大司憲·大司成·大司諫·副提學·吏曹參判 등을 역임하고 여섯 차례나 어사로 나아갔다. 1633년에는 세자 책봉을 주청하기 위해 奏請使 韓仁及과 함께 부사로 중국에 다녀왔다. 弘文館副提學·吏曹參判을 역임하다가 1642년에 면직되어 고향인 安東으로 돌아와 은거하였다.

• 版本構成

卷1 : 詩 156題. 卷2 : 詩 125題. 卷3 : 詩 112題·書 15篇. 卷4 : 疏 4篇·箚 3篇·啓辭 25篇·箋 4篇·祭文 8篇. 卷5 : 雜著 3篇·記·墓表·行狀. 卷6(附錄) : 年譜·行狀(李世澤 撰)·墓碣銘(李敏求 撰)·墓誌銘(金垬 撰)·輓詞 39首·祭文 11篇·奉安文·常享祝文·朝天送別錄 25篇.

• 同一 書名 版本 所藏處

목판본 : 국립중앙도서관, 규장각, 한국학중앙연구원, 경기대학교, 계명대학교, 고려대학교, 경희대학교, 국민대학교, 동국대학교 서울·경주캠퍼스, 성균관대학교, 연세대학교, 사우당종택, 성암고서박물관 등.

(72) 忘憂先生文集

書名	出版事項	版式狀況	一般事項	所藏番號
忘憂先生文集	郭再祐 著, 17世紀 刊	2卷 1冊, 朝鮮木版本, 四周單邊, 半郭 : 22.7×17.9㎝, 有界, 12行 24字, 上下白口, 上下內向四瓣花紋黑魚尾, 35.4×20.5㎝, 線裝, 楮紙	印記 : 西谷靑岩	09-0289

• 概要

조선 중기의 학자이자 무신인 郭再祐의 시문집.

• 編纂과 刊行

初刊本은 저자의 사위 成以道가 주도하여 1622년에서 1629년 사이에 출간된 것으로 보인다. 그러나 初刊本의 내용이 소략하고 編次가 조야하여 郭再祐의 내·외손들을 중심으로 重刊本 간행이 준비하였다. 이후 郭再祐의 6세손 郭鎭南이 院儒·後孫들과 함께 初刊本을 증보하여 1771년에 禮淵書院에서 改刊하였다.

• 著者

郭再祐(1552~1617) : 본관은 玄風이고 의령 출신이다. 자는 李綏이며 호는 忘憂이다. 1585년(선조 18) 34세의 나이로 別試의 庭試 2등으로 뽑혔으나 지은 글이 왕의 뜻에 거슬린다는 이유로 합격이 취소되었다. 그 뒤 과거에 나갈 뜻을 포기하고 평생 은거하려고 하였으나 1592년 4월 14일에 임진왜란이 일어나자 의병을 일으켰다. 그 공으로 같은 해 7월에 幽谷察訪에 제수되었고, 곧 이어 刑曹正郎에 제수되었다. 정유재란에도 공을 세웠으나 계모 許氏

가 사망하자 벼슬을 버리고 울진으로 가서 복상하였다. 1599년 다시 慶尙右道防禦使에 임명되었으나 상중임을 구실로 나가지 않았다. 이로 인해 1600년(선조 33)에 靈岩에 유배되었다가 2년 후 풀려나자 靈山 滄岩에 江亭을 신축하고 은거하였다. 마지막으로는 1616년 掌隷院 判決事를 제수 받았으나 역시 나가지 않고 이듬해 죽었다.

- 版本構成

卷首 : 世系·年譜·傳. 卷1 : 倡義時自明疏·招諭使開諭文·招諭使狀啓(鶴峯金誠一 撰)·附金將軍書(金德齡撰) 等. 卷2 : 救永昌大君疏·張浚論·旨·啓·贈書·詩 20餘 首·賜祭文·祭文·挽詞.

- 同一 書名 版本 所藏處

목판본 : 국립중앙도서관, 국회도서관, 규장각, 한국학중앙연구원, 경기대학교, 경희대학교, 계명대학교, 고려대학교, 국민대학교, 단국대학교 퇴계기념도서관, 대구가톨릭대학교, 동국대학교, 부산대학교, 성균관대학교, 숙명여자대학교, 연세대학교, 영남대학교, 전남대학교, 사우당종택, 성암고서박물관, 日本大阪府立中之島圖書館, 미국 UC버클리대학교 등.

(73) 梅山先生文集 *

書名	出版事項	版式狀況	一般事項	所藏番號
梅山先生文集	鄭重器 著, [跋 : 1797年] 刊	零本 5冊, 朝鮮木版本, 四周雙邊, 半郭 : 21.8×15.9㎝, 有界, 10行 20字, 上下白口, 上下內向四瓣花紋黑魚尾, 33.3×21.7㎝, 線裝, 楮紙	跋 : 上之二十一年精舍(1797)…鄭宗魯跋, 印記 : 酉谷靑岩, 藏書記 : 癸亥秋自科場來	09-1051 ~1054, 1702
梅山先生文集	鄭重器 著, [跋 : 1797年] 刊	零本 5冊, 朝鮮木版本, 四周雙邊, 半郭 : 21.9×15.9㎝, 有界, 10行 20字, 上下白口, 上下內向四瓣花紋黑魚尾, 33.3×21.7㎝, 線裝, 楮紙	跋 : 上之二十一年精舍(1797)…鄭宗魯跋, 印記 : 酉谷靑岩, 藏書記 : 癸亥秋自科場來	09-1703 ~1707

- 槪要

조선 후기 학자 鄭重器의 시문집.

충재박물관 소장본의 藏書記는 '癸亥秋自科場來'으로 되어 있는데, 科擧에 참여했던 權檄의 후손이 과거시험장에서 기증받은 것으로 추정된다.

• 編纂과 刊行

저자 鄭重器의 시문을 차남 鄭一鑽이 수집 편차하여 李象靖의 교감과 永川士林의 협조를 받아 1790년 저자의 부친 鄭碩達의 『涵溪集』과 함께 목판으로 간행하였다. 그 후 1797년에 鄭宗魯의 발문을 追刻하였다.

• 著者

鄭重器(1685~1757) : 본관은 迎日이고, 자는 道翁이며 호는 梅山이다. 1727년(영조 3) 생원으로 증광문과에 丙科로 급제하여 1731년 承政院注書가 되고 이어 結城縣監을 지냈다. 그 후 司諫院正言을 거쳐 뒤에 刑曹參議를 역임하였다. 李麟佐의 난 이후 조정에서 영남의 인사를 정권에서 소외시키자 연명상소를 하여 그 시정을 진정하기도 하였다.

• 版本構成

卷1 : 詩 116首. 卷2 : 詩 150首. 卷3 : 疏 6篇. 卷4 : 書 48篇. 卷5 : 書 37篇. 卷6 : 書 35篇. 卷7 : 書 50篇. 卷8 : 雜著 14篇. 卷9 : 序 2篇·記 6篇·跋 6篇 上樑文 2篇. 卷10 : 祝文 6篇·祭文 38篇·誄文 1篇. 卷11 : 墓誌銘 13篇·墓碣銘 16篇. 卷12 : 行狀 7篇·傳 2篇.

• 同一 書名 版本 所藏處

목판본 : 국립중앙도서관, 한국학중앙연구원, 경기대학교, 계명대학교, 국민대학교, 고려대학교, 대구가톨릭대학교, 성균관대학교, 연세대학교, 영남대학교, 용인대학교, 한양대학교 등.
필사본 : 규장각.

(74) 梅窓先生文集

書名	出版事項	版式狀況	一般事項	所藏番號
梅窓先生文集	鄭士信 著, [跋 : 1821年] 刊	5卷 3冊, 朝鮮木版本, 四周雙邊, 半郭 : 21×14.4㎝, 有界, 11行 21字, 上下白口, 上下內向四瓣花紋黑魚尾, 30.8×19.2㎝, 線裝, 楮紙	序 : 上之二十一年辛巳(1821)…金是瓚謹書, 跋 : 辛巳(1821)…鄭來成謹識, 印記 : 酉谷青岩	09-0969~0971

• 概要

조선 중기의 문신·학자 鄭士信의 시문집.

• **編纂과 刊行**

저자의 후손 鄭在厚와 鄭經濟 등이 1805년(순조 5) 편집하였고, 7대손 鄭來成이 1821년 목판본으로 간행하였으며, 金是瓚의 서문과 鄭來成의 발문이 실려 있다.

• **著者**

鄭士信(1558~1619) : 본관은 淸州이고, 자는 子孚이며 호는 梅窓·神谷이다. 1582년(宣祖 15) 式年文科에 을과로 합격하여 著作·博士·正言·禮安縣監·兵曹正郎·副修撰 兼 經筵檢討官·春秋館記事官·典籍 등을 거쳐 1591년 禮曹正郎·修撰을 지냈다. 이듬해 임진왜란 때 持平으로서 왕을 따라 평양으로 피란 도중 이탈하여 삭직 당하였다. 그 후 강원도 지방에서 의병을 모아 많은 왜적을 살해한 공으로 다시 등용되어 1594년 慶尙道都事가 되었다. 1609년(光海君 1) 文科重試에 을과로 합격하여 이듬해 冬至使로 明에 다녀온 뒤 掌隷院判決事·密陽府使 兼 慶尙中道防禦使를 지냈다.

• **版本構成**

卷1~2 : 詩 142首. 卷3 : 疏 4篇(陳情疏·綱八目疏·辭冬至使疏·稟定儀章疏)·書 5篇. 卷4 : 雜著 4篇(箕子朝周受封辨·偶錄·古文眞寶前後集註釋·金義士閭表)·上樑文 1篇(麗江書院養浩樓重修上樑文)·跋 4篇(題剪燈新話後·書金戎之白飭銘後·書樞宗元箕子廟碑銘陰後·題李芝峯安南使臣唱和集後)·祭文 9篇·哀辭 1篇·墓誌 2篇, 傳 1篇(趙完璧傳). 卷5 : 敎書 1篇(慶尙中道趙防禦使敎書)·行狀·行錄·墓誌·鶴巖里社奉安文·輓詞 12首.

• **同一 書名 版本 所藏處**

목판본 : 국립중앙도서관, 국회도서관, 규장각, 한국학중앙연구원, 경기대학교, 계명대학교, 고려대학교, 성균관대학교, 안동대학교, 연세대학교, 전남대학교, 전북대학교 등.

(75) 梅軒先生文集 *

書名	出版事項	版式狀況	一般事項	所藏番號
梅軒先生文集	琴輔 著, [跋 : 1909] 刊[39]	4卷 2冊, 朝鮮木版本, 四周雙邊, 半郭 : 27.6×15.1㎝, 有界, 10行 18字, 上下白口, 上下內向四瓣花紋黑魚尾, 30.4×20.2㎝, 線裝, 楮紙	序 : 李彙寧, 跋 : ①己酉(1909)…金鶴鎭 ②癸丑(1853)…琴書述 ③辛卯(1891)…琴佑烈	09-0274 ~0278

• **概要**

조선 중기 학자 琴輔의 시문집.

• **編纂과 刊行**

琴輔의 시문이 생전에 화재로 대부분 소실되어, 10세손 琴佑烈(1824~1904)이 남아있는 저자의 시문과 관련 기록을 陶山의 草本과 여러 문중의 古蹟에서 수집하고, 許傳(1797~1886)에게 받은 행장과 李彙載(1795~1875)에게 받은 묘갈명 등 부록으로 모아 1891년에 4권 2책으로 편차해 두었다. 이를 嗣孫 琴祜烈(1853~1926)이 1909년에 金鶴鎭의 발문을 받아 목판으로 간행하였다. 李彙寧의 서문과 金鶴鎭·琴書述·琴佑烈의 발문이 실려 있다.

• **著者**

琴輔(1521~1584) : 본관은 奉化이고, 자는 士任이며 호는 梅軒·柏栗堂이다. 1546년(명종 1) 사마시에 합격하였으나 인종 사후 정치 상황에 실망하여 대과에 응시할 뜻을 버리고 낙향하였다. 그 뒤 학문에 뜻을 두고 李滉에게 수학하였으며, 南溪에 寒栖菴을 짓고 성리학을 연구하였다. 글씨에도 뛰어나서 退溪墓碑·陶山神版 등 여러 편액에 글씨가 남아 있다.

• **版本構成**

卷1 : 詩 30題·賦 1篇. 卷2 : 書 7篇·祭文 3篇·碣文 2篇·雜著 5篇. 卷3 : 雜著 1篇. 附錄 : 師友寄贈 10篇·家狀(琴是養 撰)·行狀(許傳 撰)·墓誌銘·墓碣銘(李彙載 撰).

• **同一 書名 版本 所藏處**

목판본 : 국립중앙도서관, 국회도서관, 한국국학진흥원, 한국학중앙연구원, 경기대학교, 계명대학교, 고려대학교, 대구가톨릭대학교, 성균관대학교, 안동대학교, 연세대학교, 영남대학교, 전남대학교, 남평문씨 인수문고, 성암고서박물관, 미국 UC버클리대학교 등.

---

39) 목록에는 '[跋 : 1891] 刊'으로 되어 있고, 金鶴鎭이 발문을 쓴 연도도 '己酉(1849)'년으로 되어 있다. 金鶴鎭이 발문을 쓴 己酉는 1849년이 아니라 1909년이므로 세 가지 발문 중 가장 나중에 쓴 발문을 간행연도의 기준으로 삼았다.

(76) 明巖先生實記

書名	出版事項	版式狀況	一般事項	所藏番號
明巖先生實記	李攸善[40] 編, [跋：1890年] 刊	不分卷 1冊, 朝鮮木版本, 四周雙邊, 半郭：18.9×15.1㎝, 有界, 10行17字, 上下白口, 上下內向四瓣花紋黑魚尾, 31.5×20.5㎝, 線裝, 楮紙	表題：明巖實記, 序：上之二十七年庚寅…永嘉權璉夏謹序, 跋：①聞韶金道和謹識 ②癸巳…後孫庭韶敬書 ③庚寅…九世孫李國楨, 被傳者：李中	09-2621

• **概要**

朝鮮 中宗 때의 학자 李中의 유문과 행적 등을 모아놓은 책.

• **編纂과 刊行**

저자의 後孫 李攸善과 李國楨 등이 1890년(高宗 27)에 편찬하여 목판본으로 간행하였으며, 權璉夏의 서문과 金道和·李庭韶·李國楨의 발문이 실려 있다.

• **著者**

李中(1488~1557)：본관은 固城이고, 자는 而强이며 호는 明巖이다. 작은아버지 李胄로부터 학문을 배우고, 趙光祖·金湜의 문하에서 수학하였다. 벼슬에 뜻을 두지 아니하고 靈山에서 후진을 양성하였다. 1519년(중종 14) 4월 己卯士禍로 선산에 유배된 스승 金湜이 화를 피하여 도주하여 오자 은신시켰다가 金湜을 수행하여 온 李信의 밀고에 의하여 富寧으로 유배되었다. 1532년에 사면되어 學行으로 禮曹正郞에 제수되었으나 사퇴하고 후진양성에 전력하였다.

• **版本構成**

卷首：世界圖·年譜序(金益成 撰)·年譜·逸稿(詩 9首)·臨淵精舍板上題名錄(金湜·李中·裵鶴·金世仲·裵鵬·李奈寶·裵湛·裵沇·裵洙·辛駿·李道熙). 附錄上：墓碣銘·鄕儒立石銘·贊·道泉書院上樑文 2首·奉安文·常享祝文. 附錄下：行狀·遺事·墓誌銘·跋.

• **同一 書名 版本 所藏處**

목판본：규장각, 경상대학교, 대구가톨릭대학교, 동아대학교, 연세대학교, 용인대학교, 전남대학교, 조선대학교 등.

---

40) 목록에는 '李修善'으로 되어 있으나 '修'는 '攸'의 오자이다.

(77) 明齋先生遺稿

書名	出版事項	版式狀況	一般事項	所藏番號
明齋先生遺稿	尹拯[41] 著, [跋 : 1732年] 刊	零本 1冊, 朝鮮木版本 四周單邊, 半郭 : 21.7×14.8㎝, 有界, 11行 20字, 上下白口, 上下內向四瓣花紋黑魚尾, 29.5×19.2㎝, 線裝, 楮紙	跋 : 崇禎紀元後再壬子(1732)…尹東洙敬書, 印記 : 三溪書院, 藏書記 : 九皐里社印出靑岩藏, 所藏 : 卷13~14	09-2200 ~2201

• **槪要**

조선 후기의 학자 尹拯의 시문집.

충재박물관 소장본은 藏書記가 '九皐里社印出靑岩藏'으로 되어 있는데, 九皐里社에서 인출하여 충재 종가에 보낸 판본이다.

• **編纂과 刊行**

저자의 詩文은 1715년(숙종 41) 손자 尹東源과 종손 尹東洙 및 문인 梁得中에 의해 정리되기 시작하였는데, 1717년(숙종 43) 저자의 부친 尹宣擧와 함께 관작이 추탈당하면서 일시 중단되기도 하였다. 1722년(경종 2) 관작이 복구된 이후 1731년(영조 7) 5월에 尹東洙의 주도로 遺稿를 다듬어 公州 神定寺에서 몇 질을 인쇄하였고, 그 후 확보한 원고들을 補遺로 실어 1732년 4월 芸閣印書體字로 간행하였다. 重刊本은 1800년대 초반에 整理字體鐵活字로 간행되었으며, 그 외에 목활자본과 목판본으로도 간행되었다.

• **著者**

尹拯(1629~1714) : 본관은 坡平이고, 자는 子仁이며 호는 明齋·酉峰이다. 1642년(인조 20) 아버지 尹宣擧와 俞棨(160~1664)가 錦山에 우거하면서 道義를 강론할 때 함께 공부하며 성리학에 전심하기로 마음먹고, 그 후 權諰·金集·宋時烈에게 주자학을 배웠다. 학업과 행실이 뛰어나, 1663년(현종 4) 公卿과 三司가 함께 그를 천거하여 이듬 해 內侍敎官에 제수되고 이어서 공조랑·사헌부지평에 계속 제수되었으나 모두 사양하고 부임하지 않았다. 숙종 때에도 호조참의·대사헌·우참찬·좌찬성·우의정·판돈녕부사 등에 제수되었으나 모두 사퇴하고 나가지 않았다.

---

41) 목록에는 '尹極'으로 되어 있으나 '極'은 '拯'의 오자이다.

• 版本構成

卷1 : 辭·賦·詩. 卷2~4 : 詩. 卷5~8 : 疏狀·書啓. 卷9~29 : 書牘. 卷30~31 : 雜著(初學畫一圖·喪禮遺書 等). 卷32 : 銘·序·記·跋. 卷33 : 祝告文·祝文·祭文. 卷34 : 祭文. 卷35 : 墓表. 卷36 : 墓表·墓誌銘. 卷37 : 墓誌銘·墓碣銘. 卷38~39 : 墓碣銘. 卷40 : 墓碣銘·神道碑銘. 卷41 : 神道碑銘. 卷42 : 神道碑銘·行狀. 卷43~46 : 行狀, 別集 : 擬書·書札·書牘·目錄.

• 同一 書名 版本 所藏處

금속활자본(整理字體鐵活字) : 국립중앙도서관, 규장각, 고려대학교, 국민대학교, 성균관대학교, 연세대학교, 영남대학교, 전남대학교, 전북대학교, 日本東洋文庫, 미국 컬럼비아대학교, 미국 클레어몬트대학 등.
목활자본 : 규장각, 국회도서관, 한국학중앙연구원, 계명대학교, 충남대학교, 춘호재 등.
목판본 : 국립중앙도서관, 국회도서관, 규장각, 한국학중앙연구원, 고려대학교, 충남대학교, 성암고서박물관 등.
원고본 : 국립중앙도서관.
필사본 : 계명대학교, 고려대학교, 日本東洋文庫 등.

(78) 慕山遺稿

書名	出版事項	版式狀況	一般事項	所藏番號
慕山遺稿	權憲 著	6卷 3冊, 朝鮮木版本, 四周雙邊, 半郭 : 19×15.5㎝, 有界, 10行 20字, 上下白口, 上下內向四瓣花紋黑魚尾, 30.9×20.3㎝, 線裝, 楮紙	序 : ①上之二十四年庚申(1800)…柳奎謹序 ②鄭宗魯謹序, 跋 : 柳一春謹書, 印記 : 酉谷靑岩	09-1460 ~1462

• 槪要

조선 후기의 학자 權憲의 시문집.

• 編纂과 刊行

저자의 손자 權椓가 유고를 편집하여 1800년(정조 24)에 목판본으로 간행하였다. 柳奎·鄭宗魯의 서문과 柳一春의 발문이 실려 있다.

• 著者

權憲(1693~1747) : 본관은 安東이고, 자는 周甫이며 호는 慕山이다. 평생 동안 벼슬에 뜻을 두지 않고 학문에만 전념하였고 退溪를 흠모하여 그 언행을 본받았다.

• 版本構成

卷1 : 詩 78首. 卷2 : 詩 78首. 卷3 : 書 22篇·序·記·跋 1篇·論 2篇·箴10篇. 卷4 : 瑣錄. 卷5 : 雜著 7篇·雜記 4篇. 卷6 : 祭文 15篇·哀辭 3篇·遺事 1篇(舒川郡守贈吏曹參議公遺事)·通文 4篇·呈文 1篇. 附錄 : 行狀 1篇·墓碣銘 1篇·輓詞 22首.

• 同一 書名 版本 所藏處

목판본 : 국립중앙도서관, 규장각, 한국국학진흥원, 한국학중앙연구원, 경기대학교, 계명대학교, 고려대학교, 성균관대학교, 전주대학교, 충남대학교, 사우당종택 등.
필사본 : 규장각.

(79) 蒙庵先生文集 *

書名	出版事項	版式狀況	一般事項	所藏番號
蒙庵先生文集	李埰 著, [跋 : 1832] 刊	6卷 3冊, 朝鮮木版本, 四周單邊, 半郭 : 21.3×14.6㎝, 有界, 10行 20字, 上下白口, 上下內向四瓣花紋黑魚尾, 32.5×25.8㎝, 線裝, 楮紙	表題 : 蒙庵集, 序 : 上之三十二年(1832)…柳尋春謹序, 跋 : 壬辰(1832)…李鼎基謹跋, 識 : 上之三十二年壬辰(1832)…李秉遠謹書, 印記 : 西谷青岩	09-1668 ~1670

• 槪要

조선 중기 학자 李埰의 시문집.

• 編纂과 刊行

저자의 후손인 李潤祥 등이 李埰의 시문을 편집하여 1832년(순조 32)에 목판본으로 간행하였으며, 柳尋春의 서문과 李秉遠·李鼎基의 발문이 수록되어 있다. 이 初刊本을 玉山書院에서 1841년 혹은 1901년에 다시 간행하였다.

• 著者

李埰(1616~1684) : 본관은 驪州이고, 자는 錫吾이며 호는 夢庵이다. 어려서 從祖인 李宜活에

게 수학하여 경전과 역사에 능통했고 글을 잘 지었다. 1666년(현종 7) 丙午式年司馬試에 進士 2등으로 합격하였으나 그 후에 여러 차례 鄕試에 응하였으나 번번이 낙방하였다. 1665년(현종 6)에 비로소 上舍에 선발되었고, 1676년(숙종 2)에 遺逸로 천거되어 英陵參奉과 氷庫別檢에 제수되었으나 부임하지 않았다.

• 版本構成

卷1 : 詩 116首. 卷2 : 詩 143首. 卷3 : 詩·詞·疏(慶州請復舊號疏·芝山曺先生請謚疏·鷗江書院請額疏). 卷4 : 書 5篇·雜著 6篇·序 3篇·記(仁山館移建記 等)·跋(文廟享祀志跋 等). 卷5 : 祝文 7篇·祭文 10篇·上梁文 3篇·墓誌銘 5篇·行狀 2篇·箴銘 5篇. 卷6(附錄) : 行狀·墓誌銘·墓誌銘·挽詞·祭文.

• 同一 書名 版本 所藏處

목판본 : 국립중앙도서관, 규장각, 한국학중앙연구원, 경기대학교, 계명대학교, 단국대학교 퇴계기념도서관, 고려대학교, 동국대학교 서울·경주캠퍼스, 동아대학교, 부산대학교, 성균관대학교, 연세대학교, 영남대학교, 용인대학교, 원광대학교, 전남대학교, 한양대학교, 미국 UC 버클리대학교 등.

필사본 : 규장각.

(80) 武陵雜稿

書名	出版事項	版式狀況	一般事項	所藏番號
武陵雜稿	周世鵬 著, 德淵書院	8卷 9冊, 朝鮮木版本, 四周雙邊, 半廓 19.4×15㎝, 有界, 10行 20字, 上下白口, 上下內向四瓣花紋黑魚尾, 30.7×19.7㎝, 線裝, 楮紙	刊記 : 己未季夏德淵重刊, 跋 : ①甲子…李滉謹白 ②柳致明謹識 ③己未…傍孫相炫謹識 ④萬曆九年辛巳…周博, 印記 : 酉谷青岩	09-1688~1691
武陵雜稿	周世鵬 著	8卷 5冊, 朝鮮木版本, 四周雙邊, 半廓 19.8×15.1㎝, 有界, 10行 20字, 上下白口, 上下內向四瓣花紋黑魚尾, 28.7×19.7㎝, 線裝, 楮紙	印記 : 酉谷青岩	09-0265~0269
武陵雜稿 附錄	周世鵬 著, [跋 : 1908年] 刊[42]	4卷 2冊, 朝鮮木版本, 四周雙邊, 半廓 20×18.1㎝, 有界, 10行 20字, 上下白口, 上下內向四瓣花紋黑魚尾, 29.6×20.1㎝, 線裝, 楮紙	跋 : 著雍涒灘(戊申, 1908)…張錫英謹跋, 印記 : 酉谷青岩	09-0332~0333

• **概要**

조선 중기의 문신 周世鵬의 시문집.

충재박물관에는 3종의『武陵雜稿』가 소장되어 있는데, 德淵書院에서 간행한 판본과 1908년도에 간행된 판본 모두를 소장하고 있다.

• **編纂과 刊行**

저자의 양자 周博이 李滉의 교정을 받아 初刊本을 出刊하였으나 전란으로 板木이 유실되었다. 重刊本은 哲宗代에 후손 周秉恒과 周相炫 등이 陶山書院과 紹修書院에 보존되었던 印本과 문중에 전해지던 필사본을 토대로 1859년(철종 10)에 德淵書院에서 목판본으로 간행하였다. 그 후에도 1904년과 1908년에 4권 1책의 續集과 4권 2책의 附錄이 각각 추가로 간행되었다.

• **著者**

周世鵬(1495~1554) : 본관은 尙州이고, 자는 景游이며 호는 愼齋·南皐·武陵道人·巽翁이다. 1522년(중종 17) 생원시에 합격하고, 같은 해 별시문과에 을과로 급제하여 承文院權知副正字로 관직을 시작하였다. 1541년(중종 36) 풍기 군수가 되어 1543년(중종 38)에 조선 서원의 시초인 白雲洞書院(紹修書院)을 건립하였다. 1545년(명종 즉위년) 내직으로 들어와 成均館司成·弘文館應教·典翰·直提學·都承旨를 역임했으며, 1548년 호조참판이 되었다. 1549년 황해도관찰사가 되어 白雲洞書院의 예와 같이 해주에 首陽書院을 건립하였다.

• **版本構成**

原集 - 卷1 : 賦·辭·詩. 卷2~4 : 詩. 卷5 : 封事·書. 卷6 : 雜著. 卷7 : 雜著·序·記. 卷8 : 跋·箴·銘·贊·祝文·墓誌·行狀 等.

別集 - 卷1 : 賦·辭·詩. 卷2~5 : 詩. 卷6 : 封事·書·雜著·書·記·跋. 卷7 : 祝文·祭文·墓誌. 卷8 : 賦·歌辭·書·雜著·記·遺事 等. 卷8(附錄) : 行狀·賜祭文,初刊跋(李滉·周博)·重刊跋(柳致明·周相炫).

• **同一 書名 版本 所藏處**

목판본 : 국립중앙도서관, 규장각, 한국국학진흥원, 한국학중앙연구원, 경상대학교, 계명대학교, 고려대학교, 국민대학교, 동국대학교 서울·경주캠퍼스, 부산대학교, 성균관대학교, 안동

---

42) 목록에는 발문을 쓴 연도를 '1848'로 잡았으나, 1908년으로 추정된다.

대학교, 연세대학교, 영남대학교, 용인대학교, 원광대학교, 전남대학교, 남평문씨 인수문고, 미국 UC버클리대학교, 캐나다 토론토대학교 등.

(81) 撫松軒先生文集 *

書名	出版事項	版式狀況	一般事項	所藏番號
撫松軒先生文集	金淡 著, [19世紀] 刊	6卷 3冊, 朝鮮木版本, 四周雙邊, 半郭 : 18.9×15.3㎝, 有界, 10行 18字, 上下白口, 上下內向四瓣花紋魚尾, 32.5×21㎝, 線裝, 楮紙	序 : 赤狗(丙戌, 1646)…金應祖序拜手謹識	20-1116 ~1118

• **概要**

조선 초기 문신이자 천문학자인 金淡의 시문집.

• **編纂과 刊行**

金淡의 사후, 저자의 玄孫 金功이 저자의 詩文을 모아두었고, 6대손 金鏊이 重試對策과 張顯光이 1635년에 지은 神道碑銘을 추가하여 1644년에 목판본으로 初刊하였다. 그 후 8대손 金萬柱가 1707년 문집을 不分卷 1책으로 重刊하였으며, 10대손 金堃이 1767년에 문집을 三刊하였다.

• **著者**

金淡(1416~1464) : 본관은 禮安이고, 자는 巨源이며 호는 撫松軒이다. 1435년(세종 17) 庭試에 병과로 급제하여 弘文館正字로 임명되었다. 1437년에는 集賢殿著作郎이 되었고, 1439년에 集賢殿博士가 되었다. 이후 奉常寺主簿·吏曹正郎·堤堰從事官·承文院副校理 등을 역임하였다. 1452년 弘文館直提學이 되었고, 1456년(세조 2) 安東府使가 되었다가, 1458년 慶州府尹을 거쳐, 1464년 中樞院事가 되었다. 李純之와 더불어 당대에 가장 뛰어난 천문학자로서 세종대의 천문·역법 사업에 크게 공헌하였고, 많은 천문역서를 교정하고 편찬하였다.

• **版本構成**

卷1 : 詩 7題·頌 1篇·箋 1篇·疏 17篇. 卷2 : 啓辭 43篇. 卷3 : 獻議 4篇·對策 1篇·雜錄 2篇. 卷4~6 : 附錄. 卷4 : 御書·行狀(權鎔 撰)·史傳·神道碑銘(張顯光 撰)·家狀(金友益 撰)

·墓誌(金㙆 撰) 等. 卷5~6 : 年譜.

• 同一 書名 版本 所藏處

목판본 : 국립중앙도서관, 한국국학진흥원, 한국학중앙연구원, 경기대학교, 계명대학교, 고려대학교, 대구가톨릭대학교, 안동대학교, 성균관대학교, 연세대학교, 용인대학교, 전남대학교, 미국 UC버클리대학교 등.

(82) 無忝堂先生文集

書名	出版事項	版式狀況	一般事項	所藏番號
無忝堂先生文集	李宜潤 著	2卷 1冊, 朝鮮木版本, 四周雙邊, 半郭 : 19.5×15.1㎝, 有界, 10行 18字, 上下白口, 上下內向四瓣花紋黑魚尾, 32×20.3㎝, 線裝, 楮紙	表題 : 無忝堂集, 序 : 後學眞城李彙載謹書, 跋 : 傍裔孫鍾祥又謹跋, 印記 : 酉谷靑岩	09-1113

• 槪要

조선 중기의 학자 李宜潤의 시문집.

• 編纂과 刊行

저자의 후손인 李鍾祥의 편집을 거쳐서 고종연간에 목판본으로 간행하였으며, 李彙載의 서문과 李鍾祥의 발문이 실려 있다.

• 著者

李宜潤(1564~1597) : 본관이 驪州이고, 조부가 李彦迪이다. 자는 晬然이며 호는 無忝堂이다. 어려서부터 鄭逑(1543~1620)의 문하에서 수학하면서 정통 退溪學을 계승하였다. 관직에 나가지 않고 독서하고 성실히 효행을 행하다가 34세의 젊은 나이에 요절하였다.

• 版本構成

卷1 : 詩 18首·賦 2篇·論 1篇(諸葛亮殺馬謖論)·箴 2篇·雜著 2篇(昏禮質疑·己丑日錄)·祭文 1篇. 卷2(附錄) : 行狀·墓誌銘·墓碣銘·家狀·聞見錄·景山奉安文·常享祝文·講堂上樑文 等.

• 同一 書名 版本 所藏處

목판본 : 국립중앙도서관, 한국학중앙연구원, 가톨릭대학교, 경기대학교, 계명대학교, 고려대학교, 동국대학교 서울·경주캠퍼스, 성균관대학교, 안동대학교, 영남대학교, 용인대학교, 전남대학교, 전북대학교, 전주대학교, 성암고서박물관 등.

필사본 : 규장각.

(83) 文峯先生文集

書名	出版事項	版式狀況	一般事項	所藏番號
文峯先生文集	鄭惟一 著, [序 : 1799] 刊	6卷 3冊, 朝鮮木版本, 四周雙邊, 半郭 : 21.4×16.1㎝, 有界, 10行 20字, 上下白口, 上下內向四瓣花紋黑魚尾, 30.9×20.4㎝, 線裝, 楮紙	序 : 上之二十三年己未(1799)…趙述道謹序, 印記 : 酉谷靑岩, 藏書記 : 靑岩家藏	09-1747 ~1749
文峯先生文集	鄭惟一 著, 19世紀 寫	零本 1冊, 筆寫本, 四周雙邊, 半郭 : 20.3×14.8㎝, 有界, 10行 22字, 無魚尾, 29.3×19.6㎝, 線裝, 楮紙	所藏 : 卷3~5	09-2133

• 槪要

조선 중기의 문신 鄭維一의 시문집.

충재박물관에는 완질인 목판본 1종과 卷3~5를 베껴 쓴 필사본 1종이 소장되어 있다.

• 編纂과 刊行

저자 사후 200여 년이 지난 뒤 安東의 유림 權應度가 本鄕 출신인 저자의 문집을 간행하자는 논의를 시작하였고, 얼마 후 그가 병으로 죽자 이어서 權思浹·金熙奮·金鎭東이 그 일을 맡아 유문을 수습하였다. 여기에다 後孫 鄭宗璞이 저자의 유문을 더 수집하고 편찬하여 1799년(정조 23)에 목판으로 간행하였다. 趙述道의 서문과 金鎭東의 발문이 실려 있다.

• 著者

鄭維一(1533~1576) : 본관은 東萊이고, 자는 子中이며 호는 文峯이다. 1552년에 사마시에 합격하였고, 1558년에 문과에 합격하여 승문원과 예문원에 재직하다 1563년에 부모 봉양을 위해 외직을 청하여 眞寶縣監이 되었다. 이후 내직과 외직을 오가며 관직 생활을 하다가 1576년 병으로 서울의 寓舍에서 사망하였다.

• 版本構成

卷1~2 : 詩 286首. 卷3~4 : 經筵講義·書 4篇·別錄·雜著 1篇(退溪先生言行通述). 卷5 : 閑中筆錄. 卷6(附錄) : 行狀·墓碣銘·墓表 常享祝文·上樑文·祭文 2篇·挽詞 4篇·悼亡篇 2篇 等.

• 同一 書名 版本 所藏處

목판본 : 국립중앙도서관, 고려대학교, 성균관대학교, 단국대학교 퇴계기념도서관, 안동대학교, 연세대학교, 성암고서박물관, 미국 UC버클리대학교 등.

(84) 文節公金先生逸稿

書名	出版事項	版式狀況	一般事項	所藏番號
文節公金先生逸稿	金淡 著	不分卷 1冊, 朝鮮木版本, 四周雙邊, 半郭 : 19×15.2㎝, 有界, 9行 15字, 上下白口, 上下內向四瓣花紋黑魚尾, 30.7×20.3㎝, 線裝, 楮紙	跋 : ①上之三十三年…權斗寅 ②丁亥…張瑠謹書 ③丁亥…萬柱再拜謹識, 印記 : 酉谷靑岩, 靑岩家寶	09-2708
文節公金先生逸集	金淡 著, 丹溪書院, [跋 : 1767年] 刊	2卷 2冊, 朝鮮木版本, 四周雙邊, 半郭 : 18.8×14.9㎝, 有界, 9行 17字, 上下白口, 上下內向四瓣花紋黑魚尾, 28.7×19.6㎝, 線裝, 楮紙	序 : 赤狗(丙戌, 1646)…金應祖序拜手稽首謹識, 跋 : 上之四十三年丁亥(1767)…金垈謹識, 印記 : 酉谷靑岩, 藏書記 : 乙丑四月自丹溪書院印送于靑岩亭	09-1560 ~1561

• 槪要

金淡의 문집인『撫松軒先生文集』이 이미 간행되었는데, 산일된 詩文을 더 수집하여 간행한 시문집.

충재박물관에는 不分卷 1冊의『文節公金先生逸稿』(9行 15字)와 2卷 2冊의『文節公金先生逸集』(9行 17字)이 소장되어 있는데, 서명이 逸'稿'와 逸'集'로 차이가 있고 판식도 다르다.『文節公金先生逸集』에는 藏書記가 '乙丑四月自丹溪書院印送于靑岩亭'으로 되어 있는데, 丹溪書院에서 인출하여 충재 종가에 보낸 판본이다.

• 編纂과 刊行

『文節公金先生逸稿』는 金應祖의 서문과 1707년에 쓴 權斗寅의 발문이 실려 있는 것으로 보아 1707년경에 목판본으로 간행된 것으로 추정된다. 『文節公金先生逸集』은 1767年에는 丹溪書院에서 重刊한 것으로 추정되며, 이 판본에는 金應祖의 金堂의 발문이 실려 있다.

• **著者**

金淡 : 본서의 『撫松軒先生文集』 해제 참조.

• **版本構成**

卷1 : 詩(題桃源圖 · 次茂朱寒風樓韻 · 送咸鏡監司 · 送崔直提學退歸靈巖 · 慶州東軒題詠 · 贈人) · 疏(辭起復疏 · 再疏 · 三疏 · 四疏 · 五疏 · 六疏 · 辭陞資疏). 卷2 : 策(重試對策) · 附錄 : 御書 · 行狀(權鎭 撰) · 神道碑銘(張顯光 撰) · 記聞錄 · 鄕賢祠奉安文 · 鄕賢祠常享祝文 · 鄕賢祠告由文 · 丹溪書院奉安文 · 立神道碑告墓文 · 追感篇 · 舊本後識(權斗寅 · 金萬柱 撰) · 文科榜目 · 重試榜目 · 後識 等.

• **同一 書名 版本 所藏處**

목판본 : 국립중앙도서관, 규장각, 한국국학진흥원, 한국학중앙연구원, 계명대학교, 고려대학교, 동국대학교, 성균관대학교, 안동대학교, 연세대학교, 전남대학교, 충남대학교, 미국 UC버클리대학교 도서관 등.

(85) 勿巖先生文集 *

書名	出版事項	版式狀況	一般事項	所藏番號
勿巖先生文集	金隆 著, [序 : 1774] 刊	4卷 3冊, 朝鮮木版本, 四周雙邊, 半郭 : 20.8×14.6㎝, 有界, 10行 20字, 上下白口, 上下內向四瓣花紋黑魚尾, 31.1×19.6㎝, 線裝, 楮紙	序 : 甲午(1774)…李象靖序, 跋 : 丁範祖, 印記 : 酉谷青岩	09-2468 ~2470

• **槪要**

조선 중기 학자 金隆의 시문집.

• **編纂과 刊行**

저자의 5대손 金尙健이 편집하여 1774년(영조 50)에 목판본으로 간행하였으며, 李象靖의 서문과 丁範祖의 발문이 실려 있다.

• 著者

金隆(1549~1594) : 본관은 咸昌이고, 자는 道盛이며 호는 勿巖이다. 李滉의 문하에서 수학하였고 성리학뿐만 아니라 算法과 천문학에도 조예가 깊었다고 한다. 1592년 임진왜란 때 격문을 지어 거병할 것을 호소하였고, 이듬해 學行으로 참봉에 천거되었다.

• 版本構成

卷1 : 詩 102首·賦 1篇(恨賦). 卷2 : 書 5篇·雜著 1篇·箴 1篇·跋 2篇·祭文 4篇·補遺(詩 6篇). 卷3 : 家禮講錄(本宗五服圖·序·通禮·冠禮·昏禮·喪禮·祭禮). 卷4 : 太極圖說講錄·通書講錄·小學講錄·古文眞寶前集講錄. 卷5(附錄) : 年譜·行狀·墓誌銘·墓碣銘·輓詞·祭文·三峰書院奉安文略·師友贈遺錄·與金道盛書·記聞錄·墓表 等.

• 同一 書名 版本 所藏處

목판본 : 국립중앙도서관, 규장각, 한국학중앙연구원, 계명대학교, 고려대학교, 국민대학교, 단국대학교 퇴계기념도서관, 성균관대학교, 안동대학교, 연세대학교, 전남대학교, 미국 UC버클리대학교 등.

(86) 朴谷先生文集 *

書名	出版事項	版式狀況	一般事項	所藏番號
朴谷先生文集	李元祿 著, [朝鮮朝末期] 刊	4卷 2冊, 朝鮮木版本, 四周雙邊, 半郭 : 20.2×16㎝, 有界, 10行 18字, 上下白口, 上下內向二葉花紋魚尾, 32×21.2㎝, 線裝, 楮紙	印記 : 酉谷青岩	09-2484 ~2485

• 槪要

조선 중기 문신 李元祿의 시문집.

• 編纂과 刊行

본 문집에 실린 저자의 8대손 李相孫의 발문에 의하면 17세기 이후에 목판본으로 간행된 것으로 추정된다.

• **著者**

李元祿(1629~1688) : 본관은 廣州이고, 자는 士興이며 호는 朴谷이다. 1651년 생원진사시에 합격하고, 1663년(현종 4) 식년시 을과에 장원으로 급제하였다. 利川縣監·長淵府使·義州府尹·副承旨 등을 거쳐 禮曹參判·戶曹參判·大司諫·大司憲 등을 역임하였다. 1680년(숙종 6) 庚申黜陟으로 관직에서 물러나 안동에서 은거하며 말년을 보냈다.

• **版本構成**

卷1 : 詩 4篇·書 15篇·疏 5篇(寫進箚錄疏·擬上辭兵曹參議疏·辭左議政疏·再疏·辭左尹疏)·箚 1篇(雷變箚原本逸)·啓辭 1篇(大司憲避嫌啓辭)·箋 8篇·序 1篇(光山李氏族契序)·跋 1篇(書詩傳節要續後)·箴 1篇(進夙興夜寐續箴). 卷2 : 祭文 13篇·丘墓文 2篇·雜著 4篇(問剛柔·氣數策·性策·范滂願埋篇陽山論). 卷3~4 : 敎書 2篇(敎慶尙道觀察使書·敎咸鏡道觀察使書)·賜祭文·祭文 16篇·挽詞 113首·行狀·墓碣銘 等.

• **同一 書名 版本 所藏處**

목판본 : 한국국학진흥원, 한국학중앙연구원, 계명대학교, 고려대학교, 대구가톨릭대학교, 동국대학교, 부산대학교, 성균관대학교, 연세대학교, 영남대학교, 용인대학교, 사우당종택, 미국 UC버클리대학교 도서관 등.
필사본 : 규장각.

(87) 朴正字遺稿

書名	出版事項	版式狀況	一般事項	所藏番號
朴正字遺稿	朴泰漢 著, 18世紀 刊	13卷 7冊, 朝鮮木版本, 四周雙邊, 半郭 : 22.3×15.9㎝, 有界, 10行 20字, 上下白口, 上下內向四瓣花紋黑魚尾, 32.2×21.2㎝, 線裝, 楮紙	印記 : 酉谷靑岩, 藏書記 : 戊午冬京內明洞朴果川所送	09-0132~0138

• **槪要**

17세기 문신 朴泰漢의 遺稿.
충재박물관 소장본 戊午年에 저자 朴泰漢과 같은 가문의 후손으로 추정되는 '朴果川'이란 인물이 기증한 것이다.

• **編纂과 刊行**

간기나 서발이 없어 간행시기와 간행주체를 확인할 수 없으나 저자 사후인 18세기에 간행된 것으로 추정된다.

• **著者**

朴泰漢(1664~1698) : 본관은 高靈이고, 자는 喬伯이다. 1694년 별시 문과에 을과로 급제하여 文翰官에 임명되어 관직을 나아갔다. 급제한 뒤 4년 만에 병으로 죽어 벼슬은 承文院正字에 그쳤다. 평소 언론이 준엄하면서 발라 당파에 휩쓸리지 않았다.

• **版本構成**

卷1 : 學則 12篇. 卷2 : 治法 7篇. 卷3 : 治法(時務雜錄). 卷4 : 治法 6篇. 卷5 : 章疏 6篇. 卷6 : 書牘 50篇. 卷7 : 書牘 28篇. 卷8 : 書牘 13篇. 卷9 : 墓誌(先祖考吏曹判書久堂先生府君墓誌)·遺事 2篇. 卷10 : 賦(暎花堂賦)·詩 250餘 首. 卷11 : 序 2篇·說 4篇, 祭文 3篇·雜著 3篇·科製 3篇. 卷12 : 讀書箚記 7篇). 卷13 : 讀書箚記 3篇. 附錄上 : 行狀(弟師漢 作)·祭文 3篇. 附錄下 : 遺事 4篇.

• **同一 書名 版本 所藏處**

목판본 : 규장각, 한국국학진흥원, 한국학중앙연구원 도서관, 고려대학교, 성균관대학교, 숙명여자대학교, 연세대학교, 영남대학교 등.

(88) 槃澗先生文集

書名	出版事項	版式狀況	一般事項	所藏番號
槃澗先生文集	黃紐 著, [跋 : 1813] 刊	3卷 2冊, 朝鮮木版本, 四周雙邊, 半郭 : 19.3×15.3㎝, 有界, 10行 20字, 上下白口, 上下內向四瓣花紋黑魚尾, 32.7×22.9㎝, 線裝, 楮紙	序 : 甲午(1774)…李象靖謹序, 跋 : 癸酉(1813)…鄭宗魯跋, 印記 : 酉谷靑岩	09-2425~2426

• **槪要**

조선 중기의 학자 黃紐의 시문집.

• **編纂과 刊行**

저자의 4세손 黃湛이 처음 편찬하였고 5세손 黃敬中이 간행하려다 못하고 족손 黃磻老가

1813년(순조 13)에 목판본으로 간행하였다. 李象靖의 서문과 鄭宗魯의 발문이 실려 있다.

• 著者

黃紐(1578~1626) : 본관은 長水이고, 자는 會甫이며 호는 槃澗이다. 1612년(광해군 4)에 司馬試에 합격하였고, 이듬해 增廣文科에 을과로 급제하였다. 1616년에 承政院注書가 되었으나 곧 관직에서 물러나 낙향하였다. 1621년 製述官으로 임용되었으나 나아가지 않았고, 1624년(인조 2) 成均館典籍에 임용되었으며, 곧이어 禮曹正郞이 되었다. 이듬해 司憲府持平이 되어 勳臣을 비판하였다가 鏡城判官으로 除拜되었으나 병으로 부임하지 못하고 죽었다.

• 版本構成

卷1 : 槃澗集序·五言絶句 6首·七言絶句 44首. 卷2 : 五言四韻 21首·七言四韻 32首·五言古詩 5首·七言古詩 11首·六言 2首·尙友賦. 卷3 : 上愚伏鄭先生書·李淸風傳 山水庵除夕會詩序·南川沈氏茅亭記·祭寒岡鄭先生文·雙峰上樑文·隨意隨題 等. 附錄 : 行狀·墓碣銘·祭文·輓祠·玉洞書院奉安文·常享祝文 等.

• 同一 書名 版本 所藏處

목판본 : 국립중앙도서관, 규장각, 한국국학진흥원, 한국학중앙연구원, 계명대학교, 고려대학교, 국민대학교, 성균관대학교, 숙명여자대학, 안동대학교, 연세대학교, 성암고서박물관, 프랑스 동양언어문화학교 등.

필사본 : 규장각.

(89) 半巖集

書名	出版事項	版式狀況	一般事項	所藏番號
半巖集	全球 著, 19世紀 刊	5卷 2冊, 朝鮮木版本, 四周雙邊, 半郭 : 20×14.7㎝, 有界, 10行 20字, 上下白口, 上下內向四瓣花紋黑魚尾, 31×20.2㎝, 線裝, 楮紙	印記 : 酉谷靑岩	09-2566

• 槪要

조선 후기의 학자 全球의 시문집.

• **編纂과 刊行**

서문과 발문이 없어 자세한 간행 경위를 알 수 없으나 증손 全秀寬과 全秀建이 편집하여 1878년(高宗 15) 경 목판본으로 간행한 것으로 추정된다.

• **著者**

全球(1724~1806) : 본관은 玉川이고, 자는 士正이며 호는 半巖이다. 벼슬에 뜻을 두지 않고 書畵와 詩律에 열중했다. 1777년 司馬試에 합격하였고 이때 文名을 떨쳤으나 벼슬에 나아간 적은 없다. 만년에 고향으로 돌아가 후진 양성에 힘썼다.

• **版本構成**

卷1~2 : 辭 2篇·詩 200餘 首. 卷3 : 雜著 1篇(寤言)·說 4篇·書 1篇. 卷4 : 記 6篇,序跋 4篇·贊 3篇·銘 2篇·箋 3篇·上樑文 1篇(龍洞齋舍上樑文)·祈雨文 6篇·祭文 11篇·漫錄11條目. 卷4 : 遺墨. 卷5(附錄) : 行狀·墓碣·輓詞·祭文 等.

• **同一 書名 版本 所藏處**

목판본 : 국립중앙도서관, 규장각, 한국국학진흥원, 한국학중앙연구원, 계명대학교, 고려대학교, 동국대학교 경주캠퍼스, 성균관대학교, 연세대학교, 전주대학교, 춘호재 등.

(90) 方潭先生文集

書名	出版事項	版式狀況	一般事項	所藏番號
方潭先生文集	權杠 著, [序 : 1835年] 刊	4卷 2冊, 朝鮮木版本, 四周雙邊, 半郭 : 20.7×15.8㎝, 有界, 10行 20字, 上下白口, 上下內向四瓣花紋黑魚尾, 31.9×20.1㎝, 線裝, 楮紙	序 : 上之元年乙未(1835)…柳台佐謹序, 印記 : 酉谷青岩, 藏書記 : 青岩亭藏	09-1803 ~1804

• **槪要**

조선 중기의 학자 權杠의 시문집.

• **編纂과 刊行**

저자의 후손 權馨復과 權載東 등이 편집하여 1835년(헌종 1)에 목판본으로 간행하였으며,

柳台佐의 서문이 실려 있다.

• 著者

權杠(1627~1686) : 본관은 安東이고, 자는 公擧이며 호는 方潭이다. 惟一齋 金彦璣의 문하에서 수학하였으며 1589년 사마시에 합격하였으나 벼슬에 오르지 않았다. 후에 향리에 머무르고 있던 柳成龍을 찾아가 제자가 되었다. 부친을 여읜 뒤에 대과를 포기하고 안동의 방담골에 은거하면서 학문에만 정진하였다. 學行으로 천거되어 世子翊衛司洗馬에 제수되었으나 나아가지 않았다.

• 版本構成

卷1 : 賦 5首·辭 1首(漁父辭)·詩 30餘 首·疏 1篇(辨誣疏)·書 6篇·序 2篇·祭文 3篇(·先考行狀·鎭南樓上樑文. 卷2 : 孟子書就正錄. 卷3 : 雜著 3篇(易圖說·曆象·祭禮儀式). 卷4(附錄) : 祭文 2篇·輓 2篇·墓祭時寓感·門人墓祭祝·行狀(李惟樟 撰)·遺事·墓碣銘(權相一 撰)·立石告辭(李山斗 撰)·墓誌銘(蔡濟恭 撰)·雲溪里社奉安文(柳宗春 撰)·常享祝(李光靖 撰)·廟宇上樑文·講堂記.

• 同一 書名 版本 所藏處

목판본 : 국립중앙도서관, 규장각, 한국국학진흥원, 한국학중앙연구원, 계명대학교, 고려대학교, 성균관대학교, 연세대학교, 전남대학교, 전주대학교 등.

필사본 : 규장각.

(91) 栢潭先生文集

書名	出版事項	版式狀況	一般事項	所藏番號
栢潭先生文集	具鳳齡 著, [19世紀] 刊	8卷 4冊, 朝鮮木版本, 四周單邊, 半郭 : 18.5×15.9㎝, 有界, 10行 20字, 上下白口, 上下內向六瓣花紋黑魚尾, 30.2×20.6㎝, 線裝, 楮紙	序 : 上之十二年庚戌(1430)…洪汝何謹叙, 印記 : 酉谷青岩, 藏書記 : 岩亭藏	09-1651~1654
栢潭先生續集	具鳳齡 著, [序 : 1811] 刊	4卷 2冊, 朝鮮木版本, 四周單邊, 半郭 : 20.8×14.4㎝, 有界, 10行 20字, 上下白口, 上下向四瓣花紋黑魚尾, 30.1×20.7㎝, 線裝, 楮紙	序 : 上之十一年辛未(1811)…金㙆謹書, 印記 : 酉谷青岩, 藏書記 : 巖亭藏, 癸酉秋自書院印送	09-2127~2128

• **概要**

조선 중기 학자 具鳳齡의 시문집.
충재박물관에는 『栢潭先生文集』과 『栢潭先生續集』이 모두 소장되어 있는데, 『栢潭先生續集』에는 藏書記가 '癸酉秋自書院印送'으로 되어 있다.

• **編纂과 刊行**

原集은 1645년(인조 23) 풍기군수 金啓光이 편집하여 목판본으로 간행하였다. 續集은 그 뒤 1691년(숙종 17) 李裕垂와 金成九가 목판본으로 간행하였는데, 金坽이 1811년에 쓴 서문이 있는 것으로 보아 후에 重刊된 것으로 추정된다. 『栢潭先生文集』은 洪汝河의 서문과 柳東濬의 발문이 있고, 『栢潭先生續集』에는 金坽의 서문이 수록되어 있다. 또한 1934년에는 원집과 속집을 합본한 판본이 목판본으로 간행되었다.

• **著者**

具鳳齡(1526~1586) : 본관은 綾城이고, 자는 景瑞이며 호는 栢潭이다. 1546년(명종 1) 司馬試에 합격하였고, 1560년 별시문과에 을과로 급제해 承文院副正字·藝文館檢閱·奉教를 거쳐 弘文館正字에 역임하였다. 1564년 文臣庭試에 장원해 수찬·호조좌랑·병조좌랑을 거쳐, 정언·전적·이조좌랑·사성·집의·사간을 두루 거치고, 1573년(선조 6) 직제학에 올랐으며, 이어 동부승지·우부승지·대사성·전라관찰사·충청관찰사 등을 지냈다. 1577년 대사간에 오르고, 이듬 해 대사성을 거쳐 이조참의·형조참의를 지냈다. 1581년 대사헌에 오르고, 이듬 해 병조참판·형조참판 등을 지냈다. 또한 암행어사로 황해도·충청도 등지에 나가 흉년으로 어지럽던 민심을 수습하기도 하였다.

• **版本構成**

『栢潭先生文集』

卷1~5 : 詩 629首·賦 1篇. 卷6~7 : 疏 2篇·箚 1篇·啓 1篇·議 2篇·教書 1篇·批答 1篇·冊文 1篇·靑詞 3篇·祝文 2篇·祭文 4篇·箋 6篇·表 1篇. 卷8~9 : 書 87篇·記 1篇·說 1篇·論 3篇·祭文 19篇·墓碣銘 3篇·墓表 1篇. 卷10 : 喪禮問答 1篇·遺語 1篇·世系譜·年譜·祭文 108篇·奉安文·祝文·行狀·墓碣銘·賜祭文 等.

『栢潭先生續集』

卷1~4 : 詩 637首·賦 1篇·辭 1篇·書 45篇·銘 1篇·贊 1篇·祝文 4篇·祭文 9篇, 附錄 : 輓詞 10首·祭文 3篇·諡狀 1篇·疏 1篇 等.

• 同一 書名 版本 所藏處

『栢潭先生文集』

목판본 : 국립중앙도서관, 한국국학진흥원, 한국학중앙연구원, 계명대학교, 국민대학교, 연세대학교, 영남대학교, 성암고서박물관, 미국 UC버클리대학교 등.

『栢潭先生續集』

목판본 : 규장각, 한국학중앙연구원, 계명대학교, 고려대학교, 동국대학교, 성균관대학교, 안동대학교, 연세대학교, 영남대학교 등.

필사본 : 계명대학교.

『栢潭先生文集』과 『栢潭先生續集』 합본

목판본 : 국립중앙도서관, 한국국학진흥원, 성균관대학교, 전남대학교 도서관 등.

(92) 栢巖先生文集 *

書名	出版事項	版式狀況	一般事項	所藏番號
栢巖先生文集	金玏 著, [跋 : 1772] 刊[43]	零本 2冊, 朝鮮木版本, 四周雙邊, 半郭 : 21.4×14cm, 有界, 10行 22字, 上下白口, 上下內向四瓣花紋黑魚尾, 30.8×19cm, 線裝, 楮紙	表題 : 栢巖集 跋 : 壬辰(1772)金埠謹書	09-2247~2248

• 槪要

조선 중기 학자 金玏의 시문집.

• 編纂과 刊行

저자의 6대손 金埠가 金玏의 초고를 從子 金若鍊 및 族子 金世鍊으로 하여금 謄寫하게 하여 연대순으로 편차하였다. 그러고 저자의 외손 金烋 및 從孫 金鎣가 편차한 연보 2권 및 부록을 합하여 李象靖의 교정을 거쳐 1772년에 목판으로 간행하였다. 李象靖의 서와 金埠의 발문이 실려 있다.

• 著者

金玏(1540~1616) : 본관은 禮安이고, 자는 希玉이며 호는 柏巖이다. 백부인 형조원외랑 金士文에게 입양되었다. 1576년(선조 9) 식년 문과에 병과로 급제하여 1578년 검열·전적을 거쳐

43) 목록에는 간년을 '1892년'으로 보았으나 본서는 1772년에 간행되었다.

서 예조원외랑·정언이 되었다. 1580년 전적 겸 서학교수가 되고 弘文錄에 등록되었고, 이듬해 부수찬·지평·직강 등을 역임하였다. 1584년 영월군수, 1590년 집의·사간·검열·사인·사성·사복시정이 되었다. 1612년 賀節使로 명나라에 다녀와서 대사성이 되었다. 안동부사로 재직할 때는 범람하는 낙동강의 재해를 막기 위해 제방을 수축해 후세에까지 칭송을 들었다.

• 版本構成

卷1 : 辭(次歸去來辭)·賦(止水賦)·詩 110首. 卷2 : 詩 137首. 卷3 : 教書(宗系辨誣頒赦中外教書·教咸鏡監司兪泓書)·疏 8篇·箚 5篇. 卷4 : 箚 4篇·啓辭 3篇. 卷5 : 狀啓 10篇·呈文 7篇. 卷6 : 書 10篇·雜著(壬辰招募文)·序(眞城李氏族譜序)·箋 4篇·上樑文(伊山書院祠廟上樑文·廬江書院尊道祠上樑文)·祭文 11篇, 補遺 : 詩 4首·書(與李嘉仲亨男)·年譜. 附錄 : 賜祭文 1篇·祭文 6篇·輓詞 33篇·鄕賢祠奉安文 1篇·常享祝文 1篇.

• 同一 書名 版本 所藏處

목판본 : 국립중앙도서관, 규장각, 한국국학진흥원, 한국학중앙연구원, 경기대학교, 계명대학교, 고려대학교, 국민대학교, 단국대학교 퇴계기념도서관, 성균관대학교, 연세대학교, 영남대학교, 용인대학교, 원광대학교, 부산광역시 시민도서관, 미국 UC버클리대학교 등.

(93) 白隱文集

書名	出版事項	版式狀況	一般事項	所藏番號
白隱文集	李鎭萬 著	5卷 2冊, 朝鮮木版本, 四周雙邊, 半郭 : 19.6×15.8㎝, 有界, 10行 20字, 上下白口, 上下內向四瓣花紋黑魚尾, 30.3×20.3㎝, 線裝, 楮紙	序 : 李晩寅謹序, 跋 : 昭陽大荒落(癸巳)…李潤範謹識, 印記 : 酉谷靑岩	09-1516 ~1517

• 概要

조선 후기의 학자 李鎭萬의 시문집.

• 編纂과 刊行

저자의 유고는 대부분 화재로 소실되었는데, 6대손 李潤珌이 저자의 遺宅인 白隱堂을 관리하게 되면서 남은 자료를 수습하여 문집을 편찬하였다. 종손인 李鍾輔와 같은 문중의 李潤範의 주도로 1893년경에 목판본으로 간행된 것으로 추정된다.

• **著者**

李鎭萬(1675~1752) : 본관은 江陵이고, 자는 孟能이며 호는 白隱이다. 1702년(숙종 28) 식년시 진사로 합격하였으나 과거 공부에는 뜻이 없어 명승지를 찾아다니며 학문에 정진하였다. 朱熹의 『朱子語類』·『性理大全』, 唐陸贄의 『陸宣公奏議』, 賈公彦의 『周禮註疏』, 眞德秀의 『大學衍義』 등을 모아 한 질로 만들어 『大成集說』이라 이름 짓고 늘 즐겨 읽었다.

• **版本構成**

卷1 : 詩 88首. 卷2 : 輓 18篇·疏 1篇(請錦城大君入祠丹溪書院勿撤疏)·書 1篇(與宋昌伯). 卷3 : 序 11篇·記 3篇(愚谷書院重修記·麴巖亭記·順受窩記)·跋 1篇(族兄松關公錫智省墓圖跋)·箴 1篇(御筆九字宣賜泮宮三箴)·上樑文 5篇. 卷4 : 祭文 8篇·行狀 1篇(族兄松關公錫智行狀)·雜著 3篇. 卷5(附錄) : 家狀·行狀·墓碣銘·白隱堂重建記.

• **同一 書名 版本 所藏處**

목판본 : 국립중앙도서관, 규장각, 한국국학진흥원, 한국학중앙연구원, 계명대학교, 고려대학교, 단국대학교 퇴계기념도서관, 동아대학교, 성균관대학교, 연세대학교, 영남대학교, 전주대학교, 성암고서박물관 등.

(94) 別洞先生文集

書名	出版事項	版式狀況	一般事項	所藏番號
別洞先生文集	尹祥 著	3卷 1冊, 朝鮮木版本, 四周雙邊, 半郭 : 17.5×13.8㎝, 有界, 10行 20字, 上下白口, 上下內向四瓣花紋黑魚尾, 29.4×19.2㎝, 線裝, 楮紙	序 : 成化二十有三年蒼龍丁未…金宗直季昷序, 跋 : 上之二十一年乙丑(1745)…李光庭謹識, 印記 : 酉谷青岩	09-1539
別洞先生集	尹祥 著, 峨山齋舍, 1749	3卷 1冊, 朝鮮木版本, 四周雙邊, 半郭 : 17.9×13.9㎝, 有界, 10行 18字, 上下白口, 上下內向四瓣花紋黑魚尾, 29.4×19.3㎝, 線裝, 楮紙	序 : 成化二十有三年蒼龍丁未(1487)…金宗植序, 識 : 上之二十一年乙丑(1745)…李光庭謹識, 印記 : 酉谷青岩, 藏書記 : 青岩亭藏	09-1071
別洞先生續集	尹祥 著, [跋 : 1900] 刊	2卷 1冊, 朝鮮木版本, 四周雙邊, 半郭 : 19.7×14.1㎝, 有界, 10行 18字, 上下白口, 上下內向四瓣花紋黑魚尾, 29.5×19.8㎝, 線裝, 楮紙	跋 : 庚子(1900)…柳道獻謹書, 印記 : 酉谷青岩	09-2492

• 概要

조선 전기의 문신이자 학자인 尹祥의 시문집.
충재박물관에는 初刊本인『別洞先生文集』과 重刊本인『別洞先生集』그리고『別洞先生續集』을 소장하고 있다.

• 編纂과 刊行

初刊本은 저자의 아들 尹季殷이 尹祥의 시문을 수집하여 同年 進士인 金宗直에게 序文을 부탁하여 1478년(성종 18)에 간행한 것으로 추정된다. 그 후 尹祥의 13세손인 尹三徵과 尹應徵 등이 初刊本에다 附錄을 붙이고 李光庭의 교정과 편차를 거쳐 1749년(영조 25) 峩山齋舍에서 목판본으로 重刊本을 간행하였다. 그 후에는 柳道獻이 1900년에 발문을 쓴『別洞先生續集』이 목판본으로 간행되었다.

• 著者

尹祥(1373~1455) : 본관은 醴泉이고, 자는 實夫이며 호는 別洞이다. 1392년(태조 1) 진사시에 합격한 뒤, 이듬해 생원시에도 합격하였다. 1396년(태조 5) 24세의 나이로 식년 문과에 進士로 급제하여 선산·안동·상주 및 한성 서부 등지의 教授官을 거쳐, 예조정랑 때 서장관으로 燕京에 다녀와서 성균관사예가 되었다. 황간·영천·대구 등지의 郡事를 맡은 뒤, 사성을 거쳐 대사성에 발탁되었다. 1448년(세종 30) 예문관제학으로서 元孫인 단종의 입학례를 거행할 때 특명으로 박사가 되었다. 그 후에는 향리에서 자제들을 가르치다가 83세로 일생을 마쳤다.

• 版本構成

『別洞先生文集』
卷1 : 賦 1篇·詩(五言絶句 6首·五言律詩 7首·七言絶句 33首·七言律詩 27首·五言長篇 1首·七言長篇 1首)·表箋 12篇. 卷2 : 疏·陳言 4篇·書 1篇·序 2篇·記 2篇·祭文 7篇·策 4篇·拾遺 2篇·歌謠 6篇. 卷3(附錄) : 年譜·墓碣銘·聞見錄·奉安文·常享祝文.
『別洞先生續集』
卷1 : 詩(五言律詩 4首·七言絶句 6首·七言律詩 7首·五言長篇 1首·七言長篇 1首)·表箋 9篇. 卷2(附錄) : 行狀(柳厚祚 撰)·行錄(朴周鍾 撰)·神道碑銘(李中麟 撰)·聞見錄·上言.

• **同一 書名 版本 所藏處**

『別洞先生文集』

목판본; 국립중앙도서관, 한국국학진흥원, 한국학중앙연구원, 경기대학교, 계명대학교, 고려대학교, 단국대학교 퇴계기념도서관, 동국대학교, 성균관대학교, 영남대학교, 부산광역시 시민도서관, 사우당종택.

『別洞先生集』

목판본 : 국립중앙도서관, 국회도서관, 한국학중앙연구원, 계명대학교, 고려대학교, 연세대학교, 전남대학교, 遼寧省圖書館, 미국 UC버클리대학교 등.

필사본 : 경기대학교.

『別洞先生續集』

목판본 : 한국국학진흥원, 경기대학교, 연세대학교, 조선대학교, 부산광역시 시민도서관, 성암고서박물관, 미국 UC버클리대학교 등.

(95) 屛谷先生文集

書名	出版事項	版式狀況	一般事項	所藏番號
屛谷先生文集	權榘 著, [19世紀] 刊	零本 4冊, 朝鮮木版本, 四周雙邊, 半郭 : 20.6×15.6㎝, 有界, 11行 22字, 上下白口, 上下內向四瓣花紋黑魚尾, 31.5×20.5㎝, 線裝, 楮紙	印記 : 酉谷靑岩	09-1065 ~1068
屛谷先生文集	權榘 著, [18世紀] 刊	零本 1冊, 朝鮮木版本, 四周雙邊, 半郭 : 20.6×15.6㎝, 有界, 11行 22字, 上下白口, 上下內向四瓣花紋黑魚尾, 31.5×20.5㎝, 線裝, 楮紙	印記 : 酉谷靑岩 所藏 : 卷 7~8	09-2596

• **概要**

조선 후기 학자 權榘의 시문집.

• **編纂과 刊行**

유림 金弼衡의 발의하여 李宗洙가 勘校하였고, 柳湰와 柳象春이 교정본을 모아서 정리하였으며, 1797년(정조 21) 외손인 柳一春이 주도하여 屛山書院에서 목판본으로 간행하였다.

• **著者**

權榘(1672~1749) : 본관은 安東이고, 자는 方叔이며 호는 屛谷이다. 일찍이 과거에 뜻을 접고 학문에 힘썼으며 經學·禮說·性理學을 깊이 연구하였다. 안동 足積洞에서 社倉을 열어 흉년에 빈민들을 구제하였고, 향약을 실시하여 고을에 미풍양속을 일으켰다.

• 版本構成

卷1~2 : 詩 266首. 卷3~卷4 : 書 66篇·雜著 2篇(大學就正錄·中庸就正錄). 卷5~7 : 雜著 : 讀易瑣義·朞三百註解·璣衡註解·謾錄·禮說疏義·戊申錄·闡幽錄. 卷8 : 序·記·跋·銘·祭文·哀辭·墓碣銘·墓誌·行狀·遺事 等. 卷9(附錄) : 行狀·言行錄. 卷10(附錄) : 實錄記略·慕山瑣錄.

• 同一 書名 版本 所藏處

목판본 : 국립중앙도서관, 국회도서관, 규장각, 한국국학진흥원, 한국학중앙연구원, 경기대학교, 계명대학교, 고려대학교, 국민대학교, 대구가톨릭대학교, 동국대학교 서울·경주캠퍼스, 성균관대학교, 안동대학교, 연세대학교, 영남대학교, 용인대학교, 이화여자대학교, 한양대학교, 대구광역시립중앙도서관, 춘호재 등.

필사본 : 한국국학진흥원.

(96) 寶白堂金先生實紀

書名	出版事項	版式狀況	一般事項	所藏番號
寶白堂先生實紀	金履敎 編, 19世紀 刊	2卷 1冊, 朝鮮木版本, 四周單邊, 半郭 : 19.7×14.2㎝, 有界, 10行 18字, 上下白口, 上下內向四瓣花紋黑魚尾, 29.2×19.2㎝, 線裝, 楮紙	序 : 季三月甲戌漢陽趙德隣序, 跋 : 壬子(1732)…李光庭謹書 印記 : 三溪書院, 藏書記 : 自黙溪印, 三溪書院藏[44], 被傳者 : 金係行	09-1104
寶百堂先生實記	金履敎 編, 19世紀 刊	4卷 2冊, 朝鮮木版本, 四周雙邊, 半郭 : 19.3×15.8㎝, 有界, 10行 18字, 上下白口, 上下內向四瓣花紋黑魚尾, 32.1×21.3㎝, 線裝, 楮紙	序 : ①上之六年庚戌(1730)…趙德隣[45]序 ②履敎敬書, 跋 : ①上之八年壬子(1732)…李光庭謹書 ②完山柳止鎬謹跋 ③豊山柳道獻謹跋, 印記 : 酉谷靑岩, 被傳者 : 金係行	09-2336 ~2337

• 概要

조선 전기의 문신 金係行의 유문과 관계 기록을 묶어 편찬한 실기.

44) 목록에는 '三溪院'으로 되어 있는데 '三溪書院'으로 고쳤다.

45) 목록에는 '趙德類'로 되어 있으나 '類'는 '隣'의 오자이다.

충재박물관에는 2종의 『寶白堂先生實紀』가 소장되어 있는데, 1종의 藏書記가 '自默溪印'으로 되어 있어서 安東의 默溪書院에서 인출한 판본임을 알 수 있다.

• **編纂과 刊行**

初刊本은 1732년(영조 8) 후손 金泳과 李栽에 의해 편집된 것을 1829년(순조 29) 방손 金履喬 등이 목판본으로 간행하였다. 李敎의 서문과 權渠·李光庭 등의 발문이 실려 있다. 重刊本은 1901년 후손 金學圭와 金元圭가 목판본으로 간행하였으며, 趙德隣의 서문과 柳道獻의 발문이 추가되어 있다.

• **著者**

金係行(1431~1521) : 본관은 安東이고, 자는 取斯이며 호는 寶白堂이다. 1447년 진사가 되고 성균관에 입학하여 金宗直 등과 교유하며 학문을 익혔다. 그 뒤 성주·충주의 향학교수를 지냈고 1480년(성종 11) 식년 문과에 병과로 급제하고 宗簿寺主簿에 제수되었다. 그 뒤 삼사의 요직을 두루 역임하며 간쟁업무에 힘썼다. 1498년(연산군 4) 대사간에 올라 훈구파를 비판하다 벼슬을 버리고 고향인 안동으로 낙향하여 학생들을 가르쳤다. 金宗直 등과 교유한 것으로 말미암아 戊午士禍·甲子士禍에 연루되어 투옥되었으나 큰 화는 면하였다.

• **版本構成**

卷1 : 年譜·逸稿(題馬契軸·辭都承旨疏). 卷2 : 附錄 : 西厓先生永慕錄·遺事·行狀. 卷3 : 墓碣銘·常享祝文·亞卿請贈時上言·吏曹回啓·亞卿焚黃告由文·貳卿焚黃改題時議節·改題告辭·正卿請贈時上言·吏曹回啓·焚黃告由文·諡狀·諡號敎旨·墓碣改竪告由文·墓碣改竪時追錄·神道碑銘. 卷4 : 淸德祠上樑文·淸德祠重修上樑文·立敎堂重修上樑文·揖淸樓上樑文·齋樓重建上樑文·晩休亭重建上樑文·默溪書院創建記·晩休亭重修記·書堂重建記·書實記後.

• **同一 書名 版本 所藏處**

목판본 : 국립중앙도서관, 규장각, 한국국학진흥원, 한국학중앙연구원, 경기대학교, 계명대학교, 고려대학교, 대구가톨릭대학교, 동국대학교, 성균관대학교, 안동대학교, 연세대학교, 용인대학교, 전남대학교, 中國雲南大學校圖書館, 미국 UC버클리대학교 등.
필사본 : 계명대학교.

(97) 保閑齋集

書名	出版事項	版式狀況	一般事項	所藏番號
保閑齋集	申叔舟 著, [跋 : 1644] 刊	17卷 4冊, 朝鮮木版本, 四周雙邊, 半郭 : 19×14㎝, 有界, 12行 19字, 上下白口, 上下內向四瓣花紋黑魚尾, 27.3×19㎝, 線裝, 楮紙	序 : ①成化十五年己亥(1479)…徐居正,剛中序 ②庚子…洪應謹序 ③成化二十三年丁未(1487)…金宗直季昷序 ④成化二十三年丁未(1487)…任元濬謹識 ⑤崇禎甲辰(1484)…金紐子固序, 跋 : 崇禎甲申…申㴠再拜監校, 印記 : 西谷青岩, 家世之寶, 高靈申㴠浩仲	09-1901 ~1904

- 槪要

조선 전기의 문신 申叔舟의 시문집.
충재박물관 소장본은 印記가 '高靈申㴠浩仲'으로 되어 있는데, 申㴠(1600~1661)의 자가 浩仲이다. 그러므로 重刊本의 간행자인 申㴠이 직접 충재 종가에 기증한 것으로 추정된다.

- 編纂과 刊行

初刊本은 저자의 아들 申瀞과 申浚 등이 유고를 모아 편차한 것을 1487년(성종 18) 왕이 校書館에 명하여 금속활자로 간행하였는데 현재는 전하지 않는다. 그 후 임진·병자 양란을 거치면서 初刊本이 거의 사라지자 7세손 申㴠이 경상도 영천군수로 있을 때 완질을 찾아내어 1645년(인조 23)에 李植의 발문을 붙여 목판으로 重刊本을 간행하였다. 1922년에는 후손 申興雨가 申龍體의 발문을 첨가하여 청주에서 목활자로 三刊本을 간행하였다.

- 著者

申叔舟(1414~1475) : 본관은 高靈이고, 자는 泛翁이며 호는 保閑齋·希賢堂이다. 1439년(세종 21) 親試文科에 급제하여 集賢殿의 副修撰이 되었고, 1443년 書狀官으로 日本에 가 文名을 높였으며, 成三問과 함께 遼東에 귀양 와 있던 明의 韻學者 黃瓚을 13차례나 방문하여 音韻에 관한 지식을 듣고 訓民正音과 각종 韻書 편찬에 공을 세웠다. 1453년(端宗 1) 副承旨를 지냈고, 그 후 世祖가 등극하자 藝文館 大提學으로 高靈君에 봉해지고, 兵曹判書·大司成·左·右議政·領議政 등을 역임하였다.

- 版本構成

卷1 : 賦 6篇. 卷2~卷3 : 五言詩 86首. 卷4~卷7 : 七言詩 361首. 卷8 : 詩(五言四韻) 36首. 卷9 : 詩(七言四韻) 49首. 卷10 : 五言古詩 51首. 卷11 : 七言古詩 30首. 卷12 : 詩 : 遼海編 23

首·和雪霽登樓賦·雪霽登樓賦·送侍講倪先生使還詩序. 卷13：家訓·策. 卷14：記 10篇. 卷15：序 22篇. 卷16：跋·題·祭文·疏·誄俞直講·贊·序·頌·箋·上言·辭狀·書 等. 卷17：行狀·墓誌 2篇·墓表·神道碑銘 2篇·補遺(題巖軒書帖後). 附錄：希賢堂詩序·希賢堂銘·題希賢堂卷·希賢堂箴·希賢堂銘·希賢堂賦·希賢堂贊·題希賢堂卷·希賢堂詩後敍·文忠公行狀·墓誌·碑銘·祭文·輓章.

• **同一 書名 版本 所藏處**

＊1922년에 목활자로 간행된 三刊本은 제외한다.

목판본：국립중앙도서관, 규장각, 계명대학교, 고려대학교, 도서관단국대학교, 숙명여자대학교, 연세대학교, 영남대학교, 성암고서박물관, 中國雲南大學校圖書館, 日本東洋文庫, 미국 UC버클리대학교 등.

(98) 鳳溪先生逸稿

書名	出版事項	版式狀況	一般事項	所藏番號
鳳溪先生逸稿	洪世恭 著, 1900年 跋	2卷 1冊, 朝鮮木版本, 四周雙邊, 半郭：17.9×15.7㎝, 有界, 10行 18字, 上下白口, 上下內向四瓣花紋黑魚尾, 30.5×21㎝, 線裝, 楮紙	跋：①庚子(1900)…柳道獻謹跋 ②十二代孫洛鐘謹識	09-2512

• **概要**

조선 중기의 문신 洪世恭의 시문집.

• **編纂과 刊行**

병란 중 일실되고 남은 저자의 詩文이 대대로 家傳되다가 그의 7대손이 간행을 시도했으나 이루어지지 못했다. 결국 저자의 死後 약 300년이 지나 1900년(光武 4년)에 12대손 洪洛鐘와 洪學鐘 등이 편찬하여 목판본으로 간행하였으며, 柳道獻의 跋文과 洪洛鍾의 識가 실려 있다.

• **著者**

洪世恭(1541~1598)：본관은 唐城(南陽)이고, 자는 仲安이며 호는 鳳溪이다. 1567년(명종 22) 생원이 되고, 1573년(선조 6) 식년문과에 병과로 급제, 여러 벼슬을 거쳐 1588년 平安道

救荒敬差官이 되어 민심을 수습하는 데 공을 세워 왕의 신임을 받았다. 1592년 임진왜란이 일어나자 평안도 調度使가 되어 明軍의 군수조달의 책임을 지고 전투상황을 왕에게 수시로 보고하였다. 곧 참의로 승진되어 調度使를 겸하고, 이어 함경도순찰사가 되어 영흥의 적정을 보고하여 군의 계책을 진언하고, 각 지방에 남은 식량과 들판에 널려 있는 곡물을 거두어들이는 데 전력하였다. 1594년 전라도관찰사로 전주부윤을 겸하였으며, 1596년 좌부승지를 거쳐 우승지·참찬 등을 역임하고, 정유재란이 일어날 징후가 보이자 다시 평안도 조도사가 되어 군량조달에 힘쓰던 중 숙환이 재발되어 군중에서 죽었다.

• 版本構成

卷1 : 詩 8首·啓狀 7篇·書 3篇·雜著 1篇(平安道調度節目). 卷2 : 教全羅道觀察使兼兵馬水軍節度使全州府尹巡察使洪世恭書·諭全羅道觀察使兼兵馬水軍節度使全州府尹巡察使洪世恭·諭咸鏡道巡察使洪世恭·行狀·諡狀·墓誌銘·祭文·送洪書狀仲安赴京·送巡察使洪仲安還朝·亂中雜錄抄 等.

• 同一 書名 版本 所藏處

목판본 : 국립중앙도서관, 규장각, 한국학중앙연구원, 계명대학교, 고려대학교, 안동대학교, 연세대학교, 용인대학교, 전북대학교 등.

(99) 芙蓉堂先生逸稿

書名	出版事項	版式狀況	一般事項	所藏番號
芙蓉堂先生逸稿	成安義 著, [19世紀] 刊	4卷 2冊, 朝鮮木版本, 四周雙邊, 半郭 : 20.8×16.3㎝, 有界, 10行 21字, 上下白口, 上下內向四瓣花紋黑魚尾, 30.8×20.4㎝, 線裝, 楮紙	序 : ①上之二十四年甲申(1824) …金熙周序 ②柳台佐謹序, 跋 : 權璉夏謹識, 印記 : 西谷青岩	09-2257 ~2258

• 概要

조선 중기의 문신이자 학자인 成安義의 시문집.

• 編纂과 刊行

저자의 후손 成彦枉·成守魯·成正魯 등이 1824년(순조24)에 목판본으로 간행하였으며, 金熙周·柳台佐의 서문과 李勉昇·權璉夏의 발문이 실려 있다.

• **著者**

成安義(1561~1629) : 본관은 昌寧이고, 자는 精甫이며 호는 芙蓉堂이다. 1591년(선조 24) 식년 문과에 을과로 급제하였다. 이듬해 임진왜란이 일어나자 弘文館正字로서 고향인 창녕에서 의병을 모집하고 거병하여 郭再祐의 휘하에서 활약하였다. 禮曹佐郎을 거쳐 1597년 司憲府持平을 지냈고 1598년 成均館司藝에 이르렀다. 그 뒤 부모 봉양을 이유로 1600년 寧海府使로 나아가 4년 간 선정을 베풀었다. 그러다 아버지의 병 때문에 창녕에 돌아간 후 부모상을 연이어 당하였다. 복상을 마친 뒤 1607년 남원군수에 제수되고, 1612년(광해군 4)에는 光州牧使가 되었으나, 소송 처리를 소홀히 했다는 이유로 파직되었다. 이에 榮川으로 돌아가 13년 동안을 한거하였다. 인조가 집권하자 成均館司成이 되고, 다시 尙衣院·奉常寺正을 역임하다가 李适의 난 때 국왕을 공주로 호행하였다. 1624년(인조 2)에 제주목사를 제수 받고, 1628년 우부승지에 임명되있지만 병을 이유로 사양하였다.

• **版本構成**

卷1 : 詩 16首·疏 1篇·啓 21篇. 卷2 : 書 12篇·祭文 3篇. 卷3(附錄上) : 行狀(李光靖 撰)·神道碑銘(李玄逸 撰)·墓誌銘(李栽 撰)·輓詞 38篇·祭文 3篇·墓誌文. 卷4(附錄下) : 燕巖書院奉安文 2篇·勿溪書院追享奉安文·芙蓉齋重修記·芙蓉池重修記·芙蓉齋事蹟·遺事·贈遺詩 15篇·芙蓉亭重修上樑文·附門人同榻錄序.

• **同一 書名 版本 所藏處**

목판본 : 국립중앙도서관, 규장각, 한국국학진흥원, 한국학중앙연구원, 계명대학교, 고려대학교, 단국대학교 퇴계기념도서관, 부산대학교, 성균관대학교, 연세대학교, 용인대학교, 중앙대학교, 춘호재, 미국 UC버클리대학교 등.

(100) 負暄堂先生文集 *

書名	出版事項	版式狀況	一般事項	所藏番號
負暄堂先生文集	金楷 著, 19世紀 刊	4卷 2冊, 朝鮮木版本, 四周雙邊, 半郭 : 19.5×15.2㎝, 有界, 10行 21字, 上下白口, 上下內向四瓣花紋黑魚尾, 30.1×19.4㎝, 線裝, 楮紙	表題 : 負暄堂集, 序 : 柳範休謹書	09-2550

• **概要**

조선 후기의 학자 金楷의 시문집.

• **編纂과 刊行**

1750년경 편집된 것으로 보이나 간행되지 못한 채 흩어졌다가 19세기 초에 6세손 진사 金顯奎가 수습하여 목판본으로 간행하였다. 柳範休의 서문과 權相一의 발문이 있다.

• **著者**

金楷(1633~1716) : 본관은 安東이고 豐山에서 출생하였고, 자는 正則이며 호는 負暄堂이다. 28세 때인 1660년(현종 1) 生員試에 장원급제하였으나 이후에는 평생 관직에 나아가지 않고 학문에만 전념하였다.

• **版本構成**

卷1 : 詩 70餘 首. 卷2 : 詩 60餘 首·輓詩 38首. 卷3 : 書簡文 7篇·記文 10篇·祝文 5篇·祭文 8篇. 卷4 : 雜著 7篇·墓碣銘 4篇·附錄 : 行狀(鄭宗魯 撰)·墓碣銘(權相一 撰).

• **同一 書名 版本 所藏處**

목판본 : 국립중앙도서관, 국회도서관, 규장각, 한국국학진흥원, 한국학중앙연구원, 경기대학교, 계명대학교, 고려대학교, 국민대학교, 성균관대학교, 안동대학교, 연세대학교, 영남대학교, 이화여자대학교, 전남대학교, 전주대학교, 성암고서박물관, 미국 컬럼비아대학교, 미국 UC버클리대학교 등.

(101) 北壁先生文集

書名	出版事項	版式狀況	一般事項	所藏番號
北壁先生文集	金弘濟 著, 1886年 跋	2卷 1冊, 朝鮮木版本, 四周雙邊, 半郭 : 21×15.4㎝, 有界, 10行 20字, 上下白口, 上下內向四瓣花紋黑魚尾, 30.9×20.9㎝, 線裝, 楮紙	序 : ①若鍊書 ②權璉夏序, 跋 : 戊戌(1886)…金喆銖謹書, 印記 : 酉谷靑岩	09-2539

• **概要**

조선 후기의 학자 金弘濟의 시문집.

• **編纂과 刊行**

저자의 후손 金樂六와 金樂九 등이 1866년 편집하여 목판본으로 간행하였으며, 金若鍊·權璉夏의 서문과 金喆銖의 발문이 실려 있다.

• **著者**

金弘濟(1661~1737) : 본관은 禮安이고, 자는 道兼이며 호는 北壁이다. 어머니 黃氏가 金弘濟를 낳은 후 3일 만에 죽어서 繼母인 羽溪李氏 밑에서 자랐다. 8살 때부터 從兄 金聖濟(1636~1707)에게 수학하였으며 權斗紀(1659~1722)와 친교가 깊었다. 일찍이 과거에 뜻을 버리고 산촌에 은둔하여 몸소 밭을 갈고 서당을 신축하여 후배들을 교육하면서 평생 학문에만 전념하였다.

• **版本構成**

卷1 : 詩 45首·辭 7篇·書 3篇·序 2篇·記 6篇·條約 1篇·事蹟 1篇·跋 4篇·雜著 2篇·祭文 4篇·行狀 4篇·師友錄 1篇. 卷2(附錄) : 輓詞 6篇·祭文(成灝 撰)·杏溪里社奉安文(金埅 撰)·常享祝文(金埅 撰)·家狀(金弘弼 撰)·行狀(權璉夏 撰)·墓碣銘(金輝錀 撰)·墓誌銘(金輝濬 撰)·記聞錄.

• **同一 書名 版本 所藏處**

목판본 : 국립중앙도서관, 규장각, 한국학중앙연구원, 계명대학교, 동국대학교, 성균관대학교, 안동대학교, 연세대학교, 영남대학교, 용인대학교, 중앙대학교, 성암고서박물관, 미국 UC 버클리대학교 등.

(102) 北厓先生文集*

書名	出版事項	版式狀況	一般事項	所藏番號
北厓先生文集	金圻 著, [跋 : 1828年] 刊	4卷 2冊, 朝鮮木活字本 四周單邊, 半郭 : 19.8×15.9㎝, 有界, 10行 18字, 上下白口, 上下內向四瓣花紋黑魚尾, 32×20.6㎝, 線裝, 楮紙	序 : ①鄭宗魯謹書 ②李野淳謹書, 跋 : 聖上二十有八年龍集著雍困頓(庚子, 1828)…金是瓚	09-0988 ~0989

• **概要**

조선 중기의 학자 金圻의 시문집.

• **編纂과 刊行**

家藏되어 오던 金圻의 시문을 6세손 金欽과 金燮 등이 수습하여 편차해 두었고, 1775년에 李世澤에게 행장과 묘갈명을 받았으나 그 당시에 간행이 이루어지지는 않았다. 그 후 1828년에 金是瓚이 지은 발문이 있고, 1897년에 李晩燾가 지은 묘지명이 추가되어 있으므로 1897년 이후에 목활자본으로 간행이 이루어진 것으로 추정된다.

• **著者**

金圻(1547~1603) : 본관은 光山이고 禮安의 烏川村에서 출생하였으며, 자는 止叔이고 호는 北厓이다. 1602년 遺逸로 천거되어 順陵參奉이 되었다. 임진왜란 때 그의 從弟 金垓와 함께 고을 사람들을 모아 의병을 일으키고, 整齊將兼召募事가 되어 많은 군량을 모았다. 1598년 도산서원의 山長이 되어 『退溪全書』의 간행에 힘을 쏟아 완성하였다. 1602년 순릉참봉에 제수되었으나 곧 사임하고, 고향에 돌아와 李滉의 학문을 강론하면서 후진양성에 전념하였다.

• **版本構成**

卷1~2 : 詩. 卷3 : 文. 卷4 : 附錄. 卷1~2 : 辭 1篇 · 賦 1篇 · 詩 183首. 卷3 : 書 5篇 · 祭文 3篇 · 狀 1篇 · 傳 1篇 · 雜著 2篇. 卷4 : 行狀(李世澤 撰) · 墓碣銘(李世澤 撰) · 墓誌銘(李晩燾 撰) · 祭文 8篇 · 輓詞 7篇 · 洛川鄕社奉安文 · 祝文.

• **同一 書名 版本 所藏處**

목활자본 : 국립중앙도서관, 규장각, 한국국학진흥원, 한국학중앙연구원, 계명대학교, 고려대학교, 동국대학교, 동아대학교, 성균관대학교, 용인대학교, 성암고서박물관 등.

(103) 不求堂先生文集 *

書名	出版事項	版式狀況	一般事項	所藏番號
不求堂先生文集	金注[46] 著, [跋 : 1867] 刊	4卷 2冊, 朝鮮木版本, 四周雙邊, 半郭 : 19×15.9㎝, 有界, 10行 18字, 上下白口, 上下內向四瓣花紋黑魚尾, 32.6×21.4㎝, 線裝, 楮紙	跋 : ①崇禎後四丁卯(1867)…金岱鎭敬書 ②崇禎後四丙寅(1866)…朴周鐘謹書	09-1814 ~1815

• **概要**

조선 중기 학자 金迬의 시문집.

• **編纂과 刊行**

저자의 5세손 金光一 등이 1867년(고종 4) 편집하여 목판본으로 간행하였으며, 서문은 없고 金岱鎭과 朴周鐘의 발문이 수록되어 있다.

• **著者**

金迬(1606~1681) : 본관은 義城이고, 자는 汝定이며 호는 不求堂이다. 張顯光의 문하에서 수학하였으며, 1633년(인조 11) 사마시에 합격하였다. 1636년(인조 14) 병자호란이 일어나자 李山來와 의병을 일으켰다. 1639년(인조 17) 대과에 급제한 후 成均館典籍에 제수되었고, 1641년(인조 19) 모친상을 당하자 고향으로 돌아와 3년 喪을 마친 후에 다시 軍資監參奉 및 成均館學諭에 제수되었다. 이후 내직으로 司憲府監察·刑曹佐郎·刑曹正郎 등을 겸직하면서 『仁祖實錄』 편찬에 참여하였다. 또한 외직으로 茂長·延安·梁山의 수령 및 忠淸都事 등을 지냈다. 과거시험장에서 일어난 불상사로 전라남도 海南에 유배되기도 하였으나 후에 사면되어 延曙丞에 제수되었다. 그 후 五衛將을 제수되었으나 나아가지 않았고, 만년에는 醴泉의 鼎山書院에서 후진을 양성하는 데 힘썼다.

• **版本構成**

卷首 : 年譜. 卷1 : 詩 71首. 卷2 : 疏 2篇(請勿助兵疏·應旨陳時弊疏). 卷3 : 序 3篇·記 5篇·頌 1篇(平戎頌)·雜著 1篇(請勿築金幷山城文)·祝文 2篇·祭文 24篇. 卷4 : 輓詞 26篇·尊周錄·行狀·祭文 2篇·墓碣銘·上言.

• **同一 書名 版本 所藏處**

목판본 : 국립중앙도서관, 규장각, 한국국학진흥원, 한국학중앙연구원, 경기대학교, 계명대학교, 고려대학교, 동국대학교, 성균관대학교, 안동대학교, 영남대학교, 전주대학교 등.

---

46) 목록에는 '金廷'으로 되어 있으나 '廷'은 '迬'의 오자이다.

(104) 四溟堂大師集

書名	出版事項	版式狀況	一般事項	所藏番號
四溟堂大師集	惟政 著, [序 : 1612] 刊	7卷 1冊, 朝鮮木版本 四周單邊, 半郭 : 20.8×14.6㎝, 有界, 10行 20字, 上下白口, 上下內向四瓣花紋黑魚尾, 28.7×19.1㎝, 線裝, 楮紙	表題 : 四溟集, 序 : 萬曆壬子(1612)…許端甫氏, 印記 : 酉谷 靑岩, 藏書記 : 冊主靑岩亭, 靑岩家藏	09-1924

• 槪要

조선 중기의 고승 四溟堂 惟政의 시문집.

• 編纂과 刊行

四溟堂의 친구 許筠이 저자의 시를 수천 수 모았으나 일실되었고, 그 뒤 四溟堂의 門徒 蕙球가 스승의 남은 시문을 엮어 1612년(광해군 4)에 初刊하였다. 이후 性一 등이 壬辰年인 1652년(孝宗 3)이나 혹은 1712년(肅宗 38)에 重刊하였다.

• 著者

惟政(1544~1610) : 본관은 豐川이고 密陽 출신이다. 惟政은 법명이고 속명은 任應奎이며, 자는 離幻이고 호는 四溟堂·松雲이다. 1558년(명종 13) 어머니가 죽고, 이듬해 아버지가 죽자 김천 直指寺로 출가하여 信默의 제자가 되었다. 3년 뒤 僧科에 합격하여 유생들과 사귀었으며, 재상인 盧守愼으로부터 『老子』·『莊子』·『列子』와 시를 배웠다. 그 뒤 직지사의 주지를 지냈으며, 1575년(선조 8) 禪宗首寺刹인 奉恩寺의 주지로 천거되었으나 사양하고, 묘향산 普賢寺의 休靜을 찾아가서 도를 닦았다. 1589년 鄭汝立의 역모사건에 연루되었다는 모함을 받았으나, 강릉의 유생들이 무죄를 항소하여 석방되었다. 1592년 임진왜란 때 楡岾寺 인근 아홉 고을의 백성들을 구출하였다. 이 때 스승 휴정의 격문을 받고 승병을 모아 순안으로 가서 휴정과 합류하였다. 1593년 1월 평양성 탈환의 혈전에 참가하여 혁혁한 전공을 세웠고, 그 해 3월 서울 근교의 전투에서도 크게 전공을 세우자, 선조는 禪敎兩宗判事를 제수하였다. 그 뒤 전후 네 차례에 걸쳐 대표로 나아가 적진에서 가토 기요마사(加藤淸正)와 회담을 가졌고 논리적 담판으로 모두 물리쳤다. 1604년 휴정의 부음을 받고 가던 중에 선조의 명으로 일본에 가서 성공적인 외교성과를 거두었고, 전란 때 잡혀간 3,000여 명의 동포를 데리고 1605년 4월에 귀국하였다. 같은 해 10월에 묘향산으로 들어가 휴정의 영전에 절하였다. 그 뒤 병을 얻어 해인사에서 요양하다가 1610년 8월 26일 설법하고 결가부좌한 채 입적하였다.

• 版本構成

卷1 : 辭 6首·古詩 7首. 卷2 : 五言律詩 20首. 卷3 : 七言律詩 42首. 卷4 : 七言律詩 85首·五言律詩 10首. 卷5 : 禪偈 26首. 卷6 : 雜文 19篇. 卷7 : 詩 68首. 附錄 : 松雲大師行蹟(門人海眼 撰)·松雲大師石藏碑銘·跋文 2篇.

• 同一 書名 版本 所藏處

목판본 : 국립중앙도서관, 규장각, 한국학중앙연구원, 계명대학교, 고려대학교, 단국대학교 율곡도서관, 동국대학교(서울·경주), 부산대학교, 성균관대학교, 이화여자대학교, 송광사 성보박물관, 日本東洋文庫, 日本對馬歷史民俗資料館, 프랑스 콜레주드프랑스 한국학도서관 등.
필사본 : 충남대학교, 전주시립완산도서관, 송광사 성보박물관 등.

(105) 沙西先生文集

書名	出版事項	版式狀況	一般事項	所藏番號
沙西先生文集	全湜[47] 著, [跋 : 1862[48]] 刊	7卷 5冊, 朝鮮木活字本, 四周雙邊, 半郭 : 22.4×16.1㎝, 有界, 10行 18字, 上下白口, 上下內向四瓣花紋黑魚尾, 32.9×21.9㎝, 線裝, 楮紙	序 : 眞城李彙寧謹序, 跋 : 壬戌(1862)…宗漢謹跋, 印記 : 酉谷靑岩	09-2373 ~2377

• 槪要

조선 중기의 문신 全湜의 시문집.

• 編纂과 刊行

저자의 7대손 全宗漢이 집안에 전해 오던 草稿를 편집하여 1862년(철종 13) 목활자본으로 간행하였으며, 李彙寧의 서문과 全宗漢의 발문이 있다.

• 著者

全湜(1563~1642) : 본관은 沃川이고, 자는 淨遠이며 호는 沙西이다. 1589년(선조 22) 사마시에 합격하였고, 임진왜란 때 의병을 모아 왜적을 토벌하여 連原道察訪이 되었다. 1603년 식년문과에 급제하여 전적·예조좌랑·예조정랑을 거쳐 1611년에는 울산판관이 되었으나 벼

47) 목록에는 '金湜'으로 되어 있으나 '金'은 '全'의 오자이다.
48) 목록에는 '1902'로 되어 있으나 '1862'의 오류이다.

슬을 버리고 산수를 유람했다. 1623년 인조 집권 이후에 예조정랑에 등용되었고, 이어서 수찬·교리가 되어 경연에 나아갔다. 1624년 李适의 난 때 태복시정으로 왕을 호종하고, 집의가 되었다가 낙향했다. 1636년 병자호란 때 다시 의병을 일으켰으며, 2년 후 대사간·대사헌을 거쳐 예조참판·대사성이 되고, 1642년 지중추부사 겸 동지경연춘추관사를 역임하였다.

• 版本構成

卷1 : 詩 126首. 卷2 : 詩 66首. 卷3 : 敎 1篇(敎朴惟明書)·疏 12篇·箚 1篇(諫院論君德箚)·啓 5篇. 卷4 : 書 37篇·雜著 12篇. 卷5 : 雜著 1篇(槎行錄). 卷6 : 雜著 1篇(隨手箚錄). 卷7 : 跋 3篇·表箋 5篇·祝文 17篇·祭文 17篇·碣文 2篇·行狀 1篇(正憲大夫知中樞府事竹磵康公行狀). 附錄 : 沙西先生年譜·行狀·神道碑銘幷序·神道碑陰跋·墓碣銘諡狀(權愈 撰)·輓詩 22首·祭文 11篇·奉安文 1篇(玉洞書院奉安文)·常享祝文 1篇·奉送詩 1篇.

• 同一 書名 版本 所藏處

목활자본 : 국립중앙도서관, 규장각, 한국학중앙연구원, 경기대학교, 계명대학교, 고려대학교, 연세대학교, 영남대학교, 日本東洋文庫 등.

필사본 : 규장각, 전북대학교 등.

(106) 三棄齋文集

書名	出版事項	版式狀況	一般事項	所藏番號
三棄齋文集	鄭鐿 著, [跋 : 1888] 刊	4卷 2冊, 朝鮮木活字本[49], 四周單邊, 半郭 : 19.5×15.6㎝, 有界, 10行 20字, 上下白口, 上下內向四瓣花紋黑魚尾, 30.5×20.7㎝, 線裝, 楮紙	跋 : 上之二十五年戊子(1888)…金興洛謹書, 印記 : 酉谷靑岩	09-2362 ~2363

• 槪要

조선 후기의 학자 鄭鐿의 시문집.

• 編纂과 刊行

저자의 후손 鄭之敬이 집안에 소장되어 있는 유고를 편집하여 1888년(고종 25)에 목활자본으로 간행하였으며, 서문은 없고 金興洛의 발문이 실려 있다.

49) 목록에는 '木板本'으로 되어 있으나 이 책은 '木活字本'으로 간행되었다.

• **著者**

鄭鎧(1634~1717) : 본관은 淸州이고 安東 출신이며, 자는 器彦이며 호는 三棄齋이다. 과거에 여러 번 응시하였으나 뜻을 이루지 못하였고, 이후 고향에 머물며 학문에 정진하고 후진 양성에 정성을 쏟았다. 예학을 중히 여겨 고금의 예서를 수집하고 연구하여 『禮儀補遺』를 저술하였다.

• **版本構成**

卷1 : 詩 75首 · 輓詞 38首. 卷2 : 書 22篇 · 序 2篇 · 記 1篇 · 跋 1篇 · 識 2篇. 卷3 : 祭文 17篇 · 行狀 2篇. 卷4(附錄) : 輓詞 5首 · 祭文 10篇 · 行狀 · 墓碣銘 · 祝文 等.

• **同一 書名 版本 所藏處**

목활자본 : 국립중앙도서관, 한국학중앙연구원, 계명대학교, 고려대학교, 대구가톨릭대학교, 안동대학교, 연세대학교, 용인대학교, 전남대학교,성암고서박물관 등.

(107) 三松先生逸稿

書名	出版事項	版式狀況	一般事項	所藏番號
三松先生逸稿	南夢鰲 著, 19世紀 刊	零本 1冊, 朝鮮木版本, 四周雙邊, 半郭 : 19.1×14.9㎝, 有界, 10行 19字, 上下白口, 上下內向四瓣花紋黑魚尾, 31.7×19.8㎝, 線裝, 楮紙	序 : 晉陽鄭宗魯序, 跋 : 朴壈[50]謹識, 印記 : 西谷青岩, 青岩家寶, 藏書記 : 巖家藏	09-1112

• **概要**

조선 중기의 학자 南夢鰲의 시문집.

• **編纂과 刊行**

저자의 외 7대손 朴壈이 1810년(순조 10)에 목판본으로 간행하였으며, 鄭宗魯의 서문과 편자 朴壈의 발문이 있다.

50) 목록에는 朴'土憲'으로 되어 있으나 '土憲'은 '壈'이다.

• **著者**

南夢鰲(1528~1591) : 본관은 英陽이고, 자는 景祥이며 호는 三松堂이다. 李滉의 문인으로 전적을 널리 읽고 의리를 탐색하여 여러 번 鄕試에 장원하여 명성이 자자했다. 1573년 式年試 1등으로 진사에 입격한 뒤 서당을 세우고 인근 선비들을 모아 가르쳤다. 제자들이 70여 명이었는데, 金蓋國·朴善長·琴復古·金榮祖·權俊臣 등과 같이 당세에 이름이 높은 제자들이 많았다.

• **版本構成**

世系 1篇·詩 123首·上樑文 1篇·祭文 1篇·書 1篇·對策 1篇. 附錄 : 贈遺詩 5首·師友錄·義穀序抄·祭文·行蹟·奉安文·常享祝文·後敍·龜灣事蹟·上樑文·祭文·遺事.

• **同一 書名 版本 所藏處**

목판본 : 국립중앙도서관, 한국국학진흥원, 한국학중앙연구원, 경기대학교, 계명대학교, 고려대학교, 성균관대학교, 안동대학교, 연세대학교, 용인대학교, 전남대학교, 성암고서박물관, 미국 UC버클리대학교 등.

(108) 三憂堂先生實紀 *

書名	出版事項	版式狀況	一般事項	所藏番號
三憂堂先生實紀	文載豹 編, [序 : 1818] 印	4卷 2冊, 朝鮮木活字本, 四周雙邊, 半郭 : 20.7×15.9㎝, 有界, 10行 20字, 上下白口, 上下內向四瓣花紋黑魚尾, 31.5×20.9㎝, 線裝, 楮紙	序 : ①金道和謹序 ②崇禎四戊寅(1818)…金義淳謹序 ③上之十八戊寅…洪義浩養仲謹叙, 跋 : 完山柳延鎬謹書, 被傳者 : 文益漸	09-1593

• **概要**

고려 말의 문신이자 학자인 文益漸의 실기.

• **編纂과 刊行**

1464년(세조 10) 文致昌이 편한「事實本記」와 朴思徽가 편한「行蹟記」그리고 文泳光이 편한「功行錄」등이 있었는데, 저자의 후손 文桂恒 등이 그것을 바탕으로 1819년(순조 19)에 편집하고 간행하였다. 이본이 많아서 판본·편자·서·발문은 일정하지 않다. 대체로 朴思徽·金義淳 등의 舊序와 奇宇萬이 쓴 서문이 있으며, 발문은 文桂恒·文基良 등이 쓴 것이 있다.

• **著者**

文益漸(1329~1398) : 본관은 南平이고, 자는 日新이며 호는 三憂堂이다. 1360년(공민왕 9)에 문과에 급제하여 金海府司錄과 諄諭博士 등을 지냈다. 1363년 司諫院左正言으로 있을 때 서장관이 되어 啓稟使 李公遂를 따라 원나라에 갔으나, 정치적 격동기에 휘말린 文益漸은 관직에서 쫓겨나 귀국하였다. 원나라에서 귀국할 때 목화의 종자를 가져와서 장인인 鄭天益에게 주고 함께 시험재배를 하며, 3년간의 노력 끝에 재배에 성공하였다, 결국 전국에 목화씨를 퍼지게 하였고, 물레 만드는 법을 배워 의복을 짜서 입도록 하였다.

• **版本構成**

卷首 : 序文(奇宇萬 作)·舊序文(朴思徽·金義淳·洪義浩 等作). 卷1 : 詩 9首·庚午封事·元朝奏對·請勿迎元使疏. 卷2(附錄) : 輓·諸賢詩章 25首·贊 2篇·麗史列傳·家傳·神道碑銘·墓碣銘·墓表·墓祠記·孝子碑閣記·孝子碑閣重修記·遺事後敍略·行蹟輯錄序·木綿花記(南孝溫 作). 卷3(附錄) : 賜祭文 4篇·傳教 14篇·告由文祝文 10篇 等. 卷4(附錄) : 丹城建元記·道川書院重修記·盛德齋記·江城祠記·大庇齋記·大庇齋重修記·杏壇記·蘆山精舍刱設記·墓祠重修記·新安思齋記·蘆山精舍實錄序. 卷5(附錄) : 請立祠疏·請復不祧廟疏·道川書院請額疏·江城祠請額疏·請從享文廟疏. 卷6(附錄) : 教系源流·年譜·科榜·摭錄·卷末 : 舊跋(吳羽常·文桂恒·文在衡 等作)·跋文(鄭時林 作)·後識(文宅鎬 作)·書實記後(文基良 作).

• **同一 書名 版本 所藏處**

금속활자본(整理字體鐵活字) : 연세대학교, 영남대학교 등.

목활자본 : 국립중앙도서관, 규장각, 경기대학교, 경상대학교, 계명대학교, 고려대학교, 단국대학교 율곡기념도서관, 안동대학교, 영남대학교, 원광대학교, 전남대학교, 조선대학교, 대구광역시립중앙도서관, 남평문씨 인수문고, 모덕사, 日本東洋文庫 등.

석인본 : 국립중앙도서관, 규장각, 계명대학교, 단국대학교 퇴계기념도서관, 성균관대학교, 전남대학교, 미국 UC버클리대학교 등.

필사본 : 남평문씨 인수문고.

(109) 三忠實紀

書名	出版事項	版式狀況	一般事項	所藏番號
三忠實紀	金泌景 編	不分卷 1冊, 朝鮮木版本, 四周雙邊, 半郭 : 19.3×15.2㎝, 有界, 10行 18字, 上下白口, 上下內向四瓣花紋黑魚尾, 31.1×20㎝, 線裝, 楮紙	序 : 李益運謹書, 印記 : 酉谷靑岩, 藏書記 : 靑巖藏, 甲戌歲	09-2630

• **槪要**

병자호란 때 전사한 金燁·金煜·金燦 3형제의 實記.

• **編纂과 刊行**

간행연도와 편집자는 알 수 없으나 李益運(1748~1817)의 서문이 수록되어 있는 점으로 보아 후손 金泌景이 1800년대 초에 간행한 것으로 추정된다.

• **著者**

金燁(1586~1637) : 본관은 義城이고, 자는 明甫이다. 1620년(광해군 12) 동생 金煜·金燦과 함께 무과에 급제했다. 1627년(인조 5) 정묘호란이 일어나자 의병을 거느리고, 鳥嶺에까지 당도했으나 이미 강화가 성립되었다는 소식을 듣고 해산했다. 1636년(인조 14)년 병자호란이 일어나자 두 동생과 함께 다시 의병을 거느리고 북진하여, 雙嶺에 이르러 전투를 벌였다. 적병 수 십 명을 죽이고 말과 무기를 탈취하는 등의 전과를 올렸으나 이듬해 1월 3일 두 동생과 함께 전사했다.

• **版本構成**

序文(李益運 作), 金僉正遺事, 三烈士歲祭壇碑文, 告載尊攘錄文, 設壇時開土告辭, 歲祭壇始祭文, 設壇開土時僉正位家廟告辭, 歲祭壇常享祝文, 三烈士歲祭壇韻, 書三烈士遺蹟後, 書三烈士遺事後, 三烈士歌, 義城三烈士傳, 金氏三烈士傳, 聞韶三烈士遺事後敍, 書三烈士碑壇記後, 書三烈士事蹟後, 聞韶三烈士傳後敍.

• **同一 書名 版本 所藏處**

목판본 : 국립중앙도서관, 한국국학진흥원, 고려대학교, 연세대학교, 남평문씨 인수문고 등.
필사본 : 규장각.

(110) 尙賢錄 *

書名	出版事項	版式狀況	一般事項	所藏番號
尙賢錄	禹師德 等 編, 龜溪書院, [18世紀] 刊	2卷 1冊, 朝鮮木版本, 有圖, 四周雙邊, 半郭 : 18.1×15.6㎝, 有界, 10行 20字, 上下白口, 上下內向四瓣花紋黑魚尾, 31.6×20.3㎝, 線裝, 楮紙	序 : 戊戌…李象靖, 印記 : 西谷靑岩, 藏書記 : 龜溪書院所送, 岩亭藏, 被傳者 : 禹倬	09-0208

• 槪要

고려 말기의 문신이자 학자인 禹倬의 유고집.

충재박물관 소장본은 藏書記가 '龜溪書院所送, 岩亭藏'으로 되어 있는데, 龜溪書院에서 인출하여 충재 종가에 보낸 판본이다.

• 編纂과 刊行

初刊本은 저자의 후손 禹師德과 禹弘澤 등이 遺詩와 遺事 등을 모아 편집하였고, 저자의 위패를 모신 龜溪書院에서 간행한 것으로 보인다. 또한 후손 禹宅準와 禹鍾璣 등이 1871년(高宗 8)에 原錄에 빠져 있는 것을 유문들을 모아 간행하였다. 李象靖(1711~1781)이 1778년에 지은 序文이 실려 있다.

• 著者

禹倬(1263~1342) : 본관은 丹陽이고, 자는 天章·卓甫·卓夫이며 호는 白雲·丹巖·易東先生이다. 1278년(충렬왕 4) 鄕貢進士가 되고, 과거에 올라 寧海司錄이 되었다. 1308년(충선왕 즉위년) 監察糾正이 되었고, 후에 벼슬에서 물러난 뒤에는 禮安에 은거하면서 후진 교육에 전념하였다. 李滉의 발의로 1570년(선조 3) 예안에 易東書院이 창건되었으며, 또한 龜溪書院에도 禹倬의 학문과 덕행을 추모하기 위해 위패를 모셨다.

• 版本構成

卷1 : 詩 1首(題映湖樓)·遺事·贈遺諸篇(李穀 撰)·過禮安有懷禹諫議(金宗直 撰)·詩 9首(追感諸篇 等). 卷2 : 易東書院事蹟·易東書院記·易東書院記實·丹巖書院事蹟·龜溪書院事蹟·易東書院常享祝文·易東書院奉安文·祝文 10篇·祭文 3篇·丹山書院移建上梁文·先生(禹倬)登科紅牌·榜目, 尙賢續錄 : 世系圖, 拾遺 : 詩 2首(殘月·江行)·遺墨 1篇·遺事·壇壝告由文·祝祭文 5篇·墓碣銘·墓誌銘·遺墟碑銘·丹巖書院請額疏·回啓 等.

• 同一 書名 版本 所藏處

목판본 : 국립중앙도서관, 한국국학진흥원, 경기대학교, 계명대학교, 동국대학교, 부산대학교, 안동대학교, 미국 UC버클리대학교 등.

(111) 西溪先生集

書名	出版事項	版式狀況	一般事項	所藏番號
西溪先生集	朴泰茂 著, 1812年 刊	8卷 8冊, 朝鮮木版本, 四周單邊, 半郭 : 22.2×17.4㎝, 有界, 10行 22字, 上下白口, 上下內向四瓣花紋黑魚尾, 30.8×21.6㎝, 線裝, 楮紙	序 : 鄭宗魯序, 跋 : 崇禎紀元後三壬申(1752)…曾孫旨端謹識, 印記 : 西谷青岩, 藏書記 : 青岩藏	09-0290~0297

• 槪要

조선 후기의 학자 朴泰茂의 시문집.

• 編纂과 刊行

저자의 증손 朴旨瑞가 1812년(순조 12)에 편찬하여 목판본으로 간행하였으며, 鄭宗魯의 서문과 朴旨瑞·崔興璧의 발문이 실려 있다.

• 著者

朴泰茂(1677~1756) : 본관은 泰安이고, 자는 春卿이며 호는 西溪이다. 평생 벼슬에 나아가지 않고 일찍부터 학문에만 전념하였다. 1696년(숙종 22)부터 晉州 南柰洞 芝溪 서쪽에 西溪書室을 짓고 이곳에서 독서하였다. 大覺書院과 臨川書院 등의 講會에도 나아가 經義를 강론하기도 하였다. 만년에 이르러서는 『呂氏鄕約』을 바탕으로 李滉의 鄕約까지 참고해 새롭게 「洞約」을 만들어 인근에 실시케 하였고, 평생 많은 저술을 남겼다.

• 版本構成

卷1~2 : 詩 508首·賦 1篇·書 74篇. 卷3~4 : 書 110篇·狀 2篇·墓碣文 18篇. 卷5~6 : 祝文 20篇·祭文 40篇·銘 19篇·箴 7篇·贊 10篇·序 25篇. 卷6 : 記 19篇·跋 16篇·傳 11篇·說 3篇·上樑文 4篇·邱墓文 16篇·行狀 4篇·遺事 11篇. 卷7 : 雜著 8篇. 卷8(附錄) : 世系圖·年譜·行狀·墓誌銘·墓碣銘·輓詞 44篇·祭文 17篇 等.

• 同一 書名 版本 所藏處

목판본 : 동아대학교, 성균관대학교, 안동대학교, 연세대학교, 전남대학교 등.

(112) 書巢先生文集

書名	出版事項	版式狀況	一般事項	所藏番號
書巢先生文集	金宗烋 著	6卷 3冊, 朝鮮木版本, 四周雙邊, 半郭 : 20.3×16.1㎝, 有界, 10行 20字, 上下白口, 上下內向四瓣花紋黑魚尾, 0.9×20.9㎝, 線裝, 楮紙	印記 : 酉谷靑岩	09-1052~1054

• 槪要

조선 후기의 학자 金宗烋의 시문집.

• 編纂과 刊行

저자의 증손 金世洛이 1899년 편집하여 목판본으로 간행하였고, 金世洛 발문이 실려 있다.

• 著者

金宗烋(1783~1866) : 본관은 豊山이고, 자는 聖浩이며 호는 書巢이다. 榮州에서 활동하였고 1822년 式年試 장원으로 진사에 입격하였다. 1855년 영남유생들의 莊獻世子 추존을 청하는 만인소를 초하였다.

• 版本構成

卷1 : 詩 106首. 卷2 : 疏 3篇·書 10篇. 卷3 : 雜著 6篇·序 2篇·記 3篇·跋 4篇. 卷4~5 : 上樑文 6篇·祭文 23篇·傳 3篇·墓誌銘 2篇·行狀 5篇·諡狀 1篇. 卷6(附錄) : 家狀·行狀·墓碣銘 等.

• 同一 書名 版本 所藏處

목판본 : 국립중앙도서관, 규장각, 한국국학진흥원, 한국학중앙연구원, 계명대학교, 고려대학교, 대구가톨릭대학교, 성균관대학교, 연세대학교, 용인대학교, 전남대학교 등.

(113) 西厓先生文集 *

書名	出版事項	版式狀況	一般事項	所藏番號
西厓先生文集	柳成龍 著, 玉淵, 甲午(1834)	20卷 10冊, 朝鮮木版本, 四周雙邊, 半郭 : 20.7×16㎝, 有界, 10行 20字, 上下白口, 上下內向四瓣花紋黑魚尾, 31.1×20.3㎝, 線裝, 楮紙	刊記 : 甲午季秋玉淵重刊, 跋 : ①崇禎六年癸酉(1633)…張顯光 ②崇禎壬申(1632)…李埈敬, 印記 : 西谷青岩, 藏書記 : 西谷青岩藏, 西谷下溪宅冊, 西谷權下溪宅冊	09-0059~0068
西厓先生文集	柳成龍 著, [18世紀] 刊	21卷 11冊(年譜포함), 朝鮮木版本, 四周雙邊, 半郭 : 20.7×15.6㎝, 有界, 11行 21字, 上下白口, 上下內向六瓣花紋黑魚尾, 31.5×20.7㎝, 線裝, 楮紙	跋 : ①崇禎六年癸酉(1633)…張顯光 ②崇禎壬申(1632)…李埈敬, 印記 : 西谷青岩	09-0069~0075, 0864~0867

• 概要

조선 중기 문신이자 학자인 柳成龍의 시문집.
충재박물관에는 2종의『西厓先生文集』이 소장되어 있는데, 1종은 玉淵精舍의 重刊本이 확실하고, 다른 1종은 初刊本으로 추정된다.

• 編纂과 刊行

初刊本은 저자의 아들 柳袗이 陜川郡守 재직 당시 1633년(인조 11)에 목판본으로 간행하였다. 重刊本은 '甲午季秋 玉淵重刊'이라는 刊記가 있는데, 甲午는 1894년(고종 31)에 해당하며 '玉淵'은 河回의 玉淵精舍를 가리킨다. 이 重刊本은 목판본으로 간행되었으며 李敏求의 서문과 李埈·張顯光의 발문이 수록되어 있다.

• 著者

柳成龍(1542~1607) : 본관은 豊山이고, 자는 而見이며 호는 西厓이다. 李滉의 문인으로 1566년 문과에 급제하여 승문원권지부정자가 되고 이듬해 검열이 되었다. 1569년(선조 2) 聖節使의 서장관으로 명나라에 다녀와 감찰과 전적 등의 벼슬을 역임하였다. 1592년 4월 13일 일본이 임진왜란을 일으키자 병조판서를 겸하고 도체찰사로 군무를 총괄하였다. 이어 영의정이 되어 왕을 호종하였으나 평양에 이르러 나라를 그르쳤다는 반대파의 탄핵을 받고 면직되었다. 의주에 이르러 평안도도체찰사가 되고, 이듬해 명나라의 장수 李如松과 함께 평양성을 수복하였고, 그 뒤 충청·경상·전라 3도의 도체찰사가 되어 파주까지 진격하였다. 이 해 다시 영의정에 올라 4도의 도체찰사를 겸해 군사를 총지휘하였다. 이후 명나라와 일본과의 화의가 진행되는 기간에도 군비 보완을 위해 계속 노력하였다. 1598년 명나라 經略 丁應泰가 조선이 일본과 연합해 명나라를 공격하려 한다고 본국에 무고한 사건이 일어났다. 이에 이 사건의 진상을 변명하러 가지 않는다는 북인들의 탄핵으로 관작을 삭탈 당했다가 1600년에 복관되었으나 다시 벼슬을 하지 않고 은거하였다.

• 版本構成

卷1 : 詩 139首. 卷2 : 詩 121首. 卷3 : 奏文 4篇, 疏 5篇. 卷4 : 疏 8篇. 卷5 : 箚 17篇. 卷6 : 書狀 25篇. 卷7 : 啓辭 14篇. 卷8 : 啓辭 9篇. 卷9 : 呈文 5篇·書 13篇. 卷10 : 書 30篇. 卷11 : 書 54篇. 卷12 : 書 55篇. 卷13 : 讀史蠡測 62篇·喪葬質疑 11篇. 卷14 : 戰守機宜十條·北邊獻策議·貢物作米議·沈遊擊求通使倭國議·策問三首. 卷15 : 雜著 45篇. 卷16 : 雜著 21篇. 卷17 : 序 6篇·記 3篇·論 3篇·跋 7篇. 卷18 : 跋 31篇·箋 1篇·銘 2篇. 卷19 : 祭文10篇·碑碣 9篇. 卷20 : 墓誌 9篇, 行狀 4篇.

• 同一 書名 版本 所藏處

목판본 : 국립중앙도서관, 국회도서관, 규장각, 한국국학진흥원, 한국학중앙연구원, 건국대학교, 경기대학교, 경상대학교, 경희대학교, 계명대학교, 고려대학교, 국민대학교, 단국대학교 퇴계기념도서관, 대구가톨릭대학교, 동국대학교, 동아대학교, 부산대학교, 성균관대학교, 숙명여자대학교, 안동대학교, 연세대학교, 영남대학교, 용인대학교, 전남대학교, 전주대학교, 조선대학교, 중앙대학교, 충남대학교, 사우당종택, 성암고서박물관, 춘호재, 日本東洋文庫, 미국 UC버클리대학교 등.

(114) 石溪先生文集 *

書名	出版事項	版式狀況	一般事項	所藏番號
石溪先生文集	李時明 著	4卷 3冊, 朝鮮木版本, 四周雙邊, 半郭 : 17.6×15.1㎝, 有界, 10行 18字, 上下白口, 上下內向四瓣花紋黑魚尾, 31.5×21㎝, 線裝, 楮紙	表題 : 石溪集 印記 : 酉谷青岩	09-2409 ~2411
石溪先生文集	李時明 著, [18世紀] 刊	2卷 1冊, 朝鮮木版本, 四周雙邊, 半郭 : 18.9×15.1㎝, 有界, 10行 20字, 上下白口, 上下內向四瓣花紋黑魚尾, 30.8×20.6㎝, 線裝, 楮紙	印記 : 酉谷青岩 藏書記 : 青岩藏	09-2623

• 概要

조선 중기의 학자 李時明의 시문집.

• 編纂과 刊行

『石溪先生文集』은 두 번에 걸쳐 간행되었는데, 初刊本과 重刊本 모두 序와 跋이 없어 간행 경위는 미상이다.

• 著者

李時明(1590~1674) : 본관은 載寧이고, 자는 晦叔이며 호는 石溪이다. 1612년(광해군 4) 사마시에 합격하여 성균관에 들어갔으나, 광해군의 집권기에는 과거를 단념하였다. 1636년(인조 14) 병자호란 이후 국치를 부끄럽게 여겨 세상과 인연을 끊고 은거하였다. 학행으로 康陵參奉에 제수되었으나 부임하지 않았고 이후에는 후진양성에 주력하였다.

• 版本構成

卷1~2 : 辭 1篇·賦 3篇·詩 157首. 卷3~4 : 疏 1篇·書 13篇·序 4篇·記 6篇·跋 2篇·箴銘 3篇·祝文 3篇. 卷5~6(附錄) : 輓詞 10首·祭文 5篇·行狀·墓誌銘·墓碣銘·碑銘 2篇·記 1篇·上樑文 1篇·事實 1篇.

• 同一 書名 版本 所藏處

목판본 : 국립중앙도서관, 한국국학진흥원, 한국학중앙연구원, 경기대학교, 계명대학교, 고려대학교, 동아대학교, 성균관대학교, 안동대학교, 연세대학교, 용인대학교, 원광대학교, 전남대학교, 전주대학교, 충남대학교, 부산 시민도서관 성암고서박물관, 미국 컬럼비아대학교 등.

(115) 石門先生文集 *

書名	出版事項	版式狀況	一般事項	所藏番號
石門先生文集	鄭榮邦 著, 純祖21(1821)跋	4卷 3冊, 朝鮮木版本, 四周雙邊, 半郭 : 19.3×16㎝, 有界, 10行 20字, 上下白口, 上下內向四瓣花紋黑魚尾, 31.9×21.6㎝, 線裝, 楮紙	序 : ①鄭彦忠謹序 ②上之二年壬戌(1802)…趙述道謹叙, 跋 : ①上之九年壬子…鄭來周謹識 ②上之二十一辛巳(1821)…柳尋春謹書, 印記 : 西谷靑岩	09-2406~2408

• 槪要

조선 중기 학자 鄭榮邦의 시문집.

• 編纂과 刊行

저자의 7대손 鄭仁勖이 1821년(순조 21)에 집안에 보관된 草稿를 繕寫하고 교감하여 1821년에 목판본으로 간행하였다. 鄭彦忠·趙逑道의 서문과 鄭來周·鄭必奎·柳尋春의 발문이 수록되어 있다.

• 著者

鄭榮邦(1577~1650) : 본관은 東萊이고, 자는 慶輔이며 호는 石門이다. 愚伏 鄭經世가 고향 예천에서 후진들을 가르칠 때 그의 문하에서 性理學을 공부하였다. 1605년(선조 38년) 乙巳增廣試에서 進士 三等 64위로 급제하였다. 經學과 唐詩에 조예가 뛰어나 스승이 그의 재능을 아깝게 여겨 관직에 나갈 것을 여러 번 권하였으나 벼슬하지 않고 학문 연구에만 전념하였다.

• 版本構成

卷1 : 辭 2篇·賦 2篇·五言絶句 105首·五言律詩 94首·五言排律 5首. 卷2 : 五言古詩 23首·六言 2首·七言絶句 163首. 卷3 : 七言律詩 88首·七言排律(臺城柳十六韻)·七言古詩 10首·雜詩 3首·輓詞 40首. 卷4 : 疏 2篇·書 7篇·記 2篇·祭文 9篇·誌碣 2篇·行錄(先兄梅塢公行錄)·遺事(愚伏先生遺事)·雜著(壬辰遭變事蹟). 附錄 : 墓誌銘幷序·墓碣銘竝序·家狀·祭文·輓詞·浣潭鄕社追享時告由文·奉安文·拾遺.

• 同一 書名 版本 所藏處

목판본 : 국립중앙도서관, 규장각, 한국국학진흥원, 한국학중앙연구원, 경희대학교, 계명대학교, 고려대학교, 단국대학교 율곡기념도서관, 동아대학교, 부산대학교, 성균관대학교, 안동대학교, 연세대학교, 영남대학교, 조선대학교 등.

(116) 石窩文集

書名	出版事項	版式狀況	一般事項	所藏番號
石窩文集	權褘 著, [跋 : 1899] 刊	4卷 2冊, 朝鮮木版本, 四周雙邊, 半郭 : 17.8×15.5㎝, 有界, 10行 18字, 上下白口, 上下內向四瓣花紋黑魚尾, 30.5×20.9㎝, 線裝, 楮紙	序 : 丁亥(1887)…權璉夏謹序, 跋 : 上之三十六年己亥(1899)…李晩煃, 識 : 十代孫永祖謹識	09-2285 ~2286

• **概要**

조선 후기의 학자 權禕의 시문집.

• **編纂과 刊行**

저자의 손자 權大奎가 1899년에 목판본으로 간행하였으며, 權璉夏의 서문과 李晩煃의 발문이 있다.

• **著者**

權禕(1762~1835) : 본관은 安東이고 출신지도 安東이다. 자는 懿甫이고 호는 石窩이다. 李象靖의 문하에서 수학하였으며, 1789년(정조 13) 식년시 생원 3등 2위로 합격하였다. 그러나 벼슬에 뜻을 두지 않고 낙향한 후, 柳致明 등과 교유하며 학문과 후진 양성에 힘썼다.

• **版本構成**

卷1 : 詩·輓詞 171首. 卷2~3 : 書 20篇·說 3篇·序 1篇·跋 2篇·上樑文 1篇·祭文 14篇·行錄 2篇. 卷4 : 雜著 3篇. 附錄 : 行狀·墓碣銘·輓詞 11首·祭文 6篇.

• **同一 書名 版本 所藏處**

목판본 : 규장각, 계명대학교, 고려대학교, 성균관대학교, 안동대학교, 연세대학교, 영남대학교, 전남대학교, 전주대학교 등.

(117) 嘯皐先生文集 *

書名	出版事項	版式狀況	一般事項	所藏番號
嘯皐先生文集	朴承任 著, [17世紀]刊	4卷 2冊, 朝鮮木版本, 四周雙邊, 半郭 : 21.4×15.7㎝, 有界, 11行 21字, 上下白口, 上下內向四瓣花紋黑魚尾, 30.5×20㎝, 線裝, 楮紙	刊記 : 伊山書院刊, 印記 : 西谷青岩, 淸白, 永嘉, 權斗寅	09-1880 ~1881
嘯皐先生文集	朴承任 著	零本 4冊, 朝鮮木版本, 四周雙邊, 半郭 : 21×15.9㎝, 有界, 11行 21字, 上下白口, 上下內向四瓣花紋黑魚尾, 30.3×20㎝, 線裝, 楮紙	續集序 : 辛丑(1781)…李象靖序, 印記 : 西谷青岩, 藏書記 : 青岩亭藏, 壬寅夏龜江書院印送藏	09-0351 ~0354

• **概要**

조선 중기의 학자 朴承任의 시문집.

충재박물관에는 2종의 『嘯皐先生文集』이 소장되어 있는데, 1종은 伊山書院에서 간행한 판본으로 初刊本으로 추정된다. 다른 1종은 藏書記가 '壬寅夏龜江書院印送藏'으로 되어 있는데, 龜江書院에서 인출하여 충재 종가에 보낸 重刊本이다.

• **編纂과 刊行**

初刊本은 저자가 죽은 후 15년이 되는 해 저자의 제자 金玏·吳澐·裵應褧 등이 編次하여 1600년(선조 33)에 간행하였다. 그리고 원집에 누락된 원고를 저자의 6대손 朴希天와 朴時龍 등이 수습하고, 李象靖 등이 교정하여 1782년(정조 6)에 속집과 부록을 원집과 함께 엮어 重刊本을 간행하였다.

• **著者**

朴承任(1517~1586) : 본관은 潘南이고, 자는 重甫이며 호는 嘯皐이다. 1540년(중종 35) 식년문과에 병과로 급제하여 승문원·예문관·승정원·홍문관 등에서 여러 淸宦職을 역임하였다. 이어서 수찬에 승진되고, 이조좌랑을 거쳐 正言이 되었다. 1547년(명종 2) 예조정랑에 다시 임명되었으나, 이듬해 어머니의 상을 당하자 바로 귀향하였다. 1557년 直講을 거쳐 司藝가 되었으나, 윤원형의 세도가 더욱 심해지자 벼슬에서 은퇴하고 독서에 힘을 쏟았다. 이듬해 풍기군수로 다시 임명되어 치적을 쌓았고, 그 후 軍資監正에 임명되었으며 判校를 거쳐 1565년 병조참의에 승진되고, 이듬해 동부승지로 전직되었다가 얼마 뒤 진주목사로 부임하게 되었다. 1569년(선조 2) 동지부사로 명나라에 다녀왔으며, 그 후 황해도관찰사로 나갔다가 좌승지·도승지·경주부윤·강화부유수·여주목사를 거쳐 1581년 춘천부사로 나갔다가 병으로 사직하고 귀향하였다. 1583년 공조참의를 거쳐 대사간이 되었으나 言事에 연루되어 창원부사로 좌천되었으며, 얼마 뒤 중앙에 소환되었다가 병사하였다.

• **版本構成**

卷1~2 : 賦 4篇·詩100餘 首. 卷3 : 序 2篇·尊堯集跋·江界府晦齋先生祠堂記·榮川鄕校重修記·書 4篇·代人請立鼎山書院文·擬遺韓愈宣慰王庭湊詔·本朝謝遣漂流人口表·四皓有無辨·紹修書院畵像改修識·題芙蓉堂契會圖·鄕校歌謠·策問·親祭社稷祈雨文·祭王太祖祈雨文·祭兵使金秀文文·伊山書院奉安退溪先生文·祭先祖文·祈雨祭文. 卷4 : 墓碑·墓表·碑銘·墓碣銘 10餘 篇.

• 同一 書名 版本 所藏處

목판본 : 국립중앙도서관, 규장각, 한국국학진흥원, 한국학중앙연구원, 계명대학교, 성균관대학교, 안동대학교, 용인대학교, 전남대학교, 전주대학교, 미국 UC버클리대학교 등.

(118) 續東文選

書名	出版事項	版式狀況	一般事項	所藏番號
續東文選	中宗 命撰, 申用漑 等編, [16世紀] 印	21卷 14冊, 乙亥字本, 四周雙邊, 半郭 : 24.9×16.6㎝, 有界, 10行 19字, 上下大黑口 上下內向六瓣花紋黑魚尾, 35.5×21.8㎝, 線裝, 楮紙	印記 : 青岩家寶	09-1352 ~1365

• 概要

조선전기 문신 申用漑·金詮·南袞 등이 중심이 되어 1518년에 간행한 성종에서 중종 연간의 조선 문인들의 시문집.

『中宗實錄』 중종 13년 7월 12일에는 '撰集廳堂上 申用漑·金詮·南袞 등이 撰修한 『續東文選』을 올렸다.'고 하였다.' 權橃의 일기에도 동일한 날짜에 비슷한 기록이 있다. '撰集廳左議政申用漑判中樞金銓(詮)左贊成南袞進續東文選并箋且 啓曰序使某製進 傳曰在下可製者製之可也'[51] 『中宗實錄』에는 '進箋'의 전문만을 기록하고 기사가 끝난다. 그런데 權橃의 「承宣日記」에는 '進箋'의 내용은 없고 중종이 그것을 제작하라고 하교하는 내용이 있다. 『中宗實錄』의 기록만 보면 간행본인지의 여부는 알 수 없다. 하지만 權橃의 「承宣日記」에서는 제작을 허락하는 내용이 있기 때문에, 이 날 찬집청에서 올린 『續東文選』은 편집이 완료된 草本이었을 것이다. 어쨌든 『續東文選』은 중종 13년(1518)에 쓴 '序'가 있으며 乙亥字로 初刊되었다. 충재박물관에는 乙亥字本 『續東文選』이 남아 있는데, 權橃이 그 당시 간행된 판본을 반사 받거나 수집하였을 것으로 추정된다.

• 編纂과 刊行

『續東文選』의 출간은 편찬이 완성된 시기인 1518년에 乙亥字로 간행되었다. 그러나 임진왜란으로 거의 없어졌으며, 그 뒤에 『東文選』과 『續東文選』의 合本이 나왔으나 역시 兵火에 거의 없어졌다. 1615년(광해군 7)에 다시 목활자인 訓鍊都監字로 간행되었다. 그 후 간행연

51) 權橃, 安東權氏 忠定公派 서울 宗親會 編, 「承宣日記」, 『冲齋先生文集』卷七, 1982. 356쪽.

대는 확정할 수 없으나 목판본으로도 여러 차례 간행되었다. 『續東文選』은 본문이 21권 10책이며, 목록 2권을 합하여 23권 11책이다. 목록의 卷尾에 金詮의 서문과 46인 찬집관의 관직과 명단이 첨부되어 있다.

• 著者 및 編者

申用漑(1463~1519) : 본관은 高靈이고, 자는 漑之이며 호는 二樂亭·松溪·睡翁이다. 1483년(성종 14) 사마시에 합격하고 1488년 별시문과에 丙科로 급제하여 그 해 처음으로 승문원정자에 등용되었다. 그 뒤 修撰·校理·持平·平市署令·吏曹正郎·檢詳 등을 역임하였다. 1498년 戊午士禍 때 金宗直의 문인이라 하여 한때 투옥되었으나 곧 석방되어 直提學을 거쳐 都承旨가 되었다. 그 후 忠淸道水軍節度使·刑曹判書·禮曹參判 등을 역임하였고, 甲子士禍에 연루되어 전라도 영광에 유배되었다. 1506년(중종 1)년 중종 집권 후 刑曹參判으로 서용되었으며, 이어 홍문관과 예문관의 대제학을 역임하였다. 이듬해 成希顔과 함께 명나라에 가서 誥命을 받아온 공으로 原從功臣이 되었다. 그 뒤 대제학·우참찬과 대사헌을 거쳐서 이조·병조·예조의 판서를 역임하고 우찬성이 되었으며, 1516년에 우의정에 오르고 1518년 좌의정에 이르렀다.

金詮(1458~1523) : 본관은 延安이고, 자는 仲倫이며 호는 懶軒이다. 1472년(성종 3) 진사가 되었고, 1489년 식년 문과에 장원으로 급제하였으며, 禮安縣監·弘文館修撰을 역임하였다. 1498년 戊午士禍가 일어나자 파직 당했다가 1501년 副護軍으로 다시 서용되었다. 1504년 성균관대사성에 올랐으나 甲子士禍로 다시 좌천되었다. 중종이 집권한 후 禮曹參判 兼 同知經筵事로 승진되었으며, 이어 이조참판·호조참판·대사헌 등을 역임하였다. 趙光祖 등의 사림파가 득세한 1513년에서 1519년 사이에 여러 요직을 역임하였고, 1519년 판중추부사가 되어 南袞·沈貞 등과 함께 己卯士禍를 일으켜 趙光祖 등 사림파를 축출하였다. 그 공로로 원종공신이 되었으며, 우의정을 거쳐 1520년 영의정 겸 世子師가 되었다.

南袞(1471~1527) : 본관은 宜寧이고, 자는 士華이며 호는 止亭·知足堂이다. 1489년(성종 20) 생원시·진사시에 합격하고, 1494년 별시 문과에 乙科로 급제했다. 1496년(연산군 2) 홍문관수찬에 임명되어 사간원정언 등 여러 관직을 역임하였다. 1504년 甲子士禍 때 西邊으로 유배되었으나 1506년(중종 1) 중종 집권 후 풀려나서 朴耕·金公著 등이 모반한다고 무고해 그 공으로 嘉善大夫가 되었다. 그 후 여러 요직을 역임했고, 1518년에는 宗系辨誣를 위한 奏請使로 명나라에 다녀왔다. 1519년에는 沈貞 등과 함께 기묘사화를 일으켜 趙光祖 등 신진 사림파를 축출하였고, 좌의정을 거쳐 1523년 영의정이 되었다.

• 版本構成

卷1~2 : 辭·賦. 卷3 : 五言古詩. 卷4 : 古詩. 卷5 : 七言古詩. 卷6 : 五言律詩. 卷7~8 : 七言律詩·七言排律. 卷9~10 : 五言絶句·七言絶句·六言絶句·雜體詩. 卷11~12 : 諡冊·哀冊·哀辭·銘·贊·箋·表·上疏·檄·策題. 卷13~14 : 記. 卷15~16 : 序. 卷17 : 說·論·傳·跋·歌謠. 卷18 : 雜著·上樑文. 卷19 : 祭文·靑詞·行狀. 卷20 : 碑銘·墓誌. 卷21 : 行錄.

• 同一 書名 版本 所藏處

금속활자본(乙亥字) : 국립중앙도서관, 한국학중앙연구원, 계명대학교, 고려대학교, 한양대학교, 성암고서박물관 등.

목활자본(訓鍊都監字) : 국립중앙도서관, 규장각, 한국국학진흥원, 고려대학교, 영남대학교, 성암고서박물관, 미국 UC버클리대학교 등.

목판본 : 국립중앙도서관, 규장각, 고려대학교, 단국대학교 율곡기념도서관, 대구가톨릭대학교, 성균관대학교, 성암고서박물관 등.

(119) 松溪先生文集 *

書名	出版事項	版式狀況	一般事項	所藏番號
松溪先生文集	李亨男 著	2卷 1冊, 朝鮮木版本, 四周雙邊, 半郭 : 19.3×15.7㎝, 有界, 10行 18字, 上下白口, 上下內向四瓣花紋黑魚尾, 32.4×21.9㎝, 線裝, 楮紙	序 : 李彙寧謹書, 跋 : ①上之二十三年乙酉(1645)…李在燦謹識 ②後孫中麟謹跋, 印記 : 酉谷靑岩	09-2563

• 槪要

조선 중기의 의병 李亨男의 시문집.

• 編纂과 刊行

저자의 후손 李在榮 등이 유고를 수습하고 정리하여 1885년(고종 22)에 목판본으로 간행하였으며, 李彙寧과 서문과 李在燦·李中麟의 발문이 수록되어 있다.

• 著者

李亨男(1556~1627) : 본관은 眞城이고, 자는 嘉仲이며 호는 松溪이다. 1588년(선조 21) 생원

과 진사시에 모두 합격하였으나 출세의 뜻을 끊고 松溪에 은거하며 독서에 힘썼다. 임진왜란 때에는 창의하여 鄕兵整齊將이 되어 안동을 지키기에 진력하였다. 1600년(선조 33) 景陵參奉을 제수되었으나 부임치 않고 도산서원에서 『退溪集』의 교정에 참여하였다. 그 뒤 廬江書院의 원장이 되어 원우의 중건에 진력하고 광해군 때는 세상의 미련을 끊고 은둔하였다.

• 版本構成

卷1 : 詩 86首 · 書 4篇 · 祭月川趙先生文 · 鄕兵召募文. 卷2(附錄) : 行狀 · 輓詞 · 祭文 · 墓碣銘 · 墓誌銘 · 奉安文 · 常享祝文 · 墓碣改立時告由文 · 行狀後叙 · 跋.

• 同一 書名 版本 所藏處

목판본 : 국립중앙도서관, 규장각, 한국국학진흥원, 한국학중앙연구원, 경기대학교, 계명대학교, 고려대학교, 국민대학교, 단국대학교 퇴계기념도서관, 동아대학교, 성균관대학교, 안동대학교, 연세대학교, 영남대학교, 용인대학교, 성암고서박물관, 미국 UC버클리대학교 등.

(120) 松巢先生文集 *

書名	出版事項	版式狀況	一般事項	所藏番號
松巢先生文集	權宇 著, [跋 : 1811] 刊	4卷 2冊, 朝鮮木版本, 四周單邊, 半郭 : 19.4×15.2㎝, 有界, 10行 21字, 上下白口, 上下內向四瓣花紋黑魚尾, 32.6×21.1㎝, 線裝, 楮紙	序 : 辛未(1811)…鄭宗魯序, 跋 : 白羊(辛未, 1811)…七代孫達忠謹識, 印記 : 酉谷靑岩	09-2385 ~2386

• 槪要

조선 중기 학자 權宇의 시문집.

• 編纂과 刊行

저자의 7대손 權達忠이 1811년(순조 11) 尙州 山陽에서 목판본으로 간행하였으며, 鄭宗魯의 서문과 張顯光 · 李埈 · 金得研의 발문이 수록되어 있다.

• 著者

權宇(1552~1599) : 본관은 安東이고, 자는 定甫이며 호는 松巢이다. 1573년(선조 6) 생원시

에 합격한 뒤 벼슬에 뜻을 접고 학문에 전념하였다. 1586년 敬陵參奉에 제수되고, 1589년 왕자(뒤의 광해군)의 사부에 제수되었으나 그 다음해에 세상을 떠났다. 광해군은 즉위 후 스승인 權宇의 옛 은혜에 보답하고자 좌승지를 추증하고 禮官을 보내어 제사지내게 하였다.

• 版本構成

卷1~2 : 詩 175首·賦 1篇·辭 1篇·書 28篇. 卷3~4 : 祭文 10篇·雜著 6篇·行狀 2篇·부록 : 輓詞 5首·賜祭文 1篇·祭文 10篇·行狀 1篇·墓碣銘 1篇·奉安文 1篇·常享祝 1篇·復享文 1篇·常享祝 1篇.

• 同一 書名 版本 所藏處

목판본 : 한국국학진흥원, 한국학중앙연구원, 계명대학교, 고려대학교, 단국대학교 퇴계기념도서관, 대구가톨릭대학교, 성균관대학교, 안동대학교, 연세대학교, 영남대학교, 용인대학교 이화여자대학교, 전남대학교, 성암고서박물관 등.

(121) 松巖先生文集 *

書名	出版事項	版式狀況	一般事項	所藏番號
松巖先生文集	權好文 著	6卷 2冊, 朝鮮木版本, 四周雙邊, 半郭 : 18.2×15.2㎝, 有界, 11行 21字, 上下白口, 上下內向四瓣花紋黑魚尾, 27.4×20.1㎝, 線裝, 楮紙	跋 : 庚申(1680)…柳世鳴謹識, 印記 : 滄洲, 永嘉後學權斗寅春卿, 西谷青岩	09-1777 ~1778
松巖先生別集	權好文 著	2卷 1冊, 朝鮮石印本, 四周雙邊, 半郭 : 21.3×16.4㎝, 有界, 11行 21字, 上下白口, 上下內向四辦花紋黑魚尾, 31.2×21.2㎝, 線裝, 楮紙	序 : 歲乙未…相圭謹書	09-2025

• 槪要

조선 선조 때의 문인이자 학자인 權好文의 시문집.

• 編纂과 刊行

原集은 安東 青城書院에서 1679년(숙종 5)에 간행하였고, 후에 저자의 후손 權宅孚 등이 續集을 합편하여 1809년에 목판본으로 간행하였다. 別集은 1955년 후손 權寧甲 등이 집안에 남아있는 草稿를 모으고 후손 權必奎가 편차한 年譜를 合編하여 石印本으로 간행하였다.

• **著者**

權好文(1532~1587) : 본관은 안동이고, 자는 章仲이며 호는 松巖이다. 1549년(명종 4) 아버지를 여의고 1561년 29세에 진사시에 합격했으나, 1564년에 어머니상을 당하자 벼슬을 단념하고 靑城山 아래에 無悶齋를 짓고 그곳에 은거하였다. 集慶殿參奉·內侍教官등에 제수되었으나 나가지 않았다.

• **版本構成**

『松巖先生文集』

卷1~3 : 詩 500餘 首. 卷4 : 詩·賦·詞·狀·祭文·祈雨文. 卷5 : 錄(閑居錄)·書·說·銘. 卷6 : 雜儀輯錄·雜儀續錄·家箴(圖). 附錄 : 行狀·墓誌·祭文·輓詞 等.

『松巖先生別集』

卷1 : 賦·詩. 卷2 : 詩·書·上樑文·祭文·狀·序·記.

• **同一 書名 版本 所藏處**

『松巖先生文集』

목판본 : 국립중앙도서관, 규장각, 한국국학진흥원, 한국학중앙연구원, 계명대학교, 고려대학교, 성균관대학교, 안동대학교, 연세대학교, 영남대학교, 전주대학교, 중앙대학교, 미국 UC버클리대학교 등.

『松巖先生別集』

석인본 : 국립중앙도서관, 한국국학진흥원, 한국학중앙연구원, 계명대학교, 안동대학교, 연세대학교, 중앙대학교 등.

(122) 松厓集

書名	出版事項	版式狀況	一般事項	所藏番號
松厓集	李遂大 著, [跋 : 1871] 刊	2卷 1冊, 朝鮮木版本, 四周雙邊, 半郭 : 20.8×13.9㎝, 有界, 10行 20字, 無魚尾, 31.4×20.6㎝, 線裝, 楮紙	序 : ①辛酉…東來鄭來周序 ②丙辰…宣城金履萬序 ③上之七年丙辰(1856)…完山柳致明謹序, 跋 : 辛未(1871)…東來鄭彦儒謹識, 印記 : 酉谷靑岩	09-2501

• **槪要**

조선 후기의 문신 李遂大의 시문집.

• 編纂과 刊行

初刊本은 저자의 아들 李民顯과 외손자 鄭彦儒 등이 유고를 편집하여 1751년에 목판본으로 간행하였다. 이후 6대손 李培가 鄭宗魯(1738~1816)의 墓碣銘과 柳致明(1777~1861)의 서문을 추가하여 1860년에 중간하였다. 鄭來周·金履萬·柳致明의 서문과 鄭彦儒의 발문이 실려 있다.

• 著者

李遂大(1675~1709) : 본관은 全州이고, 자는 就而이며 호는 松厓이다. 1694년(숙종 20) 사마시에 합격하여 진사가 되고, 1702년 별시무과에 殿策으로 을과에 급제하여 승문원 校檢에 제수되고 여러 관직을 거쳐 병조좌랑에 이르렀다. 都事를 역임하고 봉열대부에 승진하였으며 병조정랑을 지냈다.

• 版本構成

卷上 : 五言古詩 5首·七言古詩 3首·五言絶句 16首·七言絶句 74首·六言 3首·五言律詩 31首. 卷下 : 七言律詩 93首·五言排律 1首·七言排律 4首·岳寺贈善隆禪識二上人詩序代製·漢春和議賑貸詔代作·擬周朝羣臣賀郊迎周公表代作·擬秦穰侯魏再謝罷相歸陶箋·擬唐岐王謝命避暑九成宮表·擬楚宋玉進風賦箋·殿策·附錄 : 墓碣銘.

• 同一 書名 版本 所藏處

목판본 : 국립중앙도서관, 규장각, 한국국학진흥원, 한국학중앙연구원, 경상대학교, 계명대학교, 고려대학교, 대구가톨릭대학교, 성균관대학교, 연세대학교, 용인대학교, 영남대학교, 이화여자대학교, 미국 UC버클리대학교 등.

(123) 松塢先生文集 *

書名	出版事項	版式狀況	一般事項	所藏番號
松塢先生文集	鄭允諧 著, [跋 : 1895] 刊	4卷 2冊, 朝鮮木版本, 四周雙邊, 半郭 : 19.3×18.9㎝, 有界, 10行 18字, 上下白口, 上下內向四辦花紋黑魚尾, 31.7×20.7㎝, 線裝, 楮紙	跋 : ①乙未(1895)…七代孫之貞謹識 ②柳衡鎭謹跋, 印記 : 酉谷靑岩, 靑岩家寶	09-1768~1769

• 槪要

조선 중기 학자 鄭佺의 시문집.

• **編纂과 刊行**

鄭佺의 시문 稿本이 화재로 인하여 불타 버린 뒤에 1835년경 저자 7대손 鄭之貞이 저자의 詩文을 수습하여 2冊으로 編次해 두었다. 1860년에 이르러 6대손 鄭來儉과 8대손 鄭東逵·鄭雲逵 등이 鄭之貞이 편차해 둔 稿本을 가지고 목판본으로 간행하였다.

• **著者**

鄭佺(1569~1639) : 본관은 淸州이고, 자는 壽甫이며 호는 松塢이다. 아버지 鄭士誠을 통하여 李滉의 학문을 이어받았으며, 金誠一·柳成龍·具鳳齡의 문하에서 수학하였다. 1601년(선조 34) 생원시에 합격하였으나 대과에는 실패하였고, 광해군 때의 大北 정권하에서 과거에 대한 뜻을 완전히 접게 되었다. 인조 집권 후 遺逸로 천거되어 의금부도사에 임명되었으나 나가지 않았고, 평생 학문에 매진하였다.

• **版本構成**

卷1 : 賦 3篇·詩 43首. 卷2 : 疏 5篇·書 5篇. 卷3 : 書 12篇·告由文 1篇·祭文 3篇·策 3篇·論 3篇·墓誌銘 1篇·行錄 1篇. 卷4(附錄) : 輓詞 17篇·祭文 4篇·行狀(李玄逸 撰)·墓碣銘(李溟翼 撰).

• **同一 書名 版本 所藏處**

목판본 : 규장각, 한국국학진흥원, 계명대학교, 고려대학교, 성균관대학교, 연세대학교, 영남대학교, 성암고서박물관 등.

필사본 : 규장각.

(124) 松月齋先生文集

書名	出版事項	版式狀況	一般事項	所藏番號
松月齋先生文集	李時善[52] 著, [跋 : 1763] 刊	7卷 3冊, 朝鮮木版本, 四周雙邊, 半郭 : 19.1×14.5㎝, 有界, 10行 20字, 上下白口, 上下內向四瓣花紋黑魚尾, 30.9×20.2㎝, 線裝, 楮紙	表題 : 松月齋集, 序 : ①上之二十四戊辰(1748)…李光庭謹書 ②丁範祖謹序, 跋 : 昭陽協洽(癸未, 1763)…李瀷謹書	09-1663

52) 목록에는 '權時善'으로 되어 있으나 '權'은 '李'의 오자이다.

• **概要**

조선 후기의 학자 李時善의 시문집.

• **編纂과 刊行**

저자의 손자 李仁山·李仁實·李仁求 등이 저자의 遺稿를 李光庭(1674~1756)에게 가져가서 문집을 編次하고 서문을 써줄 것을 부탁하였다. 이에 李光庭이 정리 편차한 뒤 태백산사에 보관하였다. 1748년에 쓴 李光庭과 丁範祖의 서문이 있고 1763년(영조 39)에 李瀷이 쓴 발문이 실려 있는데, 대략 이때 간행된 것으로 추정된다.

• **著者**

李時善(1625~1715) : 본관은 全州이고, 자는 子修이며 호는 松月齋이다. 태종의 庶子 李裎의 후손으로 대대로 한양에 살았으나 아버지 李英基가 임진왜란 직후 정치적 혼란을 피해 처가가 있는 안동으로 내려가 자리를 잡았다. 李時善은 幽谷에서 나고 자라 젊어서 과거 준비를 하였으나 벼슬에 뜻을 접고 전국을 유람하였다. 유람을 마치고 고향으로 돌아가 松月齋라는 서재를 지어 혼자서 책을 읽고 글을 쓰며 학문을 닦았다. 유학은 물론이고 천문·지리·병법 등 다방면에 깊은 지식을 갖추게 되었다. 80세에 護軍 벼슬을 받았으며, 91세까지 살다가 세상을 떠났다.

• **版本構成**

卷1 : 荷華編序文·周易傳義駢枝跋·詩傳濫涂跋·書傳參評序·讀春秋·讀三禮·讀論語·讀孟子·讀中庸·讀大學·讀心經·伏偃. 卷2 : 顧天明命頌·宙合頌·符訓·箕子贊·五道表·洞約序. 卷3 : 陰德頌·靈應說·觀物訓·農訓·名銘·行銘·訓諸郞文·史選序·鶴鷺翁記·松月子傳·自碣銘·家乘·烈女洪氏. 卷4 : 參同契經序·天命論·機解·夢解·風土記·神龍贊·寧馮兩操序·牛角操·長鋏操·魏娥誄·安處先生墓誌銘·歸虛君墓版. 卷5 : 五嶽志·遊俗離山記·送從子瑄遊楓嶽記·游山乞言·遊伽耶山記·關東錄·記 3篇. 卷6 : 詩 26首·書 4篇·祭文 5篇. 卷7(附錄) : 行狀(權斗經 撰)·墓碣銘(趙德隣 撰)·墓誌銘(李瀷 撰)·挽詞 8首·松月齋重創上樑文(權萬 撰).

• **同一 書名 版本 所藏處**

목판본 : 국립중앙도서관, 규장각, 한국국학진흥원, 계명대학교. 고려대학교, 성균관대학교,

안동대학교. 연세대학교, 영남대학교, 용인대학교, 미국 UC버클리대학교 등.

(125) 松齋詩稿 *

書名	出版事項	版式狀況	一般事項	所藏番號
松齋詩稿	李堣 著, [跋：1900] 刊	5卷 3冊, 朝鮮木版本, 四周雙邊, 半郭：18.7×15.2㎝, 有界, 10行 18字, 上下白口, 上下內向四瓣花紋黑魚尾, 30×20.2㎝, 線裝, 楮紙	跋：①李元魯謹跋 ②崇禎五庚子(1900)…李中麟謹識	09-1793~1795

• **概要**

조선 중기의 학자 李堣의 시집.

• **編纂과 刊行**

저자 사후에 조카인 李滉이 저자의 저술 가운데 남아 있던 것들을 정리해놓았다. 그 후 李滉의 제자이며 저자의 외종손인 吳澐이 1584년(선조 17) 충주목사로 있을 때 목판본으로 간행하였다. 속집은 저자의 12대손인 李元魯가 1900년에 편집하여 목판본으로 간행하였다.

• **著者**

李堣(1469~1517)：본관은 眞寶이고, 자는 明仲이며 호는 松齋이다. 1492년(성종 23) 생원이 되었고, 1498년(연산군 4) 식년 문과에 병과로 급제해 승문원권지부정자가 되고, 이어 예문관 검열·대교·봉교를 거쳐 1501년 성균관전적에 올라 사간원정언·이조좌랑·사헌부헌납·병조정랑 겸 지제교·사헌부장령 겸 춘추관기주관·봉상시첨정·사간·군기시부정 등을 역임하였다. 1506년 동부승지에 임명되어 지제교와 춘추관수찬관을 겸했다가 중종반정이 일어나 가담하고 협력한 공로로 靖國功臣 4등에 녹훈되었고, 靑海君에 봉해지고 우부승지로 벼슬이 승진되어 經筵參贊官을 겸하게 되었다.

• **版本構成**

卷1：關東行錄. 卷2：歸田錄·年譜(李滉 撰)·墓碣銘·墓誌銘(李滉 撰)·墓誌銘(李沆 撰)·墓碣銘(崔淑生 撰), 續集-卷1：詩, 續集-卷2：虛庵遺集序·字民樓重修記·環水亭記, 續集-卷3：教書·遺事(海東名臣錄·宣城邑誌·鄭虛庵師友錄·東史·陰厓日記·海東源流·海東名臣錄(朴元宗條)·朝野會通·靑野漫輯).

• 同一 書名 版本 所藏處

목판본 : 국립중앙도서관, 규장각, 한국국학진흥원, 한국학중앙연구원, 경기대학교, 계명대학교, 고려대학교, 단국대학교 퇴계기념도서관, 성균관대학교, 안동대학교, 연세대학교, 영남대학교, 용인대학교, 원광대학교, 전남대학교, 조선대학교, 성암고서박물관, 미국 UC버클리대학교 등.

(126) 松川子獨娛錄

書名	出版事項	版式狀況	一般事項	所藏番號
松川子獨娛錄	權得輿 著, [跋 : 1894] 刊	4卷 2冊, 朝鮮木版本, 四周雙邊, 半郭 : 20×19.8㎝, 有界, 10行 20字, 上下白口, 上下內向四瓣花紋黑魚尾, 29.8×20.3㎝, 線裝, 楮紙	跋 : ①李晩寅謹跋 ②甲午(1894)…權相黙謹識, 印記 : 酉谷青岩	09-0932 ~0933

• 槪要

조선 후기의 학자 權得輿의 시문집.

• 編纂과 刊行

저자의 8대손 權進模가 1894년(고종 31)에 목판본으로 간행하였으며, 權璉夏의 서문과 李晩寅·權相黙의 발문이 실려 있다.

• 著者

權得輿(1636~1716) : 본관은 安東이고, 자는 得初이며 호는 松川子이다. 1682년(숙종 8) 증광시 진사 2등 19위에 합격한 후, 敬陵參奉에 제수되었으나 관직에 뜻이 없어 나아가지 않았다. 평생을 가난한 선비로 어렵게 살면서 학문을 닦고 詩作에도 힘썼다.

• 版本構成

卷1~2 : 詩 364首. 卷3 : 書 7篇·序 3篇·識 2篇·祭文 15篇·行狀 2篇. 卷4(附錄) : 家狀·行狀後識·墓碣文·輓詞·祭文 等.

• 同一 書名 版本 所藏處

목판본 : 국립중앙도서관, 한국국학진흥원, 한국학중앙연구원, 계명대학교, 고려대학교, 국민

대학교, 단국대학교 퇴계기념도서관, 동국대학교 서울·경주캠퍼스, 성균관대학, 안동대학교, 연세대학교, 용인대학교, 전주대학교, 한양대학교 등.

(127) 松坡先生逸稿*

書名	出版事項	版式狀況	一般事項	所藏番號
松坡先生逸稿	朴全 著, [序 : 1809] 刊	2冊(複本), 朝鮮木版本, 四周雙邊, 半郭 : 19.7×14.7㎝, 10行 19字, 上下白口, 上下內向四瓣花紋黑魚尾, 31.6×19.5㎝, 線裝, 楮紙	序 : 上之九年己巳(1809)…鄭宗魯序, 印記 : 酉谷青岩	09-1874~1875

• **概要**

조선 중기 학자 朴全의 시문집.

• **編纂과 刊行**

8대손 朴周元이 朴全의 산실되고 남은 시문을 모아 遺稿를 편차하고, 9대손 朴龜一이 1809년에 鄭宗魯(1738~1816)에게 서문을 받아 목판본으로 간행하였다.

• **著者**

朴全(1514~1558) : 본관은 務安이고, 자는 勉夫이며 호는 松坡이다. 1546년(명종 1) 增廣庭試에 급제하여 2년 뒤에 성균관전적을 지내고 司憲府監察이 되었다. 1551년 예조좌랑을 거쳐 北評事에 임명되었으며, 그 뒤 1554년 호조좌랑, 1557년 호조정랑 등을 역임하였다.

• **版本構成**

詩 96首·銘 8篇·杳香山山中辭·折臂者說·問忠孝策·行狀·家狀 等.

• **同一 書名 版本 所藏處**

목판본 : 국립중앙도서관, 한국국학진흥원, 한국학중앙연구원, 경기대학교, 계명대학교, 성균관대학교, 안동대학교, 연세대학교, 전남대학교 등.

(128) 水西先生文集

書名	出版事項	版式狀況	一般事項	所藏番號
水西先生文集	朴善長 著, [序 : 1810] 刊	4卷 2冊, 朝鮮木版本, 四周雙邊, 半郭 : 19.2×13.4㎝, 有界, 10行 20字, 上下白口, 上下內向四瓣花紋黑魚尾, 31.8×19.5㎝, 線裝, 楮紙	序 : ①上之九年己巳(1809)…鄭宗魯序 ②上之十年庚午(1810)…金埅謹書, 印記 : 酉谷靑岩, 藏書記 : 靑岩藏	09-0100 ~0101
水西先生文集	朴善長 著, [20世紀] 刊	4卷 2冊, 朝鮮木版本, 四周雙邊, 半郭 : 19.2×13.4㎝, 有界, 10行 20字, 上下白口, 上下內向四瓣花紋黑魚尾, 32.8×19.5㎝, 線裝, 楮紙	序 : ①上之九年己巳(1809)…鄭宗魯序 ②上之十年庚午(1810)…金埅謹書, 印記 : 酉谷靑岩, 藏書記 : 靑岩藏	09-2555

• **概要**

조선 중기의 문신이자 학자인 朴善長의 시문집.

• **編纂과 刊行**

저자의 현손 朴齊顔 등이 1810년(순조 10)편집하여 목판본으로 간행하였으며, 鄭宗魯·金埅의 서문과 朴齊顔의 발문이 실려 있다.

• **著者**

朴善長(1555~1616) : 본관은 무안이고, 자는 여인(汝仁)이며 호는 수서(水西)이다. 4세 때 아버지가 서울에서 돌아가시자, 10세 때 어머니를 따라 경상도 榮川에 있는 외가에 내려가 그의 사부이자 장인이기도 한 南夢鰲의 문하에서 수학하였다. 1605년(선조 38) 51세의 늦은 나이에 증광별시에 급제하여 成均館典籍이 되었고, 1608년 禮安縣監이 되었으며, 1614년(광해군 6) 慶尙都事 등을 역임하였다.

• **版本構成**

卷1~2 : 詩 202首, 輓詞 7首. 卷3 : 辭 1篇, 賦 5篇, 書 4篇, 箴 4篇, 銘 1篇, 箋 1篇, 文 20篇, 策 2篇. 卷4 : 歌 2篇, 雜著 3篇. 附錄 : 師友錄 1篇, 祭文 4篇, 輓詞·墓表·行狀·家狀.

• **同一 書名 版本 所藏處**

목판본 : 국립중앙도서관, 한국학중앙연구원, 한국국학진흥원, 계명대학교, 고려대학교, 단국대학교 퇴계기념도서관, 성균관대학교, 안동대학교, 연세대학교, 영남대학교, 성암고서박물

관, 미국 UC버클리대학교 등.

(129) 修巖先生文集 *

書名	出版事項	版式狀況	一般事項	所藏番號
修巖先生文集	柳袗[53] 著, 安東 : 屛山書院, [18世紀] 刊	2卷 2冊, 朝鮮木版本, 四周單邊, 半郭 : 21.4×16.3㎝, 有界, 10行 20字, 上下白口, 上下內向四瓣花紋黑魚尾, 28.5×20.2㎝, 線裝, 楮紙	序 : 甲寅…趙德鄰謹序, 印記 : 酉谷靑岩, 靑岩家寶, 藏書記 : 九皐里社印出靑岩藏	09-2000 ~2001

• **槪要**

조선 중기 학자 柳袗의 시문집.

충재박물관 소장본은 藏書記가 '九皐里社印出靑岩藏'으로 되어 있는데, 九皐里社에서 인출하여 충재 종가에 보낸 판본이다.

• **編纂과 刊行**

柳袗의 시문을 저자의 후손 柳緯河와 柳聖和가 1734년 목판본으로 간행하였으며, 趙德鄰의 서문이 실려 있다.

• **著者**

柳袗(1582~1632) : 본관은 豊山이고, 자는 季華이며 호는 修巖이다. 柳成龍의 아들로 임진왜란 뒤 아버지에게서 글을 배우고 1610년(광해군 2) 사마시에 합격하였다. 1612년 해서지방에서 金直哉의 誣獄이 일어났을 때에 무고를 당하여 5개월간 옥고를 치렀다. 1616년에 遺逸로 천거되어 世子翊衛司洗馬에 제수되었으나 사양하였다. 1623년(인조 1) 인조반정 뒤 다시 학행으로 천거되어 봉화현감이 되었고, 이듬해 형조정랑이 되었다. 1627년에 청도군수가 되었다가, 이듬해에 收布匠人에 대한 보고에 허위가 있다 하여 파직 당하고 낙향하였다.

• **版本構成**

卷1 : 詩 38首·疏 2篇·啓辭·誌銘·行狀·記·雜著 6篇·書 20篇. 卷2 : 書 20篇. 附錄 : 行狀

53) 목록에는 '柳珍'으로 되어 있으나 '珍'은 '袗'의 오자이다.

·遺事·挽章·祭文·奉安文·補遺(詩 2首)·祭文 1篇.

• 同一 書名 版本 所藏處

목판본 : 국립중앙도서관, 한국학중앙연구원, 경기대학교, 계명대학교, 계명대학교, 고려대학교, 대구가톨릭대학교, 동국대학교, 성균관대학교, 안동대학교, 연세대학교, 용인대학교, 전남대학교, 남평문씨 인수문고, 미국 UC버클리대학교 등.

(130) 守吾齋遺集

書名	出版事項	版式狀況	一般事項	所藏番號
守吾齋遺集	安敏修 著, [19世紀] 刊	4卷 2冊, 朝鮮木版本, 四周雙邊, 半郭 : 20.3×16.3㎝, 有界, 10行 20字, 上下白口, 上下內向四瓣花紋黑魚尾, 31.4×21.5㎝, 線裝, 楮紙	序 : 上之二十四年庚申(1800)…柳漥, 印記 : 西谷青岩, 權錫九印	09-1779~1780

• 槪要

조선 후기의 학자 安敏修의 시문집.

• 編纂과 刊行

저자의 아들인 安爾定과 장손 安愿이 1800년(정조 24)에 목판으로 간행하였으며, 柳漥의 서문이 실려 있다.

• 著者

安敏修(1724~1795) : 본관은 順興이고, 자는 訥甫이며 호는 守吾齋이다. 權矩의 문하에서 수학하였으며, 柳漥·李象辰·金弼衡·權明佑 등과 교유하였다. 영남지방의 남인계 인물로 학문의 경지가 높았으며, 寧海府使에 제수되었으나 나아가지 않고 은거하였다.

• 版本構成

卷1 : 詩 83首. 卷2 : 書 31篇·雜著 7篇·箴 3篇·銘 3篇. 卷3 : 祭文 30篇. 卷4(附錄) : 行狀(柳明佑 撰)·輓詞 12首·祭文 15篇.

• 同一 書名 版本 所藏處

목판본 : 국립중앙도서관, 규장각, 계명대학교, 성균관대학교, 연세대학교, 전남대학교, 전주대학교 등.

(131) 睡軒先生詩集

書名	出版事項	版式狀況	一般事項	所藏番號
睡軒先生集	權五福 著, [19世紀] 刊	3卷 2冊, 朝鮮木版本, 四周雙邊, 半郭 : 21.4×17.6㎝, 有界, 10行 18字, 上下白口, 上下內向四瓣花紋黑魚尾, 32.3×21.5㎝, 線裝, 楮紙	序 : 萬曆碧溪(乙酉, 1585)…朴承任書于龜城溪西之村舍, 跋 : ①權文海謹識 ②李彙寧謹跋 印記 : 酉谷青岩	09-2315~2316

• 概要

조선 성종 때 문신이자 학자인 權五福의 시문집.
충재박물관 소장본은 李彙寧이 쓴 重刊本의 발문이 실려 있는데, 이때 重刊한 판본으로 추정된다.

• 編纂과 刊行

저자의 형 權五紀가 1509년경 동생의 유문을 수집하여 편차해놓았고, 그 후 宗孫 權文海가 시문 여러 편을 增補하고 戊午士禍 관련 事蹟을 附錄하여, 朴承任의 교정을 받아 1585년(선조18) 자신이 府使로 재직하던 達城에서 출간하였다.

• 著者

權五福(1467~1498) : 본관은 醴泉이고, 자는 嚮之이며 호는 睡軒이다. 1486년(성종 17) 사마시에 합격하고, 같은 해 식년문과의 병과에 급제해 예문관에 들어갔다. 그 뒤 봉교·수찬·교리 등을 역임하고, 1496년(연산군 2) 노부모 봉양을 구실로 귀향했다. 戊午士禍가 일어나자 향리에서 잡혀 올라와 같은 문하의 金馹孫·權景裕 등과 함께 처형되었다.

• 版本構成

卷1~2 : 詩 216首. 卷3 : 辭 1篇·賦 2篇·箋 1篇·表 1篇·記 1篇·墓誌銘 1篇·祝文 3篇·祈雨祭文 8篇·祭文 10篇. 附錄 : 書六絃背·送權嚮之赴野城·送權侯赴野城辭·二樂軒記·柳

子光傳·戊午士禍事蹟·戊午黨籍 等.

• 同一 書名 版本 所藏處

목판본 : 국립중앙도서관, 규장각, 한국국학진흥원, 한국학중앙연구원, 경기대학교, 고려대학교, 성균관대학교, 연세대학교, 영남대학교, 성암고서박물관, 日本蓬左文庫(名古屋市 教育委員會 蓬左文庫), 미국 UC버클리대학교 등.

(132) 是庵先生文集

書名	出版事項	版式狀況	一般事項	所藏番號
是庵先生文集	任華世 著, [序 : 1869[54)]] 刊	4卷 2冊, 朝鮮木版本, 四周雙邊, 半郭 : 19×15.8㎝, 10行 18字 上下白口, 上下內向四瓣花紋黑魚尾, 31.2×21.2㎝, 線裝, 楮紙	序 : ①著雍大荒落(己巳, 1869)…南景義序 ②戊辰(1868)…李晩慤謹序, 跋 : 李在穆謹識	09-1019~1020

• 概要

조선 후기 학자 任華世의 시문집.

• 編纂과 刊行

저자의 사위 下枝 李象辰(1710~1772)과 저자의 외손자 李鼎揆가 유문을 정리하여놓았는데 화재로 소실되었다. 이에 저자의 손자 任萬濟 등이 소실되고 남은 초고를 바탕으로 다시 수집·편차하여 南景義(1748~1812)에게 교감을 받고 1809년 서문까지 받았으나 간행하지는 못하였다. 그 후 저자의 현손 任致赫이 저자의 외증손 李海祥과 간행을 추진하였고, 결국 저자의 5대손 任箕鍾 등이 저자의 외현손 李在穆 등에게 다시 교감을 받고 친인척의 재정적 지원에 힘입어 1868년 목판본으로 간행하였다.

• 著者

任華世(1675~1731) : 본관은 豊川이고, 자는 實兮이며 호는 是翁이다. 1699년 殿試에 응시하여 丙科로 급제하였다. 관직은 昌樂郵丞·保安·成均館典籍·司憲府監察·成均館直講을 거쳐 禮曹正郎에 이르렀다.

54) 목록에는 '1809년'으로 되어 있으나 南景義의 序는 '1869년'에 쓴 것이고 이때 간행된 것으로 보인다.

• **版本構成**

卷1~2 : 詩 138首. 卷3 : 記 2篇(夢義堂上梁小記·是庵記)·祭文 3篇·哀辭 1篇(豐山洪君哀辭), 行狀. 卷4(附錄) : 行狀·遺事·墓碣銘·墓誌銘·輓·誄·祭文·奉安文·常享文·上樑文·記·跋 等.

• **同一 書名 版本 所藏處**

목판본 : 국립중앙도서관, 규장각, 한국국학진흥원, 경기대학교, 계명대학교, 고려대학교, 단국대학교 퇴계기념도서관, 대구가톨릭대학교, 동국대학교 경주캠퍼스, 동아대학교, 성균관대학교, 안동대학교, 연세대학교, 영남대학교, 용인대학교, 전남대학교, 전주대학교, 성암고서박물관, 中國國家圖書館 등.

(133) 息庵先生文集 *

書名	出版事項	版式狀況	一般事項	所藏番號
息庵先生文集	黃暹 著, 愚谷書院, 庚寅	5卷 3冊, 朝鮮木版本, 四周雙邊, 半郭 : 19×14.8㎝, 有界, 10行 20字, 上下白口, 上下內向四瓣花紋黑魚尾, 30.3×19.9㎝, 線裝, 楮紙	序 : 己丑(1745)…申景濬謹書, 印記 : 酉谷靑岩, 藏書記 : 庚寅夏自愚谷書院印送于靑岩亭	09-1601 ~1603

• **概要**

조선 중기 학자 黃暹의 시문집.

충재박물관 소장본은 藏書記가 '庚寅夏自愚谷書院印送于靑岩亭'으로 되어 있는데, 愚谷書院에서 인출하여 충재 종가에 보낸 판본이다.

• **編纂과 刊行**

卷首에 申景濬(1712~1781)이 1769년(영조 45)에 쓴 서문이 있는데, 저자 사후 154년이 지나서야 흩어져 있던 시문을 모아 문집을 간행하게 되었다고 하였으므로 이때 간행된 것으로 보인다.

• **著者**

黃暹(1544~1616) : 본관은 昌原이고, 자는 景明이며 호는 息庵·遯庵이다. 1564년(명종 19) 성균관유생이 되고, 1570년(선조 3) 식년문과에 갑과로 급제하여, 한성부참군·해운판관·황해도사·호조좌랑 등을 거쳐 1577년 서천군수가 되었다. 그 후 정언을 거쳐, 사간·집의·도승지 등을 역임하고 성주목사를 역임하였다. 1592년 임진왜란 때에는 병조참지로서 호종하고, 平安道募運使에 선임되어 군량 수운에 공을 세웠다. 1594년 안동부사가 되고, 뒤에 다시 이조와 호조의 참의와 도승지 등을 역임하였고, 호조·이조·예조의 참판을 거쳐 대사헌·지제교 등을 지냈다. 광해군 즉위 후에는 관직에서 물러나 후진교육에 여생을 보냈다.

• **版本構成**

卷1~2 : 詩 374題. 卷3~4 : 批答 1篇·疏 5篇·書 17篇·雜著 2篇·序 1篇·記 1篇·跋 2篇·銘 2篇·贊 1篇·箋文 1篇·冊文 1篇·祝文 2篇·祭文 16篇·行狀 1篇. 卷5(附錄) : 行狀(李瀷 撰)·墓誌(黃是 撰)·祭文 2篇·愚谷書院奉安文·常享祝文·輓詞 2篇·神道碑銘(南泰著 撰)·年譜.

• **同一 書名 版本 所藏處**

목판본 : 국립중앙도서관, 규장각, 한국국학진흥원, 한국학중앙연구원, 경기대학교, 계명대학교, 고려대학교, 국민대학교, 단국대학교 퇴계기념도서관, 동국대학교, 성균관대학교, 안동대학교, 연세대학교, 용인대학교, 전남대학교 등.

(134) 新安世稿

書名	出版事項	版式狀況	一般事項	所藏番號
新安世稿	南基榮 編, [序 : 1809] 刊	8卷 4冊, 朝鮮木版本, 四周雙邊, 半郭 : 20.7×16.2㎝, 有界, 10行 21字, 上下白口, 上下內向四瓣花紋黑魚尾, 31.4×20.8㎝, 線裝, 楮紙	序 : 崇禎紀元後四龍集著雍大荒落(己巳, 1809) 印記 : 酉谷青岩	09-0128 ~0131

• **概要**

英陽 南氏 南隆達·南礏·南碤·南礠·南天漢·南天澤·南天祜 등의 시문집.

• **編纂과 刊行**

저자들의 후손 南基榮이 선조들의 시문을 모아 목판본으로 간행하였는데, 柳疇睦이 序文을 작성한 시점인 1869년(고종 6) 경에 간행된 것으로 추정된다.

• **著者**

南隆達(1565~1652) : 자는 顯彦이고 호는 懶齋이다. 여러 차례 향시에 합격하였으나 과거 시험에는 끝내 뜻을 이루지 못했다. 효행이 지극하여 선조가 관직과 포상을 내렸으나 사양하고 받지 않았다. 1627년 예천의 용궁에서 우거하고 있을 때 정묘호란이 일어나자 의병을 일으키려 했으나 강화의 소식을 듣고 그만두었다. 만년에는 예천에서 안동의 풍산으로 세거지를 옮겨 입향조가 되었으며, 英陽 南氏 족보를 편찬하여 가문의 내력을 밝혔다.

南礏(1592~1671) : 南隆達의 아들이며, 자는 卓夫이고 호는 由由軒이다.

南碝(1598~1664) : 南隆達의 아들이며, 자는 鍊夫이고 호는 无妄齋이다.

南礠(1601~1683) : 南隆達의 아들이며, 자는 正夫이고 호는 無悶堂이다.

南天漢(1607~1686) : 南隆達의 손자이며, 자는 章于이고 호는 孤嵓이다.

南天澤(1619~1714) : 南隆達의 손자이며, 자는 蘇于이고 호는 苔巖이다.

南天祜(1635~1716) : 南隆達의 손자이며, 자는 綏吾이고 호는 何有堂이다.

• **版本構成**

卷1－懶齋遺稿 : 詩 6首·書 24篇·雜著 3篇·附錄(家狀·墓碣銘·輓詞·鳳巖精舍奉安文 等).

卷2~4－由由軒遺稿 : 卷2 : 賦 1篇(續北山移文)·詩 78首·疏 2篇·雜著 3篇 等. 卷3 : 丙子日記. 卷4 : 丙子日記·說 2篇·祭文 3篇·墓誌 2篇·墓碣 2篇·附錄(家狀·墓誌銘 等).

卷5－無忘齋遺稿 : 詩 13首·書 7篇·雜著 4篇·附錄(墓碣銘·遺事).

卷6－無悶堂遺稿 : 詩 7首·附錄(家狀).

卷7－孤嵓遺稿 : 詩 5首·書 5篇·啓辭 4篇·附錄(行狀·墓碣銘·輓詞).

卷8－苔巖遺稿 : 詩 4首·書 2篇·附錄(行狀·行錄·賜祭文·輓詞 等).

• **同一 書名 版本 所藏處**

목판본 : 국립중앙도서관, 규장각, 한국국학진흥원, 한국학중앙연구원, 계명대학교, 고려대학교, 국민대학교, 성균관대학교, 안동대학교, 연세대학교, 영남대학교 등.

(135) 雙溪先生文集

書名	出版事項	版式狀況	一般事項	所藏番號
雙溪先生文集	李晉哲 著, [序 : 1822] 刊	4卷 2冊, 朝鮮木活字本, 四周單邊, 半郭 : 21.5×14.6㎝, 10行 20字, 上下白口, 上下內向四瓣花紋黑魚尾, 31.2×21.9㎝, 線裝, 楮紙	序 : 上之十九壬午(1822)…權璉夏謹序, 印記 : 酉谷靑岩	09-1579 ~1580

• 概要

조선 중기의 문신이자 학자인 李晋哲의 시문집.

• 編纂과 刊行

저자의 8세손 李瓚周가 편집하여 1882년(고종 19)에 목활자본으로 간행하였으며, 權璉夏의 서문과 편자 李瓚周의 발문이 있다.

• 著者

李晋哲(1591~?) : 본관 全州이고, 자는 明叔이다. 光海 4년(1612) 壬子 式年試에 생원으로 합격하였다. 조정에서 근무할 당시의 일들과 승문원과 성균관에서 일어난 사건들을 기록한 「堂后日記」를 남겼다.

• 版本構成

卷1 : 詩·輓詞 191首. 卷2 : 墓碣銘 1篇, 逸事 4篇. 卷3 : 遊伽倻山錄·堂后日記. 卷4(附錄) : 輓詞 1首, 墓誌銘·記問錄·行狀·奉安文·祝文.

• 同一 書名 版本 所藏處

목활자본 : 국립중앙도서관, 한국학중앙연구원, 계명대학교, 연세대학교, 영남대학교 등.

(136) 雙峯先生文集

書名	出版事項	版式狀況	一般事項	所藏番號
雙峯先生文集	鄭克後 著, 霞溪精舍, 1749	5卷 3冊, 朝鮮木版本, 四周雙邊, 半郭 : 20.8×16㎝, 有界, 10行 20字, 上下白口, 上下內向四瓣花紋黑魚尾, 31.5×20.7㎝, 線裝, 楮紙	木記 : 崇禎後三己巳(1749)…霞溪精舍開刊, 序 : 上之三十四年戊子(1708)…李衡祥題, 印記 : 西谷靑岩	09-1581 ~1583

• 概要

조선 후기의 문신이자 학자인 鄭克後의 시문집.

• 編纂과 刊行

저자의 후손 鄭相文이 편집하여 霞溪精舍에서 1749년(순조 9)에 목판본으로 간행하였으며,

李衡祥의 서문이 실려 있다.

• **著者**

鄭克後(1577~1658) : 본관은 迎日이고 慶州 출신이다. 자는 孝翼이고 호는 雙峯이다. 1634년(인조 12) 거의 60세의 나이에 學行으로 천거 받아 童蒙教官에 임명되었으나 부임하지 않았고, 1636년 宣陵參奉이 되었다. 이듬해 金井道察訪을 제수 받았으나 부임하지 않았으며, 1643년 王子師傅가 되었으나 수개월 후 노환으로 사퇴하였다. 그 뒤 다시는 벼슬에 나가지 않고 三聖山 아래에 집을 짓고 강론하며 후학을 양성하였다.

• **版本構成**

卷1 : 詩 117首. 卷2 : 疏 8篇·書 2篇. 卷3 : 雜著 16篇. 卷4 : 序 3篇·記 3篇·銘 1篇·頌 1篇·上樑文 3篇·祝文 35篇·祭文 11篇·碑銘 5篇·墓誌 1篇·墓碣銘 3篇. 卷5(附錄) : 行狀 1篇·墓誌銘 1篇·墓碣銘 1篇·祭文 5篇·輓詞 21首·文廟享祀志 1篇 等.

• **同一 書名 版本 所藏處**

목판본 : 국립중앙도서관, 한국학중앙연구원, 계명대학교, 고려대학교, 국민대학교, 대구가톨릭대학교, 동국내학교 서울·경주캠퍼스, 동아대학교, 성균관대학교, 연세대학교, 영남대학교, 용인대학교, 전남대학교, 충남대학교, 남평문씨 인수문고, 성암고서박물관, 日本東洋文庫 등.

(137) 卿溪先生文集

書名	出版事項	版式狀況	一般事項	所藏番號
卿溪先生文集	宋希奎 著, [跋 : 1847] 印	2卷 2冊, 朝鮮木活字本, 四周雙邊, 半郭 : 21.3×14.5㎝, 有界, 10行 18字, 上下白口, 上下內向六瓣花紋黑魚尾, 29.7×18.9㎝, 線裝, 楮紙	序 : 上之十六年丙子(1816)…鄭宗魯謹序, 跋 : 丁未(1847)…李師靖謹識, 印記 : 酉谷青岩	09-2172~2173
卿溪先生文集	宋希奎 著, [跋 : 1924] 刊	3卷 2冊, 朝鮮木版本, 四周雙邊, 半郭 : 20.2×16.7㎝, 有界, 10行 18字, 上下白口, 上下內向四瓣花紋黑魚尾, 32.2×21.9㎝, 線裝, 楮紙	序 : 上之十六年丙子(1816)…鄭宗魯, 跋 : 崇禎五甲子(1924)…張錫英謹跋	09-1402~2403

• **概要**

조선 중기 학자 宋希奎의 시문집.

충재박물관에는 『倻溪先生文集』이 2종 소장되어 있는데, 1종은 初刊本과 다른 1종은 重刊本이다.

• **編纂과 刊行**

1816년(순조 16)에 문집을 편집하였는데, 그 후 저자의 5대손인 宋國鄉이 주도하여 19세기 중엽에 목활자로 初刊本을 간행하였다. 이 판본에는 鄭宗魯의 序文(1816)과 李師靖의 跋文(1847)이 실려 있다. 이후 16대손 宋浚弼(1870~1940)과 14대손 宋鴻訥(1878~1944) 등이 저자의 시문과 관련 자료를 모아 3권 2책으로 문집을 재편하고 張錫英에게 교감과 발문을 받아서 1924년에 星州 鳳岡書堂에서 목판으로 重刊本을 간행하였다.

• **著者**

宋希奎(1494~1558) : 본관은 冶爐이고, 자는 天章이며 호는 倻溪散翁이다. 1513년(중종 8) 향시에 합격하고 이어 1519년 별시 문과에 병과로 급제하여 兵曹佐郎·玄風縣監·戶曹正郎 등을 지냈으며, 1534년 興海郡守가 되었다. 1543년 이후 司憲府掌令·尙州牧使·司憲府執義를 역임하였고, 柳希春과 함께 尹任을 옹호하다가 파직 당하였다. 1545년(명종 즉위년) 大丘都護府使로 복직하였고, 1547년 장령으로 尹元衡의 전횡을 탄핵하여 상소하다가 유배당하였고, 그 뒤 풀려나와 高山에 집을 짓고 은거하였다.

• **版本構成**

卷1 : 賦 6篇·詩 8題·啓辭 2篇·策 3篇·書 1篇·論 3篇·箴 1篇·祭文 1篇·碑 1篇·遺事 1篇. 卷2(附錄) : 履歷(宋惟敬 撰)·行狀·墓誌(金就文 撰)·旌閭碑陰記(金希參 撰)·墓碑銘(李玄逸 撰)·輓章·贈遺·羊汀同年會唱酬·請贈諡疏·諡狀(金炳學 撰)·延諡追感韻 等. 卷3(附錄) : 諸賢事實摭錄·李東皐丁卯奏議·李栗谷玉堂箚·同禍錄 等.

• **同一 書名 版本 所藏處**

목활자본 : 국립중앙도서관, 규장각, 한국학중앙연구원, 경기대학교, 경희대학교, 계명대학교, 고려대학교, 동국대학교, 성균관대학교 등.

목판본 : 국립중앙도서관, 규장각, 한국국학진흥원, 경기대학교, 계명대학교, 단국대학교 퇴

계기념도서관, 대구가톨릭대학교, 동아대학교, 부산대학교, 성균관대학교, 연세대학교, 영남대학교, 원광대학교, 전남대학교, 부산광역시 시민도서관, 사우당종택, 춘호재, 미국 UC버클리대학교 등.

(138) 藥圃先生文集 *

書名	出版事項	版式狀況	一般事項	所藏番號
藥圃先生文集	鄭琢 著, 海營, [18世紀] 刊	7卷 4冊, 朝鮮木版本, 四周雙邊, 半郭 : 21.2×14.8㎝, 有界, 10行 22字, 上下白口, 上下內向四瓣花紋黑魚尾, 31.2×20.7㎝, 線裝, 楮紙	跋 : 上之十六年…五代孫玉拜手謹識, 印記 : 酉谷青岩, 藏書記 : 海營印送藏于青岩亭, 青巖家藏	09-0053 ~0056
藥圃先生續集	鄭琢 著, [跋 : 1818[55]] 刊	4卷 2冊, 朝鮮木版本, 四周雙邊, 半郭 : 20.5×14.7㎝, 有界, 10行 20字, 上下白口, 上下內向四瓣花紋黑魚尾, 31×20.4㎝, 線裝, 楮紙	跋 : 戊寅(1818)…必奎謹識, 印記 : 酉谷青岩, 藏書記 : 青岩亭藏	09-1666 ~1667

• **概要**

조선 중기 학자 鄭琢의 시문집.

충재박물관에는『藥圃先生文集』과『藥圃先生續集』이 모두 소장되어 있다.『藥圃先生文集』의 藏書記가 '海營印送藏于青岩亭'으로 되어 있는데, 海州監營에서 인출하여 충재 종가에 보낸 판본임을 알 수 있다.

• **編纂과 刊行**

鄭琢의 시문을 저자의 5대손 鄭玉이 1756년(영조 32)에 수집하고 편차하였으며, 權正宅·鄭㙉과 함께 교정하여 1760년에 海州에서 목판으로 原集을 간행하였다. 그 후 후손 鄭光翊이 원집에서 누락된 유문을 수집하고 鄭必奎가 편차하고, 柳範休·黃龍漢이 교감하여 1818년 저자가 배향된 道正書院에서 목판으로 續集을 간행하였다.

• **著者**

鄭琢(1526~1605) : 본관은 淸州이고, 자는 子精이며 호는 藥圃·栢谷이다. 1552년(명종 7) 성

55) 목록에는 跋의 작성 시기가 1938년으로 되어 있으나 필자가 수정하였다.

균생원시를 거쳐 1558년 식년문과에 병과로 급제하여 1565년 정언을 거쳐 예조정랑·헌납 등을 지냈다. 1568년 春秋館記注官을 겸직하면서『明宗實錄』편찬에 참여하였다. 그 후 이조좌랑·도승지·대사성·강원도관찰사·대사헌 등을 역임하였다. 1582년 進賀使로 명나라에 다녀온 후에는 예조·형조·이조의 판서를 역임하였고, 1589년 謝恩使로 명나라에 다시 다녀왔다. 1592년 임진왜란 때 왕을 의주까지 호종하고, 1594년에는 郭再祐·金德齡 등을 천거하여 그들이 공을 세우자 이듬해 우의정이 되었다. 1599년 병으로 잠시 귀향했다가 이듬해 좌의정에 승진되고 판중추부사를 거쳐, 1603년 영중추부사에 올랐고, 이듬해 扈從功臣 3등에 녹훈되었으며 西原府院君에 봉해졌다.

• 版本構成

『藥圃先生文集』

卷1 : 詩 147首·書 16篇. 卷2 : 書 26篇. 卷3 : 啓 8篇·獻議 6篇·祭文 9篇·記 4篇·序 2篇·跋 1篇. 卷4 : 墓誌銘 2篇·雜著 8篇·避難行錄上. 卷6 : 避難行錄下·龍灣見聞錄. 卷7(附錄) : 遺事·祭文·挽詞·贈行詩 等.

『藥圃先生續集』

卷1 : 詩 94題. 卷2 : 疏箚 5篇·啓 6篇·箋 3篇. 卷3 : 書 67篇·識 1篇·祭文 4篇·疏箚·啓·箋. 卷4(附錄) : 行狀(黃汝一 撰)·家狀(鄭允穆 撰)·墓表後敍(李象靖 撰)·祭文·挽詞·贈詩 等.

• 同一 書名 版本 所藏處

『藥圃先生文集』

목판본 : 국립중앙도서관, 국회도서관, 한국국학진흥원, 경기대학교, 계명대학교, 고려대학교, 국민대학교, 단국대학교 퇴계기념도서관, 안동대학교, 영남대학교, 용인대학교, 전남대학교, 중앙대학교, 남평문씨 인수문고, 사우당종택, 성암고서박물관, 日本東洋文庫, 미국 의회도서관 등.

『藥圃先生續集』

목판본 : 국립중앙도서관, 규장각, 한국국학진흥원, 한국학중앙연구원, 계명대학교, 단국대학교 퇴계기념도서관, 동국대학교, 성균관대학교, 안동대학교, 연세대학교, 영남대학교, UC버클리대학교 등.

(139) 麗澤齋遺稿

書名	出版事項	版式狀況	一般事項	所藏番號
麗澤齋遺稿	權載運 著, [序 : 1786] 刊	6卷 2冊, 朝鮮木版本, 四周雙邊, 半郭 : 21×16.2㎝, 有界, 10行 18字, 上下白口, 上下內向四瓣花紋黑魚尾, 32.3×21.1㎝, 線裝, 楮紙	序 : 上之十年丙午(1786)… 蔡濟泰伯觀書, 印記 : 酉谷靑岩, 藏書記 : 三溪書院藏	09-1021 ~1022
麗澤齋遺稿	權載運 著, [序 : 1786] 刊	6卷 2冊, 朝鮮木版本, 四周雙邊, 半郭 : 21×16.2㎝, 有界, 10行 18字, 上下白口, 上下內向四瓣花紋黑魚尾, 32.3×21.1㎝, 線裝, 楮紙	序 : 上之十年丙午(1786)… 蔡濟泰伯觀書, 印記 : 酉谷靑岩, 藏書記 : 三溪書院藏	09-1796 ~1797

• **概要**

조선 후기 문인 權載運의 시문집.

충재박물관에는 동일한 판본 2종을 소장하고 있는데, 藏書記가 2종 모두 '三溪書院藏'으로 되어 있어서 원래 三溪書院에서 소장하고 있던 판본임을 알 수 있다.

• **編纂과 刊行**

저자의 제자 權達時가 저자 사후에 蔡濟恭에게 서문을 부탁하여 1786년(정조 10)경에 목판본으로 간행한 것으로 추정된다.

• **著者**

權載運(1701~1778) : 본관은 安東이고, 자는 景厚이며 호는 麗澤齋이다. 대대로 安東의 戶長을 지낸 鄕吏 출신이었는데, 李㮒이 생도를 모아 강학할 때 학문을 배우고 나서 吏胥의 직역을 그만두었다. 그 후에는 평생을 초야에 묻혀 학문 탐구와 실천에 힘썼다. 여러 차례 벼슬을 제수 받았으나 모두 사양하고 나아가지 않았다.

• **版本構成**

卷1 : 詩 55首. 卷2 : 書 54篇. 卷3 : 序 1篇(送景元讀山房序)·記 2篇(學圃窩記·洗塵流記)·祭文 4篇·說 4篇·辨 1篇(婚姻辨)·跋 3篇·銘 2篇. 卷4 : 振谷記聞略·花原君權公遺事略·拾遺·遺墨 等, 卷5(附錄) : 行狀·墓誌銘·墓碣銘·傳·挽詞·祭文·師門手簡(附諸賢書) 等. 卷6 : 風雷軒遺稿.

• **同一 書名 版本 所藏處**

목판본 : 규장각, 경기대학교, 계명대학교, 고려대학교, 동국대학교, 부산대학교, 성균관대학

교, 숙명여자대학교, 연세대학교, 영남대학교 등.
필사본 : 규장각.

(140) 聯芳世稿

書名	出版事項	版式狀況	一般事項	所藏番號
聯芳世稿	金龍普 編, 泗濱影堂, 乙巳(1785)[56]	零本 2冊, 朝鮮木版本, 四周雙邊, 半郭 : 19.6×15㎝, 有界, 11行 21字, 上下內向四辦花紋黑魚尾, 31.2×20.2㎝, 線裝, 楮紙	序 : 戊戌…李象靖, 刊記 : 乙巳[57]三月泗濱影堂開刊, 印記 : 三溪書院, 藏書記 : 溪院藏	09-0312 ~0313
聯芳世稿	金復一 等著, 泗濱影堂, 1785	8卷 3冊, 朝鮮木版本, 四周雙邊, 半郭 : 19.7×15.2㎝, 有界, 11行 21字, 上下白口, 上下內向四辦花紋黑魚尾, 31.5×20.3㎝, 線裝, 楮紙	刊記 : 乙巳二月泗濱影堂開刊, 序 : 戊戌…李象靖謹書, 印記 : 西谷靑岩	09-1785 ~1787

• **概要**

조선 중기 문인 金璡과 그의 다섯 아들 金克一·金守一·金明一·金誠一·金復一의 시문집. 충재박물관에는 2종의 『聯芳世稿』를 소장하고 있는데, 1종은 印記가 '三溪書院'으로 되어 있고 藏書記가 '溪院藏'으로 되어 있어서 원래 三溪書院에서 소장하고 있던 판본임을 알 수 있다.

• **編纂과 刊行**

金璡의 9대손 金龍普가 선조들의 시문을 한데 모아서 편집하여 1785년에 泗濱影堂에서 목판본으로 간행하였으며, 李象靖의 서문이 실려 있다.

• **著者**

金璡(1500~1580) : 본관은 義城이고, 자는 瑩中이며 호는 靑溪이다. 16세에 伯姑壻 權幹으로부터 詩禮之學을 배워 수년 동안에 학업을 성취하였다. 1585년(宣祖 18) 司馬試에 급제한 후 科擧에 뜻을 끊고 臨河縣에 書堂을 지어 자제와 鄕黨의 학생들을 모아서 가르쳤다. 평생

56) 목록에는 乙巳년이 '1845년'으로 되어 있으나 그보다 60년 이른 '1785년'으로 추정된다.
57) 목록에는 2종 모두 '己巳'로 되어 있으나 '乙巳'의 오류이다.

학문에 매진하며 후학을 양성하였다.

金克一(1522~1585) : 金璡의 長子로, 자는 伯純이며 호는 藥峰이다. 1546년(明宗 원년) 25세에 급제하여 벼슬은 校書正字로 시작하여 중앙과 지방의 여러 관직을 역임하고 內資正에까지 이르렀다.

金守一(1528~1583) : 金璡의 둘째아들로, 자는 景純이며 호는 龜峰이다. 1555년 司馬試에 급제하였고, 이후 과거에 몇 차례 응시하였으나 끝내 실패하자 臨河縣 傅巖에 亭子를 짓고 은거하였다. 56세 때 遺逸로 薦補되어 謝恩次 上京하였다가 旅邸에서 병사했다.

金明一(1534~1570) : 金璡의 셋째아들로, 자는 彦純이며 호는 雲巖이다. 약관에 紹修書院에서 독서하고 그 후 陶山으로 退溪를 찾아 학업에 매진했다. 1564년 그의 두 동생 金誠一·金復一과 더불어 司馬試에 三棣聯芳했다. 그 후 과거를 보러 상경 도중 병사했다.

金誠一(1538~1593) : 金璡의 넷째아들로, 자는 士純이며 호는 鶴峯이다. 관련 내용은 본서의 『鶴峯先生文集』 참조.

金復一(1541~1591) : 金璡의 다섯째아들로, 자는 季純이며 호는 南嶽이다. 1564년 司馬試를 거쳐 1570년 文科에 급제하였고, 1575년에 學諭에 임용되었으나 벼슬을 버리고 낙향하였다. 1579년 다시 博士에 임용되어 나가 중앙과 지방의 여러 관직을 역임하였고, 豊基郡守를 지내다 질병으로 사직하고 낙향하였다.

• **版本構成**

卷1-青溪先生逸稿 : 詩 7首·書 2篇·雜著 3篇. 附錄 : 行狀·墓誌·墓碣銘·奉安文·常享祝文·告由文·上樑文 等.

卷2~4-藥峰先生文集 : 卷2 : 詩 280餘 首. 卷3 : 詩 310餘 首. 卷4 : 詩 170餘 首·賦(竹溪)·書(答權章仲)·祭文(祭退溪先生文)·碑碣 3篇, 附錄 : 墓碣銘·墓誌銘.

卷5-龜峰先生逸稿 : 詩 14首·雜著(終天錄), 附錄墓誌·墓碣·退溪答金景純書.

卷6-雲巖先生逸稿 : 詩 50首·雜著(溪山日錄), 附錄成均生員府君言行拾遺·雲巖先生墓誌·雲巖金公墓表·雲巖金先生墓碣銘·退溪答金彦純士純書·回答金彦純書·黃錦溪奉贈金彦純行史.

卷7-鶴峰先生文集補遺 : 詩 13首·書 2篇(答趙士敬穆·與權灝元文海)·實紀(退溪先生實紀).

卷8-南嶽先生逸稿 : 詩 9首·書(答李省吳堂)·祭文(祭退溪先生文)·墓碣 4篇, 附錄 : 祭文鶴峯·挽柳西崖仲·挽李光胤·南嶽先生公行狀.

• 同一 書名 版本 所藏處

목판본 : 국립중앙도서관, 규장각, 한국국학진흥원, 한국학중앙연구원, 경기대학교, 계명대학교, 고려대학교, 단국대학교 퇴계기념도서관, 동국대학교, 성균관대학교, 안동대학교, 연세대학교, 영남대학교 등.

(141) 永嘉世稿 *

書名	出版事項	版式狀況	一般事項	所藏番號
永嘉世稿	權周郁 編, 立岩精舍, [跋 : 1890] 刊	4卷 2冊, 朝鮮木版本, 四周雙邊, 半郭 : 18.6×15.7㎝, 有界, 半葉 : 10行 19字, 註雙行, 白口, 上下內向二葉花紋魚尾,[58] 30.8×20.8㎝, 線裝, 楮紙	刊記 : 立岩精舍開刊, 序 : 白虎(庚寅)…權璉夏謹序, 跋 : 上之二十七年庚寅…李在永[59]謹跋, 印記 : 酉谷青岩	09-2204 ~2205

• 槪要

權漢功의 『一齋先生逸稿』, 權漢功의 아들 權仲和의 『東皐先生逸稿』, 權克立의 『東峰先生逸稿』와 權對의 『省齋公逸稿』를 함께 엮은 시문집.

• 編纂과 刊行

安東 權氏 후손 權濟行이 편집한 것을 權周郁과 權周曄이 1890년(고종 27)에 立巖精舍에서 목판본으로 간행하였다. 權璉夏의 서문(1890)과 李在永의 발문이 수록되어 있다.

• 著者

權漢功(1269~1349) : 본관은 安東이고, 호는 一齋이다. 고려후기 문신으로 충렬왕 때 과거에 급제해 密直副使·同知密直司事·知密直司事·密直使·僉議平理를 역임하였다. 후에는 관직이 都僉議政丞에 이르렀고, 醴泉府院君에 봉해졌으며 일찍이 원나라의 명을 받아 太子左贊善이 되었다.

權仲和(1322~1408) : 權漢功의 아들로 자는 容夫이고 호는 東皐이다. 고려 말 조선 초의 문신이자 의학자로 1353年(공민왕 2) 문과에 을과로 급제해 右左副代言을 거쳐 知申事로 銓選

58) 목록에는 구체적인 서지사항이 빠져 있어서 동일 판본인 후조당 소장본의 서지사항으로 대체하였다.

59) 목록에는 '金在永'으로 되어 있으나 '金'은 '李'의 오자이다.

을 담당하였고, 三司左使과 門下贊成事 등을 역임하였다. 1404年(태종 4) 우의정과 영의정부사가 된 뒤 벼슬을 그만두었다. 의약에 정통해『三和子鄕藥方』을 徐贊 등과 함께『鄕藥簡易方』으로 편집하였고,『新編集成馬牛醫方』도 새로 편집하였다.

權克立(1558~1611) : 權漢功의 7대손으로 자는 强哉이며 호는 東峯이다. 龜峯 周博의 문하에서 수학하며 학문을 닦았다.

權尌(1592~1672) : 權克立의 아들로 호는 省齋이다. 張顯光의 문인으로 張顯光이 만년에 立巖으로 들어가 여생을 보낼 때 함께하였고,『旅軒集』의 附錄「景遠錄」에서 스승의 일대기를 기록하였다.

• **版本構成**

卷1 - 一齋先生逸稿 : 一齋先生年譜 · 詩 17首, 附錄 : 忠宣王賜詩 · 益齋詩 9首 · 牧隱詩 3首 · 門生掌試圖歌 · 犀帶行 · 文 6篇 · 文垣公內外孫四寸會圖 · 權夢庵咀傳 · 萬卷堂記.

卷2 - 東皐先生逸稿 : 東皐先生年譜 · 詩 1首 · 筵說 1篇, 附錄 : 上東皐權上國詩(權近 撰) · 贈權四宰赴上回詩(李穡 撰) · 題東皐扁楣後 · 海東後耆英會序 · 紫霞洞十仙耆英會會目 · 會約節目 · 原從功臣錄券 · 天文圖序(權近 撰).

卷3 - 東峯先生逸稿 : 東峯先生年譜 · 書 3篇 · 辨 1篇 · 論 3篇, 附錄 : 行狀(鄭熺 撰) · 墓碑銘(李獻慶 撰) · 東峯先生傳(權溓 撰) · 祭文 · 立岩書院奉安文(鄭熺 撰) · 諸賢往復書 7篇 · 立岩記(張顯光 撰) · 立岩精舍記.

卷4 - 省齋公逸稿 : 輓詩 5首 · 書 3篇 · 祭文 1篇 · 師門記聞錄, 附錄 : 墓誌銘 · 遺事 · 輓詞 2篇 · 祭文 2篇 · 師友往復書 5篇 · 旅軒先生門下十賢錄.

• **同一 書名 版本 所藏處**

목판본 : 국립중앙도서관, 규장각, 한국국학진흥원, 한국학중앙연구원, 계명대학교, 고려대학교, 동국대학교 서울 · 경주캠퍼스, 동아대학교, 성균관대학교, 안동대학교, 원광대학교, 전남대학교, 전주대학교, 한양대학교 등.

필사본 : 규장각.

(142) 瀛隱文集

書名	出版事項	版式狀況	一般事項	所藏番號
瀛隱文集	南公壽 著, [跋 : 1891] 刊	7卷 4冊, 朝鮮木版本, 四周雙邊, 半郭 : 19.5×15.6㎝, 有界, 10行 19字, 上下白口, 上下內向四瓣花紋黑魚尾, 32.1×20.2㎝, 線裝, 楮紙	表題 : 瀛隱集, 序 : 上之二十八年辛卯(1891)…李晩寅謹序, 跋 : 興壽謹識	09-2091 ~2094

• **概要**

조선 후기의 학자 南公壽의 시문집.

• **編纂과 刊行**

저자의 아들 南有鈺 등이 1891년(고종 28)에 편집하여 목판본으로 간행하였으며, 李晩寅의 서문과 저자의 三從弟인 南興壽의 발문이 실려 있다.

• **著者**

南公壽(1793~1875) : 본관은 英陽이고 盈德 寧海에서 활동하였다. 자는 穉道이며 호는 瀛隱이다. 과거시험에 떨어진 후 벼슬할 뜻을 버리고 학문을 연마하였는데, 1840년(憲宗 6) 鄕校 사건에 연루되어 金州에 잠시 유배되기도 하였다. 1854년(哲宗 5)에는 후에는 鄕校 首席의 임무를 맡아 講學所와 西別庫를 창립하였으며 고향에서 讀書와 후학을 지도하며 일생을 보냈다.

• **版本構成**

卷1 : 詩 139首. 卷2 : 詩 59首·書 25篇. 卷3 : 書 16篇·雜著 6篇. 卷4 : 序 11篇·記 9篇·跋 13篇. 卷5 : 祭文 26篇. 卷6 : 上樑文 4篇·墓誌銘 3篇·遺事 4篇·行錄 6篇. 卷7(附錄) : 行狀·墓碣銘·遺事·挽詞 14首·祭文 11篇 等.

• **同一 書名 版本 所藏處**

목판본 : 국립중앙도서관, 규장각, 한국국학진흥원, 한국학중앙연구원, 경기대학교, 계명대학교, 고려대학교, 동아대학교, 성균관대학교, 안동대학교, 연세대학교, 영남대학교, 용인대학교, 전남대학교, 전주대학교, 성암고서박물관, 춘호재, 日本東洋文庫, 미국 UC버클리대학교 등.
필사본 : 성균관대학교.

(143) 梧山文集

書名	出版事項	版式狀況	一般事項	所藏番號
梧山文集	徐昌載 著, [跋 : 1831] 刊	6卷 3冊, 朝鮮木版本, 四周雙邊, 半郭 : 20.1×15㎝, 有界, 10行 21字, 上下白口, 上下內向四瓣花紋黑魚尾, 31.4×20.2㎝, 線裝, 楮紙	序 : 晉陽鄭宗魯, 跋 : 辛卯(1831) …從孫幹發謹識, 印記 : 酉谷青岩, 藏書記 : 青巖亭	09-0298~0300

• **概要**

조선 후기의 학자 徐昌載의 시문집.

• **編纂과 刊行**

저자의 후손 徐幹發에 의하여 목판본으로 간행되었으나 간행연도는 미상이며, 鄭宗魯의 서문과 徐幹發의 발문이 있다.

• **著者**

徐昌載(1726~1781) : 본관은 達城이고, 자는 尙甫이며 호는 梧山이다. 어려서부터 총명하여 『周易』을 읽음에 스승이 없이 혼자 대의를 깨달았으며, 陰陽·卜筮·兵陣의 학문에 두루 통달하였다. 부친상을 당하자 주야로 빈소의 문밖을 떠나지 않았는데, 이 때문에 浮脹이라는 병을 얻어 종신토록 지병이 되었다. 일찍이 과거를 단념하고 『心經』·『近思錄』과 性理書 등을 깊이 연구하였다.

• **版本構成**

卷1 : 詩 57首. 卷2 : 書 17篇. 卷3 : 書 30篇. 卷4 : 中庸質疑·校院通漆谷文·九皐書堂夜日齋學令·九皐書堂雜錄序·達城徐氏族譜序·孺慕菴序·書魯齋詩後. 跋 2篇. 卷5 : 成人六箴·硅紙銘·上樑文 4篇·祭文 15篇·行狀 3篇·墓誌 5篇. 卷6(附錄) : 行狀·墓碣銘·墓誌銘·挽詞·祭文.

• **同一 書名 版本 所藏處**

목판본 : 국립중앙도서관, 규장각, 한국국학진흥원, 경기대학교, 계명대학교, 성균관대학교, 연세대학교 등.

(144) 玉峯先生文集 *

書名	出版事項	版式狀況	一般事項	所藏番號
玉峯先生文集	權暐 著, [跋 : 1847] 刊60)	4卷 2冊, 朝鮮木版本, 四周雙邊, 半郭 : 20.1×16.1㎝, 有界, 10行 18字, 上下白口, 上下內向四瓣花紋黑魚尾, 31.5×20.7㎝, 線裝, 楮紙	跋 : 柳致明謹跋, 印記 : 西谷靑岩	09-1171 ~1172

• **槪要**

조선 초기 학자 權暐의 시문집.

• **編纂과 刊行**

저자의 자손들이 1847년(헌종 13)에 목판본으로 간행하였으며, 柳致明의 跋文이 있다.

• **著者**

權暐(1552~1616) : 본관은 安東이고, 자는 叔晦이며 호는 玉峯·玉山野翁이다. 아버지인 生員 權審行이 연명상소를 올려 보우를 죽이기를 청하였다가, “감사에게 글을 내려 유생을 효유하게 하라.”는 전교를 받는다.(명종 20년 7월 28일) 이 일로 벼슬길에 나아갈 생각을 하지 않다가 뒤늦게 과거에 응시하여 50세인 1601년(선조 34) 문과에 급제하였다. 典籍·工曹佐郎·海美縣監을 거쳐 刑曹佐郎·戶曹佐郎·禮曹佐郎을 역임하였으며, 1609년에는 輸城察訪에 임명되었으나 질병으로 사임하였다. 광해군 때 향리로 돌아와 서재를 짓고 학문에 전념하며 후진을 길렀다.

• **版本構成**

卷1 : 詩 76首. 卷2 : 詩 40首. 疏 1篇·卷3 : 書 6篇·雜著 5篇·祝文 1篇·祭文 14篇·行狀 1篇·碑碣 2篇·墓誌 2篇. 卷4(附錄) : 輓詞 14首·贈遺詩 15首·墓碣銘 2篇·墓誌銘 1篇·行狀 1篇·行錄 1篇·奉安文 3篇·祝文 1篇·告由文 1篇·上樑文 1篇 等.

• **同一 書名 版本 所藏處**

목판본 : 국립중앙도서관, 규장각, 한국국학진흥원, 한국학중앙연구원, 경기대학교, 계명대학

60) 목록에는 20世紀에 간행된 것으로 되어 있으나 1847년경에 간행된 것으로 추정된다.

교, 동국대학교 경주캠퍼스, 동아대학교, 성균관대학교, 원광대학교, 영남대학교, 용인대학교, 日本東洋文庫 등.

(145) 玉川先生文集*

書名	出版事項	版式狀況	一般事項	所藏番號
玉川先生文集	趙德鄰 著, [1898][61] 刊	18卷 9冊, 朝鮮木版本, 四周雙邊, 半郭 : 19×15㎝, 有界, 10行 20字, 上下白口, 上下內向四瓣花紋黑魚尾, 31.3×20.8㎝, 線裝, 楮紙	印記 : 權錫九印	09-0001~0009

• **概要**

조선 후기 학자 趙德鄰의 시문집.

• **編纂과 刊行**

趙德鄰의 시문을 저자의 손자 趙運道과 趙術道가 저자의 시문을 수집하고 편차해두었고, 그 후 6대손 趙秉禧 등이 權璉夏 등의 교정을 받아 1898년(고종 35)에 목판본으로 간행하였다.

• **著者**

趙德鄰(1658~1737) : 본관은 漢陽이고, 자는 宅仁이며 호는 玉川이다. 1678년(숙종 4) 사마시에 합격하여 진사가 된 뒤 1691년 증광문과에 丙科로 급제하여 설서·교리·사간 등을 역임하였다. 숙종 때 당쟁의 소용돌이에서 노론의 득세를 비판하다가 몇 번의 유배를 다녀왔다. 1728년 3월 李麟佐의 난이 일어나자 격문을 돌리고 의병을 규합하여 대구에 내려갔으나 난이 평정되자 罷兵하였다. 이 공로로 동부승지에 임용되고 經筵에 참석하였으나, 얼마 뒤 병으로 사직하고 학문에 몰두하였다.

• **版本構成**

卷1~2 : 詩 219首. 卷3 : 疏 7篇. 卷4 : 疏 8篇·箋文 2篇·狀 6篇. 卷5 : 書 52篇. 卷6 : 書 50

---

61) 목록에는 '20世紀'에 간행된 것으로 되어 있으나 1898년에 간행된 것으로 추정된다.

篇. 卷7 : 雜著 4篇(政院盆蓮說·關東錄·續關東錄·招諭義旅文)·序 10篇. 卷8 : 記 13篇·跋 8篇·銘 2篇. 卷9 : 上樑文 5篇·祝文 14篇·祭文 20篇·哀辭 1篇. 卷10 : 碑 35篇. 卷11 : 墓碣銘 8篇. 卷12 : 墓碣銘 12篇. 卷13 : 墓碣銘 17篇. 卷14 : 墓表 6篇·墓誌銘 5篇. 卷15 : 行狀 3篇. 卷16 : 行狀 2篇. 卷17 : 行狀 4篇. 卷18(附錄) : 行狀(李象靖 撰)·墓碣銘(蔡濟恭 撰)·祭文 6篇·挽詞 7首·康津易簀時事蹟.

• 同一 書名 版本 所藏處

목판본 : 국립중앙도서관, 규장각, 한국국학진흥원, 한국학중앙연구원, 계명대학교, 고려대학교, 동국대학교 서울·경주캠퍼스, 성균관대학교, 안동대학교, 연세대학교, 영남대학교, 용인대학교 등.

(146) 玉泉聯芳稿 *

書名	出版事項	版式狀況	一般事項	所藏番號
玉泉聯芳稿	姜周祜, 姜周祐 著, [跋 : 1895] 刊	3卷 3冊, 朝鮮木版本, 四周雙邊, 半郭 : 20.3×15.1㎝, 有界, 10行 20字, 上下白口, 上下內向四瓣花紋黑魚尾, 30.8×20.1㎝, 線裝, 楮紙	序 : 崇禎强圉協洽(丁未, 1847)…宋人泰重書, 跋 : 旃蒙協洽(乙未, 1895)…李中鏡, 印記 : 酉谷靑岩	09-1772 ~1774

• 槪要

조선 후기의 학자 姜周祜와 그의 아우 姜周祐의 시문집.

• 編纂과 刊行

저자의 후손 姜健秀와 姜永浩 등이 편집하고 1908년에 목판본으로 간행하였으며, 姜泰重의 서문과 柳喬榮의 발문이 수록되어 있다.

• 著者

姜周祜(1754~1821) : 본관은 晉州이고, 자는 受天이며 호는 玉泉이다. 1783년(정조 7) 생원시에 합격하였으며, 젊었을 때 전국의 명산을 두루 구경하고 「遊金剛山錄」·「遊太白山錄」·「遊俗離山錄」 등의 많은 기행문을 썼다. 중년에는 書塾을 열어 후진양성에 전념하면서 『心經』·『近思錄』에 대하여 연구하였다.

姜周祐(1757~1816) : 姜周祜의 동생이며 호는 四益齋이다. 형과 함께 『近思錄』을 깊이 탐구하였으며, 옥산 기슭에 사당을 짓고 많은 후학을 양성하였다.

• **版本構成**

卷1 : 詩 41首·書 33篇. 卷2 : 雜著 12篇. 卷3 : 序 4篇·記 3篇·跋 3篇·贊 1篇·祭文 20篇·墓誌. 附錄 : 墓誌銘·墓碣銘·輓詞·祭文 等. 續錄 : 四益齋重修記(金興洛 撰)·讀玉泉者不知翁伯仲聯稿(權璉夏 撰)·書玉泉聯芳稿後序(金道和 撰) 等.

• **同一 書名 版本 所藏處**

목판본 : 국립중앙도서관, 규장각, 한국국학진흥원, 한국학중앙연구원, 국민대학교, 동국대학교 경주캠퍼스, 성균관대학교, 연세대학교, 영남대학교, 이화여자대학교, 전북대학교, 미국 UC버클리대학교 등.

(147) 溫溪先生逸稿*

書名	出版事項	版式狀況	一般事項	所藏番號
溫溪先生逸稿	李瀣 著, [19世紀] 刊	4卷 3冊, 朝鮮木版本, 四周雙邊, 半郭 : 19.8×14.6㎝, 有界, 10行 18字 上下白口, 上下內向四瓣花紋黑魚尾, 31.5×19.5㎝, 線裝, 楮紙	序 : 壬辰(1772)…李象靖謹序, 跋 : 上之四十七年(1771)…世澤謹書, 印記 : 酉谷靑岩	09-2474 ~2476

• **槪要**

조선 중기 학자 李瀣의 시문집.

• **編纂과 刊行**

저자의 후손들이 편찬하고 7대손 李級이 年譜 1권을 만들어서 1772년(영조 48)에 목판본으로 간행하였다. 李象靖의 서문과 李世澤(7세손)의 발문 그리고 李級(7세손)의 識가 실려 있다.

• **著者**

李瀣(1496~1550) : 본관은 眞寶이고, 李滉의 형이다. 자는 景明이며 호는 溫溪이다. 1525년(중종 20)에 진사가 되었고, 1528년 식년문과에 丙科로 급제하였다. 1533년에 사간·정언 등을 거쳐 1541년 직제학에 올랐으며, 慶尙道賑恤敬差官·左承旨·都承旨 등을 거쳐 僉知中樞府事·大司憲·大司諫·禮曹參判을 역임하였다. 그 후에는 1545년(명종 즉위년) 江原道觀察使, 1547년에 黃海道觀察使, 1549년에 淸洪道觀察使를 거쳐 1550년에는 漢城府右尹이 되었다. 명종이 즉위하면서 乙巳士禍에 연루되어 갑산으로 귀양 가는 도중에 병사하였다.

• 版本構成

卷1 : 詩 101首. 卷2(拾遺) : 賦 3篇(爲君難賦·攲枕看兒戲賦·登單于臺賦)·詩 6題·遺墨 7題. 卷3(附錄) : 墓誌(李滉 撰)·墓碣銘·朝天別章 6題·海西贈遺 5題·湖西贈遺 6題·貞夫人墓誌(李滉 撰)·貞夫人挽詞 等. 卷4 : 行狀(李光庭 撰)·遺事摭錄·三峰書院奉安文(金應祖 撰)·常享祝文·贈官後位版改題告辭·還安祝文·淸溪書院奉安文·贈官後位版改題告辭·三峰書院上梁文.

• 同一 書名 版本 所藏處

목판본 : 국립중앙도서관, 규장각, 한국국학진흥원, 한국학중앙연구원, 계명대학교, 고려대학교, 단국대학교 퇴계기념도서관, 성균관대학교, 연세대학교, 용인대학교, 충남대학교, 사우당 종택, 성암고서박물관, 日本東洋文庫, 미국 UC버클리대학교 등.

(148) 龍溪先生文集

書名	出版事項	版式狀況	一般事項	所藏番號
龍溪先生文集	吳翕 著, 戊戌(1898)	2卷 1冊, 朝鮮木版本, 四周雙邊, 半郭 : 19.5×15.5㎝, 有界, 10行 20字, 上下白口, 上下內向四瓣花紋黑魚尾, 32.3×21.5㎝, 線裝, 楮紙	表題 : 龍溪集, 刊記 : 崇禎五戊戌開刊, 序 : 聖上十三年丙子(1876)…李敦禹謹序	09-0052

• 概要

조선 중기의 학자 吳翕의 시문집.

충재박물관 소장본은 刊記가 '崇禎五戊戌開刊'으로 되어 있는데, 1898년에 간행된 重刊本이다.

• 編纂과 刊行

初刊本은 저자의 손자 吳三悅이 1738년(영조 14)에 간행하였고, 그 뒤 重刊本이 1898년(정조 2)에 목판본으로 간행되었다.

• **著者**

吳瀁(1576~1641) : 본관은 咸陽이고, 자는 善源이며 호는 龍溪이다. 李德弘의 문하에서 수학하였다. 1636년(인조 14)에 병자호란이 발발하고 청나라와 화친 소식이 들려오자 은거하면서 후학 양성에만 전념하다 생을 마감하였다.

• **版本構成**

卷1 : 詩 64首·疏 4篇·書 12篇. 卷2 : 雜著 3篇(誡子姪·示諸孫·疏行日記)·辨 1篇(人心道心辨)·祭文 2篇(祭艮齋李先生文·祭仲父判官府君文). 附錄 : 挽詞 15首·祭文 3篇·行狀·墓碣銘·三龜亭記·題詠 5首·遺事 等.

• **同一 書名 版本 所藏處**

목판본 : 국립중앙도서관, 한국학중앙연구원, 경기대학교, 계명대학교, 고려대학교, 대구가톨릭대학교, 동국대학교 경주캠퍼스, 동아대학교, 성균관대학교, 안동대학교, 연세대학교, 전남대학교, 성암고서박물관, 미국 UC버클리대학교

필사본 : 규장각.

(149) 龍巒先生文集

書名	出版事項	版式狀況	一般事項	所藏番號
龍巒先生文集	權紀 著, [跋 : 1798] 刊	2卷 1冊, 朝鮮木版本, 四周雙邊, 半郭 : 23.5×16.8㎝, 有界, 10行 22字, 上下白口, 上下內向四瓣花紋黑魚尾, 31.9×21.3㎝, 線裝, 楮紙	表題 : 龍巒集, 刊記 : 庚申閏四月日開刊, 序 : 上之二十年丙辰(1796)外七世孫眞城李宗洙謹序, 跋 : ①聞韶後人金道行書 ②上之二十二年戊午(1798)豊山柳⿰氵奎[62]謹書 ③庚申…宗下訪謹書 ④後學聞韶金坽謹書, 印記 : 酉谷靑岩	09-2521

• **概要**

조선 중기의 학자 權紀의 시문집.

62) 목록에는 '⿰亻奎'로 되어 있으나 '亻'은 '氵'의 오자이다. ⿰氵奎는 한자로 입력할 수 없어서 필자가 'GlyphWiki' 사이트를 통해 만들었다.

• 編纂과 刊行

저자의 후손 權潤身이 1798년(정조 24)경에 목판본으로 간행하였으며, 李宗洙의 서문과 金道行·柳淦·權訪·金埅의 발문이 실려 있다.

• 著者

權紀(1546~1624) : 본관은 安東이고, 자는 士立이며 호는 龍巒이다. 학문에 전념하여 六經에 통달했을 뿐만 아니라, 법률과 지리 등에도 해박하였다. 1568년(선조 1) 향시에 합격한 것을 비롯하여 초시에 16차례나 합격하였으나 문과에는 합격하지 못했다. 만년에 濟用監參奉에 천거되었으나 부친상을 당하여 취임하지 못했다. 柳成龍의 부탁을 받아 안동의 읍지인 『永嘉志』 8권을 편찬하였다.

• 版本構成

卷1 : 詩 226首. 卷2 : 謹獨箴·拙陋亭記·青城書院初享記事·自誌·權氏族譜序·永嘉志序. 附錄 : 墓誌 1篇·墓碣 1篇·識 3篇 等.

• 同一 書名 版本 所藏處

목판본 : 국립중앙도서관, 규장각, 한국국학진흥원, 한국학중앙연구원, 경기대학교, 계명대학교, 고려대학교, 동아대학교, 성균관대학교, 연세대학교, 영남대학교, 성암고서박물관 등.
필사본 : 규장각.

(150) 龍山世稿

書名	出版事項	版式狀況	一般事項	所藏番號
龍山世稿	金彦璣 等 著	6卷 3冊, 朝鮮木版本, 四周雙邊, 半郭 : 19.9×13.3㎝, 有界, 10行 22字, 上下白口, 上下內向四辦花紋黑魚尾, 28.7×18.5㎝, 線裝, 楮紙	序 : 乙亥…李光庭敬書, 跋 : 壬子…柳長源謹書, 印記 : 酉谷青岩, 藏書記 : 青岩藏, 龍溪里社印出	09-[63]

• 槪要

조선 중기의 학자 金彦璣와 두 아들 金得研·金得礴 그리고 손자 金光源 4인의 光山金氏

63) 목록에 구체적인 소장번호가 기록되어 있지 않다.

3代의 시문집.
충재박물관 소장본의 藏書記는 '龍溪里社印出'로 되어 있는데, 龍溪里社에서 印出하여 충재 종가에 보낸 것으로 보인다.

• **編纂과 刊行**

金範九가 선조들의 시문을 모아서 목판본으로 간행하였다. 권두에 실린 李光庭의 서문은 1755년에 작성되었기 때문에 이때 이미 편찬이 이루어졌을 것으로 보이며, 柳長源의 발문은 1792년에 작성되었으므로 이 이후에 간행이 이루어진 것으로 보인다.

• **著者**

金彦璣(1520~1588) : 본관은 光山이고, 자는 仲昷이며 호는 唯一齋이다. 학문에 뜻을 두고 李滉 문하에서 수학하였다. 그후 具鳳齡(1526~1586)과 함께 淸凉山에 들어가 10년 기한으로 독서를 하다가 집안의 유고로 9년 만에 하산하였다. 48세가 되어 1567년(明宗 22) 生員試에 합격한 후에는 후학 교육에 힘썼다.
金得研(1555~1637) : 자는 汝精이고 호는 葛峯이다. 金彦璣의 큰아들로 아버지에게 수학하였다. 북인이 집권하고 있어서 과거에 뜻을 두지 않고 학문에 몰두하면서 후학 교육에 힘썼다. 1592년 임진왜란이 일어났을 때는 의병에 가담하여 군량 조달을 담당하여 왜군으로부터 안동을 지키는 데 진력하였다. 그 후 58세가 되어서야 비로소 생원과 진사 양 시험에 합격하였으나 과거를 포기하고 은거하였다.
金得礪(1561~1588) : 자는 益精이고 호는 晩翠이다. 金彦璣의 작은 아들로 아버지에게 수학하였다. 약관의 나이에 여러 번 鄕試에 합격하였고 학문이 촉망되었으나 28세의 나이로 사망하였다.
金光源(1607~1677) : 자는 和遠이고 호는 石塘이다. 金彦璣의 孫子이다. 1654년(孝宗 5) 進士에 합격하였고 詩文으로 이름을 떨쳤으나 그 외의 자세한 行蹟은 알 수 없다.

• **版本構成**

卷1~2 – 唯一齋先生逸稿 : 詩 31首 · 賦 1篇 · 書 1篇(上府伯書) · 雜著 1篇(中庸標題). 附錄 : 挽詞 11首 · 祭文 · 行狀 · 遺事後序 · 玉溪書院奉安文 · 龍溪報德祠常享祝文 · 門人錄 · 同門通諭文 · 同人會尊文 · 會尊常享祝文 · 聞見錄 等.
卷3~4 – 葛峯先生遺稿 : 詩 217首 · 書 1篇(答校中士林書) · 雜著 1篇(淸凉山遊錄) · 記 2篇(止水亭記 · 龍洞精舍記) · 序 3篇 · 跋 2篇 · 祭文 8篇. 附錄 : 挽詞 8首 · 祭文 · 行狀 等.

卷5 - 晩翠寒逸稿 : 詩 10首·賦 3篇·說 2篇(養梅說·觀梅說)·論 4篇·祭文 1篇. 附錄 : 哀詞·墓碣銘 等.
卷6 - 石塘遺稿 : 詩 53首·疏 1篇(鼎山書院請額疏)·書 2篇(與金秀才景晦書·與屛山書院齋任書)·映湖樓上樑文·鳴玉台精舍上樑文·洛州精舍上樑文·甘泉貞女事蹟·兩權傳·李公升贊·孫兒小字說·李護軍慶宴序·題李護軍慶宴序後.

• **同一 書名 版本 所藏處**

목판본 : 국립중앙도서관, 한국국학진흥원, 한국학중앙연구원, 경기대학교, 계명대학교, 고려대학교, 단국대학교 퇴계기념도서관, 동국대학교 경주캠퍼스, 성균관대학교, 연세대학교, 용인대학교, 남평문씨 인수문고, 日本東洋文庫 등.
필사본 : 규장각.

(151) 龍川聯稿

書名	出版事項	版式狀況	一般事項	所藏番號
龍川聯稿	權舜經, 權舜紀, 權懀著, [序 : 1863] 刊	3卷 1冊, 朝鮮木版本, 四周雙邊, 半郭 : 18.6×15.9㎝, 有界, 10行 18字, 上下白口, 上下內向四瓣花紋黑魚尾, 32.8×22.8㎝, 線裝, 楮紙	序 : 聖上十四年癸亥(1863)…李敦禹謹序, 印記 : 三溪書院	09-1913
龍川聯稿	權舜經, 權舜紀, 權懀著, [序 : 1863] 刊	3卷 1冊, 朝鮮木版本, 四周雙邊, 半郭 : 18.6×15.9㎝, 有界, 10行 18字, 上下白口, 上下內向四瓣花紋黑魚尾, 32.8×22.8㎝, 線裝, 楮紙	序 : 聖上十四年癸亥(1863)…李敦禹謹序, 印記 : 三溪書院, 藏書記 : 三溪藏	09-2553

• **槪要**

조선 후기의 학자 權舜經과 權舜紀 그리고 權舜經의 아들 權瀹의 시문집.
충재박물관에는 동일한 판본이 2종 소장되어 있는데, 2종은 印記가 '三溪書院'으로 되어 있어서 원래 三溪書院에서 소장하고 있던 판본임을 알 수 있다.

• **編纂과 刊行**

權舜經의 5대손 權周新과 權虎新 등이 1863년(철종 14)경에 목판본으로 간행하였으며, 李敦禹의 서문이 실려 있다.

• **著者**

權舜經(1676~1744) : 본관은 安東이고, 자는 聖則이며 호는 無窩이다. 1713년(숙종 39) 증광시 생원 3등 26위로 합격하였으며, 周溪學舍를 중건하여 후진 양성에 힘썼다.

權舜紀(1679~1746) : 자는 汝則이고 호는 藥溪이다, 權是亮의 아들인데, 權舜經의 아버지가 權是昌이므로, 權舜經과는 사촌지간이다.

權愉(1710~1748) : 權舜經의 차남이고, 자는 悌能이며 호는 梧軒이다. 효행이 뛰어나 童蒙教官에 증직되었다.

• **版本構成**

卷1 – 無窩稿 : 詩 11首·書 6篇·祝文 9篇·祭文 4篇·雜著 8篇. 附錄 : 墓碣銘·行狀·祭文·書 2篇.

卷2 – 藥溪稿 : 詩 7首·雜著 5篇·祭文 3篇. 附錄 : 墓碣銘·行狀·藥溪亭次韻 3首·伯氏無窩公曆中日記.

卷3 – 梧軒稿 : 詩 13首·祭文 1篇(祭李周幹文)·雜著 2篇(道压敬齋記·養松菊說). 附錄 : 行狀·呈巡相文·梧軒權孝子傳 等.

• **同一 書名 版本 所藏處**

목판본 : 국립중앙도서관, 규장각, 경기대학교, 성균관대학교, 연세대학교, 전남대학교 등.

(152) 龍泉遺稿

書名	出版事項	版式狀況	一般事項	所藏番號
龍泉遺稿	權鼎鉉 著, [跋 : 1876] 刊	2卷 1冊, 朝鮮木版本, 四周雙邊, 半郭 : 19.8×15.8㎝, 有界, 10行 18字, 上下白口, 上下內向四瓣花紋黑魚尾, 31.5×21.2㎝, 線裝, 楮紙	跋 : ①丙午…金百行識 ②丙子(1876)…權璉夏謹識, 印記 : 酉谷靑岩	09-2616

• **概要**

조선 후기의 학자 權鼎鉉의 시문집.

• **編纂과 刊行**

저자의 손자 權東魯가 1846년에 목판본으로 간행하였으며, 李敦雨의 서문과 金百行·權璉夏의 발문이 실려 있다.

• 著者

權鼎鉉(1728~1805) : 본관은 安東이고, 자는 台仲이며 호는 龍泉이다. 어려서부터 학문에 힘썼으며, 약관에 문예를 완성하였으나 벼슬은 하지 않았다.

• 版本構成

卷1 : 詩 24首·書 2篇·祭文 8篇·雜著 8篇. 卷2(附錄) : 輓詞 22首·行狀·墓碣銘·墓誌銘·贈和詩·與答書.

• 同一 書名 版本 所藏處

목판본 : 국립중앙도서관, 한국학중앙연구원, 경기대학교, 계명대학교, 고려대학교, 단국대학교 퇴계기념도서관, 동국대학교, 성균관대학교, 연세대학교, 성암고서박물관 등.

(153) 春村先生文集

書名	出版事項	版式狀況	一般事項	所藏番號
春村先生文集[64]	李泰春 著, [跋 : 1882] 印	4卷 2冊, 朝鮮木活字本, 四周單邊, 半郭 : 21.8×14.6㎝, 有界, 10行 20字, 上下白口, 上下內向四瓣花紋黑魚尾, 31×21.5㎝, 線裝, 楮紙	序 : 上之三十二年壬辰(1832)…李仁行謹書, 跋 : 玄馬(壬午, 1882)…權載璞謹識, 印記 : 西谷靑岩	09-1684 ~1685

• 槪要

조선 후기의 학자 李泰春의 시문집.

• 編纂과 刊行

저자의 손자 李命周와 족손 李瓚周 등이 1882년(순조 32)에 편집하여 목활자본으로 간행하였으며, 李仁行의 서문과 權載璞의 발문이 실려 있다.

• 著者

李泰春(1704~1785) : 본관은 全州이고, 자는 通甫이며 호는 春村이다. 李楝完의 문하에서 수

64) 목록에는 '春村先生文集'으로 되어 있으나 '春'은 '春'의 오자이다.

학하였으며 평생 학문에 전념하였다. 만년에는 性理學에 심취하였으며, 향년 82세로 세상을 떠났다.

• **版本構成**

卷1 : 詩 172首. 卷2 : 詩·輓詞 總 95首·書 8篇·卷3 : 序 6篇·記 3篇·跋 5篇·雜著 4篇·誄 4篇·祭文 10篇·墓誌銘 1篇·遺事 1篇·家狀 6篇·卷4(附錄) : 行狀 1篇·輓詞 10首·祭文 5篇.

• **同一 書名 版本 所藏處**

목활자본 : 국립중앙도서관, 한국국학진흥원, 고려대학교, 성균관대학교, 연세대학교, 캐나다 토론토대학교 등.

(154) 雨溪文集

書名	出版事項	版式狀況	一般事項	所藏番號
雨溪文集	金命錫 著, [20世紀][65] 刊	4卷 2冊, 朝鮮木版本, 四周雙邊, 半郭 : 19.8×15.7㎝, 有界, 10行 18字, 上下白口, 上下內向四瓣花紋黑魚尾, 31.6×20.9㎝, 線裝, 楮紙	印記 : 西谷 靑岩	09-0934 ~0935

• **槪要**

조선 후기의 학자 金命錫의 시문집.

• **編纂과 刊行**

간행연도는 서문과 발문이 없어서 구체적으로 확인할 수 없다. 金會運이 쓴 행장을 보면 1830년대에 증손인 金曄運이 편집한 것으로 보이며, 묘갈명을 쓴 權璉夏(1813~1896)의 생몰년을 고려하면 19세기 말 경에 간행된 것으로 추정된다.

• **著者**

金命錫(1675~1762) : 본관은 義城이고, 자는 汝修이며 호는 雨溪이다. 李玄逸의 문인으로 향시에는 여러 번 장원하였으나 대과에서 연이어 낙방한 뒤로는 벼슬에 뜻을 두지 않고 고향에

65) 목록에는 '20世紀'에 간행된 것으로 되어 있으나 19세기 말 경에 간행된 것으로 추정된다. 그러나 간행연도를 정확히 확정할 수 없어 목록 내용을 그대로 수록하였다.

머물면서 오직 학문에만 전념하였다. 1728년(영조 4) 이인좌의 난 때 공을 세웠다. 1756년(영조 32) 80세의 나이로 壽職을 받아 僉知中樞府事가 되었다.

• 版本構成

卷1 : 五言絶句 6首·六言絶句 2首·七言絶句 64首·五言律 28首. 卷2 : 七言律 74首·五言排律 3首·五言古詩 3首. 卷3 : 輓詞 41首·書 9篇·雜著 8篇·祭文 5篇·遺事 2篇·卷4(附錄) : 行狀·墓誌銘·輓詞·祭文.

• 同一 書名 版本 所藏處

목판본 : 국립중앙도서관, 규장각, 한국학중앙연구원, 계명대학교, 고려대학교, 동국대학교, 동아대학교, 성균관대학교, 안동대학교, 연세대학교, 영남대학교, 용인대학교, 전남대학교, 전주대학교, 춘호재, 미국 UC버클리대학교 등.

필사본 : 규장각.

(155) 迂溪先生文集 *

書名	出版事項	版式狀況	一般事項	所藏番號
迂溪先生文集	朴潭 著, [19世紀] 刊	2卷 1冊, 朝鮮木版本, 四周雙邊, 半郭 : 19.5×15.9㎝, 有界, 10行 19字, 上下白口, 上下內向四瓣花紋黑魚尾, 31.5×21㎝, 線裝, 楮紙	序 : 柔兆困敦(丙子, 1876)…李敦禹謹序, 跋 : 上章攝提格(庚寅, 1890)…李秀榮謹識	09-2555

• 概要

조선 후기의 학자인 朴潭의 시문집.

• 編纂과 刊行

저자의 후손인 朴亨燦과 朴宇永 등이 1890년(고종 27)에 목판본으로 간행하였으며, 李敦禹의 서문과 李秀榮의 발문이 수록되어 있다.

• 著者

朴潭(1655~1694) : 본관은 務安이고, 자는 靜而이며 호는 迂溪이다. 李徽逸과 李玄逸의 문하에서 수학하였으며, 어려서부터 독서에 전념하였다. 經史子集부터 稗官小說에 이르기까지 읽지 않은 책이 없어 다방면으로 박식하였다. 스승 李徽逸이 『洪範衍義』를 완성하지 못하고 죽자 李玄逸과 함께 완성하였다.

• **版本構成**

卷1 : 詩 28首·挽 14首·書 12篇·祝文 3篇·祭文 2篇. 卷2(附錄) : 行狀·墓誌銘·墓碣銘·輓詞 39首·祭文 1篇.

• **同一 書名 版本 所藏處**

목판본 : 국립중앙도서관, 경기대학교, 계명대학교, 고려대학교, 동국대학교, 성균관대학교, 안동대학교, 영남대학교, 성암고서박물관 등.

(156) 愚伏先生文集

書名	出版事項	版式狀況	一般事項	所藏番號
愚伏先生文集[66]	鄭經世 著, [17世紀] 刊	零本 1冊, 朝鮮木版本, 四周雙邊, 半郭 : 21×16.3㎝, 有界, 11行 22字, 上下白口, 上下內向四瓣花紋黑魚尾, 31.1×20.5㎝, 線裝, 楮紙	印記 : 西谷靑岩, 靑岩家寶, 所藏 : 卷15~16	09-1930
愚伏先生文集	鄭經世 著, [19世紀] 刊	零本 1冊, 朝鮮木版本, 四周雙邊, 半郭 : 20.4×16.6㎝, 有界, 11行 22字, 上下白口, 上下內向四瓣花紋黑魚尾, 31.5×21.3㎝, 線裝, 楮紙	藏書記 : 壬子五月初七日買得, 所藏 : 卷17~18	09-1983
愚伏先生別集	鄭經世 著, [19世紀] 刊	8卷 4冊, 朝鮮木版本, 四周雙邊, 半郭 : 20.2×16.7㎝, 有界, 11行 22字, 上下白口, 上下內向四瓣花紋黑魚尾, 31.3×22㎝, 線裝, 楮紙	印記 : 西谷靑岩, 藏書記 : 巖亭藏[67]	09-0936 ~0939

• **槪要**

조선 중기 문신이자 학자인 鄭經世의 시문집.

충재박물관에는 낙질인 『愚伏先生文集』 2종과 완질인 『愚伏先生別集』 1종이 소장되어 있다. 『愚伏先生文集』(卷17~18) 1종의 藏書記가 '壬子五月初七日買得'으로 되어 있는데, 낙질이라서 책을 보충하기 위해 買得한 것으로 보인다.

---

66) 목록에는 '龍峯先生文集'으로 되어 있으나 '龍峯'은 '愚伏'의 오자이다.
67) 목록에는 '巖亭莊'으로 되어 있으나 '莊'은 '藏'의 오자이다.

• **編纂과 刊行**

原集인 『愚伏先生文集』은 1657년(효종 8)에 初刊하였고, 1844년(헌종 10)에 愚山書院에서 重刊하였다. 또한 『愚伏先生別集』은 저자의 후손 鄭夏默이 본집에 추가하여 1899년(광무 3)에 목판본으로 간행하였다.

• **著者**

鄭經世(1563~1633) : 본관 晋州이고, 자는 景任이며 호는 愚伏·一默·荷渠이다. 柳成龍의 문인으로 1582년(선조 15)에 진사가 되었고, 1586년(선조 19) 24세로 謁聖科에 급제하여 承文院 副正字가 되고 곧 사관으로 경연에 참여하였다. 慶尙道觀察使로 재직할 때 柳成龍을 위해 상소를 올렸다가 유배되었다. 1607년 大丘府使가 되었고 이어 羅州牧使와 全羅道觀察使를 지냈다. 당쟁에 연루되어 세 차례나 옥고를 치렀다. 인조 집권 후 弘文館副提學·大司憲·吏曹判書·大提學을 지냈다.

• **版本構成**

『愚伏先生文集』

卷1 : 辭 1篇(次歸去來辭)·詩 80首. 卷2 : 詩 83首. 卷3 : 奏文 2篇(陳慰奏文·請復登州舊路奏文)·敎書 7篇·咨帖 8篇·疏箚 4篇. 卷4~77 : 疏箚 88篇. 卷8 : 議 3篇·啓辭 14篇·呈文 8篇. 卷9~13 : 書 263篇. 卷14 : 雜著 29篇. 卷15 : 序 8篇·記 3篇·跋 20篇. 卷16 : 表·箋·啓·檄 總 22篇·上樑文 3篇·祝文 7篇·祭文 31篇. 卷17~19 : 碑銘·碣銘·墓表·墓誌 總 31篇. 卷20 : 行狀 4篇.

『愚伏先生別集』

卷1 : 詩 36首·敎書 1篇(逆賊梁景鴻等伏誅後播告八方敎書)·咨帖 6篇·疏箚 7篇·辭狀 2篇·啓辭 3篇·書 17篇·序 2篇·論 1篇(藏絲付吏論)·拾遺 1篇(翊衛司衛率黃公墓碣文草記). 卷2 : 思問錄·養正篇(檢束身心之禮 12目·入事父母出事師長通行之禮 11目·書堂肆業之禮 5目). 卷3 : 經筵日記. 卷4~7(附錄) : 年譜. 卷8 : 言行錄. 卷9 : 墓誌銘(李埈 撰)·神道碑銘(趙絅 撰)·墓表(權愈 撰). 卷10 : 行狀(宋浚吉 撰). 卷11 : 諡狀(宋時烈 狀). 卷12 : 賜祭文·祭文 25篇·挽詞 22篇·奉安文 2篇·常享祝文 1篇.

• **同一 書名 版本 所藏處**

『愚伏先生文集』

목판본 : 국립중앙도서관, 규장각, 한국국학진흥원, 한국학중앙연구원, 경기대학교, 경상대학

교, 경희대학교, 계명대학교, 고려대학교, 국민대학교, 단국대학교 퇴계기념도서관, 대구가톨릭대학교, 동국대학교, 동아대학교, 부산대학교, 성균관대학교, 안동대학교, 연세대학교, 영남대학교, 원광대학교, 이화여자대학교, 전남대학교, 중앙대학교, 충남대학교, 부산광역시 시민도서관, 남평문씨 인수문고, 사우당종택, 성암고서박물관, 日本東洋文庫, 미국 UC버클리대학교, 미국 클레어몬트대학 등.

필사본 : 고려대학교, 성균관대학교 등.

『愚伏先生別集』

목판본 : 국립중앙도서관, 규장각, 한국국학진흥원, 한국학중앙연구원, 경기대학교, 경희대학교, 계명대학교, 단국대학교 퇴계기념도서관, 대구가톨릭대학교, 동국대학교 경주캠퍼스, 연세대학교, 영남대학교, 전북대학교, 중앙대학교, 충남대학교, 부산광역시 시민도서관, 남평문씨 인수문고 등.

필사본 : 한국국학진흥원.

(157) 迂叟先生實記

書名	出版事項	版式狀況	一般事項	所藏番號
迂叟先生實記	金道奎 編, [19世紀] 刊	2卷 1冊, 朝鮮木版本, 四周雙邊, 半郭 : 14.8×19.5㎝, 有界, 10行 20字, 上下白口, 上下內向四瓣花紋黑魚尾, 30.8×20.6㎝, 線裝, 楮紙	序 : 永嘉權璉夏序, 跋 : 丙戌…金喆銖謹書, 印記 : 酉谷靑岩, 被傳者 : 金鋼	09-2054

• **概要**

조선 중기 학자 金鋼의 시문집.

• **編纂과 刊行**

저자의 9세손 金道奎가 기존에 작성되어 있던 行狀·家狀 등을 수습하고 저자의 유문을 편찬하여 1866년(고종 23) 무렵에 완성하였다. 權璉夏의 서문과 金喆銖의 발문이 실려 있다. 본 실기는 목판본으로서 그 책판이 紹修박물관에 수장되어 있기도 하다.

• **著者**

金鋼(1609~1669) : 본관은 禮安이고, 자는 致精이며 호는 迂未·迂叟이다. 인조 때 생원을 지냈으며, 1636년(인조 14) 병자호란 때는 金鋸·羅以俊과 함께 成均館 大成殿에 안치된 五

聖의 위패를 옮겼다. 이후 그 공적을 인정받았으며, 학문과 행실이 독실하다는 당대 학자들의 평가를 받았다.

• **版本構成**

卷上 : 詩 1首(閱同泮錄悼宋掌令而立)·輓三從姪·輓裵鷺汀·輓李西巖·祭三從兄正郎文.
卷下(附錄) : 贈遺·輓詞·行狀(權斗寅 撰)·墓碣文(李光庭 撰)·家狀·實蹟記畧·竹溪誌·姓苑賢錄·疏 1篇·啓 1篇·呈文 3篇·三邑報狀·立祉事蹟·奉安文 2篇·常享祝文 2篇·杏溪里祉廟重建上樑文·立石告由文·墓誌銘.

• **同一 書名 版本 所藏處**

목판본 : 국립중앙도서관, 한국학중앙연구원, 경기대학교, 계명대학교, 고려대학교, 성균관대학교, 안동대학교, 연세대학교, 전북대학교, 성암고서박물관, 미국 UC버클리대학교 등.

(158) 愚齋先生實記

書名	出版事項	版式狀況	一般事項	所藏番號
愚齋孫先生實紀	孫綸九 孫星德 共編, [18世紀] 刊	2卷 1冊, 朝鮮木版本, 四周雙邊, 半郭 : 20×15.2㎝, 有界, 10行 18字, 上下白口, 上下內向四瓣花紋黑魚尾, 30.7×20㎝, 線裝, 楮紙	跋 : 崇禎甲申後九十八年辛酉(1741)…權相一, 印記 : 三溪書院 被傳者 : 孫仲暾	09-1013
愚齋孫先生實紀	孫綸九 孫星德 共編, 慶州 : 東江書院, [跋 : 1741]	2卷 1冊, 朝鮮木版本, 四周雙邊, 半郭 : 22.1×15.3㎝, 有界, 10行 18字, 上下白口, 上下內向四瓣花紋黑魚尾, 30.7×20㎝, 線裝, 楮紙	跋 : 崇禎甲申後九十八年辛酉(1741)…權相一謹書, 印記 : 酉谷靑岩, 靑岩家寶, 藏書記 : 慶州東江書院印送莊于靑岩亭, 被傳者 : 孫仲暾	09-1835
愚齋先生實記	孫綸九, 孫星德 編, [跋 : 1905] 刊	4卷 2冊, 朝鮮木版本, 有圖, 四周雙邊, 半郭 : 17.8×14.8㎝, 有界, 10行 18字, 上下白口, 上下內向四瓣花紋黑魚尾, 30.1×20.3㎝, 線裝, 楮紙	序 : 上之十五年乙亥(1815)…晉陽鄭宗魯序, 跋 : ①上之四十一年甲辰(1904)…李晩燾謹撰 ②上之四十二年乙巳(1905)…李炳鎬謹書 ③後學眞城李晩奎, 被傳者 : 孫仲暾	09-1645 ~1646

• **概要**

조선 중기의 문신이자 학자인 孫仲暾의 시문집.
충재박물관은 初刊本인 『愚齋孫先生實記』 2종과 重刊本인 『愚齋先生實記』 1종을 소장하고 있다. 初刊本 1종의 藏書記가 '慶州東江書院印送莊于靑岩亭'으로 되어 있는데, 저자가 배향된 慶州 東江書院에서 인출하여 충재 종가에 보낸 판본이다. 다른『愚齋孫先生實記』1종은 印記가 '三溪書院'으로 되어 있어서 원래 三溪書院에서 소장하고 있던 판본임을 알 수 있다.

• **編纂과 刊行**

初刊本은 저자의 9대손 孫綸九와 宗孫 孫星德 등이 편집하여 1815년(純祖 15)경에 목판본으로 간행하였으며, 1905년에 李彦迪이 쓴 저자의 行狀을 증보하여 重刊하였다. 初刊本의 서명은『愚齋孫先生實記』이고 重刊本은『愚齋先生實記』로 차이가 있다.

• **著者**

孫仲暾(1463~1529) : 본관은 慶州이고, 자는 泰癸이며 호는 愚齋이다. 1482년(성종 13) 사마시에 합격하고 1489년 식년 문과에 병과로 급제하여 藝文館奉教를 거쳐 여러 淸職을 역임하였다. 1497년(연산군 3) 양산군수가 되었고, 이어 成均館司藝·司僕寺正으로서 諫官들이 거의 다 쫓겨날 때 파직 당하였다. 1506년 중종 집권 직후에 상주목사로 부임하였고, 그 후 左承旨·工曹參判·禮曹參判을 역임하다가 1517년에는 聖節使로 명나라에 다녀왔다. 그 뒤 各道觀察使·世子右副賓客·刑曹參判·大司憲·工曹判書·吏曹判書·漢城府判尹·右參贊 등을 지냈다.

• **版本構成**

卷首 : 序文(鄭宗魯·許傳 撰)·目錄·世系圖·年譜. 卷1 : 詩 1首·疏 1篇(五條疏)·政院日記·附國朝寶鑑·附南仁父世周贈先生序. 卷2(附錄) : 賜祭文 1首·祭文 12首·輓詞 27首·墓誌銘·墓碣銘·神道碑銘·碑下方追記. 卷3(附錄) : 尙州善政碑陰記·丹密生祠事蹟·涑水書院事蹟·東江書院事蹟·書院記·濯淸樓記·濯淸樓上樑文. 卷4(附錄) : 請額疏·再疏·增補家狀·輓詞 1首. 卷末 : 跋(李晩壽·李炳鎬 鑽).

• **同一 書名 版本 所藏處**

『愚齋孫先生實記』

목판본 : 국립중앙도서관, 한국학중앙연구원, 경기대학교, 계명대학교, 고려대학교, 단국대학교 퇴계기념도서관, 동국대학교, 성균관대학교, 안동대학교, 연세대학교, 영남대학교, 용인대학교, 전남대학교, 중앙대학교, 日本大阪府立中之島圖書館 등.

필사본 : 성암고서박물관.
『愚齋先生實記』
목판본 : 국립중앙도서관, 국회도서관, 규장각, 한국국학진흥원, 한국학중앙연구원, 경상대학교, 계명대학교, 동국대학교 서울·경주캠퍼스, 동아대학교, 부산대학교, 성균관대학교, 안동대학교, 영남대학교, 용인대학교, 원광대학교, 전남대학교, 전주대학교, 중앙대학교, 부산 시민도서관, 성암고서박물관, 中國國家圖書館, 日本大阪府立中之島圖書館, 미국 UC버클리대학교 등.
필사본 : 동국대학교 경주캠퍼스.

(159) 牛川先生文集

書名	出版事項	版式狀況	一般事項	所藏番號
牛川先生文集	鄭玉 著, [19世紀] 印	7卷 4冊, 朝鮮木活字本, 四周單邊, 半郭 : 21.5×14.7㎝, 有界, 10行 20字, 上下白口, 上下內向四瓣花紋黑魚尾, 30.9×20.4㎝, 線裝, 楮紙	印記 : 西谷青岩	09-1179 ~1182

• **概要**

조선 후기 문신 鄭玉의 시문집.

• **編纂과 刊行**

서눈과 발문이 없어서 편찬 경위를 알 수 없으나, 鄭宗魯(1738~1816)의 行狀과 蔡濟恭(1720~1799)의 墓碣銘의 연대를 보면 18세기 말에 편찬되었을 가능성이 높다. 그리고 年譜의 마지막에 1832년(순조 32)의 기록이 있으므로 19세기 중엽에 간행된 것으로 추정된다.

• **著者**

鄭玉(1694~1760) : 본관은 淸州이고, 자는 子成이며 호는 牛川이다. 權斗經의 문인으로 1725년(영조 1) 진사가 되고 1727년 증광문과에 병과로 급제하여 지평을 거쳐 대간이 되었다. 1759년 좌승지에 올랐다가 황해도관찰사로 부임하여 임지에서 사망하였다.

• **版本構成**

卷1 : 五言詩 62首. 卷2 : 輓詞·七言詩 總 213首. 卷3 : 疏 5篇. 卷4 : 疏 15篇·啓 1篇·箋 6

篇. 卷5 : 書 40篇·上樑文 1篇·奉安文 1篇·行狀 1篇·墓碣銘 2篇·墓誌銘 2篇·碑銘 2篇·跋 2篇·各 2篇. 卷6 : 祭文 21篇. 卷7(附錄) : 祭文 14篇·輓詞 19篇·行狀·墓碣銘·墓誌銘.

• 同一 書名 版本 所藏處

목활자본 : 규장각, 한국국학진흥원, 계명대학교, 고려대학교, 단국대학교 퇴계기념도서관, 성균관대학교, 안동대학교, 연세대학교, 영남대학교, 용인대학교, 성암고서박물관, 미국 UC 버클리대학교 등.

(160) 愚川先生文集

書名	出版事項	版式狀況	一般事項	所藏番號
愚川先生文集	鄭侙[68] 著	7卷 4冊, 朝鮮木版本, 四周雙邊, 半郭 : 19.9×15.1㎝, 有界, 11行 21字, 上下白口, 上下內向四瓣花紋黑魚尾, 30.5×19.4㎝, 線裝, 楮紙	序 : 上之元年辛丑(1721)…李栽謹序, 跋 : 柳台佐謹跋, 識 : 鄭來成謹識, 印記 : 酉谷靑岩, 藏書記 : 岩藏	09-1696 ~1699

• 槪要

조선 후기 학자 鄭侙의 시문집.

• 編纂과 刊行

저자의 손자 鄭昌興과 鄭後興이 유고를 모아 1703년에 李玄逸(1627~1704)에게 교감을 청하였으나 이현일의 사망으로 완성하지 못하고, 1716년에 李栽(1657~1730)가 행장을 짓고 유고를 교감하여 문집을 편차하였다. 그 후 저자의 6대손 鄭來川과 鄭來任 등이 1833년에 목판본으로 간행하였다.

• 著者

鄭侙(1601~1663) : 본관은 淸州이고, 자는 仲則이며 호는 愚川·笑窩·臥雲翁이다. 광해군 때에 과거에 응시하지 않고 독서에 전념하였고, 인조의 집권 후 1627년(인조 5) 진사시에 합격하였다. 그 후로 15차례나 대과에 응시하여 향시에 2번씩이나 장원했으나 禮部試에는

68) 목록에는 '鄭佐'로 되어 있으나 '佐'는 '侙'의 오자이다.

급제하지 못하였다. 1637년(인조 15) 청나라와 강화한 후 이듬해 章陵參奉에 제수되자 명나라에 대한 절의 때문에 귀향하여 은거하였다.

• 版本構成

卷1~2 : 詩 373題. 卷3 : 賦 2篇·箴 1篇·銘 4篇·文 2篇·疏 1篇·書 22篇. 卷4 : 雜著 63篇. 卷5 : 說 7篇·跋 9篇·序 4篇·記 12篇·自傳 1篇(愚川隱者傳). 卷6 : 辨 3篇·祝文 1篇·祭文 22篇·墓誌 6篇·碣銘 2篇. 卷7(附錄) : 行狀(李栽 撰)·墓誌銘(李光庭 撰)·祭文 3篇·輓辭 18首.

• 同一 書名 版本 所藏處

목판본 : 국립중앙도서관, 규장각, 한국학중앙연구원, 경기대학교, 계명대학교, 고려대학교, 동국대학교 경주캠퍼스, 성균관대학교, 연세대학교, 영남대학교, 전남대학교, 사우당종택, 춘호재 등.

(161) 寓軒先生文集

書名	出版事項	版式狀況	一般事項	所藏番號
寓軒先生文集	柳世鳴 著	8卷 4冊, 朝鮮木版本, 四周雙邊, 半郭 : 20.2×15.5㎝, 有界, 10行 20字, 上下白口, 上下內向四瓣花紋黑魚尾, 30.3×20.4㎝, 線裝, 楮紙	表題 : 寓軒集, 跋 : 從六世孫懿睦拜手謹書	09-1680~1683

• 概要

조선 후기의 문신이자 학자 柳世鳴의 시문집.

• 編纂과 刊行

저자의 6대손 柳懿睦이 이전에 편차해놓은 유고를 1833년(순조 33)에 목판본으로 간행하였다.

• 著者

柳世鳴(1636~1690) : 본관은 豊山이고, 자는 爾能이며 호는 寓軒이다. 1660년(현종 1) 사마시에 합격하고, 1675년(숙종 1)에 증광문과에 급제하여 1678년에는 검열을 지냈고, 1689년에 지평·교리·헌납을 역임하였다.

• 版本構成

卷1 : 詩 110餘 首. 卷2 : 詩 130餘 首. 卷3 : 敎書 1篇(京畿監司李沃書)·奏文 1篇(本朝請改遼陽貢路奏文)·疏 11篇·書 3篇. 卷4 : 書 28篇. 卷5 : 雜著 7篇. 卷6 : 序 5篇·記 2篇·論 1篇·跋 4篇·策 1篇·箋 2篇·箴 1篇,祭文 7篇. 卷7 : 祭文 13篇·墓表 3篇·墓誌 3篇·行狀 1篇(孺人權氏行蹟記). 卷8(附錄) : 家狀(柳尋春 撰)·墓碣銘(柳台佐 撰)·輓詩 36首·祭文 2篇.

• 同一 書名 版本 所藏處

목판본 : 국립중앙도서관, 규장각, 한국국학진흥원, 경상대학교, 계명대학교, 고려대학교, 대구가톨릭대학교, 동아대학교, 성균관대학교, 연세대학교, 영남대학교 등.

(162) 愚軒遺稿 *

書名	出版事項	版式狀況	一般事項	所藏番號
愚軒遺稿	權灝 著, [序 : 1876] 刊	2卷 1冊, 朝鮮木活字本, 四周單邊, 半郭 : 19.3×15.8㎝, 有界, 10行 18字, 上下白口, 上下向四瓣花紋黑魚尾, 30.5×20.4㎝, 線裝, 楮紙	序 : 上之十三年柔兆困敦(1876)…漢山李敦雨謹序, 印記 : 酉谷靑岩	09-2601

• 槪要

조선 후기 학자 權灝의 시문집.

• 編纂과 刊行

저자의 후손 權永浩와 權羲浩 등이 1876년(고종 13)에 목활자본으로 간행하였으며, 李敦雨의 서문이 수록되어 있다.

• 著者

權灝(1634~1695) : 본관은 安東이고, 자는 聖源이며 호는 愚軒이다. 향시에는 세 차례나 합격했으나 會試에는 끝내 합격하지 못하였다. 한 평생 학문에 매진하였다.

• 版本構成

卷1 : 詩 52首·祭文 14篇·祝文 4篇·雜著 5篇. 卷2(附錄) : 輓詞 30首·祭文 3篇·行狀·墓誌銘·墓碣銘.

• 同一 書名 版本 所藏處

목활자본 : 국립중앙도서관, 한국학중앙연구원, 경기대학교, 계명대학교, 고려대학교, 성균관대학교, 안동대학교, 연세대학교, 한양대학교 등.

(163) 雲巖先生逸稿 *

書名	出版事項	版式狀況	一般事項	所藏番號
雲巖先生逸稿	金緣[69] 著, [跋 : 1783] 刊	2卷 1冊, 朝鮮木版本, 四周雙邊, 半郭 : 18.7×15.2㎝, 有界, 10行 19字, 上下白口, 上下內向四辦花紋黑魚尾, 30.5×20㎝, 線裝, 楮紙	序 : 聖上七年(1783)…蔡濟恭, 跋 : 上之十年(1783)…丁範祖, 印記 : 酉谷靑岩	09-0207
雲巖先生逸稿	金緣 著, [跋 : 1783] 刊	2卷 1冊, 朝鮮木版本, 四周雙邊, 半郭 : 18.7×15.2㎝, 有界, 10行 19字, 上下白口, 上下內向四辦花紋黑魚尾, 30.5×20㎝, 線裝, 楮紙	序 : 聖上七年(1783)…蔡濟恭, 跋 : 上之十年(1783) …丁範祖, 印記 : 酉谷靑岩, 藏書記 : 溪院藏	09-1155

• 槪要

조선 중기 학자 金緣의 시문집.

충재박물관은 동일한 서적 2종을 소장하고 있는데, 藏書記가 '溪院藏'으로 된 것은 원래는 三溪書院에서 소장하고 있던 판본이다.

• 編纂과 刊行

저자의 8세손 金塋이 오랫동안 家藏되던 金緣의 시문에 연보와 관계기록을 수집하고 편차하여 1783년 목판본으로 간행하였다. 蔡濟恭의 서문과 丁範祖의 발문이 실려 있다.

• 著者

金緣(1487~1544) : 본관은 光山이고, 자는 子迪이며 子裕이고 호는 雲巖이다. 1510년(중종 5) 생원시와 진사시 양과에 급제하고, 1519년(중종 14) 식년문과에 을과로 급세하여 승문원부정자와 성균관전적을 거쳐 1524년(중종 19) 사간원정언이 되었다. 그 후 몇 차례 金安老를 비판하다 파직 당하고 좌천되기도 하였다. 1537년(중종 32) 김안로가 주살되고, 그 일파가 축출되면서 사간원사간으로 다시 발탁되었다. 1542년(중종 37) 승정원동부승지 및 승정원우

69) 목록에는 '金綠'으로 되어 있으나 '綠'은 '緣'의 오자이다.

부승지를 역임하였고, 그 후 강원도관찰사에 제수되어 가뭄의 피해가 심한 지역에 구황사업에 힘썼다. 1544년(중종 39) 경주부윤에 임명되었는데 임지에서 사망하였다.

• 版本構成

卷1 : 詩 7篇·賦 1篇(盤圓則水圓)·對策 1篇·論 1篇(韓歆父子自殺論)·記 1篇(花萼相輝樓記)·疎 1篇(請伸寃趙靜菴疏)·箋 1篇(請於夜對進講近思錄箋). 卷2(附錄) : 行狀 1篇(丁範祖 撰)·神道碑銘 1篇(蔡濟恭 撰)·墓誌銘 1篇·家狀 1篇·賜祭文 1篇·祭文 2篇·輓詞 2篇·別章 14題.

• 同一 書名 版本 所藏處

목판본 : 국립중앙도서관, 규장각, 한국학중앙연구원, 계명대학교, 고려대학교, 국민대학교, 동국대학교, 성균관대학교, 연세대학교, 영남대학교, 용인대학교, 전북대학교, 전주대학교, 미국 UC버클리대학교 등.

(164) 雲川先生文集 *

書名	出版事項	版式狀況	一般事項	所藏番號
雲川先生文集	金涌 著, 1898[70] 刊	6卷 4冊, 朝鮮木版本, 有圖, 四周單邊, 半郭 : 21×15.2㎝, 有界, 10行 19字, 上下白口, 上下內向四瓣花紋黑魚尾, 31.6×20.9㎝, 線裝, 楮紙,	序 : 上之二十年…權瑎謹叙	09-1657 ~1660

• 槪要

조선 중기의 문신이자 학자인 金涌의 시문집.

• 編纂과 刊行

初刊本은 저자의 현손 金昌錫 등이 편집하여 1694년(숙종 20)에 목판본으로 간행하였다. 그 후 1881년(고종 18)에 판본이 소실되자 1898년에 重刊本을 간행하였다.

70) 목록에는 '20世紀'에 간행된 것으로 되어 있으나 重刊本은 1898년에 간행되었다.

• **著者**

金涌(1557~1620) : 본관은 義城이고, 자는 道源이며 호는 雲川이다. 1590년(선조 23) 증광문과에 병과로 급제하여 承文院權知正字를 거쳐 예문관검열로 옮겼다가 천연두가 발병해 사직하였다. 1592년(선조 25) 임진왜란이 일어나자 향리인 안동에서 의병을 일으켜 安東守城將에 추대되었고, 이듬해 예문관의 檢閱·奉教·成均館典籍 등을 역임하였다. 이어 正言·獻納·副修撰·持平 등을 거쳐 이조정랑에 올랐고, 濟用監正·世子弼善·執義 등 중앙 관직에 머물다가 예천군수·상주목사·홍주목사 등의 지방 관직을 지냈다. 1609년 奉常寺正으로 춘추관편수관을 겸해 『宣祖實錄』의 편찬에 참여하여 그 공으로 통정대부에 올라 병조참의를 지냈다. 1616년 60세의 나이로 여주목사를 지내다가, 당쟁과 맏아들의 죽음 때문에 향리로 돌아왔으며 4년 뒤에 생을 마감하였다.

• **版本構成**

卷1 : 詩 264首. 卷2 : 詩 132首·賦 2篇. 卷3 : 疏 1篇·書 5篇·雜著 1篇·序 2篇·教書 1篇·箋 2篇·上樑文 2篇. 卷4 : 祭文 28篇·墓碣 2篇·墓誌 3篇. 卷5 : 叔父鶴峯先生言行錄. 卷6(附錄) : 世系圖·年譜·行狀·誌文·墓碣銘·祭文·奉安文·輓詞·遺墨.

• **同一 書名 版本 所藏處**

목판본 : 국립중앙도서관, 규장각, 한국국학진흥원, 한국학중앙연구원, 경기대학교, 경상대학교, 계명대학교, 고려대학교, 대구가톨릭대학교, 동국대학교 서울·경주캠퍼스, 서울대학교, 성균관대학교, 안동대학교, 연세대학교, 영남대학교, 용인대학교, 전남대학교, 조선대학교, 사우당종택, 춘호재, 日本東洋文庫 등.

(165) 月峯先生文集

書名	出版事項	版式狀況	一般事項	所藏番號
月峯先生文集	高仁繼 著, [19世紀] 刊	5卷 2冊, 朝鮮木版本, 四周雙邊, 半郭 : 21.3×16.5㎝, 有界, 10行 19字, 上下白口, 上下內向四瓣花紋黑魚尾, 32.9×22.2㎝, 線裝, 楮紙	序 : 洪相民, 跋 : ①六世孫裕謹識 ②七世孫夢贊謹識	09-1661~1662

• **概要**

조선 중기 문신이자 학자인 高仁繼의 시문집.

• **編纂과 刊行**

저자의 7세손 高夢贊이 1856년에 高宅龍과 문집을 再編하여 1859년(철종 10)경에 목판본으로 간행하였으며, 洪相民의 서문과 權斗寅·權斗經·蔡獻徵·李彙載의 발문 4편이 실려 있다.

• **著者**

高仁繼(1564~1647) : 본관은 開城이고, 자는 善承이며 호는 月峯이다. 1605년 진사시에 합격하고 이듬해 식년문과에 을과로 급제하여 성균관의 學諭가 되었다. 이때 북인이 정권을 잡자 동인이었던 高仁繼는 좌천되었고 곧 관직에서 물러났다. 1623년 인조 집권 후 성균관전적·형조좌랑·형조정랑·충청도도사·예안현감 등을 역임하였다. 그 뒤 공조정랑·성균관사예에 임명되었으나 스스로 관직을 그만두었다. 1645년(인조 23) 왕이 80세가 넘은 신하들에게 加資하여, 이 때 81세로 통정대부에 오르고 龍驤衛副護軍이 되었다.

• **版本構成**

卷1 : 詩 107題. 卷2 : 詩 81題. 卷3 : 書 33篇. 卷4 : 祭文 10篇·序 2篇·墓誌 2篇·墓碣 2篇·行錄 4篇. 卷5(附錄) : 行狀(洪汝河 撰)·墓碑銘(李敏求 撰)·祭文·孝谷書院奉安文(李增曄 撰)·常享祝文(李增曄 撰)·竹洞里社奉安文(柳致明 撰)·常享祝文(柳致明 撰).

• **同一 書名 版本 所藏處**

목판본 : 국립중앙도서관, 한국학중앙연구원, 고려대학교, 성균관대학교, 연세대학교, 충남대학교, 성암고서박물관, 미국 UC버클리대학교 등.

(166) 月梧軒文集

書名	出版事項	版式狀況	一般事項	所藏番號
月梧軒文集	金會運 著, 高宗 32年[71] 刊	4卷 2冊, 朝鮮木版本, 四周雙邊, 半郭 : 18.9×15.2㎝, 有界, 10行 20字, 上下白口, 上下內向四瓣花紋黑魚尾, 32.3×21.2㎝, 線裝, 楮紙	表題 : 月梧軒集, 印記 : 酉谷靑岩	09-2392 ~2393

71) 목록에는 '[20世紀] 刊'으로 되어 있으나 간행연도는 高宗 32년(1895)으로 추정된다.

• 概要

조선 후기의 학자 金會運의 시문집.

• 編纂과 刊行

서문과 발문은 없으나, 저서에 실린 金道和의 「墓碣銘」에 의하면 저자 사후 62년만인 乙未年에 族曾孫·金弼洛 등이 遺集을 모아 자신에게 묘갈명을 부탁하였다고 한다. 그러므로 '乙未年'은 1895년에 해당하며 이때 문집을 목판본으로 간행한 것으로 추정된다.

• 著者

金會運(1764~1834) : 본관은 義城이고, 자는 亨萬이며 호는 月梧軒이다. 12~13세에 경사를 통독하였고 詩賦에 능하였다. 20세 때 향시에 합격하였으나 科擧에 연연하지 않고 金道行과 金萬裕 두 문하에서 성리학에 매진하고 후진을 양성하며 학문을 강론하였다.

• 版本構成

卷1 : 詩 65首·疏 1篇. 卷2 : 書 25篇·雜著 3篇·識 2篇·銘 1篇·告辭 2篇. 卷3 : 祭文 14篇·墓表 3篇·行狀 6篇. 卷4 : 遺事 4篇. 附錄 : 輓詞·祭文·行狀·墓碣銘·遺事.

• 同一 書名 版本 所藏處

목판본 : 국립중앙도서관, 규장각, 한국학중앙연구원, 계명대학교, 고려대학교, 성균관대학교, 안동대학교, 연세대학교, 영남대학교, 용인대학교, 전남대학교 등.

(167) 悠然堂先生文集

書名	出版事項	版式狀況	一般事項	所藏番號
悠然堂先生文集	金大賢 著, [19世紀末] 印.	4卷 2冊, 朝鮮木活字本 四周雙邊, 半郭 : 20×15.7㎝, 有界, 10行 20字, 上下白口, 上下內向四瓣花紋黑魚尾, 31.2×20.3㎝, 線裝, 楮紙	印記 : 酉谷青岩	09-1742 ~1743

• 概要

조선 중기 학자 金大賢의 시문집.

• **編纂과 刊行**

서문과 발문이 없어서 편자와 간행연도는 모두 미상이지만, 대략 고종연간에 목활자본으로 간행된 것으로 추정된다.

• **著者**

金大賢(1553~1602) : 본관은 豊山이고, 자는 希之이며 호는 悠然堂이다. 1582년 사마시에 합격하여 생원이 되었고, 李德馨과 金玏의 추천으로 1595년 省峴道察訪이 되고 뒤이어 尙衣院直長이 되었다. 그 뒤 禮賓寺主簿를 제수 받았으나 물러나 영주에서 伊山院 원장으로 피선되었다가 1601년에 산음현감을 역임하였다. 임진왜란 때는 고향에서 향병을 모아 按集使 金玏의 휘하에 들어가서 공헌하였고, 난이 끝난 뒤에는 빈민 구제에 진력했다.

• **版本構成**

卷1 : 詩 52首 · 書 11篇. 卷2 : 疏 3篇 · 論 3篇. 卷3 : 序 2篇 · 記 1篇(悠然堂記) · 跋 2篇 · 雜著 5篇 · 祭文 9篇 · 上樑文 1篇. 卷4(附錄) : 遺事 · 墓碣銘 · 家狀 · 行年記 · 賜祭文 · 輓詞 · 鷗湖書院奉安文 · 雙巖祠上樑文 · 雙巖祠奉安文 · 道林追遠祠移建記 · 道林扁額時告由文 · 諸賢贈遺.

• **同一 書名 版本 所藏處**

목활자본 : 국립중앙도서관, 규장각, 한국학중앙연구원, 계명대학교, 고려대학교, 단국대학교 퇴계기념도서관, 성균관대학교, 연세대학교, 용인대학교, 사우당종택, 성암고서박물관, 미국 UC버클리대학교 등.
필사본 : 계명대학교.

(168) 栗谷先生文集 *

書名	出版事項	版式狀況	一般事項	所藏番號
栗谷先生文集	李珥 著, [18世紀] 刊	零本 1冊, 朝鮮木版本, 四周雙邊, 半郭 : 21.9×16.8㎝, 有界, 10行 22字, 上下白口, 上下內向六瓣花紋黑魚尾, 33.9×22㎝, 線裝, 楮紙	印記 : 酉谷靑岩	09-1033 ~1036
栗谷先生別集	李珥 著	3卷 1冊, 朝鮮木版本, 四周單邊, 半郭 : 21.3×15㎝, 有界, 10行 22字, 上下白口, 上下內向黑魚尾, 30.2×19.8㎝, 線裝, 楮紙	印記 : 酉谷靑岩	09-1908

• **概要**

조선 중기 학자 율곡 李珥의 시문집.

• **編纂과 刊行**

『栗谷先生文集』에서 文集은 朴汝龍이 成渾의 도움을 받아 편집하였고 詩集은 朴枝華가 편집하여, 1611년(광해군 3)에 海州에서 간행하였다. 『栗谷先生續集』은 朴世采가 原集에 빠진 遺稿를 모아 편집하여 1682년(肅宗 8)에 간행하였다.

• **著者**

李珥 : 본서의 『小學諸家集註』의 해제 참조.

• **版本構成**

『栗谷先生文集』

卷1 : 封事(疏) 17篇. 卷2 : 封事(疏) 7篇. 卷3 : 封事(疏) 17篇. 卷4 : 箚 13篇·啓 18篇. 卷5 : 書 35篇. 卷6 : 書 11篇·雜著 10篇. 卷7 : 雜著 18篇. 卷8 : 序 7篇·記 11篇·銘 1篇·表箋 4篇·公移 1篇·祭文 16篇. 卷9 : 碑銘 11篇·墓碣銘 8篇·墓誌銘·行狀 7篇. 卷10(詩集) : 詞 2篇·賦 3篇·五言絶句 12首·五言短律 17首·五言古風 28首·五言律詩 3首·五言長篇 11首·七言絶句 61首·七言短律 50首·七言古風 4首·七言長篇 6首. 卷11(附錄) : 行狀(李廷龜 撰).

『栗谷先生別集』

卷1 : 太極問答. 卷2 : 金子張錄·朴舜卿錄上. 卷3 : 朴舜卿錄下·直月記·金希元錄·所撰行狀. 卷4 : 李弘甫聯撰年譜·事實記·李尺休所撰遺事·丁亥後封事·李玉汝丁亥封事. 卷5 : 拾遺雜錄 42篇. 卷6 : 拾遺雜錄 4篇.

• **同一 書名 版本 所藏處**

『栗谷先生文集』

목활자본 : 고려대학교, 영남대학교 등.

목판본 : 국립중앙도서관, 규장각, 한국학중앙연구원, 경기대학교, 경상대학교, 경희대학교, 계명대학교, 국민대학교, 고려대학교, 단국대학교 율곡기념도서관, 대구가톨릭대학교, 동국대학교, 동아대학교, 성균관대학교, 부산대학교, 서울대학교, 영남대학교, 중앙대학교, 충남대학교, 한양대학교, 성암고서박물관, 춘호재, 미국 클레어몬트대학 등.

필사본 : 경상대학교, 민족문화발전연구소 한알 등.

『栗谷先生文集』

목판본 : 규장각, 한국학중앙연구원, 경기대학교, 고려대학교, 서울대학교, 연세대학교 등.

(169) 栗里世稿

書名	出版事項	版式狀況	一般事項	所藏番號
栗里世稿	申奎 編, [序 : 1867] 刊	7卷 2冊, 朝鮮木版本, 四周雙邊, 半郭 : 19.8×15.1㎝, 有界, 10行 18字, 上下白口, 上下內向四瓣花紋黑魚尾, 29.5×19.3㎝, 線裝, 楮紙	序 : ①聖上四年强圉亶安(丁卯, 1867)…李敦禹 ②旃蒙赤奮若(乙丑, 1865)…金岱鎭, 跋 : ①旃蒙赤奮若(乙丑, 1865)…申弼欽謹書 ②申圭謹識, 印記 : 酉谷青岩	09-2297 ~2298

• **槪要**

寧海申氏 5세대 7인 申經濟·申灝·申履謙·申履常·申履慶·申望奎·申以簡의 시문을 모아 놓은 시문집. 제목의 栗里는 경상도 盈德縣의 선산에서 이름을 딴 것이다.

• **編纂과 刊行**

寧海申氏 후손인 申奎 선조들의 시문을 모아 1867년에 목판본으로 간행하였으며, 金岱鎭·李敦禹의 서문과 申弼欽·申圭의 발문이 실려 있다. 『栗里世稿』의 목판은 현재 안동국학진흥원에 기증되어 보관되고 있다.

• **著者**

申經濟(1555~1614) : 본관은 평산이고, 자는 景說이며 호는 雲溪이다. 임진왜란 때에 형인 弘濟·義濟·從弟 兼濟 등과 倡義하여 郭再祐 막하에서 활약하였다. 전공으로 軍資監判官에 제수되었다.

申灝(1588~1650) : 申經濟의 아들로, 자는 淡若이고 호는 鏡湖이다. 鄭逑의 문하생으로, 1642년에 사마시에 합격하였으나 그 뒤에는 출사에 뜻을 두지 않았다.

申履謙(1606~1661) : 申灝의 맏아들로, 자는 敬仲이며 호는 陶原이다. 동생 申履常과 함께 李明俊의 문하에서 수학하였으며, 尹善道의 유배지에 가서 배움을 청했다고 한다. 1633년에 사마시에 합격하였으며, 成渾과 李珥의 문묘배향을 청하는 주장이 일자 疏頭 柳稷의 반대상소에 동참하였다. 그러나 이 일이 좌절당한 후에 출사의 길을 접었다.

申履常(1607~1677) : 申灝의 둘째아들로, 자는 秉仲이고 호는 茁浦이다. 형과 함께 成渾과 李珥의 문묘배향에 반대하였으며, 뜻이 좌절되자 벼슬에 뜻을 두지 않고 학문에 매진하였다.

申履慶(1609~1681) : 申灝의 셋째아들로, 자는 善仲이고 호는 挹翠軒·六懼堂이다. 尹善道에게 배우고, 李明俊의 문하에서 수학하였다. 1627년 司馬試에 급제한 뒤로는 鄕里에서 일생을 마쳤다.

申望奎(1641~1701) : 申履謙의 아들로, 자는 文叟이고 호는 松窩이다. 벼슬에 뜻이 없어 松窩庵을 짓고 독서에 매진하였다.

申以簡(1672~1735) : 申履常의 손자이며 申漢心의 아들로, 자는 伯約이고 호는 三溪이다. 과거에 뜻을 두지 않고 학문에 매진하였다.

• **版本構成**

卷1 – 雲溪逸稿 : 詩 4題 5首·火旺山城赴義檄文·重諭一鄕書. 附錄 : 家狀·行狀·墓誌銘, 碑陰記·遺墨後識·雲溪亭重修記·跋(申弘遠 撰).

卷2 – 鏡湖逸稿 : 冬雷賦 1篇·詩 6首·雜著 2篇(天君正位百體從令圖·地黃說)·先考宣教郞碣陰. 附錄 : 家狀(申昌朝 撰)·行狀(李秉夏 撰).

卷3 – 陶原逸稿 : 詩 5題 6首. 附錄 : 家狀(申昌朝 撰)·行狀(柳致游 撰)·贈泮友詩後識(申弘遠 撰).

卷4 – 茁浦逸稿 : 哀北地王賦·弔文文山賦·奉和家兄題茁浦堂韻·詠羽扇. 附錄 : 家狀(申昌朝 撰)·墓誌(李秉夏 撰).

卷5 – 六懼堂逸稿 : 詩 16題 23首. 附錄 : 行狀(李秉夏 撰)·墓碣銘(柳致游 撰).

卷6 – 松窩逸稿 : 詩 42題 50首. 附錄 : 祭文(柳錫斗 撰)·墓誌(柳錫斗 撰)·行狀(李秉夏 撰).

卷7 – 三溪逸稿 : 詩 12首. 附錄 : 行錄(金岱鎭 撰)·墓誌銘(李秉夏 撰).

• **同一 書名 版本 所藏處**

목판본 : 국립중앙도서관, 규장각, 한국국학진흥원, 한국학중앙연구원, 경기대학교, 계명대학교, 고려대학교, 단국대학교 퇴계기념도서관, 동국대학교 서울·경주캠퍼스, 성균관대학교, 안동대학교, 연세대학교, 영남대학교, 용인대학교 등.

(170) 陰崖先生集

書名	出版事項	版式狀況	一般事項	所藏番號
陰崖先生集	李耔 著, 1754 刊[72]	零本 1冊, 朝鮮木版本, 四周單邊, 半郭 : 20.3×13.7㎝, 有界, 10行 20字, 上下白口, 上下向白魚尾, 29.8×18.3㎝, 線裝, 楮紙	跋 : 丙寅(1746)…權萬謹識, 印記 : 酉谷靑岩, 藏書記 : 歲乙亥監司李彛章印送藏于靑岩亭, 所藏 : 卷 3~4	09-2084

• **概要**

조선 중기의 문신이자 학자인 李耔의 시문집.

충재박물관 소장본의 藏書記는 '歲乙亥監司李彛章印送藏于靑岩亭'로 되어 있다. 監司 李彛章(1708~1764)은 자신이 간행한 선조의 문집을 인출하여 충재 종가로 보낸 것이다.

• **編纂과 刊行**

저자의 후손 李道輿과 李彛章이 편찬하였고 족손인 李彛章이 1754년(英祖 20)에 목판본으로 간행하였으며, 金在魯의 서문과 權萬의 발문이 실려 있다.

• **著者**

李耔(1480~1533) : 본관은 韓山이고, 자는 次野이며 호는 陰崖·夢翁·溪翁이다. 1501년(연산군 7) 진사가 되었고, 1504년 식년문과에 장원급제해 사헌부감찰을 지냈다. 그 후 연산군 정권에서 중앙관직을 버리고 의성현령으로 자청하였다. 1506년 중종 집권 후에 홍문관수찬·교리 등을 지내다가 1510년(중종 5) 아버지의 상으로 관직을 떠났다. 1513년 복직하여 부교리·부응교·사간원사간을 역임하고, 이듬해 어머니의 상으로 사직했다가 1517년부터 홍문관전한·직제학을 거쳐 부제학에 승진하였고 좌승지로 옮겼다가 다음해에 대사헌이 되었다. 1518년 宗系辨誣奏請使의 부사로 북경에 파견되었다가 1519년 귀국했으며, 그 후 한성판윤·형조판서·우참찬 등에 임명되었다. 1519년 기묘사화에 연루되어 파직당한 후에는 은거하며 여생을 마쳤다.

---

72) 목록에는 19世紀에 간행한 것으로 되어 있으나, 『陰崖先生集』을 인출하여 충재종가에 보냈다고 한 李彛章의 졸년이 1764년이기 때문에 오류이다.

• 版本構成

卷1 : 詩 178首·賦 2篇(遊海賦·王覇賦). 卷2 : 策 1篇(輔相策)·疏 5篇·書契 1篇(禮曹答對馬島主)·書 4篇·記 3篇·跋 2篇·箴 1篇(如愚箴)·上樑文 2篇·碑文 1篇. 卷3 : 日錄·雜著 6篇. 卷4(附錄) : 行狀·墓碣陰記·溪灘書院記·劒巖書院重建上樑文·請額疏·八峯書院賜額祭文·八峯書院春秋享祝文·文獻書院春秋享祝文. 言行摭錄·詩章 9首.

• 同一 書名 版本 所藏處

목판본 : 국립중앙도서관, 규장각, 한국학중앙연구원, 계명대학교, 고려대학교, 전남대학교, 남평문씨 인수문고, 미국 UC버클리대학교 도서관 등.

(171) 凝溪先生實記

書名	出版事項	版式狀況	一般事項	所藏番號
凝溪先生實記	玉世寶 編, [19世紀] 刊	3卷 1冊, 朝鮮木版本, 有圖, 四周單邊, 半郭 : 19.4×14.5㎝, 有界, 10行 17字, 上下白口, 上下內向四瓣花紋黑魚尾, 29.2×19.4㎝, 線裝, 楮紙	序 : ①上之六年(1730)…趙德鄰序 ②崇禎甲寅(1674)…南俅謹序, 印記 : 三溪書院, 藏書記 : 三溪書院, 自默溪印送, 被傳者 : 玉沽	09-2057

• 槪要

조선 초기의 문신 玉沽의 시문집.
충재박물관 소장본은 藏書記가 '三溪書院, 自默溪印送'로 되어 있는데, 默溪書院에서 인출하여 三溪書院에 보낸 판본이다.

• 編纂과 刊行

7대손인 玉世寶가 編輯했으며, 그 아들 玉振韶(1674~?)·玉振(1687~?)이 重編하여 刊行하였다. 編年은 未詳이나, 卷2에 수록된 〈遺墟碑陰記〉가 1732年(英祖 8)의 글이므로 이 이후일 것임은 알 수 있다. 趙德鄰의 서문과 南俅의 凝溪先生遺事序가 실려 있다.

• 著者

玉沽(1382~1436) : 본관은 宜寧이고, 자는 待售이며 호는 凝溪이다. 생원시를 거쳐 1399년(정종 1) 식년문과에 급제하였다. 그 뒤 성균관의 學諭·學正·博士·典籍과 安東府通判 등을 거쳐, 1408년(태종 8)경에 知大丘郡事로 파견되었다. 1420년(세종 2) 校理에 제수되었으며, 그 후 正言·禮曹正郎·黃海道問民疾苦使·奉常寺少尹·掌令 등을 역임하고 말년에는 대구에 은거하였다.

• 版本構成

卷1 : 詩 1首(大丘東軒重修韻)·人心善惡相反之圖·陰陽變易成卦之圖·凝溪先生遺事·建文元年己卯榜目. 卷2(附錄) : 行狀·狀後叔·墓誌銘·墓碣銘·奉安文·常享文·祭文·遺墟碑陰記. 卷3(附錄) : 挹淸樓上樑文·立敎堂上樑文·淸德祠上樑文·淸德祠重修上樑文·奉安時士林通文·士林巡相文.

• 同一 書名 版本 所藏處

목판본 : 국립중앙도서관, 규장각, 한국국학진흥원, 한국학중앙연구원, 경기대학교, 계명대학교, 고려대학교, 성균관대학교, 안동대학교, 연세대학교, 영남대학교, 용인대학교, 전남대학교, 日本大阪府立中之島圖書館, 캐나다 토론토대학교 등.

(172) 二愚堂先生文集 *

書名	出版事項	版式狀況	一般事項	所藏番號
二愚堂先生文集	權寘 著, [跋 : 1877] 刊	4卷 2冊, 朝鮮木版本, 四周雙邊, 半郭 : 20.6×14.3㎝, 10行 19字, 上下白口, 上下內向四瓣花紋黑魚尾, 31.7×20.2㎝, 線裝, 楮紙	序 : 上之十三年癸酉(1813)…金㙆謹序, 跋 : ①辛未…金世鋑謹識 ② 上之十四年丙子(1877)…黃龍漢識 印記 : 西谷靑岩	09-2087 ~2088

• 槪要

조선 후기의 문신 權寘의 시문집.

• 編纂과 刊行

저자의 증손 權以鎬와 종손 權相履가 집안의 草稿를 편집해두었고, 그 후 6대손 權熹가 1877년경에 목판본으로 간행하였다. 金㙆의 서문과 金世鋑·黃龍漢의 발문이 실려 있다.

• **著者**

權寏(1580~1652) : 본관은 安東이고, 자는 宅甫이며 호는 二愚堂이다. 鄭逑의 문하에서 수학하였으며, 1610년(광해군 2)에 생원시에 합격하였다. 1627년(인조 5) 정묘호란이 일어나자 의병을 일으켰으나 강화가 성립되어 해산하였다. 1635년 장릉참봉에 천거되었고, 그 뒤 사옹봉사·직장 등을 지냈다. 1639년 식년문과에 급제하여 成均館典籍에 제수되었으며, 1640년 예부좌랑, 1641년 幽谷道察訪, 1646년 江原都事를 역임하였다.

• **版本構成**

卷1 : 詩(五言絶句 4首·七言絶句 63首·五言四韻 53首). 卷2 : 詩(七言四韻 79首·五言長篇 7首·七言長篇 1首). 卷3 : 疏 4篇·書 17篇·箋文 2篇·祝文 1篇·祭文 5篇·墓誌 1篇.

• **同一 書名 版本 所藏處**

목판본 : 국립중앙도서관, 규장각, 한국국학진흥원, 한국학중앙연구원, 경기대학교, 계명대학교, 고려대학교, 성균관대학교, 안동대학교, 연세대학교, 영남대학교, 용인대학교, 원광대학교, 전남대학교, 사우당종택, 성암고서박물관, 춘호재 등.

(173) 益齋亂藁

書名	出版事項	版式狀況	一般事項	所藏番號
益齋亂藁	李齋賢 著, 慶州, [19世紀] 刊	零本 1冊, 朝鮮木版本, 四周單邊, 半郭 : 19.7×15.8㎝, 有界, 10行 18字, 上下白口, 上下內向黑魚尾, 31.3×21㎝, 線裝, 楮紙	刊記 : 崇禎丙子後伍拾柒年癸酉(1693)正月雞林府重刊, 跋 : ①柳成龍謹跋 ②萬曆庚子(1600)…李時發謹識 ③宣德壬子(1432)…金鑌奉教敬跋, 所藏 : 卷9~10	09-2095
益齋亂藁	李齋賢 著, [19世紀] 刊	零本 1冊, 朝鮮木版本, 四周單邊, 半郭 : 20.1×16㎝, 有界, 10行 18字, 上下白口, 上下內向黑魚尾, 31.4×21.2㎝, 線裝, 楮紙	印記 : 酉谷青岩, 所藏 : 卷5~8	09-2541

• **槪要**

고려 후기 학자 李齊賢의 시문집.

충재박물관 소장본은 2종의 『益齋亂藁』가 소장되어 있는데 2종 모두 낙질이다. 2종 모두 1814년(순조 14)에 경주에서 追刻한 六刊本으로 추정된다.

• **編纂과 刊行**

저자의 생전에 아들 李彰路와 장손 李寶林이 수집하고 李穡의 序를 받아 1363년(공민왕 12)에 처음 간행하였다. 그러나 이 초간본은 현재 전하지 않는다. 그 후 1432년 世宗의 명에 의하여 「櫟翁稗說」과 함께 강원도 原州에서 重刊本을 간행하였다. 1600년(선조 33)에는 후손인 李時發이 慶州府尹으로 재임할 때 경주에서 三刊本을 간행하였다. 1693년에는 후손 李世碩이 지은 저자의 年譜를 붙여, 慶州府尹 許穎이 四刊本을 간행하였다. 1698년에는 후손 李寅燁이 黃海道觀察使로 재직할 때 海州에서 五刊本을 간행하였다. 1814년(순조 14)에는 경주에서 보유하고 있던 판목에다 年譜에 事實을 추가하고 拾遺를 첨가하여 六刊本을 간행하였다. 그 후에도 1923년에는 鉛活字本로 간행되었고, 1960년에는 大田에서 石印本으로 간행되기도 하였다.

• **著者**

李齊賢(1288~1367) : 본관은 慶州이고, 자는 仲思이며 호는 益齋·實齋·櫟翁이다. 1301년(충렬왕 27) 15세에 성균시에 장원을 하고 이어 대과에 합격했다. 1303년 權務奉先庫判官과 延慶宮錄事를 거쳐 1308년 藝文春秋館 등 여러 관직을 역임했다. 1314년(충숙왕 1) 원나라에 있던 충선왕이 만권당을 세워 그를 불러들이자 燕京에 가서 원나라 학자 趙孟頫·元明善 등과 함께 고전을 연구했다. 1319년 원나라에 갔다가 충선왕이 모함을 받고 유배되자 그 부당함을 원나라에 밝혀 1323년 풀려나오게 했다. 그 후 여러 관직을 역임하였고 1357년 門下侍中에 올랐으나 사직하고 학문과 저술에 몰두했다.

• **版本構成**

卷1~4 : 186題. 卷5 : 序 4篇. 卷6 : 書 2篇·記 6篇·碑文 1篇. 卷7 : 墓誌銘 15篇. 卷8 : 表牋 5. 卷9上 : 高宗世家. 卷9下 : 史贊 15篇·史傳序 2篇·策問 4篇·論 2篇·訟 1篇·銘 5篇·讚 6篇 箴 1篇. 卷10 : 長短句 24篇·墓誌銘(李穡 撰).

• **同一 書名 版本 所藏處**

목판본 : 국립중앙도서관, 한국학중앙연구원, 한국국학진흥원, 경기대학교, 대구가톨릭대학교, 동아대학교, 성균관대학교, 日本 蓬左文庫 등.

(174) 一松先生文集

書名	出版事項	版式狀況	一般事項	所藏番號
一松先生文集	沈喜壽 著	零本 1冊, 朝鮮木版本, 四周雙邊, 半郭 : 18.4×13.6㎝, 有界, 9行 19字, 上下白口, 上下內向四瓣花紋黑魚尾, 27.4×18.9㎝, 線裝, 楮紙	印記 : 西谷靑岩, 所藏 : 卷7~8	09-2104

• **概要**

조선 중기의 문신 沈喜壽의 시문집.

• **編纂과 刊行**

자세한 간행경위는 알 수 없고, 1649년(인조 27)에 쓴 李敏求의 序를 기준으로 삼으면 1649년 이후에 간행되었을 것이다.

• **著者**

沈喜壽(1548~1622) : 본관은 靑松이고, 자는 伯懼이며 호는 一松이다. 1568년 성균관에 입학하여 1572년 별시문과에 급제하여 승문원에 등용되었다. 1589년 헌납으로 있을 때 鄭汝立의 모반을 다룬 己丑獄事가 확대되는 것을 저지하려다 사직했다. 1592년 임진왜란 때 선조를 호종하였고, 그 후 대사헌·이조판서·양관대제학·좌우찬성·좌의정 등을 역임했다. 선조가 죽고 광해군이 즉위한 뒤 臨海君을 옹호하다가 탄핵을 받았고, 병을 이유로 사임을 청했으나 받아들여지지 않았다. 1616년 명나라에 다녀온 허균과의 갈등 때문에 퇴진하여 은거하였다.

• **版本構成**

卷1 : 五言絶句 12首·七言絶句 75首·五言律詩 64首. 卷2 : 七言律詩 72首. 卷3 : 七言律詩 117首. 卷4 : 七言律詩 78首·五言排律 3首·七言排律 8首·五言古詩 4首·七言古詩 2首. 卷5 : 箚 18篇. 卷6 : 箚 17篇. 卷7 : 箚 11篇·議 9篇. 卷8 : 祭文 17篇·碑文 6篇.

• **同一 書名 版本 所藏處**

목판본 : 규장각, 계명대학교, 고려대학교, 단국대학교 퇴계기념도서관, 연세대학교, 영남대학교, 전주대학교, 한양대학교, 日本對馬歷史民俗資料館 등.

(175) 逸圃集 *

書名	出版事項	版式狀況	一般事項	所藏番號
逸圃集	朴時源 著, [19世紀] 印	零本 3冊, 朝鮮木活字本, 四周單邊, 半郭 : 23×17.1㎝, 有界, 10行 18字, 上下白口, 上下內向四瓣花紋黑魚尾, 33.2×21.9㎝, 線裝, 楮紙	印記 : 酉谷靑岩, 所藏 : 卷1~6	09-0272 ~0273, 2108

• **概要**

조선 후기의 학자 朴時源의 시문집.

『逸圃集』은 모두 8권 4책으로 구성되어 있는데, 충재박물관 소장본은 권7~8에 해당하는 제4책이 일실되어 있다.

• **編纂과 刊行**

저자의 맏아들 朴宗喬 등이 유문을 수습하여 李彙寧에게 발문을 받아 철종연간에 목활자본으로 간행하였다.

• **著者**

朴時源(1764~1842) : 본관은 潘南이고, 자는 穉實이며 호는 逸圃이다. 1798년(정조 22) 식년문과에 갑과로 급제하였고 벼슬이 사간에 이르렀다. 안동김씨의 세도정치가 득세하자 향리인 榮川으로 돌아와서 유학연구에 몰두하였다.

• **版本構成**

卷1 : 詩 150首. 卷2 : 挽詞 97首. 卷3 : 疏 2篇·書 10篇·雜著 9篇·序 8篇·序 8篇. 卷4 : 記 18篇·識跋 15篇·箴 2篇·銘 3篇. 卷5 : 說 8篇·傳 2篇·誄辭 10篇·祝文 7篇. 卷6 : 祭文 28篇·墓碣銘 2篇·行狀 6篇. 卷7 : 上樑文 11篇·遺事 7篇. 卷8(附錄) : 行狀·墓碣銘·祭文·挽辭·記·家狀.

• **同一 書名 版本 所藏處**

목활자본 : 국립중앙도서관, 규장각, 한국국학진흥원, 한국학중앙연구원, 계명대학교, 고려대학교, 단국대학교 퇴계기념도서관, 성균관대학교, 연세대학교, 영남대학교, 중앙대학교 등.

(176) 臨淵齋先生文集 *

書名	出版事項	版式狀況	一般事項	所藏番號
臨淵齋先生文集	裵三益 著, [序 : 1855] 刊	6卷 3冊, 朝鮮木版本, 四周雙邊, 半郭 : 21.2×16.1㎝, 有界, 10行 20字, 上下白口, 上下內向四瓣花紋黑魚尾, 31.9×21㎝, 線裝, 楮紙	序 : 乙卯(1855)…柳致明, 印記 : 西谷青岩	09-1505 ~1507

• **概要**

조선 중기의 학자 裵三益의 시문집.

• **編纂과 刊行**

저자의 맏아들인 裵龍吉이 遺文을 수습하여놓았으나 산일되었고, 그 후 9대손 裵翰周가 1855년(철종 6)에 편집하여 목판본으로 간행하였다.

• **著者**

裵三益(1534~1588) : 본관은 興海이고, 자는 汝友이며 호는 臨淵齋이다. 1558년(명종 13) 生員試에 합격하고 1564년 문과에 급제하여 學諭를 거쳐 學錄·學正·博士를 역임하고 戶曹佐郎에 올랐다. 1575년(선조 8) 典籍·刑曹正郎에 제수되었으나 나아가지 않았고 그 뒤 외직인 豊基郡守를 지냈다. 그 후 여러 벼슬을 거쳐 成均館大司成에 이르렀으며, 1588년 黃海道觀察使가 되어 구황사업에 힘쓰다가 病死하였다.

• **版本構成**

卷1 : 詩 110首. 卷2 : 詩 122首. 卷3 : 詩 23首·疏 1篇(時務十條疏)·啓辭 6篇·呈文 2篇. 詩 113首. 卷4 : 書 20篇·鏡銘·箋 4篇·祝祭文 3篇·墓碣銘 2篇·墓誌 1篇·朝天錄 1篇. 卷5(附錄) : 年譜. 卷6 : 宣廟御札·除黃海道觀察使諭旨·教書·朝天別章 17篇·賜祭文·祭文 10篇·家狀·神道碑銘·墓誌銘·溪門諸子錄·擬請追錄光國勳啓.

• **同一 書名 版本 所藏處**

목판본 : 국립중앙도서관, 규장각, 한국학중앙연구원, 계명대학교, 고려대학교, 단국대학교 퇴계기념도서관, 이화여자대학교, 전남대학교 등.

(177) 立齋先生文集

書名	出版事項	版式狀況	一般事項	所藏番號
立齋先生文集	鄭宗魯 著, [18世紀] 刊	48卷 23冊[73], 朝鮮木版本, 四周雙邊, 半郭 : 20.8×16㎝, 有界, 10行 20字, 上下白口, 上下內向四瓣花紋黑魚尾, 31.4×21.1㎝, 線裝, 楮紙	印記 : 酉谷靑岩	09-1419 ~1422

• **概要**

조선 후기의 성리학자 鄭宗魯의 시문집.

• **編纂과 刊行**

서문과 발문이 없어서 간행연도는 알 수 없지만, 尙州의 愚山書院에서 목판본으로 간행하였다.[74]

• **著者**

鄭宗魯(1738~1816) : 본관은 晋州이고, 자는 士仰이며 호는 立齋·無適翁이다. 벼슬길에 나가지 않고 성리학 연구에 전념했으나, 여러 차례 관직에 천거되었고 1789년(정조 13) 光陵參奉에 제수되었다. 이후에 의금부도사로 특진되었고, 1796년 司圃署別提, 1797년 강령현감·함창현감에 제수되었다. 그 후 벼슬을 사직하고 고향에 돌아갔다.

• **版本構成**

卷1 : 詩 98首. 卷2 : 詩 102首. 卷3 : 詩 102首. 卷4 : 詩 93首. 卷5 : 詩 103首. 卷6 : 詩 190首. 卷7 : 輓詩 45首. 卷8 : 疏 6篇. 卷9 : 書 34篇. 卷10 : 書 25篇. 卷11 : 書 23篇. 卷12 : 書 27篇. 卷13 : 書 13篇. 卷14 : 書 14篇. 卷15 : 書 13首. 卷16 : 書 29篇. 卷17 : 書 15篇. 卷18 : 書 22篇. 卷19 : 書 4篇. 卷20 : 書 10篇. 卷21 : 書 11篇. 卷22 : 書 11篇. 卷23 : 書 20篇. 卷24 : 雜著 15篇. 卷25 : 雜著 11篇. 卷26 : 序 18篇. 卷 27 : 序 7篇. 卷 28 : 序 15篇. 卷30 : 跋 14篇·箴銘 6篇·上樑文 5篇. 卷31 : 祝文 11篇. 卷32 : 祭文 17篇. 卷33 : 碑銘 13篇. 卷34 : 碣銘 12篇. 卷35 : 碣銘 15篇. 卷36 : 碣銘 14篇. 卷37 : 碣銘 14篇. 卷38 : 碣銘 20篇. 卷40 : 碣銘 12篇. 卷42 : 墓誌 13篇. 卷43 : 行狀 9篇. 卷44 : 行狀 11篇. 卷45 : 行狀 5篇. 卷46 : 行狀 10篇. 卷47 : 行狀 9篇. 卷48 : 家狀 5篇.

---

73) 목록에는 '7卷(目錄 포함) 4冊'으로 되어 있으나 충재박물관에는 실제로 23책 완질을 소장하고 있다.
74) 張仁鎭, 「嶺南 文集의 文獻的 硏究」, 영남대학교 국어국문학과 박사학위논문, 2005. 20쪽.

• 同一 書名 版本 所藏處

목판본 : 국립중앙도서관, 규장각, 한국학중앙연구원, 계명대학교, 고려대학교, 국민대학교, 연세대학교, 영남대학교, 전남대학교, 남평문씨 인수문고, 춘호재 등.

필사본 : 계명대학교, 동국대학교, 부산대학교, 성균관대학교 등.

(178) 自庵金先生文集

書名	出版事項	版式狀況	一般事項	所藏番號
自庵金先生文集	金絿 著, [序 : 1659] 刊	2卷 1冊, 朝鮮木版本, 四周雙邊, 半郭 : 20.8×17.2㎝, 有界, 10行 19字, 上下白口, 上下內向二瓣花紋黑魚尾, 30.8×21.2㎝, 線裝, 楮紙	序 : 己亥(1659)…鄭斗卿, 印記 : 西谷靑岩, 藏書記 : 靑岩家寶	09-1100

• 槪要

조선 전기의 문신 金絿의 시문집.

• 編纂과 刊行

저자의 외현손 安應昌 등이 1659년(효종 10)에 목판본으로 간행하였으며, 鄭斗卿의 서문과 安應昌의 발문이 실려 있다.

• 著者

金絿(1488~1531) : 본관은 光山이고, 자는 大柔이며 호는 自庵·三一齋이다. 1503년(연산군 9)에 漢城試에서 일등으로 뽑혔고, 1507년(중종 2) 생원·진사시에서 모두 장원을 차지하였다. 1513년에 별시 문과에서 을과로 급제한 뒤, 弘文館正字를 거쳐 典經·司經·副修撰 등을 지냈다. 그 후 司諫院獻納·吏曹佐郞·正郞·司諫·弘文館直提學·同副承旨·左承旨 등을 지냈다. 사림파로 활동하다가 1519년 己卯士禍가 발생하자 開寧에 유배되었다가 죄목이 추가되어 남해로 이배되었다. 남해에 이배된 지 13년 만에 다시 臨陂로 이배되었다가 2년 뒤에 풀려나와 고향인 예산으로 돌아오게 되었지만 얼마 후 병사하였다.

• 版本構成

卷1 : 詩 76首. 卷2 : 賦 3篇·擬唐魏徵請行仁義表·帝賚良弼頌·策 1篇·疑 1篇·獄中上疏·望雲山祈雨文·墓碣陰記·倭寇搜討錄·書 5篇·花田別曲六聯·短歌 5首. 附錄 : 己卯名賢

錄·題自庵詩帖·墓碑銘·墓誌.

• **同一 書名 版本 所藏處**

목판본 : 규장각, 계명대학교, 전남대학교 등.

필사본 : 성균관대학교, 전주시립완산도서관 등.

(179) 潛庵先生逸稿

書名	出版事項	版式狀況	一般事項	所藏番號
潛庵先生逸稿	金義貞 著, 跋 : 1833.	5卷 2冊, 朝鮮木版本, 四周雙邊, 半郭 : 19.3×14.9㎝, 有界, 10行 20字, 上下白口, 上下內向四瓣花紋黑魚尾, 31.3×20.7㎝, 線裝, 楮紙	序 : 眞城李彙載謹序, 跋 : 崇禎四癸巳(1833)…安東金鼎均謹跋	09-1610

• **概要**

조선 중기의 학자 金義貞의 시문집.

• **編纂과 刊行**

저자의 아들 金農이 유문을 수집하고 덧붙여 편집해두었는데, 10대손 金宗奎·金宗鈺 등이 1833년에 부록을 증보하여 재편집하였고, 1864년 이후에 목판본으로 간행하였다. 李彙載·金洙根의 서문과 金鼎均의 발문이 실려 있다.

• **著者**

金義貞(1495~1547) : 본관은 豊山이고, 자는 公直이며 호는 潛庵·幽敬堂이다. 1516년(중종 11) 진사시에 합격하였고, 1526년(중종 21) 별시문과에 병과로 급제하여 弘文館正字에 임명되었다. 인종의 세자 시절에 世子侍講院司書가 되어 명망이 높아지자 金安老에게 미움을 받아 파직 당했다. 1537년(중종 32) 金安老가 사사된 이후 工曹正郎·禮曹正郎 겸 春秋館記注官 등을 역임하였고, 1545년 宗簿寺僉正이 되었다. 1545년 7월 인종이 갑자기 승하하자, 바로 사직하고 安東으로 내려가 모든 교유를 끊고 지냈다.

• **版本構成**

卷1 : 賦 23篇. 卷2~3 : 詩 107首. 卷4 : 辭 3篇·書 1篇·雜著 1篇(原欺)·祭文 4篇·頌 2篇

·對策 2篇. 卷5(附錄) : 家狀·行狀·墓碣銘·神道碑銘·遺事·贈爵謚事實·請加贈筵奏·焚黃告由文·謚狀·請謚筵奏·請改謚筵奏·延謚告由文.

• 同一 書名 版本 所藏處

목판본 : 국립중앙도서관, 규장각, 한국학중앙연구원, 계명대학교, 고려대학교, 국민대학교, 동국대학교 경주캠퍼스, 동아대학교, 성균관대학교, 연세대학교, 영남대학교, 용인대학교, 성암고서박물관, 미국 UC버클리대학교 등.

(180) 潛窩先生實紀

書名	出版事項	版式狀況	一般事項	所藏番號
潛窩先生實紀	崔濟安 編, [跋 : 1875][75) 刊	4卷 2冊, 朝鮮木版本, 四周雙邊, 半郭 : 20.1×15.8㎝, 有界, 10行 18字, 上下白口, 上下內向四瓣花紋黑魚尾, 31.7×20.3㎝, 線裝, 楮紙	序 : ①上之五十一年乙未(1775)…錦城丁範祖撰 ②崇禎紀元後戊午(1678)…權相一謹序, 跋 : ①閼逢涒灘(甲申)…柳台佐謹跋 ②崇禎紀元後乙未…李象靖謹跋, 識 : ①乙未…李敦禹謹識 ②乙亥…世鶴謹識, 被傳者 : 崔震立	09-0954 ~0955

• 概要

조선 중기의 무신 崔震立의 實記.

• 編纂과 刊行

저자의 8대손 崔世鶴이 1875년(고종 12)경에 목판본으로 간행하였으며, 丁範祖·權相一의 서문과 李敦禹·崔世鶴의 발문이 실려 있다.

• 著者

崔震立(1568~1636) : 본관은 慶州이고, 자는 士建이며 호는 潛窩이다. 1592년(선조 25) 임진왜란 때 동생 崔繼宗과 함께 의병을 일으켰다. 1594년에 무과에 급제하였으나 병으로 사직하였고, 1597년 정유재란 때 결사대를 이끌고 참전하였다. 1607년 都摠都事를 지냈으며, 1615

75) 목록에는 '[序 : 1775] 刊'으로 되어 있으나, 발문을 쓴 李敦禹(1807~1884)와 崔世鶴(1822~1899)이 태어나기 전에 간행되었다는 것은 오류이다. 간행연도는 서문이 작성된 '1775년'이 기준이 아니라 발문이 작성된 '1875년'을 기준으로 삼아서 필자가 수정하였다.

년(광해 7) 綾昌君 李佺의 추대사건에 연루되어 甲山에 유배되었다. 인조 집권 후 사면되어 加德僉使를 제수 받았다. 그 후 慶興府使·工曹參判·京畿水使 兼 三道水軍統制使를 역임하였다. 1634년 全羅水使를 거쳐서 1636년 公州營將으로 병자호란을 일어나자 감사 鄭世規를 따라 참전하였다가 용인 險川에서 전사하였다.

• 版本構成

卷1 : 系圖·年譜·遺稿拾遺. 卷2 : 行狀·諡狀·旌閭碑銘·神道碑銘·神道碑陰記·墓誌銘·墓碣銘. 卷3 : 敎書·海東名臣錄·馬梁按問記·乙巳筵說·堂后日記·丙子日記·辛巳筵說·請尤葬疏·兵曹回啓·請旌閭箚子·禮曹回啓·請諡疏·廟堂回啓·禮曹回啓·禮曹覆啓·墓所賜祭文·祭文·南漢日記·忠烈祠記. 卷4 : 涉坪上樑文·龍山祠宇上樑文·奉安祭文·常享祝文·請額疏·禮曹回啓·賜額時賜祭文·家廟賜祭文·書院記·書院記後·淸風樓記·龜尾山遺墟碑.

• 同一 書名 版本 所藏處

목판본 : 국립중앙도서관, 한국국학진흥원, 한국학중앙연구원, 가톨릭대학교, 경기대학교, 고려대학교, 동국대학교 서울·경주캠퍼스, 동아대학교, 성균관대학교, 연세대학교, 영남대학교, 용인대학교, 전남대학교, 충남대학교, 모덕사, 춘호재, 日本東洋文庫, 日本大阪府立中之島圖書館, 미국 UC버클리대학교 등.

(181) 長溪二稿

書名	出版事項	版式狀況	一般事項	所藏番號
長溪二稿	黃汝獻, 黃孝獻 著, [19世紀] 刊	2卷 1冊, 朝鮮木版本, 四周雙邊, 半郭 : 19×15.2㎝, 有界, 10行 20字, 上下白口, 上下內向四瓣花紋黑魚尾, 32.4×21㎝, 線裝, 楮紙	序 : 癸酉(1813)…鄭宗魯序, 印記 : 酉谷靑岩, 內容 : ①柳村先生詩稿-黃汝獻 ②畜翁先生逸稿-黃孝獻	09-2020

• 槪要

조선 중기의 문신 黃汝獻과 黃孝獻 형제의 시문집.

• 編纂과 刊行

편자와 간행연대는 미상이지만, 1813년(순조 13)에 鄭宗魯가 쓴 序文을 기준으로 삼으면 19

세기 초에 간행된 것으로 추정된다.

• **著者**

黃汝獻(1486~?) : 본관은 長水이고, 자는 獻之이며 호는 柳村이다. 1509년(중종 4) 별시문과에 丙科로 급제하고, 이듬해 저작·박사를 거쳐, 1511년 이조좌랑을 역임하고 1515년 전적이 되었다. 그 후 承文院校理·工曹正郞·蔚山郡守를 역임하였다.

黃孝獻(1491~1532) : 黃汝獻의 동생이고, 자는 叔貢이며 호는 蓄翁이다. 1514년(중종 9) 별시문과에 乙科로 급제하여 이듬해 弘文館正字가 되었다. 그 후 弘文館直提學·同副承旨·江原道觀察使·大司成·黃海道觀察使 등을 역임하였다. 1528년 이조참의가 되었고 이어서 이조참판에 올라 1530년 李荇 등과 함께 『新增東國輿地勝覽』의 편찬에 참여하였다. 1532년 安東府使로 나갔다가 급서하였다.

• **版本構成**

卷上 – 柳村先生詩稿 : 詩 110餘 首·拾遺, 附錄 : 家傳記略.

卷下 – 蓄翁先生逸稿 : 詩 8首·祭文·墓誌銘·輓辭·事實·神道碑銘(鄭宗魯 撰)·玉洞書院奉安文·常享祝文·遺墨.

• **同一 書名 版本 所藏處**

목판본 : 국립중앙도서관, 규장각, 한국국학진흥원, 한국학중앙연구원, 경기대학교, 계명대학교, 고려대학교, 성균관대학교, 안동대학교, 연세대학교 등.

(182) 長皐世稿 *

書名	出版事項	版式狀況	一般事項	所藏番號
長皐世稿	金焦 等 著, [18世紀] 刊	零本 2冊, 朝鮮木版本, 四周雙邊, 半郭 : 20.5×16㎝, 有界, 11行 21字, 上下白口, 上下內向四辦花紋黑魚尾, 31.4×20.8㎝, 線裝, 楮紙	印記 : 酉谷青岩, 藏書記 : 青岩藏, 所藏 : 卷1~6	09-2103

• **概要**

金焦과 그의 아들, 조카, 손자 등 義城 金氏 일가 인물들의 시문집.

충재박물관 소장본은 重刊本으로 추정되며, 卷1~6만 소장하고 있고 卷7~10은 일실되었다.

• **編纂과 刊行**

初刊本은 간행연도는 미상이나 그 목판이 景山齋舍에 보관되어 있다가 화재로 일부분이 소실되었다고 한다. 重刊本은 金養鎭(1829~1901)이 1890년에 初刊本에 의거하여 목판본으로 간행하였고, 三刊本은 1933년에 金興魯(1873~1949) 등이 목판본으로 간행하였다.

• **著者**

金恁(1604~1667) : 본관은 義城이고 安東 출신이다. 자는 受而이며 호는 野庵이다. 1635년(인조 13) 증광시 생원진사에 합격하였으나, 벼슬에 뜻을 두지 않고 학문에 정진하였다.
金泰基(1625~1700) : 金恁의 장남으로 자는 安安이고 호는 無爲堂이다.
金履基(1628~1712) : 金恁의 차남으로 자는 垣垣이고 호는 一柳이다.
金鼎基(1632~1699) : 金恁의 조카로 자는 正正이고 호는 牧庵이다.
金世欽(1649~1720) : 金泰基의 아들로 자는 天若이고 호는 七灘이다.
金昌文(1649~?) : 金履基의 아들로 자는 則野이고 호는 質齋이다.
金昌錫(1652~1720) : 金履基의 아들로 자는 天與이고 호는 月灘文集이다.
金世鎬(1652~1722) : 金恁의 三男인 金益基의 아들이다.

• **版本構成**

卷1-野庵文集 : 詩 120首. 卷2-野庵文集 : 疏 1篇·書 6篇·記 1篇·祭文 7篇. 附錄 : 言行錄·墓誌銘·野庵記(李徽逸 撰)·祭文.
卷3-無爲堂逸稿 : 詩 23首·書 9篇. 附錄 : 行錄·祭文·輓詞.
卷4-一柳堂逸稿 : 詩 13首·記 2篇, 祭文 2篇. 附錄 : 行錄.
卷5-牧庵逸稿 : 詩 4首·雜著 2篇. 附錄 : 行錄·墓誌銘·牧庵記(李簠信 撰).
卷6-七灘逸稿 : 詩 40首·書 7篇·序 2篇, 祭文 9篇, 墓碣銘 2篇. 附錄 : 行略·祭文·輓詞, 哀辭.
卷7-質齋文集 : 詩 77首, 書 3篇·雜著 3篇. 附錄 : 行錄·墓誌·遺稿後識.
卷8-月灘文集 : 月課賦·東面受丹書·關王廟, 詩 135首·左贊成花山權公請諡疏·書 3篇, 雜著 7篇·祭文 5篇. 附錄 : 行錄·祭文.
卷9-龜州文集 : 詩 61首·書 7篇·雜著 2篇. 卷10-龜州文集 : 顯陵修理告由文·祭文 22篇·墓碣銘 10篇, 行狀 2篇. 附錄 : 行略·祭文.

• 同一 書名 版本 所藏處

목판본 : 규장각, 한국국학진흥원, 한국학중앙연구원, 경기대학교, 계명대학교, 고려대학교, 대구가톨릭대학교, 동국대학교 서울·경주캠퍼스, 성균관대학교, 안동대학교, 연세대학교, 영남대학교, 사우당종택, 미국 UC버클리대학교 등.

(183) 藏谷先生文集

書名	出版事項	版式狀況	一般事項	所藏番號
藏谷先生文集	權泰一 著, [19世紀] 刊	3卷 1冊, 朝鮮木版本, 四周雙邊, 半郭 : 21.2×15.1㎝, 有界, 10行 20字, 上下白口, 上下內向四瓣花紋黑魚尾, 29.9×20㎝, 線裝, 楮紙	序 : 眞城後人李彙寧謹序, 跋 : 庚申流頭節下澣後學光山金道明謹書, 印記 : 酉谷靑岩	09-2622

• 槪要

조선 중기의 문신 權泰一의 시문집.

• 編纂과 刊行

金道明이 1860년(철종 11)에 목판본으로 간행하였으며, 李彙寧의 서문과 金道明의 발문이 실려 있다.

• 著者

權泰一(1569~1631) : 본관은 安東이고, 자는 守之이며 호는 藏谷이다. 1591년(선조 24)에 사마시에 합격하고, 1599년에는 별시문과에 丙科로 급제하였다. 승문원권지부정자로 등용되었고 이어서 검열·승정원주서·시강원설서·정언·이조좌랑 등을 두루 역임하였다. 병으로 사임하였다가 다시 홍문관수찬으로 복직하고, 이어서 이조정랑을 거쳐 영덕현령으로 4년간을 재임하였다. 곧이어 홍문관교리로 승진하였으나 병으로 사임하고, 고향에 돌아가서 요양한 뒤 사성으로 복직하였다. 그 뒤 풍기군수를 거쳐 동부승지·우승지를 역임하고, 경주부윤으로 나갔다가 다시 호조참의·좌부승지를 거친 뒤 부모를 봉양하기 위하여 고향의 지방관을 희망하여 竹州府尹으로 나갔다. 1623년(인조 1)에 좌승지로 중앙으로 왔으나 곧 전주부윤으로 나갔다가 병조참의·충주목사를 거쳐 전라도관찰사로 승진하였다. 이듬해에 대사간을 거쳐 형조참판이 되었고, 그 뒤 接伴使가 되어 椵島에 갔다가 돌아오던 중에 죽었다.

• **版本構成**

卷1 : 詩 35首·疏 2篇·箚 1篇(弘文館論廟制箚)·教書 2篇. 卷2 : 書 14篇·祝文 2篇·祭文 2篇·雜著 3篇. 卷3(附錄) : 教書 2篇·諭書 2篇·次韻 11首·輓詞 5首·祭文 6篇·神道碑銘·行狀·言行聞見錄.

• **同一 書名 版本 所藏處**

목판본 : 국립중앙도서관, 규장각, 한국학중앙연구원, 경기대학교, 계명대학교, 고려대학교, 성균관대학교, 연세대학교, 영남대학교, 용인대학교, 이화여자대학교, 전남대학교, 성암고서박물관 등.

(184) 適庵先生文集 *

書名	出版事項	版式狀況	一般事項	所藏番號
適庵先生文集	金台重 著, [19世紀] 刊	4卷 2冊, 朝鮮木版本, 四周雙邊, 半郭 : 20.3×15.4㎝, 有界, 10行 21字, 上下白口, 上下內向四瓣花紋黑魚尾, 33.1×21.5㎝, 線裝, 楮紙	印記 : 酉谷青岩	09-1465

• **槪要**

조선 후기 학자 金台重의 시문집.

• **編纂과 刊行**

문집의 序文과 跋文이 없어 정확한 간행 시기는 알 수 없으나, 李栽가 1712년(숙종 38)에 지은 行狀과 1723년(경종 3)에 쓴 陶淵書堂學令의 後敍가 있기 때문에 18세기 전반에 편찬된 것으로 추정된다.

• **著者**

金台重(1649~1711) : 본관은 義城이고, 자는 天三이며 호는 適庵이다. 1678년(숙종 4) 향시에 합격했으나 벼슬을 단념하고 학문에 몰두하였다. 1693년(숙종 19) 李玄逸의 천거로 健元陵參奉에 제수되었으나 벼슬길에 나아가지 않았다. 만년에는 陶淵에 정사를 짓고 白雲洞規를 모방하여 學令을 세우는 등 후진을 양성하였다.

• 版本構成

卷1 : 詩 148首. 卷2 : 書 40篇·雜著 3篇. 卷3 : 祭文 10篇·墓誌 1篇·行略 2篇·遺事 1篇. 卷4(附錄) : 行狀·墓誌銘·墓碣銘·言行錄·誄詞·輓詞 15首·祭文 6篇·行狀告成文.

• 同一 書名 版本 所藏處

목판본 : 국립중앙도서관, 한국국학진흥원, 한국학중앙연구원, 경기대학교, 계명대학교, 고려대학교, 단국대학교 퇴계기념도서관, 동국대학교 서울·경주캠퍼스, 성균관대학교, 안동대학교, 연세대학교, 영남대학교, 용인대학교, 전남대학교, 성암고서박물관, 미국 UC버클리대학교 등.

필사본 : 규장각.

(185) 全城世稿

書名	出版事項	版式狀況	一般事項	所藏番號
全城世稿	金根重 編, 殿有齋, 丁酉(1897)	9卷 6冊, 朝鮮木活字本, 四周單邊, 半郭 : 21.5×16.4㎝, 有界, 10行 20字, 註雙行, 上下白口, 上下內向四瓣花紋黑魚尾, 31.6×21.2㎝, 線裝, 楮紙	刊記 : 丁酉孟秋履有齋開印, 序 : 聖上卽阼之三十四年丁酉(1897)…金道和謹序, 跋 : ①金興洛謹跋 ②丁酉…李種杞敬書, 印記 : 酉谷靑岩	09-2100, 2455 ~2459

• 槪要

全義 李氏 李宗文·李之英·李之華·李之馨·李球·李時格·李益馝 7인의 시문집.

• 編纂과 刊行

저자들의 후손 李玄升·李興魯 등이 1897년(光武 元)에 履有齋에서 목활자본으로 간행하였다. 金道和의 서문과 金興洛·李種杞의 발문이 실려 있다.

• 著者

李宗文(1566~1639) : 본관은 全義이고, 자는 學可이며 호는 落浦이다. 1588년(선조21) 生員이 되고, 1592년 임진왜란이 일어나자 徐思遠·孫處訥 등과 八公山에서 의병을 모집하여 西面大將이 되어 활약했다. 그 후 招諭使 金誠一의 추천으로 司憲府監察·三嘉縣監·比安縣監·陽城縣監·軍威縣監 등을 역임하였다.

李之英(1585~1639) : 李宗文의 아들로, 자는 子實이고 호는 水月堂이다. 1613(광해군 5)년 문과에 합격한 후 成均館學正·成均館典籍·禮曹佐郎을 역임했으며, 1620년 聖節書狀官으로 중국에 다녀왔다. 그 후 광해군 집권기에는 낙향했다가 인조 집권 후에 다시 정계에 나아가 北青判官·戶曹佐郎·蔚珍縣令을 역임하였다.

李之華(1588~1666) : 李之英의 동생으로, 자는 而實이며 호는 茶圃·浮江居士이다. 1610년 進士試에 合格하고 1613년 文科에 합격하여 藝文館檢閱·成均典籍·兵曹佐郎·禮曹正郎·司諫院正言 등을 역임하였다. 그 후 광해군 집권기에는 낙향했다가 인조 집권 후에 다시 정계에 나아갔다가 丁卯胡亂이 일어나자 張旅軒을 따라 義兵을 일으켰다. 그 후 刑曹佐郎·戶曹正郎·工曹正郎·醴泉郡守를 역임하였고, 丙子胡亂 때에는 湖西地方에서 義兵을 모집하였다. 그 후 坡州牧使·金海府使·昌原府使·兵曹參議·定州牧使·咸陽郡守를 역임하였다.

李之馨(1597~1663) : 李宗澤의 아들로, 자는 汝薰이고 호는 積城公이다. 1633년(인조 11) 식년시 진사에 합격하였고, 1645년(인조 23) 光陵參奉을 시작으로 奉列大夫·尙瑞院直長·中訓大夫 兼 司饔寺主簿·楊州鎭管兵馬節制都尉·積城縣監 등을 역임하였다. 1655년(효종 6) 관직에서 물러나 고향으로 돌아와 독서를 하며 여생을 보냈다.

李球(1620~1684) : 李之英의 아들로, 자는 大玉이며 호는 隱窩이다. 1646년 司馬試에 합격하였고 1652년 文科에 합격하였다. 成均學諭·博士·典籍과·司憲府監察·順天府使·泰安郡守·襄陽府使·成川府使·司諫院司諫·吉州牧使 등을 역임하였다.

李時格(1638~?) : 李玧의 아들로, 자는 正叔이고 호는 江皐이다. 39세 되던 해에 武科에 급제하여 高原·海美·碧潼 三郡의 수령을 지냈다. 品資가 通政大夫에 이르러 歸鄕하였다.

李益馝(1674~1751) : 자는 聞遠이고 호는 霞翁이다. 29세에 별시 武科에 급제하여, 1728년(영조 4) 李麟佐가 난을 일으키자 도순무사 吳命恒과 함께 禁衛右別將에 제수되어 토벌에 임하였다. 이때 공적으로 奮忠效義炳幾協謨保社功臣 3등에 녹훈되고 全陽君에 봉하여졌다. 그 뒤 전라병사를 거쳐 1730년 평안병사 등을 역임하였다.

• **版本構成**

卷1 : 追先錄.

卷2－洛浦集 : 詩 4首. 附錄 : 霞鶩亭題詠·霞鶩亭創修顚末·孫慕堂寄贈·輓詞·大丘輿地勝覽忠義門·輿地勝覽改正草本·星州邑誌修草本·墓碣銘·淑夫人全氏墓誌銘·仙查船遊圖錄.

卷3－水月堂集 : 年譜·詩 2首·祭文 2篇. 附錄 : 諸賢投贈 3首·輓詞 3首·書 2篇·記 1篇·

墓誌文 1篇·墓碣銘 2篇·家狀 1篇·淑人金氏誌文.

卷4－茶圃集上 : 年譜·詩 34首·書 5篇·祭文 1篇·劄啓 2篇·賦 2篇·策 1篇·雜著 1篇·家狀 1篇. 茶圃集下(附錄) : 大丘輿地勝覽·輿地勝覽改正草本·星州邑誌·徐樂齋通講錄草本·墓碣銘幷序·行狀·輓詞 6首·浮江亭上樑文·同道會帖議·遊浮江亭有感 17首·家狀.

卷5－積城公集 : 詩 1首·輓詞 3首. 附錄 : 輓詞 1首·家狀 1篇·墓碣銘 1篇·墓誌銘 1篇.

卷6－隱窩集 : 詩 37首·輓詞 23首·長篇 6首·祭文 2篇·說 1篇·雜識 1篇·書 2篇. 附錄 : 輓詞 6首·行狀 1篇·墓碣銘 2篇.

卷7－江皐集上 : 詩 90首. 江皐集下 : 書 4篇. 附錄 : 星州邑誌·輓詞 25首·家狀 1篇·諸賢投贈 6首·墓碣銘 1篇.

卷8－霞翁集一 : 霞翁集上 : 詩 120首·序 1篇·祭文 2篇·跋 1篇. 霞翁集下 : 黃猿日記.

卷9－霞翁集二 : 霞翁集上(附錄) : 賜勳府諭諸勳臣冊書鐵券文·戊申三月一日傳·庚寅正月二十八日傳. 霞翁集下(附錄) : 行狀·神道碑銘·畫像贊·諡狀·家狀·賜祭文 2篇·輓詞 7首·祭文 8篇.

• **同一 書名 版本 所藏處**

목활자본 : 국립중앙도서관, 규장각, 한국국학진흥원, 경기대학교, 경상대학교, 계명대학교, 고려대학교, 동아대학교, 부산대학교, 성균관대학교, 안동대학교, 영남대학교, 용인대학교, 전남대학교, 미국 UC버클리대학교 등.

필사본 : 규장각.

(186) 佔畢齋文集 *

書名	出版事項	版式狀況	一般事項	所藏番號
佔畢齋集	金宗直 著, [16世紀] 刊	零本 2冊, 朝鮮木版本(初鑄甲寅字 飜刻), 四周單邊, 半郭 : 23.2×17cm, 有界, 10行 19字, 上下大黑口 上下內向黑魚尾, 33×21.1cm, 線裝, 楮紙	序 : 正德紀元後三十五年上章執徐(庚辰, 1520)…南袞謹識, 印記 : 酉谷青岩	09-1041 ~1048
佔畢齋集	金宗直 著, [17世紀] 刊	零本 1冊, 朝鮮木版本, 四周單邊, 半郭 : 22.3×17.1cm, 有界, 10行 19字, 上下白口(大黑口混入), 上下內向黑魚尾, 32.7×21.7cm, 線裝, 楮紙	所藏 : 卷1~3	09-0648
佔畢齋文集	金宗直 著, [17世紀] 刊	零本 2冊, 朝鮮木版本, 四周單邊, 半郭 : 24.1×17cm, 有界, 10行 19字, 上下白口(大黑口混入), 上下內向黑魚尾, 33×21.2cm, 線裝, 楮紙	印記 : 酉谷青岩, 所藏 : 卷1~2	09-0646 ~0647

• **概要**

조선 전기의 문신 金宗直의 시문집.

• **編纂과 刊行**

저자 사후 그의 제자 曺偉가 시문을 1493년(성종 24)에 편집하였고, 1497년(연산군 3)에 鄭錫堅이 최초로 간행하였다. 그런데 이 판본은 戊午士禍로 실전되었다. 1520년(중종 15)에 저자의 생질인 康仲珍이 남은 원고를 수습하여 선산에서 간행하였다. 그런데 이 판목도 임진왜란 때 화재로 소실되었다. 그래서 1649년(인조 27)에 경상감사로 재임하던 李曼이 밀양 禮林書院에서 새로 판각하여 간행하였다. 그리고 1869년(고종 6)에는 저자의 13대손 金墳이 禮林書院重刊本을 간행하였고, 1892년에는 저자의 14손 金昌鉉이 禮林書院修完本을 간행하였다.

• **著者**

金宗直(1431~1492) : 본관은 善山이고, 자는 孝盥·季昷이며 호는 佔畢齋이다. 1453년(단종 1) 진사가 되고, 1459년(세조 5)식년문과에 정과로 급제하였다. 1462년 承文院博士 겸 藝文館奉教에 임명되었고, 이어서 감찰·경상도병마평사·이조좌랑·수찬·함양군수 등을 역임하였다. 1476년(성종 7) 선산부사가 되었고, 1483년 우부승지에 올랐으며, 이어서 좌부승지·이조참판·예문관제학·병조참판·홍문관제학·공조침판 등을 역임하였다. 1486년에는 申從濩 등과 함께 『東國輿地勝覽』을 編次하였다. 1498년(연산군 4)에 戊午士禍가 일어나자, 金宗直도 생전에 쓴 수양대군이 단종을 몰아내고 왕위를 찬탈한 내용을 풍자한 「弔義帝文」 때문에 剖棺斬屍를 당하였다.

• **版本構成**

詩集-卷1~23 : 1103題 1600餘 首. 文集-卷1 : 教 2篇·贊 1篇·策文 4篇·祭文 1篇·哀辭 1篇·辭 1篇·賦 3篇·書 5篇·序 13篇. 卷2 : 說 2篇·跋 7篇·記 14篇·圖誌 2篇·神道碑銘 1篇·墓誌銘 4篇·遊錄 1篇(遊頭流錄).

• **同一 書名 版本 所藏處**

목판본 : 규장각, 한국학중앙연구원, 경기대학교, 계명대학교, 고려대학교, 성균관대학교, 연세대학교, 원광대학교, 이화여자대학교, 충남대학교, 사우당종택, 춘호재, 日本尊敬閣文庫 등.
필사본 : 한국국학진흥원, 경상대학교 등.

(187) 定齋先生文集續集

書名	出版事項	版式狀況	一般事項	所藏番號
定齋先生文集續集	柳致明 著, [20世紀] 刊	零本 4冊, 朝鮮木版本, 四周雙邊, 半郭 : 19.2×15.9㎝, 有界, 10行 20字, 上下白口, 上下內向四瓣花紋黑魚尾, 31.6×20.8㎝, 線裝, 楮紙	所藏 : 卷1~8	09-1484 ~1487
定齋先生文集續集	柳致明 著, [20世紀]刊	零本 2冊, 朝鮮木版本, 四周雙邊, 半郭 : 19.2×16㎝, 有界, 10行 20字, 上下白口, 上下內向四瓣花紋黑魚尾, 31.5×20.1㎝, 線裝, 楮紙	所藏 : 卷9~12	09-2366 ~2367
定齋先生文集附錄		5卷2冊[76], 朝鮮木版本, 四周雙邊, 半郭 : 19.4×15.3㎝, 有界, 10行 20字, 上下白口, 上下內向四瓣花紋黑魚尾, 31.3×20.7㎝, 線裝, 楮紙	所藏 : 卷1~5	09-2368, 2437

• **概要**

조선 후기의 문신이자 학자인 柳致明의 시문집인『定齋先生文集』의 續集.
충재박물관은 속집만 소장하고 있는데,『定齋先生續集』이 목록에는 零本 4冊과 零本 2冊으로 분리해놓았으나 실제로는 12권 6책의 완질이다.

• **編纂과 刊行**

본집은 李敦禹 등이 편집하여 1883년(고종 20)에 간행하였고, 續集과 附錄은 1901년 목판본으로 간행하였다.

• **著者**

柳致明(1777~1861) : 본관은 全州이고, 자는 誠伯이며 호는 定齋이다. 1805년(순조 5) 별시문과에 병과로 급제하여, 승문원부정자·성균관전적·사간원정언·사헌부지평·세자시강원문학 등을 거쳐 1831년 全羅道掌試都事가 되었다. 1832년 홍문관교리에 발탁되었고, 1835년(헌종 1) 우부승지가 되었으며, 그 뒤 초산부사·공조참의를 거쳐 1847년 대사간이 되었다. 1853년(철종 4) 嘉善階에 오르고 한성좌윤·병조참판 등을 역임하였다. 1855년 莊獻世子의 추존을 청하는 상소를 올렸다가 대사간 朴來萬의 탄핵을 받고 상원에 유배되어 智島에 안치되었다가 그 해에 석방되었다. 1856년 嘉義大夫의 품계에 올랐으나 나가지 않았고, 1857년 제자들이 지어준 雷巖의 晩愚齋에서 후진 양성에 전념하였다.

---

76) 목록에는 '零本 2冊'으로 되어 있으나 5권 2책의 완질이다.

• **版本構成**

『定齋先生續集』

卷1 : 詩 14首 · 疏 1篇 · 書 32篇. 卷2~6 : 書 244篇. 卷7~8 : 雜著 20篇. 卷9~10 : 序 31篇 · 記 9篇 · 跋 21篇 · 哀辭 2篇 · 誄文 4篇 · 祝文 20篇 · 祭文 15篇. 卷11~12 : 墓誌銘 18篇 · 墓碣銘 28篇 · 墓表 7篇 · 行狀 4篇 · 遺事 3篇.

『定齋先生文集附錄』

卷1 : 年譜. 卷2 : 輓詞 · 祭文 · 文集告成文. 卷3 : 行狀 · 墓碣銘. 卷4 : 寓慕錄 · 敍述 · 語錄. 卷5 : 家狀.

• **同一 書名 版本 所藏處**

목판본 : 국립중앙도서관, 국회도서관, 경상대학교, 계명대학교, 고려대학교, 동국대학교, 성균관대학교 등.

(188) 拙修齋先生詩集

書名	出版事項	版式狀況	一般事項	所藏番號
拙修齋先生詩集	趙聖期 著, 奉化 : 覺華寺, 庚寅	12卷 6冊, 朝鮮木版本, 四周雙邊, 半郭 : 19.7×14.6㎝, 10行 20字, 上下白口, 上下內向四瓣花紋黑魚尾, 28.6×18.7㎝, 線裝, 楮紙	表題 : 拙修齋集, 刊記 : 庚寅夏開刊留板於奉化太白山覺華寺, 印記 : 三溪書院, 藏書記 : 壬辰秋三溪書院上	09-1895 ~1900

• **槪要**

조선 후기의 학자 趙聖期의 시문집.

충재박물관 소장본은 藏書記가 '壬辰秋三溪書院上'로 되어 있는데, 三溪書院에서 소장한 판본을 충재 종가로 보낸 것이다.

• **編纂과 刊行**

서문과 발문은 없으나 刊記에 의하면 庚寅年(1710)에 경상도 봉화현에서 간행하여 태백산 覺華寺에 보관하였다고 되어 있다. 또한 근대에 와서는 公州의 大城講堂에서 戊申年(1968)에 석인본으로 간행되었다.

• **著者**

趙聖期(1638~1689) : 본관은 林川이고, 자는 成卿이며 호는 拙修齋이다. 과거에 응시하여 사마시에 여러 번 합격하였으나, 벼슬에 나아가지 않고 학문에만 전심하였다.

• **版本構成**

卷1~2 : 五言古詩 14首 · 七言古詩 3首 · 五言絶句 22首 · 七言絶句 145首 · 五言律詩 100首 · 五言排律 1首 · 七言律詩 215首. 卷3~10 : 書 92篇. 卷11 : 辨 1篇 · 說 1篇 · 行狀 2篇 · 祭文 3篇 · 論 2篇 · 論文 1篇. 卷12(附錄) : 祭文. 輓詞 · 行狀 · 誌銘 · 墓表 等.

• **同一 書名 版本 所藏處**

목판본 : 규장각, 성균관대학교 등.

석인본 : 국회도서관, 한국학중앙연구원, 충남대학교, 모덕사 등.

(189) 柱峯先生文集

書名	出版事項	版式狀況	一般事項	所藏番號
柱峯先生文集	李崍 著, [序 : 1864]	2卷 1冊, 朝鮮木版本, 四周雙邊, 半郭 : 18.8×15.8㎝, 有界, 10行 18字, 上下白口, 上下內向四瓣花紋黑魚尾, 30.5×20.3㎝, 線裝, 楮紙	序 : 上之元年甲子(1864)… 柳疇睦謹叙, 印記 : 西谷靑岩	09-2006

• **槪要**

조선 중기의 문신 李崍의 시문집.

• **編纂과 刊行**

저자의 후손 李泰浩가 1864년(고종 1)에 목판본으로 간행하였으며, 柳疇睦의 서문이 실려 있다.

• **著者**

李崍(1588~1649) : 본관은 眞城이고, 자는 彦瞻이며 호는 柱峯이다. 1610년(光海君 2) 進士에 합격하였고, 1623년(仁祖 1) 東部都事가 되었다. 이듬해 文科에 급제하여 承文院正字에 이어 平壤尹 · 掌令 · 善山府使 등을 지냈다. 1636년 병자호란이 일어나자 의병을 이끌고 鳥

嶺에 이르렀으나 강화가 이미 성립된 것을 듣고 돌아갔다. 1640년 다시 掌令이 되고 후에 蔚山府使를 지내다가 병으로 사퇴했다.

• 版本構成

卷1 : 詩 52首·賦 1篇·疏 13篇. 卷2 : 策 5篇·書 3篇·祭文 4篇. 附錄 : 墓碣銘·行狀.

• 同一 書名 版本 所藏處

목판본 : 국립중앙도서관, 규장각, 한국학중앙연구원, 계명대학교, 고려대학교, 동국대학교, 성균관대학교, 연세대학교, 영남대학교, 용인대학교 등.
필사본 : 규장각.

(190) 竹林先生實紀

書名	出版事項	版式狀況	一般事項	所藏番號
竹林先生實紀	權致根 編, [跋 : 1854].	2卷 1冊, 朝鮮木版本, 四周雙邊, 半郭 : 20.7×16.4㎝, 有界, 10行 19字, 上下白口, 上下內向二瓣花紋黑魚尾, 32.2×21.1㎝, 線裝, 楮紙	序 : 柳致明謹序, 跋 : ①甲寅(1854)…李尙度謹識 ②李鍾祥謹書, 印記 : 酉谷靑岩, 被傳者 : 權山海	09-1099

• 槪要

조선 초기 문신이자 학자인 權山海의 실기. 저자가 자살한 이후 모든 서적을 불태워버려 시문은 전하지 않으므로 본서는 역사적 기록을 중심으로 편찬되었다.

• 編纂과 刊行

저자의 후손 權致根 등이 편찬하였고 정확한 간행연도는 알 수 없지만, 李尙度의 발문이 1854년에 작성되었으므로 이 이후에 간행되었을 것이다. 柳致明(1777~1861)의 서문과 李尙度·李鍾祥의 발문이 수록되어 있다.

• 著者

權山海(1403~1456) : 본관은 安東이고, 자는 德甫이며 호는 竹林이다. 1440년(세종 22)에 천거되어 녹사·주부가 되었으나 모두 나가지 않았다. 1454년(단종 2)에 처음으로 宗簿寺僉正

이 되었다. 1455년에 수양대군이 단종의 왕위를 빼앗자 조정에 나가지 않았다. 이듬해 成三問·朴彭年 등이 단종의 복위를 도모하다가 참형되었다는 소식을 듣고, 자신이 가담하지 못한 것을 한탄하다 자살하였다.

• **版本構成**

卷上 : 遺事·竺山誌·莊陵誌列傳·竹林節士傳·記聞錄·原情草·刑曹回啓·禮曹回啓·吏曹回啓·焚黃時告墓文·贈牒權奉時告由文·旌忠閣上樑文·旌忠閣記 2篇·旌忠閣重修後誌·雲谷書社陞配時告墓文·奉安文·復爵時告由文. 卷下 : 壙誌·墓碣銘·碣陰後敍·遺墟碑文·神道碑銘·行蹟·行狀·大學通文·道儒呈繡衣文·伸理後感賀詩 3首·鴨脚樹記.

• **同一 書名 版本 所藏處**

목판본 : 국립중앙도서관, 규장각, 한국학중앙연구원, 고려대학교, 경기대학교, 계명대학교, 국민대학교, 단국대학교 퇴계기념도서관, 동국대학교 서울·경주캠퍼스, 부산대학교, 안동대학교, 연세대학교, 영남대학교, 용인대학교, 전남대학교, 부산광역시 시민도서관, 中國國家圖書館.

필사본 : 계명대학교.

(191) 竹齋先生文集

書名	出版事項	版式狀況	一般事項	所藏番號
竹齋先生文集	郭趕 著, [跋 : 1900] 刊	2卷 1冊, 朝鮮木版本, 四周單邊, 半郭 : 20.1×15.9㎝, 有界, 10行 19字, 上下白口, 上下內向四瓣花紋黑魚尾, 29.5×20.1㎝, 線裝, 楮紙	序 : 上章困敦(庚子, 1900)…金麟燮, 跋 : 庚子(1900)…後孫鍾錫謹跋, 印記 : 酉谷靑岩	09-2046

• **槪要**

조선 중기의 학자 郭趕의 시문집.

• **編纂과 刊行**

저자의 9대손 郭世翰이 詩稿 1권을 편집해놓았고, 그 후 1900년에 후손 郭聖修가 부록과 함께 2권 1책의 목판본으로 간행하였다. 金麟燮의 서문과 郭鍾錫의 발문이 실려 있다.

• **著者**

郭趪(1529~1593) : 본관은 玄風이고, 자는 元靜이며 호는 竹齋·梅塘이다. 1546년(명종 1) 증광문과에 병과로 급제하였으며, 1550년 형조좌랑에 임명되었다. 1552년 명나라에 사신으로 갔다 와서 관직을 그만두다가 1566년 다시 성균관전적에 제수되었다. 당시 文定王后가 불교의 부흥을 꾀하자 이에 반대하는 상소를 올렸다가 파직 당했다. 그 뒤 공조·형조·예조의 좌랑과 정랑·통례원통례·성균관사성·장악원판사·사제감·종부시정·영천군수·공주목사·강릉부사 등을 역임하였다. 임진왜란이 일어나자 徐思遠과 함께 招諭使 金誠一을 찾아가 싸우다가 金誠一이 죽고 진영이 와해되어 돌아오던 중에 죽었다.

• **版本構成**

卷1 : 詩 40首, 賦 1篇. 附錄 : 詩稿跋, 疏 2篇, 書 12篇, 雜著 4篇. 卷2(附錄) : 輓詞·祭文·詩讚·遺事輯錄·狀錄·行狀·墓誌銘·月巖祠宇·上樑文·奉安文·常享文.

• **同一 書名 版本 所藏處**

목판본 : 국립중앙도서관, 규장각, 한국학중앙연구원, 경기대학교, 경상대학교, 계명대학교, 대구가톨릭대학교, 성균관대학교, 연세대학교, 영남대학교, 원광대학교, 전주대학교 등.

(192) 芝峰先生實紀

書名	出版事項	版式狀況	一般事項	所藏番號
芝峰先生實紀	鄭一鑽 編, [跋 : 1836] 刊	2卷 1冊, 朝鮮木版本, 四周雙邊, 半郭 : 21.1×18.3㎝, 有界, 10行 20字, 上下白口, 上下內向四瓣花紋黑魚尾, 33.1×23.2㎝, 線裝, 楮紙	序 : ①崇禎紀元後四丙申(1836)…宋稺圭序 ②戊寅…淑謹識, 跋 : 丙申(1836)…權載大, 被傳者 : 皇甫仁	09-2531

• **概要**

조선 초기의 문신 皇甫仁의 실기.

• **編纂과 刊行**

鄭一鑽이 편차한 實記를 저자의 후손인 皇甫涉 등이 재편집을 하였으며, 이후 1836년 臨皐書院에서 목판본으로 간행하였다. 宋稺圭·李光靖·皇甫涉의 서문과 李家淳·李鼎基·權載

大의 발문이 실려 있다.

• 著者

皇甫仁(1387~1453) : 본관은 永川이고, 자는 四謙·春卿이며 호는 芝峰이다. 門蔭으로 벼슬에 나가 內資寺直長·司憲府監察 등을 역임하였다. 그러다가 1414년(태종 14) 친시문과에 을과로 급제하여 세종 때에 각종 관직을 역임하였다. 1453년 文宗의 遺命을 받아 端宗을 보필하던 중 癸酉靖難이 발생하여 金宗瑞 등과 함께 首陽大君의 일파에 의해 피살되었다.

• 版本構成

卷上 : 年譜, 遺稿(詩 1 首·書 1篇)·遺墨·傳·殉節顚末. 卷下 : 墳墓文·修墓祭文·輯錄·榜目.

• 同一 書名 版本 所藏處

목판본 : 국립중앙도서관, 규장각, 한국학중앙연구원, 건국대학교, 계명대학교, 이화여자대학교 등.

(193) 芝山先生文集 *

書名	出版事項	版式狀況	一般事項	所藏番號
芝山先生文集	金八元 著, [序 : 1826] 印	2卷 1冊, 朝鮮木活字本, 四周單邊, 半郭 : 20.5×15.4㎝, 有界, 10行 18字, 上下白口, 上下內向四瓣花紋黑魚尾, 31.7×20.8㎝, 線裝, 楮紙	序 : 上之二十有六年丙戌(1826)…金是瓚謹書, 印記 : 西谷青岩	09-0981

• 概要

조선 중기의 문신이자 학자 金八元의 시문집.

• 編纂과 刊行

저자의 후손 金宗漢·金宗愚 등이 편집하여 1826年(순조 26)에 목활자본으로 간행하였으며, 金是瓚의 서문이 실려 있다.

• **著者**

金八元(1524~1569) : 본관은 江陵이고, 자는 舜擧·秀卿이며 호는 芝山이다. 1555년(명종 10) 사마시를 거쳐 식년문과에 을과로 급제하였다. 1562년 學錄에 임명된 것을 시작으로 박사·전적·예조좌랑을 거쳐 용궁현감 등을 역임하였다.

• **版本構成**

卷1 : 賦 5篇·詩 108首. 卷2 : 詩 45首·書 2篇·贊 1篇·識 1篇·說 1篇·祭文 1篇. 附錄 : 行狀·墓碣銘·墓誌銘·祭文·輓詞 1首·師友贈遺 23篇·奉安文 3篇·常享祝文 1篇.

• **同一 書名 版本 所藏處**

목활자본 : 국립중앙도서관, 계명대학교, 고려대학교, 성균관대학교, 연세대학교, 영남대학교, 미국 UC버클리대학교 등.

(194) 芝山先生文集 *

書名	出版事項	版式狀況	一般事項	所藏番號
芝山先生文集	曺好益[77] 著, [18世紀] 刊	5卷 2冊, 朝鮮木版本, 四周雙邊, 半郭 : 20.6×17.5㎝, 有界, 11行 20字, 上下白口, 上下內向二瓣花紋黑魚尾, 27.1×21.5㎝, 線裝, 楮紙	跋 : 鄭好仁謹叙, 印記 : 酉谷青岩, 青岩家寶	09-1458 ~1459
芝山先生文集	曺好益 著, [跋 : 1882] 刊	6卷 4冊, 朝鮮木版本, 四周雙邊, 半郭 : 20.6×15.3㎝, 有界, 10行 20字, 上下白口, 上下內向四瓣花紋黑魚尾, 29.2×19.4㎝, 線裝, 楮紙	跋 : 上之十九年… 韓山李敦禹識, 印記 : 酉谷青岩	09-1534 ~1537

• **概要**

조선 중기의 학자 曺好益의 시문집.

충재박물관에는 2종의 『芝山先生文集』을 소장하고 있는데, 1종은 重刊本이고 다른 1종은 四刊本이다.

• **編纂과 刊行**

初刊本이 1646년(인조 24) 무렵 간행된 것으로 보이는데 지금은 전해지지 않는다. 重刊本은

77) 목록에는 저자의 이름이 '趙好益'으로 되어 있으나 '趙'는 '曺'의 오자이다.

1727년(영조 3년)에 5권 2책으로 간행되었다. 三刊本은 저자의 5대손인 曺善迪과 그 아들 曺德臣이 年譜 등을 첨부하여 간행하였다. 四刊本은 저자의 후손 曺光復 등이 1882년(고종 19)에 목판본으로 간행하였다.

• **著者**

曺好益 : 본서의 『家禮考證』 해제 참조.

• **版本構成**

重刊本

卷1 : 詩. 卷2 : 賦·文·墓誌. 卷3 : 雜著. 卷4 : 書. 卷5 : 行狀·墓碣銘.

四刊本

原集－卷1 : 賦·詩. 卷2~3 : 書. 卷4 : 祝文·祭文·墓誌銘. 卷5 : 箋·序·記·跋·雜著. 卷6 : 理氣辨·諸書質疑·策 3篇·遊妙香山錄·遊香楓山錄.

附錄－卷1 : 年譜. 卷2 : 賜祭文·輓詞·行狀·諡狀·神道碑銘·墓碣銘·常享文. 卷3 : 疏·回啓.

• **同一 書名 版本 所藏處**

목판본 : 국립중앙도서관, 규장각, 한국학중앙연구원, 경기대학교, 경상대학교, 계명대학교, 고려대학교, 대구가톨릭대학교, 성균관대학교, 연세대학교, 영남대학교, 용인대학교, 전남대학교, 전주대학교, 충남대학교 등.

필사본 : 성균관대학교.

(195) 芝軒先生文集

書名	出版事項	版式狀況	一般事項	所藏番號
芝軒先生文集	鄭士誠 著, [跋 : 1821] 刊	4卷 2冊, 朝鮮木版本, 四周雙邊, 半郭 : 19.2×16.2㎝, 有界, 10行 18字, 上下白口, 上下內向四瓣花紋黑魚尾, 32.7×21.1㎝, 線裝, 楮紙	序 : 李守貞謹書, 跋 : 辛巳(1821)…鄭來成謹識, 印記 : 酉谷靑岩	09-1055 ~1056

• **槪要**

조선 중기의 학자 鄭士誠의 시문집.

• 編纂과 刊行

증손 저자의 증손 鄭鎧이 편집해놓았고, 그 후 1821년(순조 21)에 목판본으로 간행하였으며, 李守貞의 서문과 7대손 鄭來成의 발문이 실려 있다.

• 著者

鄭士誠(1545~1607) : 본관은 淸州이고 安東 출신이다. 자는 子明이며 호는 芝軒이다. 1568년(선조 1) 진사시에 합격하였고, 1587년 泰陵參奉에 제수되었으나 1589년 관직을 사퇴하고 낙향하였다. 1591년 다시 集慶殿參奉·內資寺奉事·主簿를 거쳐 楊口縣監으로 나갔다가 낙향하여 학문 연구에 힘썼다. 임진왜란이 일어나자 1597년 昌寧의 火旺山城에 가서 郭再祐와 같이 의병활동에 가담하였다.

• 版本構成

卷1 : 詩 39首. 卷2 : 疏 1篇·書 30篇. 卷3 : 祭文 2篇·雜著 5篇. 卷4~5(附錄) : 行狀 1篇·墓碣銘 1篇·祭文 4篇·輓詞 1首·奉安文 2篇·常享祝文 2篇·師友寄贈 21篇·溪門諸子錄 2篇.

• 同一 書名 版本 所藏處

목판본 : 국립중앙도서관, 한국국학진흥원, 한국학중앙연구원, 계명대학교, 고려대학교, 국민대학교, 동국대학교 경주캠퍼스, 안동대학교, 연세대학교, 용인대학교, 전남대학교 등.

(196) 震峰先生逸稿

書名	出版事項	版式狀況	一般事項	所藏番號
震峰先生逸稿	權宏 著, [跋 : 1832] 刊	2卷 1冊, 朝鮮木版本, 四周雙邊, 半郭 : 20.1×14.3㎝, 有界, 10行 19字, 上下白口, 上下內向四瓣花紋黑魚尾, 31.8×20.3㎝, 線裝, 楮紙	表題 : 震峯集, 序 : 崇禎四乙酉(1825)…眞城李野淳書, 識 : 崇禎紀元後四壬辰(1832)棟花節後孫權勳謹識	09-2602

• 概要

조선 중기의 문신이자 학자 權宏의 시문집.

• **編纂과 刊行**

저자의 6대손 權勳이 편집하여 1832년(순조 32)에 간행하였으며, 李野淳의 서문과 權勳의 발문이 실려 있다.

• **著者**

權宏(1575~1652) : 본관은 安東이고, 자는 仁甫이며 호는 震峰이다. 1603년 司馬試에 합격하였고, 1627년 학행으로 추천을 받아 尙衣院別坐가 되었다. 그 해 정묘호란이 일어나자 강화도로 왕실을 호종하여 原從功臣에 녹훈되고 別提에 승진하였으나, 병으로 낙향하였다. 1630년 동궁의 副率가 되고, 1633년 英陵參奉이 되었으나 곧 사임하였다. 병자호란 때 남한산성의 치욕을 당하자 태백산 震峰 아래 臥龍草堂을 짓고 절개를 표하며 일생을 마쳤다.

• **版本構成**

卷1 : 詩 154首·輓詞 32首·祭文 3篇. 卷2(附錄) : 輓詞 4首·行狀(金是瓚 撰)·墓碣銘 1篇·立石告由文 1篇.

• **同一 書名 版本 所藏處**

목판본 : 국립중앙도서관, 규장각, 한국국학진흥원, 한국학중앙연구원, 경기대학교, 계명대학교, 고려대학교, 성균관대학교, 안동대학교, 연세대학교, 영남대학교, 용인대학교, 전남대학교, 전북대학교, 사우당종택 등.

(197) 眞一齋先生遺集 *

書名	出版事項	版式狀況	一般事項	所藏番號
眞一齋先生遺集	柳崇祖 著, [19世紀] 刊	不分卷 1冊, 朝鮮木版本, 四周雙邊, 半郭 : 19.2×15.5㎝, 有界, 10行 21字, 上下白口, 上下內向四瓣花紋黑魚尾, 31.3×20.5㎝, 線裝, 楮紙	①後學錦城鄭範祖謹序 ②後學晉陽鄭宗魯撰, 印記 : 酉谷青岩	09-0262
眞一齋先生遺集[78]	柳崇祖 著, [19世紀] 刊	不分卷 1冊, 朝鮮木版本, 四周雙邊, 半郭 : 19.2×15.5㎝, 有界, 10行 21字, 上下白口, 上下內向四瓣花紋黑魚尾, 31.3×20.5㎝, 線裝, 楮紙	序 : ①丁範祖謹序 ②鄭宗魯撰, 印記 : 酉谷青岩, 藏書記 : 青巖家藏	09-0990
眞一齋先生遺集	柳崇祖 著, [20世紀] 印	4卷 2冊, 石印本, 四周雙邊, 半郭 : 19.2×15.1㎝, 有界, 10行 20字, 上下白口, 上下向四瓣花紋黑魚尾, 31.2×20.5㎝, 線裝, 楮紙	序 : ①錦城鄭範祖謹序 ②晉陽鄭宗魯撰	09-2451 ~2452

• 槪要

조선 중기의 문신이자 학자인 柳崇祖의 유집.

충재박물관에는 모두 3종의『眞一齋先生遺集』이 소장되어 있는데, 2종은 重刊本이고 나머지 1종은 三刊本으로 추정된다.

• 編纂과 刊行

初刊本은 저자의 8대손 柳剡將이 1788년경에 간행한 것으로 추정된다. 重刊本은 從十代孫인 柳範休(1744~1823) 등이 1808년(순조 8)경에 간행하였다. 初刊本과 重刊本에는 丁範祖·鄭宗魯의 서문과 金道行·柳範休의 발문이 실려 있다. 그리고 三刊本은 새로운 서문과 발문이 없어서 편자와 간행연도는 알 수 없다.

• 著者

柳崇祖(1452~1512) : 본관은 全州이고, 자는 宗孝이며 호는 眞一齋·石軒이다. 1472년(성종 3) 사마시에 합격해 진사가 되었으며, 1489년(성종 20) 식년 문과에 병과로 급제해 교서관정자에 발탁되었다. 그 뒤 司諫院正言·弘文館副校理·司憲府掌令 등을 지내면서 간쟁에 힘썼으며, 1504년(연산군 10)에 국왕에게 직간하다가 원주로 유배되었다. 그 뒤 중종이 집권하면서 복직되어 工曹參議·成均館人司成·同知中樞府事가 등을 역임하였다. 18년 동안 관직생활을 하며 신진 유림을 다수 배출시키고 성리학을 진작시켰다.

• 版本構成

不分卷 : 年譜·詩 1首·疏 1篇(請葬燕山用陵儀疏)·神道碑銘·行狀·墓誌銘幷序·遺事·輓詞 1首·大學綱目箴跋(柳洵 撰)·進大學十箴性理淵源撮要疏(柳淰 撰)·大學十箴性理淵源撮要重刊後識·記聞錄.

• 同一 書名 版本 所藏處

목판본 : 국립중앙도서관, 국회도서관, 규장각, 한국국학진흥원, 한국학중앙연구원, 경기대학교, 계명대학교, 고려대학교, 성균관대학교, 안동대학교, 연세대학교, 용인대학교, 이화여자대학교, 미국 UC버클리대학교 등.

---

78) 목록에는 '眞一齋先生還集'으로 되어 있으나 '還'은 '遺'의 오자이다.

(198) 昌臺鄭公實紀

書名	出版事項	版式狀況	一般事項	所藏番號
昌臺鄭公實紀	鄭允燮 編, [跋 : 1893] 刊	5卷 1冊, 朝鮮木版本, 四周雙邊, 半郭 : 20.2×15.6㎝, 有界, 10行 21字, 註雙行, 上下白口, 上下內向四瓣花紋黑魚尾, 30.1×20.2㎝, 線裝, 楮紙	序 : 眞城李彙載謹書, 跋 : 癸巳(1893)…十世孫一憲謹書, 被傳者 : 鄭大任	09-1854 ~1855

• **概要**

조선 중기의 학자이자 의병장인 鄭大任의 실기.

• **編纂과 刊行**

저자의 후손 鄭允燮이 편집하여 1893년경에 목판본으로 간행하였으며, 李彙載의 서문과 李敦禹의 후서 그리고 저자의 10대손 鄭一憲의 발문이 실려 있다.

• **著者**

鄭大任(1553~1594) : 본관은 延日이고 永川 출신이다. 자는 重卿이며 호는 昌臺이다. 1592년 임진왜란이 일어나자 永川 지역에서 의병 수백 명을 거느리고 많은 전공을 쌓았다. 이듬해 전공으로 비안현감·훈련원첨정·예천군수·경상좌도병마우후를 역임하였다. 1594년 무과에 급제하였으나 陞品되기도 전에 발병하여 고향으로 돌아가서 사망하였다.

• **版本構成**

卷1 : 年譜. 卷2 : 家狀(孫以護 撰)·行狀(鄭萬陽 撰). 卷3 : 墓碣銘(李象靖 撰)·墓誌銘(柳厚祚 撰)·墓表(李晩慤 撰)·遺事. 卷4 : 昌臺書院奉安文·常享祝文·傳(睦萬中 撰)·狀啓 6篇. 卷5 : 諸賢記述 30餘 篇·上言草.

• **同一 書名 版本 所藏處**

목판본 : 국립중앙도서관, 규장각, 한국국학진흥원, 한국학중앙연구원, 경기대학교, 계명대학교, 고려대학교, 단국대학교 퇴계기념도서관, 대구가톨릭대학교, 동국대학교 경주캠퍼스, 부산대학교, 성균관대학교, 안동대학교, 영남대학교, 용인대학교, 전남대학교, 조선대학교, 충남대학교, 사우당종택 등.

(199) 泉齋先生文集

書名	出版事項	版式狀況	一般事項	所藏番號
泉齋先生文集	申弼欽 著, [序 : 1895] 刊	8卷 4冊, 朝鮮木版本, 四周雙邊, 半郭 : 20×15.8㎝, 有界, 10行 20字, 上下白口, 上下內向四瓣花紋黑魚尾, 31.7×21.2㎝, 線裝, 楮紙	序 : 靑羊(乙未, 1895)…權璉夏謹序	09-1692 ~1695

• **槪要**

조선 말기의 학자 申弼欽의 시문집.

• **編纂과 刊行**

저자의 후손 申鍾浩·申翼浩 등이 1895년(고종 32)에 목판본으로 간행하였으며, 權璉夏의 서문과 許薰의 발문이 실려 있다.

• **著者**

申弼欽(1806~1866) : 본관은 平山이고, 자는 伯翰이며 호는 泉齋이다. 柳徽文의 문하에서 수학하였고 성리학 연구에 힘썼다.

• **版本構成**

卷1~2 : 詩 332首. 卷3~4 : 書 63篇. 卷5 : 書 9篇·雜著 7篇. 卷6 : 雜著 4篇·序 7篇·記 9篇. 卷7 : 跋 6篇·銘 1篇·上樑文 5篇·祝文 4篇·誄辭 6篇·祭文 15篇·卷8 : 行錄 3篇·壙記 2篇. 附錄 : 輓詞·祭文·行狀·墓碣銘.

• **同一 書名 版本 所藏處**

목판본 : 국립중앙도서관, 한국학중앙연구원, 경기대학교, 계명대학교, 고려대학교, 단국대학교 퇴계기념도서관, 동국대학교 서울·경주캠퍼스, 동아대학교, 성균관대학교, 안동대학교, 연세대학교, 용인대학교, 전남대학교, 전북대학교, 전주대학교, 사우당종택, 춘호재 등.

(200) 清風子先生續集

書名	出版事項	版式狀況	一般事項	所藏番號
清風子先生續集[79]	鄭允穆 著, [跋 : 1825] 刊	2卷 1冊, 朝鮮木版本, 四周雙邊, 半郭 : 20.4×14.3㎝, 有界, 10行 20字, 上下白口, 上下內向四瓣花紋黑魚尾, 30.1×20.7㎝, 線裝, 楮紙	跋 : 上之十二有五年乙酉(1825)…必奎謹識, 印記 : 酉谷青岩	09-1109

• **概要**

조선 중기의 학자 鄭允穆의 시문집.

충재박물관은 『清風子先生文集』의 續集만 소장하고 있다.

• **編纂과 刊行**

原集인 『清風子先生文集』은 저자의 현손 鄭玉 등이 1760년(영조 36)에 간행하였고, 『清風子先生續集』은 저자의 6대손 鄭必奎 등이 1825년(순조 25)에 목판본으로 간행하였다.

• **著者**

鄭允穆(1571~1629) : 본관은 淸州이고, 자는 穆如이며 호는 清風子·蘆谷·竹窓居士이다. 1589년(선조 22)에는 謝恩使로 가는 사행단을 따라 중국에 다녀왔고, 벼슬에 뜻이 없어 두 차례 齋郎에 임명되었으나 나가지 않았다. 1616년(광해군 8) 召村道察訪에 취임하였으며, 1618년 通訓大夫에 加資되었다. 그러나 광해군의 실정에 사직하고 은거하였으며, 만년에는 龍宮의 長野坪에 草廬를 짓고 마을의 자제들을 모아 가르쳤다.

• **版本構成**

卷1 : 辭 1篇·詩 182首·書 12篇·祭文 2篇. 卷2(附錄) : 挽辭·行狀·道正書院從享文.

• **同一 書名 版本 所藏處**

목판본 : 국립중앙도서관, 한국국학진흥원, 고려대학교, 단국대학교 퇴계기념도서관, 사우당 종택 등.

79) 목록에는 '清風子先生文集'로 되어 있으나 실제로는 '清風子先生續集'이다.

(201) 秋江集

書名	出版事項	版式狀況	一般事項	所藏番號
秋江集	南孝溫 著, [17世紀] 刊	零本 1冊, 朝鮮木版本, 四周雙邊, 半郭 : 22.8×16.4㎝, 有界, 10行 19字, 上下大黑口 上下內向四瓣花紋黑魚尾, 30×20.3㎝, 線裝, 楮紙	印記 : 青岩, 藏書記 : 丙午李仲鈞, 所藏 : 卷2	09-1919

• **概要**

조선 전기의 학자이자 생육신의 한 사람인 南孝溫의 시문집.
충재박물관 소장본은 일실되어 卷2만 소장하고 있는데 初刊本으로 추정된다. 또한 藏書記가 '丙午 李仲鈞'이라고 되어 있는데 李仲鈞에게 기증받은 것으로 보인다.

• **編纂과 刊行**

初刊本은 저자의 외증손 兪泓이 1577년(선조 10) 5권 4책으로 간행하였고, 重刊本은 兪泓의 증손 兪枋이 1677년(숙종 3)에 5권 5책으로 간행하였다. 三刊本은 저자의 후손 南相圭가 續錄·附錄을 추가하여 1921년에 간행하였다. 初刊本과 重刊本은 서명이 『秋江集』으로 되어 있고, 三刊本은 『秋江先生文集』으로 되어 있다.

• **著者**

南孝溫(1454~1492) : 본관은 宜寧이고, 자는 伯恭이며 호는 秋江·杏雨·最樂堂·碧沙이다. 1478년(성종 9) 성종이 자연 재난으로 여러 신하들에게 직언을 구하자, 25세의 나이로 장문의 소를 올렸으며, 문종의 비 顯德王后의 능인 昭陵을 복위할 것도 주장하였다. 이는 세조의 즉위를 부정하였기 때문에 세조를 옹립한 功臣들의 미움을 사게 되었다. 1480년 어머니의 명령으로 생원시에 응시하여 합격했으나 그 뒤 다시 과거에 나가지 않았다. 그리고 단종을 위하여 죽음으로 절개를 지킨 朴彭年·成三問·河緯地·李塏·柳誠源·兪應孚 6인의 전기인 「六臣傳」을 저술하였다. 당시에는 금기시하는 일이라서 문인들이 말렸지만, 뜻을 굽히지 않았다. 死後인 1504년 甲子士禍 때에는 소릉 복위를 상소한 것 때문에 亂臣으로 몰려 剖棺斬屍까지 당하였다.

• **版本構成**

卷1~2 : 賦 6篇·詩 500餘 首. 卷3 : 記 7篇·論 4篇. 卷4 : 書 3篇·序 1篇·祭文 3篇·松京錄

·智異山日課. 卷5 : 雜著.

• **同一 書名 版本 所藏處**

『秋江集』

목판본 : 국립중앙도서관, 규장각, 한국국학진흥원, 한국학중앙연구원, 계명대학교, 고려대학교, 연세대학교, 영남대학교, 전주시립완산도서관, 남평문씨 인수문고, 日本東洋文庫 등.

필사본 : 규장각.

『秋江先生文集』

목판본 : 국립중앙도서관, 경기대학교, 경상대학교, 고려대학교, 대구가톨릭대학교, 동국대학교 서울·경주캠퍼스, 연세대학교, 전주대학교, 충남대학교, 부산광역시 시민도서관 등.

필사본 : 연세대학교.

(202) 鄒川先生文集 *

書名	出版事項	版式狀況	一般事項	所藏番號
鄒川先生文集	孫英濟 著, [20世紀] 刊	2卷 1冊, 朝鮮木版本, 四周雙邊, 半郭 : 20.8×16.7㎝, 有界, 10行 18字, 上下白口, 上下內向四瓣花紋黑魚尾, 33.2×22㎝, 線裝, 楮紙	序 : 柳致明謹序, 跋 : 李鍾祥謹識, 印記 : 酉谷青岩,	09-0927

• **概要**

조선 중기 학자 孫英濟의 시문집.

• **編纂과 刊行**

孫英濟의 시문을 저자의 후손 孫振九가 1900년에 목판본으로 간행하였으며, 柳致明의 서문과 李鍾祥의 발문이 수록되어 있다.

• **著者**

孫英濟(1520~1588) : 본관은 密陽이고, 자는 德裕이며 호는 鄒川이다. 1561년(명종 16) 문과에 급제하여 成均館典籍·兵禮曹左郎·正郎·司憲府持平·禮安縣監 등을 역임하였다. 李滉의 문인으로 1574년(선조 7)에 陶山書院을 건립할 때 예안 烏川의 金富弼·金富倫 등과 함께 주도적인 역할을 하였다.

• **版本構成**

卷1 : 詩 7首·書 4篇·祭文 1篇. 卷2(附錄) : 詩 16首·師門手柬 1篇·行狀 1篇·墓碣銘 2篇·遺事 2篇·慕禮書院奉安文 1篇·常享祝文 1篇·景賢祠上樑文 2篇. 補遺 : 後凋堂日錄·禮安鄉校重修立約·禮安鄉校儒林狀·諸賢手柬.

• **同一 書名 版本 所藏處**

목판본 : 국립중앙도서관, 경기대학교, 계명대학교, 고려대학교, 동아대학교, 성균관대학교, 안동대학교, 연세대학교, 울산대학교, 조선대학교 등.

(203) 春塘先生文集 *

書名	出版事項	版式狀況	一般事項	所藏番號
春塘先生文集	吳守盈 著, [跋 : 1838] 印	4卷 2冊, 朝鮮木活字本, 四周單邊, 半郭 : 22.1×16.2㎝, 有界, 10行 20字, 上下白口, 上下內向四瓣花紋黑魚尾, 30.9×21.1㎝, 線裝, 楮紙	跋 : ①崇禎紀元後四戊戌(1838)…許薰謹跋 ②李晩由謹跋 ③琴佑烈謹跋, 印記 : 酉谷靑岩	09-2541

• **槪要**

조선 중기의 학자 吳守盈의 시문집.

• **編纂과 刊行**

저자의 11대손 吳鼎洛이 1838년(헌종 4)에 목활자본으로 간행하였으며, 서문은 없고 許薰·李晩由·琴佑烈의 발문이 실려 있다.

• **著者**

吳守盈(1521~1606) : 본관은 高敞이고, 자는 謙仲이며 호는 春塘·桃巖이다. 1555년(명종 10) 진사시에 합격하였고, 1605년(선조 38) 壽職으로 龍驤衛副護軍이 되었다. 1592년 임진왜란이 일어났을 때 72세의 고령으로 직접 전쟁에 참가하지 못함을 한탄하여 趙穆과 金誠一에게 글을 보내 국방에 전력함을 독려하였다.

• **版本構成**

卷1~3 : 詩 389首·序 3篇·識 1篇·祭文 3篇. 卷4 : 退溪先生履歷草記. 附錄 : 贈詩 3首·書

1篇·行狀·墓碣銘·家狀·南溪祠奉安文,祝文.

• 同一 書名 版本 所藏處

목활자본 : 국립중앙도서관, 한국국학진흥원, 한국학중앙연구원, 계명대학교, 고려대학교, 성균관대학교, 연세대학교, 용인대학교, 미국 UC버클리대학교 등.

(204) 冲庵先生集

書名	出版事項	版式狀況	一般事項	所藏番號
冲庵先生集	金淨 著	5卷 5冊, 朝鮮木版本, 四周雙邊, 半郭 : 18.2×14㎝, 有界, 9行 18字, 上下白口, 上下內向六瓣花紋黑魚尾, 29.8×19.6㎝, 線裝, 楮紙	序 : 嘉靖壬子(1552)…申光漢, 跋 : 嘉靖壬子(1552)…許伯琦, 識 : 崇禎九年丙子(1636)…金聲發謹識, 印記 : 酉谷靑岩	09-1856 ~1860

• 槪要

조선 중기의 문신이자 학자인 金淨의 시문집.
충재박물관 소장본은 金聲發이 1636년(인조 14)에 작성한 발문이 있으므로 重刊本으로 추정된다.

• 編纂과 刊行

저자의 堂姪 金天宇가 유문을 수습하여 申光漢에게 교정을 부탁하였는데, 金天宇가 사망함에 따라 작업이 중단되었다. 그 뒤 공주목사로 부임해 있던 許伯琦가 별도로 수습한 유고에 金天宇가 정리한 원고를 합하여 1552년(명종 7)에 初刊本을 간행하였다. 그 뒤 저자의 증손 金聲發이 初刊本의 편차를 수정하여 1636년(인조 14)에 重刊本을 간행하였다. 근대에 들어와서는 1947년에 三刊本이 간행되었고, 1972년에는 四刊本이 간행되었다.

• 著者

金淨(1486~1521) : 본관은 慶州이고, 자는 元沖이며 호는 冲庵이다. 1504년(燕山君 10) 司馬試에 합격하였고, 1507년(中宗 2)에 增廣文科에 급제하여 成均館典籍에 보임되었다. 이어 修撰·正言·兵曹正郎·副校理 등을 두루 거쳐 순창군수를 지냈다. 그 후 폐출된 왕후 愼氏를 복위시키고자 상소하였으나 각하되고 유배당했다. 1516년(중종 11) 다시 등용되어 副提學·

同副承旨·都承旨·吏曹參判·大司憲·刑曹判書 등을 역임하였다. 1519년 己卯士禍 때 극형에 처해지게 되었으나 영의정 鄭光弼 등의 옹호로 錦山에 유배되었다. 유배 도중에 錦山郡守에게 허락을 받고 고향 보은군에 두고 온 노모를 만났는데, 이 때문에 다시 소환되어 망명죄를 쓰게 되었지만 또 다시 鄭光弼의 구원으로 간신히 사형을 면하고, 1520년(중종 15) 8월에 제주로 유배당하였다. 결국 신사무옥에 연루되어 1521년에 사약을 받고 제주에서 사망하였다.

• **版本構成**

卷1 : 賦 1篇·詩 143首. 卷2 : 詩 234首. 卷3 : 詩 172首·歌 13首·辭 4篇. 卷4 : 疏 5篇·箚 1篇·教書 1篇·書 3篇. 卷5 : 雜著 4篇·序 4篇·記 2篇·跋 1篇·碑銘 2篇·箴 11篇·祭文 16篇·墓碣銘 3篇.

• **同一 書名 版本 所藏處**

목판본 : 국립중앙도서관, 규장각, 한국학중앙연구원, 가톨릭대학교, 계명대학교, 고려대학교, 동국대학교, 성균관대학교, 연세대학교, 원광대학교, 전주대학교, 충남대학교, 日本大阪府立中之島圖書館, 미국 UC버클리대학교 등.

석인본 : 고려대학교, 원광대학교 등.

(205) 忠孝堂遺集

書名	出版事項	版式狀況	一般事項	所藏番號
忠孝堂遺集	金協 著, [跋 : 1885] 刊	不分卷 1冊[80], 朝鮮木版本, 四周雙邊, 半郭 : 19.5×15.7㎝, 有界, 10行 18字, 上下白口, 上下向四瓣花紋黑魚尾, 31.5×20.9㎝, 線裝, 楮紙	序 : 柳宇睦謹序, 跋 : ①萬曆後二百七十三年旃蒙作噩(1885)…權璉夏謹識 ②族孫相寅謹跋 ③柳懿睦謹跋, 印記 : 西谷青岩	09-1105

• **槪要**

조선 중기의 발명가이자 의학자 金協의 詩 1首와 지인들에게 받은 시문을 모아 놓은 책.

• **編纂과 刊行**

柳宇睦의 서문과 柳懿睦·柳相寅의 발문과 權璉夏의 識가 실려 있는데, 權璉夏가 識를 작성

80) 목록에는 '零本 1冊'으로 되어 있으나 '不分卷 1冊'이 완질이다.

한 연도가 1885년이므로 이 무렵에 간행된 것으로 추정된다.

• 著者

金協(1546~1578) : 본관은 順天이고, 자는 吉甫이며 호는 忠孝堂이다. 임진왜란 때 體府에 발탁되어 병기를 연구하여 불화살(火箭)을 처음으로 개발하였다. 의학에도 뛰어나 선조의 侍醫를 지냈으며, 만년에는 惠民署主簿에 임명되었으나 사퇴하였다. 柳成龍의 문인으로 柳成龍이 죽기 직전 저자에게 지어준 詩인 「金君告辭臥中書贈」이 본 문집에 수록되어 있다.

• 版本構成

不分卷 : 謹次權青巖韻呈西厓先生, 權青巖(權東輔)詩 1首, 柳西厓(柳成龍)詩 3首. 諸賢唾珠 79首, 行狀(李東標 撰), 墓表.

• 同一 書名 版本 所藏處

목판본 : 국립중앙도서관, 규장각, 한국학중앙연구원, 계명대학교, 고려대학교, 국민대학교, 동아대학교, 성균관대학교, 연세대학교, 中國國家圖書館 등.

필사본 : 경기대학교.

(206) 癡巖逸稿

書名	出版事項	版式狀況	一般事項	所藏番號
癡巖逸稿	裵尙益 著	2卷 1冊, 朝鮮木版本, 四周雙邊, 半郭 : 20×14.9㎝, 有界, 10行 20字, 上下白口, 上下內向四瓣花紋黑魚尾, 30.2×20.1㎝, 線裝, 楮紙	序 : 甲申…黃在英謹序＿ 印記 : 酉谷青岩	09-2525

• 槪要

조선 후기 학자 裵尙益의 시문집.

• 編纂과 刊行

저자의 후손 裵漢奎·裵漢周·裵永協 등이 1871년(高宗 8)에 목판본으로 간행하였으며, 黃在英의 서문과 成鍾震의 발문이 실려 있다.

• **著者**

裵尙益(1581~1631) : 본관은 星州이고, 자는 益哉이며 호는 癡巖이다. 1616년(광해군 8) 진사시에 합격하여 성균관에 들어갔으나, 이듬해 시작된 폐모론의 疏에 가담하지 않은 이유로 儒籍을 삭탈 당하였다. 그 뒤 고향인 영주에서 지내다 1624년 인조가 집권한 후 증광문과에 丙科로 급제하여 1625년 成均館學諭에 보임되었다. 이어서 司贍寺·內資寺 등에 재임한 뒤 1627년 정묘호란 때에는 假左史로서 인조의 피난을 호종하였다. 얼마 뒤 사간원정언 金卨의 무고로 파직 당하였다가, 그 뒤 1628년 成均館典籍·司憲府監察을 지냈고, 이듬해에 刑曹·兵曹의 員外郎을 역임했고, 1631년 진주판관에 제수되어 부임하는 길에 여주에서 객사하였다.

• **版本構成**

卷1 : 詩 235首·記 1篇(梅盆記). 卷2(附錄) : 輓章 24首·祭文 1篇(朴琩 撰)·贈遺詩 7首·書 2篇·行狀·墓碣銘.

• **同一 書名 版本 所藏處**

목판본 : 국립중앙도서관, 규장각, 계명대학교, 동국대학교, 연세대학교 등.

(207) 癡軒先生文集

書名	出版事項	版式狀況	一般事項	所藏番號
癡軒先生文集	金德五 著, [跋 : 1870] 印	5卷 2冊, 朝鮮木活字本, 四周單邊, 半郭 : 21.1×16.2㎝, 有界, 10行 20字, 上下白口, 上下內向四瓣花紋黑魚尾, 30.7×20.5㎝, 線裝, 楮紙	序 : 上之七年庚午(1870)…金垈鎭謹書, 跋 : 庚午(1870)…南公壽謹跋	09-0940~0941

• **槪要**

조선 후기의 학자 金德五의 시문집.

• **編纂과 刊行**

저자 문인 權烇과 庶子 金大淵이 1779년(正祖 3)에 李象靖에게 교정까지 청탁하여 편찬해놓았고, 그 후 외손 南公壽·南甲壽가 金岱鎭의 교정을 받아 1870년(高宗 7)에 목활자본으로 간행하였다. 李象靖·金岱鎭의 서문과 南公壽의 발문이 실려 있다.

• **著者**

金德五(1680~1748) : 본관은 遂安이고, 자는 性兼이며 호는 癡軒이다. 1723년(景宗 3) 司馬試에 합격했으나 그 뒤 과거시험을 포기하고 학문과 후진교육에만 열중했다.

• **版本構成**

卷1 : 詩 75首. 卷2 : 輓詞 23首·詩 8首·書7篇. 卷3 : 書 13篇·記 3篇·祭文 7篇·誄辭 5篇. 卷4 : 雜著 4篇. 卷5(附錄) : 和韻 18首·跋 2篇·輓詞 13首·墓表·癡軒記.

• **同一 書名 版本 所藏處**

목활자본 : 규장각, 한국학중앙연구원, 성균관대학교, 안동대학교, 연세대학교, 영남대학교, 전주대학교, 충남대학교 등.
목판본 : 국립중앙도서관, 한국국학진흥원, 한국학중앙연구원, 경기대학교, 경상대학교, 계명대학교, 고려대학교, 성균관대학교, 영남대학교, 용인대학교, 전남대학교 등.

(208) 濯纓文集

書名	出版事項	版式狀況	一般事項	所藏番號
濯纓文集	金馹孫 著, 淸道 : 紫溪書院	6卷 2冊, 朝鮮木版本, 四周單邊, 半郭 : 19.6×15.1㎝, 有界, 9行 18字, 上下白口, 上下內向四瓣花紋黑魚尾, 27.7×19.8㎝, 線裝, 楮紙	刊記 : 節孝濯纓三足堂三先生並享于淸道紫溪書院, 序 : 崇禎著雍涒灘(庚申, 1668)…宋時烈, 印記 : 三溪書院	09-1979, 2674
濯纓文集	金馹孫 著	零本 1冊, 朝鮮木版本, 四周單邊, 半郭 : 18.7×15.1㎝, 有界, 9行 18字, 上下白口, 上下內向四瓣花紋黑魚尾, 28×19.6㎝, 線裝, 楮紙	印記 : 三溪書院, 所藏 : 卷4~6	09-2674

• **概要**

조선 전기의 문신이자 학자인 金馹孫의 시문집.
충재박물관에는 판식사항은 동일한데 크기가 다른 2종이 소장되어 있다. 합쳐서 완질인 것으로 보이며 紫溪書院에서 간행한 6卷 2冊의 三刊本으로 추정된다. 또한 2종 모두 印記가 '三溪書院'으로 되어있어서 원래 三溪書院에서 소장하고 있던 판본임을 알 수 있다.

• 編纂과 刊行

初刊本은 저자의 조카인 金大有가 遺文을 편찬하여 1519년 淸道의 紫溪祠에서 간행하였고 서명은 『濯纓集』으로 되어 있다. 重刊本은 1631년에 淸道의 紫溪書院에서 간행하였고 서명은 『濯纓文集』으로 되어 있다. 三刊本은 1668년에, 그리고 四刊本은 1838년에 遺文과 附錄을 증보하여 紫溪書院에서 간행하였다. 五刊本은 후손 金榮灝이 1903년에 연보와 속집을 덧붙여 義城에서 간행하였으며, 三刊本·四刊本·五刊本의 서명은 『濯纓先生文集』으로 되어 있다.[81]

• 著者

金馹孫(1464~1498) : 본관은 金海이고 대대로 淸道에 거주하였다. 자는 季雲이며 호는 濯纓·少微山人이다. 金宗直의 門人으로 동문인 金宏弼·鄭汝昌 등과 친교를 맺었다. 1486년(成宗 17) 生員이 되고, 같은 해 式年文科에 甲科로 급제하였다. 처음 승문원에 들어가 權知副正字로 관직 생활을 시작해, 곧이어 正字가 되고 春秋館記事官을 겸하였다. 그 뒤 고향에 돌아가 雲溪精舍를 열고 학문 연구에 몰두하였고, 이때 金宗直의 문하에 들어갔다. 다시 벼슬길에 들어서서 여러 관직을 역임하였고, 재직하면서 문종의 비인 顯德王后의 昭陵을 복위하라는 주장을 하였다. 그러다 1498년(연산군 4) 柳子光·李克墩 등이 일으킨 戊午士禍 때 이전에 『成宗實錄』을 편찬하면서 스승 金宗直이 쓴 弔義帝文을 史草에 실은 것과 및 昭陵 복위 상소 등 일련의 사실 때문에 능지처참을 당했다.

• 版本構成

卷1 : 賦 6篇·雜著 8篇. 卷2 : 移文 1篇·書 1篇·跋 1篇·序 8篇. 卷3 : 記 10篇. 卷4 : 哀辭 2篇·祭文 9篇·墓碣銘 1篇·墓誌銘 1篇·銘 6篇. 卷5(拾遺) : 策·續頭流錄·墓誌 1篇·安東府使趙侯墓碣銘·題權睡軒關東錄後·詩 8首·送李評事子伯序侑別詞·平胡公墓碣銘. 卷6(附錄) : 世系圖·賜額紫溪書院諭祭三賢文·三賢祠春秋常享祝文(鄭逑 撰)·附節孝金先生孝門銘跋文.

• 同一 書名 版本 所藏處

목판본 : 국립중앙도서관, 규장각, 한국국학진흥원, 경기대학교, 경상대학교, 계명대학교, 고려대학교, 국민대학교, 성균관대학교, 연세대학교, 원광대학교, 전남대학교, 전북대학교, 중

81) 張仁鎭, 「嶺南 文集의 文獻的 硏究」, 영남대학교 국어국문학과 박사학위논문, 2005. 217쪽. 참조.

앙대학교, 남평문씨 인수문고, 춘호재 등.

(209) 濯清軒先生實紀

書名	出版事項	版式狀況	一般事項	所藏番號
濯清軒先生實紀	郭永甲 編, [跋 : 1900] 刊	2卷 1冊, 朝鮮木版本, 四周單邊, 半郭 : 18.7×13.9㎝, 有界, 10行 18字, 註單行, 上下白口, 上下內向四瓣花紋黑魚尾, 29.8×19.3㎝, 線裝, 楮紙	序 : 上之二十六年乙丑(1889)…權璉夏, 跋 : 庚子(1900)端陽日冑孫鍾烋謹識, 識 : 庚子端陽節後孫永甲謹識, 被傳者 : 郭趪	09-2562

• **概要**

조선 중기 문신인 郭趪의 실기.

• **編纂과 刊行**

저자의 후손 郭永甲이 遺文 및 관련기록을 모아 편집하였고 郭鍾錫이 校正하여 1900年(光武 4)에 목판본으로 간행하였다. 權璉夏의 서문과 郭鍾烋의 발문, 그리고 郭永甲의 識가 실려 있다.

• **著者**

郭趪(1530~1569) : 본관은 玄風이고, 자가 景靜이며 호는 濯淸軒이다. 1556年 別試에 登第하여 禮曹佐郞을 거쳐 禮安縣監과 咸陽郡守를 지냈다.

• **版本構成**

卷1 : 遺文(詩 1首·書 2篇)·挽詞(李滉 撰)·祭文(李滉 撰)·家狀(郭崇敬 撰)·行狀(崔興璧 撰)·墓表(郭希天 撰)·墓碣銘(鄭宗魯 撰)·墓誌銘(李晩寅 撰)·奉安文·常享文·通文. 卷2 : 受贈詩 7首·補遺(易東書院記·苞山誌·國朝榜目 等에서 抄錄).

• **同一 書名 版本 所藏處**

목판본 : 규장각, 경기대학교, 경상대학교, 계명대학교, 대구가톨릭대학교, 부산대학교, 성균관대학교, 연세대학교, 영남대학교, 전남대학교, 조선대학교, 사우당종택 등.

(210) 退溪先生文集 *

書名	出版事項	版式狀況	一般事項	所藏番號
退溪先生文集	李滉 著, [17世紀] 刊	零本 32冊, 朝鮮木版本, 四周雙邊, 半郭 : 21.6×16.9㎝, 有界, 10行 19字, 上下白口, 上下內向六瓣花紋黑魚尾, 30.4×20.3㎝, 線裝, 藁精紙.	印記 : 靑岩家寶, 所藏 : 目錄, 卷6, 8~23, 28~49, 外集 卷1, 年譜 卷1~3	09-0832 ~0863
退溪先生文集攷證	李滉 著, 柳道源 編, [19世紀] 刊	8卷 4冊, 朝鮮木版本, 四周雙邊, 半郭 : 19.2×15.8㎝, 有界, 10行 20字, 上下白口, 上下內向四瓣花紋黑魚尾, 31.9×21㎝, 線裝, 楮紙	序 : ①李萬運序 ②辛卯(1831)…金輿洛謹識 ③戊申(1847)…柳道源謹識, 藏書記 : 溪院藏	09-1466
退溪先生書節要	李滉 著, 李象端 編, [19世紀] 刊	10卷 5冊, 朝鮮木版本, 四周雙邊, 半郭 : 19.6×16.3㎝, 有界, 10行 18字, 上下白口, 上下內向四瓣花紋黑魚尾, 32.3×21.9㎝, 線裝, 楮紙	序 : 壬辰…象靖, 跋 : ①鄭宗魯謹書 ②金坽謹書	09-0046 ~0050
退溪先生書節要剳疑	李滉 著, [跋 : 1899] 刊	2卷 1冊, 朝鮮木版本, 四周雙邊, 半郭 : 20.7×15.1㎝, 有界, 10行 20字, 上下白口, 上下內向四辦花紋黑魚尾, 31.9×21.6㎝, 線裝, 楮紙	表題 : 退書節要剳疑, 跋 : 己亥(1899)…金道和謹跋	09-2436

• **概要**

『退溪先生文集』은 조선 중기의 문신이자 학자인 李滉의 시문집이고, 『退溪先生文集攷證』은 柳道源이 『退溪先生文集』에 주석을 단 책이고, 『退溪先生書節要』는 李象靖이 편찬한 李滉의 書簡選集이며, 『退溪先生書節要剳疑』는 『退溪先生書節要』에서 故事와 名物의 유래와 출처 등을 수록한 책이다.

• **編纂과 刊行**

『退溪先生文集』

初刊本은 庚子本이라고 하는데, 先祖 때에 柳希春이 건의하고 趙穆 등이 1599년(선조 32)에 간행하기 시작하여 李滉이 죽은 지 30년이 되는 이듬해인 1600년에 禮安 陶山書院에서 목판본으로 간행하였다. 續集은 柳成龍이 退溪先生年譜 3권과 附錄 1권을 편찬해 庚子本에 추가하였다. 저자의 6세손 李守淵이 1746년(영조 22)에 庚子本에 수록하지 못한 유고를 첨가하여 편찬하였다. 重刊本類로는 丁丑補刻本(1817년)과 甲辰本(1724년)과 癸卯本(1843년) 그리고 上溪本(1910년 이후)이 있다.

『退溪先生文集攷證』

柳道源(1721~1791)이 洪汝河(1620~1674)의 訓解와 金江漢(1719~1779)의 『溪集考證』을 참고하여 重刊本 『退溪先生文集』에 주석을 달았다. 편자 柳道源의 玄孫 柳建鎬(1826~1903)가

할아버지가 편집해 놓은 것을 고종 28년(1891)에 목판본으로 간행하였다.

『退溪先生書節要』

李象靖(1711~1781)이 李滉의 書簡 중에 중요한 것을 간추려 편집하였고, 편자인 李象靖의 손자 李秉運 등이 목판본으로 간행한 것으로 보이지만 간행연도는 미상이다.

『退溪先生書節要箚疑』

李宗洙(1722~1797)가 『退溪先生書節要』에서 故事와 名物의 유래와 출처 등을 수록한 것을 金道和(1825~1912)가 주도하여 수정하고 편찬하여 1899년에 목판본으로 간행하였다.

• **著者**

李滉 : 본서의 『宋季元明理學通錄』 해제 참조.

• **版本構成**

『退溪先生文集』

卷1~5 : 詩. 卷6~8 : 敎·疏·箚·經筵講義·啓議·辭狀·啓辭·書契修答. 卷9~57 : 書. 卷58~62 : 雜著·序·記·跋·箴銘·表箋·上樑文·祝文·祭文. 卷63~66 : 墓碣誌銘·行狀 等.

『退溪先生文集攷證』

卷1~7 : 『退溪先生文集』 原集 49卷의 註釋. 卷8 : 別集·外集·續集의 註釋.

『退溪先生書節要』

卷1 : 書 21篇. 卷2 : 書 30篇. 卷3 : 書 27篇. 卷4 : 書 20篇. 卷5 : 書 18篇. 卷7 : 書 31篇. 卷8 : 書 31篇. 卷9 : 書 30篇. 卷10 : 書 26篇.

『退溪先生書節要箚疑』

卷1 : 第1篇 19項目, 第2篇 22項目, 第3篇 21項目, 第4篇 11項目, 第5篇 27項目. 卷2 : 第6篇 14項目, 第7篇 17項目, 第8篇 21項目, 第9篇 20項目, 第10篇 18項目.

• **同一 書名 版本 所藏處**

『退溪先生文集』

목판본 : 국립중앙도서관, 국회도서관, 규장각, 한국국학진흥원, 한국학중앙연구원, 가톨릭대학교, 경기대학교, 경상대학교, 경희대학교, 계명대학교, 고려대학교, 국민대학교, 단국대학교 퇴계기념도서관, 대구가톨릭대학교, 동국대학교 서울·경주캠퍼스, 동아대학교, 부산대학교, 성균관대학교, 숙명여자대학교, 안동대학교, 연세대학교, 영남대학교, 용인대학교, 원광대학교, 이화여자대학교, 전남대학교, 전북대학교, 조선대학교, 중앙대학교, 충남대학교, 한양대학

교, 대구광역시립중앙도서관, 부산광역시 시민도서관, 화성시향토박물관, 남평문씨 인수문고, 모덕사, 사우당종택, 춘호재, 日本東洋文庫, 미국 UC버클리대학교, 미국 클레어몬트대학 등.
필사본 : 국립중앙도서관, 한국국학진흥원, 경기대학교, 경상대학교, 계명대학교, 부산대학교, 성균관대학교, 안동대학교, 연세대학교, 용인대학교 등.
『退溪先生文集攷證』
목판본 : 국립중앙도서관, 한국국학진흥원, 계명대학교, 고려대학교, 단국대학교 퇴계기념도서관, 동국대학교, 성균관대학교, 부산대학교, 연세대학교, 영남대학교, 용인대학교, 이화여자대학교, 남평문씨 인수문고, 사우당종택, 미국 UC버클리대학교 등.
필사본 : 한국학중앙연구원, 계명대학교, 안동대학교 등.
『退溪先生書節要』
목판본 : 국립중앙도서관, 한국국학진흥원, 한국학중앙연구원, 경기대학교, 경상대학교, 경희대학교, 계명대학교, 고려대학교, 동아대학교, 부산대학교, 성균관대학교, 숙명여자대학교, 안동대학교, 연세대학교, 용인대학교, 전북대학교, 전주대학교, 조선대학교, 중앙대학교, 충남대학교, 부산시민도서관, 남평문씨 인수문고, 성암고서박물관, 미국 UC버클리대학교 등.
필사본 : 규장각.
『退溪先生書節要箚疑』
목판본 : 국립중앙도서관, 한국국학진흥원, 연세대학교, 용인대학교, 전북대학교, 부산광역시 시민도서관, 성암고서박물관 등.

(211) 八吾軒先生文集 *

書名	出版事項	版式狀況	一般事項	所藏番號
八吾軒先生文集	金聲久 著, [跋 : 1873] 印	7卷 4冊, 朝鮮木活字本, 四周雙邊, 半郭 : 20.2×14.8㎝, 有界, 10行 20字, 上下白口, 上下內向四瓣花紋黑魚尾, 30.3×19.5㎝, 線裝, 楮紙	表題 : 八吾軒集, 跋 : 上之十年癸酉(1873)…權璉夏謹識, 識 : 禹銖謹識	09-1711 ~1714

• **概要**

조선 후기의 문신 金聲久의 시문집.

• **編纂과 刊行**

저자의 6대손 金禹銖 등이 1873년(고종 10) 목활자본으로 간행하였으며, 權璉夏의 발문과

金禹鐵의 識가 수록되어 있다.

• 著者

金聲久(1641~1707) : 본관은 義城이고, 자는 德休이며 호는 八吾軒·海村이다. 1662년(현종 3) 사마시를 거쳐 1669년 식년 문과에 갑과로 급제하였고, 典籍·務安縣監·直講·持平·修撰·正言 등을 역임하였다. 1679년(숙종 5) 掌令 재직 시 당쟁 때문에 유배당했다가, 1689년 己巳換局으로 남인이 정권을 장악하자 복관되어 大司成·執義·獻納·左承旨·江原道觀察使·兵曹參知 등을 거쳐, 戶曹參議를 역임하였다. 그 뒤 甲戌換局으로 노론이 득세하자 安東으로 낙향하여 일생을 마쳤다.

• 版本構成

卷1~2 : 詩 218首. 卷3 : 疏 5篇·啓辭 7篇·筵奏 1篇·經筵講義 1篇·狀 3篇. 卷4 : 書 13篇·銘 1篇(八吾軒銘)·祭文 25篇·行狀 1篇·祈雨祭文 13篇·祈雪祭文 3篇·告由文 1篇·移安文 3篇·行狀 1篇·雜著 7篇. 卷5 : 南遷錄上. 卷6 : 南遷錄下. 卷7(附錄) : 行狀·行狀後識·墓碣銘·碑陰後·墓誌銘·賜祭文·祭文·挽詞·奉安文.

• 同一 書名 版本 所藏處

목활자본 : 국립중앙도서관, 한국국학진흥원, 한국학중앙연구원, 계명대학교, 고려대학교, 성균관대학교, 연세대학교, 중앙대학교, 사우당종택 등.
필사본 : 규장각.

(212) 八友軒先生文集

書名	出版事項	版式狀況	一般事項	所藏番號
八友軒先生文集	趙普陽 著, [序 : 1831[82)]] 刊	7卷 4冊, 朝鮮木版本, 有圖, 四周雙邊, 半郭 : 20.2×15.2㎝, 有界, 10行 20字, 上下白口, 上下內向四瓣花紋黑魚尾, 29.8×20㎝, 線裝, 楮紙	序 : 辛卯(1831)…李仁行謹書, 跋 : 朴時源謹跋, 印記 : 西谷青岩	09-2427 ~2430

• 槪要

조선 후기의 문신 趙普陽의 시문집.

82) 목록에는 序를 작성한 연도가 '1891년'으로 되어 있으나 그보다 60년 이른 '1831년'에 작성되었다.

• **編纂과 刊行**

저자의 손자 趙顯佐가 1831년(순조 31)에 목판본으로 간행하였으며, 李仁行의 서문과 趙顯佐의 발문이 실려 있다.

• **著者**

趙普陽(1709~1788) : 본관은 漢陽이고, 자는 仁卿이며 호는 八友軒이다. 1747년(영조 23)에 진사시를 거쳐 司憲府 監察이 되었다. 그 뒤 禮曹佐郎에 옮겼으나 鄭厚謙이 禮曹參判이 되어 부임할 때 나가서 마중하지 않음을 트집 잡자 벼슬을 버리고 고향에 돌아와서 학문 전념하였다. 1781년(정조 5) 정조가 지난 일을 듣고 가상하게 생각하여 成均館典籍에 제수하였으나 입직한 지 6일 만에 사직하고 돌아왔다. 그 뒤 1788년 僉知中樞府事와 五衛將에 승직되었으나 나이가 들어 부임하시 못하였다.

• **版本構成**

卷1 : 賦 1篇·詩 196首. 卷2 : 詩 149首. 卷3 : 詩 97首·書 21篇. 卷4 : 序 2篇·記 14篇·跋 8篇. 卷5 : 論 2篇·說 2篇·辨 2篇·箴 1篇·銘 4篇·祭文 28篇. 卷6 : 誄辭 3篇·上樑文 2篇·行狀 5篇·墓誌銘 2篇·雜著 7篇. 卷7(附錄) : 行狀·墓誌銘·祭文.

• **同一 書名 版本 所藏處**

목판본 : 국립중앙도서관, 규장각, 한국국학진흥원, 한국학중앙연구원, 계명대학교, 고려대학교, 동국대학교 경주캠퍼스, 성균관대학교, 연세대학교 등.

(213) 圃隱先生文集

書名	出版事項	版式狀況	一般事項	所藏番號
圃隱先生文集	鄭夢周 著	零本 3冊, 朝鮮木版本, 四周雙邊, 半郭 : 20.2×14.2㎝, 有界, 10行 20字, 上下白口, 上下內向六瓣花紋黑魚尾, 30.9×20㎝, 線裝, 楮紙	序 : ①崇禎己亥(1659)…宋時烈序 ②萬曆乙酉…盧守愼奉敎謹序, 印記 : 酉谷青岩, 所藏 : 卷1~4	09-0950~0952
圃隱先生文集	鄭夢周 著	零本 1冊, 朝鮮木活字本, 四周雙邊, 半郭 : 19.9×14.2㎝, 有界, 10行 20字, 上下白口, 上下內向六瓣花紋黑魚尾, 30.8×19.7㎝, 線裝, 楮紙	印記 : 酉谷青岩, 所藏 : 卷1	09-1957

書名	出版事項	版式狀況	一般事項	所藏番號
圃隱先生文集	鄭夢周 著	零本 1冊, 朝鮮木版本, 四周雙邊, 半郭 : 22.3×18㎝, 有界, 11行 18字, 上下白口, 上下內向六瓣花紋黑魚尾, 32.6×22.5㎝, 線裝, 楮紙	序 : ①正統三年(1438)…權採奉敎序 ②萬曆乙酉(1585)…盧守愼奉敎謹序 ③永樂己丑(1409)…卞季良謹序 ④浩亭河崙序 ⑤正統二年(1437)…朴信謹序. 所藏 : 卷1~3	09-1998
圃隱先生文集	鄭夢周 著, [19世紀] 刊	零本 1冊, 朝鮮木版本(後刷), 四周單邊, 半郭 : 23.3×18.3㎝, 有界, 10行 18字, 上下白口, 上下內向六瓣花紋黑魚尾, 32.2×23.6㎝, 線裝, 楮紙	跋 : ①正統四年己未…男宗誠 ②嘉靖癸巳…柳溥謹跋 ③嘉靖四十三年甲午…鄭琚謹跋 ④萬曆丁未…曹好益謹跋, 印記 : 酉谷青岩, 所藏 : 卷2~3	09-2024
圃隱先生文集	鄭夢周 著, [19世紀] 刊	零本 1冊, 朝鮮木版本(後刷), 四周單邊, 半郭 : 21.2×17.8㎝, 有界, 11行 20字, 上下白口, 上下內向六瓣花紋黑魚尾, 32.1×22.5㎝, 線裝, 楮紙	跋 : ①嘉靖癸巳…柳溥謹跋 ②萬曆丁未…曹好益謹跋 ③柳成龍奉敎謹跋, 印記 : 酉谷青岩, 所藏 : 年譜·附錄	09-2042

• **概要**

고려 말기의 문신이자 학자인 鄭夢周의 시문집.
충재박물관에는 5종의 『圃隱先生文集』이 소장되어 있는데, 모두 낙질본인 데다 『圃隱先生文集』 여러 차례 간행되어서 구체적으로 어떤 판본인지 특정하기 어렵지만, 永川이나 奉化에서 간행한 판본으로 추정된다.

• **編纂과 刊行**

저자의 詩文은 저자의 아들 鄭宗誠이 편찬하여 1439년 목판으로 간행하였는데, 이 初刊本은 전하지 않는다. 그 후 玄孫 鄭世臣이 新溪縣令으로 부임하여 1533년에 문집을 간행하였다. 그리고 선조 초에 開城府에서 韓濩의 글씨로 판각하여 간행되었으나 현재 전하지 않는다. 또한 선조 연간에 금속활자로 校書館에서 간행하였다. 그 후 1584년에는 宣祖의 명에 의하여 柳成龍이 新溪本을 바탕으로 교정하고 年譜攷異와 새로 찾은 詩文을 拾遺로 첨부하였다. 그런데 이 교정본은 永川 臨皐書院의 유생들이 가져다가 1584년경 간행하고 책판을 서원에 보관하였으나 임진왜란 때 소실되었다. 그 후 1607년에 소실된 臨皐書院의 체제를 그대로 유지하면서 遺像을 추가하여 간행하였다. 같은 해인 1607년에 臨皐書院 유생들이 난리 중에 흩어진 문집을 수습하여 완정본을 만들고, 柳永詢과 黃汝一의 협조로 慶州와 永川에서 나누어 판각한 후에 臨皐書院에서 다시 간행하였다. 다음해인 1608년에 7대손 鄭應聖이 黃海道兵馬水軍節度使로 있으면서 黃州兵營에서 開城本을 그대로 판각한 覆刻本을 간행하였다. 1659년에는 후손 鄭維城이 주도하여 당시 鳳城(奉化)縣監으로 부임한 鄭雲翼이 苞山(玄風)縣監 鄭元徵과 함께 洪處厚의 조력으로 奉化에서 목판본으로 간행하였다. 1677년에는 永川에서 永川舊刻本과 奉化本을 참고로 증보하여 다시 간행하였다. 1719년에는 11대손 鄭纘輝가 여러 판본을 참고하여 새로 편찬해 놓았는데 간행하지 못하고 사망하자, 그 후 鄭纘輝의 再從孫인 鄭觀濟가 開城留守 元仁孫과 협력하여 鄭纘輝의 원고를 수정·증보하여 1769년 崧陽書院에서 간행하였다. 1866년에는 17대손 鄭元弼이 永陽(永川)郡守로 부임해서 臨皐書院 유생들과 함께 다시 문집을 간행하였다. 1900년에는 후손 鄭煥翼이 鄭世基·鄭然徽와 함께 開城本을 위주로 永川本을 보충하여 續集을 重刊하였다. 1903년에는 이 판본을 영남의 사림들이 후손과 함께 晉州의 玉山齋에서 간행하였다.

• **著者**

鄭夢周(1337~1392) : 본관은 迎日이고 경상도 永川 출신이며, 자는 達可이고 호는 圃隱이다. 1360년(공민왕 9)에 문과에 장원 급제하여 여러 관직을 역임하였다. 1389년(공양왕 1) 李成桂와 함께 공양왕을 옹립하였으나, 鄭道傳 등이 李成桂를 왕으로 추대하려는 책모가 있음을 알고 이들을 제거하려 하다가 도리어 이방원의 문객 趙英珪 등에게 善竹橋에서 살해되었다. 1405년(태종 5)에 權近의 요청에 의하여 '大匡輔國崇祿大夫領議政府事修文殿大提學監藝文春秋館事益陽府院君'에 추증되었으며, 개성의 崧陽書院과 영천의 臨皐書院 등 전국 13개 서원에 제향 되었다.

• **版本構成**

卷1 : 詩 120題. 卷2 : 詩 132題. 卷3 : 雜著 8篇·年譜攷異. 附錄 : 贈詩(李穡·李崇仁 等)·正德丁丑文廟西廡從祀祭文 等·事跡·詩評 等·先生墓碣陰·謁先生畫像詞·臨皐書院上樑文·鄭襲明傳·圃隱先生本傳·行狀.

• **同一 書名 版本 所藏處**

금속활자본 : 국립중앙도서관.

목판본 : 국립중앙도서관, 국회도서관, 규장각, 한국국학진흥원, 한국학중앙연구원, 가톨릭대학교, 경기대학교, 경상대학교, 경희대학교, 계명대학교, 고려대학교, 국민대학교, 단국대학교 퇴계·율곡기념도서관, 동국대학교 서울·경주캠퍼스, 동아대학교, 부산대학교, 성균관대학교, 숙명여자대학교, 안동대학교, 연세대학교, 영남대학교, 용인대학교, 울산대학교, 원광대학교, 이화여자대학교, 전북대학교, 전주대학교, 충남대학교, 대구광역시립중앙도서관, 부산광역시 시

민도서관, 남평문씨 인수문고, 사우당종택, 춘호재, 日本東洋文庫, 미국 UC버클리대학교 등.
필사본 : 한국학중앙연구원.

(214) 浦軒先生文集

書名	出版事項	版式狀況	一般事項	所藏番號
浦軒先生文集	權德秀 著, [19世紀] 刊	5卷 3冊, 朝鮮木版本, 四周雙邊, 半郭 : 18.4×16㎝, 有界, 11行 21字, 上下白口, 上下內向四瓣花紋黑魚尾, 30×20.1㎝, 線裝, 楮紙	表題 : 逋軒集, 印記 : 酉谷青岩	09-2251 ~2253

• **概要**

조선 후기의 학자 權德秀의 시문집.

• **編纂과 刊行**

서문과 발문이 없어서 간행 경위는 알 수 없고, 卷末에 李象靖(1711~1781)이 1778년 지은 行狀이 수록되어 있으므로 저자 사후 1778년 이후에 간행되었을 것으로 추정된다.

• **著者**

權德秀(1672~1759) : 본관은 安東이고, 자는 潤哉이고 호는 逋軒이다. 1690년(숙종 16) 향시에 합격하고, 東堂試에 응시하려 했는데 족형 權鳩巢가 試官이었으므로 避嫌하여 단념하고 말았다. 1728년(영조 4) 李麟佐의 난이 일어나자 향중에 격문을 돌려 의병을 일으켰으나 포로의 誣陷으로 곤경에 처했으나 영조가 이를 알고 관찰사 朴文秀에게 일러 무사하였다. 1757년에 壽職으로 通政大夫中樞副使에 제수되었다.

• **版本構成**

卷1 : 詩 183題. 卷2 : 疏 2篇·書 39篇. 卷3 : 雜著 11篇. 卷4 : 序 1篇·識跋 3篇·箴 5篇·上樑文 1篇·祝文 9篇·祭文 20篇·哀詞 7篇·墓表 3篇·行狀 3篇. 卷5(附錄) : 輓詞 5篇·祭文 15篇·行狀(李象靖 撰).

• **同一 書名 版本 所藏處**

목판본 : 국립중앙도서관, 규장각, 한국국학진흥원, 한국학중앙연구원, 계명대학교, 고려대학교, 성균관대학교, 안동대학교, 영남대학교, 조선대학교, 미국 UC버클리대학교 등.

(215) 瓢隱先生文集 *

書名	出版事項	版式狀況	一般事項	所藏番號
瓢隱先生文集	金是榲 著	零本 1冊, 朝鮮木版本, 四周雙邊, 半郭 : 20×15.4㎝, 有界, 10行 20字, 上下白口, 上下內向四瓣花紋黑魚尾, 31.5×20㎝, 線裝, 楮紙	序 : 李玄逸序, 印記 : 酉谷靑岩	09-2526

• **槪要**

조선 후기의 학자 金是榲의 시문집.

충재박물관 소장본은 낙질이라서 初刊本인지 重刊本인지 확정하기 어렵다.

• **編纂과 刊行**

문집의 초고는 손자 金台重(1649~1711)이 편집하여 初刊本을 간행하였는데 연대는 미상이고, 1884년의 重刊本이 전하고 있다. 重刊本에는 刊記가 '崇禎丙子後五甲申(1884)重刊'으로 되어 있어서 1884년에 간행되었음을 알 수 있다.

• **著者**

金是榲(1598~1669) : 본관은 義城이고, 자는 以承이며 호는 陶淵·瓢隱이다. 일찍부터 벼슬에는 뜻을 두지 않고 병자호란 이후에는 더욱 학문에만 힘썼다. 인근 수령과 관찰사가 文學耆德으로 조정에 천거하였고 정부에서도 참봉직과 같은 관직을 제수하였으나 끝내 응하지 않았다.

• **版本構成**

卷1 : 詩 174首. 卷2 : 書 17篇. 卷3 : 書 20篇·祭文 9篇·墓誌 3篇. 卷4(附錄) : 行狀(金學培 作)·行狀(許穆 作)·墓誌銘·遺墟碑陰記·挽詞 3首·祭文·焚黃文·臥龍草堂記·遺事後敍·節祠奉安文·常享祝文.

• **同一 書名 版本 所藏處**

목판본 : 국립중앙도서관, 국회도서관, 규장각, 한국국학진흥원, 한국학중앙연구원, 경기대학교, 계명대학교, 고려대학교, 국민대학교, 동국대학교, 성균관대학교, 안동대학교, 연세대학교, 용인대학교, 미국 UC버클리대학교 등.

필사본 : 규장각, 한국국학진흥원, 영남대학교 등.

(216) 楓林實記

書名	出版事項	版式狀況	一般事項	所藏番號
楓林實記	申近休 等 編, [19世紀] 刊	4卷 2冊, 朝鮮木版本, 四周雙邊, 半郭 : 20.7×16.6㎝, 有界, 10行 20字, 上下白口, 上下內向四瓣花紋黑魚尾, 29.8×21.4㎝, 線裝, 楮紙	序 : 聖上二十四年丁亥(1887)…權璉夏謹序, 跋 : 九世孫昌運謹識, 印記 : 酉谷靑岩, 被傳者 : 申虬年	09-1763 ~1764

• **槪要**

임진왜란 때의 의병장인 申虬年의 실기.

• **編纂과 刊行**

저자의 후손인 申近休가 목판본으로 간행하였으며, 權璉夏가 서문을 쓴 1887년경에 간행된 것으로 보인다.

• **著者**

申虬年(1544~1592) : 본관은 平山이고, 경상북도 盈德 출신이다. 자는 德叟이며 호는 楓林이다. 임진왜란이 일어나자 의병을 모아 부산진으로 달려가 전투에 참가하였으나 부산진은 왜군의 공격을 이기지 못해 함락되었다. 그 뒤 고향에 돌아와 다시 의병을 일으켜 싸우다가 葦井山 아래에서 왜병과의 전투 중 49세의 나이로 순국하였다.

• **版本構成**

卷1 : 留諸家人書 · 丑山萬戶權公詮日記 · 三從弟雲溪公經濟諭鄕書 · 邑誌 · 遺事 · 壬辰事蹟 · 書事蹟後 · 義士傳 · 書義士傳後 · 呈文 6篇. 卷2 : 呈文 2篇 · 上言 2篇 · 禮曹回啓 · 巡營關文 · 縣令尹耆東報狀 · 道臣李秉模狀啓 · 本官趙亨逵報御使 · 本孫最著呈巡相趙時俊 · 刊後所設契通文. 卷3 : 記 2篇 · 忠孝堂記 · 祝文 2篇 · 常享祝文 · 祭文 4篇 · 詩 5篇 · 墓碣銘. 卷4 : 呈文 3篇 · 御史褒啓 · 禮曹立案 · 禮曹關文 · 巡營關文 · 旌忠閣開基告由文 · 旌忠閣上樑文 · 旌忠閣記 · 旌忠閣守護文 · 酒登山墓所守護完文 · 焚黃時祝文 · 家狀 · 行狀(權靖夏 作) · 贈時題詠 · 謹次旌忠閣韻 · 書楓林實記後.

• **同一 書名 版本 所藏處**

목판본 : 국립중앙도서관, 규장각, 한국학중앙연구원, 계명대학교, 고려대학교, 단국대학교

퇴계기념도서관, 동국대학교, 연세대학교, 전남대학교 등.

(217) 鶴峯先生文集

書名	出版事項	版式狀況	一般事項	所藏番號
鶴峯先生文集	金誠一 著, 虎溪書院, [序 : 1648] 刊	8卷 6冊, 朝鮮木版本, 四周單邊, 半郭 : 20.3×15.7㎝, 有界, 11行 21字, 上下白口, 上下內向亂花紋黑魚尾, 30.7×20.8㎝, 線裝, 楮紙	序 : 戊子(1648)…趙絅謹叙, 跋 : 壬午…李植謹跋, 印記 : 酉谷靑岩, 藏書記 : 丁未春虎溪書院印送藏于靑岩亭, 冲齋家	09-1638 ~1643
鶴峯先生文集	金誠一 著, [17世紀] 刊	零本 1冊, 朝鮮木版本, 四周單邊, 半郭 : 19.7×15.5㎝, 有界, 11行 21字, 上下白口, 上下內向亂花紋黑魚尾, 30.3×19.8㎝, 線裝, 楮紙	印記 : 竹園, 藏書記 : 竹園, 所藏 : 卷3~5(全 5冊中)	09-1644
鶴峯先生文集	金誠一 著, [19世紀] 刊	7卷 4冊, 朝鮮木版本, 四周雙邊, 半郭 : 20.9×15.9㎝, 有界, 10行 19字, 上下白口, 上下內向四瓣花紋黑魚尾, 32.6×20.9㎝, 線裝, 楮紙	序 : 戊子(1648)…趙絅謹敍, 跋 : 己丑(1649)…金應祖謹識, 印記 : 酉谷靑岩	09-1616 ~1619
鶴峰先生續集	金誠一 著, [序 : 1781] 刊	5卷 3冊, 朝鮮木版本, 四周雙邊, 半郭 : 20.9×15.9㎝, 有界, 10行 19字, 上下白口, 上下內向四瓣花紋黑魚尾, 32.1×21㎝, 線裝, 楮紙	序 : 辛丑(1781)…李象庭謹序, 印記 : 酉谷靑岩	09-1621 ~1623
鶴峯先生續集	金誠一 著, 虎溪書院, 壬寅(1782)	5卷 3冊, 朝鮮木版本, 四周雙邊, 半郭 : 19.2×14.9㎝, 有界, 11行 21字, 上下白口, 上下內向四瓣花紋黑魚尾, 31.9×20.8㎝, 線裝, 楮紙	刊記 : 壬寅仲春虎溪書院開刊, 序 : 辛丑(1781)…李象庭謹序, 印記 : 酉谷靑岩, 靑岩家寶, 藏書記 : 壬寅春虎溪書院印送岩亭藏	09-1627 ~1629
鶴峰先生文集附錄	金鎭華 編, 臨川書院, 辛亥(1851)	4卷 3冊, 朝鮮木版本, 有圖, 四周雙邊, 半郭 : 21.3×16.1㎝, 有界, 10行 20字, 上下白口, 上下內向四瓣花紋黑魚尾, 32.3×21.1㎝, 線裝, 楮紙	刊記 : 辛亥五月臨川書院重刊, 跋 : 上之二年辛亥(1851)…柳致明謹跋, 印記 : 酉谷靑岩	09-1627 ~1629

• **槪要**

조선 중기의 문신이자 학자인 金誠一의 문집.

충재박문관에는 3종의 『鶴峯先生文集』과 2종의 『鶴峯先生續集』 그리고 1종의 『鶴峯先生文集附錄』을 소장하고 있다. 이 중 1종의 『鶴峯先生文集』에는 藏書記가 '丁未春虎溪書院印送藏于靑岩亭'으로 되어 있고, 1종의 『鶴峯先生續集』에는 藏書記가 '壬寅春虎溪書院印送岩亭藏'으로 되어 있는데, 이 『鶴峯先生文集』과 『鶴峯先生續集』은 모두 虎溪書院에서 인출하

여 충재 종가로 보낸 판본이다.

• **編纂과 刊行**

『鶴峯先生文集』은 종손 金是榲과 廬江書院의 山長으로 있던 李弘祚 등이 주축이 되어 1649년(인조 27)에 처음으로 간행하였다. 이것이 초간본인데, 여기에는 趙絅의 序와 李植의 跋 그리고 金應祖의 識가 있다. 그 뒤 7대손 金柱國 등과 李象靖이 初刊本에서 빠진 유문을 보충하여 1782년(정조 6)에 虎溪書院에서 『鶴峯先生續集』을 간행하였다. 1851년(철종 2)에 이르러서는 10대손 金鎭龜 등이 臨川書院에서 原集과 續集을 合刊하고, 『鶴峯先生文集附錄』도 간행하였다.

• **著者**

金誠一(1538~1593) : 金璡의 넷째아들로, 자는 士純이며 호는 鶴峯이다. 1556년부터 退溪 문하에서 수업하였고, 1564년에 進士會試에 급제하였으며, 1567년에 承文院權知副正字에 임용되었다. 1576년에 吏曹佐郎으로 奏請使 尹斗壽의 書狀官이 되어 北京에 다녀와 吏曹正郎으로 승진하였다. 그 후 掌令·咸鏡道·黃海道巡撫御史·司諫·議政府舍人·日本通信副使 등을 역임하였다. 1592년에 刑曹參議를 거쳐, 4월 慶尙右道兵馬節度使가 되어 昌原으로 가다가 왜적을 참살했다. 招諭使로 영남 각지를 순시하고 그 후 左右觀察使로 諸軍을 독전했다. 宣武原從功一等에 올라 吏曹參判을 추증되었다.

• **版本構成**

『鶴峯先生文集』

卷1~2 : 詩. 卷3 : 詩·賦·詞·辭·補遺 等. 卷4 : 箚·啓·狀·招諭文 等. 卷5 : 書牘. 卷6 : 祭文·碣銘·墓誌·行狀·奉先諸規 等. 卷7 : 海槎錄第一 : 書·說·辨·志 等). 卷8 : 海槎錄第二 : 朝鮮沿革考異·風俗考異·海槎錄跋(李植 撰). 附錄 : 祭文·書院奉安文·祝文·行狀(鄭逑 撰).

『鶴峯先生續集』

卷1 : 詩. 卷2 : 敎文·疏·箚·啓·狀 等. 卷3 : 書. 卷4 : 雜著(李退溪先生史傳·退溪先生言行錄·燕山君奉祀議·記·祭文·墓誌 等). 卷5(附錄) : 敎書·屛銘·慶尙右道儒生願留疏·門人言行錄·祭文 等.

『鶴峯先生文集附錄』

卷1 : 世系圖·年譜(李栽 編·李野淳 增補). 卷2 : 行狀(鄭逑 撰). 卷3 : 神道碑銘·墓碣銘·屛銘·門人 言行錄 等. 卷4 : 祭文·奉安文·祝文·敎書·願留疏 等.

• **同一 書名 版本 所藏處**

『鶴峯先生文集』

목판본 : 국립중앙도서관, 국회도서관, 규장각, 한국국학진흥원, 한국학중앙연구원, 경상대학교, 계명대학교, 고려대학교, 국민대학교, 단국대학교 퇴계기념도서관, 대구가톨릭대학교, 동국대학교, 부산대학교, 성균관대학교, 안동대학교, 연세대학교, 영남대학교, 용인대학교, 울산대학교, 이화여자대학교, 충남대학교, 남평문씨 인수문고, 사우당종택, 춘호재, 日本東洋文庫, 미국 UC버클리대학교 등.

필사본 : 국립중앙도서관, 한국학중앙연구원 남평문씨 인수문고 등.

『鶴峯先生續集』

목판본 : 국립중앙도서관, 규장각, 한국국학진흥원, 경기대학교, 계명대학교, 고려대학교, 단국대학교 퇴계기념도서관, 동국대학교 경주캠퍼스, 성균관대학교, 영남대학교, 사우당종택 등.

『鶴峯先生文集附錄』

목판본 : 규장각, 경기대학교, 영남대학교 등.

(218) 鶴沙先生文集

書名	出版事項	版式狀況	一般事項	所藏番號
鶴沙先生文集	金應祖 著, [序 : 1776] 刊	零本 3冊, 朝鮮木版本, 四周雙邊, 半郭 : 21.8×15.2㎝, 有界, 10行 22字, 上下白口, 上下內向四瓣花紋黑魚尾, 31.6×19.8㎝, 線裝, 楮紙	表題 : 鶴沙集, 序 : 丙申(1776) …李象靖序, 印記 : 西谷青岩, 青岩家寶, 所藏 : 卷1~8	09-0301~0305

• **概要**

조선 중기의 문신이자 학자인 金應祖의 시문집.

• **編纂과 刊行**

저자의 증손인 金儆이 편찬해놓은 것을 그의 아들인 金瑞必이 1716년(肅宗 42)에 목판본으로 간행하였으며, 李象靖의 서문과 李世澤의 발문이 실려 있다.

• **著者**

金應祖(1587~1667) : 본관은 豊山이고 安東 출신이다. 자는 孝徵이며 호는 鶴沙이다. 17세

때 柳成龍을 사사했으며, 1613년(광해군 5)에 생원시에 합격하였으나 문과 응시를 포기하고 張顯光의 문하에서 학문 연마에 힘썼다. 1623년에 인조가 즉위하자 알성 문과에 응시해 병과로 급제하여 병조정랑·홍덕현감·선산부사 등을 역임하였다. 1634년(인조 12)에 사직하고 낙향하였다가 그 후 다시 持平·掌令·獻納·修撰·校理·副修撰·執義·司諫·應敎·承旨·護軍·工曹參議·大司諫·漢城府右尹 등의 관직을 인조·효종·현종 삼대에 걸쳐 역임하였다.

• 版本構成

卷1~2：詩 378首. 卷3：敎書 2篇·疏 11篇. 卷4：箚 4篇·啓 3篇·書 12篇. 卷5：雜著 4篇·序 4篇·記 10篇·跋 28篇. 卷6：銘 4篇·箋 2篇·上樑文 6篇·祭文 40篇. 卷7：閭表 3篇·墓碣銘 28篇. 卷8：墓誌銘 17篇. 卷9：神道碑銘 3篇·行狀 10篇. 外集：墓碣誌銘 24篇. 附錄：世系·年譜·行狀·墓誌·輓詞 10首·祭文 12篇·奉安文 2篇·常享祝文 2篇.

• 同一 書名 版本 所藏處

목판본：국립중앙도서관, 규장각, 한국국학진흥원, 계명대학교, 고려대학교, 국민대학교, 대구가톨릭대학교, 동아대학교, 성균관대학교, 연세대학교, 영남대학교, 용인대학교, 미국 UC 버클리대학교 등.

(219) 鶴川先生遺集

書名	出版事項	版式狀況	一般事項	所藏番號
鶴川先生遺集	李逢春 著, [跋：1789] 刊	2卷 1冊, 朝鮮木版本, 有圖, 四周雙邊, 半郭：20.4×16.2㎝, 有界, 10行20字, 上下白口, 上下內向四瓣花紋黑魚尾, 31.9×21.1㎝, 線裝, 楮紙	序：上之七年癸卯(1783)…李光靖謹序, 跋：上之十三年癸酉(1789)…金坽謹識, 記：酉谷青岩	09-2552

• 槪要

조선 중기의 학자 李逢春의 시문집.

• 編纂과 刊行

저자의 후손 李春恆·李宗洙 등이 편찬하고 李象靖이 교정하여 1813년(순조 13) 목판본으로 간행하였으며, 李光靖의 서문과 金坽의 발문이 실려 있다.

• **著者**

李逢春(1542~1625) : 본관은 眞寶이고, 자는 根晦이며 호는 鶴川이다. 1575년(선조 8) 문과에 급제하여 成均館學諭로 임명되고 典籍에 이르렀으나, 그 후 부모를 돌보느라 오랫동안 벼슬에 나가지 않았다. 그 후 盈德縣監에 임명되었으나 병으로 부임하지 못했다. 만년에 成均館直講이 되었으나 스스로 세인과 어울리지 못함을 알고 관직에서 물러나 후진 양성에 전념하였다.

• **版本構成**

卷1 : 詩 124首. 卷2 : 書 3篇·祭文 4篇·墓誌 1篇. 附錄 : 墓碣銘 1篇·陶山及門錄 1篇·陶山先生手柬 2篇.

• **同一 書名 版本 所藏處**

목판본 : 국립중앙도서관, 한국국학진흥원, 한국학중앙연구원, 계명대학교, 고려대학교, 성균관대학교, 전남대학교 등.

(220) 寒洲集

書名	出版事項	版式狀況	一般事項	所藏番號
寒洲集	李震相 著, [序 : 1886] 印	49卷 25冊, 朝鮮木活字本, 四周單邊, 半郭 : 21.6×17㎝, 有界, 10行 20字, 上下白口, 上下內向四瓣花紋黑魚尾, 31×22㎝, 線裝, 楮紙	序 : 朝鮮四百九十有三年丙戌(1886)…承熙敬書以識, 印記 : 酉谷青岩	09-1293 ~1317
寒洲先生文集	李震相 著, [20世紀] 刊	38卷 22冊, 朝鮮木版本, 半郭 : 19.3×15.8㎝, 有界, 10行 20字, 上下白口, 上下內向四瓣花紋黑魚尾, 28.7×20.2㎝, 線裝, 楮紙		09-1328 ~1349

• **概要**

조선 후기의 성리학자 李震相의 시문집.

충재박물관은 목활자본인 初刊本과 목판본인 重刊本을 모두 소장하고 있다.

• **編纂과 刊行**

初刊本은 저자의 아들 李承熙와 제자 許愈·金鎭祜·李斗勳 등이 편집하여 1895년(고종 32)에 목활자본으로 간행하였다. 重刊本은 李承熙와 郭鍾錫이 권수를 줄이고 다시 편집한 것을 이들의 사후인 1927년에 星州의 三峯書堂에서 목판본으로 간행하였다.

• **著者**

李震相(1818~1886) : 본관은 星山이고, 자는 汝雷이며 호는 寒洲이다. 1849년(헌종 15)에 소과에 합격하여 성균관생원이 되었으나 대과는 포기하고 학문을 닦았다. 성리학에 정통하여 명성을 떨치자 67세 때에는 정부에서 遺逸로서 의금부도사를 제수하였으나 취임하지 않았다.

• **版本構成**

卷1~3 : 詩. 卷4 : 疏·策. 卷5~31 : 書. 卷32~38 : 序·記·跋·論·說·辨 等. 卷39~45 : 雜著. 卷46~49 : 銘·箴·祭文·碑誌·傳 等. 目錄 1冊.

• **同一 書名 版本 所藏處**

목활자본 : 규장각, 한국국학진흥원, 한국학중앙연구원, 경상대학교, 계명대학교, 고려대학교, 동아대학교, 부산대학교, 성균관대학교, 숙명여자대학교, 연세대학교, 영남대학교, 용인대학교, 충남대학교, 조선대학교, 남평문씨 인수문고, 사우당종택 등.

목판본 : 국립중앙도서관, 한국국학진흥원, 단국대학교 퇴계기념도서관, 전북대학교 등.

필사본 : 대구가톨릭대학교.

(221) 涵溪先生文集 *

書名	出版事項	版式狀況	一般事項	所藏番號
涵溪先生文集	鄭碩達 著, [序 : 1773] 刊	6卷 3冊, 朝鮮木版本, 四周雙邊, 半郭 : 22.1×15.8㎝, 有界, 10行 20字, 上下白口, 上下內向四瓣花紋黑魚尾, 33×21.6㎝, 線裝, 楮紙	序 : 癸巳(1773)…李象靖謹序, 印記 : 酉谷靑岩, 藏書記 : 癸亥秋自科場來	09-1790~1792

• **槪要**

조선 후기 학자 鄭碩達의 시문집.

충재박물관 소장본의 藏書記는 '癸亥秋自科場來'으로 되어 있는데, 科擧에 참여했던 權橃의 후손이 과거시험장에서 기증받은 것으로 추정된다.

• **編纂과 刊行**

저자의 장남 鄭重器가 문집을 편차해두었고, 그 후 저자의 손자 鄭一鑽이 집안에 보관된 초고를 1773년에 목판본으로 간행하였다.

• 著者

鄭碩達(1660~1720) : 본관은 迎日이고, 자는 可行이며 호는 涵溪이다. 李玄逸의 문하에서 수학하며 학문을 이뤘으나 벼슬에 나아가지 않았다.

• 版本構成

卷1 : 172題. 卷2 : 135題. 卷3 : 書 68篇. 卷4 : 書 62篇. 卷5 : 雜著 2篇·序 1篇·記 4篇·箴 1篇·銘 1篇·贊 2篇·祭文 11篇·行錄 2篇. 卷6(附錄) : 輓詞 9首·祭文 4篇)·行狀(鄭葵陽 撰).

• 同一 書名 版本 所藏處

목판본 : 규장각, 한국국학진흥원, 한국학중앙연구원, 경기대학교, 계명대학교, 고려대학교, 대구가톨릭대학교, 동국대학교 서울·경주캠퍼스, 부산대학교, 성균관대학교, 연세대학교, 영남대학교, 전남대학교, 전주대학교, 미국 UC버클리대학교 등.
필사본 : 고려대학교.

(222) 恒齋先生文集 *

書名	出版事項	版式狀況	一般事項	所藏番號
恒齋先生文集	李嵩逸 著, [序 : 1808] 刊	6卷 3冊, 朝鮮木版本, 四周雙邊, 半郭 : 19.3×15.2㎝, 有界, 10行 20字, 註雙行, 上下白口, 上下內向四瓣花紋黑魚尾, 32.2×21.3㎝, 線裝, 楮紙	表題 : 恒齋集, 序 : 崇禎紀元後百八十一年(1808)…李埫謹書, 印記 : 酉谷青岩, 藏書記 : 青岩家藏	09-2142~2144

• 概要

조선 중기 학자 李嵩逸의 시문집.
충재박물관에는 1808년(순조 8)에 간행된 原集이 소장되어 있다.

• 編纂과 刊行

李嵩逸의 시문을 저자의 조카 李栽가 시문을 편차해두었고, 그 후에 현손 李宇根이 1808년(순조 8) 편집하여 목판본으로 간행하였다. 그 후 續集은 7대손 李秀榮이 원집에 누락된 글들을 수집해 1905년 原集을 증보하여 간행하였다.

• **著者**

李嵩逸(1631~1698) : 본관은 載寧이고, 자는 應中이며 호는 恒齋이다. 1689년(숙종 15) 世子翊衛司洗馬에 임명되었으나 고사하고, 2년 뒤 다시 掌樂院主簿를 거쳐 宜寧縣監에 제수되었으나 2년 뒤 귀향하여 후진양성과 저술로 여생을 마쳤다.

• **版本構成**

卷1 : 詩 54首·疏 2篇. 卷2 : 書 16篇. 卷3 : 書 22篇. 卷4 : 箴 1篇·銘 1篇·雜著 9篇. 卷5 : 序 1篇·記 1篇·祭文 5篇·行狀 1篇·墓誌 1篇. 卷6(附錄) : 行狀·墓誌銘·墓碣銘·祭文·挽詞·日記 等.

• **同一 書名 版本 所藏處**

목판본 : 국립중앙도서관, 국회도서관, 규장각, 한국국학진흥원, 한국학중앙연구원, 경기대학교, 경상대학교, 계명대학교, 고려대학교, 국민대학교, 단국대학교 퇴계기념도서관, 동국대학교 경주캠퍼스, 부산대학교, 성균관대학교, 안동대학교, 연세대학교, 영남대학교, 용인대학교, 전남대학교, 전주대학교, 미국 UC버클리대학교 등.

필사본 : 동국대학교.

(223) 虛舟文集 *

書名	出版事項	版式狀況	一般事項	所藏番號
虛舟文集	金汝煜 著, [序 : 1892] 刊	2卷 1冊, 朝鮮木版本, 四周雙邊, 半郭 : 18.9×14.9㎝, 有界, 10行 20字, 上下白口, 上下內向四瓣花紋黑魚尾, 31.5×20.5㎝, 線裝, 楮紙	序 : 上之二十九壬辰(1892)…權璉夏謹序, 識 : 金輝轍敬識, 印記 : 酉谷青岩	09-2534

• **槪要**

조선 중기의 문인 金汝煜의 시문집.

• **編纂과 刊行**

저자의 후손 金福淵과 金昌羲 등이 1892년(고종 29)에 목판본으로 간행하였으며, 權璉夏의 서문과 金輝轍의 識가 실려 있다.

• **著者**

金汝煜(1581~1661) : 본관은 延安이고, 자는 叔晦이며 호는 虛舟이다. 1613년 3등으로 생원에 입격하였다. 그러나 정국의 혼란으로 대과를 단념하고 소백산 소리곡에 집을 짓고 素履窩를 아호로 삼아 은거하였다. 1636년 형 金汝燁과 함께 영남의 선비 54인과 芙蓉契를 조직하기도 하였다.

• **版本構成**

卷1 : 詩 238首. 卷2 : 辭 3篇·序 2篇·雜著 4篇·上樑文 1篇·祭文 6篇·家狀 1篇. 附錄 : 墓碣銘·行狀·遺事·祭文·贈遺詩篇 15篇·素履窩重修記·巖上敬愛錄.

• **同一 書名 版本 所藏處**

목판본 : 국립중앙도서관, 규장각, 한국국학진흥원, 한국학중앙연구원, 경기대학교, 계명대학교, 고려대학교, 동아대학교, 성균관대학교, 안동대학교, 용인대학교, 미국 UC버클리대학교 등.

(224) 好古窩先生文集 *

書名	出版事項	版式狀況	一般事項	所藏番號
好古窩先生文集	柳徽文 著, [19世紀] 刊	19卷 10冊, 朝鮮木版本, 四周雙邊, 半郭 : 20.5×15.4㎝, 有界, 10行 20字, 上下白口, 上下內向四瓣花紋黑魚尾, 32.7×20.9㎝, 線裝, 楮紙	印記 : 酉谷靑岩	09-1023 ~1032
好古窩先生外集	柳徽文 著, [跋 : 1972] 印	6卷 3冊, 石印本, 四周雙邊, 半郭 : 19.6×14.2㎝, 有界, 10行 20字, 上下白口, 上下內向四瓣花紋黑魚尾, 28.9×19.7㎝, 線裝, 楮紙	跋 : ①曾孫柳必永謹識 ②壬子(1972)…五代孫柳秉熙敬書	09-2333 ~2335

• **概要**

조선 후기의 학자 柳徽文의 시문집.

충재박물관에는 목판본인 原集과 석인본인 外集을 모두 소장하고 있다.

• **編纂과 刊行**

原集 19卷은 1896년(高宗 33)에 간행되었고 別集 8卷과 附錄은 1898년(光武 2)에 간행되었

다. 근대에 들어와서 外集이 1972년 5대손 柳秉熙에 의해 석인본으로 간행되었다.

• 著者

柳徽文(1773~1832) : 본관은 全州이고, 자는 公晦이며 호는 好古窩이다. 柳長源의 문인으로 일생을 학문과 후진양성에 바쳤으며, 1821년에 스승이 지은『禮書通攷』와 고조부 柳正源의『易解參攷』를 교정하였다. 1830년에 후릉참봉이 제수되었으나 고사하였고, 2년 뒤에 장릉참봉이 제수되었으나 이미 사망한 뒤였다.

• 版本構成

卷1~2 : 詩 350餘 首. 卷3 : 書 16篇. 卷4 : 書 9篇. 卷5 : 書 30篇. 卷6 : 書 22篇. 卷7 : 書 22篇. 卷8 : 書 7篇. 卷9 : 書 26篇. 卷10~11 : 讀書瑣義. 卷12 : 巖齋記聞·杜陵日記. 卷13 : 泉齋講錄·自警錄·管窺僭言. 卷14 : 謾錄. 卷15 : 釋宮補·琴律說攷解·聲律辨攷解. 卷16 : 西遊錄·北遊錄上. 卷17 : 北遊錄下·南遊錄·東遊錄. 卷18 : 序 6篇·記 5篇·識跋 7篇·說 3篇. 卷19 : 銘辭狀 4篇·祝文 1篇·祭文 16篇·墓誌 4篇·行錄 1篇.

• 同一 書名 版本 所藏處

목판본 : 국립중앙도서관, 규장각, 한국국학진흥원, 한국학중앙연구원, 경상대학교, 계명대학교, 고려대학교, 단국대학교 퇴계기념도서관, 동국대학교, 부산대학교, 성균관대학교, 안동대학교, 영남대학교, 전남대학교, 전주대학교, 日本東洋文庫, 미국 UC버클리대학교 등.
필사본 : 한국국학진흥원.

(225) 湖叟鄭先生實紀

書名	出版事項	版式狀況	一般事項	所藏番號
湖叟鄭先生實紀	鄭一鑽 編, [跋 : 1842] 刊	8卷 4冊, 朝鮮木版本, 四周雙邊, 半郭 : 20.5×13.3㎝, 有界, 10行 18字, 註雙行, 上下白口, 上下內向四瓣花紋黑魚尾, 29.7×19.3㎝, 線裝, 楮紙	序 : ①蔡弘履再拜謹書 ②上之五年辛丑(1781)…丁範祖, 跋 : 壬寅(1842)…睦萬中撰, 印記 : 西谷青岩, 被傳者 : 鄭世雅	09-1363 ~1364

• 概要

조선 중기의 학자이자 의병장인 鄭世雅와 그의 아들이자 의병인 鄭宜藩의 실기.

• **編纂과 刊行**

初刊本은 저자의 6대손 鄭一鑽이 1781년(정조 5)에 간행하였고, 重刊本은 저자의 9대손 鄭熙奎가 初刊本을 보완하여 1874년(고종 11)에 목판본으로 간행하였다. 重刊本에는 丁範祖·蔡弘履·朴珪壽의 서문과 睦萬中·金魯鎭·趙性敎의 발문이 실려 있다.

• **著者**

鄭世雅(1535~1612) : 본관은 迎日이고, 자는 和叔이며 호는 湖叟이다. 1558년(明宗 13) 司馬試에 합격하였으나 아버지가 사망한 후 과거의 뜻을 버리고 학문연구와 후진교육에 매진하였다. 1592년 壬辰倭亂이 일어나 서울이 함락되자 의병을 규합하여 대장이 되어 永川의 왜적을 격퇴했으며 左節度 朴晋 등과 함께 慶州에 진격했다. 郭再祐와 權應銖 등과 서로 성원하여 많은 공을 세웠다. 1593년 서울이 수복되자 휘하의 군사를 曹希益에게 넘겨주고 紫陽으로 돌아갔다. 體察使 李元翼의 추천을 받아 여러 차례 관직에 기용되었으나 사양하다가 黃山道察訪을 잠시 지내고 곧 사직했다.

鄭宜藩(1560~1592) : 자는 衛甫이고 호는 柏巖이다. 1585년(宣祖 18) 司馬試에 합격하였으며, 1592년 壬辰倭亂이 일어나자 아버지와 함께 의병을 일으켜 永川 탈환과 慶州 싸움에서 활약하였다. 慶州 진격 시에 적에게 포위당한 아버지를 구출하는 데는 성공하고 전사하였다.

• **版本構成**

卷1 : 世系圖. 卷2 : 姓貫鄕里·年譜. 卷3(遺稿) : 詩 9首·輓詞 1首·書 12篇·答案 2篇·遺墨). 卷4(遺事) : 祭文 1篇·輓詞 1首·壙記 1篇·敍述 27條). 卷5 : 事實·行狀(權斗寅 撰)·神道碑銘·墓誌銘. 卷6(附柏巖公事蹟) : 遺稿 1篇·遺事 7篇(哀辭·敍述·事實·行狀·詩塚碑銘·墓誌銘·鄭公難). 卷7 : 褒典 3篇·環丘世德祠事蹟 3首·奉安文·常享祝文·一時寄贈後來讚述 9篇. 卷8(附紫陽忠賢祠事蹟) : 義幕戰死諸賢錄·永川儒林請立祠疏·禮曹稟目·巡使關文·永川郡守報狀·巡使啓草·忠賢祠宇上樑文·忠賢錄跋.

• **同一 書名 版本 所藏處**

목판본 : 국립중앙도서관, 규장각, 한국국학진흥원, 한국학중앙연구원, 경기대학교, 계명대학교, 고려대학교, 동국대학교, 성균관대학교, 용인대학교, 전남대학교, 중앙대학교, 미국 UC버클리대학교 등.

필사본 : 규장각.

(226) 湖陽先生文集

書名	出版事項	版式狀況	一般事項	所藏番號
湖陽先生文集	權益昌 著, [19世紀] 刊	4卷 2冊, 朝鮮木版本, 有圖, 四周雙邊, 半郭 : 19.5×15.1㎝, 有界, 10行 20字, 上下白口, 上下內向四瓣花紋黑魚尾, 30×20.3㎝, 線裝, 楮紙	序 : 上之二十一年乙丑(1745)…李光庭謹書, 跋 : ①權瑗謹跋 ②柳台佐跋, 識 : 鄭來成謹識, 印記 : 西谷靑岩	09-2228 ~2229

• **槪要**

조선 중기의 학자 權益昌의 시문집.

• **編纂과 刊行**

저자의 6대손 權仁濩가 1745년(영조 21)에 목판본으로 간행하였으며, 李光庭의 서문과 權瑗·柳台佐·鄭來成·權相一의 발문이 실려 있다.

• **著者**

權益昌(1562~1645) : 본관은 安東이고, 자는 茂卿이며 호는 湖陽이다. 어려서부터 종숙부인 權宇에게서 글을 배웠으며, 金誠一과 柳成龍 문하에서 수학하였고, 趙穆의 문하에 나아가 학문의 토대를 완성하였다.

• **版本構成**

卷1 : 詩 102首·祭文 1篇. 卷2 : 書 1篇·箴 2篇·說 2篇·跋 1篇·辨 1篇·記 5篇·雜著 2篇. 卷3 : 自省錄·圖 21個. 卷4(附錄) : 行狀·墓碣銘·祭文·輓詞·奉安文·祝文.

• **同一 書名 版本 所藏處**

목판본 : 국립중앙도서관, 규장각, 한국국학진흥원, 한국학중앙연구원, 계명대학교, 경기대학교, 고려대학교, 동국대학교, 성균관대학교, 연세대학교, 영남대학교, 전남대학교 등.

필사본 : 성균관대학교.

(227) 湖陰雜稿

書名	出版事項	版式狀況	一般事項	所藏番號
湖陰雜稿	鄭士龍 著, [16世紀] 印.	零本 1冊, 朝鮮木活字本, 四周雙邊, 半郭 : 24.5×15.5㎝, 有界, 10行 21字, 上下大黑口 上下內向六瓣花紋黑魚尾, 33×20.6㎝, 線裝, 楮紙	印記 : 酉谷青岩, 青岩家寶, 所藏 : 卷5	09-2071

• **概要**

조선 전기의 문신 鄭士龍의 시문집.
충재박물관 소장본은 낙질로 卷5의 1冊만 남아 있으며, '青岩家寶'라는 印記가 있다. 현재는 국립중앙도서관과 규장각에만 소장된 희귀본이다.

• **編纂과 刊行**

저자의 自序에 의하면 1551년(명종 6)에 自編하여 定稿本을 만들어놓았고, 이를 바탕으로 후손들이 1577년(선조 10)경에 목활자로 간행하였다.

• **著者**

鄭士龍(1494~1573) : 본관은 東萊이고, 자는 雲卿이며 호는 湖陰이다. 1507년(중종 2)에 진사가 되었고, 1509년(중종 4) 별시문과에 병과 4위로 급제하였으며, 1516년(중종 11) 황해도 도사로서 문과중시에 장원하였다. 그 후 요직을 두루 역임하였으며, 1534년(중종 29)과 1544년(중종 39) 두 차례 冬至使로서 명나라에 다녀왔다. 1554년(명종 9) 대제학이 됐으나 1558년(명종 13) 과거의 시험문제를 누출하여 파직됐다. 같은 해 判中樞府事로 복직되고 이어 공조판서가 됐다가, 1562년(명종 17) 다시 판중추부사에 전임됐다. 이듬해에 李樑의 黨에 들었다가 李樑이 실각함에 따라 관직이 삭탈되었다.

• **版本構成**

卷1 : 玉堂錄(詩 53首)·覲省錄(詩 77首)·宜春日錄(詩 132首)·北上錄(詩 27首)·己丑雜錄(詩 107首). 卷2 : 洪陽錄(詩 114首)·省墓錄(詩 31首)·朝天錄(詩 145首)·新安日錄(詩 63首)·龍灣日錄(詩 94首). 卷3 : 宜春雜錄(詩 119首)·賜告錄(詩 97首)·關東日錄(詩 29首)·癸卯酬唱錄(詩 37首)·甲辰朝天錄(詩 7首)·儐接日錄(詩 57首). 卷4 : 秋官錄(詩 37首)·湖西奉使錄(詩 2首)·樞府日錄(詩 67首)·敦寧日錄(詩 28首)·南宮日錄(詩 154首)·應製錄(詩

34首). 卷5 : 雜稿(詩 155首)·雜記日錄(詩 306首). 卷6 : 拾遺錄(詩 172首)·皇華私稿(詩 217首). 卷7~8(湖陰文稿) : 神道碑銘·墓碣銘·墓誌銘·箚·記·書後·祭文·表·箋·識·陳·狀·題·序·補遺·附錄 等.

• 同一 書名 版本 所藏處

목활자본 : 국립중앙도서관, 규장각(卷8만 筆寫本임) 등.

(228) 花山先生逸稿 *

書名	出版事項	版式狀況	一般事項	所藏番號
花山先生逸稿	權柱 著, [識 : 1798] 刊	不分卷 1冊, 朝鮮木版本, 四周雙邊, 半郭 : 19.1×14.9㎝, 有界, 10行 18字, 上下白口, 上下內向四瓣花紋黑魚尾, 30.9×20.2㎝, 線裝, 楮紙	序 : 上之四十四年戊戌(1718)…權斗寅序, 識 : 上之二十二年戊午(1798)…柳漥謹識, 印記 : 酉谷青岩	09-1072

• 概要

조선 전기의 문신 權柱의 시문집.

• 編纂과 刊行

저자의 현손 權榘가 1718년(숙종 44)에 유문을 모아 편차해두었고, 그 후 1798년(정조 22)에 목판본으로 간행하였다. 權斗寅의 서문, 權斗經의 발문, 柳漥와 權榘의 後識, 權緻의 小識가 수록되어 있다.

• 著者

權柱(1457~1505) : 본관은 安東이고, 자는 支卿이며 호는 花山이다. 1474년(성종 5) 진사시에 합격하였고 1481년 親試文科에 갑과로 급제하였다. 1482년 承政院注書가 되었고, 講經文臣으로 활약하였다. 그 뒤 여러 요직을 역임하였고, 1504년 甲子士禍가 발발하면서 1482년(성종 13)에 연산군 생모인 폐비 윤씨의 사사 때에 승정원주서로서 사약을 받들고 갔다는 이유로 파직되어 귀양 갔으며, 1505년 6월에는 이 일이 거듭 논죄되면서 결국 사사되었다.

• 版本構成

不分卷 : 詩 8首·序 1篇·書 2篇·雜著 1篇·遺墨. 附錄 : 墓碣銘·輓詩·送支卿出按嶺南詩·題墓道詩·遺事·甲子禍蹟·同房錄·東槎錄·甲子錄文科榜目·立社議與柳翊贊宜河書柳世翊·擬請諡時士林通文·立石告辭·東槎時諸公贈行帖·燕行時諸公贈行帖·奉事公墓碣銘·修撰公事蹟 等.

• 同一 書名 版本 所藏處

목판본 : 국립중앙도서관, 국회도서관, 규장각, 한국국학진흥원, 한국학중앙연구원, 고려대학교, 동국대학교, 성균관대학교, 안동대학교, 연세대학교, 영남대학교, 전남대학교, 춘호재 등.
석인본 : 연세대학교, 용인대학교, 원광대학교 등.
필사본 : 한국국학진흥원.

(229) 皇明處士南谷先生文集 *

書名	出版事項	版式狀況	一般事項	所藏番號
皇明處士南谷先生文集	權尙吉 著,[83] [跋 : 1826] 刊	6卷 2冊, 朝鮮木版本, 四周雙邊, 半郭 : 20×15.7㎝, 有界, 10行 20字, 上下白口, 上下內向四瓣花紋黑魚尾, 32.7×22.3㎝, 線裝, 楮紙	表題 : 南谷集, 跋 : 崇禎後三甲申(1826)…照謹識 印記 : 酉谷靑岩	09-0979~0980

• 槪要

조선 후기 학자 權尙吉의 시문집.

• 編纂과 刊行

저자의 증손 權昌益이 화재로 일실된 시문을 수습하여 놓았고, 그 후 저자의 현손 權照가 편집하여 1826년(순조 26)에 목판본으로 간행하였다.

• 著者

權尙吉(1610~1674) : 본관은 安東이고, 자는 子貞이며 호는 南谷·近裏齋·南谷遯翁이다. 1635年(인조 13) 사마시에 합격해서 1636년 성균관에 입학하였다. 그해 12월 병자호란이 일

83) 목록에는 발문이 작성된 시기가 '1764년'으로 되어 있으나 '1826년'으로 바로 잡았다.

어나자 어가를 수행해 남한산성에 들어갔는데, 전세가 불리해지자 화의를 주장하는 것에 반대하였다. 결국 화의가 성립되자 낙향하여 자식들에게 과거를 보지 말고 농사를 지으라고 하였다. 그 뒤 세속과는 인연을 끊고 오직 학문에 매진하였다.

• 版本構成

卷1 : 詩 66首. 卷2 : 疏 2篇·書 7篇·雜著 4篇·箴 2篇·記 1篇·祭文 4篇·墓誌 1篇. 卷3(拾遺) : 輓詩 5首·雜著 1篇·記 1篇·論 2篇·策 1篇. 卷4(附錄) : 行狀 1篇·祭文 2篇·輓章 1篇·誄辭 1篇. 卷5(追附錄) : 贊·墓誌銘·墓碣銘·貤贈時事實·上言·禮曹回啓·吏曹回啓·焚黃祝文·追題詠·貤贈時題詠. 卷6 : 書文集後 5篇·行實記.

• 同一 書名 版本 所藏處

목판본 : 국립중앙도서관, 한국학중앙연구원, 계명대학교, 고려대학교, 단국대학교 퇴계기념도서관, 동국대학교, 성균관대학교, 안동대학교, 연세대학교, 전남대학교, 춘호재, 미국 UC버클리대학교 등.

(230) 晦谷先生文集

書名	出版事項	版式狀況	一般事項	所藏番號
晦谷先生文集	權春蘭 著, [跋 : 1778] 刊	6卷 2冊, 朝鮮木版本, 四周雙邊, 半郭 : 21.2×19.7㎝, 有界, 10行 22字, 上下白口, 上下內向四瓣花紋黑魚尾, 32.5×20.4㎝, 線裝, 楮紙	序 : 丙申五月…安復駿謹序, 跋 : 戊戌…五代孫國觀, 印記 : 三溪書院, 藏書記 : 溪院藏	09-[84]

• 槪要

조선 중기의 문신이자 학자인 權春蘭의 시문집.

• 編纂과 刊行

저자의 후손 權曄이 1845년(헌종 11)에 목판본으로 간행하였으며, 金埅·安復駿의 서문과 權曄의 발문이 실려 있다.

84) 목록에는 '09-' 이하의 소장번호가 기재되어 있지 않다.

• 著者

權春蘭(1539~1617) : 본관은 安東이고, 자는 彦晦이며 호는 晦谷이다. 1560년(명종 15)에 사마시에 합격하고, 1573년(선조 6)에 문과에 급제하여 成均館學諭·學錄을 거쳐 藝文館檢閱·司憲府監察·大同道察訪·司諫院正言·司憲府持平 등을 역임하였다. 1592년 임진왜란이 일어나자 안동에서 金允明의 의병에 가담하였다. 그 후에는 司憲府掌令·侍講院弼善·司諫院司諫·司憲府執義·侍講院輔德·成均館直講·成均館司藝·成均館司成·青松府使·弘文館修撰 등을 역임하였다. 1606년부터는 弘文館修撰·永川郡守·弘文館副校理 등의 벼슬이 내려졌으나 모두 병을 핑계로 사양하고 초야에서 글을 읽으며 여생을 보냈다.

• 版本構成

本集-卷1~2 : 詩·輓詞 146首·疏 1篇·書 10篇·墓碣銘 2篇·銘 3篇·上樑文 1篇·祭文 11篇·奉安文 1篇·祝文 1篇·科製 3篇. 卷3(附錄) : 家狀 1篇·墓碣銘 1篇·祭文 9篇·輓詞 19首·書院奉安文 1篇. 續集-卷1~4 : 圖 26篇.

• 同一 書名 版本 所藏處

목판본 : 국립중앙도서관, 한국국학진흥원, 한국국학진흥원, 계명대학교, 성균관대학교, 연세대학교, 영남대학교 등.

필사본 : 한국학중앙연구원.

(231) 晦齋先生文集 *

書名	出版事項	版式狀況	一般事項	所藏番號
晦齋先生文集	李彦迪 著	零本 1冊, 朝鮮木版本, 四周雙邊, 半郭 : 22.8×16.4㎝, 有界, 10行 20字, 上下白口, 上下內向四瓣花紋黑魚尾, 31.7×21.4㎝, 線裝, 楮紙	印記 : 酉谷青岩, 所藏 : 附錄·年譜	09-1566

• 概要

조선 중기 문신이자 학자인 李彦迪의 시문집.

충재박물관 소장 『晦齋先生文集』은 낙질본으로 문집 자체는 남아 있지 않고 附錄인 第5冊만 소장하고 있다.

• **編纂과 刊行**

저자의 庶子 李全仁이 1565년에 李滉에게 자문을 구하여 이언적의 글을 정리하고 1566년 이황이 쓴 行狀을 붙여 定稿本을 완성하였다. 이를 바탕으로 저자의 손자 李浚이 1574년(선조 8)에 柳希春의 교정을 거치고 慶州府尹 李齊閔과 慶尙道觀察使 盧禛의 도움을 받아 慶州府에서 初刊本이 간행하였다. 그 후 1600년에 別集 4卷을 증보하여 月城(慶州)에서 중간하였고, 다시 1624년에는 別集을 原集에 포함하여 개간하였다. 1631년에는 玉山書院에서 별집을 拾遺로 바꾸어 새롭게 13권 5책으로 편차하여 간행하였다. 이후 1641년 刊本을 바탕으로 玉山書院에서 1794년과 1926년 다시 간행하였다.

• **著者**

李彦迪 : 본서의 『求仁錄』 해제를 참조.

• **版本構成**

卷1 : 古詩 102首. 卷2~3 : 律詩 208首. 卷4~5 : 詩 83首·詞 1首·考異 1篇·賦 3篇·雜著 7篇. 卷6 : 箴銘 10篇·記 1篇·祭文 5篇·行狀 1篇·碑銘 3篇. 卷7~10 : 疏 2篇·箋 2篇·辭狀 6篇·箚子 6篇. 卷11 : 序 6篇·傳 1篇·祭文 1篇·祝文 1篇·碑銘 2篇. 卷12 : 疏 1篇. 卷13(拾遺) : 狀 8篇·箚子 5篇. 附錄 : 世系 2篇·年譜·後敍·行狀·碑銘·墓誌·記 3篇.

• **同一 書名 版本 所藏處**

목판본 : 국립중앙도서관, 국회도서관, 규장각, 한국국학진흥원, 한국학중앙연구원, 가톨릭대학교, 경기대학교, 경상대학교, 경희대학교, 계명대학교, 고려대학교, 국민대학교, 단국대학교 퇴계·율곡기념도서관, 동국대학교 서울·경주캠퍼스, 동아대학교, 부산대학교, 성균관대학교, 숙명여자대학교, 안동대학교, 연세대학교, 영남대학교, 용인대학교, 울산대학교, 원광대학교, 전남대학교, 전북대학교, 전주대학교, 조선대학교, 충남대학교, 한양대학교, 대구시립중앙도서관, 부산시민도서관, 남평문씨 인수문고, 모덕사, 사우당종택, 춘호재, 日本東洋文庫, 日本對馬歷史民俗資料館, 미국 프린스턴대학교, 미국 UC버클리대학교 등.

필사본 : 국립중앙도서관, 독락당 등.

(232) 後松齋先生文集

書名	出版事項	版式狀況	一般事項	所藏番號
後松齋先生文集	金士貞 著, [跋 : 1882] 刊	2卷 1冊,[85] 朝鮮木版本, 四周雙邊, 半郭 : 19.6×15.3㎝, 有界, 10行 18字, 上下白口, 上下內向四瓣花紋黑魚尾, 31.7×21㎝, 線裝, 楮紙	序 : 聖上元年上章閹茂(庚戌)…李羲發謹序, 跋 : ①聖上十九年壬午(1882)…李敦禹跋 ②李晩運謹書 ③後孫驥善謹跋, 印記 : 酉谷靑岩	09-2016

• **概要**

조선 중기의 학자 金士貞의 시문집.

• **編纂과 刊行**

저자의 후손 金驥善(1806~1883)이 편집하여 1882년에 목판본으로 간행하였으며, 李羲發의 서문(1850)과 李敦禹·李晩運의 발문(1882) 그리고 金驥善이 쓴 後識가 실려 있다.

• **著者**

金士貞(1552~1620) : 본관은 安東이고, 자는 正叔이며 호는 後松齋이다. 벼슬에 뜻을 두지 않고 면학하다가 임진왜란이 일어나자 형 金士亨과 함께 의병을 일으켜 郭再祐를 따라 왜적에게 항전하며 공을 세웠다. 전란이 끝난 뒤에는 후진을 양성하고 著作에 매진하였다.

• **版本構成**

卷1 : 詩 28首·書 1篇·祭文 1篇·雜著 2篇(家誡·溪門禮說凡例). 卷2(附錄) : 輓詞 18首·遺事·行狀·墓誌銘·墓碣銘·墓碣後識·永慕祠上樑文·請贈持平時上言·焚黃告由文·貤贈顚末 等.

• **同一 書名 版本 所藏處**

목판본 : 국립중앙도서관, 규장각, 한국학중앙연구원, 계명대학교, 고려대학교, 대구가톨릭대학교, 안동대학교, 연세대학교, 미국 UC버클리대학교 등.

85) 목록에는 '4卷 2冊'으로 되어 있으나 실제로는 '2卷 1冊'이다.

(233) 塤篪兩先生文集

書名	出版事項	版式狀況	一般事項	所藏番號
塤篪兩先生文集	鄭萬陽·鄭葵陽 著, [18世紀] 刊	零本 15冊, 朝鮮木版本, 有圖, 四周雙邊, 半郭 : 21.7×15.8㎝, 有界, 10行 22字, 上下白口, 上下內向四瓣花紋黑魚尾, 32.1×20.2㎝, 線裝, 楮紙	序 : 鄭宗魯撰, 印記 : 西谷靑岩, 所藏 : 目錄, 卷1~20, 23~30	09-0805~0819
塤篪兩先生續集	鄭萬陽·鄭葵陽 著, [識 : 1906] 刊	6卷 3冊, 朝鮮木版本, 四周雙邊, 半郭 : 18.9×15.7㎝, 有界, 10行 20字, 上下白口, 上下內向四瓣花紋黑魚尾, 29.4×20.6㎝, 線裝, 楮紙	跋 : 壬子(1612)…趙顯命, 識 : ①丙午(1906)…鄭鎭憲謹書 ②鄭泰九謹識, 印記 : 權錫九印	09-1744~1746
塤篪兩先生語錄	鄭萬陽·鄭葵陽 撰, 李弘离 輯錄, 申体仁 刪校.	4卷 2冊, 朝鮮木版本, 四周雙邊, 半郭 : 19.3×15.9㎝, 有界, 10行 20字, 上下白口, 上下內向四辦花紋黑魚尾, 29.5×20.9㎝, 線裝, 楮紙	序 : 丙午…後學族後孫鄭鎭憲謹序, 印記 : 權錫九印	09-2486~2487

• **概要**

조선 후기의 학자 鄭萬陽과 동생 鄭葵陽의 시문집. 형제의 시문을 합편한 문집으로 저자를 가리지 않고 문체별로 분류하여 엮었으며, 제목 아래 '塤'이라고 표기한 것은 鄭萬陽이 지은 것이고 '篪'라고 한 것은 鄭葵陽이 지은 것이다.

충재박물관에는 낙질인 『塤篪兩先生文集』과 완질인 『塤篪兩先生續集』·『塤篪兩先生語錄』이 소장되어 있다.

• **編纂과 刊行**

문집은 1809년(순조 9)에 간행되었으며, 두 저자의 自序와 鄭宗魯의 서문이 실려 있다. 속집은 1906년에 간행되었으며, 趙顯命의 발문과 저자들의 후손 鄭鎭憲과 鄭泰九의 識가 실려 있다.

• **著者**

鄭萬陽(1664~1730) : 본관은 迎日이고 경상북도 永川 출신이다. 자는 景醇이며 호는 塤叟·企菴·定齋이다. 1724년(경종 4) 順陵參奉에 제수되었으나 나아가지 않았다. 1728년(영조 4) 李麟佐의 난 때 여러 고을에 격문을 돌려 의병 수백 명을 모아 동생 鄭葵陽을 의병장으로 삼고 출정하려고 하였으나 관군이 난을 평정했다는 소식을 듣고 해산하였다. 그 후 尼南山

아래에 玉磵亭·六有齋·太古窩·進修齋 등을 짓고 동생과 함께 후진 양성에 전념하였다. 鄭葵陽(1667~1732) : 鄭萬陽의 동생으로, 자는 叔向이며 호는 篪叟이다. 당시 사림들이 이들 형제를 송나라의 程顥와 程頤 형제에 비유하였다. 1714년(숙종 40) 학행으로 천거되어 顯陵參奉에 제수되었으나 사퇴하였다. 그 후의 행적은 형과 함께 했고, 형제간의 우애를 기리기 위해 형과 함께 「塤篪樂譜」를 지었다.

• 版本構成

原集-卷1~6 : 世系圖·塤篪三十二吹圖·塤篪舊圖(周禮圖)·塤篪新圖(詩侍圖)·塤篪三十六吹圖·詩 790 首. 卷7~20 : 書 463 篇. 卷21~22 : 雜著 51篇. 卷23 : 序 9篇·記 14篇. 卷24 : 跋 16篇·箴 1篇·銘 26篇·上樑文 3篇·祝文 11篇. 卷25 : 祭文 46篇. 卷26 : 誄 24篇·墓表 4篇·墓碣銘 3篇·墓誌銘 6篇. 卷27~30 : 行狀 18篇·遺事 7篇·行錄 4篇·行記 2篇·家狀 2篇·家傳 1篇 等.

續集-卷1 : 困知錄內篇. 卷2 : 困知錄外篇. 卷3~6 : 治道擬說·塤篪語錄 等.

別集-卷1 : 心經釋疑補遺·啓蒙解疑·原卦畫第二·明蓍策第三·啓蒙解疑後語·尙知錄.

附錄-卷1 : 言行錄·墓碣銘·輓詞·哀辭·祭文. 卷2 : 年譜·遺事·墓碣銘·輓詞·誄文·祭文·行狀 等.

• 同一 書名 版本 所藏處

목판본 : 국립중앙도서관, 규장각, 한국학중앙연구원, 계명대학교, 부산대학교, 성균관대학교, 영남대학교, 용인대학교, 중앙대학교, 충남대학교 등.

| 저자 소개 |

민관동 閔寬東, kdmin@khu.ac.kr

- 忠南 天安 出生.
- 慶熙大 중국어학과 졸업.
- 대만 文化大學 文學博士.
- 現: 慶熙大 중국어학과 敎授. 동아시아 書誌文獻 硏究所 所長
- 前: 경희대학교 외국어대학 학장. 韓國中國小說學會 會長. 경희대 比較文化硏究所 所長.

著作

- ≪中國古典小說在韓國之傳播≫, 中國 上海學林出版社, 1998年.
- ≪中國古典小說史料叢考≫, 亞細亞文化社, 2001年.
- ≪中國古典小說批評資料叢考≫(共著), 學古房, 2003年.
- ≪中國古典小說의 傳播와 受容≫, 亞細亞文化社, 2007年.
- ≪中國古典小說의 出版과 硏究資料 集成≫, 亞細亞文化社, 2008年.
- ≪中國古典小說在韓國的硏究≫, 中國 上海學林出版社, 2010年.
- ≪韓國所見中國古代小說史料≫(共著), 中國 武漢大學校出版社, 2011年.
- ≪中國古典小說 및 戱曲硏究資料總集≫(共著), 학고방, 2011年.
- ≪中國古典小說의 國內出版本 整理 및 解題≫(共著), 학고방, 2012年.
- ≪韓國 所藏 中國古典戱曲(彈詞·鼓詞) 版本과 解題≫(共著), 학고방, 2013年.
- ≪韓國 所藏 中國文言小說 版本과 解題≫(共著), 학고방, 2013年.
- ≪韓國 所藏 中國通俗小說 版本과 解題≫(共著), 학고방, 2013年.
- ≪韓國 所藏 中國古典小說 版本目錄≫(共著), 학고방, 2013年.
- ≪朝鮮時代 中國古典小說 出版本과 飜譯本 硏究≫(共著), 학고방, 2013年.
- ≪국내 소장 희귀본 중국문언소설 소개와 연구≫(共著), 학고방, 2014年.
- ≪중국 통속소설의 유입과 수용≫(共著), 학고방, 2014年.
- ≪중국 희곡의 유입과 수용≫(共著), 학고방, 2014年.
- ≪韓國 所藏 中國文言小說 版本目錄≫(共著), 中國 武漢大學出版社, 2015年.
- ≪韓國 所藏 中國通俗小說 版本目錄≫(共著), 中國 武漢大學出版社, 2015年.
- ≪中國古代小說在韓國硏究之綜考≫, 中國 武漢大學出版社, 2016年.
- ≪삼국지 인문학≫, 학고방, 2018年.

외 다수.

翻譯

- ≪中國通俗小說總目提要≫(第4卷-第5卷) (共譯), 蔚山大出版部, 1999年.

論文

- 〈在韓國的中國古典小說翻譯情況硏究〉, ≪明淸小說硏究≫(中國) 2009年 4期, 總第94期.
- 〈中國古典小說의 出版文化 硏究〉, ≪中國語文論譯叢刊≫第30輯, 2012.1.

• 〈朝鮮出版本 中國古典小說의 서지학적 考察〉, ≪中國小說論叢≫第39輯, 2013.
• 〈한 · 일 양국 중국고전소설 및 문화특징〉, ≪河北學刊≫, 중국 하북성 사회과학원, 2016.
• 〈중국고전소설의 書名과 異名小說 연구〉, ≪중어중문학≫제73집, 2018.
• 〈中國禁書小說의 目錄分析과 국내 수용〉, ≪중국소설논총≫제56집, 2018.
외 다수

유승현 劉承炫, xuan71@hanmail.net

• 서울 출생
• 檀國大學校 중문학과 졸업
• 台灣 中國文化大學 문학박사
• 前: 慶熙大學校 비교문화연구소 한국연구재단 토대연구팀 학술연구교수
• 現: 慶熙大學校 비교문화연구소 한국연구재단 공동연구팀 학술연구교수

저작
• 《小說理論與作品評析》(공저), 台北 問津出版社, 2003.
• 《中國古典小說戲曲研究資料總集》(공저), 學古房, 2011.
• 《韓國 所藏 中國古典戲曲(彈詞 · 鼓詞) 版本과 解題》(공저), 學古房, 2012.
• 《中國古典戲曲(彈詞 · 鼓詞)의 流入과 受容》(공저), 學古房, 2014.
• 《朝鮮刊本 劉向 新序의 복원과 문헌 연구》(공저), 學古房, 2018.

논문
• 〈朝鮮의 中國古典小說 수용과 전파의 주체들〉, 《中國小說論叢》제33집, 2011.4.
• 〈《西廂記》 曲文 번역본 고찰과 각종 필사본 출현의 문화적 배경 연구〉, 《中國學論叢》제42집, 2013.11.
• 〈〈鷰子賦〉의 민중적 웃음〉, 《中國小說論叢》제45집, 2015.4.
• 〈敦煌講唱의 민중적 웃음-〈晏子賦〉와 〈唐太宗入冥記〉를 중심으로〉, 《中國小說論叢》제48집, 2016.4.
• 〈朝鮮刊本 《劉向新序》의 서지 · 문헌 연구〉, 《비교문화연구》제51집, 2018.6.
외 다수.

경희대학교 글로벌 인문학술원 동아시아 서지문헌 연구소 서지문헌 연구총서 01

봉화 닭실마을의 문화유산
冲齋博物館 所藏 古書 目錄과 解題

초판 인쇄 2019년 10월 1일
초판 발행 2019년 10월 10일

공 저 자 | 민관동 · 유승현
펴 낸 이 | 하운근
펴 낸 곳 | 學古房

주 소 | 경기도 고양시 덕양구 통일로 140 삼송테크노밸리 A동 B224
전 화 | (02)353-9907 편집부(02)353-9908
팩 스 | (02)386-8308
전자우편 | hakgobang@naver.com, hakgobang@chol.com
홈페이지 | http://hakgobang.co.kr
등록번호 | 제311-1994-000001호

ISBN 978-89-6071-905-7 94010
978-89-6071-904-0 (세트)

값 : 45,000원

■ 파본은 교환해 드립니다.